es 1222
edition suhrkamp
Neue Folge Band 222

Der polizeiliche Lockspitzel, auch V-(=Vertrauens!)Mann oder »agent provocateur« genannt, ist ein Thema für die Schlagzeilen der bundesrepublikanischen Presse geworden: bei der Fahndung nach Rauschgifthändlern, der Aufdeckung organisierten Verbrechens, aber auch bei gewalttätigen Auseinandersetzungen nach Demonstrationen ist die Mitwirkung von Personen, die im Dienste der Polizei zu Straftaten anstiften oder selbst Straftaten begehen, unübersehbar. In der Diskussion dieser Entwicklung werden auf der einen Seite die V-Männer als notwendiges Mittel eingestuft. Die Argumente gegen den Einsatz von V-Männern richten sich gegen eine staatlich gesteuerte Deliktsbeteiligung. Die politischen, juristischen und ethischen Probleme, die mit dem Einsatz von V-Männern verbunden sind, werden in diesem Band umfassend diskutiert.

Klaus Lüderssen ist Professor für Strafrecht, Strafprozeßrecht, Rechtsphilosophie und Rechtssoziologie an der Universität Frankfurt/M.

V-Leute
Die Falle im Rechtsstaat

*Herausgegeben
von Klaus Lüderssen*

Suhrkamp

edition suhrkamp 1222
Neue Folge Band 222
Erste Auflage 1985
© Suhrkamp Verlag Frankfurt am Main 1985
Erstausgabe
Alle Rechte vorbehalten, insbesondere das der Übersetzung,
des öffentlichen Vortrags
sowie der Übertragung durch Rundfunk und Fernsehen,
auch einzelner Teile.
Satz: Hümmer, Waldbüttelbrunn
Druck: Nomos Verlagsgesellschaft, Baden-Baden
Umschlagentwurf: Willy Fleckhaus
Printed in Germany

1 2 3 4 5 6 – 90 89 88 87 86 85

Inhalt

Vorwort IX

Klaus Lüderssen
Zynismus, Borniertheit oder Sachzwang? 1

A. Das ethische und politische Dilemma

I. Einige überraschend abenteuerliche Fälle

Arthur Kreuzer
Wenn der Spitzel lockt 55

Arthur Kreuzer
Zeuge im Zwielicht, Jugendliche als Lockspitzel – wie lange noch? 59

II. Ausrufung des Ermittlungsnotstandes – »Effektivität« um jeden Preis?

Alfred Stümper
Organisierte Kriminalität – ein ernstzunehmendes Problem 65

Winfried Hassemer
Die »Funktionstüchtigkeit der Strafrechtspflege« – ein neuer Rechtsbegriff? 71

B. Ablenkung und Desillusionierung durch Organisation?

Harald Hans Körner
Verteufelt und verherrlicht: Der V-Mann 91

Hans-Christoph Schaefer
Der Einsatz von V-Personen aus der Sicht der Staatsanwaltschaft 102

C. Der Mittelweg des Rechts

I. Grundlagen

Ulrich K. Preuß
Justizielle und polizeiliche Wahrheit im Strafverfahren 115

Hans Geißer
Das Anklagemonopol der Staatsanwaltschaft und die
Gewährsperson als Aufklärungsmittel im Ermittlungs-
und als Beweismittel im Strafverfahren 140

II. Zentrale Probleme
*Die staatliche Beteiligung an Straftaten
Verbot der Verfolgung des Provozierten?
Entwicklung der Argumente*

Bundesgerichtshof: Urteil vom 15.4.1980 175

Amtsgericht Heidenheim: Urteil vom 27.11.1980 178

Bundesgerichtshof: Urteil vom 6.2.1981 180

Kammergericht Berlin: Urteil vom 9.9.1981 183

Landgericht Verden: Urteil vom 22.10.1981 187

Bundesgerichtshof: Beschluß vom 13.11.1981 192

Bundesgerichtshof: Urteil vom 23.9.1983 195

Landgericht Frankfurt: Urteil vom 2.7.1984 200

Landgericht Berlin: Urteil vom 23.2.1984 217

Hans O. Sieg
Die staatlich provozierte Straftat 228

Friedrich Dencker
Zur Zulässigkeit staatlich gesteuerter Deliktsbeteiligung 238

Hans-Jürgen Bruns
»Widerspruchsvolles« Verhalten des Staates als neuartiges
Strafverfolgungsverbot und Verfahrenshindernis,
insbesondere beim tatprovozierenden Einsatz polizeilicher
Lockspitzel 259

Kurt Seelmann
Zur materiell-rechtlichen Problematik des V-Mannes
Straflosigkeit des durch den V-Mann Verlockten? 285

Die Tendenzwende und ihre Kritiker

Eberhard Foth
Kann die Anstiftung durch eine V-Person ein
Verfahrenshindernis begründen? 301

Jürgen Taschke
Verfahrenshindernis bei Anstiftung durch einen
Lockspitzel? 305

Landgericht Stuttgart: Urteil vom 30.11.1983 315

Bundesgerichtshof: Urteil vom 23.5.1984 328

Hans-Jürgen Bruns
Zur Frage der Folgen tatprovozierenden Verhaltens polizeilicher
Lockspitzel.
Eine Besprechung des Urteils BGH (...) vom 23.5.1984 339

Strafgericht Basel-Stadt: Urteil vom 30.11.1983 358

Strafbarkeit des Provokateurs?

Kurt Seelmann
Zur materiell-rechtlichen Problematik des V-Mannes
Straflosigkeit des provozierenden V-Mannes? 379

Verdeckte Zeugen

Kurt Rebmann
Der Zeuge vom Hörensagen im Spannungsverhältnis
zwischen gerichtlicher Aufklärungspflicht, Belangen der
Exekutive und Verteidigungsinteressen 403

Jürgen Meyer
Zur prozeßrechtlichen Problematik des V-Mannes 425

Bundesverfassungsgericht (Zweiter Senat): Beschluß vom
26.5.1981 457

Rainer Hamm
Das Bundesverfassungsgericht und die geheimen Zeugen
im Strafprozeß 483

Bundesgerichtshof: Urteil vom 5.11.1982 488

Landgericht Münster beim Amtsgericht Bocholt:
Urteil vom 12.10.1982 495

Bundesgerichtshof: Urteil vom 16.3.1983 502

Bundesgerichtshof: Urteil vom 17.3.1983 508

Bundesgerichtshof: Urteil vom 22.3.1983 514

Bundesgerichtshof: Vorlagebeschluß des 2. Strafsenats
an den Großen Senat für Strafsachen vom 4.5.1983 517

Hans-Jürgen Bruns
Präjudizierende Randbemerkungen zum »Vorlage«-Beschluß
des BGH vom 4.5.1983 531

Bundesgerichtshof, Großer Senat: Beschluß vom
17.10.1983 551

Gerald Grünwald
Anmerkung zum Beschluß des Bundesgerichtshofs
(Großer Senat) vom 17.10.1983 562

Klaus Tiedemann/Ulrich Sieber
Die Verwertung des Wissens von V-Leuten im Strafverfahren.
Analyse und Konsequenzen der Entscheidung des Großen
Senats des BGH 571

Hans-Jürgen Bruns
Der Beschluß des Großen Senates zum strafprozessualen
V-Mann-Problem.
Anfang oder Ende einer notwendigen Neuorientierung der
Rechtsprechung 603

Bibliographie mit Abkürzungsverzeichnis 624

Die Autoren 641

Nachweise 642

Vorwort

In vergangenen Zeiten nannte man sie Vigilanten – später hießen sie Lockspitzel. Diese Bezeichnung hat sich erhalten, wird aber zunehmend überlagert von dem Kürzel »V-Männer«. Da auch Frauen in dem Metier Fuß fassen, ist »V-Leute« oder »V-Personen« noch zeitgemäßer. Neuerdings spricht man auch von »under-cover-agents«.

V-Personen und under-cover-agents sind weniger definiert durch das, was sie tun, als durch die Probleme, die sie aufwerfen. Die Gerichte haben Mühe, sie für die Hauptverhandlungen, in denen sie als Zeugen aussagen sollen, zu laden. Sie werden abgeschirmt, weil sie nicht »verbrennen« sollen. Diese Gefahr ziehen sie auf sich, weil sie die Personen, unter denen sie sich unerkannt bewegen, irgendwann der Polizei ausliefern. Sie gehen dabei häufig so weit, daß sie – wenn auch zum »Schein« – an Straftaten teilnehmen. Das vor allem ist der Stein des Anstoßes. In klaren Fällen spricht man daher auch – ganz altmodisch – von »agents provocateurs«.

Es sind im wesentlichen rechtliche Fragen, die bei der Tätigkeit von V-Personen und »agents provocateurs« entstehen. Diese Rechtsfragen haben aber längst das Interesse der Allgemeinheit gefunden, weil – das ist das Eigentümliche der breiten Diskussion, die in Gang gekommen ist – die ethischen und politischen Aspekte in ihnen nahezu aufgehen. Denn die Realisierung der moralischen und politischen Forderung sowohl nach konsequenterer und intensiverer Verhinderung oder jedenfalls besserer Aufklärung von schwerer Kriminalität wie nach Schutz des einzelnen vor unfairer oder gefährlicher Verstrickung in die Strafverfolgung fällt in den modernen, komplexen, in viele Systeme ausdifferenzierten Massengesellschaften ausschließlich in die Zuständigkeit von an Recht und Gesetz (niemand wird hier an die »Grenzen der Verrechtlichung« auch nur denken mögen) gebundener staatlicher Justiz und Polizei, kann nur und muß den Weg durch diese Instanzen nehmen.[1] Daher konzentriert sich diese Edition auf die insofern einschlägigen Texte; sie hat also einen ganz anderen Schwerpunkt als das kürzlich (1984) erschienene Buch von Rolf Gössner und Uwe Herzog: *Im Schatten des Rechts, Methoden einer neuen Geheimpolizei.*

Die Probleme sind so zahlreich aus dem Boden geschossen, daß eine gewisse Systematisierung angebracht ist. Dieser Aufgabe versucht der einleitende Artikel gerecht zu werden.

Die sich anschließenden Entscheidungen und Aufsätze sollen den Lesern ein Bild von der Vielfalt der Meinungen geben und sie mit zusätzlichen Informationen über Einzelheiten versorgen. Vollständigkeit kann dabei nicht angestrebt werden. Fast jeder Tag bringt neue gerichtliche Entscheidungen und Stellungnahmen aus Wissenschaft und Praxis (so daß man fast eine Lose-Blatt-Sammlung erwägen könnte). Daher ist die Konzeption des Buches mehrfach geändert worden. Ursprünglich für die Aufnahme vorgesehene ältere Aufsätze, welche die grundsätzliche Seite des Problems und auch viele Details bereits gut fixiert hatten, mußten den Arbeiten weichen, die an das ganz Aktuelle anknüpfen konnten.[2] Freilich steht keine – noch so avancierte – Position schon fest. Daher kommt es darauf an, daß die Entwicklungslinien sichtbar werden. Das war ein weiterer, die Auswahl der Texte leitender Gesichtspunkt.

Aufmerksame Leser mögen die Erörterung zweier spezieller Probleme vermissen: Wie ist der Rechtsweg beschaffen, den man einschlagen muß, um eine Behörde zur Offenbarung der Adresse eines V-Mannes zu veranlassen? Und: Kann das Gericht sich notfalls durch Beschlagnahme von Behördenakten die nötige Einsicht in das Adressenmaterial verschaffen? Sicher läßt sich hierzu schon einiges Diskussionswürdige sagen. Ich habe in dieser Publikation gleichwohl damit gezögert, weil eine größere Untersuchung in Vorbereitung ist.[3]

Ferner fehlt fast ganz der Bezug zum Ausland. Ein Vergleich wäre sicher sehr hilfreich, aber auch außerordentlich aufwendig – jedenfalls vorerst, noch fehlen die Vorarbeiten.[4]

Unter dem Eindruck der zunehmend kritischen Behandlung des V-Leute-Einsatzes wird – gar nicht mehr so selten – nach dem Gesetzgeber gerufen.[5] Auch dieses Thema bleibt indessen hier ausgespart. Gründlich überlegte Konzeptionen existieren – von kleinen Änderungsvorschlägen[6] abgesehen – nicht, hätten auch wohl kaum für die Zwecke dieses Buches produziert werden können.

Eine letzte Fehlanzeige verbinde ich mit dem Ausdruck des Bedauerns. Die Bundesländer beginnen, Richtlinien für den Umgang mit V-Leuten zu entwerfen. Hessen, Baden-Württemberg und die

Hansestadt Hamburg haben diese Richtlinien bereits verabschiedet. Sie werden aber nicht zur Publikation freigegeben. Man fragt sich freilich – warum nicht?

Für Anregungen und Hilfe bei der Zusammenstellung der Texte und der Ausarbeitung meines eigenen Beitrags möchte ich meinen Mitarbeitern, den Referendaren Herrn Klaus Günther, Cornelius Nestler (er hat insbesondere die Last der redaktionellen Bearbeitung getragen und die Bibliographie angefertigt) und Jürgen Taschke herzlich danken.

Im Mai 1985   *Klaus Lüderssen*

Anmerkungen

1 Daher sind die neuerdings zunehmenden Versuche (vgl. in der Bibliographie: Rebmann 1985, S. 1/2; Ostendorf/Meyer-Seitz, S. 74/75; Wehner 1985), das Terrain für die juristische Würdigung durch aufwendige Begriffsabgrenzungen im vorhinein abzustecken, methodisch nicht unbedenklich; sie verengen auf eine schwer kontrollierbare Weise die Perspektive, blenden Fragwürdiges ohne sachliche Begründung aus.
2 Der allerneueste Stand war allerdings nicht mehr zu erreichen; aus verlagstechnischen Gründen konnten 1985 erschienene Aufsätze und ergangene Entscheidungen nicht mehr aufgenommen werden. Insofern kann nur auf die bis zum Mai 1985 fortgeführte Bibliographie verwiesen werden.
3 Jürgen Taschke, Probleme der Sperrerklärung nach § 96 StPO.
4 Ein paar erste Hinweise finden sich in diesem Band, S. 7 (Anm. 14).
5 Beispielsweise gibt es in der Gewerkschaft der Polizei dahingehende Tendenzen, weil die bestehenden Rechtsunklarheiten für den Alltag der Polizeibeamten unzumutbar seien.
6 Vgl. in diesem Band S. 31 (Anm. 88).

Klaus Lüderssen
Zynismus, Borniertheit oder Sachzwang?

A

Das Bundeskriminalamt, die Landeskriminalämter und die zentralen Abteilungen der örtlichen Polizeibehörden stecken voller Computer; sie machen vielerlei Menschenwerk überflüssig. Was sie jedoch kaum ersetzen, das sind *Beziehungen* unter Menschen, und ganz sicher scheiden sie aus für Beziehungen, die von gegenseitigem Vertrauen geprägt und getragen sind. Nun gut, wird man sagen, um so besser; dergleichen belastet die kriminalistische Arbeit ja nur – wie vorteilhaft, daß jetzt alles objektiver, sachlicher geworden ist.

Ist es das? Geht es im polizeilichen Alltag ohne Kommunikation? Natürlich nicht, und das ist zunächst eine beruhigende Nachricht. Erleichtert sieht man die Grenzen des technischen Zeitalters. Aber die Sache ist bei näherem Hinsehen zweischneidig. Computer können zwar irren, sie können auch absichtlich falsch programmiert und insofern mißbraucht werden, doch auch dafür gibt es technische Kontrollen. Viel schwerer ist es, zu verhindern, daß die Menschen einander täuschen.

Und so könnte man sich wünschen, die Polizei-Computer seien vollkommen. Denn Trumpf unter den *kommunikativen* Methoden der Polizei scheint vor allem ihr Zerrbild zu sein: die durch den Aufbau persönlicher Beziehungen sorgfältig vorbereitete *Falle*. Zwar hört man mit Interesse von sozialer Arbeit der Polizei und Berichte, mit wieviel Verständnis Polizeibeamte eine konflikträchtige, gefährliche Situation gemeistert haben. Dennoch: Bezogen auf die großen und spektakulären Fälle sind es die *Lockspitzel*, die für »Vertrauen« stehen. Daher nennt man sie auch Vertrauenspersonen, abgekürzt: V-Leute. Es hat sie immer gegeben. Aber daß ihr Einsatz ebenso zunehmen würde wie die Automatisierung der Verbrechensaufklärung und -verhinderung, war nicht vorherzusehen.

Nachträglich überrascht das wenig. Nicht nur die Technik wuchert. Wie leben auch in einer Zeit subtiler Entdeckungen auf dem Gebiete des Emotionalen und Kommunikativen. Neue Wissenschaften widmen sich diesem Bedarf und scheinen ihn noch zu steigern. Er widerstrebt der Technik und hilft doch zugleich bei ihrer Bewältigung im Alltag.

Auch das Verbrechen ist technischer *und* kommunikativer geworden. Die moderne Verbrechensbekämpfung hat sich dazu bequemen müssen, Straftaten neuer Art zu registrieren – Schädigungen der Wirtschaft in großem Stil, Rauschgift- und Waffenhandel, Terrorismus –, die gegenüber klassischen Ermittlungsmethoden (Beobachtung, Zeugenbefragung, Spurensicherung etc.) vielleicht immun sind, weil ihre organisatorische Basis in besonders raffinierter Kommunikation besteht. In der Zeitschrift *Kriminalistik* hat ein hoher Polizeibeamter[1] die Anwendung neuer Ermittlungsmethoden wie folgt begründet:

»Jene sozial- und gemeinschaftsschädliche Kriminalistik agiert nun einmal weithin abgeschottet und hochkonspirativ, so daß man mit den gewöhnlichen Mitteln allenfalls die Handlanger, nicht aber die eigentlichen Drahtzieher und Hintermänner bekommt.

Will man an diese herankommen, muß man ermittlungsmäßig ... bei weitem nicht nur an einzelnen Tatorten und Sachverhalten, sondern letztlich schwerpunktmäßig im persönlichen Bereich ansetzen. Ganz konkret bedeutet dies, daß die Aufklärung, d.h. die Aufdeckung der kriminellen Strukturen und Logistik, in der Regel nur vom individuellen Bereich her letztlich erfolgen kann. In erster Linie ist hier nicht das Auffinden, Sichern, Aus- und Bewerten von Sachspuren eines Tatorts, sondern das minutiöse Ermitteln im persönlichen und geschäftlichen Bereich geboten. So wie man praktisch in jedem Ermittlungsfall irgendwo einmal mit einer allerersten Verdachtsschöpfung beginnen muß, ist dies auch hier der Fall. Da aber hier die Verdachtsschöpfung im wesentlichen personelle und nicht nur sachliche Qualität hat, ist dieses Anfangsverdachtstadium besonders heikel.«

Es ist daher die Domäne des V-Mannes. In monatelanger Arbeit dringt er in das Milieu ein, was ihm nur durch äußerst geschickte Anpassung gelingen kann. Dafür muß er gewisse Eigenschaften mitbringen:

»So wird eine Gruppe von ghanesischen, türkischen oder israelischen Straftätern ihre Gedanken und Pläne nur gegenüber solchen Landsleuten freimütig äußern, die auf Grund ihrer Vorstrafen, ihres Vorlebens oder ihres aktuellen gesetzwidrigen Verhaltens als Gesinnungsgenossen oder potentielle Komplizen in Betracht kommen. Gesetzestreue, ordnungsliebende, ängstliche, vorsichtige, biedere Mitbürger haben als V-Leute keine Chance und werden von einer Zielgruppe nicht angenommen und nicht anerkannt.

Diese Erfahrung beschränkt von vornherein das Reservoir potentieller V-Leute. Das bedeutet, daß V-Personen ... in Rauschgift- oder Hehlereisachen regelmäßig eine erfolgreiche kriminelle Karriere hinter sich gebracht oder miterlebt haben müssen.«

Das ist die Meinung eines erfahrenen *Staatsanwaltes*.[2] Der Wunsch der *Polizei* ist es, mit den V-Leuten auf höchster Ebene zu arbeiten, d. h. auf diesem Wege an die leitenden Figuren heranzukommen. Doch es gelingt ihr merkwürdigerweise nicht. Jedenfalls werden keine entsprechenden Erfolge bekannt. Die Fahndungsergebnisse, über die in den Zeitungen berichtet wird, beziehen sich auf vergleichsweise unbedeutende Fälle. Für die Drogenszene wird dieser Tatbestand bereits mit Spott quittiert. Schon der regionale Großimporteur – davon spricht man, wenn mit einer Menge von über hundert Kilogramm Haschisch zum Preise von je 3000 DM gehandelt wird – ist, das kann man in einem – verdeckten – Interview in der Zeitschrift *TransAtlantik* lesen[3], vor jeder Bestrafung sicher:

»›Das wirkliche Risiko beginnt eigentlich erst bei Mengen von zehn Kilo abwärts. Wenn der Stoff über viele, vorsichtig gesicherte Schleusen in die Szene sickert. Da kann alles mögliche geschehen, und da kann es auch Übereinkünfte geben, daß ein Verkäufer gelegentlich einen Kunden hochgehen läßt, als Trinkgeld gewissermaßen, daß Untergrundfahnder mitmischen und ähnliche Scherze. Die Untergrenze des Großhandels ist die Obergrenze der Polizei, ab da wird sie tätig. Was darüber ist, kann praktisch nicht gegriffen werden. Da führen die Kontakte in die Wirtschaft und bis hin zur Politik, und da geht es um komplexe ökonomische Interessen. Vergessen Sie nicht: Manche Herstellerländer wären ohne Nebeneinkünfte aus Haschisch schon lange zahlungsunfähig.‹ ›Und wofür dann die ganze Polizei?‹ ›Für die Kleinen eben. Man zeigt, daß man was tut.‹«

Und was dann geschieht, ist etwa dies – geschildert in einem Urteil des Bundesgerichtshofs[4]:

»Nach den Urteilsfeststellungen wurde der nicht vorbestrafte, unbescholtene, des Handels mit Rauschgift bis dahin nicht verdächtige Angeklagte von dem Zeugen N. ›auf gut Glück‹ angesprochen und gefragt, ob er ihm ›eine größere Menge Heroin liefern könne‹. N., der damals selbst einem Verfahren wegen Vergehens gegen das Betäubungsmittelgesetz ausgesetzt war, hatte der Polizei erklärt, er wolle sich bemühen, Rauschgifthändler zu ermitteln, zu benennen und bei ihrer Überführung behilflich zu sein. Dafür waren ihm von der Polizei im Erfolgsfall finanzielle Zuwendungen versprochen worden; außerdem erhoffte er sich von seiner Tätigkeit Vorteile in dem gegen ihn anhängigen Verfahren. Der Angeklagte lehnte das Ansinnen

N.'s zunächst ab, versprach ihm dann aber, ›sich einmal umzuhören‹. In den beiden folgenden Wochen führte er zwei Gespräche mit N., deren Ergebnis darin bestand, daß er ihm 100 kg Heroin zum Preise von 12 000 bis 13 000 DM anbot. N. unterrichtete daraufhin die Polizei, die ihm Verhaltensmaßregeln erteilte, ›Vorzeigegeld‹ gab, die Geschäftsabwicklung observierte und den Angeklagten bei der Übergabe des Heroins festnahm.«

Verkehrte Welt also? Die V-Leute bringen dort nichts[4a], wo angeblich nur sie noch etwas ausrichten können, wohl aber dort, wo es gar nicht mehr um die große Konspiration geht und man sie eigentlich nicht braucht?

Kein Wunder demnach, daß die Kritik allenthalben laut wird und ziemlich unbekümmert über das in immer neue Beteuerungen der Rechtschaffenheit ausbrechende Selbstverständnis der Polizei hinweggeht. Sie richtet sich gegen – *staatlich gesteuerte Deliktsbeteiligung*.[5] Aber da ist noch etwas anderes. Wer so vorgeht, wie der Zeuge N. in dem soeben mitgeteilten Fall, zieht natürlich vor allem Aufmerksamkeit und Feindschaft derer auf sich, die befürchten müssen, als nächste »dran« zu sein. Daher ist die Polizei bemüht, die Anonymität des V-Mannes nicht zu lüften. Das bedeutet für den Prozeß gegen die bereits als Verkäufer aufgetretene Person, daß ihr der Käufer nicht als Tatzeuge gegenübergestellt wird. Gibt es kein anderes Beweismittel, so scheitert die Verurteilung entweder, oder das Gericht setzt sich über den Grundsatz, daß dem Angeklagten vollständiges rechtliches Gehör zu verschaffen ist, hinweg. Dafür ein Beispiel – wiederum aus der Rechtsprechung des Bundesgerichtshofs[6]:

»Der Zeuge A. wurde von der Verteidigung des Angeklagten B. benannt. Der Vorsitzende ersuchte die Kriminalpolizei B. um beschleunigte Vernehmung, gegebenenfalls Aufenthaltsermittlung. Die Landespolizeidirektion S. gab daraufhin mit Schreiben vom 16. 7. 1982 bekannt, daß es sich bei A. um eine Gewährsperson der Polizei handele, deren Identität gewahrt werden müsse und die nur unter bestimmten Voraussetzungen für eine Vernehmung zur Verfügung stünde: Die Vernehmung müsse außerhalb der Hauptverhandlung in Abwesenheit der Angeklagten durch einen ersuchten oder beauftragten Richter erfolgen und dürfe keine Befragung zur Person enthalten.«

Staatlich gesteuerte Deliktsbeteiligung, Verurteilung auf rechtsstaatlich anfechtbarer Basis – das sind offenbar eindeutig anstößige Sachen. Es verlohnt indessen zu fragen, wer eigentlich Anstoß nimmt.

Zunächst die Verurteilten und ihre Verteidiger. Das scheint sich von selbst zu verstehen. Indessen fällt auf, daß die Zahl der Verfahren, in deren Verlauf der V-Leute-Einsatz kritisiert wird, in den letzten Jahren zugenommen hat. Das mag *auch* mit dessen Ausbreitung und Intensivierung zusammenhängen. Von größerer Bedeutung jedoch dürfte sein, daß bei vielen Menschen die Sensibilität für die Ansprüche, die im modernen Rechtsstaat bestehen, gewachsen ist. Freilich zeigt sich das in der Regel erst, wenn diese Ansprüche auf die Probe gestellt werden, etwa durch ein drohendes Strafverfahren. Und selbst dann ist noch nicht sicher, in welchen Fällen erst das Rechtsgefühl der Anwälte den Ausschlag gibt. In den letzten fünfzehn Jahren ist eine neue Generation von Strafverteidigern aufgetreten, die besser aufpassen. Es ist daher wahrscheinlich vor allem ihr Werk, daß seit ein paar Jahren die Rechtsprechung Bedenken gegen die V-Leute-Praxis formuliert – nach bedrückenden Jahrzehnten tatenlosen Zusehens.

In den Medien[6a] häufen sich die Klagen über inhaltlich *unzuverlässige* V-Leute-Arbeit. Großes Aufsehen erregt Ende 1983 eine Geschichte, über die der Gießener Strafrechtslehrer Arthur Kreuzer[7] berichtet hat.

»Zwei junge Türken erwarteten vor dem Gießener Landgericht eine hohe Freiheitsstrafe. Außerdem mußten sie mit der üblichen Abschiebung nach Verbüßung eines Teiles der Strafe rechnen. In der Heimat drohte ihnen obendrein eine erneute Bestrafung, womöglich mit dem Tode. Hinter ihnen lagen bereits sieben Monate Untersuchungshaft. Staatsanwaltschaft und Richter verlegten sich zunächst – wie üblich – darauf, den ›Kronzeugen‹ abzuschirmen. Als Zeuge erschien der polizeiliche Rauschgiftfahnder, welcher den Lockspitzel oder ›V-Mann‹ geführt hatte. Er berief sich auf mehrjährige bewährte Zusammenarbeit mit seinem Gewährsmann, dessen Anonymität es aus Sicherheitsgründen zu wahren gelte.

Doch den Verteidigern war es gelungen, mit List, Spürsinn und Hartnäckigkeit den polizeilichen Lockspitzel namhaft zu machen und sodann Anklagevertreter und Gericht die Ladung des Enttarnten abzutrotzen.

Aus der Untersuchungshaft wurde ein sechzehnjähriger Türke vorgeführt. Seit Jahren selbst in Heroingeschäfte verstrickt und nun zahlreicher Straftaten beschuldigt, gab er nach bohrenden Fragen zu: ›Ich haßte die beiden und wollte sie mit dem getürkten Heroingeschäft hereinlegen.‹ Tatsächlich hatte er seine arglosen Landsmänner veranlaßt, vorübergehend einen Plastikbeutel aufzubewahren; bei dessen Rückgabe waren sie von Polizeibeamten festgenommen worden, ohne vom Inhalt, braunem, wirkungslosem Pulver, etwas zu wissen. Nun konnte selbst der Staatsanwalt nur noch Freispruch verlangen.«

Nicht immer allerdings klärt sich ein Fall so schnell auf. Ein Beispiel dafür sind die Entwicklungen beim Einbruchsdezernat der Hamburger Polizei. Die *Frankfurter Allgemeine Zeitung*[8] schreibt dazu:

»Die Tätigkeit des Dezernates war in den vergangenen Jahren zusehends ins Zwielicht geraten, in jene Grauzone, in der die Trennlinie zur Illegalität oft unscharf verläuft, vor allem beim Einsatz der sogenannten Verbindungsleute (›V-Männer‹) ... Zwar brachten die Verbindungsmänner Teppiche, Gemälde, Antiquitäten und anderes Diebesgut zurück (in der Regel gegen 10 Prozent des Wertes der Beute als Belohnung), aber gerade bei dieser Art von Geschäften kam zuweilen der Verdacht auf, daß sich zwischen den rund 150 Berufsverbrechern in Hamburg, den V-Männern und einigen Polizisten eine Art unheiliger Allianz ergeben habe, dergestalt, daß Einbrüche gezielt gemeinsam angezettelt worden seien, damit man sich anschließend das ›Honorar‹, jene zehn Prozent, teilen könne.«

Diese Vorgänge führten schließlich zur Versetzung sämtlicher Beamter des Einbruchsdezernats[9] und, wie vermutet wird, auch zum Rücktritt des Hamburger Polizeipräsidenten.[10]

Einige Fälle haben darüber hinaus Schlagzeilen gemacht, z. B. die Aktivitäten eines Untergrundfahnders des Bundeskriminalamtes, der ganz offen darüber gesprochen hat:

»Weil er keine ›Eier- oder Kaninchendiebe‹, sondern Rauschgifthändler und Waffenschieber gejagt habe, sei es für ihn einfach eine unabdingbare Voraussetzung gewesen, auf ganz großem Fuße zu leben ... um an die Ganoven herankommen zu können, sei es erforderlich gewesen, ›die kriminelle Gegenseite mit großem Kapitalaufwand zu blenden‹.«[11]

In dem Prozeß, der gegen ihn dann schließlich angestrengt wurde, mußte unter anderem geklärt werden,

»wo die mindestens 158 000 DM geblieben sind, die H. als Spesen abgerechnet hatte, ohne Belege dafür bieten zu können, warum die Polizei an Rhein und Ruhr so häufig bei Razzien in Spielkasinos und Rauschgifthöhlen ins Leere stieß und dabei – zufällig? – in vielen Fällen den Arbeitsweg des ... H. kreuzte ... Der Angeklagte versichert, er habe alle Aktivitäten mit seinem Vorgesetzten in der BKA-Zentrale in Wiesbaden abgesprochen und abgestimmt. Gegen zwei von ihnen läuft nun ebenfalls ein Ermittlungsverfahren.«[12]

Obwohl diese Erfahrungen vorliegen[12a], gibt es weitergehende

Pläne. Bereits Anfang des vergangenen Jahres hat der Arbeitskreis II der Innenministerkonferenz beschlossen, zur Bekämpfung der organisierten Kriminalität verstärkt sogenannte Polizeiagenten im Untergrund einzusetzen. Der Arbeitskreis nimmt dabei in Kauf, daß ein solcher Agent, »wenn er im kriminellen Untergrund unerkannt leben und erfolgreich wirken will, in mancher Hinsicht gegen geltendes Recht verstoßen muß«.[13] Allerdings hat der Bundesjustizminister dagegen jetzt einige Bedenken vorgebracht.[14]

Einschlägig sind auch die Erfahrungen in dem sogenannten KOMM-Prozeß gegen des Landfriedensbruchs verdächtigte Nürnberger Jugendliche. Nach Behebung der wegen Verschwindens von Vernehmungsprotokollen entstandenen – sattsam bekannten – Pannen[15], kam es zu einer zweiten Hauptverhandlung. In dieser stellte sich heraus, »daß jener Zeuge nicht unmittelbar Zeuge des Geschehens war. Die Angaben des ›Mitteilers‹ ... seien eine Zusammenfassung von Angaben einiger verdeckter Personen ihm gegenüber gewesen.«[16] Einigen nicht angeklagten Jugendlichen sei, teilt ein Anwalt mit, Straffreiheit zugesichert worden:

»Die sind zum Sprechen gebracht worden unter der Zusicherung der Vertraulichkeit und unter der Zusicherung, daß ihre Verfahren eingestellt werden.«[17]

Der Prozeß ist daraufhin endgültig gescheitert.

Noch ganz im dunkeln liegen die polizeilichen Aktivitäten im Zusammenhang mit der Aufklärung der Tötung des Ulrich Schmücker vor bald zehn Jahren, der sich von der Berliner Terroristenszene abgesetzt hatte. Der Belastungszeuge Bodeux erwies sich als V-Mann des Berliner Verfassungsschutzes.[18]

»Erhebliche Widersprüche in seinen Aussagen und die Erkenntnis der Verteidigung, daß Bodeux in zahlreiche andere, geheimnisvolle Vorgänge verwickelt ist, ließen ... ernste Zweifel an der Glaubwürdigkeit dieses Zeugen aufkommen.«[19]

Daraufhin kam es zu einer Entscheidung des Verwaltungsgerichtes in Wiesbaden[19a]. Der hessische Innenminister wurde zur Herausgabe einer Geheimakte des Hessischen Kriminalamts verurteilt, in der sich »Aussagen über ›Einsatzgrundsätze, Observationen und die Zusammenarbeit mit anderen Institutionen‹ befinden sollen«.[20] Das Verfahren ist indessen noch nicht abgeschlossen, weil

Rechtsmittel[20a] eingelegt worden sind, über die noch nicht entschieden ist.[20b]

Folgerichtig, wenn man so will, verteidigt sich die Polizei gegenüber der aus diesen Vorgängen abgeleiteten Kritik in erster Linie mit dem Hinweis auf kriminalistische Erfolge. Beispielsweise darauf, daß die Zahl der Drogentoten gesunken sei[21]; bei strengerer Überwachung des V-Leute-Einsatzes sei ein Anstieg der Zahl der Drogentoten zu befürchten.[22]

In zweiter Linie konzentriert sich die Polizei auf den Nachweis ihrer Bemühungen, den V-Leute-Einsatz so seriös und kontrollfähig wie nur irgend möglich zu gestalten. Hierfür findet sie starkes Verständnis bei der Staatsanwaltschaft, die Maßstäbe für die Auswahl von V-Leuten zu entwickeln beginnt. Der seinerzeit ständige Vertreter des Leiters der Staatsanwaltschaft Frankfurt am Main[23] schreibt dazu:

»Selbstverständlich sollen hier keine hohen moralischen Ansprüche gestellt werden, aber es müssen doch Mindestvoraussetzungen gegeben sein. Aus konkreten Vorgängen der Staatsanwaltschaft Frankfurt am Main läßt sich die Forderung aufstellen, daß z. B. alle Personen als V-Leute ungeeignet sein dürften, die immer wieder wegen Aussagedelikten bestraft worden sind oder die – im Rauschgiftbereich – nach Aufnahme einer V-Mann-Tätigkeit für die Polizei unkontrollierte eigene Geschäfte tätigen, somit auf zwei Schultern tragen. Bei der Auswahl der V-Personen sollte ein strenger Maßstab angelegt werden, sicher nicht in Richtung auf ein tadelfreies, nicht vorbestraftes bürgerliches Leben, aber doch in Hinblick auf ein Mindestmaß an Glaubwürdigkeit und Zuverlässigkeit.«

Eine andere Sorge betrifft die Auswahl der V-Mann-*Führer*. Auch hierzu gibt es eine Stellungnahme aus dem Kreise der Staatsanwälte[24]:

»Eine erfolgreiche VP-Führung [Vertrauensperson-Führung] kann einerseits nur durch besonders geeignete und besonders ausgebildete Beamte, andererseits nur mit besonders geschulten und vertrauenswürdigen V-Leuten vorgenommen werden. Der geschulte VP-Führer muß in der Lage sein, theoretisch die Vertrauensperson zu unterweisen, wie sie jegliche Situation tatsächlich und rechtlich zulässig bewältigt, um praktisch die Vertrauensperson von Einsatz zu Einsatz mit konkreten Verhaltensanweisungen zu führen. So muß die Vertrauensperson z. B. einerseits lernen, alle privaten Regungen und Beziehungen zu vermeiden, die eine spätere Enttarnung hervorrufen können – Austausch von Visitenkarten, Fotos, Anschriften und Telefonnummern, Anknüpfung privater Verbindungen im Rahmen des Tatgeschehens – andererseits bemüht sein, von den Verhandlungspartnern derartige Fotos, Urkunden und Telefonnummern als Beleg ihrer Angaben zu erlangen. Die Vertrauensperson sollte eine vorgegebene Rolle – Legende – spielen und sich eng an die Anweisungen des Vertrauensperson-Führers halten. Die Vertrauensperson muß auch über Verhaltensanweisungen für den Fall ihrer Enttarnung und Gefährdung verfügen.«

B

Wer versuchen möchte, sich zu diesem unübersichtlichen Komplex sehr unterschiedlicher Fragen eine Meinung zu bilden, muß den Stoff ordnen.

Der natürliche Anknüpfungspunkt ist der zeitliche Ablauf des Strafverfahrens. Es beginnt mit der Aufnahme der Ermittlungen und endet mit der rechtsgültigen Aburteilung.

I. Die Aufnahme der Ermittlungen geschieht meistens aufgrund einer Anzeige. Aber es gibt auch eigene Wahrnehmungen der Polizei, die dann zu Nachforschungen führen: die Beobachtung von Personen, Suche nach Spuren, eine Razzia, neuerdings auch die sogenannte Rasterfahndung. Das Aussenden von V-Leuten beziehungsweise die Entgegennahme ihrer Berichte gehört auch dazu.

1) Bei allen diesen Aktivitäten stellt sich zunächst die Frage, ob sie ohne weiteres stattfinden dürfen oder ob gewisse Voraussetzungen dafür gegeben sein müssen. Eine stets allgegenwärtige Polizei kann etwas Gutes sein; ebenso bedrückend indessen ist die Vorstellung, die Polizei dürfe ohne jeden Anhaltspunkt überall und ständig danach schauen, ob nicht vielleicht eine Straftat begangen worden ist. Beruhigend ist es daher, zu wissen, daß auch das Gesetz – die Strafprozeßordnung – diese Bedenken teilt und den Beginn der Ermittlungen an *zureichende* tatsächliche Anhaltspunkte knüpft (§ 152 Abs.2).

Allerdings besteht dann bereits eine *Verpflichtung* zum Einschreiten. Daraus könnte man folgern, daß dem *Recht* dazu gar keine Grenzen gesetzt seien.[25] Das wäre aber vorschnell. Ermittlungen ausgesetzt zu sein, ist eine Last, auch wenn man sie – weil nicht darüber informiert – nicht spürt.

Dies ist der vitale Hintergrund für die in letzter Zeit wieder stärker gewordene Suche nach Kriterien dafür, wann jemand zum Beschuldigten im Sinne der Strafprozeßordnung wird. Das Problem ist, daß die Strafprozeßordnung den Akt der Inkulpation – wie man in Anknüpfung an ältere Traditionen nach wie vor sagt – nicht formalisiert hat, obwohl sie den Status des Beschuldigten insofern fixiert, als sie ihn »vom allerersten Beginn des Ermittlungsverfahrens mit Rechten, namentlich mit dem auf formelle Verteidigung und Akteneinsicht«, ausgestattet hat.[26]

Die Anstrengung, den »Prozeßakt«, der die Funktion der Inkulpation übernimmt, im Wege der Interpretation zu finden, kennzeichnet die Lehre vom formellen Beschuldigtenbegriff, der die Auffassung gegenübersteht, welche »die Besetzung der ›Beschuldigtenrolle‹ unmittelbar an die Tatsache der Verfolgung anknüpft«, und die deshalb als Lehre vom materiellen Beschuldigtenbegriff bezeichnet wird.[27] So verlockend es ist, hier Klarheit erhalten zu wollen – man muß sich doch vor der Umkehrung der Valenzen hüten. Entscheidend bleibt, unter welchen Voraussetzungen jemand die Belastungen, die durch ein Ermittlungsverfahren entstehen, ertragen muß. Die Frage, ob bei Vorliegen dieser Voraussetzungen es bereits erlaubt ist, jemanden als Beschuldigten zu registrieren oder dies erst dann zu tun, wenn eine bestimmte formale Entscheidung gefallen ist, verliert demgegenüber an praktischer Bedeutung. Mindestens für die in diesem Text erforderlichen Bewertungen kann man diesen Standpunkt einnehmen.

Unstreitig ist jedenfalls, daß die zureichenden tatsächlichen Anhaltspunkte, welche die Verpflichtung zum Einschreiten auslösen, in den Fällen, in denen es sich darum handelt, Zwangsmittel einzusetzen, auch eine Erlaubnisgrenze markieren. Das ergibt sich daraus, daß der unbestimmte Rechtsbegriff »Verdacht«[28] durch jene Wendung in § 152 Abs. 2 Strafprozeßordnung konkretisiert wird. Der einfache Verdacht hat hier sogar *vorwiegend* die Funktion, die *Erlaubnis* zum Eingriff abzugrenzen. Denn ob in allen Fällen des einfachen Tatverdachts die Strafverfolgungsbehörden (auch wenn die übrigen Voraussetzungen vorliegen), Zwangsmittel einsetzen *müssen*, ist äußerst zweifelhaft.

Daher muß man fragen, ob auch diejenige durch ein Ermittlungsverfahren geschaffene Belastung, die noch nicht den Charakter eines Zwangsmittels hat, entsprechend bewertet werden muß, also eine Analogie zu ziehen ist. Daran könnte man sich zunächst dadurch gehindert sehen, daß selbst innerhalb jener Zwangsmaßnahmen nach Ansicht einiger Autoren zu differenzieren ist. Meyer[29] meint in der Tat, daß § 102 (Durchsuchung) geringere Anforderungen als andere Vorschriften, etwa die §§ 82, 82a, 111a, 112 Strafprozeßordnung, stellen. Rieß[30] schließt sich dieser Ansicht, was die Fixierung der Voraussetzungen für eine Identitätsfeststellung nach § 163b betrifft, an.[30] Aber es gibt keine gesetzliche Stütze für diese Unterscheidung. Vielmehr muß man davon ausgehen, daß die Strafprozeßordnung, wo sie von Verdacht oder Verdächtigen spricht, jeweils dasselbe meint.

Danach hängt alles weitere nur noch davon ab, ob man bereits in der Aufnahme der Ermittlungen als solcher eine Belastung sieht, die es notwendig macht, sie an – wenn auch minimale – Voraussetzungen zu binden. Das wird im Prinzip von niemandem bestritten, wenn sich die Ermittlungen gegen bestimmte Personen richten. Diese Personen haben Anspruch auf die in der Menschenrechtskonvention verbriefte Vermutung der Unschuld – bis zur rechtskräftigen Verurteilung. Es ist klar, daß es keine Aburteilung geben kann, wenn man nicht vorher, auch mit dem Risiko, sich zu irren, ermitteln darf. Aber ebenso klar ist, welche Vorsicht dabei vonnöten ist.[31]

Es ist daher nur zu natürlich, daß man bei der Suche nach jenen – minimalen – Voraussetzungen für gegen eine bestimmte Person gerichtete Ermittlungen sich an das hält, was man dazu in der Strafprozeßordnung finden kann. Unterhalb des Verdachtes beziehungsweise der zureichenden tatsächlichen Anhaltspunkte gibt es da aber nichts. Das bereits spricht dafür, daß § 152 Abs. 2 nicht nur die Verpflichtung zum Einschreiten, sondern auch die Erlaubnis dazu begrenzt.[32] Man kann diese Ansicht weiterhin damit stützen, daß man auf die Begrenzung des Ermittlungsumfangs durch das Prinzip der Verhältnismäßigkeit hinweist. »Jede Ermittlungsmaßnahme setzt voraus, daß das öffentliche Interesse am erwarteten Indiz größer ist als die mit ihr verbundenen Nachteile für den Staat und den Betroffenen.«[33]

Aber es gibt noch zusätzliche Indikatoren. In letzter Zeit mehren sich die Verfahren, in denen von Ermittlungsmaßnahmen Betroffene Auskünfte über diese Maßnahmen begehren. In einigen Fällen hat sich gezeigt, daß die Rechtsordnung entsprechende Auskunftsrechte durchaus gewährt. Dementsprechend haben einige Oberverwaltungsgerichte und Verwaltungsgerichte bereits entschieden. So über das Auskunftsrecht des § 26 Abs. 5 Straßenverkehrszulassungsordnung das Oberverwaltungsgericht Rheinland-Pfalz in einer Entscheidung – noch nicht rechtskräftig – vom 6. 9. 1983[33a] und über den Auskunftsanspruch nach § 13 Abs. 2 Bundesdatenschutzgesetz das Verwaltungsgericht Wiesbaden in einer – ebenfalls noch nicht rechtskräftigen – Entscheidung vom 24. 1. 1984. In beiden Entscheidungen wird ausdrücklich auf in der Verfassung fundierte Rechte der Betroffenen hingewiesen. Das Oberverwaltungsgericht Rheinland-Pfalz spricht von dem aus Art. 1 Abs. 1 und Art. 2 Abs. 1 Grundgesetz resultierenden allgemeinen Persönlichkeitsrecht des verfolgten Fahrzeugführers[34], und das Verwaltungsgericht Wiesbaden weist auf das Recht auf »informationelle Selbstbestimmung des betroffenen Bürgers« hin.[35] Bei dieser Sachlage dürften die Zweifel, die Rieß[36] daran äußert, »ob jemand durch die bloße Einleitung eines folgenlos eingestellten Ermittlungsverfahrens *in seinen Rechten* verletzt sein kann«, nicht schwer zu überwinden sein.

Eine andere Linie zur Gewinnung von Indikatoren für das Maß der Belastung, der jemand ausgesetzt ist, gegen den ein Ermittlungsverfahren eingeleitet wird, führt über die stetig voranschreitende Vorverlegung von Belehrungspflichten. Sie gelten jetzt, freilich ist das noch nicht unstreitig, auch für die sogenannten Auskunftspersonen – gleichviel, ob man ihnen eine selbständige Prozeßrolle zuweist oder sie von vornherein entweder als Beschuldigte oder Zeugen ansieht. »Das Verbot des Selbstbelastungszwanges verlöre seine ihm aus Art. 2 Abs. 1 Grundgesetz in Verbindung mit dem Rechtsstaatsprinzip und dem Grundsatz des fair trial zugewachsene Funktion..., wenn die ermittlungsbehördliche Rollenzuweisung... in diesem Vorstadium der informatorischen Befragung irgendeine präjudizielle Wirkung hätte.«[37] Die Effektivität des Schutzes vor Selbstbelastung bleibt fraglich, solange der möglicherweise Betroffene nicht entsprechend belehrt wird, zumal wenn man bedenkt, daß die Ermittlungsbehörden nicht selten die Rollenzuweisung künstlich hinausschieben, um Aussagen zu erhalten, die sie bei Aufdeckung ihrer Strategie nicht erhalten würden.[38]

Aber selbt wenn man alle Konkretisierungen dieses Grundsatzes – daß die Einleitung eines Ermittlungsverfahrens gegen eine bestimmte Person diese spürbar belastet und daher zu fordern ist, daß man das Recht zu diesen Belastungen an diejenige Voraussetzung knüpft, hinter welche die Strafprozeßordnung an keiner Stelle zurückgeht, nämlich an den (einfachen) Tatverdacht – nicht gelten lassen will, muß man doch wohl konzedieren, daß mit dem Einsatz von V-Leuten, die sich einer Person in der Absicht nähern, sie in eine Straftat zu verstricken, ein Grad der Belastung erreicht ist, der Veranlassung gibt, jene Mindestvoraussetzung des Tatverdachtes zu beachten (wenn man nicht sogar einen Schritt weitergeht und darin etwas noch Schlimmeres sieht als etwa die Belastung durch eine Durchsuchung oder eine andere Zwangsmaßnahme, für die der Tatverdacht Voraussetzung ist).

Das Fazit lautet: Durchweg geht es um das, was man den einfachen, den Anfangsverdacht nennt; liegt dieser Anfangsverdacht nicht vor, *darf* gar nichts geschehen. Dem Ansetzen eines V-Mannes auf eine bestimmte Person auf das Geratewohl ist damit ein Riegel vorgeschoben – ein erstes wichtiges Ergebnis.

Ein großes, ungelöstes Problem ist allerdings die genaue Fixierung des Anfangsverdachts. Darüber, was jeweils zureichende Anhaltspunkte sein könnten, kann man streiten. Ein einheitlicher, *allgemeiner Sprachgebrauch* existiert nicht, auch kein feststehender *juristischer* Begriff. Die Fachleute haben diese Frage so stark vernachlässigt, daß nur vage Gewohnheiten der Praxis die Szene beherrschen. Das gilt sozusagen für alle Lebenslagen, wie beispielsweise der Fall einer Schülerin zeigt, die – im Ergebnis zu Unrecht – zeitraubende und demütigende Ermittlungen über sich ergehen lassen mußte, weil sie geschenkte Bücher in eine Zeitung gelegt hatte, die sie unter dem Arm trug, und die Detektive darin (obwohl es sich um eine verbreitete Gewohnheit, Bücher zu transportieren, handelt) ein raffiniertes Verbergungsmanöver vermutet hatten.[39] Kritische Betrachter vermuten daher, daß die Polizeibeamten, beziehungsweise ihre Gehilfen, aufgrund ihrer, wie man es nennen kann, »Definitionsmacht« nicht selten eine schwer zu rechtfertigende Auswahl treffen.[40]

Rufen wir uns die Geschichte noch einmal in Erinnerung, die damit begann, daß der V-Mann den später wegen Verstoßes gegen das Betäubungsmittelgesetz angeklagten Mann »auf gut Glück« angesprochen hatte. Hier gab es offenbar keinen Anfangsverdacht.[40a] Man kann jetzt nur spekulieren. Wollte der V-Mann unbedingt einen »Erfolg« melden? Daß V-Leute diese Motivation haben, wird von der Polizei freimütig zugestanden.[40b] War es so, dann könnte man allenfalls daran denken, in solchen Fällen diese von der Strafprozeßordnung *nicht* gedeckte Motivation mit einer anderen abzustützen: Die Polizei, die den V-Mann arbeiten läßt, wartet nicht auf die *geschehene* Tat, sondern Adressat der V-Mann-Tätigkeit sind diejenigen, die – nach welchen Anzeichen auch immer – den Eindruck machen, sie könnten die *Neigung* haben, eine Straftat zu begehen. Auch dieses Vorgehen ist aber nach der Strafprozeßordnung *unzulässig*. Sie soll nur der Aufklärung bereits geschehener Taten dienen – das allerdings mit dem (weitergehenden) Ziel, zur Verhütung künftiger Taten beizutragen. Die Aufgabe hingegen, Straftaten zu verhindern, auch ohne die Vorbedingung, daß bereits eine Straftat *begangen* sein muß, obliegt der Polizei im Rahmen ihrer Pflicht zur allgemeinen Gefahrenabwehr.[40c] Sie ist in den Landespolizeigesetzen geregelt.

Über die vorbeugende Aussonderung von Personen, die zu Straftaten neigen, steht dort nichts, geschweige denn, daß dies mit Hilfe von Lockspitzeln geschehen dürfe. Man müßte also die Generalklausel anwenden. Sie lautet – in der Formulierung des Hessischen Gesetzes über die öffentliche Sicherheit und Ordnung, in den Polizeigesetzen der anderen Länder steht es ungefähr ebenso, in § 1 Abs. 2:

»Die Aufgaben der Gefahrenabwehr obliegen der Polizei... soweit eine Störung der öffentlichen Sicherheit oder Ordnung unaufschiebbar zu beseitigen oder von der Allgemeinheit oder dem einzelnen eine unmittelbar bevorstehende Gefahr abzuwehren ist.«

Daß man vielleicht die Neigung hat, Straftaten zu begehen, ist sicher noch keine Störung der öffentlichen Sicherheit oder Ordnung; danach, wann sie unaufschiebbar zu beseitigen wäre, braucht also gar nicht gefragt zu werden. Wohl aber kann man sagen, daß eine Straftat, die jemand begehen könnte, eine Gefahr sowohl für die Allgemeinheit wie für den einzelnen ist. Wann diese Gefahr bevorsteht, ist freilich schwer zu sagen. Aber daß sie in unserem Fall *unmittelbar* bevorgestanden hätte, kann schlechterdings *nicht* behauptet werden. Für das Tätigwerden des V-Mannes fehlte es also auch aus der ausschließlich vorbeugenden Sicht an der ersten elementaren Voraussetzung.[40d, 40e]

Diese Grenzziehung ist von großer aktueller Bedeutung. Sollte das neue Demonstrationsstrafrecht verabschiedet werden, so können Demonstrationen, bei denen Gewalttaten geschehen, leichter als bisher – weil alle, die trotz der Aufforderung zu gehen, bleiben, sich der Gefahr der Strafverfolgung aussetzen – aufgelöst werden. Deshalb könnte, wenn die Regierung Demonstrationen vielleicht nicht gern sieht, Gewalttätigkeit sogar erwünscht sein – dann besteht nämlich die Möglichkeit, die Demonstration aufzulösen. In einem Brief an die *Frankfurter Allgemeine Zeitung*[41] argwöhnt bereits ein Leser:

»Was hindert Innenminister Zimmermann daran, in jede beliebige mißliebige Demonstration einige V-Leute als agent-provocateurs einzuschleusen? Auch wenn sie Steine werfen, sind sie kaum von friedlichen Demonstranten identifizierbar. Sollten sie durch Zufall identifiziert werden, so kann man jede staatsanwaltliche oder richterliche Ermittlung bequem abblocken durch die Verweigerung von Aussagegenehmigungen.«

Das klingt vielleicht phantastisch. Wenige Monate später lesen wir aber, wiederum in der *Frankfurter Allgemeinen Zeitung*[42]:

»Als Mitarbeiter der Verfassungsschutzbehörde in West-Berlin hat sich am Wochenende ein junger Mann zu erkennen gegeben, der bei den Krefelder Krawallen vom 25. Juni dieses Jahres der Polizei als einer der Hauptädelsführer unter den etwa tausend militanten Gewalttätern aufgefallen war und seither mit Haftbefehl gesucht wurde. Der Mann, der sich seither im Ausland aufgehalten hatte, konnte am Freitag am deutsch-niederländischen Grenzübergang bei Aachen festgenommen werden. Polizei und Staatsanwaltschaft hatten bislang von seiner Doppelrolle nichts gewußt. Diese kam erst bei der Vernehmung zutage. Bei den damaligen Ausschreitungen während eines Festaktes mit dem amerikanischen Vizepräsidenten Bush, mit Bundespräsident Carstens und Bundeskanzler Kohl aus Anlaß des 300. Jahrestages der Auswanderung deutscher Bürger in die Vereinigten Staaten waren 134 Gewalttäter vorübergehend festgenommen und 34 Polizeibeamte verletzt worden, einige von ihnen schwer.«

Und die Abschirmung? Dazu eine Woche später *Der Spiegel*[43]:

»Daß ein V-Mann zum agent provocateur wird, findet Berlins Innensenator Heinrich Lummer (CDU) ›unerwünscht und unerträglich‹. Noch schlimmer aber findet er es offenkundig, wenn einer enttarnt wird. Jedenfalls legten sich Lummers Beamte beispiellos ins Zeug, um die sich abzeichnende Affäre beizeiten zu bereinigen.«

Was dabei herauskommen wird, ist allerdings noch nicht abzusehen, da die nordrhein-westfälische Justiz auf die Berliner Wünsche zunächst ziemlich zurückhaltend reagiert hat.[44]

Soviel zu den Fällen, in denen die Verdachtssituation durch die Mithilfe der V-Leute erst entsteht.

2) Natürlich kann es auch so sein, daß sie tätig werden, wenn ein einfacher Tatverdacht bereits *vorliegt*. Das illustriert vielleicht der

folgende Sachverhalt aus einer Entscheidung des Bundesgerichtshofs:[45]

Der Angeklagte war von dem Iraner S. »um Vermittlung einer größeren Menge Heroins gebeten worden. Der Angeklagte war zu jener Zeit heroinsüchtig. S. war andererseits durch die Führung eines Kriminalbeamten als V-Mann für die Kriminalpolizei tätig und hatte den Angeklagten deswegen angegangen, weil er dessen Heroinsucht bemerkt hatte und über ihn an Heroinverkäufer herankommen wollte.«

Ein Hindernis, die ermittelnde Tätigkeit aufzunehmen, besteht in Fällen dieser Art nicht. Was dabei im einzelnen zweckmäßig sein kann, ist der vorausschauenden Phantasie des Gesetzgebers entzogen. Welche Beobachtungen, Befragungen, Suche nach Spuren und anderen Indizien die Polizei anstellt, bleibt im Prinzip also ihrem Ermessen überlassen.[46] Dessen Grenze ist jedoch erreicht, wenn jemand durch Maßnahmen dieser Art *Belastungen* ausgesetzt ist.[47]

Die Belastung, die durch den Einsatz von V-Leuten entstehen kann, ist nicht geregelt in der Strafprozeßordnung. Bleibt sie unterhalb der Schwelle der Belastungen, die geregelt sind, so gibt es keine Einwände gegen den Einsatz. Ein V-Mann, dessen Tätigkeit sich darin erschöpft, daß er sich umhört, Wahrnehmungen verschiedener Art weitergibt usw., bleibt damit im Zweifel im erlaubten Rahmen.

Geht er aber zu listigen Manövern über, so könnten Grenzen der Zulässigkeit sichtbar werden. Die Personen, über deren – von ihm oder der ihn einsetzenden Polizei vermuteten – Kriminalität der V-Mann etwas erfahren möchte, beginnen ihn irgendwann als einen der ihren zu betrachten; die Täuschung ist gelungen, sie vertrauen ihm ihre Pläne an, wiegen sich in Sicherheit. Der V-Mann könnte sich damit zufrieden geben, sein Wissen an die Polizei weiterzugeben und diese instand zu setzen, mit konventionellen Mitteln die Überführung einzuleiten. Wüßten die Verdächtigten über diese für sie bedrohliche Entwicklung Bescheid, würden sie eine große Belastung empfinden und sich vielleicht fragen, ob das mit rechten Dingen zugegangen sei.[47a]

Die Antwort hängt davon ab, ob das in der Strafprozeßordnung aufgestellte *Verbot*, die Freiheit der Willensentschließung und Willensbetätigung des Beschuldigten durch *Täuschung* zu beeinträchtigen (§ 136a) hier einschlägig ist. Beschuldigte in einem formellen

Sinne sind die von den V-Leuten beeinflußten Personen (noch) nicht. Aber es genügt, daß sie sich – wegen des einmal gefaßten Anfangsverdachts – gleichsam materiell bereits in dieser Rolle befinden.[48] Daher müssen die Vorschriften, welche die Strafprozeßordnung für den Schutz der Beschuldigten enthält, angewendet werden, und es kommt für die Entscheidung dann im wesentlichen nur noch darauf an, ob in der V-Leute-Aktivität eine Beeinträchtigung der Willensentschließung und Willensbetätigung ihrer Adressaten liegt.

In etwas anders gelagerten, aber vergleichbaren Fällen ist das in der Tat angenommen worden. (Etwa wenn der Beschuldigte durch eine Privatperson ausgehorcht wird, die sich dabei der Täuschung bedient[49], oder wenn ein Polizeispitzel in die Zelle des Beschuldigten gelegt wird, damit dieser sich dort Informationen durch Täuschung beschaffen kann.[50]) Fälle dieser Art sind noch nicht entschieden worden, und es ist auch nicht mit solchen Entscheidungen zu rechnen.

Denn in der Praxis geben sich die V-Leute mit der Erreichung des beschriebenen Stadiums nicht zufrieden. Den entscheidenden Durchbruch haben sie erst geschafft, wenn der Verdächtige eine Tat begeht, die sie selbst bezeugen können. Diese Zeugenschaft läßt sich aber fast nie durch bloße Beobachtung erreichen; vielmehr bedarf es einer *Mitwirkung* bei der Tat. Daher kommen die Fälle, wenn überhaupt, nur wegen der damit gegebenen Eskalation vor Gericht. Es bestehen allerdings wenig Zweifel, daß – wenn auch die früheren Stadien ruchbar würden – sie ebenso zu behandeln wären wie die erwähnten Fälle der Aushorchung durch private oder Polizeispitzel in der Zelle. Es ist jedoch müßig, diese Überlegungen anzustellen, solange sie nicht praktisch werden können, und obendrein auch überflüssig, weil die tatsächlichen Fälle problematisch genug sind.

Eine Täuschung liegt sicher immer dann vor, wenn der V-Mann den Verdächtigten zu einer neuen Tat *verführt*. Wüßte der Verdächtigte, was der V-Mann eigentlich im Schilde führt, so würde er dessen Ansinnen keineswegs folgen. Es liegt also eine Beeinträchtigung der Willensentscheidung und Willensbetätigung vor, die derjenigen gleicht, von der § 136a Strafprozeßordnung spricht.[51]

Darüber hinaus ist der Tatbestand der Anstiftung zu einer *strafbaren Handlung* erfüllt. Eingriffe in die Sphäre einer Person, welche an sich unter Strafe gestellt sind, kennt die Strafprozeßordnung durchaus, beispielsweise Freiheitsberaubung durch Anordnung der Untersuchungshaft, Körperverletzung durch Entnahme einer Blutprobe und ähnliches mehr. Aber diese Eingriffe sind abschließend geregelt. Die Anstiftung zu einer Straftat ist in diesem Katalog nicht vorgesehen.

Daher ist die Polizei bemüht, den Vorwurf auszuräumen, es handele sich in diesen Fällen um strafbares Verhalten. In erster Linie verweist sie daruf, daß die (um bei diesem Fall zu bleiben) durch den V-Mann zum Verkauf von Betäubungsmitteln veranlaßten Personen ihrerseits ja zum Verkauf längst entschlossen gewesen seien, zur strafbaren Anstiftung jedoch gehöre, daß bei jemandem der Entschluß gerade durch die Aktivität dessen, den man wegen Anstiftung belangen will, erst hervorgerufen worden sei. Diese Argumentation mißachtet Regeln, die das materielle Strafrecht für die Anstiftung seit langem ausgebildet hat. Danach genügt es, wenn in der aktuellen Situation jemand dazu bestimmt worden ist, eine Tat zu begehen[52]; ob er eine mehr oder weniger latente Bereitschaft dazu bereits gehabt hat, ist unbedeutend.[53]

Ein weiteres Argument der Polizei lautet: Der V-Mann, der zum Verkauf von Betäubungsmitteln anrege, habe nicht die Absicht, den Stoff weiterzugeben; vielmehr gelange dieser ja zur Polizei. Daher fehle es an einem Schädigungsvorsatz. Man könnte versucht sein, dagegen einzuwenden, es genüge doch für die Strafbarkeit wegen Anstiftung, wenn jemand in Schuld und Unrecht verstrickt worden sei; das heißt, komme es aufgrund dieses Vorganges zur Bestrafung des Angestifteten, dann sei der Anstifter eben gerade dafür haftbar zu machen. Indessen muß hier eingeräumt werden, daß nur nach einer wenig verbreiteten Auffassung dies der Grund für die Bestrafung des Anstifters ist. Ganz überwiegend wird angenommen, daß er nicht für die Verführung des Täters als solche, sondern dafür bestraft werde, daß er auf diesem Wege ein Rechtsgut verletze[54] – hier die Gefährdung anderer Menschen durch Betäubungsmittel. Wenn das stimmt, ist der Einwand der Polizei nicht ganz von der Hand zu weisen, gerade das wolle sie durch ihre Aktion beim Ankauf von Betäubungsmitteln verhindern. Es ist aber nun eine Eigentümlichkeit des Strafrechts, die in anderen Lebensbereichen ganz selbstverständlich hingenommen wird, daß auch hier die »Augenblicksaufnahme« entscheidet. Wer ein Betäubungsmittel verkauft, vollendet eine strafbare Tat, und wer dazu anstiftet, muß sich diesen Vorgang zurechnen lassen, mit anderen

Worten, ein solcher Vollendungsvorsatz genügt für die Strafbarkeit auch des Anstifters.[55] Es wird gleichsam unwiderleglich vermutet, daß damit die Gefährdung des Rechtsgutes, für deren Vermeidung das Strafgesetz aufgestellt worden ist, bereits eingetreten ist. Spätere Korrekturen oder ein Auffangen des endgültigen Schadens gelten als unbeachtliche Wiedergutmachung, die an der Begründung der Strafbarkeit nichts ändern können, allenfalls zur Milderung der Strafe beitragen. Der landläufigste Fall, in dem diese Konstruktion sichtbar wird, ist der, daß jemand, der eine Summe unterschlagen hat, sich darauf beruft, er habe sie nach und nach zurückgezahlt. An der Unterschlagung ändert das, wie jeder weiß, nachträglich nichts. Von diesem Grundsatz isolierter Tatbetrachtung abzugehen, besteht in den Fällen, in denen V-Leute tätig werden, keine Veranlassung.[56]

Die Kriminalpolizei findet das unerträglich. Sie wähnt sich in einer Art Ermittlungsnotstand und hat daher, abgesehen von den bereits behandelten Argumenten, noch eine zweite, grundsätzliche Verteidigungslinie aufgebaut. Sie beruft sich auf eine Vorschrift des Strafgesetzbuches, die unter gewissen Voraussetzungen strafbare Handlungen rechtfertigt. Diese Vorschrift (§ 34) lautet:

»Wer in einer gegenwärtigen, nicht anders abwendbaren Gefahr für Leben, Leib, Freiheit, Ehre, Eigentum oder ein anderes Rechtsgut eine Tat begeht, um die Gefahr von sich oder einem anderen abzuwenden, handelt nicht rechtswidrig, wenn bei Abwägung der widerstreitenden Interessen, namentlich der betroffenen Rechtsgüter und des Grades der ihnen drohenden Gefahren, das geschützte Interesse das beeinträchtigte wesentlich überwiegt. Dies gilt jedoch nur, soweit die Tat ein angemessenes Mittel ist, die Gefahr abzuwenden.«

Gegen die Anwendung dieser Vorschrift auf die Tätigkeit von V-Leuten bestehen schwere Bedenken.

Zunächst würde ihre Anwendung eine Durchbrechung des Grundsatzes bedeuten, daß strafbare Eingriffe in der Strafprozeßordnung abschließend geregelt sind. Außerdem ergäbe sich ein Widerspruch zu den allgemeinen Grundsätzen der Regelung hoheitlicher Befugnisse:

»Oberstes Prinzip dieses Sachbereiches ist der staatsrechtliche Vorbehalt des Gesetzes für Eingriffe in die Individualsphäre seiner Bürger. Dieser Vorbehalt dient rechtsstaatlichen und demokratischen Zwecken. Der rechtsstaatliche Zweck wurzelt im Bereich der Rechtssicherheit; die Voraussetzungen für staatliche Eingriffe in Individualrechtsgüter sollen allgemein erkennbar und berechenbar sein, damit der Bürger weiß, was ihm seitens des Staates bevorstehen kann. Der demokratische Aspekt des Gesetzesvorbehaltes besagt, daß der Gesetzgeber darüber entscheiden muß, unter welchen Voraussetzungen der Staat in die Individualsphäre eindringen darf, weil er allein über die demokratische Legitimation verfügt, die hier notwendig ist. Denn die Frage, welchem öffentlichen Interesse ein Individualinteresse zu weichen hat, ist eine Frage von höchster politischer Bedeutung, die deshalb einer öffentlichen Diskussion und einer demokratischen Entscheidung bedarf ... wo der Gesetzgeber dem Staat einen Eingriff in grundrechtlich geschützte Individualrechtsgüter erlaubt, da sagt er stets, welches Staatsorgan hierzu berechtigt sein soll. § 34 Strafgesetzbuch enthält eine solche Bezeichnung nicht. Schon dies zeigt, daß die Vorschrift nicht auf öffentlich-rechtliche Belange berechnet ist. Denn wäre sie im hoheitlichen Bereich anwendbar, so würde sie es erlauben, die öffentlich-rechtlichen Kompetenzzuweisungen einfach zu negieren. Wichtige politische Entscheidungen, wie etwa die, dem Verfassungsschutz keine polizeilichen Befugnisse einzuräumen ... könnten dann unter Berufung auf § 34 StGB unterlaufen werden.«[57]

Selbst wenn man sich über diese Argumente hinwegsetzen würde, müßte die Anwendung des § 34 Strafgesetzbuch an Einzelheiten scheitern. Zunächst müßte eine gegenwärtige Gefahr dargetan werden. Davon kann keine Rede sein bei dem Verdacht, jemand könnte die Neigung haben, Betäubungsmittel zu verkaufen. Die allgemeinen Anforderungen an »Gegenwärtigkeit« im Sinne dieser Vorschrift sind sehr viel enger: Es muß die Gefahr wirklich unmittelbar bevorstehen. Sodann muß die Gefahr nicht anders abwendbar sein. Dabei stellt sich die Frage, ob es nicht für den V-Mann näherläge, gerade umgekehrt zu verfahren. Das heißt zu verhindern, daß aus der Neigung, Betäubungsmittel zu verkaufen, eine Realität werde. Diese Überlegung weist die Polizei freilich unter Hinweis auf längerfristig gesteckte kriminalistische Ziele zurück. Die allgemeine Gefahr der Ausbreitung des Betäubungsmittelhandels sei zu bekämpfen.

Kommt man der Polizei in diesem Punkt entgegen und unterstellt nicht nur die *Gegenwärtigkeit* der durch den Handel mit Betäubungsmitteln – um bei diesem Beispiel zu bleiben – bestehenden Gefahr, sondern auch, daß sie nicht anders als durch den Einsatz von zum Verkauf von Betäubungsmitteln anstiftenden V-Leuten abwendbar sei, so ist man mit der Überwindung der Schwierigkeiten bei der Anwendung von § 34 Strafgesetzbuch – rechtfertigender Notstand – keineswegs am Ende. Jetzt nämlich muß man sich die widerstreitenden Interessen näher ansehen. Auf der einen Seite haben wir den deutlich umrissenen Sachverhalt, daß eine konkrete Straftat – Verkauf von Betäubungsmitteln – begangen wird. Auf der anderen Seite die Aussicht, daß mit der Ergreifung des Täters dieser strafbaren Handlung weitere Straftaten dieses Täters – das nennt man Spezialprävention – und anderer Täter, die davon hören – das nennt man Generalprävention – unterbleiben. Diese Aussicht ist äußerst vage, denn ihre Realisierung hängt von einer Reihe zusätzlicher, der Kontrolle der Polizei durchaus entzogener Umstände ab. Eine Interessenabwägung zugunsten des anstiftenden V-Mannes würde daher mit einer Regel brechen, welche die Rechtsprechung in anderen Fällen, etwa wenn bei Demonstrationen die Fortbewegungsfreiheit dem Eintritt für die Meinungsfreiheit vorgezogen wird, stets anwendet. In diesen und anderen Fällen hat die Rechtsprechung sich immer auf den Standpunkt gestellt, daß längerfristige, in großen Zusammenhängen stehende, relativ abstrakt bleibende und der genauen Messung sich entziehende Interessen hinter konkreten, aktuellen, isolierbaren und feststehenden Interessen zurückzustehen haben.[58]

Es bestehen also starke Zweifel daran, ob die in Frage stehenden Interessen überhaupt vergleichbar sind. Versucht man dennoch, den Vergleich durchzuführen, so muß man einmal zusammenhängend aufführen, was im einzelnen der mit dem V-Leute-Einsatz beabsichtigten Strafverfolgung weichen soll:

Der Angestiftete erleidet durch die Bestrafung eine Minderung seines sozialen Status. Zwar ist, wie gesagt[59], das nicht der Grund dafür, weshalb der Anstifter bestraft wird – aber das bedeutet nicht, daß man diese Folge ganz übergehen darf.[60] Denn nicht nur Interessen, deren Verletzung sogar mit *Strafe* bedroht ist, sind bei der Güterabwägung gemäß § 34 zu berücksichtigen. Die Wirkungen, die beim Angestifteten eintreten, sind in der Wissenschaft oft und eindringlich beschrieben worden:

»Die Werbung für das Unrecht, für einen Angriff gegen die Rechtsordnung, bleibt ... eine Störung des sozialen Friedens, eine Gefährdung der sozialen Achtung, die einer genießt«[61], so daß in der Regel auch seine »Selbstachtung beeinträchtigt wird«.[62]

»Es ist heute anerkannt, daß ein Recht der Persönlichkeit auf Achtung und freie Entfaltung besteht. Unsere Verfassungen garantieren es. Es ist ein Rechtsgut, nicht weniger als andere. Indem der Anstifter einen anderen dazu bringt, Unrecht zu tun, verletzt er dieses Rechtsgut... indem er die Motivation des Willens eines anderen auf das Verbotene lenkt, greift er in die freie Entfaltung seiner Persönlichkeit ein.«[63]

Diese Vorgänge wiegen um so schwerer, als sie in direktem Gegensatz zu der im modernen Sozialstaat selbstverständlichen Forderung stehen, die Eingliederung der Bürger in ein normales soziales Leben aktiv zu fördern.[64]

Bedenkt man, daß alle diese Interessen, die durch den mit staatlicher Billigung zu einer Straftat anstiftenden V-Mann beeinträchtigt werden, nicht einmal die Hauptsache sind, sondern zu dem eigentlichen Interesse, der Verletzung des jeweils geschützten Gutes hinzutreten, so spricht eigentlich wenig dafür, sie hinter jenen kriminalistischen Interessen zurückweichen zu lassen. Nimmt man die Versuche hinzu, die weniger aus Polizeikreisen als aus Justizkreisen kommen, diese Interessen unter dem allgemeineren Begriff der Effektivität der Strafrechtspflege oder, wie man neuerdings auch sagt, Funktionstüchtigkeit der Strafrechtspflege zusammenzufassen, so wird die Aufgabe der Güterabwägung nicht leichter. Denn – wohl erwogen – muß zur Effektivität oder Funktionstüchtigkeit der Strafrechtspflege ja auch gerechnet werden, daß die Strafverfolgungsbehörden ihre Erfolge auf rechtlich zulässigen Wegen erreichen.[65] Was wäre das für ein blinder Begriff von Effektivität oder Funktionstüchtigkeit, der nur auf die – gleichviel um welchen Preis – erreichte Zahl der Verurteilten sähe. Es würde sich mit dieser Argumentation sogar ein Zirkelschluß eröffnen: Das, was man eigentlich erst zu beweisen hätte – dürfen unkonventionelle Wege beschritten werden, um die Zahl der Verurteilungen zu erhöhen –, würde hier vorausgesetzt und bei der Güterabwägung schon auf der Habenseite der Ermittlungsbehörden verbucht.

Wer immer noch schwankt, der muß sich schließlich entgegenhalten lassen, daß § 34 Strafgesetzbuch nicht nur ein einfaches Überwiegen der kriminalistischen Interessen vor den Interessen des Angestifteten verlangt; vielmehr müssen diese Interessen *wesentlich* überwiegen.[66] Hier dürfte das Ende einer Argumentation erreicht sein, die sich für die ausnahmsweise Gestattung des Einsatzes zu Straftaten anstiftender V-Leute auf die Generalklausel des § 34 Strafgesetzbuch zu berufen versucht.[67]

Nicht immer liegt es so, daß der V-Mann nur anstiftet. Manchmal dirigiert er das Geschehen in einer Weise, daß man von mittelbarer Täterschaft – einer schärferen Form strafrechtlicher Haftung –

sprechen muß.⁶⁸ Für diese Fälle gilt das bisher Gesagte erst recht.

Andererseits bleibt die Mitwirkung der V-Leute häufig auch hinter der Anstiftung zurück, stellt sich lediglich als Beihilfe dar. Das heißt, die Verdächtigten bedürfen tatsächlich nicht mehr des Anstoßes, sie handeln von selbst; aber um nicht als Polizeispitzel aufzufallen, müssen sich die V-Leute dazu bequemen, ihnen doch zu helfen. Damit machen sie sich der strafbaren Beihilfe schuldig. Das ist nicht so schlimm wie Anstiftung; gleichwohl gilt alles, was gegen die Zulässigkeit einer solchen Anstiftung gesagt worden ist – mit einer gewissen Abschwächung – auch für die Beihilfe.

Manchmal können es die V-Leute sogar einrichten, gar nichts zu tun und den Dingen einfach ihren Lauf zu lassen – bis zu dem Zeitpunkt, zu dem die Polizei in flagranti eingreifen kann. Auch durch Unterlassen freilich kann man sich strafbar machen, wenn man verpflichtet ist, den Erfolg abzuwehren. Diese Verpflichtung ist nicht immer gegeben, und auch nicht jeden trifft sie. Im Auftrage oder mit Billigung der Polizei handelnde V-Leute indessen, haben Aufgaben übernommen, in deren Rahmen sie eigentlich zur Anwendung strafbarer Handlungen verpflichtet sind. Wenn also ein V-Mann einen Tip bekommen hat, daß zu einer bestimmten Zeit an einem bestimmten Ort ein Einbruch passieren wird, und mit der Polizei dorthin fährt (vielleicht sogar vorher, wie es durchaus geschieht, die Täter bei den Vorbereitungen der Tat beobachtet), so müßte er die Tat eigentlich verhindern und ist für den Fall, daß er es nicht tut, wegen Beihilfe durch Unterlassen strafbar.⁶⁸ᵃ Man kann nun nicht sagen, daß ein solches Verhalten gleichzeitig ein Eingriff in die persönliche Sphäre der Täter ist. Insofern fällt es nicht unter das Verbot, jenseits der in der Strafprozeßordnung abschließend zugelassenen Möglichkeiten, einer Person massiv zuzusetzen. Jedoch gilt über das Verbot hinaus, andere als in der Strafprozeßordnung vorgesehene *Eingriffe* in die persönliche Sphäre des einzelnen vorzunehmen, der allgemeine Satz, daß Ermittlungsmaßnahmen – auch wenn sie sich *nicht* als *Eingriff* in die persönliche Sphäre der Verdächtigten oder Dritter darstellen – für den Fall, daß sie gleichwohl einen *Straftatbestand* erfüllen, von der Strafprozeßordnung *ausdrücklich* zugelassen worden sein müssen. Die Rechtsprechung hat mit Fällen dieser Art bisher nichts zu tun gehabt, weil offenbar noch kein Verteidiger versucht hat, auf diesem Wege etwas für seinen Mandanten zu tun.

Gesetzt, es gelänge den Ermittlungsorganen, durch Erzeugung eines *neuen* Verdachtes – im Wege der Beteiligung am Delikt durch den V-Mann – den *alten* Verdacht, für den bereits Material vorliegt, zu steigern oder gar in Gewißheit zu verwandeln, etwa, indem nun neue Beweismittel, beispielsweise Zeugen, verfügbar werden, so wäre das nach dem bisher Dargelegten auf unzulässigem Wege geschehen. Das Verblüffende ist nun, daß die Polizei, haben die Dinge erst einmal diesen Lauf genommen, sich um den alten Verdacht gar nicht mehr kümmert. Sollte sie das in der weisen Annahme tun, daß ihr die Unzulässigkeit der ergriffenen Methode den Weg dazu versperrt? So ist es natürlich nicht – andernfalls hätte sie sich ja den ganzen Aufwand ersparen können. Vielmehr scheint es so zu sein, daß die Erzeugung des neuen Verdachts kriminalistisch gar nicht geeignet ist, bei der Aufklärung des alten Verdachtes weiterzuhelfen. Der alte Verdacht wird offenbar nur als Indiz dafür aufgefaßt, daß man es mit einer Person zu tun hat, welche die Neigung, Straftaten zu begehen, besitzen könnte, und diese Neigung wird nun überprüft.

Man muß sich klar machen, was das bedeutet. Es bedeutet, daß es auch in diesen Fällen die Polizei gar nicht daran interessiert ist, bereits begangene Straftaten aufzuklären, sondern unmittelbar – nicht über den Weg der generalpräventiv oder spezialpräventiv wirkenden Verurteilung wegen einer begangenen Tat – künftige Taten zu verhindern, indem Personen, von denen man annimmt, daß sie solche Taten begehen könnten, in solche Taten verwickelt werden, um sie dann durch die Verurteilung für eine Weile aus dem Verkehr zu ziehen. Die Strafprozeßordnung ist für diese rein präventive Verbrechensbekämpfung nicht gemacht; es handelt sich auch in diesen Fällen um im Polizeirecht der Länder geregelte polizeiliche Gefahrenabwehr.[69]

Die Gefahr weiterer Taten mag mit dem einfachen Verdacht einer schon begangenen Tat gegeben sein. Aber die Behauptung, daß diese Gefahr unmittelbar bevorstehe, ginge an der Lebenserfahrung vorbei. Auch von unaufschiebbar zu beseitigender Störung der öffentlichen Sicherheit oder Ordnung kann daher noch keine Rede sein.

Wer das anders sieht und sofortiges polizeiliches Handeln fordert, hat gleichwohl keinen Freibrief für den schrankenlosen Einsatz von V-Leuten. Denn das Polizeirecht schreibt vor, daß bei der Gefahrenabwehr der Grundsatz der Verhältnismäßigkeit zu beachten ist. Die Güterabwägungen, die danach erforderlich werden, führen zur Frage des Ermittlungsnotstandes. Daß seine Voraussetzungen nicht vorliegen, wissen wir jedoch schon. Hinzu kommt das Risiko, daß etwas Unvorhergesehenes passiert, wie ein kürzlich berichteter Fall zeigt. Der V-Mann hatte erklärt:

»Sofort-Geschäfte habe er nicht gemacht, sondern die Verhandlungen jeweils so weit hingezogen, daß die Polizei informiert werden konnte. In einem Fall sei es auch zu einer Schießerei gekommen: als der Dealer merkte, daß die Kripo in der Nähe war, schoß er auf die Polizisten.«[70]

II. Ist staatlich gesteuerte Deliktsbeteiligung das Vehikel für die *Aufnahme* von Ermittlungen, so gelangen sie damit meistens auch gleich in ein sehr fortgeschrittenes Stadium. Der neue Verdacht ist – einmal erzeugt – sofort so eindeutig und *dringend,* daß – wenn auch die übrigen Voraussetzungen, vor allem Flucht- oder Verdunkelungsgefahr, vorliegen – Untersuchungshaft angeordnet werden kann; auch ist er in der Regel *hinreichend* für die unmittelbare Vorbereitung der Anklage. Weiterer Manöver mit V-Leuten bedarf es nicht.

Das gilt erst recht für den Übergang des Ermittlungsverfahrens in das *Hauptverfahren*. Für seine Eröffnung braucht nicht mehr festgestellt zu werden als für die Anklage; nur muß das jetzt durch die Richter geschehen. In der Praxis sieht das so aus, daß sie in der Regel keine selbständigen Ermittlungen anstellen, sondern die Version der Staatsanwaltschaft überprüfen und entweder zurückweisen oder übernehmen. Zum V-Leute-Einsatz kommt es nicht mehr – auch nicht im weiteren Verlauf des Verfahrens, das dem Richter *Gewißheit* des Verdachts schafft und damit die Grundlage für eine Verurteilung wird oder – wenn Zweifel bleiben – mit Freispruch endet. Es geht, was die V-Leute betrifft, nur noch darum, wie sich ihr zum Einschreiten der Polizei führender Einsatz auf die weiteren Verfahrensabschnitte auswirkt.

Wenn der Einsatz der V-Leute unzulässig ist, müßte man von einer intakten Justiz erwarten, daß sie diesen Fehlgriff korrigiert. Man könnte sich also vorstellen, daß bereits der Haftrichter, wird er über den Hergang aufgeklärt, sich weigert, die Untersuchungshaft anzuordnen, oder daß ein Staatsanwalt von vornherein keine Anklage erhebt. Da es sich freilich um schwierige Rechtsfragen handelt, müßten die kritischen Positionen deutlich und mit Nachdruck vorgetragen werden. Dazu sind die Verteidiger da. Sie bringen die Frage der Zulässigkeit des V-Leute-Einsatzes in der Regel aber erst in der Hauptverhandlung zur Sprache – dann, wenn es um den endgültigen Beweis geht. Das mag man beklagen, begründet jedoch erst einmal ein besonderes Interesse an der Behandlung des Problems in dieser Phase. Es verschärft sich dadurch, daß in den meisten Fällen nach wie vor nicht nur die Korrekturen ausbleiben, sondern die Gerichte dem ersten Rechtsverstoß – staatliche Deliktsbeteiligung – weitere hinzufügen.

1) Wenn V-Leute in unzulässiger Weise tätig werden, sei es, weil sie die Schwelle des Anfangsverdachts oder in § 136a Strafprozeßordnung fixierte Verbote der Täuschung mißachten, sei es, daß sie – darüber hinaus – sich an Delikten beteiligen, liegt zunächst die Folgerung nahe, das von ihnen angebotene Tatsachenmaterial nicht zur Kenntnis zu nehmen. Das wäre möglich, wenn es eine Regel gäbe, die es verböte, dieses Tatsachenmaterial bei der Beweis*aufnahme* zu verwerten. Da Grundlage für die Verurteilung nur das sein darf, was in der Hauptverhandlung Gegenstand der Beweisaufnahme gewesen ist[71], hätte ein solches Verbot die Wirkung des Freispruchs.

Die Strafprozeßordnung kennt eine Reihe von Verwertungsverboten. Sie sind allerdings so konstruiert, daß sie in der Regel erst bei der abschließenden Beratung für das Urteil zum Zuge kommen. Beispielsweise, wenn sich herausstellt, daß der Zeuge unter dem Einfluß eines unzulässigen Zwanges ausgesagt hat (wobei der Zwang entweder in der Hauptverhandlung ausgeübt worden ist, oder schon im Vorverfahren, sich aber auf die Aussage in der Hauptverhandlung auswirkt). Weiß man aber bereits bei der *Erhebung* der Beweise, daß Tatsachenmaterial zur Debatte steht, das auf unzulässige Weise produziert worden ist, so kann sich die Unzulässigkeit seiner Verwertung schon jetzt auswirken[72], es wird gar nicht erst zum Beweisgegenstand gemacht. Insofern kann man auch von einem Beweis*tatsachen*verbot sprechen; diese Konstruktion ist nicht ungewöhnlich[73]; beispielsweise darf der Inhalt einer geheimen richterlichen Beratung nicht zum Gegenstand eines Beweises gemacht werden.[74]

Das Gericht könnte diesem Verbot, über *Tatsachen* Beweis zu *erheben*, zunächst dadurch Geltung zu verschaffen suchen, daß es den V-Leuten einfach kein Gehör schenkt. Das käme dem Wunsch der Polizei nach Abschirmung freilich sehr entgegen. Die Gerichte müßten daher einen Schritt weitergehen, und auch die Personen, die etwas über die Arbeit der V-Leute berichten können, d. h. die Polizisten, die den V-Mann, wie es amtlich heißt, führen, nicht vernehmen (Beweis*mittel*verbot).

Liegt ein Beweiserhebungsverbot vor, so ist die Folge, daß der Angeklagte freigesprochen werden muß, wenn andere Beweise für die – von dem Angeklagten nicht zugegebene – Tat nicht existieren.

Setzt sich das Gericht über dieses Beweiserhebungsverbot hinweg, so muß es bei der Urteilsfindung das Verbot beachten, die erhobenen Beweise zu verwerten[74a]; gegebenenfalls ist freizusprechen.[75]

Die Rechtsprechung hat sich zu dieser Lösung bisher nicht durchringen können, sondern in einigen Fällen lediglich zugestanden, daß bei »erheblicher Einwirkung« des V-Mannes auf die –später angeklagten – Täter von deren Bestrafung abgesehen werden könne.[75a] Die rechtliche Konstruktion schwankt. Wer in erster Linie an die Person des Provozierten denkt, hat offenbar die Neigung, von einem (persönlichen) Strafausschließungsgrund zu sprechen.[75b] Fixiert wird der Vorgang der Verführung.[76] Allerdings sind die Voraussetzungen für deren Annahme immer noch eng.[77] Faßt man das Ergebnis, Freispruch des Provozierten unter Absehen von seiner (weiteren) Verfolgung, als Konsequenz aus der Mißbilligung des unkorrekten Verhaltens der Strafverfolgungsbehörden auf, so scheint sich der Begriff der »Verwirkung des Strafanspruchs« anzubieten.[77a] Jedoch fehlt diesem Begriff die Präzision.[77b] Handelt es sich um ein materiell-rechtliches Argument? Dann müßte namhaft gemacht werden, ob Tatbestandsmäßigkeit, Rechtswidrigkeit oder Schuld entfallen (denn für jenseits davon liegende Kriterien wie »Strafbedürfnis« oder »Strafwürdigkeit« gibt es keine selbständige Legitimation).[78] Das ist bisher nicht geschehen[79] und dürfte auch in der Zukunft schwerfallen. Ist das Argument aber prozessualer Natur, so sollte man nicht länger leugnen, daß es um Beweisverbote geht.[79a]

Spätestens der Respekt vor dem Beweisverwertungsverbot bremst das Verfahren. Insofern könnte man auch – allgemeiner – von einem Verfahrenshindernis reden. Irreführend ist daher der vom 1. Strafsenat des BGH aufgestellte Begriff des Verfahrenshindernisses: es liege praktisch nur vor, wenn jede Entscheidung unterbleibe (so daß der 1. Senat – von seinem Standpunkt aus – mit Recht etwa die eine Verurteilung verhindernde amerikanische Doctrine of Entrapment nicht als Verfahrenshindernis einordnet).[80] Würde – entgegen bisheriger Übung – die Konsequenz aus der Unzulässigkeit des Einsatzes zur Tat provozierender V-Leute schon vor dem Beginn der Hauptverhandlung gezogen, so nähme das Hindernis für den Fortgang des Verfahrens ebenfalls die Gestalt eines Verbotes an, bestimmte Tatsachen zu verwerten. Noch weiter davor liegt das Verbot, bestimmte Tatsachen zur Kenntnis zu nehmen. Bis hierher deckt also die Konstruktion des Verbotes, für Tatsachen Beweise zu erheben oder die Ergebnisse einer Erhebung zu verwerten (wenn man davon absieht, daß diese Terminologie für das Verfahren in der Hauptverhandlung reserviert ist), alle Fälle, in denen das Verfahren wegen der Verwendung tatprovozierender V-Leute gestoppt werden soll. Man ist also gar nicht darauf angewiesen, mit einem allgemeinen Verfahrenshindernis zu arbeiten[80a], sondern kann das Kind bei seinem Namen nennen.[80b] Lediglich für die erste Stufe – die künstliche Hervorbringung der Tatsachen (durch die Provokation), die in dem dann beginnenden Verfahren entweder nicht zur Kenntnis genommen oder nicht verwertet werden dürfen – paßt die Konstruktion des Beweisverbotes noch nicht. Aber man braucht sie ja auch noch nicht. Es genügt zunächst die Feststellung, daß die Provokation unzulässig war. Wer sich darüber hinwegsetzen will, stößt dann sofort auf das Verbot, diese – künstlich hervorgebrachten – Tatsachen zur Kenntnis zu nehmen, also auf ein Beweiserhebungsverbot. Wer indessen von vornherein die Unzulässigkeit der Provokation beachtet und sie deshalb unterläßt, kommt gar nicht in die Verlegenheit, ein Beweisverbot zu mißachten. In allen relevanten Stadien des Verfahrens erweist sich das Hindernis, das man ihm wegen des V-Leute-Einsatzes bereiten möchte, mithin als Beweisverbot.

Eine andere Frage ist es, ob man dieser Beweisverbote bedarf. Könnte man sicher sein, daß die tatprovozierenden V-Leute und ihre »Führer« mit Bestrafung oder disziplinierenden Maßnahmen zu rechnen hätten, wären die Situationen, in denen es auf die Wirksamkeit eines Beweisverbots ankommt, vielleicht seltener. Ganz würden sie allerdings wohl nicht verschwinden. Erstens würde der Abschreckungs- oder Erziehungseffekt strafrechtlicher und disziplinarrechtlicher Maßnahmen nicht immer weit genug reichen, und zweitens ist nicht ausgeschlossen, daß die Strafverfolgungsbehörden auch einmal eine Bestrafung oder disziplinarrechtliche Maßregelung der V-Person und ihrer Führer um des Verurteilungserfolges willen in Kauf nehmen. Vor allem aber weiß man doch, daß die Staatsanwaltschaften nicht gern gegen sich selbst ermitteln (da sie »Herr des Ermittlungsverfahrens« auch dann sind, wenn – zunächst – nur die Polizei tätig wird, müßte sie das auch tun, wenn die V-Leute-Aktivität ausschließlich von der Polizei ausgegangen ist), selbst wenn von niemandem Zweifel an der Unkorrektheit des staatlichen Handelns, etwa bei Mißhandlungen des Beschuldigten, geäußert werden. Nicht zuletzt deshalb sind die Beweisverbote, soweit sie an ein strafbares oder disziplinarrechtlich ahndbares Verhalten der Polizei anknüpfen, doch gerade entwickelt worden.[80c] Das Gleiche gilt für den Gedanken der Verwirkung des Strafanspruchs oder die Konstruktion der Strafausschließungsgründe.[80d] Die in der Auffassung des 1. Strafsenats des BGH, daß die dem Schutz des Staates anvertrauten Rechtsgüter nicht zur Disposition des Lockspitzels gestellt werden dürfen[80e], liegende Aufforderung, gegebenenfalls den V-Mann strafrechtlich zur Verantwortung zu ziehen (ein Paradoxon übrigens, oder auch »Eigentor«, wenn man sich die allgemeine Tendenz dieser Entscheidung vergegenwärtigt), ist zur Zeit noch recht akademisch.

Wenn das Gericht nun aber in der Tätigkeit der V-Leute – zu Recht oder zu Unrecht – nichts Unzulässiges sieht und daher ein Beweisverbot – zu Recht oder zu Unrecht – nicht anerkennt, muß es eine Möglichkeit haben, an die Aussage des V-Mannes oder wenigstens an eine Aussage über seine Tätigkeit heranzukommen (es sei denn, die Polizei war beispielsweise, um bei diesem Fall zu bleiben, bei der Übergabe des Betäubungsmittels versteckt zugegen; dann kann sie die Tat – den Verkauf – allein bezeugen).

Weiter ist die Möglichkeit, daß der V-Mann aussagt, von Bedeutung für den Fall, daß nur auf diesem Wege ein – durch die Mitteilung über die Tätigkeit des V-Mannes oder den unmittelbaren Bericht der Polizei entstandener – Verdacht *entkräftet* werden kann, etwa weil sich die Leichtfertigkeit der bisher bekundeten Aussagen des V-Mannes oder sogar die absichtliche Irreführung der Ermittlungsbehörden und des Gerichtes herausstellt.[81]

2) Daher muß, wenn die Tätigkeit und das Wissen eines V-Mannes entscheidungserheblich sein könnten, zusätzlich geprüft werden, welche Anforderungen an die Beweisaufnahme zu stellen sind. Das

könnte ebenfalls zu einer Frage nach Beweiserhebungsverboten werden – jetzt aber nicht bezogen auf Tatsachen, sondern auf Mittel und Methoden.[82]

Anlaß für diese Prüfung ist vor allem die Tendenz der Gerichte, auf unmittelbare Vernehmung des V-Mannes in der Hauptverhandlung – im Interesse seiner weiteren, nicht durch Entdeckung gefährdeten Verwendung – zu verzichten.

Auf den ersten Blick scheint für diesen Verzicht kein Raum zu sein. Denn § 250 Strafprozeßordnung schreibt vor:

»Beruht der Beweis einer Tatsache auf der Wahrnehmung einer Person, so ist diese in der Hauptverhandlung zu vernehmen.«

Die Gerichte aber stoßen auf große Schwierigkeiten, wenn sie von den Ermittlungsbehörden die Namen der V-Leute erfahren wollen, um sie für die Hauptverhandlung zu laden. Die Rücksichten auf diese Sicherheitsbedürfnisse der Polizei hat die Rechtsprechung zu einer Reihe von Zugeständnissen veranlaßt, die Generalbundesanwalt Rebmann[83] in einem viel beachteten Aufsatz zusammengestellt hat. Hier die Stichworte[84]:

Das erkennende Gericht vernimmt den V-Mann zwar in der Hauptverhandlung, schützt ihn jedoch – entweder durch Sicherheitskräfte, optische Abschirmung, Ausschluß der Öffentlichkeit zum Schutze des Angeklagten, Wahrung seiner Anonymität – oder durch eine Vernehmung an einem geheimen Ort, durch Fernsehschaltung oder telefonische Konferenzschaltung.

Reichen diese Möglichkeiten nicht aus, so verzichtet das Gericht auf die Vernehmung in der Hauptverhandlung und beauftragt einen seiner Richter, oder ersucht ein fremdes Gericht um Vernehmung. Noch weitergehend ist die Abfindung mit der Vernehmung des V-Mannes durch einen Polizeibeamten, die schriftliche Befragung oder die Vernehmung eines Zeugen vom Hörensagen.

Diese Großzügigkeit im Umgang mit dem Grundsatz der persönlichen Vernehmung, der vor allem den Anspruch aller Prozeßbeteiligten, insbesondere des Angeklagten, auf rechtliches Gehör sichern soll, gerät aber mehr und mehr ins Wanken, und hat kürzlich – ausgelöst durch Revisionsanträge einiger Verteidiger – zu einer viele Sachkenner überraschenden, auf einen Vorlagebeschluß des 2. Senats[85] ergehenden Entscheidung des großen Senats des Bundesgerichtshofs[86] geführt, deren wesentlicher Leitsatz lautet:

»Es ist nicht zulässig, die kommissarische Zeugenvernehmung einer Vertrauensperson der Polizei gegen den Willen des Verteidigers in dessen Abwesenheit durchzuführen, weil die oberste Dienstbehörde den Zeugen aus Sorge vor dessen Enttarnung nur unter dieser Voraussetzung freigibt.«

Die Begründung ist im wesentlichen diese:

»Die zwingenden verfahrensrechtlichen Vorschriften der Strafprozeßordnung und des Gerichtsverfassungsgesetzes lassen es nicht zu, daß etwa die Laienrichter oder der Verteidiger auch nur zeitweilig von der Teilnahme an der Hauptverhandlung ausgeschlossen werden. Ebensowenig erkennt das geltende Recht die Möglichkeit an, die Anonymität eines Zeugen zu wahren, der richterlich vernommen werden soll. Auch eine Beweisaufnahme unter optischer oder akustischer Abschirmung eines Zeugen, sieht das geltende Recht nicht vor ...
 Die kommissarische Vernehmung des Zeugen ist daher nicht gegen den Willen des Verteidigers in dessen Abwesenheit zulässig, weil die Verwaltungsbehörde nur unter dieser Voraussetzung einer kommissarischen Zeugenvernehmung zugestimmt hat. Es ist auch nicht zulässig, dem Zeugen bei dieser Vernehmung die Nichtangabe seiner Personalien zu gestatten ...
 Der Zeugenbeweis ist eines der wichtigsten Beweismittel, das die Strafprozeßordnung zur Wahrheitserforschung zur Verfügung stellt. Anders als bei den Mitteln des Sachbeweises und weitaus stärker als beim Sachverständigenbeweis hängt die Bedeutung des Zeugenbeweises von Umständen ab, die in diesem Beweismittel selbst begründet sind, namentlich seine Persönlichkeit, sein Lebenslauf, sein Charakter und seine Beweggründe.«[87]

Das ist ein Fortschritt[88], aber noch immer packt der Bundesgerichtshof das Übel nicht an der Wurzel.[88a] Er registriert nicht eindeutig genug, daß in allen diesen Fällen der Rechtsprechung letzten Endes doch von der Verwaltung etwas vorgeschrieben wird. Zwar heißt es in jener Entscheidung auch:

»Bei der Entscheidung darüber, ob die materiellen Voraussetzungen für die Versagung einer Aussagegenehmigung oder die Verweigerung einer Auskunft über die Personalien eines Zeugen gegeben sind, hat sich auch die zuständige Verwaltungsbehörde am Gebot einer rechtsstaatlichen Verfahrensgestaltung zu orientieren. Sie darf nicht nur die von ihr wahrzunehmenden Aufgaben zur Grundlage ihrer Entscheidung machen und sie – auch wenn es sich dabei um noch so bedeutsame Anliegen handelt – als genügende Rechtfertigung dafür betrachten, sich ihrer dem Gericht gegenüber grundsätzlich bestehenden Auskunftspflicht, wie sie in Art. 35 GG vorausgesetzt wird, zu entziehen. Die Bedeutung der gerichtlichen Wahrheitsfindung für die Sicherung der Gerechtigkeit und das Gewicht des Freiheitsanspruchs des Beschuldigten gebieten es vielmehr, daß die Exekutive in Anerkennung des Gewaltenteilungsgrundsatzes diese Belange bei ihrer Entscheidung mitberücksichtigt und ihnen genügendes Gewicht beimißt.

Im übrigen ist die Verwaltungsbehörde gehalten, sich bei ihrer Entscheidung an den Regeln der Strafprozeßordnung auszurichten, an die das Gericht gebunden ist. So hat auch die Verwaltungsbehörde davon auszugehen, daß ein Zeuge grundsätzlich in öffentlicher Hauptverhandlung zu vernehmen ist ...

Verweigert die zuständige Dienstbehörde die Erteilung einer Aussagegenehmigung oder die Mitteilung der Personalien eines namentlich nicht bekannten Zeugen, ergibt sich aus § 244 Abs. 2 StPO die Verpflichtung des Gerichts, die behördliche Weigerung auf eine ausreichende Begründung im dargelegten Sinne zu überprüfen. Ist die Weigerung nicht oder nicht verständlich begründet worden, muß das Gericht – ebenfalls als Folge der Pflicht zur vollständigen Sachaufklärung – von der Verwaltungsbehörde eine Überprüfung verlangen.«[89]

Dann aber fährt das Gericht fort[89a]:

»Der Strafrichter ist allerdings von der Behördenentscheidung insofern abhängig, als er eine Änderung nicht erzwingen kann. Hat die Verwaltungsbehörde einen Zeugen nur mit einer Einschränkung freigegeben, so ist diese an den Vorschriften der Strafprozeßordnung zu messen, an der Richter gebunden ist. Er ist nicht befugt, sich über zwingende Regeln des Gesetzes hinwegzusetzen, um der Entscheidung der Verwaltungsbehörde Rechnung zu tragen. Würde das Verlangen gegen das Gesetz verstoßen, so liegt – falls die Behörde weiterhin darauf beharrt – eine ›Sperrung‹ des Zeugen vor, ihn in der Hauptverhandlung zu vernehmen. Das Gericht hat dann zu prüfen, welche Möglichkeiten ihm das Gesetz bietet, um seiner Pflicht zur Sachaufklärung nach § 244 Abs. 2 StPO zu genügen.

Wenn die Verwaltungsbehörde einen Zeugen für die Vernehmung in der Hauptverhandlung endgültig gesperrt hat, so ist der Zeuge ein Beweismittel, das unerreichbar im Sinne von § 244 Abs. 3 StPO ist. Seinem Erscheinen in der Hauptverhandlung stehen damit ›andere nicht zu beseitigende Hindernisse‹ entgegen, die es zulässig machen, den Zeugen durch einen beauftragten oder ersuchten Richter vernehmen zu lassen und dann das Vernehmungsprotokoll gemäß § 251 Abs. 1 StPO in der Hauptverhandlung zu verlesen.«[90]

Dieses Zugeständnis an die Verwaltungsbehörden geht zu weit. Der Bundesgerichtshof legt die hier maßgebende Vorschrift § 96 StPO[91], wonach es den Behörden gestattet ist, Auskünfte zu verweigern, die dem Wohl des Bundes oder eines deutschen Landes Nachteile bereiten würden, falsch aus.

In der Tat kann zwar in vielen Fällen die Enttarnung des V-Mannes eine Gefahr bedeuten für Regierung und Verwaltung, dann nämlich, wenn deren Effektivität davon abhängt, daß gewisse Vorgänge geheim bleiben. Verteidigungsangelegenheiten, internationale Verbindungen, industrielle und finanzielle Interessen können das erfordern. Geschehen strafbare Handlungen, zu deren Aufklärung Zeugen aussagen müssen, deren Erscheinen vor Gericht eine Durchbrechung dieses Geheimnisschutzes nötig macht, dann treten verschiedene Funktionen der Staatsgewalt zueinander in Konkurrenz. Es ist denkbar, daß die eine Funktion der anderen weichen muß. Das sind schwierige Entscheidungen, bei denen – das ist der durchgehende Tenor eines spektakulären verfassungsgerichtlichen Beschlusses[92] zu dieser Frage – man sich es mit dem Verzicht auf rechtsstaatliche Grundsätze im Strafprozeß aber keineswegs leicht machen darf. Häufiger als von den Gerichten und Behörden bisher angenommen, wird hier den Belangen der Justiz der Vorzug zu geben sein.

In den meisten Fällen besteht jedoch gar kein Anlaß, *dieses* Problem vertieft zu behandeln, weil die Interessengegensätze, die sich in dem Streit um die Freigabe des V-Mannes für eine gerichtliche Vernehmung in der Hauptverhandlung zeigen, von anderer Art sind. Sie sind auf den Binnenraum der Justiz beschränkt:

Kriminalitätsbekämpfung geschieht repressiv – Aufklärung bereits begangener Taten – und präventiv – Verhinderung bevorstehender Taten. Die Aufklärung bereits begangener Taten steht vom ersten Schritt an unter der Herrschaft der Strafprozeßordnung. Die Ermittlungen von Polizei und Staatsanwaltschaft haben – im Falle der Annahme eines hinreichenden Tatverdachtes – kein anderes Ziel als Beweisaufnahme und Aburteilung durch das Gericht. Wenn Ermittlungsprobleme es als erforderlich erscheinen lassen, Beweismittel zu sperren, kann man das zwar durchaus als spezifischen Ausdruck einer Sorge für das Wohl des Bundes oder der Länder auffassen – dem *Gericht* aber kann man diese Spezifizierung nicht entgegenhalten, denn sie ist mit *seiner* Spezifizierung der Sorge um das Wohl des Bundes und der Länder identisch. Es kann sich also bei den Nachteilen für das Wohl des Bundes und der Länder, die jene strafprozessuale Regel, mit der die Behörden ihre Auskunftsverweigerung abstützen, zu berücksichtigen vorschreibt, nicht um Nachteile handeln, deren Vermeidung ohnehin schon Aufgabe des gesamten Strafverfahrens ist.

Relativ einfach läßt sich das nachvollziehen, wenn man nur an eine bereits begangene Tat denkt. Die Enttarnung des V-Mannes breche, wird von den Innenministerien geltend gemacht, die dem Informanten gegebene Zusicherung der Vertraulichkeit[93]; das aber könne die Bereitschaft der Bevölkerung, bei der Aufklärung strafbarer Handlungen mitzuwirken, empfindlich beeinträchtigen. Aber: auf die Ermittlung der bereits *begangenen* Tat, die Gegenstand der Aburteilung werden soll, kann sich das nicht mehr beziehen.

Denkt man nicht nur an die begangene Tat, sondern an zukünftige Taten, könnte das Interesse an der Verhinderung der Enttarnung allerdings mit der Besorgnis, die Verwendungsfähigkeit des V-Mannes zu gefährden, begründet werden. Im Rahmen eines *Strafverfahrens* gibt es aber keinen rechtlichen Grund dafür.

Wäre irgendeine Norm sichtbar, die erkennen ließe, daß es wichtiger ist, Verdächtige *aufzuspüren*, als sie unter Einhaltung der dafür aufgestellten Vorschriften *abzuurteilen*, könnte man darüber reden – aber eine solche Norm gibt es nicht.

Sie könnte etwa lauten:

»Zur Bekämpfung der Gefahr, daß Straftaten begangen werden, dürfen die Beamten des Polizeidienstes selbst – oder durch Beauftragung privater Personen, von denen sie vermuten, daß sie Straftaten begehen könnten – zu Straftaten anstiften. Eines Nachweises der beabsichtigten Abschreckungswirkung auf Dritte bedarf es nicht; auch ist die Zulässigkeit dieser Maßnahmen nicht davon abhängig, daß gegen den Angestifteten ein Strafverfahren durchgeführt werden kann.« Eine in der politischen Landschaft der Bundesrepublik maßgebende Partei, die einen solchen Gesetzentwurf anregen könnte, gibt es nicht. Warum ist man dann aber bereit, sich mit diesem Zustand abzufinden, bloß weil er nicht geregelt ist?

Es gibt eine Erklärung – aber sie erscheint zu aberwitzig, als daß man auch sie noch unserer loyalen Öffentlichkeit zumuten könnte. Wäre es nicht ganz praktisch, über den Bestand vorzuzeigender Kriminalität ein wenig disponieren zu dürfen? Schon Emile Durkheim (1858–1917) hat dem abweichenden Verhalten, wenn es ein bestimmtes Maß nicht überschreitet, eine positive Funktion zugemessen. Eine bestimmte Rate des abweichenden Verhaltens sei normal, die Erregung über den Verbrecher und seine Bestrafung stärke die Gruppenmoral. Später ist die psychoanalytische Theorie der Schattenprojektion dazugetreten: Die Mitglieder einer Gesellschaft wollen das eigene Asoziale oder Unsoziale, das sie hassen und unterdrücken, mit der Bestrafung dessen stellvertretend treffen, der sich die Anpassung an die sozialen und rechtlichen Normen, bei deren Verletzung man mit Sanktionen rechnen muß, offenbar leichtfertig erspart und daher Aggressionen der anderen auf sich zieht. Der Straftäter gewinnt so den Charakter eines Sündenbocks, den man (so das aus dem Alten Testament stammende Bild) buchstäblich belädt. Da dieser Vorgang, wenn er seine Eindruckskraft behalten soll, nicht zur Alltäglichkeit werden darf, muß die Bestrafung Ausnahme bleiben; sind die Normübertretungen demgegenüber viel zahlreicher, so muß ausgewählt werden. Wie, wenn man da ein wenig nachhülfe – je nachdem wie die Bedarfslage ist? Man könnte obendrein versuchen, ganz bestimmte Personen zu treffen. Sagt nicht eine bemerkenswerte moderne kriminalsoziologische Richtung, Kriminalisierung sei ohnehin – z. B. schichtspezifische – »Selektion« aus der Masse überall vorhandener Kriminalität? Die Leichtigkeit, mit der Provokationen zu gelingen pflegen, könnte eine Bestätigung dieser Theorie sein. Aber auch die Fälle, in denen die Verführung großen Aufwand erfordert[93a], sind insofern signifikant; die »Selektion« ist dann gleichbedeutend mit (künstlicher) Herstellung von Kriminalität – ein besonders krasser Fall von »Kriminalisierung« im Sinne der Theorie des »labeling approach«.[93b] Die Sache ist also weniger abenteuerlich, als sie zunächst klingt. Daß die Gerichte wiederum die Entwicklung zu korrigieren beginnen, wäre ein anschauliches Beispiel dafür, wie sehr man sich davor hüten muß, die kritischen Analysen der Soziologen mit einem endgültigen Legitimationsverlust gleichzusetzen.

Auch ungeschriebene Grundsätze der Strafprozeßordnung helfen hier nicht weiter. Es könnte sich nur um Grundsätze handeln, die gestatten, unter gewissen Voraussetzungen ein großes Gefälle zwischen polizeilicher und gerichtlicher Überführung von Verdächtigen durch Lockerung rechtsstaatlicher *Maßstäbe* zugunsten der Bestätigung *polizeilicher* »Überführungen« aufzulösen. Es fällt schwer, sich vorzustellen, woher solche Grundsätze kommen könnten; ganz sicher nicht aus der Verfassung.

Außerhalb des Aufgabenbereichs der Strafprozeßordnung liegt allerdings die unmittelbar präventive Kriminalitätsbekämpfung. Für diese Gefahrenabwehr gelten, wie bereits betont, die landespolizeilichen Vorschriften. Daher könnte sich die auskunftverweigernde Behörde, weist sie darauf hin, daß der V-Mann zu weiterer Arbeit in *diesem* Bereich gebraucht werde, vielleicht auf jene Regel, daß das Wohl des Bundes oder eines deutschen Landes zu berücksichtigen sei, berufen. Wenn etwa V-Leute ausgesandt würden, um *bevorstehende* Verbrechen der Polizei rechtzeitig zu melden, so daß es möglich wäre, sie durch entsprechende Sicherheitsmaßnahmen zu verhindern, könnte ihre Abschirmung wichtiger sein als die Durchführung eines Strafprozesses. Von solchen Fällen hört man indessen nichts; eher ist, wie bereits angedeutet, das Gegenteil der Fall.

Eine andere Frage ist, ob die Polizei bei ihren Aktionen daran gedacht hat, im einzelnen noch im Ungewissen liegende, in irgendeiner Form aber mit großer Wahrscheinlichkeit zu erwartende Straftaten zu verhindern. Man kann das getrost unterstellen. Der Weg, an dessen Ende die Ausschaltung für gefährlich gehaltener potentieller Täter[94] stehen soll, könnte aber nur über die Verurteilung der Täter, also durch das Nadelöhr der rechtsstaatlichen Strafprozeßordnung führen. Es konkurrieren also auch hier nicht präventive und repressive Verbrechensbekämpfung; vielmehr bedient sich die präventive Verbechensbekämpfung der repressiven und unterwirft sich damit deren Bedingungen.[95]

Das Gericht darf daher nicht akzeptieren[96], daß es gerade aufgrund desjenigen Materials zu entscheiden aufgefordert wird, das die Behörden, welche die Ermittlungen einleiten und im einzelnen gestalten, zurückhalten.[97] Scheitert das Gericht mit seinem Bemühen um weitere Informationen, so haben wir ein Beweis*mittel*verbot – zunächst in Gestalt des *Erhebungs*verbots[97a], dann (wenn das Erhebungsverbot mißachtet worden ist) in Gestalt des *Verwertungs*verbots.[97b]

3) Insgesamt ergibt sich demnach für den Umgang mit V-Leuten während des gerichtlichen Hauptverfahrens:

Ist der V-Mann das einzige Beweismittel für die angeklagte Tat und kommt er nicht zur Hauptverhandlung oder nur unter nicht annehmbaren Bedingungen, so bleibt das Ergebnis der Beweisaufnahme negativ, und das Gericht muß freisprechen.

Kommt der V-Mann, und zwar auch zu annehmbaren Bedingungen, so kann es zur Verurteilung kommen. Gewinnt das Gericht allerdings die Überzeugung, daß der V-Mann sich an dem angeklagten Delikt beteiligt hat oder seine Aktivität, ohne die Grenze zur Strafbarkeit zu überschreiten, das Maß unzulässiger Täuschung erreicht hat, und sieht es darin etwas Unzulässiges, so daß es eine Verwertung dieses Vorganges zu Lasten des Angeklagten ablehnen muß, so ist der Freispruch geboten.

Ist der V-Mann das einzige Beweismittel für die Behauptung des Angeklagten, er habe mit der Tat nichts zu tun, der V-Mann habe – absichtlich oder nicht – der Polizei eine falsche Information gegeben, und kommt dieser V-Mann *nicht* oder nur unter unannehmbaren Bedingungen zur Hauptverhandlung, so muß das Gericht die Behauptung des Angeklagten, da diesem die Möglichkeit fehlt, sie zu widerlegen, als wahr unterstellen – nach dem Motto: im Zweifel für den Angeklagten.[98] Die Folge ist wiederum Freispruch. *Kommt* in diesem Falle der V-Mann, und zwar unter annehmbaren Bedingungen, so hängt der weitere Verlauf davon ab, was er sagt und ob das Gericht ihn glaubwürdig findet. Widerlegt er die Behauptung des Angeklagten, so ist – wenn kein Beweisverbot eingreift – die Verurteilung möglich.

C

Das Fazit unserer Überlegungen wird den Ermittlungsbehörden nicht gefallen. Und so erhebt sich am Schluß die Frage, ob es nicht vielleicht ungerecht ist, wenn jemand gleichsam von außen, ohne Anschauung des täglichen kriminalistischen Grabenkrieges, so spricht. Ganz so ist es aber nicht. Die kritische Distanz zum V-Leute-Einsatz der Polizei beruht ja gerade auch darauf, daß man als Außenstehender nichts erfährt und doch alles hinnehmen soll. Wie liegt es denn? Wohin man auch blickt im polizeilichen Schrifttum – eine konkrete Analyse der Situation, die dazu zwingt, V-Leute mit dem Mittel der Beteiligung an Straftaten arbeiten zu lassen, fehlt. Wenn man sich schon darüber hinwegsetzt, daß Generalklauseln für die Regelung hoheitlicher Eingriffsbefugnisse nicht geeignet sind, so muß man sich wenigstens dazu bequemen, ihre Anwendbarkeit so konkret wie möglich zu begründen. Solange das nicht geschieht, kann es dem Bürger nicht verwehrt sein, dem sogenannten Ermittlungsnotstand ungerührt die kalte Schulter zu zeigen. Der *Staat* muß sich darum bemühen, daß die Bürger seine Handlungen verstehen. Gelingt ihm das nicht, so geht das Risiko der mangelnden Aufklärung zu seinen Lasten. In einer komplexen Welt, in der die verschiedensten Stellen ihre Kompetenz behaupten und von Sachzwängen sprechen, kann nur Erfolg haben, wer sich dem einzelnen Bürger verständlich macht. Wer – als Träger hoheitlicher Funktionen – von dieser Maxime abgeht, fordert *blindes* Vertrauen. Wo ist der Staat, der es verdient?

Anmerkungen

1 Alfred Stümper, *Überholte Polarisationen*, in: *Kriminalistik* 1983, S. 350ff.; s. ferner Heinz Hertlein, *Erfordernis und Grenze polizeilicher Maßnahmen*, in: *Die Polizei* 1984, S. 322ff.
2 Harald Hans Körner, *Verteufelt und verherrlicht: Der V-Mann*, in: *Kriminalistik* 1983, S. 290ff. (Siehe in diesem Band S. 91ff.)
3 Hans-Georg Behr, *Das Rätsel des roten Libanon*, in: *TransAtlantik* 1982.
4 Bundesgerichtshof, Urteil vom 6. 2. 1981, in: *Strafverteidiger* 1981, S. 392. (Siehe in diesem Band S. 180ff.)
4a Von erschütternder Deutlichkeit sind insofern jetzt die Sachverhalte, die den jüngsten Entscheidungen der Landgerichte Frankfurt, Berlin und Stuttgart (in diesem Band jeweils S. 200–216, 217–227, 315–327) 7a, 8 zugrunde liegen (vgl. unten Anm. 40a und 47a). Hier ist nichts Vergangenes aufgeklärt und auch keine zukünftige Gefahr gebannt, sondern es sind Krminalität und Kriminelle künstlich und völlig überflüssigerweise hergestellt worden. Daß hier eine vordergründige Vorstellung »erfolgreicher« kriminalistischer Arbeit bestimmend ist (vgl. dazu auch Anm. 12a), kann auch der Gutwilligste nicht mehr übersehen. Darüber, welche weitreichenden Vermutungen sich an diesen Tatbestand knüpfen, vgl. unten bei Anm. 93a und b.
5 Diese – mit Recht – zugespitzte Formulierung stammt von Friedrich Denker, *Zur Zulässigkeit staatlich gesteuerter Deliktsbeteiligung*, in: *Festschrift für Hans Dünnebier*, Berlin/New York 1982, S. 447ff. (Siehe in diesem Band S. 238ff.)
6 Bundesgerichtshof: Urteil v. 22. 3. 1983, in: *Strafverteidiger* 1983, S. 232ff. (Siehe in diesem Band S. 514ff.)
6a Die größte Wirkung hat auch hier das Fernsehen; vgl. den Bericht in der *Frankfurter Rundschau* vom 18. 8. 1984 über die lebhaften Reaktionen hoher politischer Instanzen über eine »Under-cover-agents«-Sendung des Hessischen Rundfunks, s. auch *Frankfurter Allgemeine Zeitung* vom 28. 7. 1984 über die Reaktionen auf eine Sendung des Fernsehmagazins »Monitor«.
7 Arthur Kreuzer, *Zeuge im Zwielicht, Jugendliche als Lockspitzel – wie lange noch?*, in: *Die Zeit*, 24. 9. 1982. (Siehe in diesem Band S. 59ff.)
8 12. 3. 1982.

9 *Frankfurter Allgemeine Zeitung* a. a. O.
10 *Frankfurter Rundschau*, 5. 1. 1983; vgl. auch den ausführlichen Bericht von Peter Münder, *Verführbar in der Welt der Dealer*, in: *Sozialmagazin* 1983, S. 54 ff.
11 *Frankfurter Rundschau*, 14. 10. 1982.
12 *Frankfurter Rundschau* a. a. O.
12 a Hierher gehören auch die Mitteilungen darüber, daß die V-Leute (und mit ihnen vielleicht auch die Polizei) die »Erfolgsquote« künstlich steigern (vgl. Sachverhalt der Entscheidung des LG Berlin a. a. O. (unter Anm. 47 a) S. 458 linke Spalte).
13 Karl Heinz Krumm, *Polizeiagenten sollen in den Untergrund*, in: *Frankfurter Rundschau*, 11. 10. 1983; ein Auszug des Protokolls der entscheidenden Sitzung des Arbeitskreises ist jetzt veröffentlicht (unter dem Titel *Materialien zum »under-cover-agent«*) in: *Strafverteidiger* 1984, S. 350 ff.
14 *Frankfurter Allgemeine Zeitung*, 1. 12. 1983; scharfe Kritik findet sich in einer Stellungnahme des Justizministers von Nordrhein-Westfalen (abgedruckt in: *Strafverteidiger* 1984, S. 354 ff.), vgl. ferner: Jürgen Seifert, *Memorandum der Humanistischen Union zum under-cover-agent*, in: *Vorgänge* 1983, Heft 4/5, S. 1 ff. Bei Jürgen Meyer, *Zur V-Mann-Problematik aus rechtsvergleichender Sicht, Festschrift für Jescheck*, Bd. 2, 1985 findet sich der Hinweis, daß vergleichbaren ausländischen Rechtsordnungen keine Stützung zu entnehmen ist für die deutschen Reformüberlegungen, spezielle gesetzliche Regelungen und Ermächtigungen für die Untergrundfahndung einzuführen. Zur Rechtslage in den USA vgl. jetzt den Überblick bei Hans Michael Mache, *Die Zulässigkeit des Einsatzes von agents provocateurs und die Verwertbarkeit der Ergebnisse im Strafprozeß*, Frankfurter Diss. 1983, S. 233 ff., mit vielen aktuellen Belegen aus Rechtsprechung und Literatur, s. ferner: Gary T. Marx, *Ironies of social control: Authorities as contributors to deviance through escalation, nonenforcement and covered facilitation*, in: *Social problems*, Vol. 28 (1981), S. 221 ff.
15 Vgl. die Berichte von Uwe Maeffert, *Licht und Schatten*, in: *Strafverteidiger* 1982, S. 386; *Nürnberg 2, Strafverteidiger* 1982, S. 486.
16 *Frankfurter Rundschau*, 7. 10. 1982.
17 *Frankfurter Rundschau*, a. a. O.
18 *Frankfurter Rundschau*, 17. 4. 1982; s. ferner die bei Fritz Sack, *Die Reaktion von Gesellschaft, Politik und Staat auf die Studentenbewegung*, in: Fritz Sack, Heinz Steinert, *Protest und Reaktion* (Analysen zum Terrorismus 4/2), 1984, S. 305 ff. berichteten Fälle.
19 *Frankfurter Rundschau* a. a. O.
19 a VG Wiesbaden, *Strafverteidiger* 1982, S. 230 ff.
20 *Frankfurter Rundschau*, 4. 3. 1982.
20 a Die Frage, vor welchem Gericht der Angeklagte die Verweigerung der

Aktenvorlage anfechten kann, wird von H. Hilger, *Zum Rechtsweg gegen Sperrerklärung und Verweigern der Aussagegenehmigung in V-Mann-Prozessen*, in: *Neue Zeitschrift für Strafrecht* 1984, S. 145 ff. und demnächst Jürgen Taschke, a. a. O., behandelt.

20b Mittlerweile hat das Verfahren einen wenigstens vorläufigen Abschluß gefunden. Auf die Berufung des Hessischen Ministers des Innern hin hat der Verwaltungsgerichtshof Kassel (*Neue Juristische Wochenschrift* 1984, S. 1253) die Klage auf Aktenvorlage aus Zulässigkeitsgründen abgewiesen und das Urteil des Verwaltungsgerichts Wiesbaden (a. a. O.) aufgehoben. Die dagegen eingelegte Revision war erfolgreich. Das Bundesverwaltungsgericht (*Strafverteidiger* 1984, S. 278 = *Neue Juristische Wochenschrit* 1984, S. 2233) hat das Urteil des Verwaltungsgerichtshofs Kassel aufgehoben und die Sache zur erneuten Verhandlung zurückgewiesen. Am 27. 9. 1984 hat der 9. Senat des Verwaltungsgerichtshofs entschieden, der Hessische Inneminister sei nicht verpflichtet, die Geheimakte des Landeskriminalamtes vorzulegen (*Frankfurter Rundschau*, 28. September 1984). Die Revision ist nicht zugelassen worden (*Frankfurter Rundschau*, a. a. O.), und dagegen ist Beschwerde eingelegt worden.

21 *Frankfurter Rundschau*, 12. 3. 1982.
22 *Frankfurter Rundschau*, 2. 11. 1982.
23 Hans Christoph Schaefer, *Der Einsatz von V-Personen aus der Sicht der Staatsanwaltschaft*, in: *Hessische Polizei-Rundschau* 1983, S. 12 ff. (Siehe in diesem Band S. 102 ff.)
24 Körner a. a. O. S. 293.
25 So offenbar Hans-Heiner Kühne, *Strafprozeßlehre*, Kiel/Straßburg 2. Aufl. 1982, Rdziff. 148.
26 Martin Fincke, *Zum Begriff des Beschuldigten und den Verdachtsgraden*, in: *Zeitschrift für die gesamte Strafrechtswissenschaft*, 95. Bd. (1983) S. 918 ff. (937).
27 Fincke a. a. O., S. 918–920.
28 Dazu Fincke a. a. O., S. 935.
29 Karlheinz Meyer, in: Löwe-Rosenberg, *Die Strafprozeßordnung und das Gerichtsverfassungsgesetz*, Groß-Kommentar, 23. Auflage, Berlin/New York 1976, Rdziff. 3 zu § 102.
30 Peter Rieß, in: Löwe-Rosenberg a. a. O. 1979, Rdziff. 15 zu § 163b.
31 Vgl. dazu Arbeitskreis Strafprozeßreform, *Die Untersuchungshaft*, Heidelberg 1983, S. 28 ff.; ferner Fincke a. a. O. S. 935; zum ganzen auch Kristian Kühl, *Unschuldsvermutung, Freispruch und Einstellung*, Köln/Berlin/Bonn/München 1983.
32 Das scheint auch Fincke (a. a. O. S. 928) zu meinen, wenn er sagt, »daß die Verfolgung bereits Inkulpation ist und daß die Pflicht zur Verfolgung die Unter- und Obergrenze vorheriger Ermittlungen zusammenfallen läßt«.

33 Fincke a. a. O., S. 928.
33a Neue Juristische Wochenschrift 1984, S. 1914.
34 A. a. O.
35 A. a. O. S. 12; wertvolle Literaturhinweise auf S. 27; s. ferner Spiros Simitis, *Die informationelle Selbstbestimmung – Grundlegung einer verfassungskonformen Informationsordnung*, in: Neue Juristische Wochenschrift 1984, S. 398 ff.
36 Peter Rieß, *Anmerkung zur Entscheidung des Oberlandesgerichts Karlsruhe vom 13. 4. 1982*, in: Neue Zeitschrift für Strafrecht 1982, S. 434 ff. (435 f.).
37 P. Bringewat, *Der »Verdächtige« als schweigeberechtigte Auskunftsperson?*, in: Juristenzeitung 1981, S. 289 ff. (294).
38 Ausführlicher dazu und mit Belegen Klaus Lüderssen, *Rollenkonflikte im Verfahren: Zeuge oder Beschuldigter*, in: Zeitschrift für Wirtschaft, Steuer, Strafrecht 1983, S. 231 ff.; dort auch die Auseinandersetzung mit den seltsamen Beschränkungen der Belehrungspflicht durch die Verweisung in § 163 b Abs. 1 Satz 1 (lediglich) auf § 163 a Abs. 4 Satz 1 – also unter Aussparung des viel wichtigeren Satzes 2 des § 163 a Abs. 4, in dem auf die Vorschriften des § 163 Abs. 1 Satz 2–4, Abs. 2, 3 und § 136 a verwiesen wird.
39 Ein Fall aus der Verteidigungspraxis des Verfassers.
40 Johannes Feest, *Die Situation des Verdachtes*, in: Johannes Feest/Rüdiger Lautmann (Hg.), *Die Polizei. Soziologische Studien und Forschungsberichte*, Opladen 1971, S. 11 ff.; Johannes Feest/Erhard Blankenburg, *Die Definitionsmacht der Polizei*, Düsseldorf 1972. Günther Kaiser, *Stand und Entwicklung der kriminologischen Forschung in Deutschland*, Berlin/New York 1975, S. 47 ff.; Wiebke Steffen, *Analyse polizeilicher Ermittlungstätigkeit aus der Sicht des späteren Strafverfahrens*, Wiesbaden 1976; Erhard Blankenburg/Klaus Sessar und Wiebke Steffen, *Die Staatsanwaltschaft im Prozeß strafrechtlicher Sozialkontrolle*, Berlin 1978, S. 166 ff.; weitere Belege, kritische Stellungnahme und Vertiefung der Erörterungen bei Wolfgang Naucke, *Der Tatverdacht*, in: *Festschrift der wissenschaftlichen Gesellschaft an der Johann Wolfgang Goethe-Universität Frankfurt am Main*, Wiesbaden 1981, S. 293 ff.; s. ferner Klaus Lüderssen, in: Klaus Lüderssen/Fritz Sack, *Abweichendes Verhalten III*, Frankfurt am Main 1977, S. 83 ff. Erschwert wird die Lösung des Problems durch das Erfordernis, »daß der geforderte Verdacht sich nicht etwa nur auf eine objektiv verstandene Täterschaft des Beschuldigten, sondern auf alle Strafbarkeitsvoraussetzungen in gleicher Weise beziehen muß.« (Arbeitskreis Strafprozeßreform a. a. O. S. 61.) (Das ist zwar nur für den dringenden Tatverdacht formuliert, gilt aber für alle Verdachtsgrade. Leider wird dies gelegentlich noch verkannt, s. Peter Rieß, in: Löwe-Rosenberg a. a. O., Rdziff. 15 zu § 163 b.)

40a Vgl. dazu auch die insofern einschlägigen, sehr ausführlichen Sachverhalte, die das LG Frankfurt in seiner Entscheidung v. 2. 7. 1984 (in: *Strafverteidiger* 1984, S. 415 ff.) und das LG Stuttgart in seiner Entscheidung vom 30. 11. 1983 (in: *Strafverteidiger* 1984, S. 197 ff.) festgestellt haben.

40b Vgl. auch oben Anm. 12a.

40c Das verkennt Hans Geißer, *Das Anklagemonopol der Staatsanwaltschaft und die Gewährsperson als Aufklärungsmittel im Ermittlungsverfahren und als Beweismittel im Strafverfahren*, in: *Goltdammer's Archiv* 1983, S. 785 ff. (787). (Siehe in diesem Band S. 141.)

40d Anderer Ansicht – ohne Begründung – Krüger a. a. O., S. 327.

40e Das gilt auch für die – in letzter Zeit öfter mitgeteilte – kriminalistische Zielsetzung, man wolle (durch die Anstiftung zum Verkauf von Betäubungsmitteln) nur möglichst viel »Stoff aus dem Verkehr ziehen«, daß es dann eventuell kein Verfahren gegen den Verkäufer geben könne, nehme man in Kauf.

41 21. 7. 1983.

42 5. 9. 1983.

43 Nr. 15/1984, S. 113.

44 Am 26. 4. 1984 war die Verhandlung vor dem Schöffengericht (vgl. dazu *Der Spiegel* Nr. 15/1984, S. 113). Der Angeklagte wurde wegen Landfriedensbruchs und Widerstands gegen die Staatsgewalt verurteilt. In der Rechtsmittelinstanz erfolgte ein rechtskräftiger Freispruch (Mitteilung der Staatsanwaltschaft Krefeld).

45 Bundesgerichtshof, Beschluß v. 13. 11. 1981, in: *Strafverteidiger* 1982, S. 53 f. (Siehe in diesem Band S. 192 ff.)

46 Gesetzliche Grundlage ist § 163 Strafprozeßordnung.

47 Fehlen Spezialregelungen, so beruft man sich gern auf Generalklauseln. § 163 Strafprozeßordnung ist zwar eine Generalklausel, doch hat diese Vorschrift nur die Funktion der Aufgabenzuweisung. Sie gewährt – unstreitig – keine Eingriffsrechte.

47a Reichhaltige Anschauung vermittelt insoweit der Sachverhalt, welcher der Entscheidung des LG Berlin vom 23. 2. 1984 zugrunde liegt (ausführliche Mitteilung in: *Strafverteidiger* 1984, S. 457 f.).

48 In dem Streit darüber, ob der materielle oder der formelle Beschuldigtenbegriff richtig ist, wird hier also zugunsten des materiellen Beschuldigtenbegriffs Stellung genommen. Daß die formale Inkulpation darüber nicht ganz bedeutungslos ist, zeigen die Fälle des Rollentausches bei mehreren Beschuldigten. Siehe dazu Klaus Lüderssen, *Rollenkonflikte* a. a. O. S. 232 unter Bezugnahme auf Cornelius Prittwitz, *Der Mitbeschuldigte im Strafprozeß* Frankfurt 1984, S. 178 ff. Bei der Erörterung der Frage, ob eine noch unverdächtige Person der Belastung durch einen – provozierenden – V-Mann ausgesetzt werden darf, konnte diese Stellungnahme noch dahingestellt bleiben, weil es nicht

um die Anwendung speziell für den Schutz des Beschuldigten geschaffener Normen ging. Bei § 136 a Strafprozeßordnung liegt das anders. Allerdings könnte man auf der Basis eines formellen Beschuldigtenbegriffs zu gleichen Ergebnissen kommen. Jeder, der wegen einer strafbaren Tat verdächtigt und deshalb in das Netz eines Ermittlungsverfahrens gezogen wird, bedarf des Schutzes – auch wenn man ihn (formell) noch nicht als Beschuldigten bezeichnen darf. Das zur Schutzbedürftigkeit noch unverdächtiger Personen Gesagte (s. oben) gilt entsprechend. Freilich wäre § 136 a dann wohl nicht direkt, sondern (nur) analog anwendbar. Darauf, daß die Bespitzelung keine Vernehmung ist (woraus gefolgert wird, daß die Anwendbarkeit des § 136 a abzulehnen sei, vgl. die Belege bei Jürgen Meyer, *Zur prozeßrechtlichen Problematik des V-Mannes*, in: Zeitschrift für die gesamte Strafrechtswissenschaft, 95. Band [1983], S. 834 ff. (848) (s. in diesem Band S. 403 ff.); s. auch die Mitteilung bei Walter Gropp, *Tagungsberichte, Diskussionsbeiträge der Strafrechtslehrertagung 1983 in Bern*, in: Zeitschrift für die gesamte Strafrechtswissenschaft a. a. O., S. 993 ff. [1005]), kommt es also gar nicht an. (Im Ergebnis ebenso: Hans Michael Mache, a. a. O., S. 52 ff.; Thomas Voller, *Der Staat als Urheber von Straftaten. Zur Berechtigung des Einsatzes von Lockspitzeln und zur Verwendbarkeit der durch sie geschaffenen Beweise*, Tübinger Dissertation 1983, S. 73 ff. s. ferner die sorgfältig abwägenden Ausführungen bei Ulrich Berz, *Polizeilicher agent provocateur und Tatverfolgung*, in: Juristische Schulung 1981, S. 416 ff.).

49 Karlheinz Meyer, in: Löwe-Rosenberg a. a. O. 1978, Rdziff. 4 zu § 136 a.

50 Karlheinz Meyer a. a. O.; s. auch Voller a. a. O. S. 71; zum ganzen auch Klaus Lüderssen, *Verbrechensprophylaxe durch Verbrechensprovokation?* in: *Festschrift für Karl Peters zum 70. Geburtstag*, Tübingen 1974, S. 349 ff. (362); über die – mit Blick auf die Anwendbarkeit des § 136 a StPO zu ziehende – Parallele zwischen einer durch *technische* Mittel in unzulässiger Weise erlangten Selbstbelastung und der Selbstbelastung, die von einem agent provocateur gezielt herbeigeführt wird, vgl. Karl Heinz Gössel, *Verfassungsrechtliche Verwertungsverbote im Strafverfahren*, in: Juristenzeitung 1984, S. 361 ff. (364).

51 Vgl. hierzu auch die Erläuterungen in Anm. 48. Eine Arbeitsgruppe des 8. Strafverteidigertages in München 1984 hat daher zur Klarstellung die Aufnahme einer entsprechenden, dem § 136 a nachgebildeten Vorschrift in die Strafprozeßordnung gefordert.

52 Genauer Klaus Lüderssen, *Verbrechensprophylaxe durch Verbrechensprovokation?* A. a. O. S. 358 f.

53 Ebenfalls unbedeutend ist, welchen Weg die Bestimmung zur Tat im einzelnen genommen hat. Es genügt die schlichte Kausalität im Sinne der conditio sine qua non-Formel. Das war lange nahezu allgemeine

Meinung. Daß neuerdings dagegen wieder Front gemacht wird (Ingeborg Puppe, *Der objektive Tatbestand der Anstiftung*, in: *Goltdammer's Archiv 1984*, S. 101 f.), mag freilich nachdenklich stimmen.

54 Dies ist die Problematik des Strafgrundes der Teilnahme. Sie ist viel komplexer, als das hier angedeutet werden kann. Die beste Übersicht jetzt bei Günther Jakobs, *Strafrecht Allgemeiner Teil*, Berlin/New York 1983, S. 543 ff.; Günter Stratenwerth, *Strafrecht Allgemeiner Teil* I, 3. Aufl., Köln/Berlin/Bonn/München 1981, Rdziff. 849ff. und Erich Samson, in: *Systematischer Kommentar zum Strafgesetzbuch*, 3. Aufl., Frankfurt am Main 1983, Rdziff. 4 ff vor § 26.

55 Anders liegt es in den Fällen, in denen der V-Mann es nicht zur Vollendung der Tat kommen lassen will. Auch als Teilnehmer ist nur strafbar, wer den Vorsatz hat, daß die Haupttat vollendet werde. Das ist lange kontrovers gewesen; vgl. jetzt aber Hartwig Plate, *Zur Strafbarkeit des agent provocateur*, in: *Zeitschrift für die gesamte Strafrechtswissenschaft*, 85. Band (1972) S. 294 ff.; Wilfried Küper, *Der »agent provocateur« im Strafrecht*, in: *Goltdammer's Archiv für Strafrecht 1974*, S. 321 ff. Prozessual zulässig wird ein solches Verhalten deshalb aber nicht, vielmehr bleibt es bei dem Verstoß gegen § 136 a Strafprozeßordnung (s. oben).

56 Abzulehnen sind auch alle Versuche, diesen Grundsatz durch die Einführung der Unterscheidung zwischen Vollendung und Beendung (gelegentlich auch »materielle Vollendung« genannt) der Tat zu umgehen. Diese Unterscheidung hat Bedeutung für die Entscheidung einer Reihe praktischer Fragen (z. B. der Verjährung; vgl. dazu im einzelnen die Übersicht bei Albin Eser, in: *Strafgesetzbuch Kommentar*, 21. Aufl. München 1982, Rdziff. 4 vor § 22); sie rechtfertigt aber nicht die Relativierung des auf (formelle) Vollendung gerichteten Vorsatzes. Überzeugend jetzt Jürgen Seier/Horst Schlehofer, *Juristische Schulung* 1983, S. 50ff. (53 mit Belegen aus der älteren Literatur). Nicht uninteressant allerdings ist die Kritik von Rolf-Dietrich Herzberg, *Der agent provocateur und die »besonderen persönlichen Merkmale« (§ 28 StGB)* in: *Juristische Schulung 1983*, S. 737 ff. (745). Freilich ist sein Argument, es handele sich bei der Forderung nach einem über die Vollendung hinausgehenden Vorsatz um eine – auch in anderen Konstellationen eingeräumte – »Akzessorietätslockerung« sowohl konstruktiv wie unter Wertgesichtspunkten verfehlt. Die gründlichste und durchweg überzeugende Erörterung des Problems findet sich jetzt bei Kurt Seelmann, *Zur materiell-rechtlichen Problematik des V-Mannes. Die Strafbarkeit des Lockspitzels und des Verlockten*, in: *Zeitschrift für die gesamte Strafrechtswissenschaft*, 95. Bd. (1983), S. 802–808.

57 Knut Amelung, *Erweitern allgemeine Rechtfertigungsgründe, insbesondere § 34 StGB, hoheitliche Eingriffsbefugnisse des Staates?*, in: *Neue Juristische Wochenschrift* 1977, S. 833ff. (835 und 837); diese

Rechtsauffassung ist allerdings umstritten, vgl. zunächst weitere Argumente dafür bei Erhard Denninger/Klaus Lüderssen, *Polizei und Strafprozeß im demokratischen Rechtsstaat*, Frankfurt am Main 1978, S. 96, 97 und 273–276; Ernst-Wolfgang Böckenförde, *Der verdrängte Ausnahmezustand*, in: *Neue Juristische Wochenschrift* 1978, S. 1881 ff.; Seelmann a. a. O., S. 810 mit weiteren Belegen und einer zusätzlichen wichtigen Differenzierung: Selbst wenn man grundsätzlich § 34 StGB auf hoheitliches Handeln anwenden wollte, gilt der »Grundsatz vom Vorbehalt konkreter gesetzlicher Konfliktlösungen« (S. 811), wie sie das öffentliche Recht vorsieht: »Angesichts des Gesetzesvorbehalts spricht wohl im Zweifel eine Vermutung für die Existenz einer als abgeschlossen gedachten gesetzlichen Regelung, sofern die Materie generell regelungsfähig, ein Eingriffsrecht jedoch nicht eingeräumt ist.« Ebenso die Stellungnahme des Justizministers von Nordrhein-Westfalen a. a. O., S. 355 f.; Ralf Krüger, *Rechtsfragen bei verdeckten Ermittlungen aus verfassungsrechtlicher Sicht*, in: *Die Polizei* 1984, S. 325 ff. (327). Anderer Ansicht ist Karl-Heinz Gössel, *Über die Rechtmäßigkeit befugnisloser strafprozessualer rechtsgutsbeeinträchtigender Maßnahmen*, in: *Juristische Schulung* 1979, S. 163 ff.; Richard Lange, *Terrorismus kein Notstandsfall? Zur Anwendung des § 34 StGB im öffentlichen Recht*, in: *Neue Juristische Wochenschrift* 1978, S. 784 ff.
58 Ausführlicher dazu Erhard Denninger/Klaus Lüderssen a. a. O., S. 270 f. mit Belegen.
59 S. oben.
60 Zutreffend Voller a. a. O., S. 64.
61 Günter Less, *Der Unrechtscharakter der Anstiftung*, in: *Zeitschrift für die gesamte Strafrechtswissenschaft*, Bd. 69 (1957), S. 43 ff. (54).
62 Stefan Trechsel, *Der Strafgrund der Teilnahme*, Bern 1967, S. 12.
63 Less a. a. O., S. 52; zum Ganzen sehr eingehend und differenzierend Voller a. a. O., S. 64–89.
64 Einzelheiten bei Klaus Lüderssen, *Verbrechensprophylaxe durch Verbrechensprovokation*, a. a. O., S. 365 ff.
65 So richtig Dietmar Krause, *Einzelfragen zum Anwesenheitsrecht des Verteidigers im Strafverfahren*, in: *Strafverteidiger* 1984, S. 169 ff. (170); zum ganzen Winfried Hassemer, *Die »Funktionstüchtigkeit der Strafrechtspflege« – ein neuer Rechtsbegriff?*, in: *Strafverteidiger* 1982, S. 275 ff. (Siehe in diesem Band S. 71 ff.) Klaus Miebach, *Der Ausschluß des anonymen Zeugen aus dem Strafprozeß*, in: *Zeitschrift für Rechtspolitik* 1984, S. 81 ff. (83) sieht hier lediglich ein Kollisionsproblem, verkennt also den absoluten Charakter der zum Schutze des Beschuldigten geschaffenen Normen.
66 Dazu Wilfried Küper, *Das »Wesentliche« am wesentlich überwiegenden Interesse*, in: *Goltdammer's Archiv* 1983, S. 289 ff.
67 Zum Ganzen (Subsumtion der Fälle unter den § 34 StGB, unter der Vor-

aussetzung seiner generellen Anwendbarkeit) differenzierend und in jeder Hinsicht überzeugend Seelmann a. a. O., S. 811–813.
68 Vgl. den bei Erhard Denninger/Klaus Lüderssen a. a. O., S. 266 ff. geschilderten Fall.
68 a Spätestens hier ist der Berührungspunkt mit einer – im Rahmen kriminologischer Forschungen angestellten – »teilnehmenden Beobachtung« erreicht. Forscher verlangen Straffreiheit dessen, der die Straftat, die er beobachtet, geschehen läßt. Darüber hinaus könne sogar eine gewisse – straffrei bleibende – aktive Mitwirkung angezeigt sein (vgl. dazu Albin Eser/Karl F. Schumann (Hg.), *Forschung im Konflikt mit Recht und Ethik*, Stuttgart 1976, S. 254 ff.). Es ist nicht zu leugnen, daß dabei stark widersprüchliche Konzeptionen sichtbar werden. Die Vermutung ist nicht unbegründet, daß das soziologische Interesse, das zu Forderung nach **Straffreiheit** des »im Feld« teilnehmenden Beobachters führt, mit eben den justizkritischen Impulsen zu tun hat, in deren Konsequenz es liegt, die **Bestrafung** von an Straftaten teilnehmenden V-Leuten zu verlangen (ein Anknüpfungspunkt für diese Überlegung findet sich bereits bei Eser/Schumann a. a. O., S. 250, 251).
69 Hierzu schon Hans O. Sieg, *Die staatlich provozierte Straftat*, in: *Strafverteidiger* 1981, S. 636 ff. (s. in diesem Band S. 228 ff.) und Friedrich Dencker a. a. O., S. 447 ff. (vor allem 460).
70 Risiken, die vom polizeilichen »V-Mann-Führer« nicht mehr beherrscht werden, können mannigfache Gestalt annehmen. Oft etwa wird er durch den V-Mann getäuscht (vgl. den Sachverhalt der Entscheidung des LG Berlin a. a. O., S. 459 linke Spalte) oder dieser bedroht den Provozierten sogar (vgl. den Sachverhalt der Entscheidung des LG Frankfurt a. a. O., S. 417 rechte Spalte). Diese Fälle machen im übrigen deutlich, daß man wohl mit einem erheblichen Dunkelfeld von Provokationen rechnen muß.
71 Keineswegs darf mit dem »Inbegriff« der Hauptverhandlung die Vorstellung verknüpft werden, es gäbe noch eine zusätzliche, nicht an die Regeln über die Beweisaufnahme gebundene Erkenntnisquelle für die Beweiswürdigung (s. dazu Cornelius Prittwitz a. a. O., S. 177).
72 Darüber, daß mit dem Beschluß zur Eröffnung der Hauptverhandlung keine Präklusion für das Verbot eintritt, rechtswidrig gefundene Ermittlungsergebnisse des Vorverfahrens für die Beweiserhebung im Hauptverfahren zu verwerten, vgl. Erhard Denninger/Klaus Lüderssen a. a. O., S. 280 mit Belegen.
73 Sie gilt auch, wenn man der Auffassung folgt, die Verwertung von Beweisergebnissen sei nur unzulässig, wenn sie unter Verletzung von Vorschriften gewonnen sind, die dem Schutze des Angeklagten dienen. (Vgl. die Nachweise bei Bernhard Haffke, *Schweigepflicht, Verfahrensrevision und Beweisverbot*, in: *Goltdammer's Archiv für Strafrecht* 1973, S. 65 ff. (78). Die enge Begrenzung und genaue Fixierung der

Eingriffsermächtigungen, die in der Strafprozeßordnung vorgesehen sind, dienen dem Schutze der jeweils Betroffenen, also auch des Beschuldigten. Wenn der Einsatz von sich an den »aufzuklärenden« Taten beteiligenden V-Leuten mit den Normen der Strafprozeßordnung, die zu Eingriffen ermächtigen, nicht übereinstimmen, ist also auch nach der »Rechtskreistheorie« ein Verwertungsverbot anzunehmen; s. dazu auch Berz a. a. O., S. 419, generell zum »Fernwirkungsverbot« vgl. jetzt den – mit vielen Belegen aus Rechtsprechung und Literatur ausgestatteten – Überblick bei Jürgen Wolter, *Anmerkung zum Urteil des BGH vom 24. 8. 1983,* in: *Neue Zeitschrift für Strafrecht* 1984, S. 276 ff.

74 Vgl. hierzu Ulrich Klug, *Beweisverbote im Strafprozeß,* in: *Verhandlungen des 46. Deutschen Juristentages,* Bd. II (Sitzungsberichte), Teil F, München und Berlin 1967, S. 30 ff. (32).

74 a Allgemein zu den Verwertungsverboten, die sich aus dem Verstoß gegen ein Erhebungsverbot ergeben: Friedrich Dencker, *Verwertungsverbote im Strafprozeß,* Köln/Berlin/Bonn/München 1977, S. 13–97; Klaus Rogall, *Gegenwärtiger Stand und Entwicklungstendenzen in der Lehre von den strafprozessualen Beweisverboten,* in: *Zeitschrift für die gesamte Strafrechtswissenschaft* 1979, S. 1 ff.; Karl-Heinz Gössel, *Überlegungen zu einer neuen Beweisverbotslehre,* in: *Neue Juristische Wochenschrift* 1981, S. 2217 ff.

75 Diese Rechtsfolge (§ 267 Abs. V Satz 1, erste Alternative StPO) geht über die bloße Einstellung des Verfahrens (§ 260 Abs. III StPO; vgl. dazu LG Stuttgart a. a. O., S. 199) hinaus. Wenn Hagen Gülzow, *Die Verwertung verdeckt erlangter Erkenntnisse im Strafprozeß,* in: *Die Polizei* 1984, S. 331 ff. (334) meint, »damit wäre (. . .) nur das rechtswidrige Beweismittel selbst, nicht aber das ganze Strafverfahren ausgeschlossen«, ist das zwar im Prinzip richtig. Jedoch ist in den Fällen der Provokation des angeklagten Verhaltens schwer vorstellbar, daß der Fortgang des Verfahrens auf »andere Beweismittel« gestützt werden könnte.

75 a Siehe die Übersicht bei Hans-Jürgen Bruns, *Widersprüchsvolles Verhalten des Staates als neuartiges Strafverfolgungsverbot und Verhaltenshindernis insbesondere beim tatprovozierenden Einsatz polizeilicher Lockspitzel,* in: *Neue Zeitschrift für Strafrecht* 1983, S. 49 ff. (54) (s. in diesem Band S. 259 ff.). Selbst diesen Weg versperrt neuerdings der 1. Strafsenat des BGH (Entscheidung vom 23. 5. 1984, in: *Strafverteidiger* 1984 S. 321 ff. (322 rechte Spalte unten) (s. in diesem Band S. 328); dagegen überzeugend Hans-Jürgen Bruns, *Zur Frage der Folgen tatprovozierenden Verhaltens polizeilicher Lockspitzel,* in: *Strafverteidiger* 1984, S. 388 ff. (392/393) (s. in diesem Band S. 339).

75 b So z. B. der 5. Strafsenat des BGH in seinem Beschluß vom 20. 12. 1983, in: *Strafverteidiger* 1984, S. 58; hierher gehört – inhaltlich – auch

der neuerdings geäußerte Gedanke, man könne entsprechend dem Grundgedanken des § 154 c StPO von Strafverfolgung absehen (vgl. 4. Strafsenat des BGH, Urteil vom 9. 8. 1984, in: Strafverteidiger 1984, S. 406 f. (407).

76 Löst man diesen Vorgang aus seinem kriminalistischen Zusammenhang, so scheint sich in der Tat der Gedanke aufzudrängen, daß eine Entlastung des Täters, der von einer staatlichen Stelle angestiftet worden ist, ja sogar in gravierenden Fällen (wie die Prozesse, in denen es um die Aburteilung nationalsozialistischer Gewaltverbrechen ging, gezeigt haben) nicht ohne weiteres stattfindet, s. Eberhardt Foth, *Kann die Anstiftung durch eine V-Person ein Verfahrenshindernis begründen?*, in: *Neue Juristische Wochenschrift* 1984, S. 221 f. (s. in diesem Band S. 301 ff.); 1. Strafsenat des BGH a. a. O. S. 323. Der Fehler dieser Parallele liegt aber gerade in der Isolierung der Provokation von ihrer Zielsetzung (so zutreffend Jürgen Taschke, *Strafverteidiger* 1984, S. 178 (s. in diesem Band S. 305 ff.); ihm folgend Hans-Jürgen Bruns a. a. O., S. 392; Kurt Seelmann, *Der anonyme Zeuge – ein erstrebenswertes Ziel der Gesetzgebung?* in: *Strafverteidiger* 1984, S. 477 ff. (480 rechte Spalte).

77 Ganz restriktiv jetzt der 1. Strafsenat a. a. O., S. 323 linke Spalte unten: »Die äußerste Grenze für die Berücksichtigung tatprovozierenden Verhaltens staatlicher ›Repräsentanten‹ im Bereich der Strafbarkeit liegt ... in der Möglichkeit eines Absehens von Strafe bei Vergehen wie sie § 5 Abs. 2 WStG für besondere Situationen der Befolgung eines militärischen Befehls vorsieht«; kritisch dazu Bruns a. a. O., S. 392 rechte Spalte. Vorsichtige Vermeidung einer Festlegung jetzt in dem Urteil des 4. Strafsenats des BGH vom 9. 8. 1984, in: *Strafverteidiger* 1984, S. 406 f.

77 a So der 4. Strafsenat des BGH, in: Neue Zeitschrift für Strafrecht 1981, S. 70.

77 b Vergleiche die nach allen Seiten hin bemühte Durchmusterung denkbarer Modelle bei Seelmann, in: *Zeitschrift für die gesamte Strafrechtswissenschaft* a. a. O., S. 820–831 (s. in diesem Band S. 379 ff.); zurückhaltende Würdigung bei Bruns a. a. O., S. 391.

78 Siehe Klaus Lüderssen, in: Klaus Lüderssen/Fritz Sack (Hg.), *Abweichendes Verhalten II*, Frankfurt am Main 1975, S. 220 ff.; anders im Ergebnis Seelmann, in: *Zeitschrift für die gesamte Strafrechtswissenschaft* a. a. O., S. 831.

79 Vgl. die Kritik der entsprechenden Versuche bei Seelmann, in: *Zeitschrift für die gesamte Strafrechtswissenschaft* a. a. O., vor allem S. 824, 826, 830; vgl. aber auch die Mitteilungen bei Walter Gropp a. a. O., S. 995 f.

79 a So mit aller wünschenswerten Klarheit jetzt: Strafgericht Basel-Stadt, in: Urteil vom 30. 11. 1983, bislang nur in diesem Band veröffentlicht, S. 358–376; ferner Berz a. a. O., S. 419.

80 A. a. O., S. 322 rechte Spalte unten.
80a Insofern ist also der Kampf des 1. Strafsenats a. a. O. (S. 323 linke und rechte Spalte) gegen die Annahme eines – von Amts wegen zu beachtenden – Verfahrenshindernisses überflüssig.
80b Was also auch denjenigen Strafsenaten zu empfehlen wäre, die für ein Verfahrenshindernis eintreten, zuletzt der 2. Strafsenat des BGH in seinem Beschluß vom 13. 10. 1984, in: *Strafverteidiger* 1984, S. 407; s. ferner: Landgericht Stuttgart vom 30. 11. 1983, in: Strafverteidiger 1984, S. 197 ff.; Landgericht Berlin vom 23. 2. 1984, in: Strafverteidiger 1984, S. 457 ff. (459 rechte Spalte); Landgericht Frankfurt vom 2. 7. 1984, in: *Strafverteidiger* 1984, S. 415 ff. (418 rechte Spalte).
80c Siehe hierzu Lüderssen, *Peters-Festschrift* a. a. O., S. 370.
80d Das verkennt Foth a. a. O. vollständig, während der 1. Strafsenat des BGH diese Genese wenigstens zu ahnen scheint (a. a. O., S. 323 rechte Spalte).
80e A. a. o., S. 323 linke Spalte.
81 Vgl. im einzelnen Klaus Lüderssen, *Zur »Unerreichbarkeit« des V-Mannes,* in: *Festschrift für Ulrich Klug zum 70. Geburtstag,* Köln 1983, S. 527, s. ferner H. Hilger, a. a. O., S. 165.
82 Vgl. dazu die Nachweise bei Lüderssen, *Peters-Festschrift* a. a. O., S. 356 (Anm. 14).
83 Kurt Rebmann, *Der Zeuge vom Hörensagen, Spannungsverhältnis zwischen gerichtlicher Aufklärungspflicht, Belang der Exekutive und Verteidigungsinteressen*, in: *Neue Zeitschrift für Strafrecht* 1982, S. 315 ff. (Siehe in diesem Band S. 403 ff.)
84 Vgl. auch die Zusammenstellung bei Miebach a. a. O., S. 82.
85 S. dazu Hans-Jürgen Bruns, *Präjudizierende Randbemerkungen zum »Vorlage«-Beschluß des BGH 2 StR 792/82 vom 4. 5. 1983*, in: *Strafverteidiger 1983, S. 382 ff.* (s. in diesem Band S. 531 ff.); Hans-Ludwig Günther, *Anmerkung zu dem »Vorlagebeschluß«*, in: *Neue Zeitschrift für Strafrecht* 1984, S. 33 ff.
86 Bundesgerichtshof Großer Senat: Beschluß vom 17. 10. 1983 (BGHSt Bd. 32, S. 115 ff.) (in diesem Band S. 551–561).
87 BGHSt 32, S. 115.
88 Was man schon daran sehen kann, daß die Entscheidung bereits erheblich über eine von der SPD-Fraktion des Bundestages vorgeschlagene Gesetzesänderung (BT-Dr. 9/2089; dazu Miebach a. a. O., S. 85) hinausgeht. Zustimmend: Hans Jürgen Bruns, *Der Beschluß des Großen Senates zum strafprozessualen V-Mann-Problem. Anfang oder Ende einer notwendigen Neuorientierung der Rechtsprechung?*, in: *Monatsschrift für deutsches Recht* 1984, S. 177 ff. (s. in diesem Band S. 603 ff.); Gerald Grünwald, *Anmerkung zur Entscheidung des Großen Senates*, in: *Strafverteidiger* 1984, S. 56 ff. (s. in diesem Band S. 562 ff.), der besonders auf die nicht ausgesprochenen Folgen hinweist: »Wenn schon

die geringeren Abweichungen von der normalen Zeugenvernehmung – Versagung des Anwesenheitsrechts oder Wahrung der Anonymität des Zeugen bei einer richterlichen Vernehmung – unzulässig sind, dann erst recht diejenigen, die noch abnormer, noch gefährlicher für die Wahrheitsfindung sind und die Verteidigungsrechte noch mehr einschränken« (58); im gleichen Sinne Klaus Tiedemann/Ulrich Sieber, *Die Verwertung des Wissens von V-Leuten im Strafverfahren, Analyse und Konsequenzen der Entscheidung des Großen Senates BGH*, in: *Neue Juristische Wochenschrift* 1984, S. 754 ff. (760 ff.) (s. in diesem Band S. 571 ff.). Ablehnend oder vorsichtig distanzierend: Miebach a. a. O. (mit einem Vorschlag zur Änderung des § 68 Strafprozeßordnung – dem Zeugen soll unter gewissen Voraussetzungen gestattet werden, seinen Vor- und Zunamen sowie sein Alter nicht anzugeben, S. 84) (dagegen wiederum mit Nachdruck: Hans Lisken, *Zeitschrift für Rechtspolitik* – Rubrik: Echo – 1984, S. 192) und Gerhard Herdegen, *Bemerkungen zum Beweisantragsrecht*, in: *Neue Zeitschrift für Strafrecht* 1984, S. 99 ff., 200, der den zweiten Leitsatz des Beschlusses des Großen Senats (»Die Vorschrift des § 68 StPO gilt auch bei der kommissarischen Zeugenvernehmung«) für nicht bindend hält, da dieser nach seiner Auffassung über die von dem 2. Strafsenat vorgelegte Frage hinausgeht.

88 a In diesem Sinn auch Gerhard Fezer in einer Anmerkung zum Beschluß, Juristenzeitung 1984, S. 433 ff.

89 Siehe S. 12 f.

89 a Aus der folgenden Äußerung wird zum Teil der Schluß gezogen, der Bundesgerichtshof halte eine Beschlagnahme der Behördenakten durch den Strafrichter für unzulässig (Klaus Tiedemann/Ulrich Sieber a. a. O., S. 757 mit weiteren Belegen). Der Formulierung des Großen Senats ist ein abschließendes Urteil über die Zulässigkeit der Beschlagnahme jedoch nicht zu entnehmen, vgl. dazu Jürgen Taschke, a. a. O.

90 126 f.

91 Über das Verhältnis zu § 54 Strafprozeßordnung vgl. Klaus Lüderssen, *Zur »Unerreichbarkeit« des V-Mannes*, a. a. O., S. 529 f.

92 BVerfG *Neue Juristische Wochenschrift* 1981, S. 1719 ff. (1713) (s. in diesem Band S. 457–482).

93 Hierzu Jürgen Meyer a. a. O., S. 839. Zur besonderen Problematik der »Lebensgefahr« für den V-Mann, vgl. Seelmann, in: *Strafverteidiger* a. a. O., S. 482; Hinweise darauf, daß der V-Mann leicht in die Lage eines Opfers kommt, jetzt mit anschaulichen Beispielen bei: Harald Hans Körner, *V-Leute: verbrannt und verblüht*, in: *Kriminalistik* 1984, S. 270 ff.; *Der Grundsatz des fair play für den V-Mann und für den Zeugen*, in: Kriminalistik 1984, S. 328 ff.

93 a Detailliert und anschaulich beschrieben vor allem in den Sachverhalten der Entscheidung der Landgerichte Berlin, Frankfurt und Stuttgart a. a. O.

93b Zu den hier nötigen Differenzierungen: Klaus Lüderssen, *Kriminologie,* Baden-Baden 1984, S. 32 ff.
94 Hierzu instruktiv Friedrich Dencker a. a. O., S. 459 ff.
95 Im Ergebnis wohl ebenso Hans O. Sieg a. a. O., S. 638.
96 Darüber, was das Gericht statt dessen tun muß, im einzelnen Klaus Lüderssen, *Zur »Unerreichbarkeit« des V-Mannes* a. a. O., S. 534 ff.
97 Zu den Folgerungen, die sich daraus für die »Unerreichbarkeit« des Beweismittels im Sinne des § 244 Abs. 3 Satz 2 Strafprozeßordnung ergeben (beziehungsweise die vergleichbaren Wendungen in §§ 223, 251 Abs. 1 Nr. 2, 251 Abs. 2) vgl. Lüderssen a. a. O., S. 528 f.; nicht überzeugend Herdegen a. a. O.
97a Tiedemann/Sieber a. a. O., S. 761 ff.
97b Seelmann, Strafverteidiger a. a. O., S. 483.
98 Genauer Lüderssen a. a. O., S. 538.

A. Das ethische und politische Dilemma

I. Einige überraschend abenteuerliche Fälle

Arthur Kreuzer
Wenn der Spitzel lockt

Der polizeiliche Lockspitzel – von Strafrechtlern auch »agent provocateur«, von Kriminalisten »V-Mann« genannt – ist uns nicht nur aus »Krimis« geläufig. Seit langem erfüllt er tatsächlich wichtige Dienste im kriminalpolizeilichen Alltag.

Der Lockspitzel ist meist Beschuldigter. Er bietet der Polizei seine guten Dienste als »V-Mann« an. Daneben gibt es noch Polizeibeamte, die selbst in der Untergrundfahndung als »agents provocateurs« arbeiten. Außer konkreten Tips erwartet man vom Lockspitzel gelegentlich, daß er daran mitwirkt, Verdächtige in schwer durchschaubaren Kriminalitätsmilieus zu überführen. Er stiftet andere zu Straftaten an; vom V-Mann informiert, nehmen Polizeibeamte die Täter dann auf frischer Tat fest. Der länger dienende Lockspitzel bleibt im Strafverfahren verdeckt; oft wird lediglich »sein« Polizeibeamter als »Zeuge vom Hörensagen« vernommen. Als Gegenleistung erhält der V-Mann Geld; auch erwartet er Nachsicht in seiner eigenen Strafsache.

Wiewohl in der Rechtslehre noch umstritten, wird dieser polizeiliche Zuträger höchstrichterlich nach und nach anerkannt. Für den Bundesgerichtshof (BGH) ist es »feststehende Rechtsprechung, daß im Rahmen der Bekämpfung besonders gefährlicher und schwer aufklärbarer Kriminalität, insbesondere auch der Rauschgiftkriminalität, auf den polizeilichen Lockspitzel nicht verzichtet werden kann«. Andererseits stehe außer Frage, daß es Grenzen gebe, »deren Nichtbeachtung als ein dem Staat zuzurechnender Rechtsverstoß in das Strafverfahren hineinwirken würde«.

Am 15. April 1980 befand der 1. Strafsenat des Bundesgerichtshofes (BGH) (siehe in diesem Band S. 175–177) die Grenze als noch gewahrt in folgendem Fall: Ein Untergrundfahnder geriet an einen Haschischdealer. Dieser prahlte aus Minderwertigkeitsgefühlen, er könne Haschisch in größeren Mengen besorgen. »Der Polizeibeamte, dem er nur als Kleindealer bekannt war, sagte ihm, er würde ›wesentlich mehr abnehmen‹. Mit dieser Versicherung und dem Hinweis, daß ›eine kleine Menge es doch nicht bringe‹, überredete der Polizeibeamte ihn, sich auf ein ›Heroingeschäft großen Umfangs‹ einzulassen«, heißt es im Urteil. Im weiteren Verlauf kam es zu Transaktionen von 40 Gramm Heroin. Das Landgericht hatte Bedenken, den Angestifteten auch wegen dieser Tat zu verurteilen. Doch die Revision der Staatsanwaltschaft hatte Erfolg. Dem BGH genügte es, daß der Polizist den Eindruck haben durfte, der bislang als Kleindealer von Haschisch Bekannte könne Interesse an einem größeren Heroingeschäft zeigen.

Diese Entscheidung mag allenfalls noch hinnehmbar sein. Es ging nämlich – mit den Worten der Karlsruher Richter – darum, »die allgemeine Entschlossenheit zur Tat zu konkretisieren«. Doch wird die vom BGH selbst markierte Grenze eindeutig in einer Entscheidung des 2. Strafsenats vom 6. Februar 1981 (siehe in diesem Band S. 180–182) überschritten.

Der Fall lag so: Gegen N. lief ein Rauschgiftverfahren. Deswegen wollte er für die Polizei Rauschgifthändler ermitteln und überführen. Ihm wurde für den Erfolgsfall Geld versprochen. Außerdem erhoffte N. Vorteile im Strafverfahren. Er wandte sich aber nicht an Dealer. Sein Opfer war A., ein »nicht vorbestrafter, unbescholtener, des Handels mit Rauschgift bis dahin nicht verdächtiger« Türke. N. sprach A. »auf gut Glück« an, ob er eine größere Menge Heroin liefern könne. A. lehnte das Ansinnen ab. Erneut angesprochen, sagte er zu, sich einmal umzuhören. Nach mehreren Gesprächen bahnte A. schließlich ein Heroingeschäft für 12 000 bis 13 000 DM an. A. wurde gefaßt und als Nicht-Vorbestrafter mit über zwei Jahren Freiheitsstrafe belegt. Der BGH billigte die Verurteilung. Dies, obwohl zuvor überhaupt kein Verdacht gegen A. bestanden hatte, obwohl er keine Straftaten begangen hätte, wäre er nicht von dem polizeilichen Lockspitzel dazu verführt worden. »Eine andere Beurteilung wäre nur geboten, wenn der agent provocateur in *nachhaltiger* Weise auf den Täter eingewirkt hätte«, sagen die Karlsruher Richter. Hier wird der Verführte tatsächlich, wie es ein Staatsanwalt einmal kritisch formulierte, »zum bloßen Objekt staatlichen Handelns herabgewürdigt«.

Ob der Bundesgerichtshof wohl die Folgen seiner Entscheidung erwogen hat? Sind schon Gerichte so nachsichtig, wird die polizeiliche Praxis noch weitergehen. Lange zuvor warnte ein Insider vor Gefahren der Demoralisierung: Untergrundfahnder müßten erst »resozialisiert« werden, ehe man sie in anderen Aufgabenbereichen übernehmen könne. Der Einsatz von V-Männern ausgerechnet gegen Unschuldige, in der Drogen-Szene Unerfahrene, stellt im übrigen eine denkbar untaugliche Taktik dar, um Hintermänner des organisierten Handels auszumachen. Geeignetere Taktiken stehen der polizeilichen Arbeit zur Verfügung.

Der BGH schert undifferenziert Unbeteiligte, Kleindealer und organisierte Großhändler über einen Kamm. In den USA mit ihren reichhaltigen Erfahrungen in der Rauschgiftfahndung wäre solches Vorgehen unzulässig. Letztlich mutet die Taktik, Unschuldige durch V-Männer zu verführen wie eine Art kriminalistischen Arbeitsbeschaffungsprogramms an. Selbst wenn sich die Drogenproblematik minderte, könnten Sonderdezernate ihren Besitzstand wahren, indem sie auf diese Weise neue Fälle produzieren.

Noch bedenklicher sind demoralisierende Folgen in der Drogen-Szene. Drogenabhängige werden allenthalben als Lockspitzel unter Erfolgsdruck gesetzt. Manchmal geschieht das, wenn sie unter Auflagen von der Untersuchungshaft verschont oder vorzeitig freigelassen werden. So kann es nicht ausbleiben, daß sogar Unschuldige grundlos verdächtigt werden. In kriminalitätsanfälligen, sozial schwachen Milieus ist es ein leichtes, neue Straftäter zu schaffen. Unerfahrene Seeleute lassen sich zum Schmuggel verführen, Asylanten erliegen in ihrer Existenznot materiellen Versuchungen, Türken werden in ihrer Sippe gegeneinander ausgespielt. Das gleiche gilt für leicht Verführbare unter Homosexuellen, Drogen- und Alkoholabhängigen, allgemein unter jungen Menschen, bei Angehörigen von Straftätern, in »sozialen Brennpunkten«. Man braucht als Lockspitzel nur nach Art eines Versicherungswerbers von Tür zu Tür zu gehen, um bald »Erfolg«, einen neuen Straftäter geschaffen zu haben.

Abgesehen von diesen bedenklichen praktischen Folgen, sind erhebliche rechtliche Einwände zu erheben. Zuallererst verstößt eine polizeilich inszenierte Verführung Unschuldiger eklatant gegen Artikel 1 Grundgesetz: »Die Würde des Menschen ist unantastbar. Sie zu achten und zu schützen ist Verpflichtung aller staatlichen Gewalt.« Ob die Bundesrichter an dieses Verfassungsgebot gedacht haben? Und welches Menschenbild mag ihnen vorschweben? Früher wäre es zweifellos als Beleidigung, als Verletzung des sozialen Achtungsanspruchs, gewertet worden, Unbescholtenen Straftaten anzusinnen. Das Grundgesetz jedenfalls geht ebenso wie die Menschenrechtekonvention davon aus, daß man in jedem zunächst den Normtreuen zu sehen habe, nicht einen potentiellen Gesetzesbrecher. Und dies, obwohl wir von der Verführbarkeit schier jedes Menschen in bestimmten Situationen wissen; um es mit dem Strafrechtswissenschaftler Hellmuth Mayer zu sagen: »Kein Mensch ist so schlecht, als daß er nicht noch schlechter gemacht werden könnte.«

Neben verfassungsrechtliche treten prozessuale Bedenken: Es leuchtet ein, V-Männer gegen dunkle Hintermänner des Drogenhandels einzusetzen. Sie könnten sonst nicht überführt werden. Es verbietet sich aber, sie gegen Unschuldige einzusetzen, da bei ihnen noch kein Tatverdacht besteht. Erst bereits vorhandener Tatverdacht begründet polizeilichen Verfolgungszwang. Außerdem verlagert die Polizei hier Ermittlungskompetenzen auf Privatpersonen. Deren Praktiken kann sie nicht kontrollieren. Überdies ist es Aufgabe der Polizei, Straftaten zu verhindern, nicht neue zu inszenieren. Wenn Polizei Unschuldige verführt oder verführen läßt, verstößt sie auch gegen das Verbot täuschender Ermittlungsmethoden. Darf schon der Beschuldigte nicht durch Täuschung in seiner Freiheit der Willensentschließung beeinträchtigt werden, so erst recht nicht der Unschuldige.

Man hat den Eindruck, daß sich nicht nur Politiker, sondern auch hohe Richter gelegentlich den rechtsstaatlichen Blick verstellen lassen, wenn Stichworte wie Terrorismus oder Rauschgift anklingen. Untere Gerichte beweisen da mitunter mehr rechtsstaatliches Feingefühl. So weigerte sich jüngst das Amtsgericht Heidenheim, eine auf ähnliche Weise provozierte Täterin zu bestrafen: Die Frau stand zwar Rauschmitteln nicht fern, ging aber nur mit geringen Mengen um. Der V-Mann baute zum Schein eine Liebesbeziehung auf. Durch ihn angestiftet und ohne eigene Interessen, wirkte sie laufend an illegalen Geschäften mit. Das Gericht warf der Polizei vor, ihre Pflicht mißachtet zu haben, Straftaten zu verhüten.

Mögen die Karlsruher Richter ihren Standpunkt nochmals überdenken. Andernfalls sollte ein Verurteilter das Bundesverfassungsgericht anrufen. Das Lockspitzel-Unwesen droht sonst zu einem bösartigen Geschwür im Organismus des Rechtsstaates zu werden.

Arthur Kreuzer
Zeuge im Zwielicht

Jugendliche als Lockspitzel – wie lange noch?

Zwei junge Türken erwarteten vor dem Gießener Landgericht eine hohe Freiheitsstrafe. Außerdem mußten sie mit der üblichen Abschiebung nach Verbüßung eines Teils der Strafe rechnen. In der Heimat drohte ihnen obendrein eine erneute Bestrafung, womöglich mit dem Tode. Hinter ihnen lagen bereits sieben Monate Untersuchungshaft. Staatsanwalt und Richter verlegten sich zunächst – wie üblich – darauf, den »Kronzeugen« abzuschirmen. Als Zeuge erschien der polizeiliche Rauschgiftfahnder, welcher den Lockspitzel oder »V-Mann« geführt hatte. Er berief sich auf mehrjährige bewährte Zusammenarbeit mit seinem Gewährsmann, dessen Anonymität es aus Sicherheitsgründen zu wahren gelte.

Doch den Verteidigern war es gelungen, mit List, Spürsinn und Hartnäckigkeit den polizeilichen Lockspitzel namhaft zu machen und sodann Anklagevertreter und Gericht die Ladung des Enttarnten abzutrotzen.

Aus der Untersuchungshaft wurde ein 16jähriger Türke als Zeuge vorgeführt. Seit Jahren selbst in Heroingeschäfte verstrickt und nun zahlreicher Straftaten beschuldigt, gab er nach bohrenden Fragen zu: »Ich haßte die beiden und wollte sie mit dem getürkten Heroingeschäft hereinlegen.« Tatsächlich hatte er seine arglosen Landsmänner veranlaßt, vorübergehend einen Plastikbeutel aufzubewahren; bei dessen Rückgabe waren sie von Polizeibeamten festgenommen worden, ohne vom Inhalt – braunem, wirkungslosem Pulver – etwas zu wissen. Nun konnte selbst der Staatsanwalt nur noch Freispruch verlangen. Und der folgte sogleich. Für sieben Monate unschuldig erlittener Untersuchungshaft wurden beiden Türken je 1600 DM als Entschädigung bewilligt. Und sie dürfen im Lande bleiben.

Ein Ausnahmefall? Ein Betriebsunfall? Wohl kaum. Schon früher sollen mehrere vermeintliche ausländische Dealer aufgrund falscher Bezichtigungen eben jenes Gießener »V-Mannes« inhaftiert worden sein. Auf dem 6. Strafverteidigertag berichteten jüngst in Hamburg Anwälte aus mehreren Städten über vergleichbare Fälle.

Geläufig ist die Erfahrung, daß vor Gericht »gemauert« wird, wenn es darum geht, V-Männer unmittelbar als Zeugen zu vernehmen. Immer wieder berufen sich Verfolgungsbehörden auf Schutzbedürftigkeit und Verläßlichkeit ihrer Gewährsmänner. Dabei ist es ja kein Geheimnis, daß die meisten »Kronzeugen« in Rauschgiftverfahren äußerst zwielichtig sind. Im üblichen Strafverfahren würden sie wegen ihrer eigenen Verwicklung in Kriminalität auf Auskunftsverweigerungsrechte hingewiesen oder von vornherein als unglaubwürdig erachtet werden. In Rauschgiftsachen ist das alles anders. Hier wird der V-Mann in dem Maße als Informant für die Polizei interessant, in dem er selbst in die Drogen-Szene verstrickt ist. Und auch die Motive von V-Männern sind keineswegs immer lauter: Rache, Ausschalten der Dealer-Konkurrenz, Erwartung nachsichtiger Behandlung im eigenen Strafverfahren oder bei Razzien, Aussicht auf Honorare, Abenteuerlust usw. Die bunte Palette der Gewährsmänner reicht vom drogenabhängigen Fixer-Dealer bis zum ausländischen Drogenfahnder, der als Gastarbeiter in der Bundesrepublik seiner früheren Berufstätigkeit privat nachgeht. Vorsicht, ja Mißtrauen gegenüber Verläßlichkeit und Glaubwürdigkeit sind also allemal geboten.

Man durfte nun gespannt sein auf das Echo des Gießener Falles in der Öffentlichkeit sowie bei verantwortlichen Politikern. Doch der zuständige Innenminister hüllt sich in Schweigen. »Vor der Hessenwahl läuft nichts mehr, schon gar nicht in Ausländersachen«, kann man von Informierten hören. Ein weitaus harmloserer Vorfall hatte in Hamburg vor einiger Zeit einen Skandal ausgelöst. Dem Autor Kai Hermann *(Wir Kinder vom Bahnhof Zoo)* war der Nachweis gelungen, daß ein 18jähriger Schüler zu Lockspitzeldiensten in der Haschischszene gedrängt worden war. Der Hamburger Innensenator veranlaßte eine gründliche Untersuchung. Jetzt verbietet dort ein strengerer Erlaß, Jugendliche als V-Männer einzusetzen. Auch wird insgesamt die Zusammenarbeit der Hamburger Polizei mit Vertrauensleuten aus der Unterwelt strengeren Kriterien und Kontrollen unterworfen.

Beim hessischen Vorfall bleiben brisante Fragen offen: War die Staatsanwaltschaft über Alter und Vorbelastung des 16jährigen türkischen »V-Jugendlichen« von der Polizei getäuscht worden?

Oder hatte sie selbst das Gericht im unklaren gelassen? War das Landeskriminalamt über diese Umstände unterrichtet? Verbieten nicht Jugendschutzgesetz und staatliche Fürsorgepflicht von vornherein, Jugendliche als Lockspitzel einzusetzen? Was gedenkt man zu tun, um solche Vorfälle künftig zu vermeiden?

A. Das ethische und politische Dilemma

II. Ausrufung des Ermittlungsnotstandes – »Effektivität« um jeden Preis?

Alfred Stümper
Organisierte Kriminalität – ein ernstzunehmendes Problem

Seit Beginn der sechziger Jahre hat sich das Bild der Kriminalität sehr verändert. Neben der »normalen« Kriminalität hat die bandenmäßig organisierte Kriminalität, mehr und mehr auch die international ausgelegte und organisierte Kriminalität an Boden gewonnen. Sie entfaltet sich insbesondere in den Bereichen des illegalen Handels mit Rauschgift, Waffen, Sprengstoff und Alkohol, der Falschgeldkriminalität, in schwerer Wirtschaftskriminalität, die durch geradezu verführerische Subventionsbestimmungen angereizt wird, in weltweit angelegten Großbetrügereien sowie vor allem auch im umfassend organisierten Diebstahls- und Hehlerbereich.

Diese Entwicklung ging teils schleichend, teils jedoch auch fast sprunghaft (z. B. Rauschgift) vor sich. Länder und Kontinente sind in vielfacher Weise zusammengewachsen, in finanzieller, wirtschaftlicher und technischer Hinsicht ebenso wie in ihren politischen, sozialen und ideologischen Problemen. Das Recht auf Freizügigkeit, die Durchlässigkeit der Grenzen im internationalen Personen- und Güterverkehr, die verbesserten Reise- und Transportmöglichkeiten zur schnelleren Überwindung größerer Entfernungen und die modernen, mannigfach verzweigten Kommunikationsmittel schaffen optimale Voraussetzungen für eine weltweite Auslegung bestimmter Kriminalitätssparten.

Dabei erscheint für so manche planenden kriminellen Elemente die Bundesrepublik Deutschland ideal sowohl als direktes Aktions- und Betätigungsfeld als auch als Umschlagplatz, denn sie liegt zentral in Europa, gilt als wirtschaftlich stabil und hat – man muß dies sagen – ein liberales, im Vergleich zu gewissen strafrechtlichen Sanktionen anderer Länder, geradezu ein »sanftes« Image.

In der klaren Zielrichtung möglichst risikofrei umfassende Gewinne zu machen, ist die Tendenz zu gut durchorganisierten und groß angelegten kriminellen Vorhaben zunehmend deutlich hervorgetreten. Nicht nur die »Rendite« und die Durchsetzungsmöglichkeiten in der kriminellen Szene gegenüber nicht in einer Organisation tätigen Konkurrenten sind größer und sicherer, sondern auch das Risiko verunglückter Aktionen wird durch den Umfang der »Leistungsfähigkeit« und der Kontakte stark gemildert: Beim Scheitern werden die Festgenommenen durch Stellung prominenter Rechtsanwälte, Bereithaltung von Bargeld für Kautionen und unter Umständen auch Beschaffung dubioser Zeugen mit der Bereitschaft zum Falscheid wirksam unterstützt. Unter Umständen werden Inhaftierte sogar gewaltsam befreit. Ein Beispiel dafür ist die »Freibombung« des italienischen Gangsters Archangelo Maglio in Wuppertal im Jahre 1979. Durch systematisches Einwirken auf die Strafverfolgungsorgane (Beschwerdeschriftsätze, Dienstaufsichtsbeschwerden, Bedrohung von Ermittlungsbeamten usw.) werden weitergehende Ermittlungen verhindert. Für die Angehörigen wird gut gesorgt. Die Wiedereingliederung Haftentlassener in die Organisation wird gleichfalls vorbereitet.

Das Wesen dieser bandenmäßig organisierten Kriminalität zeichnet sich durch drei Hauptmerkmale aus:

Die Arbeitsweise ist weithin konspirativ – in mehrfacher Weise vergleichbar mit dem Vorgehen im Spionagebereich oder in qualifizierten Formen des Terrorismus. Sie reicht von Deckadressen über Gegenobservationen, den Einsatz von Kindern als Kurieren, massiver Nötigung von Amtspersonen und Zeugen bis zur Verwendung modernster technischer Einrichtungen wie Abhöranlagen, Funkgeräte, Video-Anlagen usw. Die Täter benutzen zunehmend Legenden; sie leben oft unter falschen Personalien, auch in konspirativen Wohnungen, oder sie nützen vermehrt die Möglichkeit, anonym zu leben (z. B. in Großwohnanlagen). Sie gründen und führen vermehrt scheinlegale Unternehmen (z. B. Briefkastenfirmen) zur Erlangung und Verwertung der Beute. Sie forschen immer häufiger polizeiliche Organisationen, Einrichtungen und Taktiken aus. Das Vorgehen erfolgt arbeitsteilig und ist intern weithin abgeschottet. Der Aufbau der generellen Logistik, das Ausfindigmachen und Abklären von Abnehmern der durch die strafbaren Handlungen erlangten Güter (»Entgegennahme der Bestellungen«), die präzise Vorbereitung der einzelnen Tat, ihre unmittelbare Durchführung sowie die Nachbereitung (Verwertung der Beute, Verwischung der Spuren. Beeinflussung von Ermittlungsverfahren usw.) werden von verschiedenen Arbeitsgruppen, die sich oft persönlich gar nicht kennen, durchgeführt. Diejenige Arbeitsgruppe, die die eigentliche Straftat begeht, wird oft eingeflogen und dann sofort wieder zurückgezogen. Hinterlassene Sachspuren führen daher im Einzelfall nur sehr bedingt zu weiteren Ermittlungserfolgen.

Die Brutalität dieser Kriminellen steigt sprunghaft an. Die Täter sind zunehmend mit Waffen ausgestattet und bereit, diese rücksichtslos einzusetzen. Die Durchsetzung im »eigenen Bereich« kennt keine Gnade. Auf Verrat steht Todesstrafe, wie die Ermordung des Luigi Masetti in Remscheid nach vermutlich vorausgegangener Folterung zeigt. Lästige Konkurrenten werden gleichfalls rücksichtslos ausgeschaltet. Der Einwirkungsbereich reicht auch in andere Organisationen hinein. Ein generelles Schweigegebot für Angehörige des jeweiligen Milieus wird genauso konsequent durchgesetzt wie Druck auf unbeteiligte Zeugen ausgeübt.

Daraus resultieren die Haupterfordernisse einer effektiven Bekämpfung der Kriminalität. Im Grundsatz kann diese Kriminalität letztlich weder repressiv noch präventiv hinreichend bekämpft werden. Sie muß vielmehr operativ angegangen werden. Oberstes Ziel der Sicherheitsbehörden ist es, schon die Ausgangsbasis und die Logistik entsprechender organisierter Kriminalität aufzuspüren und entweder im ersten Entstehungsstadium sehr rasch zu zerschlagen oder aber bei einer schon fortgeschrittenen, weitreichenden Verwurzelung erst nach sorgfältiger Abklärung aller Verflechtungen und Beziehungen dann mit ihren Wurzeln auszuheben. Alle anderen Zielsetzungen, sowohl die Ermittlung einer einzelnen Tat als sogar auch die Verhinderung einer einzelnen Tat, mußten im Prinzip demgegenüber zurücktreten.

Diese Kriminalität läßt sich auch nicht mit den herkömmlichen Methoden kriminalpolizeilichen Arbeitens allein wirksam bekämpfen. Die Polizei muß selbst in den Untergrund gehen – sei es mit eigenen Leuten, sei es durch den Einsatz oder durch das »Aufbohren« zuverlässiger oder ergiebiger personeller Quellen sowie durch umfassende Ausschöpfung technischer Mittel. Sie muß verdächtige Fäden aufnehmen und weiterverfolgen, sie muß erste Ansatzpunkte krimineller Aktivitäten rechtzeitig erkennen und das Wissen hierzu systematisch zusammenführen. Erst durch langwierige, sowohl in kriminalitätsspartenmäßiger als auch örtlicher Sicht weit gestreute Beobachtungen wird sie bei der hohen kriminellen Intelligenz, der sie sich hier gegenübersieht, zu Ergebnissen kommen können, die dann wirksame prozessuale Maßnahmen auch rechtlich tragen.

Bei der praktischen Realisierung dieser Haupterfordernisse sieht man sich jedoch einem ganzen Bündel von Problemen gegenüber. Man kann diese grob in vier Gruppen einteilen, nämlich in organisatorische, menschliche, rechtliche und politische Probleme.

Zunächst stellt sich die Frage, ob eine derart organisierte Kriminalität nicht auch mit einer entsprechend organisierten Polizei bekämpft werden muß. Eine den neuen kriminellen Methoden angepaßte, funktionelle, unter Umständen auch organisatorische Neuorientierung eröffnet sicher bessere Möglichkeiten der Bekämpfung. Erkenntnisse, welche Ermittlungsansätze versprechen, könnten umfassend zusammengeführt und grundsätzlich ausgewertet werden. Insoweit wäre auch durchaus die Schaffung eines eigenen Daten-Informationssystems »Organisierte Kriminalität« zu erwägen.

Da Ermittlungen mit hinreichender Erfolgsaussicht (nicht nur) in der herkömmlichen Methode geführt werden können und die Polizei informatorisch, auch personell, selbst in den Untergrund gehen muß, müßten auch entsprechende organisatorische Konsequenzen gezogen werden. Im Klartext heißt dies, daß Einheiten für verdeckte Ermittlungen zu schaffen sind, die selbständig und abgetrennt Aufträge erhalten. Dabei sind diese Einsätze mit den örtlich und sachlich unmittelbar zuständigen Dienststellen sorgfältig zu koordinieren, damit – unter Umständen folgenreiche – Mißverständnisse, vor allem im Einsatz, ausgeschlossen werden.

Sehr belastend können die menschlichen Probleme sein, insbesondere für diejenigen Beamten, die im Untergrund oder sonst in irgendeiner atypischen Form polizeiliche Ermittlungsarbeit leisten müssen. Sie tragen zunächst zwangsläufig ein hohes persönliches Risiko. Die Enttarnung eines Polizeiagenten bringt große Gefahren für Leib und Leben des Betroffenen mit sich. Darüber hinaus wird der gesamte private Bereich von den Lebensumständen, die in der Erfüllung des dienstlichen Auftrags weitgehend unvermeidbar sind, entscheidend geprägt. Es ist eine Illusion zu glauben, aus der Rolle, die man über einen längeren Zeitraum hinweg eingenommen hat, gewissermaßen über das Wochenende in Sonntagskleider schlüpfen und in der dienstfreien Zeit ein unbeschwertes, ganz normales Privatleben führen zu können. Die Nachteile, die hier Beamte nahezu durchgängig für ihr ganzes Privatleben während eines bestimmten Lebensabschnitts in Kauf nehmen, reichen vom rein persönlich familiären Bereich bis zu Einwirkungen auf die eigene Wesensart.

Eine wirksame Bekämpfung der organisierten Kriminalität wirft außerdem unvermeidbar eine Reihe schwerwiegender rechtlicher Fragen auf. Sie resultieren entweder aus einer möglichst weit im Vorfeld ansetzenden Verdachtsschöpfung oder aber aus der unmittelbaren Auseinandersetzung mit einem Gegenüber, das sich selbst verdeckter und hochkonspirativer Methoden bedient.

Die Probleme setzen schon im Bereich des Datenschutzes ein. Gerade Erkenntnisse, die Hinweise auf die Einrichtung und Ausweitung logistischer Strukturen schwerer, verzweigter Kriminalität liefern können, die verdächtige Geschäftsabschlüsse offenlegen oder auf merkwürdige Bewegungsbilder hinweisen und aus denen sich dann der berühmte rote Faden zum Aufspüren der abgeschotteten eigentlichen Hauptakteure ergibt, fallen nicht auf einmal und an der gleichen Stelle und im gleichen Kriminalitätsbereich in hochverdächtiger Weise an. Vielmehr sind sie das Produkt einer minuziösen Zusammenführung örtlich, zeitlich und sachgebietsmäßig oft sehr differenziert anfallender Einzelfakten.

Spiegelbildlich zu dieser Problematik ist der bereits bestehende hinreichende Tatverdacht, der jedoch nicht unverzüglich zum direkten Zugriff führen darf, um weitere Ermittlungen aus der Szene, insbesondere auch hinsichtlich der Hintermänner, zu erhalten.

In den Operationen selbst fallen wieder Rechtsprobleme dann an, wenn das Eindringen und das Arbeiten in der Szene mit Rechtsverstößen verbunden ist, wie beispielsweise bei der Verwendung von Falsifikaten, dem Ankauf kriminell erlangter Sachen oder der Ablegung sogenannter »Keuschheitsproben« von getarnten Polizeiagenten. Schließlich fallen noch im nachfolgenden prozeßrechtlichen Teil Rechtsprobleme an, wie insbesondere die forensische Einführung verdeckter Quellen, die Verwertung von Angaben eines Zeugen vom Hörensagen und der Schutz aussagebereiter und deshalb gefährdeter Mittäter.

Ein Rechtsstaat muß sich dieser Gesamtproblematik offen und in voller Breite stellen und sie sauber lösen. Er darf nicht nur für Schönwetterzeiten ausgelegt sein, sondern muß gerade auch schwerwiegenden Bedrohungen gerecht werden können. In solchen Fällen nur auf die Findigkeit, den Mut und die Cleverness der

Behörden zu vertrauen, möglicherweise sogar im stillen damit zu rechnen, daß sie schon »am Ende der Legalität« mit den Dingen zurecht kommen werden, ohne den Mut zu haben, einwandfreie rechtliche Voraussetzungen für eine solch schwierige Aufgabenwahrnehmung zu schaffen, wäre nicht nur feige, sondern würde geradezu rechtlich zweifelhaftes, unsauberes Handeln provozieren. Auf lange Sicht würde dies sogar eine Grundstimmung schaffen, wonach diese Rechtsordnung für Sonderfälle eben nur bedingt gilt. Dies könnte verheerende Folgen haben.

Die Fachgremien von Bund und Ländern haben deshalb unter Federführung des Landes Baden-Württemberg diese Problematik schon seit einiger Zeit aufgegriffen und gründlich vorbehandelt. Die Konferenz der Innenminister wird sich nun mit entsprechenden Vorschlägen befassen. Es ist zu hoffen, daß die damit zusammenhängenden schwierigen Fragen in angemessener Zeit rechtlich einwandfrei, praktikabel und auch wirksam gelöst werden.

Winfried Hassemer
Die »Funktionstüchtigkeit der Strafrechtspflege« – ein neuer Rechtsbegriff?

Ein Gespenst geht um in der Verfassungsgerichtsbarkeit[1], in den Urteilsgründen von Strafsenaten des Bundesgerichtshofs[2], in einer besorgten[3] bis entsetzten[4] Strafprozeßrechtsliteratur und mittlerweile sicherlich auch in vielen Hörsälen und Gerichtssälen: die »Funktionstüchtigkeit der Strafrechtspflege«, zu deren Aufrechterhaltung die höchsten Gerichte einander zunehmend ermuntern und die vielen Beobachtern als Menetekel eines Rechtsstaats erscheint, der sich zu Tode schützt.[5] Ist die Aufregung berechtigt, oder ist der Begriff so harmos, wie er klingt? Verfolgt man seine kurze Karriere, so findet man Hinweise auf beide Deutungen.

I. Hinführung

1. Die Karriere des Begriffs

Eher beiläufig und lakonisch, ohne Herleitung und Beleg hat der Zweite Senat des Bundesverfassungsgerichts im Sommer 1972 sich mit vier gegen drei Stimmen[6] auf ein »rechtsstaatliches Postulat der Aufrechterhaltung einer funktionsfähigen Strafrechtspflege« geeinigt, um ein Aussageverweigerungsrecht aus beruflichen Gründen – das der Sozialarbeiter nämlich – mit Fug verneinen zu können. Dem Kontext der geschriebenen Urteilsgründe läßt sich entnehmen, daß der Senat die Funktionsfähigkeit der Strafrechtspflege in der Absicht bemühte, den Staatsanwalt und den Tatrichter im Strafprozeß von einer Last freizustellen: vom Umgang mit Personen, die zur Zeugnisverweigerung berechtigt sind. Das Gericht folgte der Hypothese, jede Ausdehnung des strafprozessualen Zeugnisverweigerungsrechts auf neue Personengruppen beschränke die Beweismöglichkeiten der Strafverfolgungsbehörden und damit »möglicherweise« auch »die Findung einer materiell richtigen und gerechten Entscheidung«.[7]

Hörte man genauer hin, so klangen in diesen harmlosen Wendungen bereits die Töne an, die alsbald der »Funktionstüchtigkeit der Strafrechtspflege« deren unverwechselbaren Klang geben sollten.

Einerseits wird kein vernünftiger Mensch bestreiten wollen, daß Strafrechtspflege – wenn möglich – funktionsfähig sein soll, ja daß sie funktionsfähig sein muß, wenn sie ihre Aufgaben erfüllen will; insofern bringt der Topos eine bare Selbstverständlichkeit zum Ausdruck. Überdies erhält diese Selbstverständlichkeit eine besondere Weihe dadurch, daß sie mit materieller Richtigkeit und Gerechtigkeit in eine plausible Beziehung gebracht wird. Andererseits – diese problematische Seite der Sache liegt freilich weniger deutlich auf der Hand – kündigt sich im Topos »Funktionstüchtigkeit der Strafrechtspflege« Unmut, Überdruß und Abwehr gegenüber liberaler Strafprozeßform und gegenüber Belastungen der Justiz im Beschuldigteninteresse an, möglicherweise auch gegenüber mehr konfliktgeneigten Formen von Strafverteidigung, als wollte man sagen: Jetzt reicht's, auch die praktische Justiz muß schließlich sehen, wo sie bleibt, jetzt geht's ans Eingemachte.

Ein Blick auf die Reihe der Entscheidungen, in denen der Zweite Senat die Funktionstüchtigkeit der Strafrechtspflege beschwor, belegt diese Tendenz der Gegenreform. Der Topos wird gegen folgende Grundsätze bzw. Ziele ins Feld geführt: Gegen eine Ausdehnung des strafprozessualen Zeugnisverweigerungsrechts auf Sozialarbeiter[8]; gegen ein Verwertungsverbot bei heimlichen Tonbandaufnahmen[9]; gegen eine unbeschränkte Zulassung eines Rechtsbeistands für den Zeugen[10]; gegen ein berufsbezogenes Zeugnisverweigerungsrecht des Tierarztes im Strafverfahren[11]; gegen Rücksichten in der Hauptverhandlung auf teilweise Verhandlungsunfähigkeit des Angeklagten[12]; gegen die Beschlagnahmefreiheit von Klientenakten einer Drogenberatungsstelle[13]; gegen den Verzicht auf die Verwirklichung des staatlichen Strafanspruchs nach erpresserischer Geiselnahme[14]; gegen eine Einstellung des Verfahrens bei Gesundheits- oder Lebensgefahr des Beschuldigten.[15, 16]

Nota bene: Meine These ist weder die, daß die »Funktionstüchtigkeit der Strafrechtspflege« Reformtendenzen immer erfolgreich blockiere, noch die, daß diese Tendenzen allemal vernünftig seien. Meine vorläufige These ist vielmehr die, daß die »Funktionstüchtigkeit der Strafrechtspflege« eindeutig als gegenreformatorischer Argumentationstopos auftritt, will sagen, als argumentativer Gesichtspunkt, der auf der Seite der Beharrung, der Reduktion von Beschuldigteninteressen, der Zielsetzung effektiver Strafverfolgung kämpft. Will man eine Parallele zum materiellen Strafrecht zulassen, so ähnelt die »Funktionstüchtigkeit der Strafrechtspflege« der »Verteidigung der Rechtsordnung«, mit deren Hilfe das Verbot kurzfristiger Freiheitsstrafe, die Strafaussetzung zur Bewährung oder die Verwarnung mit Strafvorbehalt argumentativ blockiert werden.[17]

2. Die begrifflichen Nachbarn

Dies ist freilich ein vorläufiger Eindruck. Er festigt sich, wenn man sich die begrifflichen Nachbarn anschaut, die sich in den bisherigen Entscheidungen um die »Funktionsfähigkeit der Strafrechtspflege« herum gruppieren. Diese sind fundamental, feierlich und – jedenfalls auf den ersten Blick – in ihrer Zusammenstellung verwirrend.

Kaum ein Fundamentalbegriff wird ausgelassen, wenn es dem Zweiten Senat darauf ankommt, Wichtigkeit und Richtigkeit des Topos »funktionstüchtige Strafrechtspflege« zu belegen. Da geht es um die »Findung einer materiell richtigen und gerechten Entscheidung«[18], in deren Vorfeld überdies um eine »geordnete und effektive Beweiserhebung«[19], um die »Effizienz des Strafprozesses«[20], um die Durchsetzung des materiellstrafrechtlichen Rechtsgüterschutzes, um die Sicherung der Wahrheitserforschung im Strafprozeß und auch um die Abschreckung potentieller Rechtsbrecher.[21] Die Gewährleistung einer funktionstüchtigen Strafrechtspflege wird als ein »Interesse der Allgemeinheit« erkannt.[22]

Nachdem solche früheren Entscheidungen auf das begriffliche Arsenal der Grundlagen des Strafrechts eher selektiv und augenscheinlich zufällig zugegriffen haben, gelingt es dem Zweiten Senat ab 1977, die »funktionstüchtige Strafrechtspflege« in einen gewissen Begriffsrahmen einzustellen. Dieser Rahmen ist der »Gewährleistungsbereich des Rechtsstaatsprinzips« nach Art. 20 Abs. 3 GG, der seinerseits die »Idee der Gerechtigkeit als wesentlichen Bestandteil« enthält. Verwirklichung der Gerechtigkeit meint dann vor allem eine »möglichst vollständige Wahrheitsermittlung im Strafprozeß« und die »Aufklärung schwerer Straftaten« (warum eigentlich nur »schwerer«?).[23] Dieser Rahmen wird später[24] komplettiert durch den Anspruch auf Gleichbehandlung und durch den staatlichen Auftrag, die Sicherheit der Bürger und deren Vertrauen in die Funktionsfähigkeit der staatlichen Institutionen zu schützen – eine Forderung, die sich an Ergebnisse der modernen Theorien von der Generalprävention anlehnt.[25] Vorläufiger Abschluß ist die Berufung auf die »Sicherung des Rechtsfriedens in Gestalt der Strafrechtspflege«.[26]

Dieses Kaleidoskop von Fundamentalbegriffen vermittelt den Eindruck, als seien die Grundlagen des Straf- und Strafprozeßrechts ein begriffliches Sammelsurium, aus dem sich das Gericht nach Bedarf bedienen kann. Beachtlich ist freilich der rhetorische Gewinn solcher Begründungen: Es scheint, als ob die Funktionstüchtigkeit der Strafrechtspflege *die* juristische Entdeckung sei, als ob die aporetischen, über Jahrhunderte hinweg miteinander streitenden begrifflichen Grundlagen von Gerechtigkeit über Rechtssicherheit, Wahrheitssuche bis hin zur Effizienz des Strafverfahrens nunmehr im Konzept funktionstüchtiger Strafrechtspflege in eine harmonische Ordnung gebracht worden wären. Angesichts dieser Rhetorik tut es not, an die Kunst der Unterscheidung zu erinnern und der »funktionstüchtigen Strafrechtspflege« die begrifflichen Nachbarn beizuordnen, zu denen sie gehört. Erst dann kann sich zeigen, in welche Richtung die Reise geht, wenn man diesen Topos zu einem Leitstern des Strafprozeßrechts macht.

II. Vorläufige Einordnung

Erste Hilfe erfährt das Interesse an begrifflicher Präzisierung aus der Rechtsprechung des Zweiten Senats selbst.

1. Gerechtigkeit

Schon einer oberflächlichen Textanalyse muß auffallen, in welchem Zusammenhang die »Gerechtigkeit« als Referenzbegriff der »funktionstüchtigen Strafrechtspflege« auftritt. Zwar bezieht sich das Gericht auf die »Idee der Gerechtigkeit« als Inhalt des Rechtsstaatspostulats[27] und knüpft damit sprachlich an die Traditionen der Gerechtigkeitsphilosophie an, für welche die Gerechtigkeit kein harmonistisch-einliniges Prinzip war, für welche sie vielmehr in antinomischem Gegensatz zu Rechtssicherheit oder Zweckmäßigkeit stand.[28] Trotz dieser Anknüpfung gerinnt dem Senat die Gerechtigkeitsidee jedoch zu einem simplifizierten Konstrukt, weil sie jeweils nur im Kontext mit »Verwirklichen«[29] oder gar – brachial – »Zum-Durchbruch-Verhelfen«[30] auftritt. Dieser Kontext legt die Vermutung nahe, daß mit »Gerechtigkeit« nicht etwa ein Element der Rechtsidee gemeint ist, sondern schlicht das staatliche Interesse an Strafverfolgung. Sollte sich diese Vermutung bestätigen, so läge darin nicht nur ein Hinweis darauf, daß das Gericht bei der Rechtfertigung des Topos »funktionstüchtige Strafrechtspflege« begrifflich zu hoch greift, sondern vor allem darauf, daß eine Rechtfertigung funktionstüchtiger Strafrechtspflege jedenfalls nicht bei der Idee der Gerechtigkeit gesucht werden sollte.

2. Verfolgungsinteresse

Auch der zweite Hinweis für eine Präzisierung der Begriffe läßt sich der Rechtsprechung des Bundesverfassungsgerichts entnehmen – dieser Hinweis freilich auch der Rechtsprechung des Ersten Senats. Auch dieser Hinweis stützt die Vermutung, daß die »Funktionstüchtigkeit der Strafrechtspflege« nicht mit der Idee der Gerechtigkeit, sondern mit Strafverfolgungsinteressen zu tun hat; er bereitet überdies die Einsicht vor, daß die »Funktionstüchtigkeit der Strafrechtspflege« alles andere als ein neuer Rechtsbegriff ist.

Soweit die Literatur sich bislang mit dem Topos der »funktionstüchtigen Strafrechtspflege« befaßt hat, ist sie übereinstimmend zu dem Ergebnis gelangt, das Bundesverfassungsgericht habe diesen Topos im Jahre 1977 »erfunden«.[31] Das ist nur dann nicht falsch, wenn man seinen Blick auf Wörter verengt, anstatt nach Begriffen zu suchen. Dem Begriff nach ist der Topos viel älter, und es wäre seltsam, wenn es anders wäre.

In der Reihe der Entscheidungen des Bundesverfassungsgerichts, die zur »Funktionstüchtigkeit der Strafrechtspflege« zitiert werden[32], fehlt ein Beschluß des Zweiten Senats aus dem Jahre 1980[33], obwohl sich der Beschluß ebenso wie frühere Judikate auf unseren Topos beruft.[34] Aus dem Kontext dieses Beschlusses kann man mit aller wünschenswerten Deutlichkeit ersehen, wes Geistes Kind die »funktionstüchtige Strafrechtspflege« ist. Zur Verhandlung stand die Verhältnismäßigkeit der Untersuchungshaft, und das Gericht hat den Gesichtspunkt der »funktionstüchtigen Strafrechtspflege« gegen die Freiheitsinteressen des Beschuldigten in die Waagschale gelegt.[35] Damit bewegt es sich in überkommener Tradition – freilich mit dem Unterschied, daß, was früher »Bedürfnisse einer wirksamen Verbrechensbekämpfung« genannt wurde[36], nunmehr »öffentliches Interesse an der Gewährleistung einer funktionstüchtigen Strafrechtspflege«[37] heißt und daß das Pathos früherer Betonung des grundrechtlich verbürgten Freiheitsanspruchs, der den Strafverfolgungsinteressen »ständig als Korrektiv entgegengehalten werden« soll[38], merklich verblaßt ist. Man kann aufgrund der Textanalyse vorläufig zusammenfassen: Erst eine richtige Entsprechung von Verfolgungs- und Freiheitsinteresse im Prinzip der Verhältnismäßigkeit schafft Gerechtigkeit; die Berufung auf die Bedingungen »funktionstüchtiger Strafrechtspflege« zielt lediglich auf die Begründung von Verfolgungsinteressen; ihre Fundierung in einer Idee der Gerechtigkeit ist ungerechtfertigt und irreführend.

III. Kritik

Es wäre seltsam, so hieß es gerade, wenn der Topos der »funktionstüchtigen Strafrechtspflege« ein neuer Rechtsbegriff wäre. Wir wollen nun systematisch untersuchen, in welche begriffliche Landschaft dieser Topos gehört. Erst danach wird es möglich sein, ihn kriminalpolitisch präzise einzuschätzen und entsprechende Umgangsformen für die Praxis zu erarbeiten.

1. Die harmonistische Verfahrenskonzeption

Der Zweite Senat des Bundesverfassungsgerichts erweckt den Eindruck, als flössen in die Argumentationsfiguren der »funktionstüchtigen Strafrechtspflege« die strafprozessualen Grundwerte von Gerechtigkeit, Wahrheit, Effizienz, Rechtsstaatlichkeit und Richtigkeit harmonisch zusammen. Dies ist nicht nur begrifflich unsauber, sondern auch kriminalpolitisch verfehlt. Eine rechtsstaatliche Konzeption des Strafverfahrens lebt zuerst einmal vom Antagonismus, nicht von der Harmonie der strafprozessualen Grundwerte.

Nur dem antiliberalen Denken hat ein Strafverfahren eingeleuchtet, das Gerechtigkeit durch Effizienz und Effizienz durch Gerechtigkeit verwirklichen wollte, das an die Stelle des unterscheidenden das »ganzheitliche« Denken[39] setzte, das Freiheitsrechte in institutionellen Garantien gewährleistet sah[40], das die konfliktbestimmten Rollenzuweisungen im Verfahren zugunsten einer prästabilierten Harmonie beseitigen wollte, auf daß sich dort die Gerechtigkeit durchsetze, an der doch alle mitwirken wollten.[41] Demgegenüber muß man mit *Eb. Schmidt* darauf bestehen, daß das Strafverfahrensrecht einem »Doppelziel« dient: »den Schuldigen zu strafen, den Unschuldigen aber gegen ungerechte Maßnahmen staatlicher Gewalt zu schützen«.[42] Auch wer, wie etwa *Schmidhäuser*, das Ziel des Strafprozesses letztlich in einem einheitlichen Konzept, nämlich dem des Rechtsfriedens, verwirklicht sieht, sieht sich dabei gezwungen, die »Antinomie von Gerechtigkeit und Rechtsicherheit« gerade nicht einzuebnen, sondern sie auf einer höheren systematischen Ebene dialektisch »aufzuheben«[43], sie also als fortwirkend anzuerkennen. Im übrigen läßt sich – das sei nur angedeutet[44] – eine selbständige und wirkungsmächtige Stellung des Verteidigers im Strafverfahren nur begründen, wenn man die Grundwerte des Verfahrens als konflikthaft erkennt anstatt anzunehmen, alle Beteiligten werkelten sowieso auf dasselbe Ziel effizienter Gerechtigkeit hin.

2. Der Prozeß des Abwägens

All dies heißt nicht, daß der Zweite Senat die juristische Kunst des Abwägens zwischen einander widersprechenden Interessen und Werten verlernt hätte. Was sich in den Entscheidungen zur Verhältnismäßigkeit der Untersuchungshaft noch deutlich dokumentiert – nämlich die Abwägung zwischen Freiheitsanspruch und Strafverfolgungsinteresse[45] – läßt sich (in weniger klarer Form freilich) auch in den übrigen Judikaten nachweisen, die sich auf die »Funktionstüchtigkeit der Strafrechtspflege« stützen.[46] Nicht im Daß der Abwägung liegt – vorläufig – das Problem, sondern im Wie:

Wer mit der »Funktionstüchtigkeit der Strafrechtspflege« sämtliche zentralen Werte des Strafverfahrensrechts auf die eine der beiden Waagschalen draufpackt, der wird für die andere Schale allenfalls noch Leichtgewichtiges zur Verfügung haben. Wem die Idee der Gerechtigkeit, wem der Rechtsfriede, das Prinzip des Rechtsgüterschutzes, des Rechtsstaats oder der Vertrauenssicherung eine Einschränkung von Freiheitsrechten befiehlt, der kann diese Freiheitsrechte nur noch als Positionen minderen Ranges wahrnehmen. Er laviert sich in die schiefe Alternative von öffentlichen Verfassungs- und Verfahrensinteressen einerseits und privaten Freiheitsinteressen andererseits.

In dieser Alternative haben die privaten Interessen keine argumentative Chance mehr; ihr Gegenpol ist übergewichtig, er verfügt über sämtliche normativen Ressourcen, welche einem Interesse Durchsetzungskraft und Dignität verschaffen. Steht die Funktionstüchtigkeit der Strafrechtspflege auf dem Spiel, so können Interessen, die zu ihr gegensätzlich sind, von vornherein nichts ausrichten. Denn wie müßte ein solches Interesse rechtstheoretisch und rechtsethisch ausgestattet sein, um es nicht nur mit Effektivität und Rechtssicherheit, sondern auch mit Gerechtigkeit und Rechtsfriede aufzunehmen? Ich sehe keinen rechtlichen Grundsatz, auf den sich ein solches Interesse mit Erfolg berufen könnte. Bei einer solchen »Abwägung« ist über deren Ergebnis bereits entschieden, bevor sie angestellt wird; sie wird nur scheinhaft veranstaltet. Ihre tatsächliche Funktion ist die Vereinzelung, die Entrechtlichung der Interessen, die gegen das Effizienzinteresse der »funktionstüchtigen Strafrechtspflege« stehen.

IV. Grundlinien des rechtsstaatlichen Strafverfahrens

Nunmehr ist es an der Zeit, wenigstens einige Grundlinien einer rechtsstaatlichen Theorie des Strafverfahrens auszuzeichnen, die es erlauben, das Prinzip der »funktionstüchtigen Strafrechtspflege« verfahrensdogmatisch und kriminalpolitisch hinreichend zu erfassen.

1. Systemlogik

Ausgangspunkt muß sein, daß die Effizienz- und Strafverfolgungsinteressen, die im Prinzip der »funktionstüchtigen Strafrechtspflege« angesprochen werden, prinzipiell legitime Interessen sind und daß sie für Dogmatik und Politik des Strafverfahrensrechts grundlegend und unverzichtbar sind. Eine Strafrechtspflege, die den Grundsatz des Anwesenheitsverfahrens mit der Unmöglichkeit verbindet, die Anwesenheit des Beschuldigten in der Hauptverhandlung sicherzustellen, die keine rechtlichen Möglichkeiten bereitstellt, Strafverfahren zu beginnen oder in angemessener Zeit zu Ende zu bringen, die zugleich die notwendige

Verteidigung und die uneingeschränkte Autonomie des Beschuldigten will – eine so exemplarisch untüchtige Strafrechtspflege scheitert freilich nicht erst am Rechtsstaatsgedanken, sondern schon an ihrem Selbstwiderspruch. Wer materielles Strafrecht durchsetzen will, muß Strafverfahren einrichten und so ausstatten wollen, daß sie das materielle Strafrecht durchsetzen können.

Doch was heißt das schon? Es heißt nicht mehr, als daß jede finale menschliche Einrichtung die Logik ihrer selbst beachten muß. Ich halte deshalb den in der Wissenschaft entbrannten Streit darüber, ob das staatliche Interesse an der Funktionstüchtigkeit der Strafrechtspflege ein Element des Rechtsstaatsprinzips sei oder nicht[47], für müßig. Denn auch die Gegner eines solchen Zusammenhangs werden nicht bestreiten wollen, daß mit der Einrichtung eines rechtsstaatlichen Strafverfahrens dessen Funktionsmöglichkeit auch im rechtsstaatlichen Interesse liegen muß (weil die Alternative eine Bedrohung des Rechtsstaats wäre). Und auch die Befürworter dieses Zusammenhangs werden nicht behaupten wollen, daß bestimmte Effizienz- und Strafverfolgungsinteressen, die konkreter sind als die genannte Systemlogik, vom Rechtsstaatsgedanken gefordert würden. Das heißt für das Strafverfahrensrecht:

2. Justizförmigkeit und Effizienz

Die wirklichen Probleme des Strafverfahrensrechts beginnen erst unterhalb dieser trivialen Ebene der Systemlogik. Sie beginnen, herkömmlich gesprochen, beim Verhältnis von »Justizförmigkeit des Verfahrens« und Strafverfolgungsinteresse.[48] Meine These dazu ist, daß der Topos der »funktionstüchtigen Strafrechtspflege« dieses Verhältnis zugunsten der Strafverfolgungsinteressen und zu Lasten der Justizförmigkeit verkehrt. Meine Aufgabe wird also sein, dieses Verhältnis in seiner Ausgewogenheit zu beschreiben.

Der Begriff der »Justizförmigkeit« strafrechtlicher Sozialkontrolle durch Strafverfahren ist immerhin imstande, eine zutreffende Vorstellung von der Qualität der Freiheitsrechte zu vermitteln, deren Schutz die Förmlichkeiten des Strafverfahrens zu dienen bestimmt sind. Er bringt nämlich zum Ausdruck, daß die Förmlichkeiten des Strafverfahrens kein Selbstzweck, daß die Freiheitsrechte nicht nur faktische und private Interessen, daß sie vielmehr auch – und für das Strafverfahrensrecht zuvörderst – öffentlich-rechtlich bewertete: daß die Verfahrensinteressen sind.

Als Element des Rechtsstaatsprinzips lehrt der Grundsatz der Justizförmigkeit des Strafverfahrens, daß etwa die Interessen an Verteidigung, an Zeugnisverweigerung und Entlassung aus der Untersuchungshaft den Strafverfolgungsinteressen strukturell und systematisch an Durchsetzungskraft und Dignität nicht nachstehen. Verfassungsrecht und Verfahrensrecht haben sie im Grundsatz der Justizförmigkeit zu ihren eigenen Interessen erklärt, haben sie gewürdigt, bewertet und öffentlich-rechtlich sakrosankt gemacht. Ihr Schutz ist von einem privaten zu einem Interesse des öffentlichen Rechts geworden. Nur mit dieser Ausstattung können private Freiheitsinteressen den Prozeß einer Abwägung mit Effizienz- und Strafverfolgungsinteressen bestehen.

Deshalb geht es fehl, Gerechtigkeit, Rechtsfriede, Rechtsstaatlichkeit und materielle Richtigkeit des Verfahrens den Strafverfolgungsinteressen zuzuteilen und diesem Komplex dann private Freiheitsrechte gegenüberzustellen. Wenn man solche Grundwerte nicht – wie etwa *Schmidhäuser* das tut[49] – mit dem Gesamtkomplex strafrechtlicher Sozialkontrolle überhaupt verbinden, sondern sie unterhalb der höchsten Ebene der Zielbestimmung lokalisieren will, dann liegt es näher, sie bei den Freiheitsrechten anzusiedeln. In einem rechtsstaatlichen Strafverfahren verdient nicht die Funktionstüchtigkeit der Strafrechtspflege als Strafverfolgungsinteresse, sondern verdient der Auftrag des Freiheitsschutzes das Gütesiegel »gerecht« oder »friedenssichernd«. Das möchte ich begründen.

3. Formalisierte Konfliktverarbeitung

Der Begriff »Justizförmigkeit« ist, wie gezeigt, wohl imstande, die im Strafverfahren geschützen Freiheitsrechte richtig zu verorten; ihm fehlt aber eine wichtige Potenz: Er ist außerstande zu bestimmen, welches die notwendigen Elemente von »Justizförmigkeit« sind, was ein »justizförmiges« Verfahren im einzelnen ausmacht, was der Gesetzgeber unbedingt beachten muß, wenn er ein »justizförmiges« Verfahren einrichten will und wann er gegen den Grundsatz der »Justizförmigkeit« verstößt. Es ergeht dem Grundsatz der Justizförmigkeit im Strafverfahrensrecht wie dem systemimmanenten Rechtsgutskonzept im materiellen Strafrecht[50]: Man weiß wohl, daß das Strafrecht Rechtsgüterschutz betreibt und welches die derzeit geschützen Rechtsgüter sind; man weiß aber nicht, welche Bedingungen ein Interesse erfüllen muß, damit der Strafgesetzgeber es in den Rang eines Rechtsguts erheben darf. So könnte es dem Konzept der Justizförmigkeit widerfahren, daß der Topos der »Funktionstüchtigkeit der Strafrechtspflege« selber zu einem Element der Justizförmigkeit wird – wenn er sich als Grundwert des Strafverfahrensrechts nur faktisch durchsetzt.[51]

Welches Interesse der Strafgesetzgeber mit dem Etikett »Rechtsgut« versehen darf, erfährt man erst von einer systemtranszendenten, von einer kritischen Rechtsgutslehre. Welche Verfahrenskonzepte die Justizförmigkeit des Strafverfahrens befördern und welche sie bedrohen, erfährt man erst, wenn man die Aufgabe des Strafverfahrens tiefer begründet. Für eine ausführliche Herleitung ist hier nicht der Ort. Ich beschränke mich auf einige wenige Grundzüge.[52]

Materielles Strafrecht und Strafverfahrensrecht haben – mit je eigenen Instrumenten und auf ihrem je eigenen Felde – eine gemeinsame Aufgabe zu erfüllen, welche die Aufgabe der gesamten Strafrechtspflege ist: Sie haben schwerste gesellschaftliche Konflikte aus abweichendem Verhalten so zu verarbeiten, daß die Grundrechte aller Betroffenen – einschließlich des Täters – möglichst geringen Schaden leiden. Ich bezeichne dies als »Formalisierung strafrechtlicher Konfliktverarbeitung« und sehe darin Würde und Rechtfertigung des Strafrechts. In dem Maße, wie das Strafrecht diese seine Aufgabe erfüllt, kann es auch zum Vorbild anderer Institutionen sozialer Kontrolle werden, kann es generalpräventiv wirken.

An diesem Konzept sind für unseren Zusammenhang folgende Einzelheiten bedeutsam:

Die Freiheits- und Interventionsrechte der von Strafverfolgung Betroffenen werden, legt man das Formalisierungskonzept zugrunde, als zentrale Werte des Strafverfahrensrechts erst begründbar. Der Schutz von Freiheit und Handlungskompetenz im Verfahren ist dann kein Zugeständnis an »liberale Strömungen«, sondern ein Verfahrensziel, von dessen Verwirklichung Würde und Rechtfertigung des Strafverfahrens abhängen. Spezifischer: Das Strafverfahrensrecht verliert Würde und Rechtfertigung in dem Maße, in dem es seine Formalisierungsleistungen reduziert, in dem es zur Stabilisierung seiner Effektivität auf den Schutz von Freiheit, Interventionschancen und Handlungskompetenz der Betroffenen tendenziell verzichtet.

Mir ist keine Gesellschaft bekannt, die daran gescheitert wäre, daß ihre Institutionen sozialer Kontrolle das abweichende Verhalten des Alltags nicht mehr beherrscht hätten. Mir ist keine Strafrechtsordnung bekannt, die daran zerbrochen wäre, daß sie funktionsuntüchtig wurde gegenüber der alltäglichen Kriminalität. Mir sind aber wohl Gesellschaften und Strafrechtsordnungen bekannt, die dem Interesse an effizienter Verbrechensbekämpfung ihren Formalisierungsauftrag geopfert haben, Strafverfahren, die sich haben funktionalisieren lassen im terroristischen Räderwerk eines rücksichtslosen Kampfes gegen die Abweichung. Gesetzliches Strafunrecht zeichnet sich nicht durch ein Zuwenig, es zeichnet sich durch ein Zuviel an Effektivität aus. Um Effektivität der Verbrechensbekämpfung braucht sich das Strafverfahrensrecht, so denke ich, weniger zu sorgen. Es ist umgeben von und verbunden mit zahlreichen anderen Instanzen sozialer und staatlicher Abweichungskontrolle von Nachbarschaft bis Polizei, deren Sache die Effektivität der Kontrolle ist. Sache des Strafverfahrensrechts ist die rechtliche Kontrolle sozialer Kontrolle, ist die Formalisierung der Konfliktverarbeitung.

Sieht man etwas genauer zu, so verschärft sich das Problem noch um eine weitere Stufe. Die Theorien des Strafverfahrensrechts beruhen weithin auf dem Gegensatz von effektiver Strafverfolgung und Justizförmigkeit bzw. Schutz von Freiheitsrechten. Dieser Gegensatz ist für die einzelnen strafprozessualen Regeln sicher einleuchtend; für eine weitsichtige Betrachtungsweise ist er jedoch eher irreführend. Ich stelle die Gegenthese auf: Nur eine Strafverfolgung, die sich – im Strafverfahren – an das Konzept der Formalisierung hält, ist auf die Dauer effektiv.[53]

Eine Konzeption des Strafverfahrens, welche Justizförmigkeit bzw. Formalisierung einerseits und Effektivität der Strafverfolgung andererseits säuberlich trennt, übersieht in der Anstrengung des Begriffs die Wirklichkeit der Menschen, an die sich Strafrecht und Strafverfahren richten und die in ihm handeln. Formalisierung der Konfliktverarbeitung im Strafverfahren ist nicht nur ein Gebot rechtsstaatlicher Strafrechtspflege, sondern auch ein Mittel langfristiger Generalprävention, die es nicht auf Abschreckung potentieller Rechtsbrecher anlegt, sondern auf ein Leben der Leute in Rechtlichkeit und in begründetem Vertrauen auf die Rechtspflege. Um Hegel zu bemühen und abzuwandeln[54]: Effektiv kann eine Strafverfolgung heute nur sein, wenn sie den Täter nach Ehre und Freiheit anfaßt, nicht aber wie einen Hund, gegen den man den

Stock hebt. Entformalisierung der Strafrechtspflege wirkt kriminogen jedenfalls in einer Gesellschaft, in der die Leute das Handeln der Strafjustiz beobachten können und in der sie imstande sind, ethische Grundsätze für den gerechten Umgang mit Abweichern auszubilden. Die Sicherung des Rechtsfriedens ist langfristig nur einer Strafjustiz zuzutrauen, welche den Bedürfnissen effektiver Strafverfolgung ihren Auftrag formalisierter Konfliktverarbeitung unbeirrt entgegensetzt.

Ich fasse vorläufig zusammen: Unterscheidet man mit der herkömmlichen Theorie des Strafverfahrens Justizförmigkeit von Strafverfolgungsinteresse, so residiert der Topos der »funktionstüchtigen Strafrechtspflege« im Lager der letzteren und macht diese übermächtig. Langfristig wird jedoch eine nur funktionstüchtige Strafrechtspflege auch nicht effektiv sein; dazu bedarf es rechtfertigender Elemente, die man zusammenfassend »Formalisierung der Konfliktverarbeitung« nennen kann.

V. Konsequenzen

Wie wirkt nun das Prinzip »funktionstüchtige Strafrechtspflege« in der konkreten Ausgestaltung des Strafverfahrensrechts? Zwei dieser Wirkungen möchte ich herausstellen, kurz besprechen und daran Konsequenzen anknüpfen.

1. Schutz der »schützenden Formen«

Zum einen liegt auf der Hand, daß der Topos »Funktionstüchtigkeit der Strafrechtspflege« Tendenzen kräftig verstärkt, die auf einen Abbau von Abwehrrechten des Bürgers und auf manipulative Verfahrenskonzeptionen hinauslaufen. Ich möchte moderne Interpretationen des Rechtsstaatsprinzips, welche die Freiheitsrechte in die Ordnung von Institutionen einhüllen[55], ich möchte Verfahrenslehren, welche Legitimation rechtlichen Handelns mit einer »Zersplitterung und Absorption von Protesten« oder einer »Spezifizierung der Unzufriedenheit« erschleichen wollen[56], hier nicht diskutieren, sondern nur darauf hinweisen, daß im Strafverfahren Grundrechte jedenfalls prekärer bedroht sind als sonst. Hier stehen sich die Beteiligten in asymmetrischen Verhältnissen gegenüber, hier hat regelmäßig nur eine Seite ein regelmäßig zwangsweise durchgesetztes Interesse an Beginn, Durchführung und Abschluß des Verfahrens sowie dessen Funktionstüchtigkeit, hier passen Schönwetterkonzeptionen einverständlicher Rechtsverwirklichung nicht. Seit wir über eine naturrechtliche oder subsumtionsideologisch begründete Sicherheit, das materielle Recht werde das Verfahren zu einem gerechten Ausgang führen, nicht mehr verfügen, seit sich herumgesprochen hat, daß Gerechtigkeit nicht schlicht zu »finden« ist, sondern herzustellen in fairer Auseinandersetzung um das Recht, seitdem hat das Strafverfahren viel von den Legitimationsbelastungen zu tragen, die ihm vordem das materielle Strafrecht abgenommen hatte. Um so weniger zeitgemäß sind Konzepte, die den Wert der »schützenden Formen«[57] im Strafverfahren herunterspielen oder die Verfahrensbeteiligten zu Figuren im abgekarteten Rollenspiel degradieren.

2. Sachliche Begründung

Die zweite Wirkung ist weniger deutlich sichtbar, aber wahrscheinlich folgenreicher für die Chancen formalisierter Konfliktverarbeitung im Strafverfahren. Allenthalben wird beklagt[58], daß der Begriff »Funktionstüchtigkeit der Strafrechtspflege« viel zu vage sei, um mit ihm Freiheitsbeschränkungen diskutieren und abmessen zu können. Das stimmt, trifft aber nicht den Kern der Sache. Die eigentlich beunruhigende Wirkung dieses Topos ist, daß er die strafprozessualen Freiheitsrechte in ein Abwägungsverhältnis verweist.[59] In diesem Verhältnis sind die Freiheitsrechte nicht nur weithin chancenlos, weil sie einer geballten Ladung an strafprozessualen Grundwerten gegenübergestellt werden, das hatten wir besprochen.[60] In diesem Verhältnis sind sie auch falsch aufgehoben. Sie stehen nicht etwa – auf gleicher Ebene – zur Abwägung mit Kriterien einer »funktionstüchtigen Strafrechtspflege«; ihr Schutz ist vielmehr *Ziel* des Strafverfahrens, die Funktionstüchtigkeit der Strafrechtspflege ist eine faktische *Bedingung* der Zielverwirklichung. Die Sicherung beider liegt im Auftrag des Strafverfahrensrechts; aber die Sicherung der Verwirklichungsbedingungen gilt zugunsten der Sicherung der Zielverwirklichung selber.

Nun ist es freilich keinem System verwehrt, Ziele niedriger zu hängen, wenn diese Ziele die Verwirklichung anderer, wichtigerer

Ziele beeinträchtigen oder wenn das Überleben des Systems auf dem Spiel steht. Beides scheint im Strafverfahren heutzutage jedoch (noch) nicht der Fall zu sein.

Eine Beschränkung der Freiheitsinteressen im Strafprozeß über den Topos »Funktionstüchtigkeit der Strafrechtspflege« dient – das ist gezeigt – nicht der Verwirklichung anderer, wichtigerer Ziele, sondern der Erhaltung und Verbesserung der Systembedingungen. Ich habe aber auch nicht den Eindruck, daß das Überleben des Systems ›Strafrechtspflege‹ auf dem Spiel steht.

Eines ist klar: Wenn die Funktionstüchtigkeit der Strafrechtspflege *wirklich* auf dem Spiel steht, wenn das System strafrechtlicher Sozialkontrolle zusammenzubrechen droht, wenn materielles Strafrecht nicht mehr verwirklicht werden kann, dann wird der Topos der Funktionserhaltung sich durchsetzen.[61] Not kennt kein Gebot. In einer solchen Situation wird aber auch von der Rechtsstaatlichkeit eines Strafverfahrens als Zielbestimmung keine Rede mehr sein.[62] Vielmehr wird es darum gehen, eine funktionstüchtige Strafrechtspflege auch unter hohen rechtsstaatlichen Kosten zu verteidigen oder wiedereinzuführen, damit diese dann ihre Ziele formalisierter Konfliktverarbeitung (wieder) verfolgen kann, damit wieder Gerechtigkeit herrsche. Eine Strafrechtspflege, die sich mit dem Rücken zur Wand gegen Bedrohungen ihrer Funktionsfähigkeit verteidigt, kann Konfliktverarbeitung nicht formalisiert, sie kann sie nur parteiisch und rücksichtslos betreiben.

Niemand geht davon aus, daß die Funktionstüchtigkeit unserer Strafrechtspflege wirklich bedroht ist. Die Probleme, die den Zweiten Senat des Bundesverfassungsgerichts zur Verteidigung der Funktionstüchtigkeit bewogen haben, sind weitaus harmloserer Natur. Es sind Probleme, die dem strafenden Staate und der Rechtsprechung Geduld, Geld und Zeit abfordern, Konfliktfähigkeit und einen langen Atem bei der Realisierung der Unschuldsvermutung.

Es wäre naiv zu erwarten, daß die Rechtsprechung solcherlei Kosten unbeschränkt erbringen kann. Die Elemente formalisierter Konfliktverarbeitung sind immer labil und bedroht, nicht nur allgemeinpolitisch, sondern auch verfahrensökonomisch und richterpsychologisch. Es ist aber gerechtfertigt zu erwarten, daß die Rechtsprechung ihre Probleme nicht in ein Kleid steckt, das ihnen um einige Nummern zu groß ist. Sie riskiert dabei, daß die Ziele des Strafverfahrens ohne Not gefährdet werden und daß ihr in der

Zeit wirklicher Not die Rechtsbegriffe fehlen. Wenn das Zeugnisverweigerungsrecht der Sozialarbeiter, wenn die Zulassung eines Rechtsbeistands für jeden Zeugen nach Ansicht der Gerichte zu viel an Geduld, Geld, Zeit und Konfliktfähigkeit fordern, dann sollten sie dies darlegen und darüber eine Auseinandersetzung möglich machen. Den Begriff »Funktionstüchtigkeit der Strafrechtspflege« sollten die Gerichte so lange in der Schublade verwahren, bis sie ihn wirklich brauchen – was hoffentlich nie der Fall sein wird.

Anmerkungen

1 Etwa *BVerfGE* 33, 367 (383); 53, 152 (160).
2 Etwa *BGHSt* 26, 228 (230).
3 Etwa *H.-L. Schreiber*, Tendenzen der Strafprozeßreform, in: *Schreiber* (Hg.), Strafprozeß und Reform. Eine kritische Bestandsaufnahme. Neuwied, Darmstadt 1979, S. 21 f.; *Müller-Dietz*, Die Stellung des Beschuldigten im Strafprozeß, in: ZStW 93 (1981), 1186 und passim.
4 Etwa *Grünwald*, JZ 1976, 772 f.; *Riehle*, Funktionstüchtige Strafrechtspflege contra strafprozessuale Garantien, in: KJ 1980, 316 ff.
5 Vgl. *Ebert*, Tendenzwende in der Straf- und Strafprozeßgesetzgebung?, in: JR 1978, 141; deutlicher *Schreiber*, Tendenzen (Anm. 3), S. 21.
6 *BVerfGE* 33, 367 (384).
7 Ebenda 383.
8 *BVerfGE* 33, 367 (383).
9 *BVerfGE* 34, 238 (248 f.).
10 *BVerfGE* 38, 105 (118).
11 *BVerfGE* 38, 312 (21 f.).
12 *BVerfGe* 41, 246 (250).
13 *BVerfGE* 44, 353 (374, 378).
14 *BVerfGE* 46, 214 (222 f.).
15 *BVerfGE* 51, 324 (343 f., 345 f.).
16 Vgl. im übrigen *BVerfGE* 36, 174 (186; zum BZRG); 39, 156 (163: zu §§ 137 Abs. 1, 2, 146 StPO); 49, 24 (54: zum Kontaktsperregesetz).
17 Vgl. §§ 47, 56 Abs. 3, 59 Abs. 1 Nr. 3 StGB.
18 *BVerfGE* 33, 367 (383).
19 *BVerfGE* 38, 105 (120).
20 *BVerfGE* 38, 105 (118).
21 *BVerfGE* 38, 312 (321).
22 *BVerfGE* 38, 312 (322).

23 *BVerfGE* 44, 353 (374).
24 *BVerfGE* 46, 214 (223); 51, 324 (343).
25 Diskussion und Nachweise bei *Hassemer*, Generalprävention und Strafzumessung, in: *Hassemer/Lüderssen/Naucke*, Hauptprobleme der Generalprovention. Frankfurt am Main 1979, S. 35 f., 38 f., 52 f.
26 *BVerfGE* 51, 324 (343).
27 *BVerfGE* 44, 353 (374).
28 Vgl. etwa das Kapitel »Antinomien der Rechtsidee« bei *Radbruch*, Rechtsphilosophie. Stuttgart, 6. Aufl. (1963), § 9, S. 168 ff.
29 So etwa *BVerfGE* 44, 353 (374).
30 So etwa *BVerfGE* 38, 105 (115).
31 So *Ingo Müller*, Rechtsstaat und Strafverfahren. Frankfurt am Main 1980, S. 28; vgl. im übrigen *Grünwald*, JZ 1976, 772; *Riehle*, Funktionstüchtige Strafrechtspflege (Anm. 4), 316 (mit freilich vorsichtigerer Formulierung).
32 Vgl. etwa *Müller-Dietz*, Die Stellung des Beschuldigten (Anm. 3) 1186 Fn. 36.
33 *BVerfGE* 53, 152.
34 Ebenda 160. Der Senat führt dort sogar aus: »Das öffentliche Interesse an der Gewährleistung einer funktionstüchtigen Strafrechtspflege hat im Rechtsstaat ein besonderes Gewicht.«
35 Vgl. etwa die Ausführungen ebenda 158 f.
36 Etwa in *BVerfGE* 20, 45 (49: Erster Senat).
37 *BVerfGE* 53, 152 (160).
38 *BVerfGE* 19, 342 (347); 20, 45 (49).
39 Vgl. etwa *Marxen*, Der Kampf gegen das liberale Strafrecht. Eine Studie zum Antiliberalismus in der Strafrechtswissenschaft der zwanziger und dreißiger Jahre. Berlin 1974, S. 203 ff. u. ö.
40 Vgl. etwa *Ingo Müller*, Rechtsstaat (Anm. 31), S. 33 ff.
41 Vgl. nur die Vorschläge zum »kommenden Strafverfahren«, im »Deutschen Strafrecht«, 1935, mit denen sich *Peters* auseinandersetzt, Zur Neuordnung des Strafverfahrens, in: ZStW 56 (1937), 34 ff.
42 *Eb. Schmidt*, Lehrkommentar zur StPO und zum GVG I. Göttingen, 2. Aufl. (1964), Rdnr. 21.
43 *Schmidhäuser*, Zur Frage nach dem Ziel des Strafprozesses, in: Festschrift für Eb. Schmidt. Göttingen 1961, S. 521 ff., 522 ff.; vgl. im übrigen die kritische Stellungnahme von *Eb. Schmidt*, Lehrkommentar I (Anm. 42), Rdnr. 20 Fn. 44.
44 Vgl. dazu *Arbeitskreis Strafprozeßreform*, Die Verteidigung. Gesetzentwurf mit Begründung. Heidelberg, Karlsruhe 1979, S. 38 ff.; *Hassemer*, Reform der Strafverteidigung, in: ZRP 1980, 331.
45 Vgl. beispielhaft *BVerfGE* 53, 152 (158 f.).
46 Vgl. beispielhaft *BVerfGE* 51, 324 (345 f.).
47 Vgl. einerseits *Grünwald*, JZ 1976, 772 f.; anderseits *Schreiber*, Ten-

denzen (Anm. 3), S. 21; wohl auch *Rudolphi*, Strafprozeß im Umbruch, in: ZRP 1976, 169, 172.
48 Dazu vor allem *Eb. Schmidt*, Lehrkommentar I (Anm. 42), Rdnrn, 22, 23.
49 Vgl. oben Anm. 43.
50 Zur Unterscheidung systemimmanenter und systemtranszendenter Rechtsgutskonzepte meine Arbeit: Theorie und Soziologie des Verbrechens. Ansätze zu einer praxisorientierten Rechtsgutslehre. Frankfurt am Main 1980, S. 19 ff.
51 Ähnlich wohl *Riehle*, Funktionstüchtige Strafrechtspflege (Anm. 4), 319.
52 Vgl. zum nun Folgenden ausführlich *Hassemer*, Einführung in die Grundlagen des Strafrechts. München 1981, bes. S. 126 ff., 292 ff., 300 ff.
53 Ähnlich schon *Arzt*, Der Ruf nach Recht und Ordnung. Ursachen und Folgen der Kriminalitätsfurcht in den USA und in Deutschland. Tübingen 1976, S. 78 ff. unter dem Stichwort »Demagogische Einführung der Kriminalitätskontrolle als eines absoluten Ziels«; *Lüderssen*, Die generalpräventive Funktion des Deliktssystems, in: *Hassemer/Lüderssen/Naucke*, Hauptprobleme (Anm. 25), bes. S. 54 ff.
54 *Hegel* (Grundlinien der Philosophie des Rechts, Zusatz § 97) hat diesen Vergleich auf die präventiven Straftheorien gemünzt. Er paßt allgemein für eine auf Effektivität borniert Strafrechtspflege.
55 Überblick unter Gesichtspunkten des Strafverfahrensrechts bei *Ingo Müller*, Rechtsstaat (Anm. 31), S. 30 ff.
56 *Luhmann*, Legitimation durch Verfahren, Darmstadt, Neuwied, 2. Aufl. (1975), S. 116.
57 *Zachariae*, Handbuch des Strafprozesses. 1. Band. Göttingen 1860, S. 144 ff.
58 Etwa von *Grünwald*, JZ 1976, 773; *Ebert*, Tendenzwende (Anm. 5), 139; vgl. (zum Begriff des »Rechtsfriedens«) aber auch *Schmidhäuser*, Ziel des Strafprozesses (Anm. 43), S. 516 f.
59 Der Sache nach berührt sich das nun Folgende mit dem Votum von *Grünwald*, JZ 1976, 773.
60 Oben unter III. 2.
61 Dazu oben IV. 1.
62 Unter Berufung auf § 34 StGB wird bei der Frage einer Erweiterung öffentlichrechtlicher Eingriffsbefugnisse in Notsituationen eine vergleichbare Auseinandersetzung geführt; vgl. Diskussion und Nachweise bei *Hassemer*, Über die Berücksichtigung von Folgen bei der Auslegung der Strafgesetze, in: Festschrift für Coing I. München 1982, S. 506 ff., 522 ff.

B. Ablenkung und Desillusionierung durch Organisation?

Harald Hans Körner
Verteufelt und verherrlicht: Der V-Mann

Nachdem in den Jahren 1976 bis 1980 V-Leute (V-Personen, VP) zu zahlreichen Festnahmen und Sicherstellungen führten und deshalb der Polizei und Presse der V-Mann als eine Art Wunderwaffe zur Bekämpfung der organisierten Kriminalität verherrlicht wurde, entwickelte sich in den Jahren 1981 und 1982 der V-Mann immer mehr zu einer stumpfen Waffe und wurde gar in den letzten Monaten wegen bekanntgewordener Entgleisungen in einer emotionsgeladenen öffentlichen Diskussion in zunehmendem Maße verteufelt.

Unbestritten ist, daß es nur mit Hilfe eines V-Mannes möglich ist, in den Lebens- und Wirkungsbereich einer kriminellen Vereinigung einzudringen. So wird eine Gruppe von ghanesischen, türkischen oder israelischen Straftätern ihre Gedanken und Pläne nur gegenüber solchen Landsleuten freimütig äußern, die aufgrund ihrer Vorstrafen, ihres Vorlebens oder ihres aktuellen gesetzwidrigen Verhaltens als Gesinnungsgenossen oder potentielle Komplicen in Betracht kommen. Gesetzestreue, ordnungsliebende, ängstliche, vorsichtige oder biedere Mitbürger haben als V-Leute keine Chance und werden von einer Zielgruppe nicht angenommen und nicht anerkannt. Diese Erfahrung beschränkt von vornherein das Reservoir potentieller V-Leute. Dies bedeutet, daß V-Personen (VP) in Rauschgift- oder Hehlereisachen regelmäßig eine erfolgreiche kriminelle Karriere hinter sich gebracht oder miterlebt haben müssen.

Die mangelhafte Auswahl, Ausbildung und Arbeit von einzelnen V-Personen und VP-Führern, die mangelhafte Kontrolle von einzelnen V-Personen und VP-Führern in der Vergangenheit hat vielerorts nach dem Motto »der Erfolg heiligt die Mittel« zu einem Wildwuchs fragwürdiger VP-Methoden geführt, die das Vertrauen zu dieser Ermittlungsmethode, das Vertrauen in Polizei und Staatsanwaltschaft nicht nur bei der Justiz, sondern in der breiten Öffentlichkeit tief erschüttert haben. Die Gefahr, daß durch unsaubere VP-Methoden die Angaben von V-Leuten durch Gerichte generell angezweifelt und nicht verwertet werden, ist erkannt. Vielerorts ist man nun seit geraumer Zeit bemüht, durch Schaffung von VP-Richtlinien, Versetzung von Beamten, energische Verfolgung und Bestrafung unredlicher V-Leute, Ausbildung von VP-Führern sich das Vertrauen zurückzugewinnen. Dabei gilt es die »Pannen« der Vergangenheit zu erkennen und kritisch aufzuarbeiten.

Zwar werden V-Leute schon seit Jahrzehnten eingesetzt. Bedingt aber durch die ständig anwachsende Rauschgiftwelle mußten in Eile und unvorbereitet V-Leute und VP-Führer in großer Zahl gewonnen werden. Die VP-Führer konnten nur durch Pannen Erfahrungen sammeln, da es eine Ausbildung als VP-Führer zunächst nicht gab. Dies hat sich geändert. Daß vielerorts Streifenbeamte unkontrolliert eigene V-Leute führten, darf nicht mehr sein. Tagungen und Ausbildungskurse zur VP-Führung werden immer häufiger.

Nicht nur bei der Polizei, sondern auch bei der Justiz herrschte Ratlosigkeit darüber, was noch zulässig und was schon unzulässig ist. Gerichtsurteile bis hin zum BGH verkündeten in der Vergangenheit sich widersprechende Dogmen.

Die Ermächtigungsgrundlage des übergesetzlichen Notstandes für den Einsatz von V-Leuten ist fragwürdig und in der Rechtswissenschaft erheblich umstritten. Die Rechtsprechung des BGH ist in den letzten Monaten durch eine Serie von Entscheidungen zum V-Mann-Problem klarer aber noch nicht einheitlich geworden. Durch ständig neue Grundsatzentscheidungen hat der BGH bis in die jüngste Zeit »Kursänderungen« in der Rechtsprechung vorgenommen. So bekundet der BGH zwar seit Jahren, daß die Kriminalpolizei V-Personen Vertraulichkeit zusichern kann. Durch eine Ausweitung der gerichtlichen Aufklärungspflicht treibt der BGH aber in einer zunehmenden Zahl von Einzelentscheidungen die Gerichte an, sich um eine Enttarnung der V-Leute und offenen Vernehmung in der Hauptverhandlung zu bemühen. Für manche V-Person muß es wie ein Etikettenschwindel anmuten, wenn trotz Vertraulichkeitszusagen der Kriminalpolizei später der Innenminister die VP zur gerichtlichen Vernehmung in der Hauptverhandlung preisgibt.

Die V-Leute und die VP-Führer wurden vielfach von ihren Vorgesetzten und der Staatsanwaltschaft im »Regen stehen gelassen«. Es ist und war weitaus einfacher, theoretische Richtlinien zum VP-Einsatz zu erarbeiten und Beamte unter Hinweis auf die Statistik zu Rauschgiftsicherstellungen anzuhalten, als im konkreten

Einzelfall schnell zu entscheiden: Das geht und das geht nicht! Böse Zungen behaupten bisweilen, daß die Entscheidungsfreude immer mehr nachläßt, je höher man in einer Behörde aufsteigt. Einem Kriminalbeamten muß bitter aufstoßen, wenn seine Augenblicksentscheidung nachträglich von einem Staatsanwalt nach tagelanger Prüfung und Schreibtischarbeit kritisiert oder gar subsumiert werden. Dies verführte in der Vergangenheit bisweilen besonders engagierte Kriminalbeamte dazu, ihre Vorgesetzten »im Dunkeln zu belassen«. Die Vergangenheit hat jedoch gezeigt, daß durch Nichteinweihung der Vorgesetzten und durch »Geheimniskrämerei« Mißtrauen gesät wird und daß nur durch intensive Zusammenarbeit zwischen Polizei und Staatsanwaltschaft eine wirksame V-Mann-Arbeit zu erreichen ist, aber auch, daß die Vorgesetzten der VP-Führer und die Staatsanwaltschaft in den bittern Apfel der Verantwortung beißen müssen.

In der Regel zeigen sich Entgleisungen im Umgang mit V-Leuten nur selten in den Ermittlungsakten; meist werden sie erst in der Hauptverhandlung deutlich.

Aktenverfälschungen: Die Amtsverschwiegenheit erlaubt es der Polizei zwar, ihre Informanten in den Ermittlungsakten nicht zu erwähnen und Hinweisschreiben zu den Kriminalakten zu nehmen. Nehmen V-Personen der Kriminalpolizei aber unmittelbar an Kaufverhandlungen oder an der Abwicklung von Rauschgiftgeschäften teil, so dürfen zwar die V-Mann-Eigenschaft und alle Personalien verschwiegen werden, die zur Enttarnung der VP führen könnten, nicht aber ihre Anwesenheit oder Teilnahme am unmittelbaren Tatgeschehen. Durch die Nichterwähnung dieser Personen würde nämlich der ermittelte Sachverhalt verfälscht und eine spätere sachgerechte Beurteilung eines Tatbeitrages als Mittäterschaft oder Beihilfe verhindert. Es ist nicht zulässig, Scheinaufkäufer der Polizei – auch nicht mit deren Einwilligung – zu ihrer Tarnung zusammen mit den Tätern zum Schein festzunehmen, dem Haftrichter vorzuführen oder gar in Untersuchungshaft zu nehmen, da hier über die Tarnung hinaus eine falsche Beweisrichtung geschaffen und eine Straftat der Staatsanwaltschaft oder dem Gericht vorgetäuscht würde (§ 145 d StGB) mit der Konsequenz, daß bei einer Zeugenvernehmung der nicht enttarnten VP dieser widerrechtlich ein Auskunftsverweigerungsrecht nach § 55 StPO zugebilligt würde.

Allgemein bekannt ist die aktenmäßige Umschreibung eines

VP-Einsatzes, wonach ein dritter Täter trotz Fahndung unerkannt entfliehen konnte. Jeder Beschuldigte, jeder Verteidiger kann sich unschwer zusammenreimen, daß dieser Person die Flucht nur gelingen konnte, weil sie VP war, also weder Täter war noch verfolgt wurde. Eine derartige Sachverhaltsschilderung dient also nicht der Tarnung und stellt darüber hinaus noch eine Aktenverfälschung dar. Der Hinweis, daß eine VP am Werke war, verrät vom Scheinaufkäufer nicht mehr und nicht weniger als die Fluchtversion und eröffnet zudem die Möglichkeit der verdeckten Vernehmung.

Die Amtsverschwiegenheit erlaubt es nicht, konkrete anonyme Hinweise, Ergebnisse einer Telefonüberwachung oder Vernehmungsprotokolle, die eine konkrete Person eines bestimmten Rauschgiftgeschäftes verdächtigen, zu den Kriminalakten zu nehmen und nicht an die Staatsanwaltschaft weiterzuleiten, um die Enttarnung einer VP zu verhindern oder um den Tatverdächtigen als VP zu gewinnen. Gemäß § 163 StPO hat die Polizei ohne Verzug ihre Strafanzeigen und Ermittlungsergebnisse der Staatsanwaltschaft vorzulegen. Es obliegt zwar der Polizei, den Zeitpunkt, den Ort und die Art des Zugriffes zu bestimmen, nicht aber darüber zu entscheiden, ob Ermittlungen zu führen sind.

Geschieht die VP-Gewinnung auf unsaubere oder illegale Weise, so kann die VP-Tätigkeit über kurz oder lang nur Konflikte bringen.

Wird ein Beschuldigter auf frischer Tat ertappt und trotz dringendem Tatverdacht und vorliegenden Haftgründen vor die Alternative gestellt: VP oder Knast, so ist der Tatbestand der Nötigung erfüllt, da ihm keine echte Entscheidungsfreiheit gewährt und der Tatbestand der Strafvereitelung erfüllt wird, da nur der Haftrichter und nicht die Polizei über die Frage Inhaftierung oder Haftverschonung zu entscheiden hat.

Wird ein Beschuldigter nicht nur von der Festnahme, sondern gänzlich von Strafverfolgung befreit gegen die Verpflichtung, als VP tätig zu werden, so ist der Tatbestand der versuchten Strafvereitelung erfüllt, wenn keine Strafanzeige, kein Festnahmeprotokoll, kein Personalblatt, keine Rauschgiftsofortmeldung, kein rechtliches Gehör und keine Beschuldigtenvernehmung durchgeführt werden. Der Polizei obliegt es zwar, den günstigsten Festnahmezeitpunkt selbst aus taktischen Erwägungen zu bestimmen. Wird ein Beschuldigter aber auf frischer Tat betroffen, so gibt es keinerlei Wahlmöglichkeit, *ob* ein Vorgang angelegt wird.

Die Anlegung eines Ermittlungsvorganges darf niemals von taktischen Erwägungen bestimmt sein. So kann einem Beschuldigten nicht rückwirkend die VP-Eigenschaft verliehen und vom strafbegründenden Vorsatz befreit werden. Bietet sich nach der Festnahme eines Beschuldigten dieser als VP an und erscheint der Haftgrund fraglich, so bleibt die Möglichkeit, daß der Beschuldigte nach Rücksprache mit dem Haftstaatsanwalt entlassen oder nach Rücksprache mit dem Haftrichter vom Vollzug des Haftbefehls verschont wird. Vielfach wird übersehen, daß der § 31 BtMG weder der Kriminalpolizei noch der Staatsanwaltschaft, sondern allein dem Gericht der Hauptverhandlung Befugnisse einräumt.

Verwandte von Zielpersonen können als Informanten, sollten aber nicht in Rauschgiftsachen als Scheinaufkäufer eingesetzt werden. Familiäre Spannungen führen zu gefährlichen Belastungstendenzen. Offene wie auch verdeckte Vernehmungen bringen die VP in Vertrauenskrisen. Bei einer verdeckten Vernehmung könnte sich eine VP nicht auf ihr Aussageverweigerungsrecht berufen, ohne sich zugleich zu enttarnen.

Der Einsatz von V-Leuten sollte der Bekämpfung der Schwerkriminalität vorbehalten bleiben und nicht die letzten Reste von Willenskraft bei Fixern zum Erliegen bringen.

Als Informant ist ein Fixer tauglich. Als Dauerkunde vermag er besser als jeder andere die Polizei zu seinen Lieferanten, zu den Dealern, zu führen. Ein Fixer ist bereit, für Geld alles zu tun und auszusagen. Wegen der Unzuverlässigkeit seines Verhaltens und seiner Angaben ist er in der Regel ungeeignet, als Scheinaufkäufer der Polizei eingesetzt zu werden.

Daß das Erkaufen der VP-Bereitschaft mit Geld des Beschuldigten, das dem Verfall oder der Einziehung unterliegt, zur Prüfung der §§ 257, 258 StGB Anlaß gibt, bedarf keiner langen Ausführungen.

Ist einem Kriminalbeamten bekannt, daß der Beschuldigte mehrere Verstöße gegen das BtMG begangen hat und bringt er nur einen Verstoß zur Anzeige, so kann dies versuchte Strafvereitelung darstellen, da eine Beschränkung der Strafverfolgung nach § 154 StPO nur von der Staatsanwaltschaft vorgenommen werden kann. So ist es strafbar, die bei einem Beschuldigten befindlichen Betäubungsmittel zu belassen, wegzuwerfen oder mündliche oder schriftliche Angaben eines Beschuldigten nicht zur Gerichtsakte zu geben, um den Beschuldigten als VP zu gewinnen oder zu behalten.

Eine Verpflichtung von V-Leuten sollte nur in Ausnahmefällen geschehen. Die Verpflichtung einer VP wird vielfach als eine Art von Maulkorb mißverstanden. Sie schafft nicht nur eine Verschwiegenheitspflicht, sondern auch besondere Rechte und Pflichten einer beamtenähnlichen Person. Die verpflichteten VP erlangen einen großen Einblick in die Arbeit und die Organisation der Polizei. Die Gefahr des Mißbrauches von Insiderkenntnissen ist groß. Deshalb sollten eine ausführliche Überprüfung und Erprobung der Person, eine Belehrung und Einführung in Rechte und Pflichten einer VP dem Verpflichtungsakt vorausgehen. Die Niederschrift legt dann die Art und den Umfang der Verpflichtung verbindlich fest. Die Mißachtung der Formerfordernisse bei der Verpflichtungsurkunde weckt Zweifel an der Ernsthaftigkeit der Verpflichtung, an der Person der VP und an der Arbeit der Polizei. Eine rückwirkende Verpflichtung dürfte unwirksam sein. Sie vermag nicht rückwirkend den Mund der VP zu verschließen. Die VP kann sich nur auf eine Verschwiegenheitspflicht berufen, wenn sie die besonderen Rechte und Pflichten in der Vergangenheit auch wahrgenommen hat. Die Wirksamkeit von rückwirkenden Verpflichtungserklärungen ist in der Literatur jedoch umstritten.

Die Gewinnung von V-Leuten mit Makeln: Es wurde bereits ausgeführt, daß es wenig erfolgversprechend ist, unbescholtene Bürger als V-Leute für Rauschgift-Scheingeschäfte zu gewinnen. Zum einen wären nur wenige Bundesbürger bereit, für vergleichsweise geringe Honorare hohe Risiken einzugehen. Zum anderen ist für die VP-Tätigkeit einschlägige Szenenerfahrung notwendig und eine Vorstrafe noch nicht hinderlich, bisweilen gar förderlich.

Für einen Scheinkäufer der Polizei, dessen Angaben später verdeckt in eine Beweisaufnahme eingeführt werden sollen, kann es aber hinderlich sein, wenn

- die VP mehrfach einschlägig vorbestraft ist und Zweifel an einer Abkehr von der kriminellen Vergangenheit bestehen;
- die VP wegen Aussagedelikten, wegen Verleumdung, übler Nachrede, wegen falscher Verdächtigung, Vortäuschung einer Straftat oder wegen Betrügereien vorbestraft ist, da mit seinen offenen oder verdeckten Angaben nicht überzeugend argumentiert werden kann;
- zur gleichen Zeit Ermittlungen anderer Polizeidienststellen ge-

gen diese VP laufen (in diesem Falle sollte die VP zumindest bis zur Klärung der Vorwürfe auf die Informantenrolle beschränkt werden, um dem Vorwurf zu begegnen, hier habe eine VP ein Eigengeschäft anderen Personen »in die Schuhe geschoben«);
- die VP alkohol-, tabletten- oder rauschgiftsüchtig ist oder zur Geschwätzigkeit bzw. zum Fabulieren neigt;
- die VP im Inland umfangreiche private, soziale oder wirtschaftliche Bindungen hat. Denn eine solche VP ist leicht zu enttarnen durch Ladung der Angehörigen, von Vereinsmitgliedern oder Arbeitskollegen.

Auch wenn bestimmte Personen als V-Leute ausscheiden, können sie als Informanten wertvolle Hinweise geben.

Die Anwerbung und Auswahl von V-Leuten für die Polizei ist eine überaus schwierige Arbeit. Je höher jedoch die Anforderungen bei der Auswahl geschraubt werden, desto besser wird die Arbeit und der Ruf der V-Leute.

Eine erfolgreiche VP-Führung kann einerseits nur durch besonders geeignete und besonders ausgebildete Beamte, andererseits nur mit besonders geschulten und vertrauenswürdigen V-Leuten vorgenommen werden. Der geschulte VP-Führer muß in der Lage sein
- theoretisch die VP zu unterweisen, wie sie jegliche Situation tatsächlich und rechtlich zulässig bewältigt, und
- praktisch die VP von Einsatz zu Einsatz mit konkreten Verhaltensanweisungen zu führen.

So muß die VP z. B. einerseits lernen, alle privaten Regungen und Beziehungen zu vermeiden, die eine spätere Enttarnung hervorrufen können (Austausch von Visitenkarten, Fotos, Anschriften und Telefonnummern, Anknüpfen privater Bindungen im Rahmen des Tatgeschehens), andererseits bemüht sein, von den Verhandlungspartnern derartige Fotos, Urkunden und Telefonnummern als Beleg ihrer Angaben zu erlangen. Die VP sollte eine vorgegebene Rolle (Legende) spielen und sich eng an die Anweisungen des VP-Führers halten. Die VP muß auch über Verhaltensanweisungen für den Fall ihrer Enttarnung und Gefährdung verfügen.

Eine wichtige Aufgabe der VP-Führung ist die Kontrolle. Jede VP sollte durch andere V-Personen getestet und überprüft werden. Jeder VP-Bericht und jeder VP-Einsatz sollte in besonderen VP-Akten festgehalten werden. Es ist keine VP-Führung mehr gegeben, wenn eine VP auf der Drogenszene verhandelt ohne polizeilichen Auftrag und es ihrem Gutdünken überlassen bleibt, ob und welches Geschäft sie der Dienststelle mitteilt. In einem solchen Fall führt die VP die Dienststelle (zumeist an der Nase herum) und nicht die Dienststelle die VP. Die VP bestellt nach Abwicklung eines Geschäftes die Beamten zum Tatort und bestimmt damit den polizeilichen Einsatzplan. Wird eine solche VP bei einem Eigengeschäft erwischt, kann sie regelmäßig anführen, sie sei gerade im Begriff gewesen, die Polizeidienststelle zu informieren.

Eine geschulte VP muß wissen, daß sich die Dienststelle zu keinen zweifelhaften VP-Methoden bekennen wird und in diesem Falle den konkreten Einsatz und die generelle Zusammenarbeit mit der VP abbrechen wird. Sie muß wissen, daß bei strafbaren Verhaltensweisen der VP die Polizeidienststelle die Anonymität der VP preisgeben und ein Ermittlungsverfahren gegen sie einleiten wird. (Es soll hier verzichtet werden, zweifelhafte und strafbare VP-Methoden im einzelnen anzuführen; insoweit wird verwiesen auf den Katalog von Beispielsfällen in Körner, Kommentar zum BtGM, 1982, § 31 RZ 32–35, 43.)

Bisweilen werden Verstöße einzelner VP gegen das BtMG (sogenannte Eigengeschäfte) vor, bei oder nach in Auftrag gegebenen Scheingeschäften der Polizei oder der Staatsanwaltschaft bekannt. Bei der Prüfung des Tatverdachts ist besondere Vorsicht am Platze. Denn einerseits sind V-Personen bevorzugtes Ziel von Verleumdungen und Falschaussagen der von ihnen überführten Täter. Andererseits lernen V-Personen den Polizeiapparat eingehend kennen und vermögen weitaus geschickter als der übliche Straftäter eigene Straftaten zu verbergen und entdeckte Eigengeschäfte als angebliche Scheingeschäfte der Polizei auszugeben. Das Bekanntwerden von alten oder neuen Straftaten von V-Personen kann nicht nur ein sorgfältig vorbereitetes Scheingeschäft zum Scheitern bringen, sondern u. U. die Arbeit einer kleinen Dienststelle fast zum Erliegen bringen, wenn keine weiteren V-Personen zur Verfügung stehen. Dies mag im Extremfall bitter sein, ist aber unvermeidlich, wenn dringender Tatverdacht und Haftgründe zur Inhaftierung zwingen.

Vielfach bleibt unbeachtet, daß die Zusicherung der Vertraulichkeit entfällt, wenn die VP das polizeiliche Vertrauen zu Straftaten mißbraucht. Die Polizei muß in diesem Falle die Personalien der VP preisgeben und der Staatsanwaltschaft alle Erkenntnisse mit einer Strafanzeige zuleiten.

Die Staatsanwaltschaft stößt bei Ermittlungen gegen Verbindungsleute häufig auf vielfältige Schwierigkeiten:
- Bisweilen werden von der Polizeidienststelle keine Auskünfte erteilt, der Tatverdacht oder der Haftgrund werden angezweifelt.
- Es werden Erkenntnisse über das Verhalten und den Aufenthaltsort der VP verschwiegen.
- Es werden Eigengeschäfte nachträglich als mögliche Scheingeschäfte für die Polizei dargestellt.
- Kriminalbeamte weigern sich, wegen der Erfolge der VP den Haftbefehl zu vollstrecken bzw. brechen die bisherige vertrauliche Zusammenarbeit mit der Staatsanwaltschaft ab.
- Kriminalbeamte beauftragen für die VP einen Verteidiger und instruieren diesen mehr als die Staatsanwaltschaft.

In der Regel werden derartige Verhaltensweisen mit der Fürsorgepflicht des VP-Führers für die VP begründet. Es ist klarzustellen, daß eine derartige Fürsorgeverpflichtung nur bestehen kann, soweit eine VP durch ihr Eintreten für die Polizei Strafverfolgungs- oder Rachemaßnahmen ausgesetzt wurde. Hier können Beamte sich um Verteidiger bemühen, Rücksprachen mit Richtern und Staatsanwälten führen. Bei Straftaten einer VP aber hat auch der VP-Führer die Pflicht, vorhandene Erkenntnisse zur Verfügung zu stellen und Haftbefehle zu vollstrecken. Insoweit besteht keine Fürsorgepflicht. Hier kann der VP-Führer lediglich als Zeuge in der Hauptverhandlung über die Verdienste der VP berichten, was der VP bei der Strafzumessung zugute kommt. Es muß zu einer bitteren aber nüchternen Selbstverständlichkeit werden, daß kriminelle V-Leute nicht anders behandelt werden als andere Straftäter. Ihre Verdienste als VP können später bei der Strafzumessung ausreichend gewürdigt werden.

Folgt man den Berichten von VP-Führern in den Hauptverhandlungen, so handelt es sich bei den unbekannten VP regelmäßig um untadelige, besonders glaubwürdige Mitbürger, die über jeden Zweifel erhaben sind. Die schablonenhaften Charakterbeschreibungen entsprechen vielfach nicht der Wahrheit. Es muß hier mit Nachdruck auf die Wahrheitspflicht der VP-Führer als Zeuge hingewiesen werden. Die Beschreibung der VP hat sowohl die positiven als auch die negativen Eigenschaften der VP zu umfassen. Unaufrichtige Persönlichkeitsbeschreibungen der VP-Führer wecken nicht nur Zweifel an Angaben der VP, sondern auch Zweifel an den

Angaben des VP-Führers. Eine positiv und negativ beschriebene VP hingegen entspricht nicht nur der Wahrheit, sondern überzeugt regelmäßig auch die Verfahrensbeteiligten mehr, da es der allgemeinen Lebenserfahrung entspricht, daß jeder Bürger positive und negative Eigenschaften besitzt.

Es ist unbestritten, daß der organisierte Rauschgifthandel ohne Einsatz von V-Leuten und ohne Telefonüberwachung nicht wirksam bekämpft werden kann. Vielfach unbeachtet ist jedoch geblieben, daß es sich sowohl bei der Telefonüberwachung als auch beim Einsatz von V-Leuten um hervorragende Informationsmittel, aber um unzureichende Beweismittel, handelt.

Mit Telefonprotokollen, oder verdeckten VP-Vernehmungsprotokollen allein ist eine Überführung in der Hauptverhandlung überaus schwierig. Sie bedürfen begleitender Ermittlungsmaßnahmen, also weiterer Beweismittel. Stimmgutachten lassen zumeist Zweifel offen, ob der Angeklagte und der Sprecher auf dem Tonband identisch sind oder ob die Gesprächsteilnehmer während des Gespräches wechselten. Verdeckte VP-Vernehmungsprotokolle können Zweifel wecken, ob und welche Fakten die VP weggelassen, ausgeschmückt bzw. erfunden hat, welche Methoden die VP im einzelnen angewandt hat, wenn Rückfragen an die VP nicht mehr möglich sind. Telefonüberwachung und VP-Einsatz sollten die kriminalistische Arbeit der Polizei einleiten und unterstützen, nicht aber ersetzen. So wie man eine Telefonüberwachung nicht einfach auf Band laufen lassen sollte, ohne auf Gesprächsinhalte durch Ermittlungsmaßnahmen zu reagieren, ist ein VP-Einsatz ohne VP-Führer, ohne Observationsbeamten und ohne Observationsberichte nicht sachdienlich.

Nicht selten geschah in der Vergangenheit außer einem VP-Auftrag und dem polizeilichen Zugriff nichts. Es wurden Rauschgiftscheingeschäfte nicht observiert und nicht fotografiert. Das polizeiliche Kaufgeld wurde nicht registriert und nicht chemisch präpariert. Es wurde auf Urkundenbeweise für bestimmte Hotel- und Gaststättenaufenthalte verzichtet. Es wurden keine Tatzeugen ermittelt und vernommen. Es wurde auf Wohnungsdurchsuchungen, auf die Auswertung von Notizbüchern, Fotoalben, Briefen und Brieftaschen verzichtet. Festgenommene Beschuldigte wurden bisweilen so energisch belehrt, daß keiner von ihnen Angaben zu machen wünschte.

In Rauschgiftsachen kam das sogenannte »Abklatschen« von

Dealern und Fixern in Mode, d. h. es wurden Rauschgifttäter mit oder ohne Stoff in großer Zahl festgenommen und dem Haftrichter zugeführt. Die Rauschgiftsicherstellungsmengen und die Festnahmequoten stiegen und verhalfen dank steigender Statistik der Polizei zu besserer Ausrüstung und Personalstärke. Zugleich verkümmerte die kriminalistische Arbeit mehr und mehr. Die immer kürzeren Aktenvermerke verrieten nicht mehr, woher die Erkenntnisse der Polizei stammten, woraus sich der Tatverdacht gegen einzelne Mittäter ergeben sollte, ob eine VP am Werke war und in welcher Weise sie mit den Beschuldigten verkehrte und verhandelte. Staatsanwälte und Richter mußten rätseln, Verteidiger die Enttarnung der VP um jeden Preis betreiben, um Licht in das aktenmäßige Dunkel zu bekommen.

So kam es, daß Freisprüche in großen Rauschgiftsachen sich häuften, da die VP-Angaben zweifelhaft erschienen und andere Beweismittel nicht vorlagen. Es ist zu begrüßen, daß in jüngster Zeit nach einer Serie von Pannen die Qualität kriminalistischer Arbeit wieder merklich zugenommen hat.

Hans-Christoph Schaefer
Der Einsatz von V-Personen aus der Sicht der Staatsanwaltschaft

1. Der institutionalisierte Konflikt

In der Presse wurde in der letzten Zeit einige Male über eine Kontroverse zwischen Staatsanwaltschaft und Polizei in Frankfurt am Main berichtet. Ausgangspunkt hierfür war eine Reihe von Verfahren, in denen es um die Gewinnung und den Einsatz von V-Personen bei der Bekämpfung der Rauschgiftkriminalität ging.

Die in der Öffentlichkeit entstandene Aufregung wegen dieser offen ausgetragenen Auseinandersetzung ist verständlich, aber in gewisser Weise übertrieben. Gehört es doch zu unserem Strafverfolgungssystem, daß solche Konflikte institutionell zwar nicht alltäglich, aber doch immer wieder vorkommen. Die Polizei trägt im Ermittlungsverfahren die Hauptlast, die Staatsanwaltschaft, die die polizeiliche Ermittlungsarbeit in den forensischen Bereich umzusetzen hat, muß darauf achten, daß rechtstaatliche Verfahrensgrundsätze nicht außer acht gelassen werden. An dieser Nahtstelle können demnach Probleme entstehen; die Staatsanwaltschaft ist in unserem System als justizielle Behörde auch Kontrollinstanz gegenüber der Polizei im Strafverfolgungsbereich.

Die Polizei hat die Aufgabe, in immer schwierigere Kriminalitätsszenen einzudringen, um sie zu bekämpfen, sie muß dabei zu neuen unkonventionellen Methoden, darunter den Einsatz von V-Leuten, kommen. Es liegt auf der Hand, daß beim Einsatz dieser Mittel auch die Grenzen des rechtstaatlichen Verfahrens tangiert werden können. Niemand sollte deshalb der Polizei den Vorwurf generell rechtstaatswidriger Praktiken machen. Andererseits ist es beruhigend zu wissen, daß die Staatsanwaltschaft auf die Einhaltung der Verfahrensprinzipien achtet, so wie in unserem konsequent durchdachten System die Staatsanwaltschaft auch die Gerichte und umgekehrt die Gerichte die Staatsanwaltschaft kontrollieren. Es gab Zeiten, in denen Staatsanwaltschaft und Polizei immer übereinstimmten, gewissermaßen im gemeinsamen Staatsinteresse »unter einer Decke steckten«. Diese Zeiten sind erfreulicherweise vorbei. Es ist daher im Prinzip ein gutes Zeichen und macht deutlich, daß unser Strafverfolgungssystem funktioniert, wenn es auch einmal zwischen Exekutive (Polizei) und Staatsanwaltschaft (Justiz) zu Problemen kommt. Nichts wäre fataler als ein alles zudeckendes Einverständnis.

2. Konzeptionelle Differenzen

So natürlich demnach ein Konflikt Staatsanwaltschaft/Polizei in unserem Strafverfolgungssystem auch ist, vielleicht auch notwendig, um zu Klärungen zu kommen, die sonst nicht möglich wären, so ernst muß eine solche Auseinandersetzung dann doch in der konkreten Situation genommen werden. Es kann kein Zweifel darüber bestehen, daß das Verhältnis Staatsanwaltschaft/Polizei in Frankfurt am Main z. Z. belastet ist. Ausgangspunkt dieser Belastungen sind konzeptionelle Differenzen im Rahmen der gemeinsamen Strafverfolgungsaufgabe, die unterschiedliche Beurteilungen polizeilicher Verhaltensweisen zum Gegenstand haben. Während die Polizei in Frankfurt am Main dazu neigt, im Rahmen der Strafverfolgung und Kriminalitätsbekämpfung gewisse »Grenzüberschreitungen« von Polizeibeamten im Hinblick auf die Schwere der Aufgabe und die Notwendigkeit einer geeigneten Motivation zwar nicht zu billigen, aber bis zu einem gewissen Grade doch hinzunehmen, ist die Staatsanwaltschaft nicht bereit, der Polizei eine Generalabsolution zu erteilen bzw. einen Bonus zu gewähren.

Um jedes Mißverständnis an dieser Stelle zu vermeiden: Auch die Polizeiführung in Frankfurt am Main duldet keine schwarzen Schafe, begünstigt keine polizeilichen Straftäter und animiert nicht zu Gesetzesverletzungen. Sie vertritt allerdings die Auffassung, daß z. B. die Bekämpfung der immer mehr zunehmenden Rauschgiftkriminalität mit einem immer größer werdenden Rauschgiftmarkt, immer mehr Rauschgifttoten auch zu unkonventionellen Methoden führen muß und dabei die Grenzen rechtstaatlicher Verfahrensgrundsätze zwangsläufig nicht immer eingehalten werden können. Auch die zeitweilig fast bürgerkriegsähnlichen Ausschreitungen um den Ausbau der Startbahn West des Frankfurter Flughafens mit einer geballten Konfrontation und Provokation für die eingesetzten Polizeibeamten ließen den einzelnen Polizisten zwangsläufig auch einmal die Nerven verlieren und über die Grenzen reiner Abwehrmaßnahmen hinausgehen, was bis zu einem gewissen Grad verstanden werden müsse.

Die Staatsanwaltschaft muß aus ihrem Selbstverständnis und ihrer Stellung im Strafverfahren diese Vorgänge anders beurteilen. Sie sieht durchaus die Schwierigkeiten, in denen sich Polizeibeamte befinden können, sei es bei der Bekämpfung etwa der Rauschgiftkriminalität oder bei den notwendigen Abwehrmaßnahmen am Frankfurter Flughafen. Sie ist aber nicht bereit, Polizeibeamte anders zu behandeln als sonstige Personen, die einer Straftat verdächtigt werden. Die Staatsanwaltschaft handelt dabei getreu ihrer gesetzlichen Verpflichtung und leitet Ermittlungen dann ein, wenn Anhaltspunkte für Straftaten gegeben sind. Im Rahmen des Ermittlungsverfahrens selbst können die besonderen Umstände, unter denen der beschuldige Polizeibeamte tätig war, berücksichtigt werden.

Im übrigen sollte die Polizei eine besondere Empfindlichkeit vermeiden: Die Einleitung eines Ermittlungsverfahrens hat für sich genommen keinen stigmatisierenden Charakter, dies wird jedoch in der Öffentlichkeit, gleich ob es eine Amts- oder eine Privatperson betrifft, leider oftmals anders bewertet. Mit der Einleitung eines Verfahrens wird nichts anderes ausgedrückt, als daß ein Vorgang, der auf den ersten Blick nicht aufklärbar und in dem ein Verdacht auf Straftaten entstanden ist, untersucht und bewertet werden muß. Die vorgesehene Eintragung einer Strafanzeige in das Register für Ermittlungsverfahren (Js) besagt noch nicht, daß auch die Staatsanwaltschaft einen Tatverdacht bejaht.

3. Der Einsatz von V-Personen als Konfliktstoff

Wie oben dargestellt, ist der bezeichnete Konflikt zwischen Staatsanwaltschaft und Polizei in Frankfurt am Main im wesentlichen durch eine Reihe von E-Verfahren gegen Polizeibeamte entstanden, die im Zusammenhang mit dem Einsatz von V-Personen stehen. Diese Verfahren, wie immer sie auch ausgehen, deuten darauf hin, daß mit dem Einsatz von V-Personen durch die Polizei in Frankfurt am Main möglicherweise etwas nicht in Ordnung ist und daher die Hauptprobleme zwischen Staatsanwaltschaft und Polizei in diesem Bereich zu suchen sind. Es ist also folgerichtig, wenn der gemeinsame Justiz- und Innenminister den Generalstaatsanwalt und den Leiter des LKA gebeten hat, in einer Kommission neue Richtlinien für Polizei und Justiz zur Führung von V-Personen zu erarbeiten. Klare, unmißverständliche Verwaltungsvorschriften könnten zu einer besseren, übersichtlichen und rechtstaatlich einwandfreien Praxis beim Einsatz von V-Personen führen und würden damit zwangsläufig dem Frankfurter Konflikt die Spitze nehmen.

4. Grundsätzliches zum Einsatz von V-Personen

Die Ausgangslage ist klar: Es geht nicht ohne V-Personen. Obwohl vom Gesetzgeber nicht vorgesehen, gehört die V-Person zu den notwendigen Mitteln einer modernen Kriminalitätsbekämpfung. Um in gewisse Kriminalitätsszenen eindringen zu können, bedarf es einer besonderen Art von Information, wobei hier nicht über Definitionen diskutiert werden soll. Für die hier zur Rede stehende Problematik ist unstreitig, daß zumindest als V-Personen diejenigen anzusehen sind, die entweder zu einer Kriminalitätsszene gehören und gewissermaßen als »Insider« Informationen an die Polizei über drohende oder geschehene Straftaten weitergeben, hin und wieder auch – zum Schein – an diesen Straftaten teilnehmen, oder diejenigen, die in die bezeichnete Kriminalitätsszene eindringen, um dann als deren Teil die gewünschten Informationen nach außen zu geben.

Unstreitig ist auch, daß der Einsatz von V-Personen keine justizielle, sondern zunächst eine ausschließlich polizeiliche Aufgabe ist. Es handelt sich um ein polizeiliches Instrumentarium, das mit anderen polizeilichen Mitteln, etwa denen des Erkennungsdienstes verglichen werden kann. Die Justiz, insbesondere die Staatsanwaltschaft ist im Vorfeld nicht beteiligt. Sie ist allerdings dann zu beteiligen, wenn der Einsatz von V-Personen in ein konkretes Ermittlungsverfahren hineinreicht oder zu einem konkreten Ermittlungsverfahren führt, spätestens dann, wenn das Verfahren in den forensischen Bereich übergeht, d. h. wenn es zur Anklageerhebung und späteren Hauptverhandlung kommt.

Eine präzise Grenzziehung, wann die Staatsanwaltschaft über den Einsatz einer V-Person im einzelnen zu beteiligen ist, soll an dieser Stelle nicht erörtert werden. Dies wird u. a. Aufgabe der vorgenannten Kommission sein. Es besteht allerdings nach den in

Frankfurt am Main gemachten Erfahrungen die dringende Notwendigkeit, die gebotene Kontaktaufnahme Polizei/Staatsanwaltschaft im Bereich des V-Personen-Einsatzes nach Zeitpunkt, Art und Umfang genau zu bestimmen. Sicher ist, daß die Staatsanwaltschaft nicht der Justitiar der Polizei im Bereich der gesamten Strafverfolgung ist, sicher ist aber auch, daß die Staatsanwaltschaft nach der StPO im konkreten Ermittlungsverfahren die Sachleitungsbefugnis hat und demnach auch in einem solchen Verfahren um den Einsatz von V-Personen Bescheid wissen muß. Ist die Staatsanwaltschaft solchermaßen beteiligt, bedeutet dies auch die Übernahme der Verantwortung für den Vorgang. Das Empfinden des Alleingelassenwerdens mit einem schwierigen Problem und dem Risiko des V-Personen-Einsatzes, das bei der Polizei gerade in letzter Zeit häufig festzustellen war, darf und kann dann nicht mehr auftreten.

5. Justizielle Kritik am polizeilichen V-Personen-Einsatz

Aus einer Vielzahl von Verfahren, insbesondere im Bereich der Rauschgiftkriminalität, zum Teil auch des Staatsschutzes, hat die Frankfurter Justiz im allgemeinen, die Staatsanwaltschaft im besonderen ihre Erfahrungen im Zusammenhang mit dem Einsatz von V-Personen sammeln können und müssen. Diese Erfahrungen haben gezeigt, wie oben erörtert, daß der V-Personen-Einsatz in Frankfurt am Main zumindest problematisch ist und einiger grundlegender Änderungen bedarf. Im folgenden sollen daher die Auffälligkeiten angesprochen werden, die im forensischen Bereich zu Problemen geführt haben.

5.1 Die fehlende Rechtsgrundlage

Grundlage und Ausgangspunkt einer ganzen Reihe von Fehlentwicklungen ist das in weiten Kreisen der Polizei nicht ausreichende Bewußtsein um die Problematik des Einsatzes von V-Personen. Anders ausgedrückt, es ist weitgehend das Gefühl verlorengegangen, daß der Einsatz von V-Personen zwar nicht gesetzeswidrig ist, daß aber dafür die präzise Rechtsgrundlage fehlt. Der Gesetzgeber hat bewußt diesen Bereich nicht ausdrücklich geregelt, es ist auch unwahrscheinlich, daß er dies in Zukunft tun wird. Auch die erwarteten neuen Richtlinien können eine gesetzliche Grundlage nicht ersetzen. Dies aber bedeutet nun nicht, daß der Einsatz von V-Personen generell unterbleiben soll, aus den oben dargestellten Gründen einer modernen Kriminalitätsbekämpfung kann auf den Einsatz von V-Personen gar nicht verzichtet werden. Es sollte aber bedeuten, daß der Einsatz von V-Personen auf die Kriminalitätsbereiche beschränkt werden muß, in die anders nicht eingedrungen werden kann und die sonst nicht verfolgt werden können.

5.2 Der Verhältnismäßigkeitsgrundsatz

Mit diesem weitgehend fehlenden Bewußtsein um die rechtliche Problematik des V-Personen-Einsatzes hängt offensichtlich zusammen, daß der bei Strafverfolgungsmaßnahmen immer vorausgesetzte Grundsatz der Verhältnismäßigkeit der Mittel bei dem Einsatz von V-Personen vielfach nicht beachtet wird. Manchmal entsteht der Eindruck, es finde bei der Polizei eine V-Personen-Inflation statt und andere polizeiliche Erkenntnismethoden würden vernachlässigt oder gar nicht mehr eingesetzt. Hin und wieder hat der justizielle Betrachter der Szene auch den Eindruck, die Führung einer V-Person gehöre zum Status und zur Reputation eines erfolgreichen Polizeibeamten etwa nach dem Motto: Jedem Schupo seinen V-Mann. Die Polizei soll hier nicht verteufelt werden, aber es kann nicht verwundern, daß eine Vielzahl von Unzulänglichkeiten im Zusammenhang mit dem Einsatz von V-Personen auftreten, wenn dieses polizeiliche Ausnahmemittel offensichtlich als Allheilmittel verstanden wird.

Mitursache von Mißständen auf diesem Gebiet ist die Tendenz, eine Vielzahl von Straftaten durch V-Personen aufklären zu wollen. Es muß daher entsprechend dem Grundsatz der Verhältnismäßigkeit in Zukunft dafür Sorge getragen werden, daß der Einsatz von V-Personen nur im Bereich der Schwerstkriminalität in Betracht kommt (vgl. hierzu die Richtlinien des Hamburger Senators für Inneres aus dem Jahre 1982, in denen nach entsprechenden leidvollen Erfahrungen eine solche Beschränkung ausdrücklich vorgesehen ist). Wenn die Beschränkung des V-Personen-Einsatzes auf die wirklichen Notwendigkeiten in absehbarer Zeit gelingt, dann können auch andere Unzulänglichkeiten in diesem Bereich besser korrigiert werden. Es sollte schließlich auch bedacht werden, daß die Rechtsprechung, die in der Vergangenheit eine weitgehend V-Mann-freundliche Haltung eingenommen hatte, nunmehr nach einer Reihe nicht ausschließlich guter Erfahrungen mit V-Leuten offensichtlich eine Kehrtwendung vollzieht und dazu neigt, den Einsatz von V-Personen bzw. die forensische Nutznießung daraus zu beschränken (vgl. hierzu Urteil des BGH vom 5. 11. 1982 – 2 StR 250/82) (siehe in diesem Band S. 488–494). Diese – wie ich meine – berechtigte Richtungsänderung der Rechtsprechung sollte Anlaß sein, die Grundlagen des polizeilichen V-Personen-Einsatzes neu zu überdenken.

5.3 Die Auswahl der V-Personen

Mit dem beschriebenen Einsatz von V-Leuten in Frankfurt am Main hängen eine Reihe weiterer Mißstände zusammen, die aus der Sicht der Staatsanwaltschaft der Beseitigung bedürfen. So ist z. B. nach Ansicht der Staatsanwaltschaft die Auswahl der V-Personen nicht in Ordnung. Selbstverständlich sollen hier keine hohen moralischen Ansprüche gestellt werden, aber es müssen doch Mindestvoraussetzungen gegeben sein. Aus konkreten Vorgängen der Staatsanwaltschaft Frankfurt am Main läßt sich die Forderung aufstellen, daß z. B. keine Personen als V-Leute geeignet sein dürften, die immer wieder wegen Aussagedelikten bestraft worden sind oder die – im Rauschgiftbereich – nach Aufnahme einer V-Mann-Tätigkeit für die Polizei unkontrollierte eigene Geschäfte tätigen, somit auf zwei Schultern tragen.

Bei der Auswahl der V-Personen sollte ein strenger Maßstab angelegt werden, sicher nicht in Richtung auf ein tadelfreies, nicht vorbestraftes bürgerliches Leben, aber doch im Hinblick auf ein Mindestmaß an Glaubwürdigkeit und Zuverlässigkeit.

5.4 Die Auswahl der V-Mann-Führer

Mit den V-Personen hängen die V-Mann-Führer der Polizei zusammen. Auch hierzu muß die Staatsanwaltschaft kritische Anmerkungen machen. Bei weitem nicht alle Polizeibeamte sind für eine solche Aufgabe geeignet. Deshalb auch hier die klare Forderung nach einer besseren Auswahl. V-Mann-Führer kann nach den gemachten Erfahrungen nur ein im Beruf bewährter, absolut zuverlässiger und erfahrener Kriminalbeamter sein. Eine Reihe von Problemen der Vergangenheit hätten sich vermeiden lassen, wenn diese Minimalforderung beachtet worden wäre. Zur sorgfältigen Auswahl muß selbstverständlich auch hinzukommen, daß die V-Mann-Führer eine bessere Schulung als bisher erfahren. Nur andeutungsweise sei erwähnt, daß zahlreiche Polizeibeamte, die als V-Mann-Führer tätig sind oder waren, offensichtlich juristisch keine Grundausbildung erfahren haben. Anders sind unzulässige Versprechungen von Vorteilen bei der V-Mann-Gewinnung wie Haftverschonung u. a. nicht vorstellbar. Auch werden die V-Mann-Führer darauf hinzuweisen sein, daß bei allem Verständnis für eine geeignete Motivation der V-Personen auch eine gewisse Distanz zwischen V-Mann-Führer und V-Personen erhalten bleiben muß.

5.5 Kontrollen

Mit dem V-Personen-Einsatz, der besseren Auswahl von V-Personen und V-Mann-Führern hängen eine Reihe weiterer Auffälligkeiten zusammen, die die Justiz hat feststellen müssen. So stimmen verschiedene Formalien in diesem Bereich nicht. Es fällt z. B. auf, daß V-Mann-Führern die bisher geltenden einschlägigen Richtlinien des HMdI bzw. des LKA nicht bekannt waren. Es fällt weiter auf, daß V-Leute entgegen klarer Anweisung zum Teil nicht registriert sind, ihr Einsatz unkoordiniert erfolgt und daher zwangsläufig in verschiedenen Fällen die eine polizeiliche Dienststelle von der V-Person einer anderen Dienststelle nicht wußte. Kein Wunder also, daß z. B. bei Rauschgiftkontakten oder -transaktionen V-Leute an V-Leute gerieten.

Wichtig ist also eine peinlich genaue Registrierung, Überwachung und Kontrolle der V-Leute durch die V-Mann-Führer und ein möglichst lückenloser Informationsaustausch der verschiedenen Polizeidienststellen über die jeweiligen V-Personen.

Im Zusammenhang mit notwendiger Kontrolle sollte auch daran erinnert werden, daß Bargeld und Rauschgift (Spielmaterial) genau kontrolliert werden müssen, wenn eine V-Person damit arbeiten soll. Auch in diesem Bereich sind eine Reihe schlechter Erfahrungen gemacht worden.

5.6 Akteninhalte

Ein ganz wichtiges Anliegen im Rahmen der staatsanwaltlichen Beobachtungen, das nicht unbedingt mit den vorangegangenen Einzelpunkten zusammenhängt, ist das Problem der richtigen und vollständigen Aktenvermerke. Es ist verständlich, daß die Polizei ihre V-Leute schützen und möglichst vor der Enttarnung bewahren will. Es ist aber im Zusammenhang damit nicht vertretbar und kann von der Justiz nicht hingenommen werden, daß falsche Vermerke gefertigt und zu den Ermittlungsakten gegeben werden. Es darf keine von der Polizei veranlaßten und von der Staatsanwaltschaft geduldeten oder auch nicht erkannten Unrichtigkeiten in den Akten geben. Die Beteiligung einer V-Person darf dann nicht verschwiegen bzw. die Akten entsprechend aufbereitet werden, wenn es beweiserheblich und die spätere Überführung des Verdächtigten nur mit der V-Person möglich ist. Es darf keine Vermerke geben, in denen der Eindruck erweckt wird, z. B. bei der durchgeführten Festnahme sei einem von mehreren Tatverdächtigen die Flucht gelungen und die Fahndung sei nach ihm eingeleitet, während in Wirklichkeit nur der V-Mann die Übergabe des Rauschgiftes eingeleitet hatte, um sich dann beim Erscheinen der Polizei diskret zu entfernen. Es darf auch nicht in den Akten erscheinen, um ein anderes Beispiel aufzuführen, daß mit einer nicht identifizierten Person über eine Rauschgifttransaktion verhandelt worden sei, während in Wirklichkeit der polizeiliche V-Mann im Einsatz war.

Hier steht die Glaubwürdigkeit der Strafverfolgungsbehörden auf dem Spiel, deswegen können Tarnmaßnahmen in den Akten nicht hingenommen werden, abgesehen davon, daß entsprechende Vorgänge spätestens in der Hauptverhandlung aufgedeckt werden. Selbst wenn diese Merkwürdigkeit der Staatsanwaltschaft oder dem Gericht nicht aufgefallen sein sollten, trifft spätestens der Verteidiger entsprechende Feststellungen. Es gehört heute zur Verteidigungsstrategie bestimmter Anwälte, die Enttarnung des von der Polizei in einem Strafverfahren eingesetzten V-Mannes zu versuchen. Diesen Versuchen muß selbstverständlich mit aller Entschiedenheit begegnet werden, sofern damit sachfremde Zwecke verfolgt werden. Um so mehr müssen aber Polizei und Justiz bei der Anlegung ihrer Aktenvorgänge selbst ein reines Gewissen haben. Dann wird die Staatsanwaltschaft das sich aus dem Einsatz von V-Personen ergebende Risiko mittragen.

6. Ausblick

Die kritischen Äußerungen und Vorbehalte werden der Polizei nicht gefallen. Sie sind aber nicht gemacht worden, um die Polizei anzuschwärzen, sondern um die zwischen Polizei und Justiz liegenden Probleme anzusprechen, damit sie gelöst werden können. Insoweit besteht Anlaß zu einem gewissen Optimismus. Die mehrmals erwähnte Kommission, die Richtlinien für den Einsatz von V-Personen erarbeiten soll, aber vor allem der gute Wille der Beteiligten bei Polizei und Justiz sollten einen Erfolg garantieren. Es bleibt aber festzuhalten, daß die rechtstaatliche Strafverfolgung auf lange Sicht auch die effektivste ist.

Der vorstehende Artikel wurde in einer Zeit geschrieben, in der es zwischen Staatsanwaltschaft und Polizei in Frankfurt am Main heftige Kontroversen über den Einsatz von V-Personen gab, ausgelöst vor allem durch eine Reihe von Ermittlungsverfahren, in denen es um diese V-Personen ging.
 Die Zeit ist weitergegangen, und die Verhältnisse haben sich geändert, auch gebessert. Die bezeichneten Ermittlungsverfahren sind zum großen Teil abgeschlossen. Die in dem Artikel angesprochenen gemeinsamen Richtlinien von Justiz und Polizei zum Einsatz von V-Personen sind seit einigen Monaten in Kraft. Sie haben eine Neuordnung geschaffen, auf deren Basis sich Polizei und Justiz, jeder im Rahmen seiner Zuständigkeit und Verantwortlichkeit, bemühen, den Einsatz von V-Personen rechtsstaatlich, aber auch effektiv zu gestalten.

C. Der Mittelweg des Rechts

I. Grundlagen

Ulrich K. Preuß
Justizielle und polizeiliche Wahrheit im Strafverfahren

I. Der Einfluß der Exekutive auf das Strafverfahren

Es hat in letzter Zeit einige aufsehenerregende Strafprozesse gegeben, in denen Behörden des Verfassungsschutzes bei ihnen vorhandene Informationen, die für die Aufklärung von Straftaten bedeutsam waren, zurückgehalten, selektiv zugänglich gemacht oder erst auf Drängen des Gerichts und der Verteidigung und nach erheblicher Verzögerung zur Verfügung gestellt haben.

Im Schmücker-Verfahren, dessen Urteil bereits zweimal vom BGH aufgehoben worden ist, bemüht sich die Verteidigung noch immer um die Aussagegenehmigung eines wichtigen Zeugen, der Beamter des Landesamtes für Verfassungsschutz Berlin ist und dessen Aussage erheblichen Einfluß auf den Ausgang des Prozesses haben dürfte.

Im Lorenz-v. Drenkmann-Verfahren hatte das Landesamt für Verfassungsschutz Berlin ihrem Informanten Hochstein zugesagt, daß er nicht als Zeuge im Strafverfahren aufzutreten habe, und später auf Drängen des Gerichts einen Teil seiner Aussage freigegeben. Die Vernehmung Hochsteins als Zeugen konnte es nicht verhindern, aber da dem Gericht nicht seine vollständigen früheren Aussagen gegenüber dem Verfassungsschutzamt zur Verfügung standen, konnte die Glaubwürdigkeit dieses Zeugen nicht überprüft werden.

Im Proll-Verfahren wurde ein Beamter des Landesamtes für Verfassungsschutz Berlin – übrigens derselbe, dessen Aussage die Verteidigung im Schmücker-Verfahren erzwingen möchte – in den Ermittlungsakten zunächst so behandelt, als gäbe es diesen Zeugen gar nicht, obwohl er in einem Vermerk für seine Behörde, den auch die ermittelnden Kriminalbeamten erhielten, immerhin behauptet hatte, er habe selbst gesehen, daß die Beschuldigte sowohl auf ihn selbst als auch auf einen Kollegen vom Bundeskriminalamt geschossen habe. Später wurde dann diesem Beamten doch eine Aussagegenehmigung erteilt, und er trat als Belastungszeuge im ersten Proll-Prozeß im Jahre 1973/74 auf. Im zweiten Proll-Prozeß

1979/80 wurde dann die Aussagegenehmigung wieder verweigert. Der Bericht eines Beamten des Bundesamtes für Verfassungsschutz, der das Tatgeschehen, das zur Anklage des zweifachen versuchten Mordes gegen Astrid Proll führte, aus nächster Nähe beobachtet hatte, wurde zu keinem Zeitpunkt zu den Ermittlungsakten genommen. Das erwies sich in diesem Falle als besonders folgenreich, weil er eine der Anklage und ihren Zeugen diametral entgegengesetzte Schilderung enthielt, die Astrid Proll entlastete. Auszüge dieses Berichts wurden auf Intervention des Bundesinnenministers Baum erst im Oktober 1979 freigegeben, und dem Beamten wurde eine beschränkte Aussagegenehmigung erteilt.

In demselben Verfahren wie auch in einer Vielzahl anderer Prozesse trat zu einem anderen Tatkomplex auch der Zeuge Ruhland auf, dem das BKA – ohne rechtliche Grundlage – versprochen hatte, er werde nicht als Zeuge in späteren Strafverfahren aufzutreten haben, und dessen Aussagen über personelle Zusammenhänge, Stützpunkte, verübte und geplante Straftaten, »Sympathisanten«, benutzte und bevorzugte Fahrzeugtypen Hunderte von Protokollseiten füllten. Später konfrontierte man ihn mit der Tatsache, daß er doch als Zeuge vor Gericht zu erscheinen und auszusagen habe; in diesen Aussagen verwickelte er sich dann in eine Vielzahl von Widersprüchen, die die jeweiligen Verteidiger mit nur mäßigem Erfolg bei den Gerichten zum Beleg für die Unglaubwürdigkeit dieses Zeugen herausarbeiteten.

Die Liste dieser exekutivischen Einflußnahmen auf Strafverfahren ließe sich sicherlich noch erheblich verlängern, z. B. um den Fall des Zeugen Müller, der gemeinsam mit Ulrike Meinhof verhaftet wurde, zum Informanten des BKA wurde und nach einigen Auftritten vor Gerichten für andere Verfahren nicht mehr erreichbar war, weil das BKA seinen Verbleib nicht offenbarte. In all diesen Fällen haben die Verteidiger, zum Teil sogar die Gerichte, die Beschränkung der Wahrheitsfindung durch die Informationsverweigerung der Exekutive beklagt und dagegen durchaus zu Recht die Integrität des auf umfassende Wahrheitsermittlung gerichteten Strafverfahrens ins Feld geführt.

Über diesen spektakulären Fällen wird jedoch häufig eine Entwicklungstendenz übersehen, die langfristig viel nachhaltiger die Strukturen und schützenden Formen des Strafverfahrens zerstören kann, wenn man sich ihr nicht rechtzeitig entgegenstellt. Im Proll-Verfahren wurde neben der ursprünglichen Verschweigung des Verfassungsschutzbeamten und der späteren Verweigerung der Aussagegenehmigung noch etwas aus den später vorgelegten Ermittlungsakten ersichtlich, was auf den ersten Blick nicht recht erklärlich war: Der zeitliche Ablauf der Ermittlungen im Zusammenhang mit dem »Schußwechsel«, der später Astrid Proll die Anklage des zweifachen versuchten Mordes – und mittlerweile den Freispruch von dieser Anklage – einbrachte, erwies sich als ausgesprochen sprunghaft, um nicht zu sagen konfus, so daß man den Eindruck gewinnen mußte, hier sei äußerst schlampig ermittelt worden.

Der Vorfall fand am 11. Februar 1971 statt, und am nächsten Morgen erfolgte eine Spurensuche, bei der auch Geschoßhülsen und ein Geschoß gefunden wurden. Die Spurensuche wurde von Beamten des Landeskriminalamtes Hessen vorgenommen, die Ermittlungsakten vom BKA geführt. Merkwürdigerweise hat sich das ermittelnde BKA aber erst im Oktober 1971, also acht Monate später, für das Ergebnis interessiert und einen Bericht über das Ergebnis angefordert. (Zu diesem Zeitpunkt saß Astrid Proll bereits fünf Monate in Untersuchungshaft.) Die spurensuchenden Beamten selbst hatten ihrerseits auch erst etwa vierzehn Tage nach der immerhin einen ganzen Tag beanspruchenden Spurensuche einen Bericht mit beiliegender Skizze gefertigt. Ein Zeuge, der am Morgen nach dem Tatgeschehen ein Geschoß auf der Straße gefunden und den spurensuchenden Beamten überreicht hatte, wurde erst am 18. November 1971 vernommen, also mehr als neun Monate später. Erst mehr als vier Monate später, am 15. Juli, wird ein Vermerk in der Ermittlungsakte angefertigt, demzufolge es für das Geschehen keine weiteren als die bislang bereits erwähnten polizeilichen Zeugen gebe. Das war im übrigen doppelt unrichtig, da der den Vermerk schreibende Beamte aus eigenem Erleben wußte, daß es noch Beamte von verschiedenen Verfassungsschutzämtern als Zeugen gab, und weil, was er zu diesem Zeitpunkt nicht wußte, aber hätte wissen können, wenn die ermittelnde Behörde am Tage nach dem Geschehen öffentlich Zeugen gesucht hätte, sich später durchaus noch andere Zeugen fanden. Andererseits finden sich Vermerke über Ermittlungen in der Akte, die unmittelbar nach dem Tatgeschehen angestellt wurden: Personen, auf deren Namen die zurückgelassenen Personal- und KFZ-Papiere lauteten, wurden in den folgenden Tagen überprüft und z. T. vernommen, akribisch wurden Verlustanzeigen von Personalpapieren geprüft und ausgewertet, obwohl man bereits wenige Tage unabhängig von diesen Maßnahmen wußte, wer die beiden flüchtigen Personen waren, die in den »Schußwechsel« mit den Beamten verwickelt waren. Aufgrund dieses zeitlichen Ablaufs der Ermittlungen, deren Details hier nicht von Interesse sind, konnte man den Eindruck gewinnen, daß sich die Behörden dringlich um die Aufklärung von Urkundendelikten bemühten, während sie an den Ermittlungen zu zwei Mordversuchen ausgesprochen desinteressiert zu sein schienen.

II. Die unterschiedlichen Erkenntnisperspektiven von Justiz und Polizei

Tatsächlich traf aber das ermittelnde BKA nicht die Wahl zwischen zwei aufzuklärenden Tatkomplexen, sondern zwischen zwei Ermittlungsperspektiven, die in der polizeilichen Arbeit häufig zusammenfallen, jedoch bei bestimmten Delikten und mit zunehmender Verwandlung der Polizei zu einem eigengewichtigen Faktor des gesellschaftlichen Lebens nicht nur auseinanderfallen, sondern auch kollidieren. Institutionell sind diejenigen Polizeibeamten, die Hilfsbeamte der Staatsanwaltschaft sind, zwei verschiedenen Ermittlungsperspektiven und »Wahrheitskriterien« verpflichtet: Die polizeiliche Erkenntnisperspektive wird durch den Auftrag der Polizei definiert, die öffentliche Sicherheit und Ordnung zu garantieren, und folglich richtet sich ihre Tätigkeit und ihr Selbstverständnis auf »Gefahren« für die von ihr zu beschützende soziale Ordnung. Dies hat ein typischerweise auf die Zukunft gerichtetes Erkenntnisinteresse zur Folge, dem es um operatives Wissen zur Kontrolle sozialer Prozesse geht. Ganz besonders deutlich wird diese Zukunftsbezogenheit sowie der Bezug auf überindividuelle soziale Prozesse in der Aufgabenstellung der Ämter für Verfassungsschutz, die kraft gesetzlicher Kompetenz ausschließlich in einem Bereich operieren, der im Vorfeld des Strafrechts liegt. Aber diese Funktionsbestimmung gilt durchaus auch für die exekutivische Polizei, in deren Ordnungsauftrag das einzelne Individuum entweder Funktionsträger oder Störer der sozialen Ordnung ist, aber nicht ein nach eigenen Normen und Interessen handelndes Subjekt.

Als Hilfsorgan der Staatsanwaltschaft ist die Polizei dagegen der

Erkenntnisperspektive und den Wahrheitskriterien der Justiz unterworfen. Die Justiz hat es mit der Aufklärung in der Vergangenheit liegender, abgeschlossener Sachverhalte zu tun, nicht mit »Gefahren« für die soziale Ordnung, sondern mit »Straftaten«, und demzufolge vermittelt sich ihr Zugang zur sozialen Ordnung und ihr Verständnis stets über einzelne Individuen, die als verantwortliche Urheber aller sozialen Prozesse angesehen werden und deren Schuld oder Unschuld im Strafverfahren festgestellt werden soll. Um es pointiert auszudrücken: Die Polizei beobachtet und beurteilt soziale Prozesse, die Justiz Handlungen und deren individuelle Urheber.

Es gibt deutliche Anzeichen dafür, daß jedenfalls den Spitzen der polizeilichen Exekutive diese Unterschiedlichkeit der Erkenntnisperspektiven durchaus bewußt ist. So schrieb Horst Herold, Präsident des BKA, bereits 1973, daß die Polizei, »von allen Staatsorganen der Wirklichkeit am unmittelbarsten und realsten konfrontiert, ... ein einzigartiges Erkenntnisprivileg (besitzt), Einsichten zu gewinnen in eine Vielzahl und Vielfalt gesellschaftlich abweichender und gesellschaftsfeindlicher Verhaltensweisen, in Strukturdefekte der Gesellschaft und die Gesetzmäßigkeiten ihres Massenverhaltens«, aufgrund dessen sie in der Lage sei, »unterschwellige Veränderungen« rechtzeitig zu erkennen.[1] »Strukturdefekte der Gesellschaft« und »Gesetzmäßigkeiten des Massenverhaltens« thematisieren nicht individuelle Handlungen, sondern Ordnungszusammenhänge, und deren Störungspotential liegt in den Handlungsmotiven der Individuen, auf deren Erkenntnis sich daher zunehmend das polizeiliche Interesse richtet. »Die Polizei muß die Augen, Ohren, Herz und Hände möglichst weit vorne haben. Richtige Lagebeurteilungen sowie darauf fußende richtige polizeiliche Einsätze, zweckmäßige Überwachung der polizeilich interessanten Bereiche und daraus sich ergebende erfolgversprechende kriminalpolizeiliche Ermittlungsansätze leben im Grunde vom Wissen um die Menschen, von ihrem Leben und Denken, das heißt dem Erkennen und ›Erfühlen‹ in ihrem unmittelbaren Bereich.«[2]

Die Polizei befaßt sich also durchaus mit dem Individuum, aber, wie ich oben bereits sagte, gleichsam mit dem Individuum als Vollstrecker der sozialen Ordnung oder als deren potentieller Störer. Alle seine Handlungen werden gewissermaßen auf ihren Ordnungswert für das von der Polizei zu schützende soziale System beobachtet und wahrgenommen, und dies unterscheidet die polizeiliche Sicht von der justiziellen. Man könnte hier einwenden, daß auch die Justiz prinzipiell keine andere Perspektive einnimmt, insofern sie ebenfalls den Beschuldigten und Angeklagten als Störer der sozialen Ordnung behandelt und sich dabei, im Gegensatz zur Polizei, lediglich auf einen Ausschnitt der sozialen Realität, nämlich die im Strafgesetz normierten Tatbestände, beschränkt. Der Unterschied zwischen polizeilicher und justizieller Erkenntnisperspektive in bezug auf sozial abweichendes Verhalten bestünde dann lediglich in der unterschiedlichen Reichweite des jeweils wahrgenommenen sozialen Feldes.

Dies entspricht aber nicht der heutigen Struktur des materiellen wie des formellen Strafrechts. Von sozialwissenschaftlich aufgeklärten Juristen ist zwar seit langem darauf hingewiesen worden, daß die Strafjustiz einen zu engen Ausschnitt der gesellschaftlichen Wirklichkeit wahrnimmt, indem sie die sozialen Bedingtheiten einer strafbaren Handlung und der Biographie eines Täters weitgehend aus dem Verfahrensgeschehen ausklammert. Im Lichte dieser Kritik ist die Polizei sozialwissenschaftlich aufgeklärter als die Justiz, weil sie an gesellschaftlichen Strukturdaten interessiert ist. Aber eine derartige Annahme würde übersehen, daß sich Polizei und Justiz nicht lediglich graduell im Hinblick auf die Reichweite des wahrgenommenen sozialen Feldes voneinander unterscheiden, sondern in prinzipiell unterschiedlicher Weise soziale Konflikte verarbeiten.

Die Wahrheit, die gem. § 244 Abs. 2 StPO das Ziel des Strafverfahrens ist, ist nicht die sozialwissenschaftliche Wahrheit über die gesellschaftlichen Ursachen eines im Prozeß abzuhandelnden abweichenden Verhaltens; diese Wahrheit könnte nur durch die Analyse sozialer Strukturen und ihrer Interdependenzen mit individuellen Handlungen gewonnen werden, welche einen unabgeschlossenen Prozeß wissenschaftlicher Theoriebildung voraussetzt. Ein Verfahren, das auf eine Entscheidung über das Lebensschicksal von Individuen zielt, kann das nicht leisten. Und ebensowenig wie der Strafprozeß auf sozialwissenschaftliche Wahrheit gerichtet ist, ist er an historischer Wahrheit im Sinne der Geschichtswissenschaft interessiert, weil dies das Strafverfahren – obwohl es ja einen in der Vergangenheit abgeschlossenen Sachverhalt zur Aufklärung bringen soll – gleichfalls mit dem Problem der Unabgeschlossenheit wissenschaftlicher Wahrheit konfrontieren und es vor allen Dingen zwingen würde, die Wirksamkeit überindividueller Kräfte und gesellschaftlicher Zusammenhänge in den Mittelpunkt der Aufklärungsarbeit der Verfahrensbeteiligten zu stellen. Das Strafverfahren als auf Sanktionen gegen Personen gerichteter entscheidungsorientierter Prozeß funktioniert überhaupt nur, weil in ihm die Erkenntniskriterien radikal an dem – sozialwissenschaftlich äußerst fragwürdigen – Prinzip orientiert sind, die Straftat nicht als Erscheinungsform eines strukturell bedingten sozialen Konflikts zu interpretieren, sondern als individuell zurechenbares persönliches Versagen des Täters. Dahinter steht die – ebenfalls höchst zweifelhafte – Konzeption, daß alles soziale Geschehen nichts anderes sei als die Summe individuell verursachter und verantwortbarer Handlungen. Hier wird in einer naiven Version gewissermaßen die Utopie, daß der Mensch das Subjekt seiner Geschichte sei, beim Wort genommen und verfahrensmäßig in kleine Münze gewechselt. Das Schuldprinzip verlangt, »daß die Straftat von einer Störung der sozialen Ordnung zur Missetat hochstilisiert wird und der verurteilte Täter in jedem Fall als eine freie, auf Selbstverantwortung angelegte Person erscheint«.[3] Das justizielle Verfahren transformiert ein soziales Problem in einen dialogfähigen Dissens über die Frage, ob ein abgeschlossener Sachverhalt als »Tat« des Beschuldigten qualifiziert werden kann und ob seine Schuld ausnahmsweise wegen pathologischer Abweichungen vom individuellen »Normalmaß« ausgeschlossen ist.

III. Die polizeiliche »Utopie« einer gegen das Subjekt abgeschirmten Ordnung

Um die Verschiedenheit dieser Erkenntnisperspektive von der polizeilichen deutlich zu machen, können wir auf die in der sozialwissenschaftlichen Theorie vorgenommene Unterscheidung zwischen Systemintegration und Sozialintegration zurückgreifen.[4] Es handelt sich um die Unterscheidung zwischen zwei Integrationsmodi, durch die sich soziale Systeme reproduzieren: zum einen durch interessen- und normgeleitetes Handeln der Individuen, sowie andererseits durch die Wirksamkeit funktionaler Gesetzmäßigkeiten, die überindividuell, »hinter dem Rücken der Menschen« die funktionalen Notwendigkeiten einer sozialen Ordnung vollstrecken. Wir sprechen von gesellschaftlicher Normalität, wenn die »befolgten *Regeln* und subjektlos sich durchsetzende *Regelmäßigkeiten*« miteinander harmonieren, d. h. die Menschen so handeln, daß die Gesetzmäßigkeiten der Ordnung funktionieren.⁵

Beide Integrationsmodi sind jedenfalls in Marktgesellschaften untrennbar miteinander verschränkt und stehen gleichzeitig potentiell in Widerspruch miteinander: Die ökonomischen Gesetze des Marktes verlangen eine weitgehende Abkoppelung ihrer Wirksamkeit von bedürfnis- und normorientierten Interventionen der Subjekte, und daher gehört die Existenz einer depolitisierten, autonom sich selbst reproduzierenden Marktsphäre heute wieder zu den Idealen der ökonomischen Wissenschaft, wie sie von den Vätern der bürgerlichen Ökonomie im 18. und 19. Jahrhundert proklamiert wurden. Eine vollständige Isolierung der Gesetzmäßigkeiten der kapitalistischen Marktökonomie von den Bedürfnissen und subjektiven Handlungsmotiven der Individuen ist indessen nach den eigenen Voraussetzungen dieser Ökonomie unmöglich, weil in der dominierenden Form der Lohnarbeit die Subjektivität des Individuums und die Objektivität der Gesetzmäßigkeiten der Kapitalverwertung unlösbar miteinander verbunden sind. Die Arbeitskraft ist zwar Ware, die den Gesetzen der Ökonomie unterliegt wie jede andere Ware auch, zugleich aber ist sie als lebendige Arbeitskraft Teil des Subjekts. In ihrer Verwertung unterliegt sie zugleich auch den Bedürfnissen, Wünschen, Interessen und den Vorstellungen vom »guten Leben« des Individuums. Die Gesetzmäßigkeiten der Marktökonomie brechen sich also an den Handlungsmotiven der Subjekte, die einerseits als Disziplin, Arbeitsamkeit, Pünktlichkeit, kurz: als Arbeitstugenden notwendig für die Exekution des kapitalistischen Wertgesetzes, zugleich aber auch potentielle Störfaktoren sind, wenn Vorstellungen von einem guten Leben jenseits des vom Kapital zugestandenen Konsumniveaus der Massen in sie eingehen. Diese Widersprüchlichkeit erklärt im übrigen auch, warum die öffentlich-kommunikativen Rechte der politischen Willensbildung, mittels deren Norm kollektiven Handelns entwickelt und den Gesetzmäßigkeiten der Systemintegration entgegengesetzt werden, in allen bürgerlichen Verfassungen ein stets gefährdetes Dasein führen.

Auf der Grundlage dieser analytischen Unterscheidung zwischen System- und Sozialintegration lassen sich die unterschiedlichen Funktionen, Erkenntnisperspektiven und Wahrheitskriterien von Polizei und Justiz genauer bestimmen. Die Polizei ist als Garant der sozialen Ordnung und des Funktionierens ihrer Gesetzmäßigkeiten an dem »Ideal« einer subjektlosen Ordnung orientiert, die so weit wie möglich gegen die Sphäre subjektiver Motive abzugrenzen und gegen deren Übergriffe zu immunisieren ist. Da sich nun aber diese Ordnung notwendigerweise über bewußte und normgeleitete Handlungen der Individuen vermittelt und durchsetzt, bleibt dies eine polizeiliche Utopie, die aber insofern doch wirksam bleibt, als das Subjekt lediglich als potentieller Störer wahrgenommen wird. Es liegt nur in der Logik dieser durch die Verkoppelung von System- und Sozialintegration notwendigerweise dementierten Utopie, daß sich das polizeiliche Interesse darauf richtet, »Augen, Ohren, Herz und Hände möglichst weit vorne zu haben« und ihr »Wissen um die Menschen, von ihrem Leben und Denken, d. h. dem Erkennen und ›Erfühlen‹ in ihrem unmittelbaren Bereich« ständig zu erweitern. Je weiter man in die moralische Eigensphäre der Subjektive vordringt, in der die handlungsleitenden Normen und Motive herausgebildet werden, desto zuverlässiger glaubt man Isolierungsstrategien entwickeln und durchsetzen zu können, durch die die Wirksamkeit der gesellschaftlichen Funktionsimperative zuverlässig gegen die Unberechenbarkeit der Subjekte abgeschirmt werden kann.

Das Subjekt ist also in polizeilicher Sicht Funktionsträger der zu bewahrenden sozialen Ordnung, und wenn es das polizeiliche Bild eines idealen Bürgers gibt, so ist es das desjenigen, der stets so *handelt*, daß die Ordnung *funktioniert*. Aber solange die liberal-demokratischen Verfassungen in ihrem ideologischen Fundament an der Gestalt des autonomen, d. h. sich selbst die Gesetze seines Handelns gebenden Subjekts festhalten und in den Grundrechtskatalogen hierfür auch gewisse institutionelle Sicherungen vorgesehen haben, ist die Gefahr, die nach dem berühmten Wort eines Politikers vom Menschen ausgeht, ein beständiges und konstitutionelles Merkmal dieser Ordnung. Das bürgerliche Subjekt-Ideal ist von Anbeginn jener Zwitter gewesen, der aus dem nur sich selbst und seinen Gesetzen folgenden Genie und gleichzeitig dem angepaßten Ordnungsfunktionär bestand. Und wenn man den Äußerungen des BKA-Präsidenten Herold glauben darf, so leidet niemand stärker an diesem Zwiespalt als die Polizei.

Die Strafjustiz hat es selbstverständlich ebenfalls mit Störungen der gesellschaftlichen Ordnung zu tun, aber sie hat einen von der Polizei sehr verschiedenen Zugang zu ihrer Bearbeitung und damit auch zur Wahrnehmung dieser Erscheinung. Ihr »Ideal« ist gewissermaßen die Herstellung eines gesellschaftlichen Zusammenhanges und seiner Ordnung durch bewußte, autonome, verantwortliche und in ihren Folgen den Individuen voll zurechenbare Handlungen der Subjekte, durch welche die objektiven Gesetzmäßigkeiten des gesellschaftlichen Lebens vollständig der Kontrolle handelnder Subjekte unterworfen sind. Auch dies ist natürlich eine Utopie, aber auch hier hat die Utopie praktische Konsequenzen. Nach den Prinzipien des Schuldstrafrechts ist der Straftäter nicht Ordnungsstörer, sondern Missetäter, nicht die Folgen seines Tuns für das Funktionieren der gesellschaftlichen Ordnung sind der Grund für die strafgerichtliche Sanktion, sondern die Schuld, die er auf sich geladen hat, weil er sein Gewissen nicht ausreichend angespannt hat – noch in der Sanktion wird er als eigenwertige, autonome Person anerkannt. Die Justiz schirmt sich damit gegen die Wahrnehmung der vom Subjekt nicht beherrschbaren Gesetzmäßigkeiten der sozialen Ordnung ab, denn täte sie es nicht, würde die Prämisse des Strafens – das Prinzip der individuellen Verantwortlichkeit und der Schuld – unweigerlich entfallen. Natürlich gibt es vielfache Einschränkungen dieses justiziellen »Ideals«; z. B. werden durchaus die Folgen einer Tat bei der Strafzumessung berücksichtigt, ebenso die soziale Situation und die Zwänge, unter denen der Täter gehandelt hat; das Institut der Sicherungsverwahrung und der vorbeugenden Untersuchungshaft (§ 112a StPO) sind weitere Beispiele für das Eindringen ordnungssichernd-polizeilicher Elemente in den Strafprozeß. Strukturbestimmend ist indessen der rückwärtsgewandte Blick auf einen abgeschlossenen Sachverhalt, der aus seinem für die Zukunft bedeutsamen sozialen Wirkungszusammenhang als »Tat« isoliert und dem Individuum nicht als Funktionär einer überindividuellen Ordnung, sondern als autonomem Subjekt zugerechnet wird.

Diese Stilisierung der sozialen Realität erklärt, daß nach dem herkömmlichen, augenblicklich in Auflösung befindlichen Strafprozeß die Rechte des Beschuldigten im Zentrum der normativen Regelung stehen. Die im Strafprozeß aufzuklärende Wahrheit ist nicht die sozialwissenschaftliche oder die historische Wahrheit im Sinne der Wissenschaft. Aber sie ist auch nicht die polizeiliche Wahrheit im Sinne der Aufklärung des im Subjekt enthaltenen Gefahrenpotentials, dessen Quellen bis in die Schichten des Unbewußten des Individuums zurückreichen und das daher auch nicht Grenze, sondern im Gegenteil Gegenstand des polizeilichen Erkenntnisinteresses ist. Die verfeinerten Datentechniken der Polizei, die heute bereits ganz selbstverständlich psychologische Profile potentieller Störer verarbeiten, belegen empirisch die gegenwärtige Tendenz, das Individuum als Gefahrenquelle für die soziale Ordnung zu betrachten und die polizeilichen Erkenntnis- und Handlungsinstrumente daran auszurichten.

Die strafprozessuale Wahrheit dagegen ist trotz der Einschränkungen, die hier vorzunehmen sind und auf die ich sogleich zu sprechen komme, eine personale Wahrheit, und zwar in einem doppelten Sinne: Die Wahrheit, die der Richter durch sein Urteil – früher nannte man dies bezeichnenderweise ein »Erkenntnis« – ausspricht, ist lediglich seine subjektive Gewißheit[6], die er nach bestem Wissen und Gewissen aus dem Inbegriff der Hauptverhandlung gewinnt. Sie ist also methodisch höchst anfechtbar. Sie ist aber auch insofern »reduziert«, als sie auf der Anerkennung des Beschuldigten und Angeklaten als moralischem Subjekt mit unveräußerlichen subjektiven Rechten beruht. Wenn beispielsweise § 136a StPO die Anwendung von Gewalt und List und die Ausnutzung der Übermüdung des befragten Beschuldigten bei den Ermittlungen verbietet, so bedeutet dies eine Beschränkung der Mittel, die »objektive« Wahrheit herauszufinden. Aber nach den Vorstellungen der liberalen Vorkämpfer für ein »richtiges« Strafverfahren konnte man nicht zum einen den Angeklagten, sei er nun Täter oder nicht, als sittlich autonome Persönlichkeit ansehen, der, wenn er schuldig war, die volle Verantwortung für seine Tat zu tragen hatte, und zum anderen ihm im Prozeß jede Subjektqualität absprechen, indem man ihn – z. B. in der Folter – zum bloßen Mittel der Wahrheitsfindung degradierte.

Auch das Recht des Beschuldigten zu schweigen, sich einen Verteidiger zu wählen, Beweismittel der Anklage zu prüfen und eigene Beweise vorzulegen, sind nicht nur prozedurale Vorkehrungen, um ein möglichst »richtiges« Ergebnis der Sachverhaltsaufklärung zu gewährleisten, sondern unausgesprochen zugleich auch Konkretisierungen des Prinzips, daß die »Tat« im strafprozessualen Sinne ihren ausschließlichen Urheber im Subjekt hat und daher auch das Subjekt in seinem personalen Eigenwert sich dafür verantworten und hierfür für verfahrensmäßigen Instrumente zur Verfügung haben muß. Andernfalls wäre es nicht verständlich, warum unser geltendes Strafprozeßrecht bewußt vorhandene Erkenntnisquellen verstopft: Das Verbot des »Lügendetektors« oder die Aussageverweigerungsrechte der Ärzte, Anwälte, Pfarrer, der Verwandten des Beschuldigten, das Auskunftsverweigerungsrecht des § 55 StPO beschränken absichtsvoll den Wahrheitsfindungsprozeß zugunsten der Integrität einer persönlichen Eigensphäre des Individuums, dem dadurch eine legitime Existenz jenseits der Objektivität gesellschaftlicher Funktionsgesetze zugesprochen wird.

Es ist nun nicht zu übersehen, daß in den letzten Jahren zunehmend polizeiliche Ordnungsprinzipien in die Interpretation und Handhabung des materiellen Strafrechts und des Strafprozeßrechts der Bundesrepublik eingedrungen sind. Bezeichnend ist bereits die Rechtsprechung des Bundesverfassungsgerichts, nach der das Strafprozeßrecht nicht mehr, wie im traditionellen rechtsstaatlichen Verständnis, die »schützenden Formen« zur Bewahrung der Integrität des Beschuldigten gegenüber dem staatlichen Sanktionsapparat enthält und hierin seine raison d'être findet[7], sondern der »Aufrechterhaltung einer funktionstüchtigen Strafrechtspflege« dient.[8] Damit wird den Verfahrensrechten des Beschuldigten ihre Unbedingtheit genommen und ihnen ein Status zugewiesen, dem zufolge sie nur soweit gewährleistet sind, wie sie mit dem Ordnungsziel einer effizienten Strafverfolgung harmonieren. Nicht zufällig wurde vom Bundesjustizminister von einem »dysfunktionalen Gebrauch« der strafprozessualen Rechte durch Angeklagte und Verteidiger in den sog. Terroristenprozessen gesprochen[9]: Ein »dysfunktionaler Gebrauch« oder, was dasselbe ist, ein Mißbrauch, ist das Gegenteil eines funktionalen Gebrauchs, und von dem kann man nur sprechen, wenn man davon ausgeht, daß diese Beschuldigten- und Verteidigungsrechte Funktionen in einem übergeordneten Ordnungszusammenhang haben.

Die seit 1974 vorgenommenen Novellierungen des materiellen Strafrechts und des Strafprozeßrechts sind sämtlich als Maßnahmen eines Konzeptes der öffentlichen Sicherheit und Ordnung verstanden und durchgesetzt worden, d.h. als Maßnahmen, die nicht in erster Linie den Modus der strafprozessualen Wahrheitsfindung in bezug auf zurückliegende, abgeschlossene Sachverhalte veränderten, sondern zukunftsgerichtet die soziale Kontrolle eines möglichen Verhaltens verschärften. Die Fälle liegen auf der Hand: Das Kontaktsperregesetz, das Verbot der Mehrfachverteidigung und der Verteidigung mehrerer Angeklagter in einem oder in verwandten Verfahren, die Kontrolle des Schriftverkehrs zwischen Beschuldigtem und Verteidiger in Verfahren, in denen das Delikt des § 129a StGB angeklagt ist, die polizeilichen Kontrollmöglichkeiten auch gegenüber Unverdächtigen gem. § 111 StPO etc. – all diese Vorschriften behielten durchaus ihren Sinn, wenn es keinen Beschuldigten bzw. Angeklagten i. S. des Strafprozeßrechts gäbe, denn sie nehmen, wenn überhaupt, auf den »Verdacht einer strafbaren Handlung« und die strafprozessuale Zielsetzung, die »Tat« aufzuklären und den schuldigen Täter zur Verantwortung zu ziehen, allenfalls im Sinne einer Anknüpfungstatsache Bezug. Und schließlich – um auch dies kurz zu erwähnen – ist im Zuge der beschriebenen Entwicklung auch das materielle Strafrecht um einige »Tatbestände ohne Tat« erweitert worden. Zwar hat es auch bislang bereits einige Tatbestände gegeben, welche an sich straflose Vorbereitungshandlungen pönalisieren, aber erst die Einführung der §§ 88a und 130a StGB und die Ausweitung der Auslegung des § 129 StGB haben die in einem ersten Schub von 1951 bereits vollzogene Vorverlagerung des Strafrechts in den Bereich der geistigen Auseinandersetzung[10] in ihrer polizeilichen Dimension deutlich werden lassen: Die Diskussion von Gewalt liegt an sich im Vorfeld des vom Strafrecht bezweckten Rechtsgüterschutzes, weil sie kein konkretes Rechtsgut – Leben, körperliche Unversehrtheit, Eigentum etc. – verletzt. Aber sie ist natürlich eine Gefahr im polizeilichen Sinne, weil hier Handlungs*motive* sichtbar werden, welche von den Funktionsimperativen der sozialen Ordnung abweichen und als solche bereits eine Störung darstellen. Man kann derartige geistige Auseinandersetzungen überhaupt nur in den Bereich des Strafrechts einbeziehen, wenn man, mangels der Verletzung oder konkreten Bedrohung identifizierbarer Rechtsgüter, die soziale Ordnung als solche als verletzt ansieht und im Sinne der oben beschriebenen polizeilichen Utopie deren Funktionsgesetze gegen subjektive Handlungsmotive zu immunisieren trachtet. Wenn in einem Zeitungsbericht über die Jahrestagung des »Bundes Freiheit der Wissenschaft«, dessen Hauptbeschäftigung in der teils denunziatorischen, teils larmoyanten Klage über die »geistige Unterwanderung« der bundesrepublikanischen Universitäten zu bestehen scheint, der Berichterstatter in voller Unschuld und ohne die Benutzung von Anführungszeichen mitteilt, daß zehn Prozent der Professoren »durch Angriffe in Druckschriften gestört worden (sind)«[11], dann zeigt sich darin, daß das polizeiliche Denken durchaus nicht auf die Polizei selbst beschränkt ist.

IV. Zusammenhänge und Personen

Wenn wir zum Ausgangspunkt unserer Überlegungen zurückkehren, so wird deutlich, daß die Einschaltung der Polizei als Hilfsorgan der Staatsanwaltschaft in die strafprozessualen Ermittlungen zu einer für das Schicksal des Beschuldigten folgenreichen Verzerrung der Ermittlungsperspektive führen kann und in den oben mitgeteilten Beispielen auch geführt hat. Die Justizorgane müssen dem Beschuldigten als Subjekt gerecht werden, die Polizei ist dem Funktionieren der Ordnung als einem überindividuellen Wirkungszusammenhang verpflichtet. Immer widerwilliger ordnet sie sich den justiziellen Zielen unter, die aus ihrer Sicht nur als beschränkt verstanden werden können. Bereits 1972 forderte daher BKA-Präsident Herold, daß sich die Polizei »vom gewaltunterworfenen Objekt bloßer Vollstreckung zum Subjekt gesellschaftlicher Veränderungen, zu einem Beratungs- und Konsultationsorgan für Politik und Gesetzgebung wandeln (muß)... Das Recht der Polizei, die öffentliche Ordnung und Sicherheit zu erhalten, schließt die Befugnis ein, sie mit zu gestalten«[12], und ein Jahr später forderte er die Polizei als eine »gleichsam gesellschaftssanitäre Einrichtung«.[13]

Für das Strafverfahren bedeutet dies zunächst, daß sich die Polizei nicht länger damit begnügen kann, im Zusammenhang mit der Aufklärung von Straftaten gewonnenes Wissen ihrer andersgearteten Zielsetzung dienstbar zu machen. Dies ist seit jeher geschehen und daher nicht weiter bemerkenswert. Auf einer zweiten Stufe treten dann die Ermittlungsperspektiven bereits auseinander: Die Polizei empfindet die Beschränkung des justiziellen Erkenntnisinteresses auf »Taten« im Sinne von konkreten Rechtsgüterletzungen als zu eng, weil ihr dadurch operatives Fahndungswissen, d. h. zukunftsgerichtete Informationen, entgehen. »Die Polizei... sieht ... wegen des Sicherheitsbedürfnisses, wie natürlich auch die Nachrichtendienste, weitergehende Aufgaben als die der Strafverfolgung. Sie fühlt sich zur gleichermaßen möglichst breit angelegten wie intensiv betriebenen Aufklärung hingezogen, weil sie weiß, daß z. B. bei geheimdienstlichen Aktivitäten oder konspirativen Zusammenschlüssen nur bis in die letzten Verästelungen reichende Untersuchungen das für die Abwehr weiterer Gefahren notwendige umfassende Wissen hervorbringen.«[14]

In eine wirkliche Kollision geraten diese beiden Erkenntnisinteressen in Fällen, in denen die Polizei bzw. die Nachrichtendienste aus Gründen fortdauernder Informationsgewinnung bei konkreten strafbaren Handlungen nicht zugreifen bzw. die Justizorgane informieren oder möglicherweise sogar durch ihre Vertrauensleute selbst in strafbare Handlungen verwickelt sind. Die »Richtlinien für die Zusammenarbeit der Verfassungsschutzbehörden, des Bundesnachrichtendienstes (BND), des Militärischen Abschirmdienstes (MAD), der Polizei und der Strafverfolgungsbehörden in Staatsschutzangelegenheiten (Zusammenarbeitsrichtlinien)« in der bekannten letzten Fassung vom 23. Juli 1973[15] sollen eine derartige Kollision unter Wahrung des Legalitätsprinzips der Justizbehörden und der Opportunitätsgesichtspunkte vor allem der Nachrichtendienste vermeiden. Hierauf will ich hier nicht weiter eingehen.

Verhängnisvoll für einen Beschuldigten können derartige Kollisionen aber dann werden, wenn die Justiz ermittelt und u. U. auch Zwangsmaßnahmen gegen ihn verhängt – vor allem ihn in Untersuchungshaft nimmt –, und die Nachrichtendienste vorhandenes, entlastendes Wissen nicht preisgeben, weil dies ihr Interesse an der Erhaltung von Informationsquellen und von zukünftigem Wissen verletzt. Dies ist der Fall, wenn Informanten der Nachrichtendienste nicht als Zeugen freigegeben werden; dies ist als Problem aus den anfangs erwähnten Strafverfahren (Lorenz-v. Drenkmann, Schmücker, Proll) hinlänglich bekannt, so daß ich hierzu auch nichts weiter ausführen will. Wenn das Gericht weiß, daß es noch mögliche Zeugen aus dem Bereich der Nachrichtendienste gibt, die es indessen nicht zum Erscheinen und zur Aussage zwingen kann, so kann es immerhin diesen Mangel der Sachverhaltsaufklärung, wie es das Prinzip »in dubio pro reo« vorsieht, zugunsten des Angeklagten ausschlagen lassen. So ist das Gericht im Lorenz-v. Drenkmann-Prozeß verfahren.

Häufig ist allerdings weder dem Gericht noch den Verteidigern bekannt, daß es mögliche Zeugen aus dem Bereich der Nachrichtendienste gibt, und dann wird der Angeklagte durch deren Untätigkeit zum Opfer ihrer von der strafprozessualen Wahrheitsfindung abweichenden Interessenlage. Ganz konkret und grausam bestätigt sich dann der berühmte Satz Talleyrands, daß Intervention etwa dasselbe bedeute wie Nicht-Intervention. Aus den – allerdings von ihnen selbst nicht veröffentlichten – Ausführungen führender Polizeibeamter muß man allerdings die Folgerung ableiten, daß die Polizei – hier ist die Exekutivpolizei gemeint – durchaus auch aktiv die strafprozessualen Ermittlungen von ihrer Interessenlage her strukturiert, ohne daß dies den Justizorganen oder dem Beschuldigten und seinem Verteidiger deutlich werden kann. So heißt es in dem bereits zitierten Vortrag eines leitenden Kriminalbeamten im Bundesinnenministerium (damals noch beim BKA), daß »es der Sache (dient), wenn die von den Vorfeldbehörden vorgelegten, den Sachverhalt darstellenden sogenannten Eingangsberichte schon von den Verfassern auf Gerichtsverwertbarkeit, u. a. mit der Konsequenz der Zeugenbenennung oder der Vorlage von Materialien, überprüft sind. Das spätere Auswechseln gegen verbesserte Darstellungen ist häufig problematisch, ganz besonders aber dann, wenn aufgrund der Ursprungsfassung richterliche Handlungen vorgenommen worden sind oder der Verteidiger Akteneinsicht erhalten hat.«[16]

Dies liest sich übrigens wie eine unfreiwillige Kommentierung der BKA-Praxis im Proll-Verfahren, denn dort wurden die Ermittlungsmaterialien in der Tat so aufbereitet, daß die Akten einen von der Wirklichkeit abweichenden Sachverhalt enthielten, und erst die ungeschickte Art und Weise, wie diese manipulierte Fassung dann später korrigiert wurde – die Aussage des Verfassungsschutzbeamten wurde für die Sachakte freigegeben –, machte es der Verteidigung möglich, diese Sachverhaltsverfälschung zu entdecken. Man mußte hier sogar vermuten, daß das BKA die Generalbundesanwaltschaft und den zuständigen Ermittlungsrichter beim BGH in diesen Vorgang mit einbezog, denn der erste Haftbefehl gegen Astrid Proll enthielt Tatsachenangaben, die der Richter nach dem Aktenstand erst sechs Monate später hätte wissen können, nämlich erst, nachdem die Aussage des Verfassungsschutzbeamten zu den Ermittlungsakten gegeben wurde.

Man mag die zitierte Äußerung eines hohen Sicherheitsbeamten aus einer durchaus berechtigten und angebrachten moralischen Sicht als Zynismus empfinden, aber es ist keineswegs unwahrscheinlich, daß der Autor dies gar nicht zynisch gemeint hat. Vielmehr hat er lediglich die praktischen Konsequenzen daraus gezogen, daß das Individuum aus polizeilicher Sicht ein gleichsam anonymes Element der zu schützenden Ordnung ist und es ihr nicht um Personen, sondern um »personelle Zusammenhänge, die logistischen Verhältnisse und letztlich auch die Planungen gewalttätig agierender Zusammenschlüsse oder von Vereinigungen, die andersartig strafbar gegen den Staat und seine Bürger vorgehen«[17], geht. Bereits aus der Sprache geht hervor, daß polizeiliche Erkenntnis nicht auf Subjekte, sondern auf »Zusammenhänge« und »Strukturdaten« gerichtet ist.

Handelt dieses Zitat von bewußter Verzerrung und Verfälschung des strafprozessual relevanten Materials, so ist als eine nicht minder gefährliche Version der Dominanz polizeilicher Erkenntnisinteressen und Wahrheitskriterien über die justiziellen der Fall einer gleichsam unbewußten und naturwüchsigen Korruption der strafprozessualen Ermittlung durch die polizeiliche Ermittlungsperspektive zu unterscheiden. Dieser Fall erklärt den rätselhaften Verlauf der Ermittlungen im Proll-Verfahren, von dem ich eingangs berichtete. Die damaligen Ermittlungen lassen sich nämlich umstandslos in zwei Gruppen aufteilen: Die Untersuchungen zu den Personal- und Kfz-Papieren, die unmittelbar nach dem Vorfall des 11. Februar 1971, zum Teil noch in derselben Nacht durchgeführt wurden, dienten nicht der Identifizierung der »Täter« – deren Identität stand bereits in derselben Nacht bzw. zwei Tage später fest –, sondern der Erlangung von Informationen über personelle Zusammenhänge, Nachschubwege für Ausweise, Kraftfahrzeuge und die Bereitstellung von Wohnungen, Informationen also, die das zukunftsbezogene Wissen der Polizei vermehren sollten. Auch die kriminaltechnische Analyse der am »Tatort« gefundenen Hülsen und Geschosse wurde unmittelbar nach der Schießerei des 11. Februar 1971 vorgenommen, aber die Vernehmung des Zeugen, der ein Geschoß gefunden hatte, darüber, wo genau und unter welchen Umständen er es gefunden hatte, sowie die Anforderung des Spurensicherungsberichts der ermittelnden Kriminalbeamten durch das ermittlungsführende BKA geschah, wie berichtet, erst Monate später, obwohl für die Rekonstruktion der »Tat« und die darauf fußende Beantragung eines Haftbefehls bzw. für die Anfertigung einer Anklageschrift gerade diese Umstände von entscheidender Bedeutung sind. Auch bei der Hülsen- und Geschoßanalyse ging es also darum, Zusammenhänge mit anderswo sichergestellten Waffen, ihrer Herkunft und Beschaffungswege sowie Verbindungen mit anderen Vorfällen des Schußwaffengebrauchs herzustellen, um operatives Kontrollwissen für die Polizei zu beschaffen.

Dagegen wurden alle tatbezogenen, d. h. auf ein strafprozessuales Verfahren und die Erfüllung seiner Wahrheitskriterien gerichteten Ermittlungen entweder überhaupt nicht oder mit erheblicher Verspätung vorgenommen. Obwohl es nach den – unrichtigen, wie sich später herausstellte – Berichten der in die Schießerei verwikkelten Beamten immerhin um zwei versuchte Morde ging, bestand ein bemerkenswert geringes Interesse daran, für eine Strafverfolgung relevantes Wissen zu produzieren, sofern es nicht mindestens auch zugleich aus polizeilicher Sicht von operativer Bedeutung war. Abgesehen von der bewußten Verheimlichung der Existenz zweier Verfassungsschutzbeamten, die unmittelbare Zeugen des Geschehens waren, und der daraus resultierenden Verfälschung des Sachverhalts in den späteren Ermittlungsakten kann man davon ausgehen, daß die Vernachlässigung der Tataufklärung zugunsten der Produktion operativen Fahndungswissens durchaus unbewußt geschah. Hier kollidierten die Interessen an justiziellem Tat- und Täterwissen mit denen an polizeilichem Ordnungswissen mit dem Ergebnis der Priorität der letzteren vor den ersten.

Für einen Beschuldigten können daraus schwerwiegende Folgen resultieren. Ihm drohen zwei Gefahren: Einmal können unvollständige oder gänzlich unterbliebene Ermittlungen Beweismittel zunichte machen, die seiner Entlastung dienen; zum anderen können die von der Polizei für ihre Ermittlungsinteressen gewonnenen Erkenntnisse, für die die minutiöse Rekonstruktion der »Tat« gegenüber der Erlangung von Kenntnissen über personelle Zusammenhänge, Nachschubwege, Vertriebsformen und -kanäle etc. von untergeordneter Bedeutung sind, von den Justizorganen als »Justizwissen« mißverstanden und als »Aufklärung des Sachverhalts« und der »Tat« akzeptiert werden, zumal wenn sich Richter und Staatsanwälte selbst gewissermaßen polizeilich als Vollstrecker staatlicher Sicherheits- und Ordnungskonzepte definieren. Zu diesen beiden Gefahren jeweils einige Erläuterungen.

Zum ersten Punkt genügt es, Selbstverständliches nochmals zu betonen: Karl Peters hat in seiner Untersuchung über Fehlerquellen im Strafprozeß die jedem Verteidiger geläufige Erfahrung wiederholt, daß zwar die Hauptverhandlung gewissermaßen der symbolische Höhepunkt des gesamten Strafverfahrens ist, in dem letztlich über das weitere Lebensschicksal des Angeklagten entschieden wird, daß aber die wichtigsten Entscheidungen im Ermittlungsverfahren fallen. »In der Hauptverhandlung wiederholt sich die im Ermittlungsverfahren durchgeführte Beweisführung. Das Gericht übt im wesentlichen eine Kontrollfunktion aus. Infolge der engen räumlichen und zeitlichen Bindung der Hauptverhandlung ist eine wirklich selbständige Untersuchung nicht durchzuführen... Nicht immer gelingt es dem Gericht, den Fehlverlauf der Ermittlungen zu durchbrechen, und, wo dieser durchbrochen wird, kann es nur selten eine völlig neue, einwandfrei gesicherte Beweislage schaffen.«[18] Und es ist für einen Strafprozessualisten ebenfalls eine pure Selbstverständlichkeit, daß die Ermittlungen im Vorverfahren in einer schnell dem Tatgeschehen folgenden und jedes Detail des Hergangs aufnehmenden Tatrekonstruktion bestehen.[19]

V. Die »Umwidmung« von Informanten in Zeugen

Die zweite Gefahr, die dem Beschuldigten aus der Überwucherung der strafprozessualen Tataufklärung mit polizeilichen Erkenntnisinteressen droht, ist weniger greifbar. Im hier geschilderten Fall Proll hatte der Verfassungsschutzbeamte, der unmittelbar die Personenkontrolle und die im Anschluß daran stattfindende Schießerei miterlebte und beobachtete, noch am selben Abend einen Bericht für seine Dienststelle geschrieben, in dem er in groben Zügen den Hergang schilderte und dabei auf eine detaillierte Wiedergabe seiner Wahrnehmungen verzichtete. Dies war auch nicht notwendig, denn es stand fest – und er schrieb dies auch ausdrücklich in diesen Bericht herein –, daß er als Zeuge in einem etwaigen Strafverfahren nicht zur Verfügung stehen werde. Und für seine Dienststelle, die ja keine Strafverfolgungsbehörde mit strafprozessualen Ermittlungsinteressen ist, war diese allgemein gehaltene Schilderung auch völlig ausreichend. So hieß es in dem Bericht – um ein Beispiel zu geben – über den tatsächlich gar nicht stattgefundenen Schuß: »Sie sprang zur Seite und ›machte von der Schußwaffe Gebrauch‹.« Für einen Kriminalisten ist dies eine ziemlich vage und fast wertlose Beschreibung, da er ja im Hinblick auf einen konkreten Tatvorwurf ermittelt, also Versuch des Mordes, Totschlags, Körperverletzung, Nötigung. Hierzu muß er wissen, wie die Person die Waffen gehalten hat, ob und gegebenenfalls wohin sie gezielt hat, wohin sie geguckt hat etc., d. h., er muß konkrete und sehr detaillierte Tatsachen erheben, die unter einen juristischen Tatbestand subsumierbar sind.

Der entscheidende Schritt der Korrumpierung der strafprozessualen Ermittlungen geschieht, wenn diese in bezug auf das konkrete Tatgeschehen sehr allgemein und vage gehaltenen Berichte aufgrund bestimmter Umstände den Status von strafprozessualen Sachverhaltsdarstellungen erhalten. Im hier berichteten Fall geschah das dadurch, daß der aktenführende Beamte des BKA, der Hilfsbeamter der Staatsanwaltschaft und zugleich der andere Zeuge des Geschehens war, den Bericht des Verfassungsschutzbeamten wortwörtlich abschrieb und zu den Sachakten gab, wodurch sie zur Grundlage der staatsanwaltlichen Ermittlungen und richterlicher Maßnahmen wurde. Aus der professionellen Sicht des Staatsanwalts und des Richters handelt es sich dann lediglich um einen etwas ungenauen Bericht, der durch weitere Befragungen – sei es im späteren Verlauf der Ermittlungen, sei es auch erst in der Hauptverhandlung – zu präzisieren ist. In Wirklichkeit aber sind diese »Ungenauigkeiten« nicht Folge und Ausdruck einer ungenauen Beobachtung oder Darstellung, sondern des Desinteresses an Präzision, weil es sowohl dem Verfassungsschutz wie der an operativem Wissen interessierten Polizei auf tatbezogene Details gar nicht ankommt. Die Beobachter und Berichterstatter sind, wenn sie ihre Wahrnehmungen mitteilen, nicht Zeugen, sondern Informanten: Sie berichten zunächst ihren Dienstvorgesetzten und strukturieren ihre Wahrnehmungen und deren Berichte nach deren Erkenntnisinteressen, und diese sind, wie ich bisher zu zeigen versucht habe, nicht auf Wahrheit, Gerechtigkeit und personale Integrität des Beschuldigten orientierte Erkenntnisziele.

Unterstellt man die fortdauernde Wirksamkeit eines beruflichen und institutionellen Ethos der Justizorgane, so werden sie die ihnen als Sachverhaltsschilderungen vorgelegten Informationen als »Beweismittel« im Sinne des Strafverfahrens interpretieren und entsprechend verwerten, weil sie die Unterschiedlichkeit der Erkenntnisperspektiven und Wahrheitskriterien gar nicht wahrnehmen. Sie werden also die ihnen vorgelegten Informationen als unter den Imperativen und nach den Kriterien justizieller Wahrheitserforschung zustandegekommene Ermittlungsergebnisse ansehen, und wir sollten dabei nicht vergessen, daß es sich hierbei um von einem bestimmten Ethos getragene Imperative und Kriterien handelt.

Damit ist natürlich nicht gesagt, daß die Techniker operativer Wissensproduktion nicht den ethischen Anforderungen einer tat- und täterbezogenen Wahrheitsfindung genügen können. Nur folgt ihre »Wahrheitsfindung« anderen Prinzipien und Interessen, und solange dies verborgen bleibt, hängt es nur noch von Zufälligkeiten ab, ob dieses »Mißverständnis« zwischen Justiz und Polizei zu falschen Ergebnissen in der Hauptverhandlung führt.

Werden die für polizeiliche Zwecke gewonnenen Informationen zu den strafprozessualen Sachakten gegeben, dann wird in aller Regel der Informant als Zeuge geladen und vernommen. Rückwirkend wird damit sein Bericht eine erste Zeugenaussage, und er steht unter dem Zwang, im Interesse der Konsistenz der Aussage und der Glaubwürdigkeit seiner Person seine Aussage auf die Grundlage des Ausgangsberichts zu stellen. Es geht dann aus der Sicht des Gerichts und aus seiner eigenen Sicht nur noch um Präzisierungen, Konkretisierungen und die Ausfüllung von Lücken, die dem an sich bereits in Umrissen feststehenden Bild des Tatgeschehens die strafprozessual notwendige Schärfe geben. Und diese Lücken werden nach aller Erfahrung meistens in der Weise gefüllt, daß sie in das »Gesamtbild« passen. Fehlende Elemente im Ablauf des vor Gericht zu rekonstruierenden Geschehens sind dann bloße Ungenauigkeiten der ursprünglichen Aussage, Widersprüche sind nebensächliche Irrtümer, die angesichts des stimmigen Gesamtbildes ohne Bedeutung sind, die Verwechslung von Personen, für das personenzentrierte Strafverfahren ein elementarer Grund, die Glaubwürdigkeit eines Zeugen anzuzweifeln, wird zu einem verständlichen Versehen, weil, wie es ein Staatsanwalt einmal ausdrückte, die falsch identifizierte Person ja »ein Durchschnittstyp« sei. In der Tat: Aus polizeilicher Perspektive kommt es auf die Individualität der Situation und der handelnden Person nicht an, sondern auf typische und berechenbare Situationen und »Szenarios«, auf die sich das auf Gesetzmäßigkeiten des Sozialverhaltens spezialisierte Wissen und Handeln der Polizei einstellen kann. Personen mit bestimmten Merkmalen der Lebensführung fallen z. B. in das Raster potentieller Terroristen, die »von der Waffe Gebrauch machen«, wollen töten und sind daher Mörder, und diese »Gesetzmäßigkeiten« gehen meist durchaus unbewußt in die Rekonstruktion einer »Tat« vor Gericht ein und strukturieren dessen Wahrheitsfindung.

Hierin liegt u. a. die Problematik von Polizeizeugen, die sich besonders zuspitzt, wenn die Beamten einer Behörde wie dem BKA angehören, die sich darum bemüht, sich zum Subjekt gesellschaftspolitischer Ordnungspolitik zu emanzipieren.

Ein besonders drastischer Sonderfall dieses verdeckten Eindringens polizeilicher Wahrheit in die justizielle liegt vor, wenn die Polizei, wie in den Fällen Ruhland und Hochstein und vermutlich noch in anderen Verfahren geschehen, einem Informanten aus der »Szene« zusagt, er werde nicht als Zeuge vor Gericht aufzutreten haben. Häufig ist dies das entscheidende Motiv für den früheren Komplicen, sich zur Aussage bereit zu erklären. Im Falle Ruhland räumten die später vor Gericht vernommenen BKA-Beamten auch freimütig ein, daß es ihnen bei der Befragung Ruhlands in erster Linie weder um die Straftaten Ruhlands selbst ging – sie hielten ihn für einen »kleinen Fisch«, ohne allerdings zu unterlassen, ihm zu verstehen zu geben, daß man ihn natürlich auch durchaus als einen »großen Fisch« betrachten könne –, noch auch um zurückliegende Taten seiner Tatgenossen, sondern um die Aufhellung von Zusammenhängen, logistischen Strukturen, psychologischen Profilen der Mitglieder der kriminellen Vereinigung, um legale Stützpunkte und Verbindungen zu »Sympathisanten«, also um Vorfeldinformationen, die ihnen Erkenntnisse über Strategie und Taktik eines »Kriegsgegners« zu vermitteln versprachen. Später entschloß sich dann das BKA, Ruhland doch als Zeugen zur Verfügung zu stellen, und seine Aussagen gelangten zu den Ermittlungsakten der verschiedenen Strafverfahren.

Wie angesichts des geschilderten polizeilichen Informationsinteresses nicht anders zu erwarten, enthielten diese ersten umfangreichen Aussagen überwiegend zukunftsbezogenes Wissen über mögliche Aktionen der Gruppe und ihre verzweigten Verbindungen, während die Aussagen über vergangene Straftaten sehr global, ungenau, z. T. auch widersprüchlich waren, ohne daß die vernehmenden Beamten hier nachgehakt hätten, was sie als an der Sachverhaltsermittlung interessierte Kriminalisten selbstverständlich getan hätten. Dadurch, daß später diese Akte zu einem Teil der Ermittlungsakte, der Informant zum Zeugen umgewidmet wurde, wurde die Fiktion aufgerichtet, es habe sich bei beiden von Anfang an um strafprozessuales Beweismaterial gehandelt, das nach den

Wahrheitsansprüchen der Justiz zustande gekommen sei. Es blieb jetzt nur noch die Aufgabe der Kriminalbeamten und Staatsanwälte, den für die Justiz erforderlichen Grad an Präzision durch vielfache Nachvernehmungen Ruhlands herzustellen und im Interesse der Glaubwürdigkeit des Zeugen und der Konsistenz der Gesamtaussage Widersprüche zu glätten und Irrtümer zu bereinigen, ohne das Gesamtbild, auf dem der Haftbefehl und die Anklage beruhten, in Frage zu stellen. Denn, um nochmals an die Ausführungen eines leitenden Polizeibeamten zu erinnern, »das spätere Auswechseln gegen verbesserte Darstellungen ist häufig problematisch, ganz besonders aber dann, wenn aufgrund der Ursprungsfassung richterliche Handlungen vorgenommen worden sind oder der Verteidiger Akteneinsicht erhalten hat«.[20]

Die ausfüllungsbedürftigen Lücken – so stellen sie sich der Polizei dar, die ja zunächst an einem »Gesamtbild« interessiert ist und daran ihr strategisches und taktisches Handeln orientiert – sind aber für die Justiz in der Regel hochwichtige Sachverhaltselemente, die, so winzig sie erscheinen mögen, nicht selten entscheidend für die Rekonstruktion der Tat und das Lebensschicksal des Angeklagten sind. Es ist zuzugeben, daß das Strafgesetzbuch in den Vorschriften der §§ 129 und 129a sowie die Rechtsprechung zu diesen Straftatbeständen die nivellierende Perspektive der Polizei weitgehend übernommen haben, wenn es – wie z. B. im Falle Mahler – für die Feststellung der Täterschaft an einem konkreten Delikt genügt festzustellen, daß der Angeklagte der kriminellen Vereinigung angehörte und daß »die Vereinigung« diese Straftat begangen habe, um damit auch die Täterschaft des Angeklagten als feststehend anzusehen. Bisher waren wir es lediglich aus der Fahndungspraxis der Polizei gewohnt, daß die verschiedensten Personen relativ beliebig den unterschiedlichsten Straftaten zugeordnet wurden, ohne daß es so genau darauf ankam, die Tatverdächtigen als Individuen zu unterscheiden.

So hatte Ruhland eine Vielzahl von Namen ins Spiel gebracht, die er in den Gesprächen der Gruppe aufgeschnappt hatte, auch viele Kontaktpersonen gesehen, und in seinen Vernehmungen hatte es häufig Personenverwechslungen gegeben, auf die die Verteidiger in den verschiedenen Verfahren immer wieder hingewiesen hatten, um die Glaubwürdigkeit dieser vom Informanten zum Zeugen umgewidmeten Person in Zweifel zu ziehen. Bis auf wenige Ausnahmen blieben die Gerichte davon unbeeindruckt. Diese und viele andere Widersprüche waren in ihren Augen unwichtige Detailirrtümer, die an dem »Gesamtbild« nichts Entscheidendes änderten, und da ein Motiv für bewußte Falschaussagen nicht erkennbar sei, sei der Zeuge glaubwürdig.

Das entscheidende Motiv aber für bewußt oder fahrlässig unrichtige Aussagen vor Gericht, nämlich, eine Konsistenz zwischen der ursprünglichen Rolle als Polizeiinformant und der späteren als auf völlig andersartige Wahrheitskriterien verpflichteter Zeuge vor Gericht herzustellen, ist bisher nicht in den Blick der Justiz geraten. Sie wird ihren Blick nur schärfen können, wenn sie sich mehr als bisher über ihre eigenen Funktionen und ihr eigenes Tun Rechenschaft ablegt. Solange sie nicht kompromißlos auf der Dominanz ihrer ethischen Standards von Wahrheit und personaler Gerechtigkeit über das funktionalistische Ordnungsdenken der Polizei besteht, wird sie der Gefahr nicht entgehen, zu einem Hilfsorgan der Polizei zu degenerieren.

Anmerkungen

1 H. *Herold,* Gesellschaftlicher Wandel – Chance der Polizei?, in H. *Schäfer* (Hg.), Grundlagen der Kriminalistik. Bd. 11. Hamburg 1973, S. 13 ff.
2 A. *Stümper,* Probleme der polizeilichen Führung in unserer Zeit, in: *Die Polizei* 1975, S. 365 ff., hier S. 368.
3 D. *Krauß,* Das Prinzip der materiellen Wahrheit im Strafprozeß, in: *Festschrift für Friedrich Schaffstein zum 70. Geburtstag.* Göttingen 1975, S. 411 ff., hier S. 425.
4 C. *Offe,* »Unregierbarkeit«. Zur Renaissance konservativer Krisentheorien, in: Stichwort zur ›Geistigen Situation der Zeit‹. Herausgegeben von Jürgen Habermas. 1. Band: Nation und Republik. Frankfurt a. M., 1979, S. 294 ff., hier S. 313 ff.
5 C. *Offe,* (Anm. 4), S. 313.
6 Vgl. hierzu D. *Krauß,* Das Prinzip der materiellen Wahrheit (Anm. 3), S. 425.
7 Vgl. hierzu I. *Müller,* Rechtsstaat und Strafprozeß. Frankfurt a. M. 1980.
8 Vgl. BVerfGE 33/367 ff., 383; 38/105 ff., 115 f.; 39/156 ff., 163; E. *Riehle,* Funktionstüchtige Strafrechtspflege contra strafprozessuale Garantien, KJ 1980, S. 316 ff.

9 H.-J. *Vogel*, Strafverfahrensrecht und Terrorismus – eine Bilanz, NJW 1978, S. 1217ff., hier S. 1223.
10 Vgl. hierzu H. *Copic*, Grundgesetz und politisches Strafrecht neuer Art. Tübingen 1967; A. v. *Brünneck*, Politische Justiz gegen Kommunisten in der Bundesrepublik Deutschland 1949–1968. Frankfurt a. M. 1978; S. *Cobler*, Die Gefahr geht vom Menschen aus. Der vorverlegte Staatsschutz. 2. Aufl. Berlin 1978.
11 FAZ v. 24. 11. 1980, S. 5.
12 H. *Herold*, Gesellschaftlicher Wandel – Chance der Polizei?, in: Die Polizei 1972, S. 133 ff., hier S. 133. (Es handelt sich hierbei um die gekürzte Fassung eines in der Polizeiakademie Hiltrup gehaltenen Vortrages, der in einer erweiterten Version als Aufsatz an der in Anm. 1 genannten Stelle erschienen ist.)
13 H. *Herold*, Gesellschaftlicher Wandel (Anm. 1), S. 13 ff.
14 G. *Scheicher*, Die Polizei zwischen Verfassungsschutz und Strafprozeßordnung, Vortrag 1975, abgedr. in *Die Republik* (hg. v. U. Nettelbeck), Nrn. 10–15, S. 138 ff., hier S. 155/156.
15 Nachgedruckt in der *Frankfurter Rundschau* v. 7. Nov. 1979, S. 5.
16 G. *Scheicher* (Anm. 14), S. 164.
17 G. *Scheicher* (Anm. 14), S. 156.
18 K. *Peters*, Fehlerquellen im Strafprozeß. Eine Untersuchung der Wiederaufnahmeverfahren in der Bundesrepublik Deutschland. 2. Band. Karlsruhe 1972, S. 195.
19 K. *Peters* (Anm. 18), S. 196/197.
20 Vgl. Anm. 14, 16.

Hans Geißer
Das Anklagemonopol der Staatsanwaltschaft und die Gewährsperson als Aufklärungsmittel im Ermittlungs- und als Beweismittel im Strafverfahren

Durch die besorgniserregende Entwicklung der schweren Kriminalität in den letzen zwanzig Jahren sah sich die Polizei gezwungen, mehr und mehr mit verdeckten Ermittlungsmethoden zu arbeiten, um an professionell arbeitende Täterkreise heranzukommen. Auch das Instrument des »agent provocateur« hat dabei eine bedeutsame Aufwertung erfahren. Das hat Probleme für das staatsanwaltschaftliche Ermittlungs- und das gerichtliche Hauptverfahren des Strafprozesses gebracht, die einer rechtsstaatlich zufriedenstellenden Lösung noch nicht zugeführt sind.

I. Verdeckte Ermittlungen in der polizeilichen und staatsanwaltschaftlichen Praxis

Mit der geheimen Erlangung von Tatsachenerkenntnissen, die gerichtsverwertbar sein sollen, befassen sich die Verfassungsschutzämter, der Bundesnachrichtendienst, der Militärische Abschirmdienst und die Polizei. Im Mittelpunkt meiner Abhandlung stehen nur die von der Polizei bei der Bekämpfung der Kriminalität angewandten Ermittlungstaktiken dieser Art.

1. Informationsbeschaffung der Polizei durch Inanspruchnahme von Gewährspersonen

1.1 Informationsquellen

Die Polizei bezieht Informationen aus verdeckten Quellen auf vier verschiedenen Wegen:

(1) Personen treten aus eigener Initiative an die Polizei heran und berichten nach einer Vertraulichkeitszusage über begangene strafbare Handlungen Dritter (vertrauliche Anzeigeerstatter).

(2) Personen melden sich nach einem Aufruf der Polizei, bei der Klärung einer Straftat durch Hinweise, für die Vertraulichkeit zugesichert wird, mitzuwirken, und berichten von Wahrnehmungen, die unmittelbar tatbezogen sind oder zu tatnahen Beweisspuren führen (vertrauliche Hinweisgeber).

(3) Die Polizei hält ständigen Kontakt zu Personen aus dem kriminellen Milieu und seinem Umfeld, die planmäßig und gezielt angesetzt werden, sie werden auf ihre Wahrnehmungen abgefragt (V-Leute, früher auch Vigilanten oder Konfidenten genannt).

(4) Es werden Polizeivollzugsbeamte verdeckt eingesetzt, die über ihre Erkenntnisse ihrer Dienststelle berichten (under-coveragents).

Die ersten beiden Gruppen kann man unter dem Oberbegriff »Vertrauenspersonen«, die letzten beiden unter dem Oberbegriff »Kontaktpersonen« und alle vier Gruppen unter dem Oberbegriff »Gewährspersonen« zusammenfassen (in den folgenden Ausführungen wird unter Verwendung dieser Begriffsbestimmungen differenziert).

1.2 Zweck der verdeckten Informationsbeschaffung

Vertrauenspersonen übermitteln Informationen über begangene, konkrete Straftaten für ein anhängiges oder durch die Mitteilung anhängig werdendes Ermittlungsverfahren.

Kontaktpersonen können zur Strafverfolgung und für polizeiliche Aufgaben der Gefahrenabwehr eingesetzt werden. In der Praxis aber werden sie fast immer für die Straftatenklärung verwendet; kaum einmal dienen die durch sie erlangten Informationen der Verhütung konkret bevorstehender Handlungen durch Hinderung tatentschlossener Personen an der Tatausführung noch vor deren Beginn.

Nicht immer allerdings liegt bereits beim gezielten Ansatz der Kontaktpersonen ein bestimmter, konkreter Tatverdacht vor. Es ist das Spezifikum des Einsatzes von Kontaktpersonen, daß sie an »mögliche« Täter oder Tätergruppen herangebracht werden können, um begangene, aber noch nicht durch konkrete Umstände belegbare, zunächst nur vermutete Straftaten und die sie betreffende Tat- und Täterzusammenhänge aufzudecken und tatsächliche Anhaltspunkte zu gewinnen, die eine Konkretisierung des Verdachts gegen bestimmte Personen ermöglichen. Die Tätigkeit der

Kontaktpersonen beginnt daher vielfach im vorstrafprozessualen Bereich, hat aber dort bereits repressiven Charakter.[1] Die Schwellenüberschreitung zum strafrechtlichen Ermittlungsverfahren geschieht während ihrer Tätigkeit, wenn sich bei der Verdachtsgewinnung die Verdachtsgründe zu einem Anfangsverdacht im Sinne der §§ 152 Abs. 2, 160 Abs. 1 StPO verdichten.[2] Um diesen Schwellenpunkt zu erreichen, wird oftmals durch Einsatz der Kontaktpersonen als Lockspitzel (agent provocateur) der tatbereite Kriminelle zu Tataktivitäten provoziert.

In seiner finalen Bestimmung ist so der Ansatz von Kontaktpersonen von vorneherein auf die Herbeiführung eines Strafverfahrens gerichtet. Die mit ihm verbundene gefahrenmindernde Wirkung ist ein Nebenprodukt des in Gang zu bringenden strafprozeßrechtlichen Verfahrens. Von der Strafe, mitunter auch schon von der Durchführung des förmlichen Strafverfahrens als solchem gehen die erstrebten Präventionswirkungen aus, das bloße anonyme Tätigsein der Kontaktpersonen vor Beginn der ersten prozessualen Ermittlungsmaßnahme hat gefahrenabwehrende Wirkungen nicht.

1.3 Geheimhaltungserfordernis

Es liegt im Interesse des Staates, ein mühsam angelegtes, an die verbrecherischen Gruppierungen herangewachsenes Gewebe von Kontaktpersonen vor Enttarnung zu bewahren. Auch die Anonymität von Vertrauenspersonen muß, soweit und solange dies in Anbetracht der Aufklärungspflicht und des Anklagezwanges verantwortbar ist, gewahrt bleiben, damit das Vertrauen der Bürger in die Strafverfolgungsorgane keinen Schaden leidet.

Kontaktpersonen, in seltenen Fällen aber auch Vertrauenspersonen, können an Leib und Leben gefährdet sein, wenn sie offen in Erscheinung treten. Das öffentliche Interesse gebietet es, diese Gefahren von ihnen durch Verheimlichung ihrer Person fernzuhalten.

Soweit zur Sicherung der weiteren Verwendung der Aufklärungsmittel sowie aus Gründen des Vertrauensschutzes der Strafverfolgungsorgane und des persönlichen Schutzes von Gewährspersonen ein Ermittlungsgeheimnis zu wahren ist, ist dies ein Anliegen der Gesamtheit der strafverfolgenden Behörden Staatsanwaltschaft und Polizei.[3]

2. Gewährspersonen und Staatsanwaltschaft

Nach der jetzigen Gepflogenheit werden Vertraulichkeitszusagen an Vertrauenspersonen – von Ausnahmen abgesehen – von der Polizei gegeben, der gezielte Einsatz von Kontaktpersonen erfolgt durch den zuständigen Dienststellenleiter der Polizei oder den polizeilichen V-Mann-Führer. Die Staatsanwaltschaft erfährt davon meist erst bei Vorlage des bei der Polizei angefallenen Ermittlungsmaterials (§ 163 Abs. 2 Satz 1 StPO).

In der Mehrzahl der Fälle teilt die Polizei der Staatsanwaltschaft die Personalien der Gewährspersonen – bei Kontaktpersonen auch den Einsatzrahmen und die Einsatzmodalitäten – nicht mit, sie verweigert sich auf ein ausdrückliches Ersuchen. Dieses Verhalten scheint durch die seit $3^1/_2$ Jahren in Gang gekommene Serie von Entscheidungen des Bundesgerichtshofes zur Frage der gerichtlichen Aufklärungspflicht bei der Vernehmung von Zeugen vom Hörensagen und den Beschluß des Bundesverfassungsgerichts vom 26. 5. 1981 – 2 BvR 215/81 (siehe in diesem Band S. 457–482) –[4] noch eine Bestärkung erfahren zu haben.[5]

II. Die Gewährsperson als Aufklärungsmittel im Ermittlungsverfahren

Über die mit dem Einsatz von Kontaktpersonen zum Zwecke der Strafverfolgung und dem Rückgriff auf Vertrauenspersonen zusammenhängenden rechtlichen Probleme und Fragen im Stadium der Ermittlungen vor Anklageerhebung herrscht keine genügende Klarheit. Es steht nur fest, daß nach der Rechtsprechung und der herrschenden Meinung in der Literatur die vertrauliche Behandlung einer Anzeige oder einer Mitteilung[6], der Einsatz einer Kontaktperson[7] und der Ansatz von polizeilichen Lockspitzeln[8] generell zulässig sind.

Alle Überlegungen müssen von der gegebenen Gesetzeslage ausgehen. Eine rechtsstaatlich unanfechtbare Einordnung der Gewährspersonen in das Rechtsgefüge läßt sich nur erreichen, wenn das Verhältnis Staatsanwaltschaft–Polizei in seiner Gesamtheit richtig gesehen wird.

1. Ermittlungsverfahren als funktionale Einheit

Das Ermittlungsverfahren als funktionale Einheit ist identisch mit dem vorbereitenden Verfahren der §§ 158–177 StPO. Es beginnt mit der ersten Amtshandlung eines Polizeibeamten im ersten Zugriff, die der Aufklärung eines strafrechtlich bedeutsamen Vorganges dient, auch wenn der Beschuldigte noch unbekannt ist.[9] Zu den Ermittlungshandlungen gehören auch Maßnahmen der Observation und verdeckten Ermittlungen, durch die Tatverdächtige erkannt und überführt werden sollen.[10]

Die Leitung des Verfahrens obliegt der Staatsanwaltschaft. Die polizeilichen Ermittlungen im Rahmen des ersten Zugriffs bilden keinen rechtlich eigenständigen Verfahrensabschnitt, sie sind Teil des vorbereitenden Verfahrens der Strafprozeßordnung.[11] Die Staatsanwaltschaft trägt die Verantwortung für die Verfahrensdurchführung auch in tatsächlicher Hinsicht und nicht nur in rechtlicher.[12]

Im Innenverhältnis der beiden im vorbereitenden Verfahren mitwirkenden selbständigen Behörden Staatsanwaltschaft und Polizei gibt es einen staatsanwaltsfreien Raum für die Polizei nicht. Der Staatsanwalt ist befugt, schon in die ersten Tätigkeiten der Polizei einzugreifen und über das bereits Veranlaßte Auskunft zu fordern. Er kann eine Beschränkung der Ermittlungshandlungen anordnen und ist berechtigt, an Untersuchungshandlungen der Polizei teilzunehmen.[13] Die Polizei hat das gesamte bei ihr angefallene Ermittlungsmaterial der Staatsanwaltschaft vorzulegen.[14]

Bei dem nahtlosen Beziehungsgeflecht zwischen Staatsanwaltschaft und Polizei ist es notwendig, daß über den aus den Bestimmungen der Strafprozeßordnung gewährten, in die Zuständigkeit des Ermittlungsrichters fallenden Rechtsschutz hinaus auch die zu den Gerichten führenden weitergreifenden Rechtsbehelfe hinsichtlich Zulässigkeit und Rechtsweg einheitlich sind. In die Rechtssphäre einer Person eingreifende Ermittlungsmaßnahmen eines Polizeibeamten, gleichgültig ob er Hilfsbeamter der Staatsanwaltschaft ist oder nicht und ob er auf Ersuchen oder im Auftrag der Staatsanwaltschaft (§ 152 Abs. 1 GVG, § 161 Satz 2 StPO) oder auf eigene Initiative (§ 163 Abs. 1 StPO) handelt, sind nach funktionaler Betrachtung Handlungen einer Justizbehörde i. S. des § 23 Abs. 1 EGGVG – der in der

Strafrechtspflege tätigen Staatsanwaltschaft. Sie sind der Überprüfung der Verwaltungsgerichte ebenso entzogen, wie seine von ihm vorgenommenen einfachen, auf die Einleitung, Durchführung und Gestaltung des Strafverfahrens gerichteten Verfahrenshandlungen, die dem privilegierten Bereich der auf die Rechtsprechungstätigkeit ausgerichteten einfachen Verfahrenshandlungen des Staatsanwaltes zugeordnet sind. Die Polizei ist gewissermaßen durch die Strafprozeßordnung »der Strafjustiz dienstbar gemacht«, sie ist »velängerter Arm der Staatsanwaltschaft«.[15]

Im gesamten Ermittlungsverfahren ist der Polizei eine Nische, in der sie außerhalb der Rechtskontrolle der Staatsanwaltschaft und der ordentlichen Gerichte steht, nicht vorbehalten. Die im polizeilichen Schrifttum vorgetragene Meinung, die Polizei vollziehe den Strafverfolgungsauftrag nach § 163 StPO »in dem ihr zugesicherten und anerkannten Freiraum«, sie könne entscheiden, »auf welchem Wege und mit welchen Tathandlungen sie zum Ziele komme«[16], ist unrichtig.

2. Informationspflicht der Polizei gegenüber der Staatsanwaltschaft

Wenn – wie vorstehend ausgeführt – das strafrechtliche Ermittlungsverfahren »als einheitliches Ganzes aufzufassen« ist[17], in welchem die Leitungshoheit und die alleinige Entscheidungskompetenz der Staatsanwaltschaft als einem exekutiven Organ der Strafrechtspflege[18] zugewiesen sind, liegt es schon in der Natur des Verfahrens, daß die innerhalb dieser funktionsbestimmten Ganzheit mit gesetzlichem Auftrag zuarbeitenden Hilfsverfolgungsorgane (§ 152 GVG, § 163 StPO) umfassende und lückenlose Informationspflicht haben.[19] Über Strafverfolgungsdetails kann es Amtsgeheimnisse der Polizei der Staatsanwaltschaft gegenüber nicht geben.[20] Die Polizei muß daher auch die für die abschließende Entscheidung des Ermittlungsverfahrens notwendigen Auskünfte über Einsatzrahmen, Arbeitsweise und persönliche Zuverlässigkeit einer Kontaktperson erteilen sowie die Personalien von Gewährspersonen mitteilen, spätestens dann, wenn die Staatsanwaltschaft darum ersucht.

Dies ist jedoch umstritten.

2.1 Meinungen in der Literatur

Kohlhaas hat die Meinung vorgetragen[21], Hilfsbeamte der Staatsanwaltschaft hätten zwar deren Weisung im Rahmen des § 161 StPO zu befolgen, wenn sie aber dienstlich erlangtes Wissen preisgeben sollen, seien sie nicht nur Ermittlungsperson, sondern auch Zeuge über eigene Wahrnehmungen, an ihrem eigenen Recht, ein Zeugnis zu verweigern, finde ihre Pflicht als Ermittlungsbeamte eine Grenze, ihre Vorgesetzten unterstünden nicht dem Legalitätsprinzip und könnten allgemeine Geheimhaltungsinteressen wahrnehmen, die Staatsanwaltschaft könne die Preisgabe einer Gewährsperson nicht fordern.

Dem Polizeibeamten wird hier eine Bewußtseinsspaltung abverlangt; hinsichtlich des angesammelten Drittwissens ist er strafverfolgende Amtsperson, hinsichtlich der bei Amtshandlungen gemachten eigenen Wahrnehmungen tritt er aus dieser Rolle aus und in die einer neutralen Beweisperson ein.

Offenbar hat Kohlhaas aus der kritischen Situation, die entsteht, wenn der an die Verfolgungspflicht gebundene Strafverfolgungsbeamte sich gleichzeitig mit dem geheimhaltungsbedürftigen Einsatz von Kontaktpersonen beschäftigen muß, einen Ausweg gesucht, damit es bei den notwendig werdenden Interessenabwägungen nicht zu einer von den Bestimmungen der Strafprozeßordnung nicht gedeckten faktischen Einschränkung des Legalitätsprinzips durch die Strafverfolgungsbehörde selbst kommen kann. Die ihr aufgegebene Gratwanderung ist ja im Hinblick auf die Strafbestimmung des § 258 a StGB (Strafvereitelung im Amt) nicht ungefährlich.

Es wird aber hier der Umfang der Eingebundenheit der Polizei in das Legalitätsprinzip nicht richtig gesehen. Nicht nur die Hilfsbeamten der Staatsanwaltschaft (§ 152 GVG) sind dem Legalitätsprinzip verpflichtet, sondern alle Polizeivollzugsbeamten ohne Ausnahme.[22] Polizeivollzugsbeamte sind aber alle Polizeibeamten, die nicht Verwaltungsbeamte sind (negative Umschreibung)[23], damit auch die Dienstvorgesetzten (Polizeidirektoren, Präsidenten) und die höheren Polizeibeamten, die den obersten Führungsstellen der Polizei in den Staatsministerien des Innern der Länder angehören.[24] All diese Polizeibeamten sind »Amtsträger« im Sinne des § 258 a Abs. 1 StGB, und zwar auch, soweit Ermittlungen im ersten Zugriff nach § 163 Abs. 1 StPO veranlaßt sind.[25]

In der neueren Literatur wird die Auffassung vertreten, die Entscheidung über die Zusage vertraulicher Behandlung einer Anzeige oder eines Hinweises stehe nur der Staatsanwaltschaft zu, eine Vertraulichkeitszusage dürfe nur von ihr oder von der Polizei mit ihrer ausdrücklichen Zustimmung gegeben werden, im Falle einer eigenmächtig erteilten Zusage könne die Polizei der Staatsanwaltschaft den Namen des Informanten nicht unter Berufung auf ihre Pflicht zur Amtsverschwiegenheit vorenthalten.[26] Was die Kontaktpersonen anbetrifft, herrscht in der Literatur die Meinung vor, die Polizei könne beim Vorliegen der Voraussetzungen des § 96 StPO der Staatsanwaltschaft eine Auskunft verweigern.[27]

2.2 Rechtsprechung

Die entscheidende Frage, ob sich die Polizei weigern darf, der Staatsanwaltschaft den Namen und die Anschrift einer Gewährsperson mitzuteilen, mit der Begründung, daß dadurch Nachteile für das Staatswohl entstehen können, hängt davon ab, ob
- eine Sperrerklärung gem. § 96 StPO die aufgrund des § 161 Satz 1 StPO gegebene Auskunftspflicht einer Behörde aufhebt
- die Polizei in ihrem Verhältnis zur Staatsanwaltschaft bei der Wahrnehmung von Strafverfolgungsaufgaben »Behörde« im Sinne des § 161 Satz 1 Halbsatz 1 StPO ist.

(1) Nur auf den ersten Teil der Frage ist in der Rechtsprechung bisher eine Antwort gegeben worden.

§ 161 Satz 1 Halbsatz 1 StPO gibt der Staatsanwaltschaft ein Recht, von anderen Behörden Auskunft zu verlangen; diesem Recht steht die Pflicht der Behörden gegenüber, dem Ersuchen der Staatsanwaltschaft nachzukommen. Ein Zusammenhang zwischen Auskunftsverlangen gem. § 161 StPO und Sperrerklärung gem. § 96 StPO ist in der Literatur schon von jeher anerkannt gewesen.[28] In der veröffentlichten Rechtsprechung haben nunmehr der BGH und das Bundesverfassungsgericht § 161 Satz 1 Halbsatz 1 StPO in Beziehung zu § 96 StPO gestellt.[29]

Auch die Polizei kann aufgrund der ihr durch § 163 Abs. 1 StPO zugewiesenen Befugnisse in entsprechender Anwendung von § 161 Satz 1 Halbsatz 1 StPO Auskünfte von Behörden unmittelbar einholen; ihr gegenüber besteht aber keine Pflicht zur Auskunftserteilung.[30]

(2) Auf den zweiten Teil der Frage ist die Rechtsprechung bisher nicht näher eingegangen.

In dem Beschluß des BGH vom 17. 2. 1981 – 5 StR 21/81 –[29] wird ausgeführt: »Das Gericht kann *ebenso wie die Staatsanwaltschaft* von allen öffentlichen Behörden Auskünfte verlangen, die es zur Erforschung der Wahrheit für erforderlich hält (§§ 161, 202, 244 Abs. 2 StPO). Dazu gehören auch Auskünfte über Namen und Anschriften von polizeilichen Gewährsmännern.« Der Kern des Problems, ob die Staatsanwaltschaft sich auf § 161 Satz 1 Halbsatz 1 StPO stützen muß oder kann, wenn sie von der Polizei in Strafverfolgungsangelegenheiten Auskunft begehrt, wird durch diese lapidaren Feststellungen nicht angesprochen.

2.3 Auskunftsverlangen (§ 161 Satz 1 StPO) und Informationspflicht

Das förmliche Auskunftsverlangen gemäß § 161 Satz 1 Halbsatz 1 StPO betrifft das Außenverhältnis der Staatsanwaltschaft zu den Behörden außerhalb des gesamtheitlichen Organs Strafverfolgungsbehörde (horizontale Ebene). Zu ihnen zählen nur diejenigen mit V-Leuten arbeitenden Behörden, die keine Verfolgungs- und Erforschungspflicht gemäß §§ 160 Abs. 1, 152 Abs. 2 StPO haben, damit nicht Polizei im Sinne des § 163 StPO sind und bei ihren Tätigkeiten nicht der Kontrolle der Staatsanwaltschaft unterstehen, wie die Verfassungsschutzämter, der BND und der MAD. Diese können sich gegenüber der Staatsanwaltschaft auf § 96 StPO berufen.

Für das Innenverhältnis der beiden im Ermittlungsverfahren tätigen exekutiven Einrichtungen Staatsanwaltschaft und Polizei hat das förmliche Auskunftsverlangen der Staatsanwaltschaft keine Bedeutung. Die Polizei ist durch die §§ 161 Satz 1 letzter Halbsatz, Satz 2 STPO, 163 Abs. 2 Satz 1 StPO, 152 Abs. 1 GVG an die Staatsanwaltschaft gebunden, diese Vorschriften schaffen erheblich weitergehende Rechte und Pflichten als § 161 Satz 1 Halbsatz 1 StPO für die Beziehungen zwischen Staatsanwaltschaft und »öffentlichen Behörden«. Zwar sind Staatsanwaltschaft und Polizei behördenorganisatorisch und organisationsrechtlich selbständige Einheiten, funktional in ihrer Aufgabenerfüllung sind sie aber ein durch dieselben Gesetzesbestimmungen auf dasselbe Ziel verpflichtetes kohärentes Organ, bei dem die Kompetenz für die verfahrensbestimmenden Entscheidungen allein dem Staatsanwalt zusteht. Hinsichtlich ihrer sich ausschließlich aus der Strafprozeßordnung ableitenden Strafverfolgungsaufgaben hat die

Polizei keine eigenständige Organqualität, sie ist – im vertikalen Verbund – Unterorgan und »Mandatar« der Staatsanwaltschaft.[31] Im Strafverfolgungsbereich bestehen daher zwischen Staatsanwaltschaft und Polizei keine »Außenbeziehungen«, die Polizei ist keine mit der Staatsanwaltschaft auf gleicher Stufe stehende (Außen-) Behörde i. S. d. § 161 Satz 1 Halbsatz 1 StPO[32] und auch nicht i. S. d. § 96 StPO.

Mit dieser organschaftlichen Einheit ist es unvereinbar, daß die Polizei im konkreten Ermittlungsfall durch Verfolgungsmaßnahmen erlangtes Wissen im Innenverbund zur Staatsanwaltschaft zurückhält und damit durch eine nur lückenhafte Informationsvermittlung den Staatsanwalt in die Gefahr bringt, eine der Sach- und Rechtslage nicht entsprechende, also unrichtige Entscheidung zu treffen.

Wenn aber § 161 Satz 1 StPO keine Grundlage für ein Auskunftsverlangen der Staatsanwaltschaft gegenüber der »strafverfolgenden Polizei« abgibt, kann er zu diesem Zweck auch von dem Gericht nicht herangezogen werden. Für das Auskunftsbegehren des Gerichts führt der Weg zu der organisationsrechtlich selbständigen, außerhalb des Justizapparates stehenden Verwaltungseinheit Polizei über den Amtshilfeanspruch des Art. 35 Abs. 1 GG.

3. Tendenzen

Solange die Arbeit mit verdeckten Ermittlungsmethoden eine Domäne des Verfassungsschutzes und der Nachrichtendienste war, die Polizei jedoch nur sporadisch derartige Möglichkeiten in Anspruch nahm und sich dabei gegenübr der Staatsanwaltschaft aufgeschlossen verhielt, war letztere in ihrer Pflicht zur justizgemäßen Sachleitung der polizeilichen Ermittlungen nicht behindert. Seit die verdeckte Ermittlungsarbeit aber mehr und mehr zu einem Strukturelement polizeilicher Ermittlungstaktik geworden ist, in die der Staatsanwaltschaft der Einblick verwehrt wird, und sie nach den Vorstellungen der Polizeiführungen bei der Bekämpfung der schweren Kriminalität zum Standardmittel schlechthin werden soll[33], kann die Staatsanwaltschaft ihrer Grundverantwortung für die richtige Beschaffung und Zuverlässigkeit des im Justizverfahren benötigten Beweismaterials[34], was die Überwachung der Polizei auf die Einhaltung des Legalitätsprinzips einschließt[35], nicht mehr in genügendem Maße gerecht werden. Bei der Polizei bildet sich ein Freiraum[36], der die rechtliche Qualität des Ermittlungsverfahrens ändert; dies kann zu einer faktischen Zweiteilung des vorbereitenden Verfahrens der Strafprozeßordnung führen.

Die Polizeiführungen sind bestrebt, aus der entstandenen Grauzone, in der ihre als under-cover-agents oder als V-Mann-Führer eingesetzten Beamten Gefahren (Vernachlässigung der Verfolgungspflicht, strafrechtlich relevante Eingriffe in Individualrechtsgüter Dritter, Teilnahme an Straftaten der überwachten Personen) und anderen Anfechtungen[37] ausgesetzt sind, herauszukommen. Die Rede ist von einer Einschränkung des Legalitätsprinzips durch Gesetzesänderung, wobei an die zeitlich begrenzte, auftragsbezogene Freistellung bestimmter Beamter von der Strafverfolgungspflicht und die Schaffung einer dem § 153d StPO vergleichbaren Regelung gedacht wird, auch organisatorische Lösungen werden erörtert.[38]

Es kann hier nicht auf die damit aufgeworfene Problemfülle ausführlich eingegangen werden. Nur zwei Aspekte sollen näher beleuchtet werden.

3.1 Einschränkungen des Legalitätsprinzips

Eine rechtsstaatlich unanfechtbare »Absicherung« der polizeilichen Arbeit mit Gewährspersonen läßt sich durch eine Änderung der das vorbereitende Verfahren betreffenden Vorschriften des StPO kaum erreichen.

§ 153d StPO läßt es zu, bei bestimmten, ermittelten Straftatbeständen aus dem Staatsschutzbereich nach einer Interessenabwägung vollends von der Strafverfolgung abzusehen. Hier jedoch wäre eine gesetzliche Regelung zu finden, die es der Staatsanwaltschaft erlaubt, sich von vornherein in dem Ansatz von Aufklärungsmöglichkeiten zu beschränken und die bei der Polizei durch verdeckte Ermittlungen anfallenden Erkenntnisse über nicht das Aufklärungsziel betreffende Straftaten entweder nach freiem Ermessen zu ignorieren oder durch formelle Entscheidung aus Gründen eines übergeordneten öffentlichen Interesses für nicht verfolgbar zu erklären. Betroffen wären nicht nur einzelne, enumerativ aufzuführende Tatbestände, sondern eine nicht abgrenzbare Vielzahl von Strafbestimmungen des gesamten Strafspektrums. Eine gesetzlich abgesegnete Selbstbeschränkung der Anklagebehörde in der Aufklärung und Beweisführung müßte in oder um die §§ 160, 163 Abs. 1 StPO eingearbeitet und bei den §§ 153 ff. StPO um eine weitgefaßte Einstellungsvorschrift ergänzt werden.

Dadurch würde die Verfolgungsintensität generell in das Ermessen der Verfolgungsbehörde gestellt. Der Einbruch in das Legalitätsprinzip wäre tief, der Grundsatz der Gleichheit und der Gleichbehandlung aller vor dem Strafgesetz könnte nicht mehr gewährleistet werden.

3.2 Organisatorische Lösung

Durch eine organisatorische Lösung ließe es sich erreichen, daß einerseits verdeckte Ermittlungen durch Beamte und andere Personen des öffentlichen Dienstes vorgenommen, andererseits aber die dem Legalitätsprinzip verpflichteten Polizeivollzugsbeamten aus einer problematischen Zwitterstellung herausgehalten werden könnten. Es wäre an die Schaffung eines Sonder(nachrichten)dienstes zu denken, der als eine den Ministerien des Innern unmittelbar nachgeordnete, organisatorisch von der Polizei völlig getrennte Behörde gleichen Status wie die Ämter für Verfassungsschutz – vielleicht mit diesen organisatorisch verbunden – bekommt.[39] Er müßte den ohne Abstriche am Legalitätsprinzip festgehaltenen Polizeivollzugsbeamten Lageberichte liefern und Beweismittel offerieren sowie Hinweise und Anhaltspunkte zum Ansatz von offenen Ermittlungen geben. Der Sonderdienst wäre (Außen-)Behörde im Sinne der §§ 161 Satz 1 Halbsatz 1, 96 StPO (vgl. oben II.2.3).

Das wäre in der Tat für das Ermittlungsverfahren die den rechtsstaatlichen Grunderfordernissen am besten entsprechende Lösung. Sie findet jedoch, soweit zu sehen, bei der Polizei keine Befürworter.

III. Die Gewährsperson als Beweismittel im Hauptverfahren

Noch im Jahr 1957 hat sich Kohlhaas der Hoffnung hingegeben, in Fällen der »normalen« Kriminalität werde, wenn die Spurensuche und die Fahndung nach anderen Indizien versage, kaum der Fall eintreten, daß aufgrund geheimbleibender Auskunftspersonen verurteilt werde, weil es an der Vermittlung einer eingehenden

Kenntnis der Zuverlässigkeit des Gewährsmannes durch die Amtsperson fehlen werde, dagegen könne man die Zuverlässigkeit der Gewährsperson bei der Schmuggel-, Spionage- und Hochverratsbekämpfung voraussetzen.[10] Die Dinge haben einen anderen Verlauf genommen.

Nicht nur in Staatsschutzstrafverfahren, auch in Verfahren mit allgemeiner Kriminalität, bei denen zur Aufklärung Kontaktpersonen eingesetzt waren, ist der Beweis in den letzten Jahren vielfach nur durch Vernehmung des polizeilichen Ermittlungsbeamten als Zeugen vom Hörensagen geführt worden. Das Risiko, das bei der Suche nach der Wahrheit dabei eingegangen wird, ist offen zutage getreten.

1. Die neue Rechtsprechung des BGH

Der Bundesgerichtshof hat seit 1979 in einer Reihe von Entscheidungen die Problematik aufgegriffen[41] und Wegweisungen gegeben. Die Gerichte der Tatsacheninstanzen sind gehalten, sich um die Vernehmung der anonymen Gewährsperson in der Hauptverhandlung zu bemühen oder wenigstens zu versuchen, deren Wahrnehmungen auf einer höheren Beweisstufe in das Verfahren einzuführen, als durch bloße Vernehmung des polizeilichen Ermittlungsführers als eines Zeugen vom Hörensagen.[42]

1.1 Folgen für die Tatsachengerichte

Die Instanzgerichte können mit ihren Urteilen in der Revision nur noch dann bestehen, wenn sie folgendes beachten:

(1) Alle zulässigen, nicht von vornherein aussichtslos erscheinenden Schritte müssen unternommen werden, um die Gewährsperson zu ermitteln.[43] Nur gesetzliche Beweisverbote entbinden den Richter von weiterer Sachaufklärung.

(2) Zu diesem Zweck müssen von der mit der Gewährsperson arbeitenden Behörde entsprechende Auskünfte eingeholt werden (§§ 161, 202, 244 Abs. 2 StPO). Ob die Behörde eine Auskunft über die Identität der Gewährsperson verweigern darf, bestimmt sich nach § 96 StPO, die Sperrerklärung ist von der obersten Dienstbehörde abzugeben.

(3) Steht ein Amtsgeheimnis der bestmöglichen Aufklärung durch Vernehmung der Gewährsperson in den üblichen prozessualen Formen in öffentlicher Hauptverhandlung entgegen, ist nach dem

sachnächsten Beweismittel zu suchen. Dazu bedarf es einer Abwägung der widerstreitenden Interessen durch die Behörde, deren Entscheidung zu einer Einschränkung der gerichtlichen Aufklärungsmöglichkeiten führt, und der Prüfung, auf welcher abgestuften Form die Gewährsperson in die Beweisaufnahme eingeführt werden kann, wobei zu berücksichtigen sind: die Schwere der Straftat, das Ausmaß der dem Beschuldigten drohenden Nachteile, das Gewicht der einer bestmöglichen Aufklärung entgegenstehenden Umstände, der Stellenwert des sachnäheren Beweismittels in Anbetracht der gesamten Beweislage.[44]

(4) Bei der Suche nach dem sachnächsten Beweisweg ergibt sich nachstehende Prioritätenfolge:
a) Vernehmung in der Hauptverhandlung (§ 250 StPO)
(a) in der üblichen Weise ohne irgendwelche Einschränkungen
(b) mit Vorkehrungen[45] gegen
aa) Gefahr für Leib und Leben des Zeugen (Sicherung auf den Wegen zum Gericht und im Gericht selbst[46], Ausschluß der Öffentlichkeit gem. § 172 Nr. 1 GVG[47], Hauptverhandlung an einem sicheren Ort außerhalb der Gerichtsstelle[48])
bb) Enttarnung der Gewährsperson (Vernehmung unter einem Tarnnamen und Geheimhaltung des Aufenthaltsortes[49] oder/und Maskierung bzw. optische Abschirmung[50])
b) kommissarische Vernehmung (§§ 223, 224 StPO) an einem geheimgehaltenen Ort unter besonderen Vorkehrungen gegen eine Enttarnung wie oben unter bb)
(a) in Anwesenheit des Angeklagten und des Verteidigers
(b) unter Ausschluß
aa) des Angeklagten
bb) des Angeklagten und des Verteidigers
und Verlesung der Niederschrift nach § 251 Abs. 1. Nr. 2 StPO.[51]
c) förmliche polizeiliche Vernehmung und
Verlesung der Niederschrift nach § 251 Abs. 2 StPO[52]
d) schriftliche Äußerung, wenn nötig noch zusätzliche schriftliche Befragung, und
Verlesung gem. § 251 Abs. 2 StPO[53]
e) Vernehmung des polizeilichen Ermittlungsbeamten als mittelbaren Zeugen (Zeugen vom Hörensagen) in der Hauptverhandlung (§ 250 StPO).[54]

(5) Die Gründe, warum die Auskünfte für die Erreichbarkeit ei-

ner als unmittelbarer Zeuge benötigten Person nicht gegeben werden können und ein Ausgleich durch ein höherstufiges Beweisverfahren nicht möglich ist, müssen dem Gericht von der Behörde »im Rahmen des Möglichen belegt« werden; das Gericht hat »die Möglichkeiten des Ausgleichs zur Erörterung zu stellen«.[55] Letzteres führt zu einem Zwischenverfahren hin, wie es ähnlich im Verwaltungs- und Finanzgerichtsprozeß besteht (vgl. § 99 Abs. 2 VwGO, § 86 Abs. 3 FGO).

1.2 Folgen für die Staatsanwaltschaft

Es muß gesehen werden, daß die jüngste Entwicklung der revisionsgerichtlichen Rechtsprechung, wenn die jetzt ausgezogenen Linien nicht fortgeschrieben werden sollten, die Zweiteilung des Ermittlungsverfahrens einleiten wird.

Der BGH differenziert nicht zwischen reinen Exekutivbehörden, wie dem Verfassungsschutz, dem BND und dem MAD, die den Aufenthalt einer Gewährsperson wegen ihrer Pflicht zur Amtsverschwiegenheit nicht bekannt geben und sie dadurch »unerreichbar« i. S. des § 251 Abs. 2 StPO machen, und der Polizei, die dies bei der Erledigung der ihr zugewiesenen Strafverfolgungspflichten als Teil einer mit Aufgaben der Strafrechtspflege betrauten »Justizbehörde im funktionalen Sinne« tut. Er zählt die Polizei zu den Behörden, die die Weigerung dem Gericht gegenüber verständlich zu machen und mit ihm in Erörterungen über den Ausgleich durch Bereitstellung des bestmöglichen Beweises[56] einzutreten haben. Dies kann erst nach Anklageerhebung geschehen. In den Verfahren, in denen die Gewährspersonen von zentraler Bedeutung sind, führt dies zu einer Schwächung der Stellung der Staatsanwaltschaft; ihre Kontrollfunktion im Ermittlungsverfahren, die vom Auftauchen des ersten Verdachts an beginnt[57], wird verkürzt, ihre Aufgaben reduzieren sich im wesentlichen auf die Sanktionsvorbereitung. Denn die entscheidenden Beweisdispositionen, von denen letztlich das Schicksal des Verfahrens abhängt, geschehen erst im gerichtlichen Verfahren bei dem abklärenden Gespräch zwischen Gericht und Polizei über die nach Sachlage möglichen Beweiswege.[58]

Ausgerechnet bei Delikten aus der schweren Kriminalität gerät die Staatsanwaltschaft so in Gefahr, Anklagen zu erheben, bei denen es im Zeitpunkt ihrer Einreichung wegen der noch brüchigen Beweisgrundlage und der noch nicht abzusehenden Entwicklung der Beweissituation im gerichtlichen Verfahren zweifelhaft ist, ob überhaupt guten Gewissens ein hinreichender Tatverdacht angenommen werden kann.

2. Beweisführung mit Gewährspersonen und Staatsanwaltschaft

Mit der Erhebung der Anklage verliert die Staatsanwaltschaft die Herrschaft über das strafprozessuale Verfahren, diese geht auf das Gericht über, das den weiteren Prozeß betreibt.[59] Das Gericht kann ohne Antrag und selbst gegen den Willen der Staatsanwaltschaft belastende Beweismöglichkeiten ausschöpfen.[60]

Dennoch sollte, wenn das Gericht zum Zwecke weiterer Sachaufklärung in das – abgeschlossene – Ermittlungsverfahren »hineinfragen« will, Adressat nur die Staatsanwaltschaft als Leitungsbehörde des vorbereitenden Verfahrens sein. Sie hat als Hüterin des öffentlichen Interesses die Beweisführung der Anklage im gerichtlichen Verfahren zu vertreten und die in ihrem Machtbereich angefallenen, für die Aufklärung des Sachverhalts notwendigen Beweismittel dem Gericht zu gestellen.[61] Ein vom Gericht unmittelbar an die Polizei gerichtetes Auskunftsersuchen über Ermittlungsinhalte greift über den Kopf der Leitungsbehörde in die Struktur des unter ihrer Kontrolle arbeitenden gesamtheitlichen Justizorgans Strafverfolgungsbehörde ein. Das widerspricht der der Staatsanwaltschaft durch das Gesetz zugewiesenen Prozeßrolle.

Die dem Gericht aufgegebene Pflicht, von Amts wegen die Wahrheit zu erforschen (§ 244 Abs. 2 StPO), wird, wenn es zu den die Gewährspersonen betreffenden Beweisfragen grundsätzlich den Staatsanwalt als Ansprechpartner wählt, nicht eingeschränkt. Allerdings kann es dem ihm gleichgeordneten Justizorgan Staatsanwaltschaft (§ 150 GVG) keine Aufträge und Anordnungen erteilen.[62] Es kann aber die Staatsanwaltschaft um Auskunft ersuchen, ob sie im Besitz nicht vorgelegter Ermittlungsvorgänge ist, die sich auf die ihm unbekannte Gewährsperson beziehen, und bejahendenfalls deren Vorlage verlangen (vgl. § 221 StPO). Die Herausgabe darf die Staatsanwaltschaft nur verweigern, wenn sie eine Sperrerklärung des Justizministeriums gem. § 96 StPO beibringt.[63] Wenn das Gericht die Mitwirkung der Staatsanwaltschaft bei der Suche nach dem bestmöglichen Beweis für ungenügend hält, kann es die organisatorisch selbständige, außerjustizielle Behörde Polizei unmittelbar um Amtshilfe gem. Art. 35 Abs. 1 GG (vgl. oben II.2.3 a. E.) in Form eines Auskunftsverlangens ersuchen, dem diese ebenfalls durch eine Sperrerklärung ihrer obersten Dienstbehörde gem. § 96 StPO entgegentreten kann.[64] Das Gericht kann ferner die im Ermittlungsverfahren tätig gewesenen Strafverfolgungsbeamten, denen die Gewährspersonen bekannt sind (Polizeibeamte ebenso wie Staatsanwälte, wenn letztere von der Polizei entsprechend unterrichtet sind), als Zeugen vernehmen. Für diese Beamten sind die Namen und Anschriften geheimgehaltener Gewährspersonen Tatsachen, die unter ihre Pflicht zur Amtsverschwiegenheit fallen (vgl. § 39 Abs. 1 Satz 1 BRRG und die entsprechenden Bestimmungen in den Beamtengesetzen). Sie dürfen deren Personalien nur mit Genehmigung ihres Dienstvorgesetzten preisgeben (§ 54 Abs. 1 StPO i. V. m. § 39 Abs. 2 Satz 2 BRRG). Die Versagung der Genehmigung bedarf einer ausdrücklichen Entscheidung der im Beamtenrecht dafür vorgesehenen Instanz. Die Zuordnung dieser Kompetenz ist von Bundesland zu Bundesland verschieden.[65]

Zu einem Auskunftsersuchen des Gerichts an die Polizei und zu Zeugenvernehmungen von Strafverfolgungsbeamten über die Identität einer Gewährsperson sollte es aber gar nicht kommen. Es sollten Verfahrensgestaltungen gesucht werden, die die Leitungshoheit der Staatsanwaltschaft im Ermittlungsverfahren nicht antasten, dennoch aber im Benehmen mit der Polizei die bestmöglichen Beweise, die das Gericht unter dem Gesichtspunkt des fair trial zu billigen vermag, finden lassen (vgl. hierzu unten IV.).

3. Tendenzen

Es war zu erwarten, daß die neueste Rechtsprechung Forderungen an den Gesetzgeber auslöst.[66]

In zwei Zielrichtungen werden Überlegungen angestellt. Die einen wollen, anknüpfend an in der Rechtslehre vertretene Meinungen[67], den Vernehmungszeugen aus dem Strafprozeß eliminieren, die anderen erstreben eine institutionalisierte, von Amts wegen vorzunehmende gerichtliche Kontrolle über Sperrerklärungen der Exekutive.

3.1 Beweiserhebungsverbot bei Nichtgestellung der Gewährsperson als Zeugen

Mit einem einschneidenden Vorschlag ist der Arbeitskreis Rechtswesen der SPD-Bundestagsfraktion hervorgetreten. Er will, wenn die Gewährsperson nicht als unmittelbarer Zeuge zur Vernehmung gestellt wird, anderweitigen Beweiserhebungen über ihre Wahrnehmungen, denen Angeklagter und Verteidiger nicht zustimmen, ein Beweiserhebungsverbot entgegensetzen und schlägt die Einfügung eines entsprechenden § 251a in die Strafprozeßordnung vor.[68]

Die Verwirklichung dieser Pläne würde verdeckte Ermittlungen weitgehend nutzlos machen; vor allem im Bereich des Staatsschutzes müßte dies eine erhebliche Schwächung der Abwehrkräfte des Staates gegenüber den Angriffen auf seine äußere und innere Sicherheit zur Folge haben.

3.2 Gerichtliche Kontrolle der Rechtmäßigkeit administrativer Sperrerklärungen

Professor Klein, Göttingen, schlägt vor[69], eine außerhalb des Strafverfahrens liegende gerichtliche Kontrolle der Rechtmäßigkeit administrativer Sperrerklärungen nach § 96 StPO dadurch zu schaffen, daß das Bundesverwaltungsgericht (für Sperrerklärungen von Bundesbehörden) oder das Oberverwaltungsgericht (für Sperrerklärungen von Landesbehörden) binnen vier Wochen nach einer strafprozessualen Sperrerklärung unter Ausschluß der Öffentlichkeit und aller Prozeßbeteiligten der Hauptsache über die Rechtmäßigkeit des Verwaltungsvetos unter den von der Rechtsprechung des BGH und des Bundesverfassungsgerichts entwickelten Kriterien entscheidet. Dadurch soll eine die Fakten vollständig erfassende Nachprüfung administrativer Sperrerklärungen durch ein Gericht erreicht werden; vor dem Verwaltungsgericht müßte die Verwaltungsbehörde den Schleier hochziehen, die geheimhaltungsbedürftigen Vorgänge lägen bloß.

Eine Auslagerung des Prüfungsverfahrens zu den Verwaltungsgerichten würde zu einer Aufsplitterung der Rechtskontrollwege führen. Sie drohte schon einmal, als es darum ging, ob für den Antrag auf Entscheidung über die Rechtmäßigkeit einer Strafverfolgungsmaßnahme der Polizei der Verwaltungsrechtsweg oder der Rechtsweg vor den ordentlichen Gerichten gegeben sei, bis schließlich das Bundesverwaltungsgericht durch sein Urteil vom 3. 12. 1974 – I C 11.73 – Klarheit schaffte.[70] Bei der von Klein vorgeschlagenen Regelung geschähe aber noch mehr, es käme zu einer Zweiteilung des gerichtlichen Beweisverfahrens. Denn in dem Verfahren vor dem Verwaltungsgericht könnte es nicht nur um ein Ja oder Nein auf die Frage gehen, ob die Personalien der Gewährsperson bekanntgegeben werden sollen; es müßte in ihm, wo alle Tatsachen auf dem Tisch liegen, auch geprüft und entschieden werden, bei welchem sachnächsten Beweis – im Falle einer unmittelbaren Zeugenvernehmung, durch welche Vorkehrungen – (vgl. oben III.1.1 [3] u. [4]) die Geheimhaltungsinteressen der Behörde gerade noch gewahrt werden können. Der wesentliche, unter Umständen über das Verfahrensschicksal entscheidende Teil des strafgerichtlichen Beweisverfahrens würde in eine andere Gerichtsbarkeit ausgelagert. Der faktischen Teilung des Ermittlungsverfahrens in einen tat- und täterorientierten Teil würde auch noch die Aufsplitterung des Beweisverfahrens im Hauptverfahren auf zwei verschiedene Gerichtsbarkeiten folgen.

Damit nicht genug, die strafgerichtliche Tatsacheninstanz wäre nicht gehindert, ein aus dem Zwischenverfahren vor dem Verwaltungsgericht angebotenes, sachfernes Beweismittel (z. B. schriftliche Äußerung des Zeugen und deren Verlesung) zurückzuweisen und eine höherstufige Beweisverwertung (z. B. die Vernehmung des anonymen Zeugen in der Hauptverhandlung unter Vorkehrungen gegen eine Enttarnung) zu versuchen. Das erkennende Gericht ist bei der Entscheidung über die heranzuziehenden Beweismittel unabhängig, weder der Gesetzgeber noch ein anderes Staatsorgan kann es daran hindern, selbst und unmittelbar über die Form der Beweiserhebung zu entscheiden.[71] Es könnte, ungeachtet des Zwischenverfahrens vor dem Verwaltungsgericht, die Verwaltungsbehörde nochmals vorladen, um die Beweissituation mit ihr zu erörtern.

Schon in früheren Publikationen[72] sind Vorschläge gemacht worden, durch Änderung der StPO ein Zwischenverfahren vor dem Strafgericht, ähnlich dem im Verwaltungs- und Finanzgerichtsprozeß (§ 99 Abs. 2 VwGO und § 86 Abs. 3 FGO), zu schaffen, zu dem die Behörden beigeladen und sie zur Glaubhaftmachung des Vorliegens der Voraussetzungen für eine Sperrerklärung gem. § 96 StPO veranlaßt werden können, damit dem erkennenden Strafgericht selbst eine Überprüfung der Rechtmäßigkeit der behördlichen Weigerung möglich ist. Ein derartiges Zwischenverfahren könnte aber nicht unter Ausschluß des Angeklagten und des Verteidigers durchgeführt werden, da darin ein Verstoß gegen Art. 103 Abs. 1 GG läge.[73] Dann aber wäre die Exekutivbehörde gehindert, Tatsachen vorzutragen, die dem Angeklagten einen Rückschluß auf die persönlichen Daten des Gewährsmannes und seinen Aufenthalt ermöglichen. Der volle Einblick in das von der Polizei gesteuerte Geschehen bliebe dem Strafgericht verwehrt.

Es ist kein Lösungsvorschlag eines gerichtlichen Kontrollverfahrens in der Diskussion, durch den sich in optimaler Weise das Geheimhaltungsinteresse der exekutiven Behörde, die Wahrheitserforschungspflicht des Gerichts und das rechtsstaatliche Gebot eines fairen Verfahrens auf einen Nenner bringen ließen.

3.3 Warten auf den Gesetzgeber?

Mit einem Eingreifen des Gesetzgebers ist in absehbarer Zeit nicht zu rechnen.

Soweit es um Garantien für die Rechtsstaatlichkeit der Beweisaufnahme in der Hauptverhandlung geht, ist dies auch nicht dringlich. Der zweite Strafsenat des Bundesgerichtshofs stellt in seinen jüngsten Urteilen[74] hohe Anforderungen an die Art der Beweisverwertung der Wahrnehmungen einer Gewährsperson. Es wird wohl, wenn einer Enttarnung vorgebeugt werden soll, in der Regel eine Beweiserhebung nur dann noch als zulässig angesehen werden können, wenn in einer der beiden obersten Beweisstufen die anonyme Gewährsperson als Zeuge richterlich unter entsprechenden Vorkehrungen vernommen wird (vgl. oben III.1.1 [4] a u. b). Bei Festigung dieser strengen revisionsgerichtlichen Rechtsprechung werden sich die rechtsstaatlichen Bedenken, die bei der gerichtlichen Beweisführung mit Kontaktpersonen aufgekommen sind, beheben.

Zurück bleibt aber die ungute Situation, daß die Staatsanwaltschaft im Ermittlungsverfahren bei verdeckten Ermittlungen die Tataufklärung in ihrer wichtigsten Phase in rechtlicher und tatsächlicher Hinsicht nicht beaufsichtigen und kontrollieren kann, im Zeitpunkt der abschließenden Entscheidung gem. § 170 StPO keinen genügenden Durchblick hat und bei der verfahrensentscheidenden Abklärung des einzuschlagenden Beweisweges in der Hauptverhandlung nur noch Beobachter am Rande ist.

IV. Der Anklagezwang im Ermittlungsverfahren mit Gewährspersonen

Die Erhebung der öffentlichen Klage (§ 170 Abs. 1 StPO) setzt voraus, daß der ermittelte Sachverhalt, wie er sich aufgrund des gesamten Akteninhalts darstellt, bei Durchführung einer Hauptverhandlung nach praktischer Erfahrung eine Verurteilung des Beschuldigten »mit vollgültigen Beweismitteln«[75] wahrscheinlich macht. Dazu bedarf es auch einer prozessualen Prognose.[76] Der Staatsanwalt hat u. a. zu berücksichtigen, ob Verfahrenshindernisse vorliegen, gegebenenfalls ob eine Wahrscheinlichkeit für ihre Ausräumung besteht[77], und ob eine Beweiserhebung wegen eines Beweisverbotes in der Hauptverhandlung unterbleiben müßte; schwierige Beweisfragen darf er nicht einfach vor sich herschieben und dem Gericht überlassen.[78] Der Sachverhalt muß deshalb gründlich aufgeklärt sein.[79]

1. Die Prognose des Staatsanwalts über den Verfahrensverlauf nach Anklage

Der erforderliche »prozessuale Verurteilungsverdacht«[80] ist in Verfahren, in denen der Beschuldigte der Tat nur überführt werden kann, wenn die Wahrnehmungen einer Gewährsperson in die Beweisaufnahme der Hauptverhandlung eingebracht werden, von besonderer Bedeutung.

Gelingt es nicht, dem Gericht verständlich zu machen, daß wegen für das »Staatswohl« zu befürchtender Nachteile der Zeuge nur auf einer sachferneren Beweisstufe als einer »normalen« Vernehmung in der Hauptverhandlung (§ 250 StPO) zur Verfügung gestellt werden kann, fällt die Beweisführung der Anklage wegen Unzulässigkeit des Beweismittels (Beweiserhebungsverbot)[81] in sich zusammen. Hat eine Kontaktperson an einem Lockspitzel-Einsatz mitgewirkt, kann nach der neuesten Rechtsprechung des BGH gar ein Strafverfolgungsverbot vorliegen, das die Wirkung eines von Amts wegen zu beachtenden Verfahrenshindernisses hat, wenn das tatprovozierende Verhalten des agent provocateur gewisse Grenzen überschreitet.[82] Schließlich ist auch die Beurteilung der Glaubwürdigkeit von Gewährspersonen, die nicht dem öffentlichen Dienst angehören, besonders problematisch (V-Leute aus dem »Milieu«! – Denunziantentum!).

Zu einer an Fakten orientierten Prognose über den Verfahrensablauf nach Anklage ist die Staatsanwaltschaft deshalb nur in der Lage, wenn sie die persönlichen Verhältnisse der Gewährsperson kennt (Vorleben, eventuelle Vorstrafen), bei Kontaktpersonen Einblick in die Modalitäten ihres Einsatzes und das Wahrnehmungsfeld, das sich ihnen erschlossen hat, gewinnt und bei Ansatz von Lockspitzeln Kenntnis von allen Einzelheiten über Art und Intensität des tatprovozierenden Verhaltens und der Reaktion des Beschuldigten hierauf erlangt. Das setzt umfassende und vollständige Informationen durch die Polizei voraus.

Geschieht dies nicht, begibt sich die Staatsanwaltschaft mit einer Anklage auf schwankenden Boden. Wohin das führt, hat sich in den vergangenen Jahren gezeigt: Freisprüche oder Einstellungen von Verfahren – zum Teil nach längerer Untersuchungshaft mit nachfolgenden höheren Entschädigungen – waren die Folge.

2. Staatsanwaltschaft und Interessenabwägung

Bei vollständigen Informationen über verdeckte Ermittlungen übernimmt die Staatsanwaltschaft als Leitungsbehörde des Ermittlungsverfahrens die primäre Verantwortung für die vorzunehmenden Güter- und Interessenabwägungen. Diese Entscheidung ist heikel.

Jede Überlegung, ob eine Gewährsperson dem Gericht als Zeuge der Anklage angeboten werden und auf welcher Beweisstufe dies geschehen soll, führt zu einer Gratwanderung. Denn stets stehen zur Abwägung zwei öffentliche Interessen: das an der Sicherung der Erkenntnisquellen zur Straftatenklärung durch Geheimhaltung (Sicherung der Funktionstüchtigkeit des Staates) und das an der Gleichmäßigkeit der Rechtsanwendung in der Strafrechtspflege durch Bindung der Strafverfolgungsorgane an Gesetz und Recht (Legalitätsprinzip). Die Entscheidung gravitiert zwangsläufig zum Legalitätsprinzip, das keinen Bewegungsspielraum läßt.[83] Nimmt die Strafverfolgungsbehörde ein Ermessen in Anspruch und schränkt sie gegen das Gesetz handelnd ihre Bindung an das Legalitätsprinzip ein, indem sie der Rücksichtnahme auf die Unversehrtheit des zur Strafverfolgung eingesetzten Netzes von Kontaktpersonen den Vorzug gibt, gerät der Rechtsstaat in eine Schieflage. Eine derartige Entscheidung kann pflichtwidriges Handeln sein, das nach § 258a StGB mit Strafe bedroht ist.[84]

Polizeivollzugsbeamte, die die Abwägungen vornehmen und die Entscheidung über die Art und Weise der Beweisführung mit verdeckten Aufklärungsmitteln treffen oder an ihr mitwirken, sind diesem Dilemma durch ihre Bindung an das Legalitätsprinzip in gleicher Weise ausgesetzt.

Die Güter- und Interessenabwägungen erfordern eine enge Abstimmung zwischen der sachbearbeitenden Staatsanwaltschaft und den Kontaktpersonen führenden oder Vertraulichkeitszusagen erteilenden Polizeibehörden.

3. Die Vorbereitung der öffentlichen Klage bei Beweisführung mit Gewährspersonen

Die Erhebung der öffentlichen Klage gehört zur Erfüllung des Legalitätsprinzips.[85] In der Anklageschrift hat die Staatsanwaltschaft die Beweismittel anzugeben, die nach ihrer Meinung erforderlich sind, den Angeschuldigten in der Hauptverhandlung zu überführen.[86] Die Rolle der Staatsanwaltschaft bei der Beteiligung am gerichtlichen Verfahren nach Anklageerhebung wird dagegen nicht mehr vom Legalitätsprinzip bestimmt, dieses beeinflußt das Prozeßverhalten der Staatsanwaltschaft nur noch insofern mittelbar[87], als sie als »Wächter des Gesetzes« die rechtsprechende Tätigkeit der Gerichte zu fördern und auf die Findung eines gerechten Urteils hinzuwirken hat.[88]

Durch die von der revisionsgerichtlichen Rechtsprechung aufgezeigte, vom Bundesverfassungsgericht aus verfassungsrechtlicher Sicht gebilligte Vielfalt von Beweisführungsmöglichkeiten (vgl. oben III.1.1 [4]) und die aus dem jeweiligen Stellenwert im Rahmen der konkreten Beweislage abzuleitenden Wertigkeiten der Beweismittel wird jedoch die Anklagebehörde in die Lage versetzt, in Abstimmung mit der Polizei einen dem Einzelfall angepaßten Beweisweg in die Anklage einzubringen, der einerseits unter Wahrung des Geheimhaltungsinteresses die bestmögliche Beweisführung gewährleistet und andererseits einen Konflikt mit dem Legalitätsprinzip vermeidet. Die von der Strafverfolgungsbehörde vertretene Beweisführungslinie muß schon in der Anklageschrift im wesentlichen Ergebnis der Ermittlungen deutlich gemacht werden.

Bei der Einfügung von Gewährspersonen in das Beweisgebäude wird man differenzieren müssen.

3.1 Abwendung von Lebensgefahr für die Gewährsperson

Eine Zeugenvernehmung, die den Zeugen in Lebensgefahr bringt, ist unzulässig[89], der Beweis darf nicht erhoben werden. Nicht verwertbare Beweismittel bedürfen in der Anklageschrift keiner Benennung.[90] Wenn deswegen auf ein Beweismittel, das keine persönliche Vernehmung der Gewährsperson zum Gegenstand hat und sie keinen Gefährdungen aussetzt, zurückgegriffen wird, liegt darin kein Verstoß gegen das Legalitätsprinzip.

Dies hat allerdings zur Voraussetzung, daß die Lebensgefahr eine konkrete, von bestimmten Umständen ableitbare ist. Bei der Straftatenklärung, die der Polizei als einem Hilfsorgan der Staatsanwaltschaft obliegt, wird dies meist nur bei der Terrorismusbekämpfung der Fall sein. Bei der Aufklärung anderer Straftaten durch verdeckte Ermittlungen (Rauschgifthandel, Bandenkriminalität usw.) wird dagegen oftmals nur von – nicht genügenden – abstrakten Gefährdungen die Rede sein können, denen alle Personen ausgesetzt sind, die sich von Berufs wegen mit der Bekämpfung der professionellen schweren Kriminalität befassen müssen oder sich in deren engerem Umkreis bewegen.

3.2 Vorbeugung einer Enttarnung der Gewährsperson

Geht es ausschließlich um die Vermeidung der Enttarnung einer Gewährsperson, kann der Staatsanwalt seinen Verpflichtungen aus dem Legalitätsprinzip nur gerecht werden, wenn er das Beweismittel dem Gericht für eine Beweisstufe anbietet, die diesem als die nach den Umständen sachnächste verständlich gemacht werden kann, und wenn das Beweismittel auch in dieser Form für die Überzeugungsbildung des Gerichtes seinen vollen Beweiswert behält. Dies wird nur möglich sein, wenn die Gewährsperson zu einer Vernehmung vor dem erkennenden Gericht oder zu einer kommissarischen Vernehmung (§ 223 StPO) gestellt wird. Den Gefahren einer Enttarnung muß in erster Linie durch entsprechende Maßnahmen der Verfahrensgestaltung und durch technische Vorkehrungen begegnet werden, die mehr als bis jetzt geschehen[91] genützt werden müssen. Hier liegt die Lösung für ein rechtlich bedenkenfreies Gelingen des Balanceaktes der Strafverfolgungsbehörde bei der Güter- und Interessenabwägung.

Bei einer richterlichen Vernehmung von Kontaktpersonen muß durch eine Beschränkung der Aussagegenehmigung (§ 54 Abs. 1 StPO)[92] dafür Sorge getragen werden, daß die Bekundungen auf die tatbezogenen Wahrnehmungen begrenzt bleiben und eine Ausforschung des Hintergrundes der verdeckten Aufklärungsarbeit durch Fragen des Angeklagten oder auch seines Verteidigers abgewehrt wird. Damit eine Beschränkung der Aussagegenehmigung auch bei angeworbenen V-Leuten möglich ist, müssen sie von der Polizei nach § 1 des Verpflichtungsgesetzes vom 2. 3. 1974 – BGBl. I S. 547 – verpflichtet werden; die Rechtsprechung erkennt nunmehr einen förmlich verpflichteten V-Mann als »andere Person des öffentlichen Dienstes« im Sinne des § 54 Abs. 1 StPO an.[93]

Die Staatsanwaltschaft darf in ihrem Besitz befindliche Unterlagen, die die Persönlichkeit und den Aufenthalt der anonymen Gewährsperson ausweisen, zurück- und unter Verschluß halten. Gegen ihre Pflicht auf vollständige Vorlage der Ermittlungsakten (§ 199 Abs. 2 Satz 2 StPO) verstößt sie dadurch dann nicht, wenn die Anlage ihrer Beweisführung in der öffentlichen Klage mit dem Legalitätsprinzip in Einklang steht, denn sie braucht dem Gericht nur die Beweismittel zugänglich zu machen, die nach ihrer Beurteilung zur Entscheidung erforderlich sind.[94] Wenn das Gericht um die Vorlage der zurückgehaltenen Unterlagen ersucht, weil sie als Beweismittel dienen sollen (§ 221 StPO), kann dem durch eine Sperrerklärung der obersten Dienstbehörde der Staatsanwaltschaft (§ 96 StPO) begegnet werden[95] (vgl. oben III.2.).

3.3 Beweisführung ohne Inanspruchnahme der Gewährsperson

In den Verfahren, in denen ohne Rückgriff auf Bekundungen der tätig gewesenen Gewährspersonen eine Überführung des Beschuldigten durch andere Beweismittel möglich ist, ist die Auswahl der Beweise für die Anklageschrift unproblematisch (vgl. Nr. 111 Abs. 1, 2 RiStBV). Nur wenn durch Beweisanträge des Angeklagten die anonym gehaltene Gewährsperson als Zeuge in das Beweisverfahren eingeführt werden soll, ist nach Anklageerhebung eventuell eine Abstimmung zwischen Staatsanwaltschaft und Polizei, ob und auf welcher »Beweisstufe« Wahrnehmungen der Gewährsperson beweisverwertbar gemacht werden sollen, erforderlich.

4. Zusammenarbeit Staatsanwaltschaft – Polizei

In Ermittlungsverfahren, in denen Gewährspersonen eine Rolle spielen, bedarf die Zusammenarbeit zwischen Polizei und Staatsanwaltschaft einer Neuordnung. Auch Polizeipraktiker sehen diese Notwendigkeit.[96] In Hamburg sind im Jahre 1982 von der Senatsbehörde für Inneres und in Hessen im Juli 1983 von dem Minister des Innern und der Justiz Richtlinien erlassen worden, die eine frühzeitige Einschaltung des Staatsanwaltes bei dem Ansatz von Kontaktpersonen – in Hamburg auch bei Vertraulichkeitszusagen – vorsehen.

Es muß zum Grundsatz werden, daß
– eine bindende Vertraulichkeitszusage von der Polizei im Regelfall nur nach vorheriger Einwilligung der Staatsanwaltschaft gegeben wird[97]
– beim Einsatz einer Kontaktperson die Staatsanwaltschaft spätestens im Zeitpunkt der »Schwellenüberschreitung« durch Konkretisierung eines Anfangsverdachts i. S. d. § 152 Abs. 2 StPO (vgl. oben I.1.2) verständigt wird und der danach erfolgende Einsatz des Kontaktmannes an ihre Zustimmung gebunden ist.

V. Schlußbemerkung

Strafprozesse werden im Ermittlungsverfahren entschieden[98], bereits dort werden »in entscheidender Weise die Weichen für das Hauptverfahren gestellt«.[99] Bei Tataufklärungen durch verdeckte Ermittlungen hat die Staatsanwaltschaft keinen genügenden Einblick in das Ermittlungsgeschehen mehr, für ihre das Ermittlungsverfahren beendende Entscheidung gem. § 170 StPO gewinnt sie keine verläßlichen Beurteilungsgrundlagen. Bei den unteren Polizeidienststellen, wo die verdeckten Ermittlungsmaßnahmen verantwortet und geleitet werden, potenziert sich Strafverfolgungsmacht, die keiner (Gegen-)Kontrolle unterliegt, dem »aus dem Wesen polizeilicher Tätigkeit entspringenden Zweckdenken« ist nicht mehr das »Rechtsdenken« der Staatsanwaltschaft entgegengestellt.[100] Das ist ein Verlust an Rechtsstaatlichkeit. Gelingt es nicht, die entstandene Bruchstelle innerhalb des gesamtheitlichen Organs Strafverfolgungsbehörde durch engere Zusammenarbeit bei der täglichen Aufgabenerfüllung zu schließen, wird der Gesetzgeber auf die Dauer sehenden Auges die Entwicklung nicht hinnehmen können.

Anmerkungen

1 *Rieß* in Löwe-Rosenberg, StPO, 23. Aufl., § 163 b Rdz. 9 (ErgBd); *Sydow*, ZRP 1977/119, 123 ff. (III); *Riegel*, NJW 1979/147, 148; *Krüger*, NJW 1982/855, 857 (IV 3).
2 *Ahlf*, »Die Polizei« 1983/41 ff. (II 3 d, IV).
3 BGHSt 10/276; *Kleinknecht/Meyer*, StPO, 36. Aufl., Einl. 60; *Görgen*, Die organisationsrechtliche Stellung der StA z. ihren Hilfsbeamten u. z. Polizei, 1973, S. 128 (unten).
4 BVerfGE 57/250 = NJW 1981/1719.
5 *Kay*, »Die Polizei« 1982/33 ff.; *Krüger*, »Die Polizei« 1982/97 ff. u. 1983/77 ff.
6 *Kleinknecht* (Anm. 3), § 158 Rdz. 16; *Meyer-Goßner*, Löwe-R. (Anm. 1), § 158 Rdz. 7; *Rainer Müller* in Karlsruher Komm. z. StPO, 1982, § 158 Rdz. 18; *Kohlhaas*, JR 1957/41 (I b, c); BGH-Urt. v. 10. 7. 1952 bei *Dallinger*, MDR 1952/659; VGH München NJW 1958/643, 645.
7 BVerfGE 57/250, 284; BGH GA 1968/370, OLG München NJW 1972/2275, 2276; *Müller*, Karlsr. K. (Anm. 6), § 163 Rdz. 18; *Kleinknecht* (Anm. 3), § 163 Rdz. 34; *Krüger* (Anm. 1).
8 BGH in GA 1975/333, NJW 1980/1761 (s. in diesem Band S. 175–177), NJW 1981/1626 = NStZ 1981/70 (in diesem Band S. 180–182), NJW 1981/394; *Meyer-G.*, Löwe-R. (Anm. 1), § 163 Rdz. 17; *Müller*, Karlsr. K. (Anm. 6); *Kleinknecht* (Anm. 6).
9 *Kleinknecht* a. a. O., Einl. 60; *Peters*, Strafprozeß, 3. Aufl.; 1981, § 57 S. 503.
10 *Meyer-G.*, Löwe-R. (Anm. 1), § 163 Rdz. 17.
11 *Kleinknecht* a. a. O., Einl. 41, 61 u. § 163 Rdz. 1, 3; *Meyer-G.*, Löwe-R. a. a. O., Rdz. 8 ff. d. Vorb. v. § 158, § 163 Rdz. 9; *Müller* (Anm. 6), § 161 Rdz. 27, § 163 Rdz. 2; *Kuhlmann*, DRiZ 1976/265, 267, 269; *Ulrich*, ZRP 1977/158 ff.; *Gössel*, GA 1980/325, 344, 351.
12 *Peters* a. a. O. (Anm. 9), § 24 S. 172.
13 *Meyer-G.*, Löwe-R. (Anm. 1), § 163 Rdz. 9, 26; *Kleinknecht* (Anm. 3), § 163 Rdz. 3, 4; *Müller*, Karls. K. (Anm. 6), § 163 Rdz. 3.
14 *Eb. Schmidt*, Lehrkommentar, Teil II, 1957, § 163 Rdz. 10; *Müller*, Karlsr. K. (Anm. 6), § 163 Rdz. 24, 27.

15 BVerwGE 47/255 = NJW 1975/893; *Kleinknecht* (Anm. 3), § 23 EGGVG Rdz. 2, 9; *Meyer-G.*, Löwe-R. (Anm. 1), § 163 Rdz. 43, 44; *Schäfer*, Löwe-R. (Anm. 1), § 23 EGGVG Rdz. 7–12, 31 ff; *Müller*, Karlsr. K. (Anm. 6), § 163 Rdz. 35.
16 *Kay* (Anm. 5).
17 *Schäfer*, Löwe-R. (Anm. 1), § 23 EGGVG Rdz. 12.
18 *Kleinknecht* (Anm. 3), Rdz. 6, 7 d. Vorb. v. § 141 GVG; *Gössel*, GA 1980/325, 336.
19 *Düwel*, Das Amtsgeheimnis, 1965, S. 81–84.
20 *Schulz*, GA 1958/264 ff.; *Erdsiek*, NJW 1960/616 (2. Sp. unten); *Görgen*, DRiZ 1976/296, 297 (2. Sp.); *ders.* (Anm. 3), S. 121; *Gössel*, GA 1980/325, 351; *Schoreit*, Karlsr. K. (Anm. 6), § 152 GVG Rdz. 16.
21 *Kohlhaas*, JR 1957/41, 43, 44.
22 *Kleinknecht* (Anm. 3), Einl. 40, § 163 Rdz. 1; *Meyer-G.*, Löwe-R. (Anm. 1), § 163 Rdz. 10; *Müller*, Karlsr. K. (Anm. 6), § 163 Rdz. 1, 8; *Eb. Schmidt* (Anm. 14), § 163 Rdz. 3; *Willms*, JZ 1957/465; vgl. auch d. Polizeiaufgabengesetze d. Länder u. d. Kommentare hierzu – so für Bayern Art. 1 und Art. 2 Abs. 4 BayPAG; *Martin/Samper*, Komm. z. BayPAG, 10. Aufl., 1979, Art. 1 Erl. 2, Art. 2 Erl. 8.
23 Vgl. d. Beamtengesetze und Polizeiaufgabengesetze d. Länder u. d. Kommentare hierzu – so für Bayern Art. 129 Abs. 2 Satz 1 BayBG, Art. 1 BayPAG; *Weiß-Kranz*, Komm. z. BayBG, Art. 129 Erl. 2.
24 Vgl. d. Polizeiorganisationsgesetze d. Länder u. d. Kommentare hierzu – so für Bayern Art. 1 Abs. 3 Satz 2 BayPOG; *Emmerig*, Komm. zu BayPOG, 2. Aufl. 1979, Art. 1 Rdz. 7.
25 *Dreher/Tröndle*, StGB, 41. Aufl., § 258 a Rdz. 3.
26 *Müller*, Karlsr. K. (Anm. 6), § 158 Rdz. 18, 22; *Görgen* (Anm. 3), S. 128; a. A. *Düwel* (Anm. 19), S. 182 ff.
27 *Müller*, Karlsr. K. (Anm. 6), § 161 Rdz. 11; *Schäfer*, Löwe-R. (Anm. 1), § 152 GVG, Rdz. 8; *Düwel* (Anm. 19), S. 39, 185; a. A. *Görgen* (Anm. 3), S. 121.
28 *Kleinknecht* (Anm. 3), § 161 Rdz. 1, § 96 Rdz. 8; *Hermann Müller* in KMR-Komm. z. StPO, 7. Aufl., § 161 Rdz. 2; *Meyer-G.*, Löwe-R. (Anm. 1), § 161 Rdz. 1, 2; *Müller*, Karlsr. K. (Anm. 6), § 161 Rdz. 2, 4; *Erdsiek*, NJW 1960/616; *Eb. Schmidt* (Anm. 14), Nachträge 1966, S. 276 Erl. 3 zu § 161; a. A. *Schulz*, GA 1958/264, 269 ff.; *Ostendorf*, DRiZ 1981/4, 6.
29 BGH Beschl. v. 15. 9. 1980: StrVert 1981/110; Beschl. v. 29. 10. 1980: BGHSt 29/390, 393; Beschl. v. 17. 2. 1981: BGHSt 30/34, 35; BVerfGE 57/250, 282.
30 *Kleinknecht* (Anm. 3), § 163 Rdz. 28 a. E.; *Meyer-G.*, Löwe-R. (Anm. 1), § 161 Rdz. 14, § 163 Rdz. 16; *Müller*, Karlsr. K. (Anm. 6), § 161 Rdz. 31; a. A. *Hust*, NJW 1969/21, 22.
31 *Görgen*, ZRP 1976/59, 61, 62; *ders.* (Anm. 3), S. 88, 89.

32 *Görgen*, DRiZ 1976/296, 297 (1. Sp. unten).
33 *Stümper*, »Die Polizei« 1982/229 ff.
34 *Kleinknecht* (Anm. 3), § 163 Rdz. 3; *Kuhlmann*, DRiZ 1976/265, 267.
35 *Gössel*, GA 1980/325, 350, 351; *Schoreit*, Karlsr. K. (Anm. 6), § 152 Rdz. 18; vgl. *Körner*, Komm. zu BtMG, 1982, § 31 Rdz. 33 a. E.
36 *Boge*, »Kriminalistik« 1982/240, 244, 245; vgl. *Körner*, »Kriminalistik« 1983/290 ff. (s. in diesem Band S. 91–101).
37 *Stümper* (Anm. 33), S. 230, 231 (Nr. 3.2); *Körner* (Anm. 36), S. 291, 293 Spalte 3 unten, 294 (s. in diesem Band S. 96).
38 Derartige Lösungen sind in Baden-Württemberg im Jahre 1978 in einer Arbeitsgruppe beim LKA erörtert worden; vgl. auch *Bux*, »Kriminalistik« 1980/194, 200.
39 Vgl. § 3 Abs. 3 Satz 1 und 3 d. Ges. ü. d. Zusammenarbeit d. Bundes u. d. Länder in Angelegenheiten d. Verfassungsschutzes v. 27. 9. 1950 – BGBl. I S. 682 – i. d. F. d. VerfSchutzÄndG v. 7. 8. 1972 – BGBl. I S. 1382 – und d. entsprechenden Bestimmungen in d. Ges. d. Länder ü. d. Errichtung v. Verfassungsschutzämtern; so für Bayern Art. 1 Abs. 2, Art. 3 Satz 1 d. Ges. i. d. F. v. 8. 8. 1974 – GVBl. S. 467 –.
40 *Kohlhaas* (Anm. 21), S. 42.
41 Die BGH-Entsch. sind in d. Reihenfolge ihres Erlasses aufgeführt: BGHSt 29/109 = NJW 1980/464: NJW 1980/2088; StrVert 1981/110; MDR 1981/101 bei *Holtz*; BGHSt 29/390 = NJW 1981/355; NJW 1981/770; NStZ 1981/270 m. Anm. *Fröhlich*; BGHSt 30/34 = NJW 1981/1052; NStZ 1982/42; NStZ 1982/40; NStZ 1982/79; StrVert 1982/206; BGHSt 31/148 ff. = NJW 1983/1005 (s. in diesem Band S. 488–494); BGHSt 31/236 (Urt. v. 2. 2. 1983 – 2 StR 543/82 –, nur teilweise abgedruckt); NJW 1983/1572 (Urt. v. 16. 3. 1983 – 2 StR 543/82 –), diese Entsch. wird i. d. BGHSt-Sammlung veröffentlicht (s. in diesem Band S. 502–507); NStZ 1983/325 (s. in diesem Band S. 514–516); BGH-Urt. v. 13. 4. 1983 – 2 StR 733/82 –, wird in *Lindenmaier-Möhring* aufgenommen. vgl. auch *Gribbohm*, NJW 1981/305.
42 *Herdegen*, Karlsr. K. (Anm. 6), § 244 Rdz. 28; *Mayr*, Karlsr. K. (Anm. 6), § 250 Rdz. 14.
43 So schon BGHSt 17/382, 384.
44 BGH StrVert 1982/206.
45 Vgl. auch *Bruns*, Neue Wege zur Lösung des V-Mann-Problems, 1982, Seite 36 (unter k); *Rebmann*, NStZ 1982/315, 318, 319 (IV 1 a); (s. in diesem Band S. 403–456), a. A. *Engels*, NJW 1983/ 1530.
46 BVerfGE 57/250, 286; BGHSt 29/109, 113.
47 BVerfGE 57/286; BGHSt 3/344, BGHSt 16/111, 113, BGHSt 22/311, 313, BGH NStZ 1982/40 u. 79, BGH MDR 1980/273 bei *Holtz*.
48 BGHSt 22/311, 313.
49 Ja: BVerfGE 57/286, BGHSt 29/109, 113; BGH NJW 1981/770, BGH NStZ 82/79; *Paulus*, KMR-K. (Anm. 28), § 54 Rdz. 31; *Klein-*

knecht (Anm. 3), § 68 Rdz. 15, § 54 Rdz. 9; *Woesner* NJW 1961/533, 536; nein: BGHSt 23/244; *Meyer*, Löwe-R. (Anm. 1), § 54 Rdz. 16, § 68 Rdz. 3; vgl. auch *Gribbohm*, NJW 1981/305, 307.
50 BGH NStZ 1982/42; BGHSt 31/148, 156; Abschn. 2 d des BGH-Urt. v. 2. 2. 1983 – 2 StR 576/82 – (in BGHSt 31/236 nicht abgedruckt (Anm. 41)); BGH NJW 1983/1572 (Anm. 41 unter II 3 a; vgl. auch *Weider*, StrVert 1981/151 ff.; *ders.* in StrVert 1983/228, 2. Spalte unten, 229.
51 BVerfGE 57/286, 287; BGHSt 29/109, 113, BGHSt 29/390, 391; BGH NJW 1980/2088, NJW 1981/770; BGH NStZ 1982/40, NStZ 1982/79; Abschn. 2 d des BGH-Urt. v. 2. 2. 1983 (Anm. 50, 41); BGH NJW 1983/1572 (Anm. 41); *Kleinknecht* (Anm. 3), § 224 Rdz. 3.
52 BVerfGE 57/286; BGHSt 29/109, 114; BGH NJW 1980/2088, NJW 1981/770; BGH NStZ 1981/270, NStZ 1982/40, NStZ 1982/79.
53 BVerfGE 57/286, 287; BGH NStZ 1981/270, NStZ 1982/40, NStZ 1982/79.
54 BVerfGE 57/250, 292 ff.
55 Vgl. BGH StrVert 1982/206.
56 BGH StrVert 1982/206, 207 u. die anderen BGH-Entscheidungen (Anm. 41); vgl. BVerfGE 57/288, 290.
57 *Gössel*, GA 1980/325, 344.
58 Vgl. BGHSt 31/148 ff. u. BGH NJW 1983/1572 (Anm. 41) sowie d. Prozeßgeschichte dieser Verfahren.
59 *Schäfer*, Löwe-R. (Anm. 1), Einl. Kap. 9 Rdz. 1; *Paulus*, KMR-K. (Anm. 28), Rdz. 9 d. Vorb. v. § 199; OLG Frankfurt NJW 1982/1408.
60 *Pfeiffer*, Karlsr. K. (Anm. 6), Einl. Rdz. 6; *Herdegen*, Karlsr. K. (Anm. 6), § 244 Rdz. 22; *Meyer-G.*, Löwe-R. (Anm. 6), § 155 Rdz. 6.
61 *Meyer-G.*, Löwe-R. (Anm. 6), § 200 Rdz. 27, § 152 Rdz. 3; *Treier*, Karlsr. K. (Anm. 6), § 200 Rdz. 19; RGSt 76/254, 256.
62 *Schoreit*, Karlsr. K. (Anm. 6), § 150 GVG Rdz. 6; KG JR 1967/69, 70.
63 OLG Frankfurt NJW 1982/1409 (2. Sp. unten); Beschl. d. BVerfG v. 12. 1. 1983 – 2 BvR 864/81 – in NJW 1983/1043 unter I 2 b u. c.; *Kleinknecht* (Anm. 3), § 221 Rdz. 2.
64 *Meyer*, Löwe- R. (Anm. 1), § 96 Rdz. 1; *Laufhütte*, Karlsr. K. (Anm. 6), § 96 Rdz. 1, 4; *Kleinknecht* (Anm. 3), § 96 Rdz. 1.
65 In Bayern war für Polizeibeamte vor dem 1. 2. 1980 das Bayer. Staatsm. d. Innern zuständig, seither sind es d. Präsidien der Polizei u. d. LKA, für Staatsanwälte gibt die Versagung der Genehmigung das Bayer. Staatsm. d. Justiz.
66 Vgl. z. B. *Bruns* (Anm. 45), S. 10, 72; *Seebode/Sydow* in JZ 1980/506, 516 (unter V).
67 *Seebode/Sydow* (Anm. 66), s. dort auch die Literaturhinweise S. 507 Anm. 29.
68 Vgl. bei *Rebmann* (Anm. 45).

69 Vgl. Frankfurter Allgemeine Zeitung v. 14. 10. 1981, S. 11; auch *Laufhütte*, Karlsr. K. (Anm. 6), § 96 Rdz. 10.
70 BVerwGE 47/255 = NJW 1975/893.
71 *Maunz-Dürig-Herzog*, Komm. z. GG, Art. 92 Rdz. 67 a. E., 70, 71; *Herzog*, Anm. zu OLG Celle, JZ 1967/284, 286, 287 (Nr. 2).
72 *Stratenwerth*, JZ 1959/693, 695 (unter III); *Erdsiek*, NJW 1960/616, 618; *Witten*, NJW 1961/753, 758 (1. Sp.).
73 BVerfGE 57/250, 288.
74 BGHSt 31/148 ff.; Abschn. 2 d des BGH-Urt. v. 2. 2. 1983 (Anm. 50, 41), BGH NJW 1983/1572 (Anm. 41); BGH-Urt. v. 13. 4. 1983 – 2 StR 733/82 – (Anm. 41).
75 BGHZ NJW 1970/1543, 1544 (1. Sp.) = JZ 1970/729.
76 *Meyer-G.*, Löwe-R. (Anm. 1), § 203 Rdz. 15; *Paulus*, KMR-K. (Anm. 28), § 203 Rdz. 7; *Lüttger*, GA 1957/193, 197.
77 *Lüttger* (Anm. 26), S. 202; *Eb. Schmidt* (Anm. 14), § 170 Rdz. 18; *Müller*, KMR-K. (Anm. 28), § 170 Rdz. 3; *Meyer-G.*, Löwe-R. (Anm. 1), § 170 Rdz. 16.
78 *Meyer-G.*, Löwe-R. (Anm. 1), § 170 Rdz. 22; *Müller*, KMR-K. (Anm. 28), § 170, Rdz. 4.
79 RGSt 76/254.
80 *Paulus*, KMR-K. (Anm. 28), § 203 Rdz. 7.
81 Vgl. BGHSt 31/148, 154 u. BGH NJW 1983/1572 (Anm. 41); so auch *Franzheim* in NStZ 1983/230; BGHSt 29/109, 113 leitet aus dem Verstoß gegen das Gebot eines fairen Verfahrens ein Beweisverwertungsverbot ab, so auch *Fröhlich*, in NStZ 1981/271.
82 BGH in NJW 1980/1761, NStZ 1981/70, NJW 1981/1626, NJW 1982/838, NStZ 1982/126, NStZ 1982/156; vgl. auch *Bruns*, NStZ 1983/49 (s. in diesem Band S. 259–284).
83 BGHSt 15/155, 159; *Woesner*, NJW 1961/533, 535, 536; *Willms*, JZ 1957/465; vgl. auch BVerfG NStZ 1982/430.
84 *Willms* (Anm. 83).
85 *Kleinknecht* (Anm. 3), § 152 Rdz. 2 u. in Bruns-Festschr. 1978, S. 475, 476; *Müller*, Karlsr. K. (Anm. 6), § 170 Rdz. 4; *Meyer-G.*, Löwe-R. (Anm. 1), § 170, Rdz. 13.
86 *Treier* Karlsr. K. (Anm. 1), § 200 Rdz. 19; *Meyer-G.*, Löwe-R (Anm. 1), § 200 Rdz. 27.
87 *Kleinknecht* (Anm. 85); *Schoreit*, Karlsr. K. (Anm. 6), § 152 Rdz. 6; a. A. *Geppert*, GA 1979/281, 300.
88 *Kleinknecht* (Anm. 3), Rdz. 3 d. Vorb. v. § 141 GVG; *Schoreit*, Karlsr. K. (Anm. 6), § 141 GVG Rdz. 4; *Schäfer*, Löwe-R. (Anm. 6), Rdz. 10 d. Vorb. v. § 141 GVG.
89 Vgl. BGHSt 17/337, 347 ff.; BGHSt 30/34, 37; BGHSt 31/148, 155; *Gollwitzer*, Löwe-R. (Anm. 6), § 244 Rdz. 165; *Hanack*, JZ 1972/115 (unter d).

90 *Treier* Karlsr. K. (Anm. 6), § 200 Rdz. 19.
91 Vgl. *Rebmann* (Anm. 45). S. 320 (unter V 1) (s. in diesem Band S. 417); ferner die Fälle in BGHSt 29/390, NStZ 1982/42, BGHSt 31/148 ff.; BGH NJW 1983/1572 (Anm. 41); aufgrund d. BGH-Urt. v. 16. 3. 1983 (NJW 1983/1572) wird eine kommissarische Vernehmung unter Ausschluß d. Angekl. u. d. Vert. nur noch ausnahmsweise zulässig sein, wenn alle Möglichkeiten einer optischen Abschirmung als ungenügend ausgeschieden werden können; vgl. insoweit auch BGH NStZ 1983/325, 326; auch *Weider* StrVert 1981/151 ff. und 1983/227 ff.; a. A. *Engels* (Anm. 45): er hält den Ausschluß für unzulässig.
92 RGSt 7/74 ff.; *Meyer*, Löwe-R. (Anm. 1), § 54 Rdz. 16; *Pelchen*, Karlsr. K. (Anm. 6), § 54 Rdz. 17; *Paulus*, KMR-K. (Anm. 28), § 54 Rdz. 31; a. A. *Zezschwitz*, NJW 1972/796 ff.
93 BGH NJW 1980/846; NStZ 1981/70; BGHSt 31/148, 156; *Pelchen*, Karlsr. K. (Anm. 6), § 54 Rdz. 9; *Woesner*, NJW 1961/533, 536, 537; a. A. *Kleinknecht* (Anm. 3), § 54 Rdz. 4; *Paulus*, KMR-K. (Anm. 28), § 54 Rdz. 21; *Meyer*, Löwe-R. (Anm. 1), § 54 Rdz. 9; vgl. auch *Gribbohm*, NJW 1981/305, 307 (2c).
94 *Treier*, Karlsr. K. (Anm. 6), § 199 Rdz. 1; *Müller*, Karlsr. K. (Anm. 6), § 170 Rdz. 10; *Meyer-G.*, Löwe-R. (Anm. 1), § 170 Rdz. 34; *Müller*, KMR-K (Anm. 28), § 170 Rdz. 8; *Schulz*, GA 1958/264, 275 (Abs. 11); vgl. auch BVerfG (Anm. 63) unter I 2 b bb.
95 OLG Frankfurt (Anm. 63), BVerfG (Anm. 63) unter I 2 c aa.
96 *Pietrzik*, »Kriminalistik« 1980/315, 323 ff.; vgl. auch *Körner* (Anm. 36).
97 Vertraulichkeitszusagen sind Selbstverpflichtungen der Strafverfolgungsbehörde (vgl. *Röhrich*, Rechtsprobleme b. d. Verwendung von V-Leuten f. d. Strafprozeß, 1974, S. 165), über eine verbindliche Festlegung f. künftiges Verhalten kann nur die StA als die allein entscheidungsbestimmende Instanz im Ermittlungsverfahren befinden.
98 *Heimeshoff*, DRiZ 1972/64, 165.
99 *Meyer-G.*, Löwe-R. (Anm. 1), Rdz. 5 d. Verb. v. § 158; *Peters*, Fehlerquellen im Strafprozeß, 1972; Bd. II, § 44 II, u. in »Kriminalistik« 1970/425, 426; *Kuhlmann*, DRiZ 1976/267.
100 *Eb. Schmidt*, MDR 1951/1, 2; auch *Roxin*, DRiZ 1969/385, 386.

C. Der Mittelweg des Rechts

II. Zentrale Probleme

Die staatliche Beteiligung an Straftaten
Verbot der Verfolgung des Provozierten?
Entwicklung der Argumente

Bundesgerichtshof, Urteil vom 15. 4. 1980
(LG Augsburg)

Zum Sachverhalt: Der Angeklagte ist wegen fortgesetzten Handeltreibens mit Betäubungsmitteln verurteilt worden. Auf ein als »Teilstück« der fortgesetzten Handlung angesehenes tatbestandsmäßiges Verhalten des Angeklagten hat das Tatgericht die Verurteilung nicht erstreckt. Es hat dazu folgende Feststellungen getroffen: Am 22. 6. 1970 verkaufte der Angeklagte eine Teilmenge der mit Ascorbinsäure gestreckten Heroinzubereitung an einen Polizeibeamten, der sich bei einem vorausgehenden Zusammentreffen »als Rauschgifthändler großen Stils präsentiert« und dem gegenüber der Angeklagte »aus einem Minderwertigkeitsgefühl heraus« mit einer »connection« geprahlt und angegeben hatte, er könne Haschisch in größeren Mengen besorgen. Der Polizeibeamte, dem der Angeklagte, nur als Kleindealer bekannt war, sagte ihm, er würde »wesentlich mehr abnehmen«. Mit dieser Versicherung und dem Hinweis, daß »eine kleine Menge es doch nicht bringe«, überredete der Polizeibeamte den Angeklagten, sich auf ein »Heroingeschäft großen Umfangs« einzulassen. Drei Tage später vereinbarten beide, daß der Angeklagte in Frankfurt etwa 40 g Heroinzubereitung kauft und nach seiner Rückkehr fernmündlich in verschlüsselter Form mitteilt, welche Menge er übergeben kann. Schon am 27. 6. 1979 erwarb der Angeklagte in Frankfurt von einem türkischen Händler etwa 40 g Heroin. Am gleichen Tag wog er den Stoff in Verbraucherportionen ab, veräußerte etwa drei Gramm an Konsumenten, traf sich um 21 Uhr mit dem Polizeibeamten und übergab ihm eine Betäubungsmittelmenge von 36 g. Nach der Übergabe wurde der Angeklagte festgenommen. Er hatte noch zwei bis drei Gramm des Stoffes in seinem Besitz.

Die Revision der StA führte zur Aufhebung, soweit die *StrK* den Teilakt nicht verwertet hat.

Aus den Gründen: ... Die *StrK* hätte das tatbestandsmäßige Verhalten des Angeklagten am 27. 6. 1979 zum Gegenstand der Aburteilung machen müssen. Das ergeben schon die bisherigen Feststellungen. Es kann dahingestellt bleiben, ob die Aufklärungsrüge begründet ist.

a) Es ist einerseits feststehende, von der Wissenschaft ganz überwiegend gebilligte Rechtsprechung, daß im Rahmen der Bekämpfung besonders gefährlicher und schwer aufklärbarer Kriminalität, insbesondere auch der Rauschgiftkriminalität, auf den polizeilichen Lockspitzel (agent provocateur) nicht verzichtet werden kann (vgl. *BGH*, GA 1975, 333 m. w. Nachw.). Andererseits steht außer Frage, daß es Grenzen tatprovozierenden Verhaltens des polizeilichen Lockspitzels geben muß, deren Nichtbeachtung als ein dem Staat zuzurechnender Rechtsverstoß »in das Strafverfahren hineinwirken würde« (*Kleinknecht*, StPO, 34. Aufl., § 163 Rdnr. 32). Das dem Grundgesetz und der Strafprozeßordnung immanente Rechtsstaatsprinzip untersagt es den Strafverfolgungsbehörden, auf die Verübung von Straftaten hinzuwirken, wenn die Gründe dafür vor diesem Prinzip nicht bestehen können (vgl. *BGHSt*, 24, 125 [131] = NJW 1971, 1097; *BGH*, NJW 1980, 464 Nr. 19).

b) Der Sachverhalt läßt keinen Verstoß gegen das Rechtsstaatsprinzip erkennen. Der Angeklagte, der sich entschlossen hatte, »zur Finanzierung seines erhöhten Bedarfs und zur Aufbesserung seines Lebensunterhalts auf längere Sicht mit Drogen zu handeln«, war gegenüber dem Polizeibeamten als Verkäufer von immerhin vier oder fünf Gramm Heroinzubereitung in Erscheinung getreten. Er prahlte mit einer »connection« und gab an, er könne Haschisch in größeren Mengen besorgen. Der manifeste Akt des Handeltreibens und die Äußerungen des Angeklagten durften als ausreichende Grundlage für den Verdacht auf weitaus schwerer wiegende – schon getätigte oder (im Falle sich bietender Gelegenheit) zu erwartende – Rauschgiftgeschäfte angesehen werden. Dem Verdacht dadurch nachzugehen, daß er sich als kaufkräftiger Interessent einer größeren Menge einer besonders gefährlichen Droge ausgab, war dem Polizeibeamten nicht verwehrt. Was er zur Beeinflussung des Angeklagten vorbrachte, verstand sich von selbst: Größere Geschäfte werfen größeren Gewinn ab. Im übrigen begnügte er sich damit, den diesen größeren Profit ermöglichenden Partner zu mimen. Alles andere war dem Angeklagten überlassen. Er brachte den Kaufpreis auf, suchte und fand sogleich eine Bezugsquelle. Sein Verhalten spricht für Routine und dafür, daß er einem Geschäft der Art und des Umfangs, wie es der Polizeibeamte anregte, von vornherein nicht abgeneigt war und aufgrund bestehender Bereitschaft sogleich die Gelegenheit ergriff, die sich ihm bot. Infolgedessen ist der Sachverhalt durchaus den Fällen vergleichbar, in denen durch den Lockspitzel lediglich die allgemeine

Entschlossenheit zur Tatbegehung konkretisiert wird (vgl. *BGH*, GA 1975, 333).

Nach allen wesentlichen Wertungsgesichtspunkten – Grundlage und Ausmaß des gegen den Angeklagten bestehenden Verdachts, Art, Intensität und Zweck der Einflußnahme des Polizeibeamten, Tatbereitschaft und eigene, nicht fremdgesteuerte Aktivitäten des Angeklagten – kann keine Rede davon sein, daß der Angeklagte durch die Anstiftung »zum bloßen Objekt staatlichen Handelns herabgewürdigt« wurde (vgl. *Franzheim*, NJW 1979, 2014 [2015]) und deshalb der staatliche Strafanspruch nicht entstanden oder entfallen sei. Daß ihm die Möglichkeit verblieb, über das angekaufte Heroin abredewidrig zu verfügen, kann dem Angeklagten nicht zugute kommen. Die Frage der Strafbarkeit des agent provocateur, der die tatbestandliche Vollendung will oder in Kauf nimmt, ist hier nicht zu erörtern.

Amtsgericht Heidenheim, Urteil vom 27. 11. 1980

Zum Sachverhalt: Die Angeklagte A. hat den Tatbestand eines Vergehens der fortgesetzten Beihilfe zum erlaubten Handeltreiben mit Betäubungsmitteln in einem besonders schweren Fall gem. § 27 StGB, §§ 11 Nr. 1 d, IV Nr. 2, 11 I Nr. 1, IV Nr. 5 BetäubMG verwirklicht. Sie selbst hatte kein eigenes Interesse an dem Handel und wollte nur ihrem scheinbaren Freund, der ein V-Mann war, behilflich sein, wobei sie sich nach dessen und der von dem Angeklagten B. gegebenen Direktiven verhielt.

Aus den Gründen: Eine Verurteilung der Angeklagten A. konnte jedoch nicht erfolgen, weil der staatliche Strafanspruch durch grundrechtsverletzende rechtsstaatswidrige Strafverfolgungsmaßnahmen verwirkt worden ist. Die Angeklagte stand zwar Betäubungsmitteln nicht völlig fern. Sie war jedoch allenfalls zum Erwerb von sogenannten weichen Drogen in geringer Menge zu einem gelegentlichen eigenen Verbrauch bereit gewesen. Ein Verdacht, daß sie auf diesem Gebiet schwerwiegendere strafbare Handlungen begehen werde, bestand nicht. Es ging also nicht darum, bei ihr »die allgemeine Entschlossenheit zur Tat zu konkretisieren« (*BGH,* NJW 1980, 1761) (siehe in diesem Band S. 175–177). Vielmehr benutzte der V-Mann die Angeklagte ausschließlich als Werkzeug zur Ermittlung und Überführung ihm unbekannter Rauschgifthändler. Ohne seinen Einfluß hätte sie diese Straftat nicht begangen. Unter Mißachtung der Pflicht der Polizeiorgane, Straftaten zu verhüten, machte er die Angeklagte zum bloßen Objekt staatlichen Handelns. Dies stellt einen Verstoß gegen die in Art. 1 I GG garantierte Menschenwürde dar (vgl. *Maunz-Dürig,* GG, Art. 1 Rdnrn. 28 ff.). Der Verstoß gegen die Menschenwürde wird dadurch noch vertieft, daß der V-Mann bei der Angeklagten den Entschluß zur Tat nicht etwa im Rahmen einer losen Beziehung unter Bekannten, sondern nur unter Aufbau und Ausnützung einer scheinbaren Liebesbeziehung hervorrief, daß er sich also als Repräsentant der Strafverfolgungsbehörden in die Privatsphäre der Angeklagten allein zu dem Zweck einschlich, sie zur Begehung einer Straftat zu verleiten, um potentielle Dealer zu entlarven. Ein solches Verhalten staatlicher Organe verstößt eklatant gegen das Prinzip der Rechtsstaatlichkeit. Dieser Verstoß wird im Hinblick darauf, daß zu einer schwerwiegenden Tat angestiftet worden war, die Angeklagte vorher weder verdächtig noch von sich aus zu einer solchen Tat bereit gewesen war und bei der Tat nahezu nur den Mittelsmann zwischen dem V-Mann und dem Angeklagten B. gespielt hatte, sowie angesichts der Art und Umstände des Vorgehens des V-Mannes nicht damit gerechtfertigt, daß die Bekämpfung der Rauschgiftkriminalität ein im Interesse aller Bürger liegendes vordringliches Ziel der Ermittlungs- und Strafverfolgungsbehörden ist und daß diese Art Kriminalität besonders schwer aufklärbar ist.

Angesichts der Gesamtumstände unter besonderer Berücksichtigung der Tatsache, daß sich die Angeklagte ohne das grundrechtswidrige Tun des V-Mannes nicht strafbar gemacht hätte, war festzustellen, daß ihr gegenüber der staatliche Strafanspruch verwirkt ist. Dies stellt ein nicht behebbares Verfahrenshindernis dar. Deshalb war das Verfahren gegen die Angeklagte gem. § 260 III StPO mit der Kostenfolge des § 467 StPO einzustellen.

Bundesgerichtshof, Urteil vom 6. 2. 1981
(LG Lahn-Gießen)

Sachverhalt: Das Landgericht hat den Angeklagten wegen unerlaubten Handeltreibens mit Betäubungsmitteln in Tateinheit mit Steuerhehlerei zu einer Freiheitsstrafe von zwei Jahren und drei Monaten verurteilt; zugleich hat es die Einziehung der sichergestellten Heroinzubereitung angeordnet.

Die Revision des Angeklagten rügt die Verletzung förmlichen und sachlichen Rechts. Das Rechtsmittel hatte keinen Erfolg.

Aus den Gründen: Nach den Urteilsfeststellungen wurde der nicht vorbestrafte, unbescholtene, des Handels mit Rauschgift bis dahin nicht verdächtige Angeklagte von dem Zeugen N. »auf gut Glück« angesprochen und gefragt, ob er ihm »eine größere Menge Heroin liefern könne«. N., der damals selbst einem Verfahren wegen Vergehens gegen das Betäubungsmittelgesetz ausgesetzt war, hatte der Polizei erklärt, er wolle sich bemühen, Rauschgifthändler zu ermitteln, zu benennen und bei ihrer Überführung behilflich zu sein. Dafür waren ihm von der Polizei im Erfolgsfall finanzielle Zuwendungen versprochen worden; außerdem erhoffte er sich von seiner Tätigkeit Vorteile in dem gegen ihn anhängigen Verfahren. Der Angeklagte lehnte das Ansinnen N.'s zunächst ab, versprach ihm dann aber, »sich einmal umzuhören«. In den beiden folgenden Wochen führte er zwei Gespräche mit N., deren Ergebnis darin bestand, daß er ihm 100 g Heroin zum Preise von 12000 bis 13000 DM anbot. N. unterrichtete daraufhin die Polizei, die ihm Verhaltensmaßregeln erteilte, »Vorzeigegeld« gab, die Geschäftsabwicklung observierte und den Angeklagten bei der Übernahme des Heroins festnahm.

1. Der vorliegende Fall gibt Anlaß zur Prüfung, ob ein von Amts wegen zu beachtendes Verfahrenshindernis der Verfolgung des Angeklagten deshalb entgegensteht, weil er von einem polizeilich gelenkten Lockspitzel (agent provocateur) zu der Straftat angestiftet worden ist. Diese Frage muß im Ergebnis verneint werden.

a) Nach der inzwischen gefestigten Rechtsprechung des Bundesgerichtshofs ist im Rahmen der Ermittlung und Bekämpfung besonders gefährlicher und schwer aufklärbarer Straftaten, zu denen auch der Rauschgifthandel gehört, der Einsatz polizeilicher Lockspitzel im Grundsatz geboten und rechtmäßig (BGH GA 1975, 333; BGH NJW 1980, 1761 (siehe in diesem Band S. 175–177);

BGH NStZ 1981, 70; ferner BGH, Urteile vom 26. Februar 1980 – 5 StR 9/80 – und 21. Oktober 1980 – 1 StR 477/80).

b) Dies gilt aber nicht uneingeschränkt. Es ist anerkannt, daß dem tatprovozierenden Verhalten des Lockspitzels Grenzen gesetzt sind, deren Außerachtlassung als ein dem Staat zuzurechnender Rechtsverstoß in das Strafverfahren gegen den Täter hineinwirken würde (*Kleinknecht*, StPO 34. Aufl., § 163 Rdnr. 32). Das dem Grundgesetz und der Strafprozeßordnung immanente Rechtsstaatsprinzip untersagt es den Strafverfolgungsbehörden, auf die Verübung von Straftaten hinzuwirken, wenn die Gründe dafür vor diesem Prinzip nicht bestehen können; wesentlich für die Beurteilung sind dabei Grundlage und Ausmaß des gegen den Täter bestehenden Verdachts, Art, Intensität und Zweck der Einflußnahme des Lockspitzels, Tatbereitschaft und eigene, nicht fremdgesteuerte Aktivitäten dessen, auf den er einwirkt (BGH NJW 1980, 1761; BGH NStZ 1981, 70; BGH, Urteil vom 21. Oktober 1980 – I StR 477/80).

c) Nach diesen Wertungsgesichtspunkten kommt aber hier ein zugunsten des Angeklagten wirkendes Verfahrenshindernis nicht in Betracht. Zwar stand der Angeklagte, als N. ihn »auf gut Glück« um die Lieferung einer größeren Menge Heroin bat, nicht im Verdacht, bereits mit Rauschgift gehandelt zu haben oder sich am Rauschgifthandel beteiligen zu wollen. Indessen genügt das Fehlen eines solchen Verdachts für sich genommen noch nicht, die Zulässigkeit der Strafverfolgung wegen der dann begangenen Tat in Frage zu stellen.

Eine andere Beurteilung wäre nur geboten, wenn der agent provocateur in nachhaltiger Weise auf den Täter eingewirkt hätte, um ihn zur Begehung der Straftat zu bestimmen. Bei erheblicher Einwirkung – etwa wiederholten, länger andauernden Überredungsversuchen, intensiver und hartnäckiger Beeinflussung – kann das provozierende Verhalten des Lockspitzels ein solches Gewicht erlangen, daß demgegenüber der eigene Beitrag des Täters in den Hintergrund tritt. Hat ein im Auftrag oder mit Billigung staatlicher Behörden tätiger agent provocateur den Täter erst durch eine – im beschriebenen Sinne – erhebliche Einwirkung vom Wege des Rechts abgebracht, so setzte sich der Staat dem Vorwurf widersprüchlichen und arglistigen Verhaltens aus, wenn er es nun unternähme, den Täter strafrechtlich zu verfolgen, um ihn wieder auf den Weg des Rechts zurückzuführen. Dies kann innerhalb einer rechtsstaatlichen Ordnung nicht zulässig sein; die sich daraus ergebende Folge wäre ein auf den angestifteten Täter beschränktes Strafverfolgungsverbot, das die Wirkungen eines von Amts wegen zu beachtenden Verfahrenshindernisses entfaltet.

Die Voraussetzungen dieses Verfahrenshindernisses sind im vorliegenden Fall jedoch nicht gegeben. Nach den im Urteil getroffenen Feststellungen und dem im Wege des Freibeweises mitzuberücksichtigenden Akteninhalt hatte N. auf den Angeklagten nicht in nachhaltiger Weise eingewirkt, um ihn zur Beschaffung, zum Verkauf und zur Übergabe des Heroins zu bestimmen. Dessen bedurfte es nicht. Der Angeklagte war vielmehr – trotz anfänglicher Ablehnung des an ihn gestellten Ansinnens – alsbald bereit, mit N. ins Geschäft zu kommen. Dies zeigt sich darin, daß er N. schon bei dem ersten Treffen versprach, »sich einmal umzuhören«; damit hatte er seine allgemeine Bereitschaft zur Mitwirkung kundgetan und selbst den Weg zu jenen Gesprächen gewiesen, die in den beiden folgenden Wochen zum Abschluß des Rauschgifthandels führten. Danach konnte N. davon ausgehen, daß der Angeklagte von sich aus das Nötige tun werde, um das Geschäft zustandezubringen; er brauchte den Angeklagten von da an nicht mehr zu beeinflussen, um ihn zur Tat erst geneigt zu machen. Bei dieser Sachlage steht der Strafverfolgung des Angeklagten wegen Handeltreibens mit Betäubungsmitteln kein Verfahrenshindernis im Wege.

2. Die Verfahrensrügen greifen nicht durch.

Soweit die Revision meint, der Zeuge N. hätte als Tatbeteiligter gemäß § 60 Nr. 2 StPO nicht vereidigt werden dürfen, verkennt sie, daß sich diese Vorschrift nur auf die strafbare Tatbeteiligung bezieht; wer aber als polizeilicher Lockspitzel einen anderen zu einem Rauschgiftgeschäft bestimmt, um der Polizei die Überführung des Täters und die Sicherstellung des Rauschgifts zu ermöglichen, macht sich nicht strafbar (BGH, Urteile vom 13. März 1974 – 1 StR 657/72 –, 27. August 1974 – 1 StR 300/74 – und 18. März 1975 – 1 StR 559/74 –).

Die weiteren Verfahrensrügen sind offensichtlich unbegründet.

Kammergericht Berlin, Urteil vom 9. 9. 1981

Zum Sachverhalt: Ein polizeilicher Lockspitzel – ein amerikanischer CID-Agent – hatte bei der Entstehung des Rauschgifthandels in der Weise mitgewirkt, daß er sich dem Angeklagten als Abnehmer für eine größere Menge Haschisch angeboten hatte. Diesen Umstand hat die *StrK* in den Strafzumessungsgründen nicht erwähnt.

Die Revision des Angeklagten führte zur Aufhebung des Strafausspruchs mit den Feststellungen und zur Zurückverweisung.

Aus den Gründen: I. Ein von Amts wegen zu beachtendes Verfahrenshindernis, das durch den Einsatz eines polizeilichen Lockspitzels begründet sein könnte (*BGH,* NJW 1981, 1626), liegt nicht vor. Der Einsatz polizeilicher Lockspitzel kann zur Bekämpfung des Rauschgifthandels, wie zur Bekämpfung jeder besonders gefährlichen und schwer aufzuklärenden Kriminalität, geboten und gerechtfertigt sein (*BGH,* GA 1975, 333; NJW 1980, 1761 [siehe in diesem Band S. 175–177]; 1981, 1626 [siehe in diesem Band S. 180–182]; NStZ 1981, 70). Das dem Grundgesetz und der Strafprozeßordnung immanente Rechtsstaatsgebot untersagt es den Strafverfolgungsbehörden aber, auf die Verübung von Straftaten hinzuwirken, wenn die Gründe dafür vor diesem Prinzip nicht bestehen können. Wesentlich für die Beurteilung sind dabei Grundlage und Ausmaß des Tatverdachtes, Art, Intensität und Zweck der Einflußnahme des Lockspitzels und eigene, nicht fremd gesteuerte Aktivitäten des Angeklagten (*BGH,* NJW 1980, 1761; 1981, 1626). Ergibt die Wertung ein solches Gewicht des provozierenden Verhaltens des Lockspitzels, daß dadurch der Tatbeitrag des Angeklagten in den Hintergrund tritt und er so zum »Objekt staatlichen Handelns herabgewürdigt« (*Franzheim,* NJW 1979, 2015) erscheint, entsteht daraus ein auf den angestifteten Täter beschränktes Strafverfolgungsverbot, das die Wirkung eines von Amts wegen zu beachtenden Verfahrenshindernisses entfaltet (*BGH,* NJW 1981, 1626). Ein solcher Fall liegt hier aber nicht vor. *(Wird ausgeführt.)*

II. Die auf die Sachbeschwerde vorzunehmende Prüfung des Urteils hat zu einer Änderung des Schuldspruchs und zur Aufhebung des Strafausspruches geführt. Im übrigen ist die Revision unbegründet.

1. Die *StrK* hat, soweit es den Eigenverbrauch des Heroins in der Zeit vom März bis September 1979 betrifft, den Angeklagten »des fortgesetzten unbefugten Erwerbes und Besitzes von Betäubungsmitteln i. S. von §§ 1 I 3, 11 I BTMG« schuldig gesprochen. Dieser Schuldspruch ist rechtsfehlerhaft. Der Tatbestand des unbefugten Besitzes ist ein Auffangtatbestand, der die oft bestehenden Schwierigkeiten, den illegalen Erwerb nachzuweisen, ausräumen soll. Er tritt deshalb als subsidiärer Tatbestand zurück, wenn hinsichtlich desselben Betäubungsmittels eines der anderen Tatbestandsmerkmale des § 11 I Nr. 1 BTMG festgestellt ist (*BGH*, NStZ 1981, 263 und die dort zit. unveröff. Entscheidungen; *BGHSt* 25, 290 = NJW 1974, 959, *BGHSt* 25, 385; KG, v. 29. 5. 1980 – (4) Ss 121/80 (48/80); *Schmidt*, MDR 1978, 5). Das gilt auch dann, wenn ein besonders schwerer Fall nach § 11 IV Nr. 5 BTMG deshalb vorliegt, weil der Täter eine nicht geringe Menge eines Betäubungsmittels besitzt und mit ihr Handel treibt (*BGHSt* 25, 290 [293] = NJW 1974, 959). Der Angeklagte war hier deshalb nur des Erwerbes von Heroin schuldig zu sprechen. Der *Senat* hat in entsprechender Anwendung des § 354 I StPO den Schuldspruch berichtigt und dabei auch den in der Urteilsformel entbehrlichen Hinweis auf die fortgesetzte Handlung (*BGHSt* 27, 287 [289] = NJW 1978, 229) gestrichen.

2. Außerdem sind die Strafzumessungserwägungen nicht frei von Rechtsfehlern. Die beiden Einzelstrafen und die aus ihnen gebildete Gesamtstrafe mußten deshalb mit den insoweit getroffenen Feststellungen aufgehoben werden.

a) Soweit es den Handel mit Haschisch betrifft, hat die *StrK* wegen der »Menge von wenig mehr als 200 Gramm« einen besonders schweren Fall nach § 11 IV BTMG – zu ergänzen ist Nr. 5 – angenommen, weil der Angeklagte »Betäubungsmittel in nicht geringer Menge im Sinne dieser Bestimmung besessen und damit Handel getrieben hat«. Bei den zugunsten des Angeklagten sprechenden Umständen hat es die *Kammer* aber unerwähnt gelassen, daß die Tat von einem agent provocateur veranlaßt worden ist. Das läßt besorgen, daß sie diesen Umstand rechtsirrtümlich bei der Abwägung der Strafzumessungsgründe nicht berücksichtigt hat.

Zwar ist es nicht erforderlich, daß der Tatrichter in den Urteilsgründen eine erschöpfende Darstellung aller Strafzumessungstatsachen und -erwägungen gibt (*BGHSt* 24, 268 = NJW 1972, 454 mit zust. Anm. *Jagusch*; *BGH*, NJW 1976, 2220; NStZ 1981, 299;

Meyer, in: *Löwe-Rosenberg*, StPO, 10. Aufl., § 337 Rdnr. 166). Die Urteilsgründe enthalten aber einen auf die Sachrüge zu prüfenden Fehler, wenn sie in der Weise lückenhaft sind, daß die Besorgnis besteht, der Tatrichter habe einen für die Strafzumessung wesentlichen Gesichtspunkt nicht berücksichtigt (*Meyer*, in: *Löwe-Rosenberg*, StPO, § 337 Rdnr. 168). Dieser Fall ist in ständiger Rechtsprechung z. B. dann angenommen worden, wenn ein, sei es auch nicht sicher festgestelltes, erhebliches mitwirkendes Verschulden des Opfers in den Strafzumessungserwägungen nicht berücksichtigt worden ist (*BGH*, VRS 6 [1954], 449 [452]; 19 [1960], 126; 21 [1961], 54 [57]; 25 [1963], 113; *KG*, VRS 29 [1965], 211). Nur dann, wenn die Mitschuld des Opfers so gering ist, daß dadurch der den Täter treffende Schuldvorwurf nicht wesentlich gemindert ist, stellt es keinen Rechtsfehler dar, wenn der Tatrichter sie ohne Erwähnung in den Strafzumessungsgründen nur stillschweigend geprüft und als Milderungsgrund verworfen hat (*BGH*, VRS 36 [1969], 362; vgl. auch *KG*, VRS 29 [1965], 211). Diese für das Verkehrsstrafrecht entwickelten Rechtsgrundsätze sind auf den hier vorliegenden Fall der Mitwirkung eines agent provocateur entsprechend anzuwenden. Beiden Fallgruppen ist nämlich gemeinsam, daß ein anderer zur Straftat mitwirkt und dadurch das Verschulden des Täters in einem milderen Licht erscheinen kann. Es bedürfte deshalb nur dann nicht einer Erwähnung der Mitwirkung des polizeilichen Lockspitzels in den Strafzumessungserwägungen, wenn sein Tatbeitrag so gering ist, daß er ersichtlich ohne Einfluß auf die dem Täter vorzuwerfende Schuld ist.

Ein solcher Fall liegt hier aber nicht vor. Zwar stellt die *StrK* im Rahmen der rechtlichen Würdigung fest, der Angeklagte habe sich »nach kurzer Überlegung zum Verkauf der größeren Haschischmenge bereit erklärt, ohne von dem vermeintlichen Ankäufer dazu besonders gedrängt worden zu sein«. Damit wird eine völlig unwesentliche Mitwirkung des Lockspitzels aber nicht dargetan, denn es kann nicht angenommen werden, daß die Schuld des Angestifteten erst dann erheblich gemildert ist, wenn er »besonders gedrängt« wird. Für eine nicht unerhebliche Mitwirkung des CID-Agenten spricht hier im übrigen auch der Umstand, daß der Angeklagte auf eine Anregung des ihm bekannten Marokkaners nicht bereit war, sich auf ein Geschäft mit dem angeblichen Ankäufer einzulassen. – Letztlich ist auch mit dem zugunsten des Angeklagten berücksichtigten Umstand, »daß das Haschisch nicht in die Hände von Drogeninteressenten geraten und insoweit keinen Schaden angerichtet hat«, die Mitwirkung des Agenten an der Tatentstehung nicht ausreichend gewürdigt worden. Die *Kammer* hat hier nämlich nur die Folgenlosigkeit der Tat berücksichtigt, nicht aber in ihre Erwägung einbezogen, daß die Beweggründe des Angeklagten in einem milderen Licht erscheinen können, denn äußere Tatanreize stehen als motivierende Kraft den Beweggründen gleich (*Stree*, in: *Schönke-Schröder*, StGB, 20. Aufl., § 46 Rdnr. 13; *Hirsch*, in: LK, 10. Aufl., § 46 Rdnr. 66). Sie sind für das Maß der dem Angeklagten vorzuwerfenden Schuld hier entscheidender als die Folgenlosigkeit der Tat.

Die Nichtberücksichtigung der Mitwirkung des CID-Agenten läßt es auch nicht ausgeschlossen erscheinen, daß die *StrK* rechtsirrtümlich hier einen besonders schweren Fall des Betäubungsmittelhandels nach § 11 IV Nr. 5 BTMG nur deswegen angenommen hat, weil der Angeklagte eine Menge von wenig mehr als 200 Gramm dem Agenten übergeben hatte. Zwar ist es nicht zu beanstanden, daß die *StrK* hier eine nicht geringe Menge im Sinne der genannten Vorschrift angenommen hat. Das muß aber nicht in jedem Fall zur Annahme eines besonders schweren Falles führen. Die Qualifikationsmerkmale des § 11 IV BTMG indizieren vielmehr nur in der Regel den besonders schweren Fall, lassen aber dann trotz ihres Vorliegens eine Unterschreitung der hierfür angedrohten Mindeststrafe zu, wenn besondere Umstände in der Tat einschließlich ihrer Begleitumstände oder der Täterpersönlichkeit deutlich für eine geringere Bewertung des Unrechtsgehaltes sprechen (*OLG Oldenburg*, MDR 1974, 329; vgl. auch *Schmidt*, MDR 1979, 886). Es bedarf keiner näheren Begründung, daß die Mitwirkung eines polizeilichen Lockspitzels ein solcher Umstand sein kann, wenn sie in Extremfällen sogar ein Strafverfolgungshindernis begründen kann.

Landgericht Verden, Urteil vom 22. 10. 1981

Sachverhalt: Die Staatsanwaltschaft warf dem Angeklagten vor, durch Vermittlung eines Geschäfts über den Ankauf von über zehn Kilogramm Haschisch Handel mit Betäubungsmitteln getrieben zu haben. Der Angeklagte wurde freigesprochen.

Aus den Gründen: Der in Hamburg lebende Angeklagte lernte auf dem täglichen Weg zu seiner Arbeitsstelle Anfang September 1980 in der S-Bahn einen Mann kennen, der sich dem Angeklagten gegenüber als »Jakob« ausgab und vermutlich die Staatsangehörigkeit eines arabischen Landes besitzt. Beide tauschten Wohnadresse und Telefonnummer aus. In der zweiten Septemberwoche 1980 rief Jakob den Angeklagten erstmals an und vereinbarte mit ihm ein Treffen. Diesem Treffen folgten weitere Zusammenkünfte. Ihre Gespräche drehten sich zunächst nur um das Privatleben des Angeklagten, wobei Jakob dessen Vertrauen insbesondere dadurch gewann, daß er vermittelnde Gespräche mit der Ehefrau des Angeklagten führte, um damals bestehende Probleme in deren Ehe auszuräumen.

Ende September/Anfang Oktober 1980 fragte Jakob im Rahmen einer neuerlichen Zusammenkunft den Angeklagten dann plötzlich, ob er Verkäufer von »Drogen« kennen würde. Er sei doch Ausländer und könne deshalb ohne Schwierigkeiten und ohne Mißtrauen zu erwecken Kontakt zu weiteren Ausländern, insbesondere auch zu Schwarzafrikanern, unter anderem auf »St. Pauli«, herstellen. Der Angeklagte gab Jakob jedoch eindeutig zu verstehen, daß er mit Drogen weder etwas zu tun haben wolle, noch in der Vergangenheit damit zu tun gehabt habe. Jakob kam bei den nächsten Treffen jedoch immer wieder darauf zu sprechen und bedrängte den Angeklagten immer heftiger, Kontakt zu potentiellen Drogenverkäufern aufzunehmen. Zugleich gabe er dem Angeklagten, wie schon in den Wochen zuvor, kleinere Geldbeträge von je 20 DM oder 50 DM, wobei er dieses Mal andeutete, daß diese Geldbeträge als Geschäftsunkosten, insbesondere Benzinkosten, für seine Vermittlungstätigkeit gedacht seien.

Der Angeklagte, der das Geld gern annahm, da er arbeitslos war, war nunmehr zu der festen Annahme gelangt, daß er für die Polizei arbeiten, demnach als Mittelsmann fungieren solle und Jakob als Verbindungsmann den Kontakt zur Hamburger Polizei herstelle.

Deshalb gab er dem Drängen Jakobs schließlich nach und begab sich in verschiedene Discotheken, wo Haschisch geraucht wurde. Bei seinem Versuch, Kontakte insbesondere mit Ausländern anzubahnen, wurde er jedoch mit großem Mißtrauen beobachtet und vereinzelt offen als »Polizeispitzel« bezeichnet. Der Angeklagte gab jedoch nicht auf. Ca. Mitte Oktober 1980 erhielt er von einer ihm unbekannten Person in einer Discothek auf St. Pauli eine Telefonnummer. Diese Telefonnummer wählte der Angeklagte, worauf sich ein Uwe Sch. meldete. Der Angeklagte fragte ihn, ob er Drogen verkaufen könne. Sch. war zunächst mißtrauisch und erwiderte, daß er dies nicht allein entscheiden könne; er – der Angeklagte – solle sich in ein paar Tagen wieder mit ihm in Verbindung setzen.

Dies tat der Angeklagte, der daraufhin von Sch. erfuhr, daß ein Verkauf von Haschisch möglich sei und er ihn nunmehr persönlich kennenlernen wolle. Nachdem ein Treffpunkt vereinbart worden war, informierte der Angeklagte seinen V-Mann Jakob ausführlich über dieses Gespräch. Der Angeklagte traf sich daraufhin mit Sch., der in Begleitung von Klaus St. war. Sch. erklärte dem Angeklagten nunmehr, daß St. für das geplante Rauschgiftgeschäft der eigentliche Ansprechpartner sei.

St. verlangte von dem Angeklagten dann eine Summe von 35 000 DM. Sobald er diesen Betrag erhalten habe, wolle er das Haschisch – und zwar ca. 3,5 Kilogramm – holen und dem Angeklagten übergeben. Der Angeklagte bat sich Bedenkzeit aus, worauf ihm St. seine Adresse gab. Der Angeklagte übergab daraufhin Jakob die erhaltene Adresse, da dieser selbst mit St. Kontakt aufnehmen solle, und informierte ihn über das Zusammentreffen. Jakob hatte zu diesem Zeitpunkt aber noch kein Interesse, St. zu treffen und beauftragte den Angeklagten deshalb, er solle St. sagen, daß eine Geldübergabe erst erfolgen könne, wenn er – Jakob – zuvor die Ware gesehen hätte. Der Angeklagte teilte St. diese Bedingung für das Zustandekommen des Haschischgeschäftes mit, der damit einverstanden war. Beide vereinbarten, den Handel in der Nacht vom 31. 10 auf den 1. 11. 1980 auf dem Gelände einer BMW-Firma in Walsrode abzuwickeln.

Am Freitag, den 31. Oktober 1980 kurz vor Mitternacht, fuhr der Angeklagte mit seinem PKW, Marke Daimler-Benz, amtliches Kennzeichen HH-... in Begleitung einer Taxe, die mit Jakob – dem Polizeispitzel – und dem Zeugen Kriminalhauptmeister B. besetzt war, zu dem verabredeten Treffpunkt. Sein Fahrzeug stellte der Angeklagte in einer Nebenstraße ab und telefonierte sodann mit Sch., nachdem Jakob ihm zuvor mitgeteilt hatte, daß er das geforderte Geld bei sich habe. Bei dieser Gelegenheit sicherte ihm Jakob auch zu, daß sein Name bei diesem Geschäft nicht genannt werden würde.

Kurz darauf fuhren Sch. und St. in einem PKW, Marke VW-Golf, vor. St. zeigte dem Angeklagten und Jakob in seinem Fahrzeug eine Haschischplatte von ca. 300 Gramm. Nachdem Jakob die Qualität für gut befunden hatte, wurde für die Abwicklung des Geschäftes eine Verabredung für 0.30 Uhr am gleichen Ort getroffen. Danach entfernten sich Sch. und St. mit ihrem PKW.

Gegen 0.30 Uhr erschienen beide in Begleitung von Ulrich K. und Henning W. wieder, die in einem BMW vorfuhren. In Gegenwart des Angeklagten fanden daraufhin Verhandlungen wegen der genauen Übergabe von 3,5 Kilogramm Cannabisharz statt. Der Angeklagte war nunmehr der Ansicht, alles erforderliche für das Zustandekommen eines Rauschgiftgeschäftes getan zu haben. Er bestieg deshalb seinen PKW und fuhr nach Hamburg zurück.

Ein paar Tage später rief Jakob den Angeklagten an und teilte ihm mit, daß die Polizei Erfolg gehabt habe. Bei der Übergabe des Rauschgiftes am 1. November 1980 seien Sch., St., K. und W. festgenommen worden. Jakob forderte ihn bei dieser Gelegenheit auf, weitere Kontakte zu Rauschgifthändlern herzustellen. Er solle aber auf keinen Fall den Namen »Jakob« erwähnen. Neue Vorstöße des Angeklagten in dieser Richtung blieben jedoch ohne Erfolg, da er nach dem Walsroder Vorfall in »Rauschgiftkreisen« allgemein als Polizeispitzel betrachtet wurde. Er gab deshalb seine weiteren Bemühungen auf, was er auch Jakob, der ihm danach noch einmal einen kleineren Betrag für Benzin hat zukommen lassen, mitteilte. Daraufhin meldete sich Jakob bei dem Angeklagten nicht mehr.

Der Angeklagte hielt sich in den nächsten Monaten bei seiner Ehefrau in Hamburg auf, wobei er im November 1980 und Januar 1981 jeweils eine Auslandsreise in seine Heimat nach Kamerun unternahm. Der Angeklagte wurde dann von der 3. großen Strafkammer des Landgerichts Verden für den 27. Mai 1981 als Zeuge in dem Verfahren gegen Sch., St., K. und W. vorgeladen. Der Angeklagte leistete dieser Vorladung Folge und sagte in dem genannten Verfahren als Zeuge aus. Nachdem er den Sitzungssaal verlassen hatte, wurde er auf Veranlassung des Sitzungsvertreters der Staatsanwaltschaft in diesem Verfahren verhaftet.

III. Diese Feststellungen sieht die Kammer aufgrund der Einlassung des Angeklagten sowie der Aussagen der Zeugen Gabriele A. und Kriminalhauptmeister B. als erwiesen an. (Wird ausgeführt.)

IV. Der Angeklagte war von dem Vorwurf des Handels mit Betäubungsmitteln freizusprechen, da ein von Amts wegen zu beachtendes Verfahrenshindernis seiner Verfolgung entgegensteht.

Der Angeklagte ist von »Jakob«, einem polizeilich gelenkten Lockspitzel zu der ihm vorgeworfenen Straftat angestiftet worden. Dabei hat »Jakob« durch sein immer wiederkehrendes Drängen, Haschischverkäufer ausfindig zu machen, auf den Angeklagten nachhaltig eingewirkt. Sein provozierendes Verhalten hat geradezu ein solches Gewicht erlangt, daß der eigene Beitrag des Angeklagten für das Zustandekommen des Rauschgiftgeschäftes demgegenüber völlig in den Hintergrund getreten ist.

Der Angeklagte, dem sehr sehr schnell offenbar wurde, daß »Jakob« für die Polizei als Verbindungsmann tätig war, hat aus dem geplanten Haschischgeschäft keinerlei Gewinn erzielt und auch nicht erzielen wollen. Die gelegentlich erhaltenen Beträge von 20 DM und 50 DM sind so gering, daß sie in der Tat als »Geschäftskosten« des Angeklagten für seine Vermittlertätigkeit aufzufassen sind.

Auch konnte die Kammer nicht außer acht lassen, daß »Jakob« das Tatgeschehen in der entscheidenden Phase völlig an sich gezogen hatte und zwar allein schon deshalb, weil er im Gegensatz zu dem Angeklagten von vornherein über den erforderlichen Betrag von 35 000 DM verfügte. Demgemäß verließ der Angeklagte mit seinem Pkw auch sofort den Übergabeort in Walsrode, nachdem er die Interessenten für das Rauschgiftgeschäft zusammengebracht hatte.

Die eigentliche Übergabe des Cannabisharzes und des Geldes wollte er völlig ohne sein Zutun erledigt wissen.

Die Kammer ist deshalb der Auffassung, daß der Angeklagte eigene Aktivitäten, d. h. Aktivitäten, die nicht von »Jakob« gewollt waren, nicht entwickelt hat. Der Polizeispitzel »Jakob« hatte das Tatgeschehen von Anfang fast völlig unter seiner Kontrolle. Da er im übrigen als ein im Auftrag staatlicher Behörden tätiger »agent provocateur« den Angeklagten durch erhebliche Einwirkung zu dem Handeltreiben mit Betäubungsmitteln angestiftet hat, würde sich »der Staat dem Vorwurf widersprüchlichen und arglistigen Verhaltens aussetzen, wenn er es unternähme, den Angeklagten strafrechtlich zu verfolgen, um ihn wieder auf den Weg des Rechts zurückzuführen. Dies kann innerhalb einer rechtsstaatlichen Ordnung nicht zulässig sein. Die sich daraus ergebende Folge ist ein auf den Angeklagten beschränktes Strafverfolgungsverbot« (BGH, NJW 1981, 1626 ff. [= StrVert. 1981, 392]) (siehe in diesem Band S. 180–182).

Der Angeklagte war deshalb freizusprechen und für die erlittene Untersuchungshaft gemäß § 2 Abs. 1 Gesetz über die Entschädigung für Strafverfolgungsmaßnahmen vom 8. März 1981 zu entschädigen.

Bundesgerichtshof, Beschluß vom 13. 11. 1981
(LG Frankfurt a. M.)

Sachverhalt: Das Landgericht hat den Angeklagten wegen unerlaubten Handeltreibens mit Betäubungsmitteln zu einer Freiheitsstrafe von fünf Jahren verurteilt. Seine auf die Verletzung sachlichen Rechts gestützte Revision hatte Erfolg.

Aus den Gründen: Nach den Urteilsfeststellungen war der Angeklagte Ende November/Anfang Dezember 1980 von dem Iraner S. um Vermittlung einer größeren Menge Heroins gebeten worden. Der Angeklagte war zu jener Zeit, schon seit etwa Mai 1980, heroinsüchtig und bezog das zur Befriedigung seiner Sucht erforderliche Heroin – zur Zeit der Kontaktaufnahme S.'s etwa 1,5 Gramm täglich – unter anderem von dem inzwischen rechtskräftig abgeurteilten 16jährigen Türken C.

S. andererseits war unter der Führung eines Kriminalbeamten als V-Mann für die Kriminalpolizei tätig und hatte den Angeklagten deswegen angegangen, weil er dessen Heroinsucht bemerkt hatte und über ihn an einen Heroinverkäufer herankommen wollte. Im Verlauf weiterer Kontakte zwischen S. und dem Angeklagten berichtete dieser dem C. von dem Kaufinteresse des S. in der Erwartung, beim Zustandekommen eines Geschäfts selbst mindestens zehn Gramm Heroin für seine Bemühungen zu erhalten. Aufgrund der Vermittlung des Angeklagten wurde am 18. Dezember 1980 dem S. und einem als Käufer auftretenden Polizeibeamten der Verkauf von 500 Gramm Heroin für 45 000 DM zugesagt. Bei der Übergabe des Heroins wurde unter anderem der dabei mitwirkende Angeklagte festgenommen.

Der Angeklagte hat sich dahin eingelassen, »er sei von dem Zeugen S.« in der Anbahnungsphase »regelrecht bedrängt worden, ihn mit Heroinverkäufern bekannt zu machen... Er habe aber ein solches Ansinnen lange Zeit strikt zurückgewiesen und sich schließlich nur deshalb bereit erklärt, weil er dringend Heroin gebraucht habe und ihm solches versprochen worden sei.« Mit diesen Angaben hat sich die Strafkammer nicht befaßt. Soweit sie im Hinblick auf die Vorgeschichte eine »andersartige Schilderung des Zeugen« wiedergibt, diese »unterstützt (sieht) durch die Bekundung des Zeugen T.« und dem Zeugen S. Glaubwürdigkeit bescheinigt, bezieht sich dies allein auf die Dauer der

Anbahnung des Geschäfts, auf den Zeitpunkt, zudem seitens der Aufkäufer erstmals Geld vorgezeigt wurde, sowie auf Vorgänge bei der Heroinübergabe: Dagegen hat das Gericht weder mitgeteilt, ob und gegebenenfalls wie S. und die Polizeibeamten sich zu der oben wiedergegebenen Einlassung des Angeklagten geäußert haben, noch ob es sich selbst – etwa aufgrund anderer Umstände – eine eigene Überzeugung zu dieser Frage gebildet hat.

Darauf kam es aber an. Der erkennende Senat hat in seinem Urteil vom 6. Februar 1981 – 2 StR 370/80 – (siehe in diesem Band S. 180–182) unter Hinweis auf weitere Entscheidungen des Bundesgerichtshofes ausgeführt:

»Bei erheblicher Einwirkung – etwa wiederholten, länger andauernden Überredungsversuchen, intensiver und hartnäckiger Beeinflussung – kann das provozierende Verhalten des Lockspitzels ein solches Gewicht erlangen, daß demgegenüber der eigene Beitrag des Täters in den Hintergrund tritt... Dies kann innerhalb einer rechtsstaatlichen Ordnung nicht zulässig sein; die sich daraus ergebende Folge wäre ein auf den angestifteten Täter beschränktes Strafverfolgungsverbot, das die Wirkungen eines von Amts wegen zu beachtenden Verfahrenshindernisses entfaltet.«

Soweit der Senat in diesem Zusammenhang den Fall erwähnt hat, daß der Lockspitzel den Täter durch erhebliche Einwirkung erst vom Weg des Rechts abgebracht hat, handelt es sich nur um ein Beispiel. Es schließt nicht aus, daß auch die Bestimmung einer heroinabhängigen und somit bereits in strafbarer Weise in die Drogenszene verstrickten Person – etwa wenn gerade ihre Sucht und der sich daraus ergebende Mangel an Widerstandskraft ausgenutzt wird – unzulässig sein kann, vor allem wenn die Überlassung von Heroin als Belohnung für die Mitwirkung in Aussicht gestellt wird.

Auf der Grundlage der bisherigen Urteilsfeststellungen ist dem Revisionsgericht die Prüfung, ob sich im vorliegenden Fall die Einwirkung auf den Angeklagten im Rahmen des rechtlich Zulässigen gehalten hat, nicht möglich. Der Mangel nötigt zur Aufhebung des Urteils.

Da die vorliegende Sache ursprünglich mit einer Jugendsache verbunden war und die Jugendkammer bereits das Hauptverfahren eröffnet hatte, blieb – trotz zwischenzeitlich erfolgter Verweisung an die für allgemeine Strafsachen zuständige Strafkammer – gemäß § 47a JGG die Zuständigkeit des Jugendgerichts bestehen (BGH, Beschl. v. 4. November 1981 – 2 StR 242/81). Der Senat verweist deshalb die Sache an eine Jugendkammer des Landgerichts.

Bundesgerichtshof, Urteil vom 23. 9. 1983
(LG Frankfurt)

Sachverhalt: Das *LG* hatte den Angeklagten wegen unerlaubten Handeltreibens mit Btm zu einer Freiheitsstrafe von 6 Jahren verurteilt und unter Einbeziehung einer rechtskräftigen Freiheitsstrafe eine Gesamtfreiheitsstrafe von 7 Jahren und 6 Monaten gebildet. Die Revision des Angeklagten führte mit der Rüge der Verletzung sachlichen Rechts zur Aufhebung des Urteils.

Aus den Gründen: I. Das *LG* hat festgestellt: Im Sommer 1980 hatte der damals in der Türkei lebende Angeklagte Grundstücke verkauft, um mit dem Erlös Schulden decken zu können. Die Umschreibung im Katasteramt sollte erfogen, sobald der Käufer, I. D., den Restkaufpreis von umgerechnet 120000 DM bezahlt haben würde. Da D. sich in der Folgezeit in der Bundesrepublik Deutschland aufhielt und den Angeklagten zur Abholung des Geldes bei ihm aufforderte, reiste der Angeklagte zu diesem Zweck im Dezember 1980 nach Frankfurt/M. Dort wurde er von seinen Landsleuten mit offenen Armen aufgenommen; u. a. »vermutete man, daß er als Mann aus Diyarbakir Heroin mitgebracht habe«. Sehr engen Kontakt bekam er mit A. Ö. und dem insgeheim als V-Person für die Polizei tätigen M. K. »Dieser M. K. kümmerte sich sehr viel um den Angeklagten und fragte ihn auch, warum er seine Ländereien verkauft habe. K. fragte den Angeklagten anschließend, warum er kein Heroin herkommen lasse, um so seine Ländereien nicht verkaufen zu müssen. K. bot an, sich um den Absatz des Heroins zu kümmern. Daraufhin führte der Angeklagte mehrere Telefongespräche mit einem Hotel in Istanbul, wo er früher einmal gewohnt hatte.« Er erreichte dort einen Familienfreund und bat ihn, andere Personen, von denen der Angeklagte wußte, daß sie Heroin von Istanbul nach Frankfurt/M. lieferten, »nach Heroin zu fragen«. Von dem Familienfreund erhielt er die Telefonnummer, unter der ein Mann namens H. zu erreichen war; er rief diesen an »und bestellte Heroin«. H. teilte ihm mit, daß das Rauschgift nur geliefert werden könne, wenn der Angeklagte einen zum Einbau des Heroins geeigneten Kraftwagen (Pkw Mercedes oder Kleinbus) mit deutschem Kennzeichen in die Türkei schicke. Der mittellose Angeklagte unterrichtete hiervon K., der ihm Hilfe zusagte.

In einem weiteren Ferngespräch mit H. erfuhr der Angeklagte, daß die Liefervorbereitungen über den Zeitraum hinaus andauern würden, für den er als Tourist Aufenthaltsgenehmigung für die Bundesrepublik Deutschland hatte. Deshalb »sagte er zunächst den Transport bei H. ab. Als er dies K. mitteilte, machte ihm M. K. heftige Vorwürfe. Er, K., könne ihm ohne weiteres eine Aufenthaltserlaubnis beschaffen. Dies habe er schon mehrmals getan. Der Angeklagte rief deshalb zwei Tage später den H. in Istanbul erneut an, diesmal zusammen mit M. K.« Dieser hatte über den Kriminalbeamten, der ihn führte, mit Zustimmung der zuständigen Behörden eine Verlängerung der Aufenthaltsgenehmigung des Angeklagten um vier Wochen erreicht. »Da M. K. bereit war, für jeden Schaden bei dem Transport aufzukommen, bestellte der Angeklagte 3–4 kg Heroin.«

Auf die Bitte des Angeklagten um Geld, damit er nach München fahren und sich um Fahrzeug und Fahrer kümmern könne, erhielt er von K. 2000 DM. In München warben er und eine andere Person – möglicherweise Ö., dessen Pkw für die Fahrt dorthin benutzt wurde – den Taxifahrer R. für die Schmuggelfahrt an. Nachdem sie sich von K. weitere 2500 DM hatten schicken lassen, erwarben sie für diesen Preis einen alten VW-Bus, der am 19. 1. 1981 auf R. zugelassen wurde. Anschließend wurden mit R. alle Einzelheiten der Reise, seine Kontaktaufnahme in der Türkei sowie die Übergabe des Heroins nach Rückkehr abgesprochen. Anfang Februar 1981 fuhr R. mit dem VW-Bus, den der Angeklagte mit Decken und Haushaltsgeräten vollgepackt hatte, in die Türkei. In der Zeit vom 23. bis 27. 2. 1981 wurde der Wagen beladen. Der Angeklagte rief fast täglich bei H. an und wurde dabei über den jeweiligen Stand der Transportvorbereitungen unterrichtet. Am 27. 2. 1981 trat R. die Rückreise an.

In den folgenden Tagen wurde der Empfang des Transporters mehrfach besprochen, mindestens zwischen dem Angeklagten, K., S. und Se. »Ko. und K. planten, zunächst die Ware in der Türkei zu bezahlen und Ko.'s Felder zu retten. Dann sollte S. bezahlt werden. Ko. sollte das Heroin in S.'s Wohnung bewachen.« Zweimal fuhr der Angeklagte mit verschiedenen Angehörigen der Gruppe – einmal war auch K. dabei – nach München, wo das erste Zusammentreffen R. mit Se. in München sowie die Begleitung des VW-Busses durch Se. von München nach Frankfurt organisiert wurde. Hierzu gab K. weitere 1370 DM und 200 DM; der Angeklagte gab Se. ein Foto von R. K. und der Angeklagte begaben sich sodann in Frankfurt/M. in die Wohnung Ö., dort nahmen sie am 6. 3. 1981 die telefonische Meldung über die Ankunft R. in München entgegen; über die bevorstehende Ankunft R. in Frankfurt/M. unterrichtete der Angeklagte den H. Sö., in dessen Wohnung das Heroin verbracht werden sollte.

Nach der Sicherstellung des VW-Busses durch die Polizei am selben Tag wurden in einem Hohlraum 3452,4 g Heroinzubereitung mit einem Heroinanteil von 925,3 g gefunden. Zugleich wurden R., S. und Sö. festgenommen. Die Festnahme des Angeklagten geschah 3 Wochen später im Zusammenhang mit einem anderen Heroingeschäft, mit dem der Angeklagte einen Teil des durch den Mißerfolg entstandenen Schadens abdecken wollte.

II. Die *StrK* hat bei der Strafzumessung dem Umstand, »daß die V-Person der Polizei einen ganz erheblichen Tatbeitrag leistete«, unter Anführung der insoweit maßgeblichen Handlung »ganz erhebliche mildernde Bedeutung« beigemessen, andererseits aber hervorgehoben, der Angeklagte habe »keineswegs so in der Gewalt K.'s (gestanden), daß er unbedingt dessen Wünschen nachkommen mußte«. Wohl aus dem letztgenannten Gesichtspunkt hat das Gericht keinen Anlaß gesehen, bereits bei der rechtlichen Würdigung die Frage der Verwirklichung des staatlichen Strafanspruchs zu erörtern.

III. 1. Nach gefestigter Rspr. des *BGH* ist der Einsatz von Lockspitzeln zur Bekämpfung der Rauschgiftkriminalität zulässig. Ebenso ist anerkannt, daß tatprovozierendes Verhalten nur innerhalb der durch das Rechtsstaatsprinzip gesetzten Grenzen zulässig ist. Wesentlich für die Beurteilung sind dabei Grundlage und Ausmaß des gegen den Täter bestehenden Verdachts, Art, Intensität und Zweck der Einflußnahme des Lockspitzels, Tatbereitschaft und eigene, nicht fremdgesteuerte Aktivitäten dessen, auf den er einwirkt (*BGH*, Urteil vom 6. 2. 1981 – 2 StR 370/80 = NJW 1981, 1626 m. N. [= StrVert 1981, 392], [in diesem Band S. 180–182).

2. Die bisherigen Feststellungen lassen jedenfalls hinsichtlich des Tatgeschehens nach der vom Angeklagten an Ha. erteilten Absage nicht die Beurteilung zu, daß sich die den Polizeibehörden zuzurechnende Einflußnahme im Rahmen des Zulässigen gehalten habe. Sie lassen die Möglichkeit offen, daß die tatsächliche Durchführung des Heroingeschäfts – auch nach der Vorstellung K.'s – von der Mitwirkung des Angeklagten abhing, daß also das später nach

Frankfurt/M. verbrachte Heroin ohne Beteiligung des Angeklagten nicht eingeführt worden wäre. Nach den Urteilsfeststellungen wußte K., daß erst ein Fahrer angeworben, ein geeigneter Kraftwagen beschafft und die Aufbewahrung des Rauschgifts organisiert werden mußte. Anhaltspunkte dafür, daß der Vertrieb durch andere Personen bereits sichergestellt sei, sind den Urteilsgründen nicht zu entnehmen: K. hatte dem Angeklagten nur eigene Hilfe vorgespielt. Unter diesen Umständen ist zugunsten des Angeklagten anzunehmen, daß K. mit seinen nachfolgenden Aktivitäten nicht ein vorhandenes Bezugs- und Vertriebssystem aufdecken, sondern lediglich einen zweifelsfrei nachweisbaren Sachverhalt provozieren wollte, um so den Angeklagten und etwaige andere erst noch zu gewinnende Mitwirkende zu überführen. Diese nachfolgende, der Polizeibehörde zuzurechnende Einflußnahme K.'s auf das Zustandekommen des Geschäfts bestand darin, daß er zunächst dem Angeklagten wegen seiner Abstandnahme von der weiteren Tatbegegnung heftige Vorwürfe machte, eine Verlängerung der Aufenthaltserlaubnis beschaffte und eine Haftungszusage für jeden Schaden gab sowie daß er ihn veranlaßte, in seiner, K.'s, Anwesenheit erneut Heroin – nunmehr die konkrete Menge von 3–4 kg – fest zu bestellen. Sodann stellte er dem Angeklagten und Se. das für die Beschaffung von Wagen und Fahrer sowie für den Empfang des Transports erforderliche Geld – nacheinander in vier Teilbeträgen insgesamt 6070 DM – zur Verfügung, wirkte maßgeblich bei der Organisation des Empfangs und der Aufbewahrung der Sendung mit und besprach mit dem Angeklagten bei fortbestehender Zusage der Absatzhilfe die Verwendung des Erlöses.

Ein solches Verhalten zu dem genannten Zweck konnte unter rechtsstaatlichen Gesichtspunkten nicht mehr hingenommen werden. Das Vorgehen eines mit Billigung der Polizeibehörde handelnden Lockspitzels überschreitet die Grenze des Zulässigen nicht nur dann, wenn er einen anderen so in seiner Gewalt hat, daß dieser unbedingt seinen Wünschen nachkommen muß, was die *StrK* offenbar voraussetzt. Auch wenn er den anderen mit der hier festgestellten Intensität zum (erneuten) strafbaren Tun veranlaßt sowie im weiteren Verlauf die Tat in jeder Phase mit beherrscht und steuert, erscheint der den staatlichen Organen zuzurechnende Tatbeitrag – auch bei Berücksichtigung der vom Angeklagten später entwickelten Aktivität (vgl. *BGH* NStZ 1982, 156) – unvertretbar übergewichtig. Die vorausgegangenen Tathandlungen des Angeklagten lassen im Hinblick darauf, daß auch sie von K. initiiert und vom Angeklagten noch im Stadium des mündlichen Verhandelns eingestellt worden waren, hier keine andere Beurteilung zu. Damit hat die *StrK* einen größeren Schuldumfang angenommen, als nach der Tatsachengrundlage gerechtfertigt war. Schon deswegen ist das Urteil aufzuheben und – weil möglicherweise weitere Feststellungen nachgeholt werden können, welche die genannten Bedenken als unbegründet erscheinen lassen – die Sache zurückzuverweisen.

Landgericht Frankfurt/M., Urteil vom 2. 7. 1984
[Neue Hauptverhandlung aufgrund des *BGH*-Urteils vom
23. 9. 1983, in diesem Band S. 195–199]

Sachverhalt: Der Angeklagte war zunächst vom *LG* wegen unerlaubten Handeltreibens mit Heroin zu einer Gesamtfreiheitsstrafe von 7 Jahren und 6 Monaten verurteilt worden. Der *BGH* hob durch Urteil vom 23. 9. 1983 = StrVert 1984, 4 das Urteil auf, weil das Gericht weder bei der Strafzumessung noch beim Schuldspruch die Anstiftung durch den polizeilichen Lockspitzel ausreichend geprüft hatte. In der neuen Hauptverhandlung wurde der Angeklagte wegen Verwirkung des staatlichen Strafanspruchs freigesprochen.

Aus den Gründen: Die erneute Hauptverhandlung hat zu folgenden Feststellungen geführt: ... Etwa Ende 1977 ging der Angeklagte – wenn auch nicht standesamtlich – eine weitere Ehe mit einer jungen Frau ein, die er sehr liebte. Auf Druck seiner Familie mußte er diese Beziehung nach einem Jahr wieder lösen.

Nach der Trennung litt der Angeklagte unter Depressionen. Schon in den Jahren zuvor hatte er – durch Freunde dazu verleitet – erhebliche Zeit und Geldmittel dem Alkohol, Glücksspielen und Frauen gewidmet. Dies nahm überhand, daß er die Landwirtschaft und seine Geschäfte (Handel mit Ernteerzeugnissen) völlig vernachlässigte. Folge war, daß er enorme Schulden machte, deren Höhe sich zuletzt auf um die zehn Millionen Türkische Lira (TL) belief; davon waren sechs bis sieben Millionen allein Spielschulden.

Im Juli 1980 mußte der Angeklagte schließlich damit beginnen, Landmaschinen und ein Auto zu verkaufen. Der Erlös hieraus wie auch der Verkaufserlös seiner Ernte reichten jedoch nur zur Begleichung eines Teils der Verbindlichkeiten. Nicht einlösen konnte er insbesondere seine Spielschulden. Gerade von diesen Gläubigern sah sich der Angeklagte hart bedrängt und unter Druck gesetzt.

In dieser Lage wußte der Angeklagte sich keinen anderen Rat, als auch noch Teile seiner Felder zu veräußern. Zu diesem Zweck führte er noch im Sommer 1980 Verhandlungen mit dem ihm bekannten I. D. D., der zu der Zeit bereits in Frankfurt/M. lebte, hielt sich gerade vorübergehend in der Türkei auf. Ein schriftlicher Kaufvertrag wurde nicht gefertigt; der Angeklagte und D. kamen jedoch mündlich überein, daß D. im Namen seiner Mutter Felder im Gesamtwert von etwa 10 Millionen TL von dem Angeklagten erwerben sollte. Als Anzahlung erhielt der Angeklagte einen Betrag von 500000 TL; den Restkaufpreis versprach D. in Kürze zu zahlen.

Entgegen dieser Zusage kam von D. in der Folgezeit jedoch weder Geld noch Nachricht. Der Angeklagte, der unter immer größerem Druck seiner Gläubiger stand, reiste schließlich nach Istanbul, um D. zu treffen. Dieser hielt sich jedoch inzwischen wieder in Frankfurt/M. auf. Deshalb telefonierte der Angeklagte von Istanbul aus mit ihm. D., dem er erklärt hatte, daß er wegen seiner Verschuldung das Geld dringend brauche, forderte den Angeklagten auf, nach Frankfurt/M. zu kommen und sich das Geld hier zu holen; dabei versprach er, für alle Unkosten des Angeklagten aufkommen zu wollen. Dieser besorgte sich daraufhin im November 1980 die notwendigen Papiere, darunter ein Visum, das ihm den Aufenthalt in der Bundesrepublik Deutschland bis zum 19. 2. 1981 gestattete.

Am 2. 12. 1980 reiste der Angeklagte in die Bundesrepublik ein. In Frankfurt/M. nahm er sofort Kontakt zu dem Zeugen D. auf; über ihn bekam er Zugang zu dessen türkischem Bekanntenkreis und anderen Landsleuten.

D., der wie der Angeklagte aus der Provinz Diyarbakir – dem Hauptliefergebiet von Heroin aus der Türkei – stammte, betrieb schon damals, ohne daß dies der Angeklagte wußte, in größerem Umfang Heroingeschäfte. Inzwischen ist er wegen derartiger Geschäfte rechtskräftig zu einer Freiheitsstrafe von 13 Jahren verurteilt worden.

Auch von dem Angeklagten erwarteten die Landsleute aufgrund seiner Bekanntschaft mit D. und seiner Herkunft, daß er Heroin aus der Türkei mitgebracht habe oder entsprechende Geschäfte vermitteln könne. Sie empfingen ihn deshalb – so die Formulierung des Angeklagten – zunächst »wie einen König«. Nachdem sie merkten, daß er nicht der Heroinhändler war, für den sie ihn gehalten hatten, verloren sie mehr und mehr das Interesse an ihm und zogen sich von ihm zurück. Engere Kontakte hatte der Angeklagte schließlich nur noch zu D. sowie zu A. Ö. und M. K., die er beide kurz nach seiner Ankunft in einem Lokal im Frankfurter Bahnhofsviertel kennengelernt hatte.

An sich hatte der Angeklagte beabsichtigt, bald nach Erhalt der Restkaufpreissumme in die Türkei zurückzukehren, um dort seine

Gläubiger zu befriedigen. Ohne Geld wagte er die Heimkehr nicht; seinen Gläubigern war der Zweck seiner Reise in die Bundesrepublik bekannt, und er war überzeugt, man werde ihm nicht glauben, wenn er erklärte, er habe kein Geld erhalten; für diesen Fall fürchtete er erhebliche Repressionen seitens seiner Gläubiger, bis hin zu seiner Ermordung.

Tatsächlich erhielt aber der Angeklagte auch in Frankfurt/M. das versprochene Geld von D. nicht. Dieser erklärte ihm nicht definitiv, er werde das Geld nicht bekommen, sondern vertröstete ihn immer wieder damit, derzeit habe er, D., den erforderlichen Betrag nicht, er werde aber noch zahlen. Im Vertrauen auf diese Versprechungen blieb der Angeklagte in Frankfurt/M.

Da er nach wie vor einen Hang zu Alkohol, Glücksspiel und Frauen hatte, nutzte er die Zeit seines Aufenthaltes in Frankfurt/M., um sich ausgiebig dem Nachtleben und den sich dort bietenden Vergnügungen zu widmen. Seine finanziellen Mittel – er hatte aus der Türkei einen nicht genau feststellbaren Betrag von mehreren tausend DM mitgebracht – gingen deshalb rasch zur Neige.

Die finanzielle Situation des Angeklagten, seine Schwächen und der Grund für seinen Aufenthalt in Frankfurt/M. waren M. K. bald bekannt. Er ging daran, sein Verhältnis zu dem Angeklagten möglichst eng zu gestalten und diesen von sich abhängig zu machen.

Hintergrund für dieses Bestreben war der Umstand, daß K. – wovon weder der Angeklagte noch sonst einer der Landsleute in Frankfurt etwas wußte – seit einiger Zeit als Vertrauensmann für das Hessische Landeskriminalamt (HLKA) in Wiesbaden tätig war und den dort beschäftigten Zeugen H. mit Informationen versorgte. Um hier einen Erfolg zu erzielen, entschloß sich K., die Lage des Angeklagten für den Zweck zu nutzen, eine Heroinlieferung zu organisieren und das Rauschgift in einem günstigen Augenblick durch Beamte des HLKA beschlagnahmen zu lassen.

In Verfolgung dieses Ziels schloß sich K. eng an den Angeklagten an, verbrachte die meiste Zeit mit ihm, ging abends mit ihm aus, brachte am frühen Morgen den in der Regel stark alkoholisierten Angeklagten ins Bett und weckte ihn am frühen Nachmittag wieder.

Auch finanziell unterstützte K. den Angeklagten, der bald nur noch über geringe eigene Barmittel verfügte. K. trug teilweise die

Kosten für das abendliche Ausgehen. Von D. erhielt der Angeklagte – neben Vertröstungen – nur hin und wieder einen Betrag von 200 bis 300 DM als »Taschengeld« sowie einmal eine Summe von ca. 24000 DM. Letztere war dringend erforderlich, um einen fälligen Wechsel über 1,1 Millionen TL in der Türkei ablösen zu können. Gemeinsam ging K. zur Bank, um den Betrag an einen seiner Brüder zu überweisen, der die Zahlung in der Türkei vornehmen sollte. Dabei stellte sich heraus, daß entgegen der ursprünglichen Annahme etwa 2000 DM zu dem Betrag von umgerechnet 1,1 Millionen TL fehlten. Diese Summe legte K. aus eigenen Mitteln zu, so daß der Angeklagte den erforderlichen Betrag überweisen konnte.

Auf diese Weise entstand mit der Zeit ein Abhängigkeitsverhältnis zwischen dem Angeklagten und K. Der Angeklagte fühlte sich K. zum Dank verpflichtet, war aber aufgrund seiner schwierigen Situation auch weiter auf ihn angewiesen.

Im Verlauf ihrer Bekanntschaft brachte K. die Rede auf Heroingeschäfte. Dem Angeklagten war inzwischen klar geworden, daß der Zeuge D. wohl mit Heroin handeln mußte, da anders nicht erklärlich war, woher er seine Einkünfte bezog. K. machte dem Angeklagten Vorhaltungen, weshalb er nicht selbst Heroingeschäfte tätige, mit der Begründung, wenn derjenige, der ihm die Felder wegnehme, derartige Geschäfte betreibe, könne er das doch auch selbst tun und auf diese Weise seine Felder retten.

Der Angeklagte, der noch nie mit Heroingeschäften zu tun gehabt hatte, lehnte dieses Ansinnen K.'s immer wieder ab. K. bedrängte ihn aber stetig und mit zunehmender Heftigkeit, nannte ihn einen Esel, wenn er sich diese Gelegenheit entgehen lasse, und setzte ihn auch damit unter Druck, daß er ihm vorhielt, was er, K., für den Angeklagten bereits getan hatte. Schließlich wußte der Angeklagte nicht mehr, wie er sich K.'s Drängen entziehen sollte, und gab nach.

K. forderte ihn auf, Heroin zu beschaffen, um dessen Absatz sich K. selbst kümmern wollte. Zunächst schickte er den Angeklagten zu verschiedenen Leuten im Großraum Frankfurt, bei denen er sich als Kurde aus Diyarbakir vorstellen und Heroin kaufen sollte. Die Bemühungen des Angeklagten schlugen jedoch fehl, weil die fraglichen Leute kein Heroin hatten oder dies jedenfalls vorgaben.

Dann fragte K. den Angeklagten, ob dieser Leute aus Lice in der Türkei kenne, von denen Heroin bezogen werden könnte. Der

Angeklagte verneinte, ließ sich aber schließlich dazu überreden, in die Türkei zu telefonieren, um dort Kontakte zu knüpfen. In der Folgezeit – etwa Anfang Januar 1981 – führte der Angeklagte mehrere Telefonate mit einem Hotel in Istanbul, das er von früheren Besuchen her kannte. Da er noch immer nicht wirklich Heroingeschäfte beginnen wollte, sondern lediglich beabsichtigte, K. hinzuhalten, fragte er jeweils nach Bekannten, von denen er zu wissen glaubte, daß sie sich gerade nicht in dem Hotel aufhielten. Eines Tages wurde er dann aber doch mit einem Freund seiner Familie verbunden. Da K., der bei dem Telefonat zugegen war, ihm erklärt hatte, es solle Heroin in der Bundesrepublik besorgt werden, fragte der Angeklagte seinen Freund, ob dieser wisse, wo es in der Bundesrepublik einen Heroinbestand gebe. Der Freund verneinte das, erklärte sich aber auf Bitten des Angeklagten schließlich bereit, andere Leute zu suchen, die als Lieferanten in Betracht kommen konnten.

Verabredungsgemäß rief der Angeklagte am nächsten Tag wieder bei dem Freund an und erhielt von ihm die Telefonnummer eines anderen Hotels, wo er einen »H.« verlangen sollte. Da K. bei den Telefonaten immer dabei war und alles mitbekam, telefonierte der Angeklagte schließlich erneut und erreichte H.

Auf entsprechende Frage des Angeklagten erklärte H., er wisse von keinem Heroindepot in der Bundesrepublik. Wegen des seit kurzem bestehenden Visumzwanges sei es für ihn auch nicht mehr so einfach, Heroin in die Bundesrepublik zu bringen. Möglich sei aber, daß der Angeklagte einen Wagen in die Türkei schicke, in den Heroin eingebaut werden könne.

Nach diesem Telefonat erklärte der Angeklagte, der nach wie vor bestrebt war, es zu keinem wirklichen Heroingeschäft kommen zu lassen, gegenüber K., nun müßten sie die Sache aufgeben, denn in der Bundesrepublik gebe es kein Heroin und einen Wagen könnten sie nicht in die Türkei schicken. K. erwiderte jedoch, das sei durchaus möglich, er werde alles, auch was Geld und Fahrer betreffe, organisieren. Er drängte den Angeklagten mehrfach, H. erneut anzurufen und ihm zu sagen, sie schickten ein Fahrzeug hinunter; er möge ihnen aber etwas Zeit lassen. Dies teilte der Angeklagte H. in einem neuerlichen Telefonat mit, bei dem auch K. wieder anwesend war.

Als H. nun auf eine entsprechende Frage von dem Angeklagten erfuhr, daß dieser als Tourist in der Bundesrepublik sei und seine

Aufenthaltserlaubnis bald ende, erklärte er, die Sache brauche Zeit. Bis der Transport abgewickelt sei, sei der Angeklagte vielleicht schon aus der Bundesrepublik ausgewiesen; da fraglich sei, wer sich dann um die Angelegenheit kümmere, forderte H. den Angeklagten auf, zunächst einmal die Frage seiner Aufenthaltserlaubnis zu klären. Der Angeklagte ging davon aus, daß eine Verlängerung der Erlaubnis nicht möglich sein würde. Erleichtert über diese Entwicklung erklärte er gegenüber H. »dann lassen wir es eben« – was bedeutete, aus dem Geschäft werde nichts – und legte den Hörer auf. K., dem er den Grund für den Abbruch des Telefonats sofort berichtete, wurde zornig, beschimpfte den Angeklagten und erklärte, er habe bereits für andere eine Aufenthaltserlaubnis besorgt, das könne er natürlich auch in diesem Falle. Er beschwor den Angeklagten, das Geschäft durchzuführen und erklärte, er nehme sämtliche Risiken auf sich. Falls die Aufenthaltserlaubnis nicht verlängert werden sollte, solle der Transport gestoppt werden; die in der Türkei bis dahin anfallenden Kosten werde er, K., tragen.

Da der Angeklagte dem nichts mehr entgegenzusetzen wußte, erklärte er sich bereit, erneut mit H. Kontakt aufzunehmen. Ihm wäre es lieber gewesen, wenn K. selbst die Angelegenheit mit H. geregelt hätte; das lehnte K. jedoch ab unter dem Hinweis darauf, daß man zu dem Angeklagten mehr Vertrauen haben werde, da dieser aus Diyarbakir stamme.

Zwei Tage nach dem letzten Telefonat rief der Angeklagte daher erneut bei H. an und erklärte diesem, die Aufenthaltserlaubnis werde um ca. sechs Monate verlängert. H. erklärte daraufhin, sie sollten einen VW-Bus oder einen Pkw Mercedes zu ihm schicken, in den dann das Heroin eingebaut werden solle. Über konkrete Mengen wurde nicht gesprochen; beide gingen davon aus, daß geliefert werden sollte, was möglich war. Das Entgelt für das Heroin – der Preis sollte nach den damaligen Schwarzmarktpreisen berechnet werden – sollte nach dem Verkauf der Ware an H. geschickt werden.

Die folgenden Wochen dienten der Vorbereitung des Herointransports. Schwierigkeiten bereitete der Versuch, in Frankfurt ein passendes Fahrzeug zu beschaffen. Schließlich schlug der Angeklagte vor, er wolle nach München fahren und sich dort um einen brauchbaren Wagen bemühen. Für ihn waren dabei zwei Gründe ausschlaggebend: zum einen fühlte er sich von K. in Frankfurt immer mehr beengt, da dieser ihn praktisch nicht mehr allein ließ. Zum anderen wollte er das Münchner Nachtleben genießen, von dem ihm Landsleute erzählt hatten. Eine Rückkehr in die Türkei schied nach wie vor aus, da er von D. kein Geld erhielt.

Da K. einverstanden war und ihm einen Betrag von rund 2000 DM überließ, fuhr der Angeklagte etwa Mitte Januar 1981 nach München, begleitet von dem früheren Mitangeklagten Ö., dessen Fahrzeug benutzt wurde und der auch als Dolmetscher auftrat, da der Angeklagte kein Deutsch sprechen und verstehen konnte.

In München besuchten der Angeklagte und Ö. – dessen konkrete Rolle bei dem Geschäft in der Hauptverhandlung nicht geklärt werden konnte – abends Diskotheken. Dort trafen sie den gesondert verfolgten K. R., mit dem sie – der Angeklagte über Ö. – ins Gespräch kamen. R. erklärte sich bereit, den beiden als Führer durch das Münchner Nachtleben zu dienen. Etwa eine Woche lang war man zu dritt jede Nacht unterwegs, wobei der Angeklagte viel Alkohol trank und spielte. Im Laufe der Bekanntschaft brachten der Angeklagte und Ö. in Erfahrung, daß der Zeuge R. selbst schon mit Heroin in Berührung gekommen und deswegen auch bereits verurteilt worden war. Sie sprachen ihn deshalb darauf an, ob er bereit sei, in die Türkei zu fahren und von dort Heroin in die Bundesrepublik zu holen. Der Zeuge R. stimmte diesem Vorschlag zu; für seine Tätigkeit sollte er in Heroin entlohnt werden.

Mit Hilfe des Zeugen R. gelang es, einen VW-Bus zum Preis von 2700 DM ausfindig zu machen, der für den Herointransport geeignet war. Sie zahlten 400 DM an, und Ö. fuhr sodann allein nach Frankfurt zurück, um dort von K. weiteres Geld zu besorgen. Während er dort war, rief der mit R. in München zurückgebliebene Angeklagte in einem Lokal K. an und bat ihn, Ö. 2500 DM für das Fahrzeug mitzugeben. Tatsächlich kam Ö. nach drei Tagen mit dem gewünschten Betrag zurück nach München. Der VW-Bus wurde gekauft und an den folgenden Tagen mit Teppichen und anderen Gegenständen beladen, die der Zeuge R. mit in die Türkei nehmen sollte. Von München aus telefonierte der Angeklagte mit H., um ihn darüber zu informieren, daß ein Fahrer gefunden sei, der in Kürze abfahren solle. Bei dieser Gelegenheit nannte H. dem Angeklagten ein Hotel in Istanbul, in dem R. ihn, H., treffen sollte.

Am 3. oder 4. 2. 1981 startete der Zeuge R. in die Türkei, während der Angeklagte und Ö. nach Frankfurt zurückfuhren, wo sie

K. berichteten. Der Angeklagte rief nun täglich bei H. an – die Telefonkosten zahlte K., der auch bei den Gesprächen in aller Regel dabei war – und erfuhr nach einigen Tagen, daß R. in Istanbul eingetroffen sei und man nun vorhabe, nach Diyarbakir weiterzufahren. Danach brach der Kontakt zwischen dem Angeklagten und H. für ein bis zwei Wochen ab. In dieser Zeit fuhren H. und der Zeuge R. nach Diyarbakir; dort mußte R. den VW-Bus für einige Zeit H. überlassen, damit das Heroin eingebaut werden konnte. Der Einbau erfolgte in der Weise, daß der Motor auseinandergenommen und in einem Hohlraum dahinter sieben Leinensäckchen mit insgesamt 3,452 Kilogramm Heroin verstaut wurden.

Etwa am 20. 2. 1981 kehrten H. und R. nach Istanbul zurück, wo H. für den Angeklagten wieder erreichbar war. Inzwischen war die Aufenthaltserlaubnis des Angeklagten tatsächlich abgelaufen; dieser wollte deshalb den Transport in Istanbul stoppen. Dies ließ K. jedoch nicht zu. Er nahm den Paß des Angeklagten an sich und übergab ihn – ohne Wissen des Angeklagten – Beamten des HLKA, die bei der Ausländerbehörde in Wiesbaden »aus wichtigen dienstlichen Gründen« eine Verlängerung der Aufenthaltserlaubnis bis zum 23. 3. 1981 erwirkten. Noch am gleichen Tag (dem 23. 2. 1981) erhielt der Angeklagte den Paß zurück.

Es mußte nun ein Platz gefunden werden, an dem das Heroin nach Ankunft in Frankfurt deponiert werden konnte. Der Angeklagte kümmerte sich hierum nicht, weshalb ihm K. Vorwürfe machte.

K. stellte dem Angeklagten schließlich den gesondert verfolgten S. vor, der sich – mit K. durch gemeinschaftliche Sektenzugehörigkeit verbunden – zur Aufbewahrung des Heroins bereit erklärt hatte. In seiner Wohnung fanden ein oder mehrere Gespräche zwischen ihm, K. und dem Angeklagten statt, in denen das Weitere besprochen wurde. Erörtert wurde u. a., daß K. die Ware verkaufen sollte und von dem Erlös zunächst die Lieferanten des Heroins, dann die Gläubiger des Angeklagten befriedigt werden sollten. Der Rest sollte zwischen den Beteiligten geteilt werden. Auch wurde vereinbart, daß der Angeklagte und S. dem VW-Bus, dessen genauer Ankunftstag in München feststand, entgegenfahren sollten.

Der Zeuge R. hatte die Rückfahrt von Istanbul aus am 27. 2. 1981 angetreten. Am 28. 2. 1981 erfolgte die geplante Fahrt des Angeklagten nach München; begleitet wurde er von S. und dem gesondert verfolgten A., den S. mit herangezogen hatte und der als Fahrer fungierte. Am darauffolgenden Tag fuhr man weiter Richtung österreichische Grenze in der Hoffnung, unterwegs bereits den VW-Bus zu sehen. Am Grenzübergang Salzburg wurden sie für einige Stunden angehalten, da S. keinen Paß bei sich hatte. Nach diesem Aufenthalt traten sie die Rückfahrt an, und zwar nach Frankfurt, da sie inzwischen bemerkt hatten, daß keiner von ihnen genügend Geld für einen längeren Aufenthalt in München bei sich hatte.

In Frankfurt ließ sich der Angeklagte von K. rund 1370 DM aushändigen; weitere 150 DM für Spesen erhielt Se. Am 2. 3. 1981 traten der Angeklagte und Se. sodann erneut eine Fahrt nach München an, diesmal ohne S., der arbeiten mußte.

Mit dem Zeugen R. war vor dessen Fahrtantritt vereinbart worden, daß man sich nach seiner Rückkehr im Lokal »Colombo« in München treffen wollte. Dort warteten der Angeklagte und Se. nun vergebens. Das mitgebrachte Geld ging zur Neige; deshalb telefonierte der Angeklagte mit K. und bat ihn, nach München zu kommen und weiteres Geld mitzubringen. K. erschien tatsächlich mit Ö. Er hatte 200 DM bei sich, die er Se. gab mit dem Auftrag, in München zu bleiben und weiter auf den VW-Bus zu warten. Der Angeklagte sollte unterdessen mit K. und Ö. nach Frankfurt zurückkehren, dort weiteres Geld holen und mit dem Zug wieder nach München fahren.

Die Rückfahrt nach Frankfurt erfolgte am 5. 3. 1981, wo der Angeklagte bei Ö. übernachtete – schon in den Wochen zuvor hatte er bei Ö. gewohnt. Am 6. 3. 1981 rief Se. in der Mittagszeit bei S. an und teilte ihm die inzwischen erfolgte Ankunft des Zeugen R. in München mit. S. telefonierte daraufhin seinerseits mit dem Angeklagten unter dem Anschluß des Ö. und gab ihm diese Nachricht verschlüsselt durch.

Der Angeklagte wollte nun wieder nach München fahren; K. entschied jedoch, daß R. und Se. mit dem Heroin nach Frankfurt kommen sollten. Da K. ihm kein Geld mehr gab, mußte sich der Angeklagte dieser Anweisung fügen.

Durch den Angeklagten von dieser Planungsänderung telefonisch in Kenntnis gesetzt, fuhren der Zeuge R. und Se. noch am gleichen Tag nach Frankfurt und zur Wohnung des Zeugen S. Dort wurden sie unmittelbar nach ihrer Ankunft von Beamten des HKLA festgenommen.

Dies war möglich geworden aufgrund der Informationen, die K.

an den Zeugen H. vom HLKA weitergegeben hatte. K. war bereits seit Sommer 1980 für den Zeugen H. tätig gewesen. Seine Angaben, die dem Zeugen H. immer fundiert erschienen, hatten in mehreren Fällen zu Sicherstellungen von Rauschmitteln und anderen Maßnahmen geführt. Zwischen ihm und dem Zeugen H. bestand die Vereinbarung, daß er den Zeugen fortlaufend mit Informationen aus Drogenhändlerkreisen beliefern sollte. In der vorliegenden Sache – für die er als Spesenersatz in der Zeit zwischen Dezember 1980 und März 1981 insgesamt 2500 DM in Teilbeträgen seitens des HLKA erhielt – gab er zunächst vage Informationen über eine Beteiligung des früheren Mitangeklagten Ö.; ab Anfang Februar 1981 wurden seine Mitteilungen konkret und betrafen nun auch den Angeklagten als einen der angeblichen Finanziers des geplanten Herointransports. Aufgrund seiner Kontakte zu dem Zeugen H. war K. auch bekannt, daß in Ausnahmefällen die Möglichkeit einer Verlängerung der Aufenthaltserlaubnis bestand. Dieses Wissen nutzte er gegenüber dem Angeklagten. Der Zeuge H. wiederum entschloß sich gegen Ende Februar 1981 zur Einschaltung der Wiesbadener Ausländerbehörde, da K. ihm erklärt hatte, der Angeklagte sei sein wichtigster Informant; wenn er in die Türkei zurückkehren müsse, sei das ganze Projekt gefährdet. Die Informationen seitens K. ermöglichten dem HLKA schließlich, in den letzten Tagen vor dem Eintreffen des Transports Observationen durchzuführen; so wurden u. a. der Angeklagte und Se. zusammen in München observiert, ebenso die Fahrt der Zeugen Se. und R. nach Frankfurt mit der Folge, daß es zu ihrer wie auch im Verlauf des gleichen Abends zur Festnahme des Zeugen S. kam.

Bei einer Durchsuchung des VW-Busses wurde das Heroin (3,452 kg) in dem Versteck hinter dem Motor gefunden und sichergestellt. Noch am Abend des 6. 3. 1981 erfuhr der Angeklagte von den erfolgten Festnahmen, als er sich bei S. nach dem Verbleib des Transports erkundigen wollte.

In den folgenden Tagen hatte der Angeklagte Schwierigkeiten, H. und dessen Lieferanten davon zu überzeugen, daß das Heroin tatsächlich von der Polizei beschlagnahmt worden war. K. ermöglichte, über einen Anwalt eine Bestätigung für diese Tatsache zu erhalten.

Der Angeklagte beabsichtigte nun, so schnell wie möglich nach Hause zurückzukehren. K. gab ihm aber nicht das Geld, das er für seine Rückreise benötigt hätte. Vielmehr machte er dem Angeklagten Vorwürfe, daß dieser ihn jetzt verlassen wolle, obgleich er, K., so viel für ihn getan und nun so viel an dem Transport verloren habe. K. erklärte, daß der Verlust jetzt durch andere Heroingeschäfte ausgeglichen werden müsse, an denen der Angeklagte mitwirken solle.

In diesem Zusammenhang wurde der Angeklagte am 30. 3. 1981 zusammen mit einem M. Ka. in Ö.'s Wohnung festgenommen. Ka. hatte dort die Rückgabe einer ihm gehörenden Menge von 300 Gramm Heroin erwartet; der Angeklagte hatte ihm im Auftrag K.s die Wohnung Ö.'s zur Verfügung gestellt.

Der Angeklagte wurde deshalb am 14. 9. 1981 durch das *LG* Frankfurt (Az. 88 Js 8596/81 KLs) wegen Beihilfe zum Handeltreiben mit Heroin zu 3 Jahren 6 Monaten Freiheitsstrafe verurteilt. Das Urteil, das am gleichen Tage rechtskräftig wurde, beruhte auf dem Geständnis des Angeklagten; dieser hatte allerdings K.'s Beteiligung und den Hintergrund der Sache verschwiegen, weil er Angst vor K. und im übrigen zum vorliegenden Verfahren noch keine Angaben gemacht hatte.

Erst im November 1981 entschloß sich der Angeklagte, gegenüber dem sachbearbeitenden StA Dr. K. eine umfangreiche Einlassung zur vorliegenden Strafsache abzugeben. Dabei ging er auch auf die Beteiligung K.'s ein, verschwieg aber Einzelheiten betreffend die Tatbeteiligung anderer, wie etwa die Ö.'s. Auch war er vor dieser Hauptverhandlung nicht bereit, Angaben über D. zu machen.

III. Die getroffenen Feststellungen beruhen im wesentlichen auf der Einlassung des Angeklagten.

Zwar hat diese Einlassung das Gericht nicht in allen Punkten überzeugt. Mit den in der Hauptverhandlung zur Verfügung stehenden Beweismitteln war es jedoch nicht möglich, die Darstellung des Angeklagten mit einer jeden vernünftigen Zweifel ausschließenden Sicherheit zu widerlegen.

Was den äußeren Ablauf des Herointransportes angeht, sind die Angaben des Angeklagten bis auf unwesentliche Abweichungen durch die Zeugen R., S. und Se. bestätigt worden.

Von entscheidender Bedeutung für die Sachverhaltsfeststellung waren jedoch das Verhältnis des Angeklagten zu K., dessen Einfluß auf den Angeklagten sowie Art und Weise der Beteiligung des Angeklagten an dem Transport. Derjenige, der zu diesem Komplex am ehesten der Sachaufklärung dienende Angaben hätte machen können, nämlich K. selbst, stand in der Hauptverhandlung als Zeuge nicht zur Verfügung. Die gehörten Zeugen und andere Beweismittel reichten nicht aus, dem Gericht ein überzeugendes Bild von K. und seinem Einfluß auf den Angeklagten zu vermitteln.

Hierzu waren auch die Angaben, die der Zeuge H. zur Person und zur Tätigkeit K.'s hat machen können, nicht geeignet.

Zwar hatte der Zeuge H., wie er glaubhaft bekundet hat, von K. Informationen erhalten, aus denen er folgern mußte, daß der Angeklagte einer der Initiatioren und der Finanziers des Herointransportes war. Auch haben sich für das HLKA keine Hinweise darauf ergeben, daß K.'s Einfluß auf den Angeklagten und damit auch auf den Transport von der Art gewesen sein könnte, wie ihn der Angeklagte geschildert hat. Schließlich hat der Zeuge H. auch angegeben, K. sei ihm von anderen Fällen, in denen er als V-Person tätig wurde, als sehr zuverlässig bekannt gewesen.

Aufgrund der Beweisaufnahme haben sich jedoch erhebliche Zweifel daran ergeben, daß das Bild, das sich der Zeuge H. von K. machen konnte, vollständig und zutreffend ist. Die *Kammer* hat nicht die Überzeugung gewinnen können, daß K. sich immer korrekt verhalten und dem HLKA mit Sicherheit nur wahrheitsgemäße Informationen weitergegeben hat.

Hierfür waren folgende Umstände maßgebend: K. ist – im Rahmen des Verfahrens gegen den früheren Mitangeklagten Ö. – als Zeuge in der Türkei vernommen worden; seine dortige Aussage ist in der vorliegenden Hauptverhandlung gemäß § 251 Abs. 3 StPO verlesen worden. Die *Kammer* hat keinen Zweifel daran, daß es sich bei dem vor dem Strafgericht in Mazgirt/Türkei vernommenen M. K., »Jahrgang 1933, wohnhaft im Kreis Mazgirt und im Dorf Göktepe«, um den fraglichen K. handelt. K. war dem Angeklagten und anderen, wie dem Zeugen D., als M. K. »aus Tunceli« bekannt. Tunceli liegt gleichfalls im Kreis Mazgirt. Wie noch zu erörtern sein wird, hat K. an eine Frau L. K. in Mazgirt mehrere Geldbeträge überwiesen.

Aus einer Ermittlungsakte, die unzweifelhaft den hier interessierenden M. K. betrifft, da sie ein Lichtbild von ihm enthält, ergibt sich, daß K. am 9. 12. 1933 in Göktepe, Türkei, geboren ist. Auf Grund dieser übereinstimmenden Daten und Angaben ist von der Identität K.'s mit dem in Mazgirt vernommenen M. K. auszugehen.

In dieser Vernehmung hat K. bekundet, keinen der Beteiligten (Ö., K., R.) zu kennen. Aus dieser Angabe, die auf keinen Fall zutreffen kann, mußte das Gericht den Schluß ziehen, daß K. nicht gewillt ist, durch wahrheitsgemäße Angaben zu einer Sachaufklärung beizutragen. Diese Verhaltensweise kann allerdings aus dem verständlichen Wunsch eines Polizeiinformanten zu erklären sein, nicht selbst in ein Strafverfahren gegen Leute hineingezogen zu werden, die ihm ihre Festnahme zu verdanken haben. Die – oftmals berechtigte – Angst vor Repressionen ist auch der Grund dafür, daß V-Leuten – wie auch im vorliegenden Falle K. – seitens des HLKA Vertraulichkeit zugesichert wird.

Von erheblicher Bedeutung waren aber die im folgenden erörterten Umstände:

Zum einen muß K. über größere Geldquellen verfügt haben, die dem HLKA nicht bekannt sind und die er nach dessen Informationen eigentlich nicht haben konnte. Nach Kenntnis des Zeugen H. bezog K. lediglich Arbeitslosenunterstützung; außerdem erhielt er vom HLKA im Zeitraum zwischen Dezember 1980 und März 1981 für seine Tätigkeit im vorliegenden Verfahren als Spesenersatz insgesamt 2500 DM in mehreren Teilbeträgen.

Danach ist schon nicht erklärlich, wovon K. die von dem Angeklagten genannten Beträge an diesen gezahlt haben soll. Könnte dieser Umstand auch gegen die Einlassung des Angeklagten sprechen, so ist aber nach den Erkenntnissen des HLKA in keiner Weise zu erklären, wie es möglich gewesen sein kann, daß K. im Zeitraum zwischen dem 6. 10. und 30. 12. 1980 Beträge von insgesamt mindestens 10 750 DM, möglicherweise sogar 20 750 DM, an Frau K. in Mazgirt überwiesen hat. Daß dieser vom Angeklagten geschilderte Sachverhalt tatsächlich zutrifft, hat die Vernehmung des Zeugen P. erwiesen, der über die türkische Bank, bei deren Frankfurter Filiale er beschäftigt ist, in Ankara Nachforschungen anstellen ließ und dadurch eine Bestätigung über zehn Überweisungen in der Gesamthöhe von 20 750 DM erhielt. Neun dieser Überweisungen wurden unter dem Namen M. K. und dessen – auch dem HLKA bekannten – Anschrift in der M. Straße in Frankfurt vorgenommen, eine weitere – vom 18. 12. 1980 – über 10 000 DM unter dem Namen »M. K.« mit der gleichen Anschrift. Im Hinblick darauf, daß dem HLKA ein M. K. nicht bekannt ist und ein Bruder M. K.'s, der zur fraglichen Zeit in Rüsselsheim lebte, den Vornamen »C.« hat, liegt der Verdacht nahe, daß auch die

Überweisung vom 18. 12. 1980, wie vom Angeklagten behauptet, von M. K. stammte.

Im Zusammenhang mit der Frage, woher K. diese Geldbeträge gehabt haben könnte, ist auf einen weiteren Umstand einzugehen:

Gegen K. war ein Ermittlungsverfahren anhängig – es wurde oben bereits erwähnt –, da ein H. H. ihn beschuldigt hatte, im Oktober 1980 in Rüsselsheim an einem Geschäft über 100 Gramm Heroin beteiligt gewesen zu sein. Dem Zeugen H. war von diesem Geschäft nichts bekannt, was den Schluß zuläßt, daß K. in diesem Fall, sofern er überhaupt beteiligt war, jedenfalls nicht im Auftrag der Polizei tätig wurde. Zwar wurde das Verfahren gegen K. von der StA gem. § 170 Abs. 2 StPO eingestellt, allerdings nur deshalb, weil die StA davon ausging, allein mit der Aussage H. H.'s in einer Hauptverhandlung nicht den erforderlichen Beweis führen zu können. Zugunsten des Angeklagten mußte jedoch davon ausgegangen werden, daß K. an diesem illegalen, dem HLKA nicht bekannten Heroingeschäft beteiligt gewesen sein kann, möglicherweise auch an weiteren Geschäften, wofür die überwiesenen Geldbeträge sprechen könnten.

Hinzu kommt ferner, daß K. wegen eines Verstoßes gegen das Waffengesetz rechtskräftig zu einer Freiheitsstrafe von 1 Jahr verurteilt worden war und deshalb mit seiner möglichen Ausweisung aus der Bundesrepublik rechnen mußte. Dies kann für ihn ein Motiv gewesen sein, dem HLKA durch eine erfolgreiche Heroinsicherstellung zu beweisen – auch um den Preis einer unzulässigen Ausnutzung des Angeklagten –, daß er als Informant von großem Nutzen war, in der Hoffnung, sich dadurch die Unterstützung des HLKA gegenüber den Ausländerbehörden zu sichern.

Im übrigen hat die *Kammer* aus den erörterten Umständen den Schluß gezogen, daß die Person K., seine Handlungen und die Motive für seine Handlungen nur unzureichend aufgeklärt worden sind und zugunsten des Angeklagten nicht ausgeschlossen werden kann, daß die Informationen, die K. an den Zeugen H. weitergab, unvollständig oder unrichtig gewesen sein können.

Auch die in der Hauptverhandlung abgehörten Aufzeichnungen von Telefonaten – basierend auf einer Überwachung des Telefonanschlusses der Familie Ö. – haben zu einer Aufklärung des Tatbetrages des Angeklagten und seines Verhältnisses zu K. nicht beitragen können (wird ausgeführt).

IV. Nach dem festgestellten Sachverhalt hat sich der Angeklagte des unerlaubten Handeltreibens mit Heroin nach den §§ 1, 3, 11 Abs. 1 Ziff. 1 BtMG a. F. schuldig gemacht. Dennoch konnte keine Verurteilung des Angeklagten erfolgen. Vielmehr war das Verfahren gegen ihn gem. § 260 Abs. 3 StPO einzustellen, da ein Verfahrenshindernis besteht, das sich aus der Anstiftung des Angeklagten durch einen polizeilichen Lockspitzel, nämlich M. K., ergibt.

Grundsätzlich ist anerkannt, daß die polizeilichen Ermittlungsbehörden sich bei der Bekämpfung besonders gefährlicher und schwer aufklärbarer Straftaten (wie etwa des Rauschgifthandels) des Einsatzes von Lockspitzeln bedienen dürfen (*BGH* NJW 1981, 1626f. m.w.N. [siehe in diesem Band S. 180–182]).

Dies gilt jedoch nicht uneingeschränkt. Wie Rspr. und Lit. herausgearbeitet haben (vgl. *BGH* a. a. O.; *BGH* NStZ 1982, 156 f.; *OLG Düsseldorf* StrVert. 1983, 450f.; *LG Stuttgart* StrVert 1984, 197ff. [siehe in diesem Band S. 315–327]; *Bruns* NStZ 1983, 49ff. [siehe in diesem Band S. 259–284]; *Taschke* StrVert 1984, 178ff. [siehe in diesem Band S. 305–314]; jeweils m.w.N.), sind dem tatprovozierenden Verhalten des Lockspitzels Grenzen gesetzt, deren Außerachtlassung als ein dem Staat zuzurechnender Rechtsverstoß in das Strafverfahren gegen den Täter hineinwirkt. Bei erheblicher Einwirkung – etwa bei wiederholten, länger dauernden Überredungsversuchen, intensiver und hartnäckiger Beeinflussung des Täters – kann das provozierende Verhalten des Lockspitzels ein solches Gewicht erlangen, daß demgegenüber der eigene Beitrag des Täters in den Hintergrund tritt. Hat ein im Auftrag oder mit Billigung staatlicher Behörden tätiger Lockspitzel den Täter erst durch eine wesentliche Einwirkung vom Wege des Rechts abgebracht, so würde sich der Staat dem Vorwurf widersprüchlichen und arglistigen Verhaltens aussetzen, wenn er nun den Täter verfolgen würde, um ihn wieder auf den Weg des Rechts zurückzuführen. Dies wäre mit dem dem Grundgesetz und der StPO immanenten Rechtsstaatsprinzip unvereinbar. Ist deshalb von einer erheblichen Einwirkung auszugehen, so ist Folge ein auf den angestifteten Täter beschränktes Strafverfolgungsverbot, das die Wirkung eines von Amts wegen zu beachtenden Verfahrenshindernisses entfaltet.

Im vorliegenden Fall hat der *BGH* auf diese Grundsätze bereits in seinem Urteil vom 23. 9. 1983 = StrVert 1984, 4 [siehe in diesem Band S. 195–199] hingewiesen und das Urteil der 25. StrK deshalb aufgehoben.

Nach den in der erneuten Hauptverhandlung zu treffenden Feststellungen ist von einer so nachhaltigen, den Tatentschluß des Angeklagten auslösenden Einwirkung des als V-Mann tätigen M. K. auszugehen, daß demgegenüber die eigenen Aktivitäten des Angeklagten in den Hintergrund treten.

Der Angeklagte ist im wesentlichen zu dem Zweck nach Frankfurt gekommen, von D. den Kaufpreis für die veräußerten Felder zu erlangen. Es muß davon ausgegangen werden, daß er bis dahin mit Heroin noch nichts zu tun hatte; die Anknüpfung von Kontakten zur Durchführung von Heroingeschäften war von ihm nicht in Erwägung gezogen worden. Grund seiner Reise nach Frankfurt waren erhebliche finanzielle Schwierigkeiten. Diese wurden hier dadurch weiter verstärkt, daß der Angeklagte entgegen seinen Erwartungen kein Geld von D. erhielt, jedenfalls nicht annähernd den erwarteten und benötigten Betrag. Hinzu kam der Hang des Angeklagten zu Alkohol, Glücksspiel und Frauen.

Die finanziellen Probleme und die Schwächen des Angeklagten hat M. K. planmäßig zu dem Zweck ausgenutzt, mit Hilfe des Angeklagten einen Herointransport zu organisieren, der von Beamten des HLKA observiert und schließlich sichergestellt werden konnte.

In Verfolgung dieses Zieles hat K. den Angeklagten durch finanzielle und menschliche Zuwendung in ein Abhängigkeitsverhältnis gebracht; zudem hat er sich zunutze gemacht, daß der Angeklagte durch ständigen erheblichen Alkoholkonsum in seiner Widerstandskraft geschwächt war. Durch ständiges Insistieren und Bedrängen – verbunden mit Appellen an die ihm geschuldete Dankbarkeit und an den Stolz des Angeklagten – hat K. diesen schließlich dazu gebracht, Kontakte zu Heroinlieferanten in der Türkei zu knüpfen. Versuche, die der Angeklagte unternahm, um aus der Sache doch noch herauszukommen, hat K. sofort unterbunden – einmal mit dem Hinweis, es sei ihm ohne weiteres möglich, Fahrzeug und Fahrer sowie die entsprechenden Geldmittel für einen Transport zu beschaffen, ein weiteres Mal mit der Zusage, dem Angeklagten eine Verlängerung seiner Aufenthaltserlaubnis zu verschaffen, und mit der Erklärung, daß er, K., sämtliche Risiken des Geschäfts auf sich nehme.

Auch am weiteren Verlauf der Vorbereitungen war K. maßgeblich beteiligt. Er überwachte Telefonate des Angeklagten mit H.; auch stellte er die finanziellen Mittel zur Verfügung, die für die Fahrten nach München und den Kauf des VW-Busses erforderlich waren. K. war es schließlich auch, der die spätere geplante Aufbewahrung des Heroin bei S. organisierte und der entschied, daß das Heroin nicht in München, sondern erst in Frankfurt in Empfang genommen werden sollte. Auch hatte K. zugesagt, sich um den Verkauf des Heroins zu kümmern. Auch bei Berücksichtigung des Umstands, daß ein Lockspitzel in gewissem Umfang an den Vorbereitungen einer solchen Tat mitwirken muß, wenn er bei seinen »Mittätern« glaubwürdig bleiben will, ist M. K. mit diesem Verhalten, insbesondere seiner hartnäckigen Beeinflussung des Angeklagten, über die Grenzen zulässiger Verhaltensweisen hinausgegangen. Ihm ging es nicht darum, ein bereits vorhandenes Heroin-Vertriebs-System aufzudecken, sondern nur darum, einen eindeutig nachweisbaren Sachverhalt zu provozieren, um den Angeklagten und andere Mitbeteiligte überführen zu können.

Im Verhältnis dazu wirkt der eigene Tatbeitrag des Angeklagten vergleichsweise gering. Zwar ist er ohne K. nach München gefahren; die dortige Organisation erfolgte jedoch zusammen mit Ö.; ferner hing der Angeklagte, was seine mehrfachen Aufenthalte in München betrifft, auch insoweit finanziell völlig von K. ab. Daß sich der Angeklagte dem Einfluß K.'s nicht durch Heimkehr in die Türkei entzogen hat, kann ihm deshalb nicht angelastet werden, weil der Druck seiner Gläubiger ihm eine Rückkehr ohne Geld unmöglich machte; auch diesen Umstand hat K. ausgenutzt.

Das tatprovozierende Verhalten K.'s muß dem Staat zugerechnet werden. Zwar geht die *Kammer* davon aus, daß die konkrete Vorgehensweise K.'s dem HLKA in Person des Zeugen H. weder bekannt war noch von diesem gutgeheißen wurde. K. war aber von Anfang an auf Grund einer entsprechenden Vereinbarung mit allgemeiner Billigung des HLKA tätig und erhielt auch bereits im Dezember 1980 einen oder mehrere Geldbeträge zur Abdeckung seiner Spesen in der vorliegenden Sache. Hinzu kommt, daß das unmittelbare Eingreifen des HLKA, nämlich durch die Verlängerung der Aufenthaltserlaubnis, mit zur endgültigen Durchführung des Transportes beigetragen hat; denn nachdem die Aufenthaltserlaubnis des Angeklagten am 19. 2. 1981 abgelaufen war, war dieser gewillt, den Transport noch in der Türkei zu stoppen.

Angesichts der Beeinflussung durch K. kann die Tat aus rechtsstaatlichen Gründen nicht verfolgt werden, so daß das Verfahren eingestellt werden mußte.

Landgericht Berlin, Urteil vom 23. 2. 1984

Sachverhalt: Die Angeklagten waren wegen Verabredung zum schweren Raub angeklagt. Nach den Feststellungen des *LG* war T. seit mehreren Jahren u. a. als Kassierer bei der Autofirma O. tätig. Nachdem sich Anfang 1983 bei ihm und seinem Bekannten R. finanzielle Schwierigkeiten ergeben hatten, erwogen sie einen Überfall auf die Kasse der Firma O. Von der Durchführung des Überfalls nahmen sie selbst jedoch Abstand, da T. befürchtete, bei einem Überfall trotz Maskierung von seinen Kollegen erkannt zu werden. R. traute sich einen (vorgetäuschten) Überfall nicht zu. R. wollte deshalb nach jemandem Ausschau halten, der als Komplize in Frage käme. Bei der Suche nach einem Komplizen lernte er Anfang Juli 1983 in einem Lokal den dortigen Zapfer K. kennen. K. zeigte sich interessiert. Er war als V-Mann für die Polizei tätig. Diese Tätigkeit übte er bereits seit Jahren aus. Er war dabei auch erfolgreich und erhielt dafür von der Polizei Geldzuwendungen, die ihn in den Stand setzten, zumindest teilweise seinen Lebensunterhalt daraus zu bestreiten. Er war in einer Reihe von Verfahren auf mehreren großen Gebieten der Kriminalität in Berlin und München erfolgreich tätig geworden und hatte dabei mit den verschiedensten Dienststellen der Polizei zusammengearbeitet. Er gab nicht nur sporadisch von Fall zu Fall Hinweise, wenn er zufällig von Straftaten erfuhr, sondern er hatte die allgemeine Billigung der Strafverfolgungsbehörden dazu, sich umzuhören und in kriminelle Pläne einzuschalten, damit hiervon die Ermittlungsbehörden zu gegebener Zeit Kenntnis erlangten und erfolgreiche Zugriffe durchführen konnten, um Straftaten aufzuklären oder zu verhüten. Es bestand dabei ein ständiger intensiver Kontakt mit der Berliner Polizei und mit der StA. Dementsprechend gab K. dem R. gegenüber zu erkennen, daß er selbst mit weiteren Personen gegen eine entsprechende Beteiligung den Raub ausführen wolle. Zusammen mit T. und R. wurden die Möglichkeiten der Tatausführung im einzelnen erörtert. Es wurde K. überlassen, weitere Mittäter zu gewinnen. Dies gelang ihm endlich bei den Angeklagten F., V. und M. Das *LG* stellte das Verfahren gegen die Angeklagten F., V. und M. ein.

Aus den Gründen: K. hatte sich inzwischen zu einem in der

Hauptverhandlung nicht genau feststellbaren Zeitpunkt mit der Polizei in Verbindung gesetzt, und zwar zunächst mit einem namentlich unbekannt gebliebenen Beamten. Dieser hatte ihn – in Begleitung eines anderen Polizeibeamten – zuständigkeitshalber zu dem Leiter des Raubdezernats, dem Zeugen H. geschickt. Dies geschah vier oder fünf Tage vor dem Tattage, also am 24. oder 25. 7. 1983. K. berichtete dem Zeugen H. von der geplanten Tat, wobei er jedoch verschwieg, daß er selbst es war, der sich um die Anwerbung der eigentlichen Tatausführenden bemühte, vielmehr stellte er es so dar, als habe R. dies übernommen. Seine eigene Rolle stellte er als die eines Zuhörers dar.

Hinsichtlich des Angestellten der Firma O. wollte oder konnte er ihm zu diesem Zeitpunkt nur den Vornamen H. mitteilen. Der Zeuge H. hatte bisher mit K. nichts zu tun gehabt und überprüfte schon deshalb dessen Angaben bzw. die Ausführbarkeit der geplanten Tat, indem er sich selbst als Kunde zur Firma O. begab und dort im Ersatzteillager ein Paar Scheibenwischer kaufte. Er sah danach zwar davon ab, der Firma O. einen Hinweis zu geben, zumal er keinen Angestellten der Firma O. vorschnell in Verruf bringen wollte, wollte aber alles Nötige veranlassen, damit die Täter am 29. 7. 1983 am Tatort von der Polizei empfangen und auf frischer Tat betroffen würden.

Inzwischen hatte K. sich seit Mitte Juli, sogleich nach jenem ersten Treffen vom 15. 7. 1983 mit den Angeklagten T. und R., bei dem er sich von deren Entschlossenheit zur Tat überzeugt hatte, um Mitwirkende bemüht. Das erwies sich als schwierig. Die von ihm ausgesuchten Personen, die Angeklagten F. und V. sträubten sich lange, auch M., den er überhaupt erst am Tattage erstmalig auf die Tat hin ansprach, machte keineswegs sofort bereitwillig mit. Diese drei Angeklagten waren im Gegensatz zu den Angeklagten T. und R. nicht auf der Suche nach einer Beteiligung an einer Straftat, K. hatte im Gegenteil erhebliche Mühe, sie zur Tat zu überreden.

Er tat es, weil er sich von einem umfangreicheren, dazu eindeutig feststellbaren Sachverhalt und einer höheren Anzahl von mitwirkenden Straftätern eine höhere Belohnung von der Polizei und möglicherweise zusätzlich eine Belohnung von der Firma O. versprach.

Als erstes gelang es ihm, den Angeklagten F. anzuwerben. diesen kannte er seit einigen Wochen vom Rummelplatz her, wo F., wie bereits ausgeführt, Aushilfsarbeit verrichtete. K. gewann F.'s Vertrauen, indem er sich als Sinti ausgab, was F. ihm wegen seines Äußeren glaubte. F. hatte sich zwar bisher von Straftaten ferngehalten, befand sich jedoch gerade infolge der Trennung von seiner Familie und seinem beruflichen Scheitern auf dem Schlachthof in einer kritischen Lebenssituation, die ihn letzlich der Verführung durch K. nachgeben ließ, als dieser ihn in den Plan einweihte. Auch stellte K. ihm die Wegnahme des Geldes als ganz leicht und ungefährlich dar. Angeblich sollten mindestens 200000 DM zwei Stunden lang unbewacht daliegen, ehe die Geldabholer kämen. Doch bedurfte es nach der unwiderlegten Einlassung des Angeklagten F. tagelanger Bearbeitung durch K., bis F. zustimmte. Besonders wertvoll war für K., daß F. einen Pkw besaß, der zur Tatausführung benutzt werden konnte.

Als nächsten gewann K. den Angeklagten V. Dieser war ihm aus Lokalen bekannt; er wußte, daß V. bereits bestraft war. Auch F. kannte V. aus der Zeit, als seine Mutter eine Pension gehabt hatte, und konnte dem K. die Adresse des V. nennen. K. suchte den Angeklagten V. daraufhin mehrfach zu Hause und auf seiner Arbeitsstelle auf und bot ihm eine Tatbeteiligung an, woraufhin V. zunächst immer wieder erklärte, kein Interesse zu haben. Zweimal erschien V. zu vereinbarten Treffen nicht. K. ließ jedoch nicht locker und »bekniete« ihn stundenlang. V. zögerte nach seiner unwiderlegten Einlassung lange, weil er gut bezahlte Arbeit bei einem zufriedenen Arbeitgeber hatte, unter Bewährung stand, seit mehr als 5 Jahren nichts Strafbares getan hatte und sich vorgenommen hatte, keine strafbaren Handlungen mehr zu begehen. K. verstand es jedoch, auch ihm die Tat schmackhaft zu machen, so daß V. schließlich zustimmte.

Am Morgen des vorgesehenen Tattages, dem 29. 7. 1983, hatte K. nochmals Mühe, seine Leute, soweit er sie bisher angeworben hatte, in Bewegung zu setzen. Er begab sich vormittags zu F.'s Wohnung und holte den Widerstrebenden aus dem Bett. Den Angeklagten F. hatte weitgehend der Mut verlassen, er meinte zu K., das ganze sei »doch wohl eine Nummer zu groß« für ihn, auch verwies er darauf, daß er sich am Vortage die Hand verletzt habe, die verbunden war. Weiter äußerte F., der etwas beleibt ist, die Befürchtung, er werde bei der Flucht nach hinten über die Mauer und über den Zaun des angrenzenden Grundstücks Schwierigkeiten haben. K., der wußte, daß es dazu nicht kommen würde, beruhigte ihn jedoch und redete ihm gut zu. Was den Zaun betraf, so versprach er, ein Loch hineinzuschneiden und eine Decke darüber zu legen, damit F. gut hinüber käme. Er selbst werde dann mit einem Fluchtauto dort stehen.

Beide fuhren mit F.s Auto zur Arbeitsstelle des Angeklagten V. und besuchten ihn auf dem Bau, auf dem er gerade arbeitete. F. blieb im Auto sitzen, während K. nahezu 2 Stunden auf den Angeklagten V. einredete, dem ebenfalls, nun da die Tatzeit heranrückte, wieder Bedenken gekommen waren. Schließlich wollte V. wieder mitmachen, jedoch nur, wenn noch ein dritter Mann gefunden würde. K. selbst wollte und konnte angeblich dieser Dritte nicht sein, weil er dazu benötigt werde, nach hinten den Fluchtweg zu sichern, auch müsse er mit dem »Mann von O.«, zu dem er einen »höllisch heißen Draht« habe, ständig in telefonischem Kontakt stehen können. K. wollte das Vorhaben unbedingt an diesem Tag durchführen, weil er wußte, daß die Polizei auf ihren Einsatz vorbereitet war. Er fuhr nur mit F. zu dem Angeklagten M. Er kannte M. bereits seit etwa zwei Monaten als Gast aus dem Lokal »Bierquelle«, wußte aus Gesprächen, daß M. bereits mit den Strafgesetzen in Konflikt geraten war und hatte bereits erfolglos versucht, ihn zu einem Einbruch bei seiner früheren Arbeitgeberfirma, dem Lokal »A.«, anzustiften. Auf das Projekt O. AG. hatte er ihn noch nicht angesprochen. Er kannte jedoch die Adresse des M., da M. in letzter Zeit seit der Aufgabe seiner Arbeitsstelle im »A.« vom Verkauf seiner Möbel gelebt hatte und K. ihm dabei behilflich gewesen war, die Möbel zu verkaufen. Er hatte den M. bisher nicht als Mittäter ausersehen, vermutlich weil M. außerordentlich klein von Statur ist und deshalb als Räuber nicht besonders geeignet erschien. K. weihte jetzt den M. im Beisein F.'s in den Tatplan ein und bedrängte ihn mitzumachen. M. sträubte sich zunächst, ließ sich aber nach intensivem Zureden des K. schließlich breitschlagen, sich das Gelände bei O. wenigstens einmal anzusehen. Ihn verlockte ebenso wie die anderen die Aussicht auf die hohe, angeblich leichte Beute.

K. schlug auch dem F. vor, daß er und M. sich am Tatort vorher einmal umsehen sollten. So geschah es. V. wurde dazu nicht mitgenommen, da er noch arbeiten mußte. K. und die Angeklagten M. und F. fuhren nun zum O.-Gelände, und während K. im Auto wartete, gingen F. u. M. auf den Hof des Grundstücks und in das ihnen bezeichnete geradeaus liegende Gebäude, über dessen Tür

»Ersatzteilverkauf« stand und dort die Treppe hinauf in den ersten Stock, in dem die Hauptkasse liegt, und sahen sich dort kurz um; besonders achteten sie auf die Toiletten, in denen sie sich zunächst versteckt halten sollten.

Nach ihrer Rückkehr zum Auto gab K. ihnen eine Plastiktüte der Firma B. mit Material für ihre Maskierung und insbesondere – vom Plan mit T. und R. insoweit abweichend – einen Gasrevolver. Die Angeklagten schauten sich die Gegenstände im einzelnen an. Es handelte sich bei dem Gasrevolver um einen Trommelrevolver der Marke Arminius HW 2-R, Kaliber 9 mm, PTB 67, dazu eine Knallpatrone und drei Gaspatronen. Weiter enthielt die Tüte eine Spraydose mit CS-Reizgas TW 1000, eine Handfessel »FBI« mit Schlüssel, ferner eine braune Wollmaske, eine grauschwarze Wollmaske und eine rote Adidas-Jacke. Der Gasrevolver war defekt, was M. auch erkannte, doch schadete das nichts, denn die Waffe und die Gassprühdose sollten nach K.'s Angaben nur dazu dienen, die Kassierer von der Verfolgung abzuhalten. Nach Ergreifen des Geldes sollten sie nur beim Sichentfernen hinter sich das Reizgas versprühen und den möglichen Verfolgern die Waffe vorhalten.

K. hatte den Angeklagten nämlich wahrheitswidrig erklärt, daß sie, um in den Besitz des Geldes zu gelangen, wahrscheinlich kaum Gewalt anzuwenden brauchten, weil das Geld praktisch unbewacht daliegen würde. Er behauptete, die beiden Kassierer würden sich zu dieser Zeit im bis zur Hälfte mit einer Glaswand abgeteilten Nebenraum befinden und dort den Telefonanruf des Pförtners erwarten, daß der Geldtransport eingetroffen sei.

Sodann holten K., F. und M. den Angeklagten V. auf seiner Arbeitsstelle ab. Auf dem Wege dorthin kauften M. und F. auf Weisung des K. noch zwei Paar Gummihandschuhe und zwei Rollen Klebeband, letztere sollten, falls erforderlich, für alle Fälle als Fesselungsmaterial mitgenommen werden (. . .).–

Nachdem V. von seiner Arbeitsstelle abgeholt war, telefonierte um 14.30 Uhr K. mit dem Angeklagten T. in der Firma O., um sich von diesem verabredungsgemäß den Kassenstand durchsagen zu lassen. T. hatte sich entsprechend erkundigt und teilte ihm mit, daß wieder 20 bis 25 Wagen neu zugelassen worden seien. Demnach waren nach T.'s früheren Schätzungen bis zu rund 180 000 DM in der Kasse zu erwarten. K. teilte den Angeklagten F., V. und M. jedoch wahrheitswidrig mit, daß 500 000 DM in der Kasse seien, um deren Interesse an der Tat noch zu steigern beziehungsweise zu wecken, denn M. war noch immer nicht entschlossen, sagte nun aber unter dem Eindruck der halben Million zu. Auf der Rückfahrt von V.'s Arbeitsstelle wurde auch anhand der von T. gefertigten Skizze der Tatplan nochmals durchgesprochen. Spätestens jetzt begriffen die Angeklagten F., M. und V. auch, daß sie durchaus in die Situation kommen konnten, Gewalt anwenden zu müssen. K. erklärte ihnen, daß um 17.00 Uhr die letzten Kunden des Haus verlassen haben würden. Die Kassierer würden dann die Haustür des Gebäudes unten und im 1. Stock eine Schwingtür zum Ersatzteillager mit einer Kette verschließen. Das Klirren dieser Kette sollten sie, auf der Toilette versteckt, zum Startzeichen nehmen und hervorstürmen, die beiden Kassierer mit der Waffe in Schach halten und das Geld an sich nehmen. Die Angeklagten waren mit diesem Plan einverstanden. Über den Fluchtweg wußte allerdings keiner von ihnen genau Bescheid. Auf der Handskizze, die nur das Etagenteil mit den Kassenräumen zeigte, war das angrenzende Ersatzteillager, die Paniktür und die Feuerleiter nicht zu sehen. Doch verließen sie sich auf K.'s Versicherung, sie würden an Ort und Stelle den Ausgang schon finden.

Sie fuhren nun wieder in Richtung B. Str.

Unterwegs stieg K. in der Nähe seines Lokals »B« aus mit dem Versprechen, um 17.00 Uhr mit einem Fluchtfahrzeug hinter dem Gelände der Firma O. bereitzustehen. Auch diese Stelle hatte sich keiner der Angeklagten F., V. und M angesehen.

Spätestens jetzt teilte K. telefonisch der Polizei die Personalien der an der Ausführung beteiligten Personen mit und gab eine Personenbeschreibung ab. Der Zeuge L. ließ in aller Eile Paßfotos besorgen und gab sie den Einsatzkräften zum Tatort mit. Bereits vormittags hatte eine Einsatzbesprechung stattgefunden, an der unter anderem die polizeilichen Zeugen L., M., D. und B. teilgenommen hatten.

Die Angeklagten F., V. und M. verbrachten die noch verbleibende Wartezeit in einem Park. Sie waren jetzt zur Tat entschlossen. Zwar äußerte V. einmal, er habe »eigentlich gar keinen Bock« und er habe das Gefühl, es werde etwas schief gehen, worauf M. antwortete, noch könnten sie »abhauen«, doch blieben alle bei der Stange. Sie erlagen jetzt einem gewissen Gruppendruck.

Gegen 16.30 Uhr fuhren sie zur B. Str. Während der Fahrt verteilten sie die im Fahrzeug befindlichen Gegenstände, die zur Tatausführung benutzt werden sollten, untereinander. Der Angeklagte

M. nahm die Gaswaffe, eine Pudelmütze und Handschuhe an sich und verbarg die Sachen in seiner Kleidung. F. versteckte Gummihandschuhe in seinen Strümpfen. Auch nahm er die Spraydose mit dem CS-Gas an sich und die beiden Parkmünzen, die der Angeklagte T. geliefert hatte. V. steckte eine Wellmaske und das Klebeband ein. Auch er hatte inzwischen vom Vorhandensein des Gasrevolvers und der CS-Spraydose und ihrer Zweckbestimmung Kenntnis genommen.

F. parkte seinen Pkw in einer Seitenstraße. Alle drei stiegen aus. Sie wollten in kurzen Abständen das Gebäude der Firma O. betreten. Der Angeklagte M. begab sich, beobachtet von den beiden anderen Angekagten, zum Gelände der Firma O. und betrat gegen 16.40 Uhr als erster den Betriebshof. Auf dem Hof noch wurde er von der Polizei festgenommen. Er erschrak so sehr, daß es bei ihm zu einer unkontrollierten Darmentleerung kam. Der Angeklagte V., der die Festnahme des M. beobachtet hatte, wurde auf der der O.-Niederlassung gegenüberliegenden Straßenseite festgenommen. Der Angeklagte F. wurde noch in der Nähe seines Fahrzeugs festgenommen. Alle drei Angeklagten leisteten keinerlei Widerstand. Das Fahrzeug des F. und das zur Tatausführung mitgenommene Material wurde sichergestellt.

Gleichzeitig wurde der Angekagte T. in seiner Wohnung festgenommen und wenig später ebenfalls der Angeklagte R. bei sich zu Hause.

Die Angeklagten T. und R. haben sich anschließend rund zwei Monate, die Angeklagten F., V. und M. rund fünf Monate in U.-Haft befunden. Was den K. betrifft, so erkannte der Leiter des Raubdezernats, der Zeuge H., aufgrund der alsbald einsetzenden Vernehmungen der Angeklagten, daß K. ihm gegenüber seine Rolle falsch dargestellt hatte, sah ihn nunmehr als Mittäter und Initiator der Tat an und ließ ihn am 2. 8. 1983 vorläufig festnehmen. In einem Vernehmungsversuch stritt K. eine Tatbeteiligung pauschal ab und machte keine weitere Aussage.

Die Zeugen H. und L. wollten ihn dem Haftrichter zum Erlaß eines Haftbefehls vorführen. Der zuständige Dezernent der StA, der Zeuge Oberstaatsanwalt F. ordnete jedoch die Entlassung des K. noch am 2. 8. 1983 an, weil er K.'s Rolle als Hinweisgeber dahin beurteilte, daß dieser als agent provocateur gehandelt und die Tatvollendung nicht gewollt habe, ein strafbares Verhalten also nicht vorliege ...

Die Feststellungen zu der Einflußnahme des K. auf das Geschehen beruhen auf den Angaben der Angeklagten. K. selbst sollte in der Hauptverhandlung als Zeuge vernommen werden, war zweimal geladen und zweimal – im Beisein eines RA – auch erschienen, hat aber jede Aussage verweigert. Er hat allen Befragungsversuchen des Gerichts und der Verteidigung getrotzt und sich auf ein umfassendes Aussageverweigerungsrecht nach § 55 StPO berufen, das ihm letztlich auch zugestanden werden mußte.

Da er somit zur Aufklärung der Sache nichts beigetragen hat und weitere Zeugen für die entscheidenden Phasen, so die Art der Anwerbung der Angeklagten F., V. und M., fehlen, war die *StrK* auf die Angaben der Angeklagten angewiesen. T.'s und R.'s Angaben decken sich in bezug auf K.'s Verhalten völlig beziehungsweise ergänzen einander sinnvoll. Die drei Angeklagten F., V. und M. haben ebenfalls übereinstimmend geschildert, wie ein jeder von ihnen von K. »bekniet« worden sei, er habe »sie wie ein Vertreter beschwatzt«, ihnen »wieder und wieder in den Ohren gelegen«. Alle Anweisungen, alle Tatmittel seien von K. gekommen, alle Einzelheiten seien von ihm bestimmt worden. Ihre Einlassung war ihnen nicht zu widerlegen. F., der bei der Anwerbung M.'s am Tattage zugegen war, hat dessen Schilderung bestätigt. Wären sie von sich aus an kriminellen Taten interessiert und leicht zu gewinnen gewesen, so hätte K. dies dem Zeugen H. berichten können und hätte seine Rolle nicht dem Angeklagten R. in die Schuhe zu schieben brauchen. Auch die mangelhafte Ausrüstung und Vorbereitung der drei Tatausführenden fällt auf. Daß sie sich zu einem solchen Projekt mit nur einer defekten Gaswaffe und einer Sprühdose Reizgas und teilweise recht unklaren Vorstellungen über den Tatverlauf und ohne sich den Fluchtweg vorher angesehen zu haben, auf den Weg machten, spricht für eine gewisse Halbherzigkeit bis zum Schluß ...

Auf Grund der glaubhaften Bekundungen der Zeugen H. und L. ist die *StrK* davon überzeugt, daß K. nicht auf Anweisung des Raubdezernats sich so verhalten hat, wie er es getan hat. Jedoch ist es für die *StrK* andererseits nicht möglich, positiv festzustellen, K. habe völlig auf eigene Faust gehandelt, als er als »agent provocateur« die drei Angeklagten F., V. und M. in der festgestellten Art und Weise anwarb. Bei der Vielzahl der Kontakte des K. zu Strafverfolgungsbehörden erscheint es nicht ausgeschlossen, daß ihm von einem Beamten – möglicherweise in Verkennung der Sach- und

Rechtslage – *geraten* worden ist, einen umfassenden, leicht feststellbaren und eindeutig strafbaren Sachverhalt zu *provozieren*, statt es bei dem Aufdecken der Pläne des T. und des R. sein Bewenden haben zu lassen. Er könnte am Raubdezernat vorbei gesteuert worden sein. Aus dem Schweigen des K. lassen sich insoweit auch keine sicheren Schlüsse ziehen. Von der Vernehmung weiterer Beamter, die mit K. Kontakt hatten und vielleicht noch hätten ermittelt werden können, hat sich die *StrK* keine weitere Aufklärung versprochen, zumal sich in der Hauptverhandlung zeigte, daß die meisten der bereits vernommenen beamteten Zeugen nur sehr zurückhaltend aussagten und ihre Aussagegenehmigungen recht eng auslegten ...

IV. Auf Grund des festgestellten Sachverhalts haben sich sämtliche Angeklagten der Verabredung zu einem Raube schuldig gemacht, und zwar die Angeklagten *T.* und *R.* der Verabredung zu einem einfachen Raube (§§ 249, 30 Abs. 2 StGB) und die Angeklagten *F.*, *V.* und *M.* der Verabredung zu einem schweren Raube (§§ 250, Abs. 1 Nr. 2, 30 Abs. 2 StGB) (wird ausgeführt).

Die Angeklagten *F.*, *V.* und *M.* haben die Verabredung zu einem Verbrechen des schweren Raubes auf dem Wege zum Tatort am 29. 7. 1983 getroffen (wird ausgeführt).

Die drei Angeklagten *F.*, *V.* und *M.* können jedoch für ihr tatbestandsmäßiges, rechtswidriges und schuldhaftes Tun nicht bestraft werden. Es liegt ein *Verfahrenshindernis* vor. Dies ist deshalb der Fall, weil diese drei Angeklagten auf Grund massiver Beeinflussung durch einen V-Mann der Polizei zu ihrem Verhalten gebracht worden sind. K. hat sie zur Tat überredet, hat darüber hinaus die gesamte Tatausführung in allen Einzelheiten bestimmt und hatte diese drei Angeklagten fest im Griff. Sie haben sich in allem nach seinen Anweisungen gerichtet und nichts außerhalb des Tatplans getan.

Nach der gefestigten Rspr. des *BGH* ist im Rahmen der Ermittlung und Bekämpfung besonders gefährlicher und schwer aufklärbarer Straftaten der Einsatz polizeilicher Lockspitzel im Grundsatz zwar geboten und rechtmäßig (u. a. *BGH* GA 1975, 333, NJW 1980, 1761 [siehe in diesem Band S. 175–177]; 1981, 1626 [siehe in diesem Band S. 180–182], StrVert 1981, 276). Dies gilt aber nicht uneingeschränkt. Es ist anerkannt, daß dem tatprovozierenden Verhalten eines polizeilichen Lockspitzels Grenzen gesetzt sind, deren Außerachtlassung als ein dem Staat zuzurechnender Rechtsverstoß in das Strafverfahren gegen den Täter hineinwirkt. Bei erheblicher Einwirkung, etwa wiederholten, länger andauernden Überredungsversuchen, intensiver und hartnäckiger Beeinflussung, kann das provozierende Verhalten des Lockspitzels ein solches Gewicht erlangen, daß demgegenüber der eigene Beitrag des Täters in den Hintergrund tritt. Der Staat würde sich dem Vorwurf widersprüchlichen Verhaltens aussetzen, wenn er durch seine Strafverfolgungsorgane da strafverfolgen ließe, wo er selbst durch einen seiner Helfer dieser Strafverfolgungsorgane zur Tat erst in der beschriebenen Weise provoziert hat. Dies jedenfalls ist die Auffassung des *BGH* und zahlreicher Obergerichte, der die *StrK* sich anschließt (vgl. für viele andere *OLG Düsseldorf*, StrVert 1983, 450 und ferner StrVert 1983, 2 mit Anm. *Körner, Bruns:* »Widerspruchsvolles Verhalten des Staates als neuartiges Strafverfolgungsverbot und Verfahrenshindernis, insbesondere beim tatprovozierenden Einsatz polizeilicher Lockspitzel«, NStZ 1983, S. 49 ff. [siehe in diesem Band S. 259–284]; ferner *Körner:* »Die Glaubwürdigkeit und die Strafbarkeit von V-Personen – die Strafbarkeit der provozierten Tat«, StrVert 1982, 382 ff.; NJW 1981, 1626 [siehe in diesem Band S. 180–182]; *Dreher-Tröndle* StGB, 41. A. 1983,/§ 26 Anm. Rdnr. 8; *KG* in NJW 1982, 838 [siehe in diesem Band S. 183–186]. – Beachtliche Gegenargumente gegen diese Rspr. werden von Bundesrichter *Foth* in NJW 1984, 221 [siehe in diesem Band S. 301–304] erhoben).

Ein solcher Fall massiver Beeinflussung ist hinsichtlich der drei Angeklagten F., V. und M. nach Auffassung der *StrK* vorliegend gegeben.

K. hat im vorliegenden Verfahren eindeutig die Grenzen zulässigen V-Mann-Verhaltens überschritten, weshalb offenbar er sein zwielichtiges Spiel gegenüber dem Zeugen H. verborgen gehalten hat. Er hat um des Geldes willen eine Verabredung der Angeklagten F., V. und M. zu einem Verbrechen provoziert, um anschließend die von ihm Angestifteten verraten zu können. Umfangreiche eigene, nicht von K. gesteuerte Aktivitäten der Angeklagten F., V. und M. haben sich im vorliegenden Falle nicht feststellen lassen. Es ist für die *StrK* unmöglich festzustellen, ob K. schon früher einmal in ähnlicher Form zu weit gegangen ist. Da sein Verhalten im vorliegenden Fall gewisse Rückschlüsse zuläßt, spricht die Wahrscheinlichkeit dafür. Auch dies ist nach dem Grundsatz, daß Zweifel sich zugunsten der Angeklagten auswirken, zu beachten. War es aber so, dann hätten die Strafverfolgungsbehörden sich von K. trennen müssen. V-Leute müssen an kurzer Leine gehalten oder ausgebildet werden, anders sind Mißgriffe wie im vorliegenden Fall nicht zu vermeiden.

Da K. ein allgemein mit Billigung der Strafverfolgungsbehörden arbeitender V-Mann war und, wie oben ausgeführt, nicht auszuschließen ist, daß in diesem konkreten Fall ein Beamter ihm geraten hat, Ausführende zu suchen und die Tat über das Vorbereitungs- und Verabredungsstadium hinaus zu treiben, ist deshalb sein Fehlverhalten dem Staate zuzurechnen.

Hinsichtlich der Angeklagten F., V. und M. war daher das Verfahren gem. § 260 Abs. 3 StPO einzustellen.

Die *StrK* sieht in dem Verlust des staatlichen Strafanspruches infolge dem Staat zurechenbaren Fehlverhaltens eines V-Mannes ein Verfahrenshindernis, während teilweise auch die Auffassung vertreten wird, es handele sich um einen Strafausschließungsgrund, dessen Folge Freispruch wäre (hierzu neigt der 5. Strafsenat des *BGH*, Beschl. v. 20. 12. 1983 – 5 StR 634/83, StrVert 1984, 58). Kein Verfahrenshindernis liegt jedoch in bezug auf die Angeklagten *T.* und *R.* vor (wird ausgeführt).

Hans O. Sieg
Die staatlich provozierte Straftat

I. Einführung in Problem und Meinungsstand

Da die Strafverfolgungsbehörden, insbesondere die Kripo, sich zunehmend der Hilfe von V-Männern und Lockspitzeln (agents provocateurs) bedienen – in jedem größerem Drogenprozeß spielen solche Personen eine Rolle – hat sich die höchstrichterliche Rechtsprechung in letzter Zeit mehrfach mit der Bedeutung staatlicher Provokation für die Strafbarkeit und die verfahrensmäßige Behandlung provozierter strafrechtlich relevanter Handlungen befassen müssen. Der Einsatz von Lockspitzeln zur Bekämpfung besonders gefährlicher und schwer aufklärbarer Straftaten, wie z. B. der Rauschgiftkriminalität, wird darin grundsätzlich für geboten und rechtmäßig erklärt, und zwar wird dies als gefestigte oder gar feststehende Rechtsprechung bezeichnet. Zu diesem Grundsatz wird dann jeweils bemerkt, daß er nicht uneingeschränkt gelte, dessen Nichtbeachtung als ein dem Staat zuzurechnender Rechtsverstoß in das Straftatverfahren hineinwirken würde.

Die Literatur hat sich demgegenüber teilweise grundsätzlich gegen den Einsatz von Lockspitzeln ausgesprochen bzw. jedenfalls eine strafrechtliche Verfolgung für unzulässig erklärt.[1] Das eine oder andere Tatgericht hat sich dieser Auffassung angeschlossen[2], so daß die Frage keineswegs als ausgestanden bezeichnet werden kann.

II. Dogmatische Einordnung des Problems

Das Problem läßt sich prozessual oder materiellrechtlich einordnen. Die Literatur[3] geht den prozessualen Weg über ein Verwertungsverbot hinsichtlich der Aussage des Lockspitzels und ein daraus resultierendes Verfahrenshindernis. Der Standpunkt des BGH ist noch nicht eindeutig auszumachen; allerdings hat der 2. Strafsenat in der Entscheidung vom 6. 2. 1981[4] nur erörtert, ob ein Verfahrenshindernis vorliege und dies verneint. Der 4. Senat hat im

Urteil vom 11. 9. 1980[5] unter Hinweis auf eine Entscheidung des 5. Senats von einer Verwirkung des staatlichen Strafanspruchs gesprochen und Hinweise auf Umstände gegeben, die »gegen eine Verurteilung« sprächen. Dies deutet auf eine materiellrechtliche Betrachtung hin. Der 1. Senat hat die Frage in der Entscheidung vom 21. 10. 1980[6] offengelassen. Im Urteil des 3. Senats vom 25. 3. 1981[7] ist ausgeführt, nach der Rechtsprechung des BGH könne die Überschreitung der dem Einsatz von Lockspitzeln gesetzten Grenzen »unter dem Gesichtspunkt einer Verwirkung des staatlichen Strafanspruchs im Ergebnis zur Unverfolgbarkeit der provozierten Tat« führen.

Es kann auch letztlich in der Tat im Ergebnis auf sich beruhen bleiben, ob staatliche Provokation einer Straftat schon unter dem Gesichtspunkt eines Verfahrenshindernisses einzuordnen ist, wenn sie jedenfalls auch materiellrechtlich Bedeutung hat, da nur im letzteren Fall das Strengbeweisverfahren einzuhalten ist. (Ansonsten würden sich nur formelle Unterschiede im procedere und der Entscheidungsfassung ergeben; Einstellung bei Prozeßhindernis, Freispruch bei Strafausschließungsgrund oder sonstiger materiellrechtlicher Einordnung.) Demgemäß muß der Entscheidung des 2. Senats entschieden widersprochen werden, in der nur die Frage des Verfahrenshindernisses geprüft wird, und zwar ausdrücklich im Wege des Freibeweises, wobei der Akteninhalt berücksichtigt wird. Im Rahmen der materiellrechtlichen Nachprüfung des Urteils des Landgerichts wird die Provokation nicht mehr erwähnt. Gerade bei der Tatsachenfeststellung zu einer Provokation kann der Freibeweis als Grundlage eines Urteils über häufig langjährige Freiheitsstrafen auf keinen Fall akzeptiert werden. Dies auch wegen der teilweise als Lockspitzel tätigen, nicht ganz zweifelsfreien Personen, von deren Angaben die Entscheidung vor allem auch nach den vom BGH entwickelten Kriterien abhängt. Da staatliche Provokation gegebenenfalls zur »Verwirkung« des staatlichen Strafanspruchs führen soll, spricht auch ein Vergleich mit dem Zivilrecht, in dem die Verwirkung in das materielle Recht gehört, für eine entsprechende Einordnung.

Es ist auch daran zu denken, es bereits als Verfahrenshindernis anzusehen, wenn die Provokation als solche – was zu erörtern sein wird – unzulässig war, und bei zulässiger Provokation die weitere Frage, ob gleichwohl die Bestrafung ausgeschlossen ist, unter dem Gesichtspunkt eines Strafausschließungsgrundes zu behandeln. Dies soll jedoch hier nicht abschließend behandelt werden.

III. Grundsätzliches zur staatlichen Provokation von Straftaten – Frage der Zulässigkeit

Keine der Entscheidungen des BGH, die erklärt, der Einsatz polizeilicher Lockspitzel sei grundsätzlich geboten und rechtmäßig (wohlgemerkt auch geboten) äußert sich darüber, auf welcher Rechtsgrundlage dieser eigentlich geschieht.[8] Für polizeiliches Handeln kommen insoweit prinzipiell und hier allein zwei Gruppen von Vorschriften in Frage, nämlich einmal die StPO und zum anderen das allgemeine Polizeirecht in der Kodifizierung durch die Ländergesetze.

1. Provokation als Maßnahme aufgrund der StPO

Was die StPO betrifft (§ 163 Abs. 1), so können sich zwangsläufig die darin enthaltenen Ermächtigungen nur auf die Aufklärung *bereits begangener* Straftaten beziehen, nicht jedoch darauf, eine erst noch zu begehende, künftige Straftat aufzuklären. (Insoweit wird vom BGH z. B. in NJW 1980, 1761 (siehe in diesem Band S. 175–177) zu Unrecht nicht unterschieden.) Danach wäre die Provokation künftiger Straftaten zur Aufklärung bereits begangener zulässig, wenn allgemeine Erwägungen nicht im Wege stehen.

2. Provokation als Maßnahme aufgrund der polizeilichen Generalklausel

Das allgemeine Polizeirecht ermöglicht polizeiliches (staatliches) Handeln zur Gefahrenabwehr, inklusive der Verhinderung künftiger Straftaten.[9] Auf dem Betäubungsmittelsektor muß man es daher für zulässig halten, Straftaten zu provozieren, um Betäubungsmittel aus dem Verkehr zu ziehen. Das übergeordnete Gemeinschaftsinteresse an der Sicherstellung von Betäubungsmitteln rechtfertigt die Provokation zu strafrechtlich relevanten Handlungen. Problematisch bleibt es dabei indessen, wie im Fall

BGH NJW 1980, 1761, erst die Einfuhr von Betäubungsmitteln aus dem Ausland zu veranlassen, d. h. erst die Gefahr in der Bundesrepublik zu schaffen, wenn man nicht feststellen kann, daß diese Gefahr der Einfuhr bereits konkret gegeben ist, die Einfuhr also praktisch bevorsteht.[10]

3. Verhältnismäßigkeitsprinzip

Wie bei jeder staatlichen Handlung muß natürlich der Einsatz von Lockspitzeln im konkreten Fall der Verhältnismäßigkeit entsprechen. Dies gilt sowohl bei einem Einsatz aufgrund der StPO als auch bei dem aufgrund Polizeirechts.

IV. Strafbarkeit provozierter Taten unter Berücksichtigung der Kriterien der Rechtsprechung

Ist der Einsatz von Lockspitzeln gegebenenfalls zur Aufklärung begangener oder zur Verhinderung künftiger Straftaten im Sinne der Beseitigung von Gefahren zulässig, so ist damit noch nichts über die Bestrafung der provozierten Tat als solcher gesagt. Zu Unrecht wird letzteres nicht gesondert betrachtet. Daß diese separate Betrachtung geboten ist, resultiert aus der vorgegebenen (rechtlich) zulässigen Zielsetzung staatlichen Handelns. Zur Aufklärung bereits begangener Straftaten ist die Bestrafung einer zu diesem Zweck provozierten (neuen) strafrechtlich relevanten Handlung nicht notwendig. Ebensowenig ist es erforderlich, zur Beseitigung der Gefahr, die von den per Provokation bereits aus dem Verkehr gezogenen Betäubungsmitteln drohte, die Lieferanten noch zu bestrafen. Die Tatsache, daß die provozierte Handlung Straftatbestände erfüllt, begründet für sich allein nicht ihre Bestrafung angesichts der staatlichen Provokation. Ob diese insoweit völlig unberücksichtigt werden kann, gilt es erst zu untersuchen.

1. Die Rechtsprechung des BGH

Die Rechtsprechung des BGH setzt Zulässigkeit der Provokation mit Bestrafung der provozierten Tat gleich und tendiert dazu, den Bereich der strafrechtlich verfolgbaren provozierten Taten immer weiter auszudehnen, sowie letztlich die von ihr selbst gesetzten Schranken zu durchbrechen.

Die offenbar erste Entscheidung findet sich in GA 1975, 333. Dort war es so, daß der Angeklagte das dann weiter veräußerte Rauschgift besaß, so daß der 1. Strafsenat erklärte, das Verhalten der Polizeibeamten sei im wesentlichen nur auf die Konkretisierung eines bereits vorhandenen Tatentschlusses und zugleich auf die Vereitelung des Taterfolges gerichtet gewesen.

Die Entscheidung des 1. Senats vom 13. 4. 1980[11] geht bereits weiter, indem sie zunächst feststellt, der zur Beurteilung anstehende Sachverhalt sei durchaus den Fällen vergleichbar, in denen durch Lockspitzel lediglich die allgemeine Entschlossenheit zur Tatbegehung konkretisiert werde. Es werden dann »Wertungsgesichtspunkte« angegeben, unter denen die Sachlage zu betrachten sei, und zwar Grundlage und Ausmaß des gegen den Angeklagten bestehenden Verdachts, Art, Intensität und Zweck der Einflußnahme des Polizeibeamten, Tatbereitschaft und eigene, nicht fremdgesteuerte Aktivitäten des Angeklagten. Beim Kriterium des Verdachts wird nicht unterschieden, wie es angesichts der Rechtslage nötig wäre, zwischen Verdacht bereits begangener und Verdacht künftiger Straftaten. Vielmehr wird beides ausdrücklich gleichgesetzt. Die Gesichtspunkte des 1. Senats, die auch im Urteil vom 21. 10. 1980[6] erörtert werden, werden auch vom 4. Senat im wesentlichen übernommen, allerdings werden sie nur als Anhaltspunkte dafür angesehen, ob das Verhalten des Lockspitzels »lediglich zur Konkretisierung eines bei dem Angeklagten vorhandenen Entschlusses... geführt und ob (der Lockspitzel) auch in der Folgezeit keinen entscheidenden Einfluß auf die Begehung der abgeurteilten Tat gewonnen hat oder ob allein er die Angeklagten zur Tat und später auch dazu bestimmt hat, von ihrer Begehung Abstand zu nehmen«. D.h. der 4. Senat hält am Kriterium der Entscheidung des 1. Senats in GA 1975, 333 fest. Der 3. Senat hat die fraglichen Gesichtspunkte als die zur Bestimmung der Grenzen zulässigen Einsatzes von Lockspitzeln im wesentlichen übernommen und sich dabei auf die vorstehend wiedergegebene Rechtsprechung berufen.[7] In der bereits zitierten Entscheidung des 2. Senats werden indessen nur diese Wertungsgesichtspunkte als solche als Entscheidungsmaßstab aufgeführt, wobei der Gesichtspunkt des Verdachts völlig fallengelassen wird.

2. Kritik und eigene Auffassung

a) Strafbarkeit der provozierten Tat bei Provokation ohne Verdacht früherer Straftaten

Wie bereits dargestellt, muß die Frage nach der Bestrafung der provozierten Tat von der nach der Zulässigkeit der Provokation getrennt werden. Da staatliche Provokation von Straftaten als Maßnahme nach § 163 StPO einen Verdacht begangener Straftaten bereits voraussetzt, ist eine Provokation auf dieser Rechtsgrundlage ohne solchen Verdacht nicht möglich und damit eine Verfolgung der provozierten Tat bzw. eine Bestrafung derselben auf jeden Fall ausgeschlossen. Die Auffassung des 2. Senats, man könne den Gesichtspunkt des Verdachts völlig fallenlassen, kann nicht akzeptiert werden, schon gar nicht, wenn man, wie der BGH, nicht zwischen Verdacht bereits begangener und Verdacht (Gefahr) künftiger Begehung von Straftaten unterscheidet. Der 1. Senat hat auch im Urteil vom 21. 10. 1980[6] ausdrücklich betont, »Grundlage und Ausmaß eines gegen M. bestehenden Verdachts« seien offen, aus dem Urteil sei weder zu entnehmen, daß M. bereits vorher als Waffenhändler in Erscheinung getreten sei, noch werde ein gegen ihn in dieser Richtung bestehender Verdacht dargelegt. Er hat unter Hinweis auf einen Beschluß des Bundesverfassungsgerichts hervorgehoben, der Staat dürfe grundsätzlich unbescholtene Bürger nicht zur Begehung von Straftaten verleiten.

Unabhängig davon zeigt die Entscheidung des 2. Senats selbst, wie bedenklich es ist, sich nur von Wertungsgesichtspunkten leiten zu lassen, ohne daß deren Stellenwert und rechtliche Bedeutung fixiert ist. Obwohl der 2. Senat auch Grundlage und Ausmaß des gegen den Täter bestehenden Verdachts als Kriterium nennt, wird dieser Gesichtspunkt dann bei der Beurteilung des Sachverhalts völlig fallengelassen: Der Angeklagte war nicht vorbestraft, unbescholten, unverdächtig und vom Lockspitzel »auf gut Glück« auf Betäubungsmittel angesprochen worden. Der BGH stellt allein darauf ab, daß nicht in nachhaltiger Weise auf den Täter eingewirkt worden sei (zwei Gespräche), so daß der eigene Beitrag des Täters nicht in den Hintergrund getreten sei. Als nachhaltige erhebliche Einwirkung werden wiederholte, länger andauernde Überredungsversuche, intensive und hartnäckige Beeinflussung angesehen. Dabei bleibt offen, was darunter im einzelnen zu verstehen ist. Wieso der sonst vom BGH an erster Stelle genannte Gesichtspunkt des Verdachts hier außer Betracht bleiben konnte, wird nicht erklärt. Dies bedeutet aber: es besteht die Gefahr, daß die »Wertungsgesichtspunkte« je nach Sachlage mit wechselnder Bedeutung versehen werden, was wiederum dazu führt, daß nicht voraussehbare Entscheidungen gefällt werden. Mit Rechtssicherheit hat dies dann nichts mehr zu tun.

b) Strafbarkeit der provozierten Tat bei Provokation ohne Gefahr künftiger Straftaten

Wie schon ausgeführt, kann bei Gefahr künftiger Begehung von Straftaten eine Provokation nur aufgrund der polizeilichen Generalklausel erfolgen. Danach setzt aber polizeiliches Eingreifen zur Gefahrenabwehr das Vorliegen einer konkreten Gefahr voraus.[12] Mithin versteht es sich von selbst, daß eine Provokation zur Verhinderung künftiger Straftaten ohne die entsprechende Gefahr (Verdacht der Begehung künftiger Straftaten i. S. der Rechtsprechung) nicht zulässig ist.

c) Strafbarkeit der provozierten Tat bei nach Provokation nicht bestätigtem Verdacht früherer Straftat

Auch wenn der Verdacht einer bereits begangenen Straftat besteht und die Provokation auch ansonsten zulässig ist, kann sich dieser Verdacht nach erfolgreicher Provokation nicht bestätigen. Dann ist aber dieselbe Lage gegeben, wie wenn von vornherein kein Verdacht bestanden hätte. Damit liegt es nahe zu folgern, daß sich der Staat dann auch entsprechend verhalten muß, d. h. die tatsächlich objektiv ex post nicht erforderlichen Maßnahmen strafrechtlich folgenlos bleiben müssen. Da sich der Verdächtige aber hat provozieren lassen, könnte man gewissermaßen aus der erfolgreichen Provokation schließen, daß jedenfalls die Gefahr der künftigen Begehung von Straftaten bestanden habe.

d) Strafbarkeit der provozierten Tat bei Provokation wegen Gefahr künftiger Straftaten

Wie bereits ausgeführt, folgt aus dem Zweck polizeilichen Einschreitens durch Provokation aufgrund Polizeirechts keineswegs, daß die provozierte Tat bestraft werden muß. Gerade das Gegenteil ist bei der Provokation zur Verhinderung künftiger Straftaten der Fall. Wenn die Polizei Straftaten verhindern soll, ergibt sich schon aus dieser Aufgabe, daß sie auch keine Straftäter schaffen darf.[13] Selbst wenn man es für rechtlich zulässig hält, auf dem Betäubungsmittelsektor strafrechtlich relevantes Verhalten zu provozieren, um die Betäubungsmittel aus dem Verkehr zu ziehen, so folgt aus dieser Zielsetzung, daß die staatlichen Aktivitäten ihr Ende finden müssen, wenn dieses Ziel erreicht ist. Die strafrechtliche Verfolgung provozierter Täter wegen der provozierten Tat geht darüber hinaus und ist damit rechtlich nicht zulässig. (Daß eine Bestrafung des Täters wegen bereits vor dem polizeilichen Eintreten verwirklichter Tatbestände – z. B. Besitz von BtM – rechtlich zulässig und geboten ist, versteht sich von selbst.)

e) Zwischenergebnis

Mangels konkreter gesetzlicher Regelung läßt sich die Lösung also nur, wie es auch die Rechtsprechung tut, aus allgemeinen rechtlichen und letztlich auch ethischen Grundsätzen entwickeln. Es ist Aufgabe des Staates und seiner Organe, Straftaten zu verhindern und nicht zu veranlassen.[14] Dem entspricht der in unserer abendländischen Kultur verwurzelte Grundsatz des Nicht-in-Versuchung-Führens.[15] Konkret bedeutet dies: Nur dann, wenn der Täter sich ohne staatliches Eingreifen in gleicher oder vergleichbarer Weise strafrechtlich relevant verhalten hätte, darf strafrechtlich verfolgt bzw. bestraft werden.

Dieser Grundsatz deckt sich mit dem ursprünglich vom BGH entwickelten Gedanken, daß die Tätigkeit des Lockspitzels nur zu einer Konkretisierung des bereits vorhandenen Tatentschlusses geführt haben darf.[16] Kann nicht ausgeschlossen werden, daß der Betroffene sich ohne staatliches Eingreifen nicht »strafbar« gemacht hätte, darf er nicht verfolgt werden.

Für die Beantwortung dieser Frage stellen die von der jüngeren Rechtsprechung herausgestellten »Wertungsgesichtspunkte« zwar Indizien dar, die aber für sich nicht überbewertet werden dürfen und die eigentlich festzustellende Tatsache nicht ersetzen. Denn auch jemand, gegen den massive Verdachtsmomente vorlagen, der nicht besonders stark beeinflußt wurde und relativ schnell zur Tat bereit war sowie erhebliche eigene Aktivität entwickelte, kann gleichwohl nur und allein wegen der polizeilichen Provokation zu der Tat veranlaßt worden sein. Das Problem besteht folglich darin, ob man letzteres mit der nötigen Gewißheit ausschließen kann. Man wird dabei nichts unberücksichtigt lassen dürfen, auch nicht das Verhalten des Täters nach der Tat (z. B. sofortiges Geständnis).

Überbewerten darf man die Gesichtspunkte des BGH schon deswegen nicht, weil es sich dabei um stark ausfüllungsbedürftige Merkmale handelt.

V. Ergebnis

1. Die Provokation einer Person zu Straftaten durch Staatsorgane ist nur zulässig, wenn sie einer bereits begangenen Straftat oder der beabsichtigten Begehung einer solchen verdächtig ist.

2. War die Provokation unzulässig, stellt sich dies bereits als Verfahrenshindernis und darüber hinaus als Strafausschließungsgrund dar.

3. Die provozierte Tat wird als solche nur bestraft, wenn sie oder eine vergleichbare Tat auch ohne die Provokation begangen worden wäre, wenn also der bereits vorhandene Tatentschluß nur konkretisiert, nicht erst geweckt wurde. Ob dies der Fall ist, muß anhand aller Umstände, nicht nur der »Wertungsgesichtspunkte« des BGH ermittelt werden. Andernfalls besteht ein Strafausschließungsgrund. Zweifel schlagen zugunsten des Angeklagten aus.

Anmerkungen

1 *Lüderssen*, Festschrift für Peters, 1974, S. 352 ff.; *Franzheim*, NJW 1979, 2014.
2 Z. B. LG Heilbronn, vgl. BGH NJW 1980, 1761 (s. in diesem Band S. 175–177); ähnlich auch AG Heidenheim, NJW 1981, 1628 (s. in diesem Band S. 178 f.).
3 *Lüderssen* (Anm. 1); *Franzheim* (Anm. 1).
4 NJW 1981, 1626 = Strafverteidiger 1981, 392 (s. in diesem Band S. 180–182).
5 NStZ 1981, 70.
6 Strafverteidiger 1981, 163.
7 Strafverteidiger 1981, 276.
8 Vgl. dazu auch *Lüderssen* (Anm. 1), S. 352 Fn. 7.
9 *Martens* im *Drews/Wacke/Vogel/Martens*, Gefahrenabwehr, 8. Aufl., II. Bd., S. 43.
10 Zum Begriff der Gefahr im Polizeirecht, *Martens* (Anm. 9), S. 106 ff.

11 NJW 1980, 1761.
12 *Martens* (Anm. 9), S. 108.
13 Ähnlich *Franzheim* (Anm. 1).
14 *Franzheim* (Anm. 1); BGH in Strafverteidiger 1981, 163.
15 *Lüderssen* (Anm. 1), S. 364.
16 GA 1975, 333.

Friedrich Dencker
Zur Zulässigkeit staatlich gesteuerter Deliktsbeteiligung

I. Untersuchungsgegenstand

Wer sich mit dem Phänomen »V-Leute« beschäftigen will, tut gut daran, zunächst einmal in etwa zu umgrenzen, über was genau er sprechen will. Einerseits sind bereits bei einer Beschränkung auf polizeiliche V-Mann-Arbeit[1] die tatsächlichen Erscheinungsformen dessen, was bei der Polizei unter dieser Rubrik geführt wird, so mannigfaltig, daß man ganz verschiedene Abhandlungen darüber zu schreiben hätte: Das reicht vom gelegentlich zugunsten der Polizei Augen und Ohren offen haltenden Geschäftsmann oder Gastwirt über den kleinen Ganoven, der sich ein Zubrot verdienen will, bis zum klassischen »undercoveragent«, dem mit »echten[2] falschen« Papieren und entsprechender Legende ausgestatteten Polizeibeamten, der in der »Unterwelt« eingeschleust wird. Andererseits sind die rechtlichen Fragestellungen bei fast jeder dieser Fallgestaltungen ihrerseits in die verschiedensten Richtungen hin möglich; im Strafprozeß tauchen Probleme des Legalitätsprinzips, des Grundsatzes der Aktenvollständigkeit, des Akteneinsichtsrechts, des Verhältnisses von Präventiv- und Kriminalpolizei, des Täuschungsverbotes, des Vereidigungsrechts, des Unmittelbarkeitsgrundsatzes usw. auf[3]; im strafrechtlichen Bereich treten die Fragen keineswegs nur, wie es die klassische Problembenennung »agent provocateur« suggerieren mag, im Anstiftungs- (und natürlich: Beihilfe- und Täterschafts-)bereich auf, sondern (etwa) geläufige Rechtsprechungstraditionen wie die zur Entschuldigung von Aussagedelikten durch Notstand werden durch neuere Entscheidungen zu V-Mann-Problemen in anderen Bereichen in Frage gestellt[4], die Frage nach der Garantenpflicht von – vor allem – Polizeibeamten zur Verhinderung von Straftaten gewinnt ebenso an Aktualität wie die genauere Bearbeitung der sonst doch eher stiefmütterlich behandelten Konnivenz (§ 357 StGB); staatsrechtliche Fragen nach den Grenzen des Amtshilferechts[5] drängen sich ebenso auf wie Staatshaftungsprobleme.[6]

In der Literatur ist das Problem bislang überwiegend bei zwei

Fragen angesprochen worden: bei der strafrechtlichen nach der Strafbarkeit des »agent provocateur«[7] und bei der strafprozessualen des »Zeugnisses vom Hörensagen«.[8] Erst in neuester Zeit findet sich in Literatur[9] und Rechtsprechung[10] die Bereitschaft, eine andere Fragestellung (als Problem) zu akzeptieren, nämlich diejenige nach einer »Verbrechensprophylaxe durch Verbrechensprovokation«, wie sie – soweit ersichtlich – als erster *Lüderssen*[11] aufgeworfen hat: Ist es überhaupt zulässig (und – ggf. – in welchen Grenzen sowie unter welchen Voraussetzungen), daß der Staat im Rahmen der Verbrechensaufklärung selbst Ursachen für die Begehung von Straftaten setzt[12], indem er durch seine Agenten[13] sich am deliktischen Geschehen beteiligt?

Zu *dieser* Frage soll im folgenden der Versuch unternommen werden, wenigstens die Grundlagen des Problems etwas genauer zu beschreiben, als dies bisher geschehen ist. Das erscheint deswegen wesentlich, weil erst dann die rechtlichen Folgefragen mit einer vollständigen Begründung beantwortet werden können.

Letzteres sei anhand des – oft nicht hinreichend betonten – Zusammenhanges zwischen den am häufigsten behandelten Einzelfragen beispielhaft wenigstens andeutungsweise verdeutlicht. Erkennt man das Problem der Strafbarkeit oder Straflosigkeit des agent provocateur als (jedenfalls auch[14]) Rechtfertigungsproblem an, bei dem für Straflosigkeit das staatliche Interesse an der Verbrechensaufklärung sprechen kann[15], so ist wesentlich für eine Lösung des Problems auch die Frage, wie(weit) denn die Aufklärung eines derart provozierten Verbrechens im Strafprozeß möglich und zulässig ist. Hält man das Zeugnis vom Hörensagen des behördlich geheimgehaltenen Zeugen für nur begrenzt zulässig[16], begrenzt nämlich auf diejenigen Fälle, in denen ein (zu begründendes[17]) behördliches Interesse an der Geheimhaltung des Zeugen besteht, so hängt die Lösung solcher Fälle letztlich auch von der Erlaubtheit bestimmter Aufklärungsmethoden[18] ab: Darf die Exekutive so nicht aufklären, kann auch ein legitimes Interesse an der Geheimhaltung eines solchen Aufklärungsmittels[19] kaum vorliegen.

Die beiden Fragen hängen also mit der gleichen Grundfrage (und über diese auch miteinander[20]) zusammen, soweit es um polizeiliche V-Personen als Beteiligte an der Tat geht: Ist deren Einsatz grundsätzlich erlaubt, ergeben sich notwendig andere Antworten, als wenn er grundsätzlich verboten ist.

Entsprechendes gilt für alle anderen in der Praxis der V-Mann-

Führung auftauchenden Probleme, so daß die sehr allgemeine Fragestellung hinreichend legitimiert sein möge. Um die allgemeinen Rechtsgrundsätze einigermaßen plastisch herausarbeiten zu können, um die es dabei geht, soll als Beispiel für die Frage der Fall dienen, in dem ein getarnter polizeilicher Agent zur Begehung einer Straftat anstiftet.[21]

II. Die Rechtsprechung zum Thema

Die Diskussion um die grundsätzliche Zulässigkeit (Erlaubtheit) solchen Tuns beginnt in unserer Literatur gerade erst[22], in der Rechtsprechung finden sich hingegen schon seit längerer Zeit Stellungnahmen, und zwar recht unterschiedliche.

Das RG[23] äußerte sich 1912 recht kategorisch: Ein solches Vorgehen sei »vom allgemein sittlichen Standpunkt, den die Behörden der Strafrechtspflege *ohne Rücksicht auf Erfolge* einzunehmen haben, nicht zu billigen«. ... »*Unter allen Umständen* verbietet sich aber die Anwendung von solchen Scheinaufforderungen im Strafverfahren, denn es ist unaufrichtig und jedenfalls mit dem Ansehen der Behörden der Strafrechtspflege unvereinbar, wenn deren Beamte oder Beauftragte sich dazu hergeben, in gefährlicher Weise[24] zum Verbrechen anzulocken, und auch, wenn sie nur den Schein erwecken, als ob sie *Täuschung oder sonstige unlautere Mittel* in den Dienst der Strafrechtspflege stellten.«

Der BGH befand zunächst in einer Zivilsache[25], eine (Preis-)Behörde, die zur Überwachung von Preisverstößen einen agent provocateur einsetze, handele »entgegen ihren Pflichten und sittenwidrig. Auch der an sich erlaubte *Zweck*, den Täter zu überführen, *kann* ein solches *sittenwidriges Mittel nicht heiligen*.«

In einer Strafsache[26] hatte der BGH sich mit der Strafbarkeit einer Gestapo-Agentin zu befassen, die sich »unumschränktes *Vertrauen*«[27] eines Priesters erschlich, sich »zum Scheine«[27] erbot, eine Denkschrift für ihn ins Ausland zu befördern und ihn dann mit Hilfe dieser Denkschrift der Gestapo auslieferte und so zum – vorhersehbaren – Todesurteil des Volksgerichtshofs beitrug. Der BGH prüfte, ob das noch durch »Rechtsprechung«[28] gedeckt sein konnte, und meinte dazu, der Priester sei »in das ... Verhalten ... regelrecht hineingelockt worden. Es bietet sich das Bild einer Verfolgungsbehörde, die den ›Verdächtigen‹ zur ›Tat‹ anreizt, um ihn dann zu überführen. Darin liegt unter allen Umständen ein wesentlicher Strafmilderungsgrund«.[29, 30]

Das OLG München[31] nahm beim Auftreten als Scheinkäufer (von Rauschgift) für die Beamten – deren mögliche Strafbarkeit gem. § 123 StGB es im Klageerzwingungsverfahren zu prüfen hatte – den Rechtfertigungsgrund des § 34 StGB an und eröffnete damit eine Diskussion, die nach der sogenannten *Traube*-Affäre ihren vorläufigen Höhepunkt fand.

Obwohl damit die Weiche immerhin dahingehend gestellt war, im Einsatz von »Lockspitzeln«[32] ein Problem zu sehen, judiziert der BGH[33] zunächst noch recht unbekümmert[34]: (Bei einem Fall von Rauschgifthandel sei) »das Verhalten des Polizeibeamten im wesentlichen nur auf die Konkretisierung eines bereits vorhandenen Tatentschlusses« gerichtet gewesen; daß das »jedenfalls im Rahmen der Bekämpfung *besonders gefährlicher oder schwer aufklärbarer Straftaten* ... nicht mißbilligt« werden könne, entspreche »anerkannten Rechtsgrundsätzen«[35]...; es »könne daher auch keine Rede davon sein«, daß gegen ein »unmittelbar oder mittelbar aus § 136a StPO abzuleitendes« Verbot verstoßen worden sei; »abwegig« sei daher auch das Vorbringen der Revision, der staatliche Strafanspruch sei verwirkt.

Seit 1980[36], beginnend mit der Entscheidung 4 StR 16/80[37], hat der BGH die grundsätzliche Fragwürdigkeit der staatlichen Verbrechensprovokation (an-)erkannt und sich in einer ganzen Serie von Entscheidungen[38] auf eine Formel festgelegt, auf die er in der jüngsten veröffentlichten Entscheidung[39] sogar – erstmals – die Kassation[40] eines Urteils gestützt hat. Danach sieht der BGH[41] nunmehr

»Anlaß zur Prüfung, ob ein von Amts wegen zu beachtendes Verfahrenshindernis der Verfolgung des Angeklagten deshalb entgegensteht, weil er von einem polizeilichen gelenkten Lockspitzel (agent provocateur) zu der Straftat angestiftet worden ist. ... Nach der inzwischen gefestigten Rechtsprechung des BGH ist im Rahmen der Ermittlung und Bekämpfung besonders gefährlicher und schwer aufklärbarer Straftaten, zu denen auch der Rauschgifthandel gehört, der Einsatz polizeilicher Lockspitzel im Grundsatz geboten und rechtmäßig. ... Dies gilt aber nicht uneingeschränkt. Es ist anerkannt, daß dem tatprovozierenden Verhalten des Lockspitzels Grenzen gesetzt sind, deren Außerachtlassung als ein dem Staat zuzurechnender Rechtsverstoß in das Strafverfahren gegen den Täter hineinwirken würde (*Kleinknecht*, StPO, 34. Aufl., § 163 Rdn. 32). Das dem GG und der StPO immanente Rechtsstaatsprinzip untersagt es den Strafverfolgungsbehörden, auf die Verübung von Straftaten hinzuwirken, wenn die Gründe dafür vor diesem Prinzip nicht bestehen können; wesentlich für die Beurteilung sind dabei Grundlage und Ausmaß des gegen den Täter bestehenden Verdachts, Art, Intensität und Zweck der Einflußnahme des Lockspitzels, Tatbereitschaft und eigene, nicht fremdgesteuerte Aktivitäten dessen, auf den er einwirkt.«

Da es sich um die erste Entscheidung eines Gerichts handelt, in der ein Verfahrenshindernis tatsächlich angenommen worden ist, und da der Sachverhalt geeignet ist, die grundsätzliche Fragwürdigkeit der staatlich gesteuerten Deliktsbeteiligung deutlich zu machen, sei dieser kurze Rechtsprechungsüberblick abgeschlossen mit einer Entscheidung des AG Heidenheim.[42] Es stellte ein Verfahren gegen eine nicht erwachsene Angeklagte (wegen Beihilfe zum Handeltreiben mit Betäubungsmitteln in einem besonders schweren Fall) mit der Begründung ein, daß »der staatliche Strafanspruch durch grundrechtsverletzende rechtsstaatswidrige Strafverfolgungsmaßnahmen verwirkt worden« sei: Der V-Mann habe die Angeklagte »unter Aufbau und Ausnützung einer scheinbaren Liebesbeziehung« zu »einer schwerwiegenden Tat« angestiftet, obwohl sie bis dahin »allenfalls zum Erwerb von sog. weichen Drogen in geringer Menge zu einem gelegentlichen eigenen Verbrauch bereit« gewesen sei. Darin sah das AG einen Verstoß gegen Art. 1 Abs. 1 GG, weil der V-Mann sie »als Werkzeug« (zur Überführung von Rauschgifthändlern) benutzt und damit »zum bloßen Objekt staatlichen Handelns« gemacht habe, und weil er sich »als Repräsentant der Strafverfolgungsbehörden in die Privatsphäre der Angeklagten ... zu dem Zweck einschlich«.

Bevor auf die in dieser Rechtsprechung angesprochenen Voraussetzungen und Begrenzungen des Lockspitzel-Einsatzes eingegangen wird, sei ein kurzes Wort zu der Folge gestattet, die die Rechtsprechung – sehr unvermittelt und ohne viel Begründung – für den Fall unzulässiger staatlicher Provokation kreiert hat: dem Verfahrenshindernis für die Verfolgung der provozierten Tat.

Der BGH hat damit wohl die richtige dogmatische Kategorie gefunden, um die erwünschte Folge – Nichtbestrafung des Provozierten wegen der Tat – zu begründen, da es zum einen Elemente außerhalb der Tatschuld, ja überhaupt des Täterverhaltens sind, die diese Folge tragen, und da zum anderen so verhindert werden kann, daß eine zu weitreichende personelle Immunität entsteht, etwas für Beteiligte, die nicht dem provozierenden Einfluß des staatlichen Agenten ausgesetzt waren. Wirken wird diese Folge freilich nur, wenn der BGH bezüglich der Voraussetzungen den Grundsatz in dubio pro reo anwendet.

Weiterhin darf nicht aus dem Auge verloren werden, daß – dort, wo das Verfahrenshindernis nicht besteht – auch andere Folgen möglich bleiben müssen. Reicht – nach den Maßstäben der Rechtsprechung – die Art der Provokation nicht aus, um ein Verfahrenshindernis auszulösen, bleibt hinsichtlich der provozierten Tat Strafmilderung zu erwägen. Soweit der Agent durch Täuschung des bereits Verdächtigen, auf den er angesetzt ist, Beweismittel erlangt, bleibt bezüglich dieser Beweise natürlich das Verwertungsverbot des § 136a Abs. 3 Satz 2 StPO zu beachten.

III. Diskussion der Rechtsprechung

Dieser kurze Überblick über die deutsche[43] Rechtsprechung zeigt, daß die Formeln der neueren einschlägigen Urteile an erheblichen Unschärfen leiden. Diese ermöglichen zwar dem Revisionsgericht, von Fall zu Fall in einer ihm billig erscheinenden Weise zu entscheiden, alle anderen beteiligten Instanzen aber, besonders die Polizei, werden in erheblicher Entscheidungsunsicherheit belassen. Denn mit den Sätzen der Rechtsprechung ist bei dem Versuch, praktische Handlungsdirektiven zu ermitteln, wenig anzufangen. Überdies sind sie zum Teil durchaus geeignet, in bedenklicher Weise irrezuführen. Beides sei kurz belegt.

Die Haltung des RG und von BGHZ 8, 38 ff. – »unter allen Umständen ... vom allgemein sittlichen Standpunkt« zu mißbilligen – war immerhin eindeutig. Eine solche Begründung schließt – und zwar auch für einen handlungsbereiten Gesetzgeber – Konzessionen aus: Pragmatische Gegeninteressen vermögen Gebote der Sittlichkeit nicht einzuschränken. Bevor nun die sittliche Haltung des BGH zu diskutieren ist, sei zunächst darauf hingewiesen, daß dessen Rechtsprechung ein immerhin ähnliches Element enthält, wenn sie von einer »Verwirkung« des Strafanspruchs spricht. Auch die darin enthaltene ansatzweise Zitierung des Verbots des venire contra factum proprium schließt an sich Konzessionen aus: Wer sich selbst die Finger schmutzig gemacht hat, darf entweder oder darf nicht damit auf andere zeigen.

Beide Ansätze aber, das ist vor allem gegen sie einzuwenden, lassen sich nur schwer – allenfalls über sehr abstrakte, wiederum einer Abwägung kaum zugängliche präventive Gedanken[44] – in einer (zweck-)*rationalen* Weise begründen; genau das jedoch ist der zunächst einmal notwendige nächste juristische Schritt: der Versuch, die Interessen in einer Weise zu benennen, die sie einer juristisch-rationalen Diskussion zugänglich macht.

Dies tut auch die Formel der neueren BGH-Rechtsprechung nicht: Auf der einen Seite steht die Berufung auf das Rechtsstaatsprinzip, auf das faire Verfahren, auf der anderen Seite die Notwendigkeit der effektiven Verfolgung einer bestimmten Art von Kriminalität.

Betrachtet sei zunächst die »Notwendigkeit«. Mit der Berufung auf sie kann man alles begründen, selbst Folter und »third degree«.[45] Daß man sie anführt, kann also nur ein Hinweis darauf sein, daß man eine Rechtfertigung sucht, für erforderlich hält.

Warum, was steht auf dem Spiel? Der BGH äußert sich letztlich dazu nicht viel klarer als das RG mit der Berufung auf die Sittlichkeit; denn die Worte »Rechtsstaatlichkeit« und »faires Verfahren« sind kaum minder vieldeutig. Vor allem aber erlauben sie nicht, den Zirkel zu sprengen, der hier das Hauptproblem zu sein scheint: Der BGH sagt, daß ein Lockspitzeleinsatz rechtmäßig sein könne – ist er es, kann er das Rechtsstaatsprinzip nicht verletzen; ein unerlaubter hingegen verletzt es notwendig[46], da ist dann auch nichts mehr abzuwägen. (Die vom BGH beispielhaft – ohne Begründung – für wesentlich erklärten Umstände helfen auch nicht weiter: Solange ein Ansatz nicht geboten wird, läßt sich über sie nicht sinnvoll diskutieren.)

Der Ansatz des BGH allein bei institutionellen Begriffen wie Rechtsstaat und fair trial ist notwendig zu kurz: Unrechtsstaatlich, unfair kann der Einsatz von Lockspitzeln nur sein, wenn er auf der anderen Seite, beim Bürger also, Rechte tangiert, einen Eingriff bedeuten kann.

IV. Das grundsätzliche Verbot des Lockspitzeleinsatzes

Um die Qualität dieses Eingriffs zu erkennen, sollte man sich zunächst einmal gedanklich von der Kriminalität lösen, um deretwillen man einen solchen Eingriff für legitim halten mag, von Dealern, Brandstiftern, Waffenhändlern und Mafiosi.

Der Fall des AG Heidenheim stößt wohl nicht nur deswegen auf die Bereitschaft, eine Rechtsverletzung anzuerkennen, weil die spätere Angeklagte zum »Werkzeug« gemacht wurde, zum »Objekt staatlichen Handelns« (das sind nur Bilder, die man auch auf die Rolle des Zeugen wenden könnte, der ebenso – notfalls unter Zwang – Mittel der Verbrechensaufklärung ist). Eine größere Rolle spielt sicherlich – neben dem Alter des Opfers – schon die Tatsache, daß es bis dahin nur wenig kriminelle Energie in die Rauschgiftszene eingebracht hatte; aber das betrifft schon die Gegeninteressen, das offenbar minimale staatliche Interesse, dieses Lockspitzelopfer zu überführen. Die maßgeblichen Hinweise auf die beeinträchtigten Interessen dürften vielmehr da zu finden sein, wo das Urteil davon spricht, daß der V-Mann sich als »scheinbarer Freund« »unter Aufbau und Ausnützung einer scheinbaren Liebesbeziehung« »in die Privatsphäre der Angeklagen... einschlich«, und zwar als »Repräsentant« »der Strafverfolgungsbehörden«, also des Staates.

Dabei geht es – will man die erkennbare Empörung des AG richtig analysieren – wohl nicht darum, daß hier ein verkapptes Sittlichkeitsdelikt gesehen wurde; nähere Einzelheiten der Beziehung teilt das Urteil (zu Recht) nicht mit. Maßgeblich ist vielmehr, wie sich aus den zitierten Wendungen ergibt, daß eine (hier: ausgenützte) Liebesbeziehung eine besonders enge Form von menschlichem *Vertrauen* beinhaltet. Der *Mißbrauch von in Anspruch genommenem Vertrauen* dürfte denn auch dasjenige sein, was daraufhin zu untersuchen ist, ob es – prinzipiell – einen Rechtseingriff darstellen kann.

Die Möglichkeit dessen sei zunächst anhand eines Beispiels plausibel gemacht, das zur Eliminierung staats- und strafrechtlicher Judiztrübungen aus einem ganz anderen Stoffe[47] gebildet sei. Ein Jurist mache die Bekanntschaft eines X, aus der sich im Verlaufe einer längeren Beziehung eine – aus der Sicht dieses Juristen – enge Freundschaft entwickle. Nach einiger Zeit nun teile ihm der X mit, er halte ihn als Person seit eh und je für recht unergiebig, habe aber einmal die Person, Erlebnis- und Reaktionsweise eines Juristen für eine bestimmte Arbeit aus der Nähe kennenlernen müssen.

Dieser fiktive Jurist würde wohl fortan in seiner Fähigkeit und Bereitschaft, Freundschaften zu schließen, ebenso beeinträchtigt werden können, wie man Beeinträchtigungen des emotionalen Bereichs der Angeklagten aus dem Heidenheimer Fall befürchten muß.

Daneben kommt noch ein weiterer Aspekt zum Tragen. Der Mensch braucht, um handeln zu können, ein gewisses Maß an Orientierungssicherheit. Das leisten z. B. Rechtsnormen, aber nicht nur sie; es gibt Erwartungen in die Verläßlichkeit von Handlungen und Situationen, die durch andere Normen begründet werden. Daß auch solche Erwartungen rechtlich schützenswert sein können, zeigt die Aufnahme der »Heimtücke« in § 211[48]: Man *darf* erwarten, daß derjenige, der einem die Hand zum Gruße hinhält, nicht mit der anderen den Dolch zückt.

Versucht man dies rechtlich einzuordnen, zeigt sich einmal mehr die Weisheit des Heidenheimers Amtsrichters, der das Wort »Privatsphäre« verwandte: Die Norm, um die es geht, ist Art. 2 Abs. 1 GG (i. V. mit Art. 1 GG) – die allgemeine Handlungsfreiheit. Die Entscheidung BGH 24, 125, auf die sich der BGH bezieht[49], ist also nicht so sehr einschlägig wie es etwa BGH 14, 358 ff. (Tonbandentscheidung) oder BGH 19, 325 (Tagebuchentscheidung) wären, Vorläufer von BVerfGE 34, 238 ff. Der Grundduktus dieser Entscheidungen lautet – etwa –: Müßte man – bei Erlaubtheit dieser Methoden – ständig mit ihrer Möglichkeit rechnen, ginge die handlungsnotwendige Unbefangenheit verloren; damit wäre Art. 2 Abs. 1 i. V. mit Art. 1 GG verletzt.

Das Schwergewicht der Überlegung gilt also weniger dem einzelnen Akt, als der Problematik der *Zulassung einer Methode*, die zu einer Zerstörung des allgemeinen Grundvertrauens führen könnte. Eine solche Zulassung ist insbesondere dann gravierend, wenn sie dazu führen kann, daß sich der Staat ihrer systematisch bedient. Sie ist es in ganz besonderem Maße, wenn es sich um eine *heimliche* Tätigkeit handelt[50] – man denke sich nur als Extrem einen Spitzelstaat mit einer Geheimen Staatspolizei.

Danach ergibt sich als erstes Zwischenfazit: Der Einsatz eines Lockspitzels stellt einen Eingriff in das Grundrecht aus Art. 2 Abs. 1 GG seines Opfers dar.

Hält man – mit der herrschenden Staatsrechtslehre[51] – das Prinzip vom Vorbehalt des Gesetzes auch in diesem Bereich für anwendbar[52], so ist nach der lex lata der Lockspitzeleinsatz durch Strafverfolgungsbehörden mangels einer gesetzlichen Eingriffsermächtigung generell unzulässig. Mit anderen Worten: Die Lockspitzelpraxis und die Rechtsprechung des BGH zur Möglichkeit eines rechtmäßigen Lockspitzeleinsatzes ist dann nichts anderes als ein gigantischer Anwendungsbereich des § 34 StGB[53] als Ermächtigungsgrundlage im Strafprozeß!

Nichts anderes ergibt sich, wenn man die Praxis nicht von den Grundrechten und dem Vorbehalt des Gesetzes her betrachtet, sondern vom Grundsatz der Gesetzmäßigkeit der Verwaltung: Eine Vielzahl von gesetzlichen Ge- und Verboten muß übertreten werden, soll die V-Mann-Praxis funktionieren. Auch für diese Übertretungen muß eine Rechtsgrundlage gefunden werden, auch für sie bietet sich nur § 34 StGB an.

Die Frage der Anwendbarkeit des § 34 StGB soll hier nun nicht diskutiert werden; das ist für die weitere Untersuchung auch nicht notwendig. Hält man ihn – wie Verfasser[54] – für nicht anwendbar, steht zwar de lege lata die generelle Unzulässigkeit staatlicher Deliktsbeteiligung durch V-Leute fest, es bleibt jedoch für eine – von *jedem* Standpunkt aus zu erwägende – lex ferenda nach den Interessen zu fragen, die eine gesetzliche Legitimierung begründen und ihre Ausformung bestimmen könnten. Für diejenigen, die § 34 StGB für anwendbar halten, bleibt eine gleichartige[55] Frage bei der Subsumtion zu beantworten: Für die Verfolgung welcher Ziele, die Erhaltung welcher rechtlichen Interessen kann eine staatliche Deliktsbeteiligung durch V-Leute rechtmäßig sein, wann muß das – an sich schutzwürdige – Vertrauensinteresse weichen?

V. Mögliche Gründe für eine Rechtfertigung

Die Gründe, die die Praxis zum Einsatz von V-Leuten drängen, werden, z. T. ganz offen ausgesprochen: Ohne solche Mittel wäre eine – auch nur halbwegs – effektive Verfolgung bestimmter Arten von Kriminalität nicht möglich.[56] Der BGH spricht (nunmehr[57]) von der Notwendigkeit der »Bekämpfung besonders gefährlicher und[57] schwer aufklärbarer Kriminalität«. Das reicht noch nicht sehr (oder: viel zu) weit.

Mord ist sicherlich eine besonders gefährliche Form von Kriminalität – ein Mord kann auch schwer, u. U. nur durch den Einsatz bestimmter zweifelhafter Mittel, etwa durch Täuschung des Verdächtigen, aufklärbar sein. Gleichwohl gilt auch für einen solchen Mordfall das Täuschungsverbot des § 136a StPO unstreitig; gleichwohl wäre in einem solchen Fall durch § 136a StPO verboten[58], den Mordverdächtigen etwa dadurch aushorchen zu lassen, daß man ihm einen Spitzel als »Mithäftling« in die U-Haft-Zelle legt.

Trunkenheit im Straßenverkehr ist eine besonders gefährliche[59] und – bedenkt man die Dunkelzifferschätzungen[60] – auch schwer aufklärbare Kriminalitätsform. Gleichwohl dürfte sich niemand für die Idee stark machen wollen, polizeiliche Lockspitzel in die Gaststätten ausschwärmen zu lassen.

Betrachtet man die Kriminalitätsbereiche, in denen die neuere Rspr. diese Art von Polizeitätigkeit gebilligt hat[61], wird schon deutlicher, worum es ihr geht, wenn sie von besonders gefährlicher Kriminalität spricht: In allen Fällen handelte es sich um Delikte, bei denen von den Angeklagten angenommen werden konnte, daß sie sie nicht nur einmal verwirklicht hatten, bei denen – vereinfacht gesprochen – nach der Person des Angeklagten und der Struktur der kriminellen Szene Wiederholungstaten zu erwarten waren[62], und zwar Taten mit einem hohen Maß an Rechtsgütergefährdung; prototypisch: Rauschgifthandel großen Stils.

In allen Fällen auch handelte es sich um Kriminalitätsbereiche, die typischerweise von berufsmäßigen und/oder[63] bandenmäßig arbeitenden Tätern beherrscht werden. (*Hier* dürfte im übrigen der sachgerechte Ansatzpunkt für eine weitere Aufschlüsselung der Formel von der »anders schwer aufklärbaren« Kriminalität liegen – dieser Teil soll jetzt nicht weiter behandelt werden.)

Danach wird deutlich: Es geht nicht so sehr um »gefährliche Kriminalität«, sondern – mit Verlaub – um »gefährliche Kriminelle«. Nicht die Aufklärung einer geschehenen, abgeschlossenen Straftat (um der Gesamtheit der Strafzwecke willen) ist es, die den V-Mann-Einsatz mit all seinen Gesetzwidrigkeiten rechtfertigen kann, es geht vielmehr darum, mit dem Mittel des Strafrechts[64] Zukunftsgefahren abzuwenden, die von der Freiheit eines – verkürzt gesprochen – »gefährlichen Menschen« ausgehen.

Wenn das so ist, rührt das Problem an grundlegende Systemfragen unseres Staats- und Strafrechts, die hier nur skizziert werden können.

Das klassische Konzept von Polizeirecht und Strafrecht ist das der Trennung[65] von Prävention (im polizeilichen Sinne) und Repression durch Strafrecht. »Prävention« durch Repression findet nur so statt, daß *nach* einer Tat, die in einem *ihretwegen* angestrengten

Prozeß bewiesen werden muß, der Täter mit Sanktionen nach dem Maße der *Tat*schuld belegt werden kann.

Dadurch wird folgende Grundvorstellung des Rechtsstaates[66] gewahrt: Im Gegensatz zum »Polizeistaat« ist für den Rechtsstaat konstitutives Prinzip das Vertrauen in die Rechtlichkeit der Bürger – bis zum Beweise des Gegenteils. »Vertrauen ist gut, Kontrolle ist besser«, das grundsätzliche Mißtrauen dem Bürger gegenüber als Prinzip ist ein (wenn nicht das) Merkmal des Polizeistaates.

An diesem Vertrauensprinzip trotz aller alltäglichen Enttäuschungen festzuhalten ist also grundsätzlich normativ geboten. Dementsprechend ist auch die polizeiliche Präventivtätigkeit im Normalbereich geregelt.

Soweit sie der Abwehr von Gefahren dient, die von Menschen ausgehen, von drohendem rechts- oder polizeiwidrigen Verhalten von Bürgern, ist sie im Prinzip begrenzt auf den Zugriff in der aktuellen Krise (Störung oder *gegenwärtige* Gefahr). Eine Ausnahme bildet der psychisch kranke Mensch als chronische Gefahrenquelle; er kann als Person via Unterbringungsrecht präventiv in Anspruch genommen werden. Diese Ausnahme aber fügt sich ins System: Die Vermutung der Rechtstreue des Bürgers gründet sich als freiheitssicherndes Prinzip auf das grundsätzliche Postulat der Freiheit des Einzelnen – Freiheit zum Guten wie zum Bösen. Fehlt diese Freiheit ersichtlich, fehlt auch die Basis für die Vermutung der Rechtstreue.

Der Einsatz von Lockspitzeln hingegen richtet sich in aller Regel gegen als schuldfähig vermutete Personen, mit dem Ziel, sie als Gefahrenquelle zu eliminieren, und zwar über eine Tat, die sie (noch) nicht begangen haben[67], die ihnen aber zugetraut wird – Prinzip also ist Mißtrauen, nicht Vertrauen. Wir haben es daher mit einer Durchbrechung eines fundamentalen Grundsatzes zu tun (das sollte deutlich bleiben bei der weiteren Diskussion des Themas, denn: freedom dies by inches, der Weg zum Polizeistaat[68] ist abschüssig).

Die zum Lockspitzeleinsatz drängende Notwendigkeit ist – und darf allenfalls sein – eine im Kern *präventiv-polizeiliche*. Dabei geht es a) um die Abwehr von Gefahren, die nicht[69] im klassischen polizeirechtlichen Verständnis gegenwärtig sind; b) um solche Gefahren, die von einem – als schuldfähig vermuteten – »gefährlichen« Menschen ausgehen – dieser soll als Gefahrenquelle ausgeschaltet werden. Der Weg dazu führt über die Erzeugung einer Tat, die dann Anlaß gibt, das der Polizei verwehrte Mittel der Einsperrung (durch Freiheitsstrafe) einzusetzen; da diese Tat z. Z. des Lockspitzeleinsatzes (noch) nicht existiert, erweist sich die Strafe von daher als reines Sicherungsinstrument.

Auf dem Hintergrund dieses Denkmodells lassen sich die beispielhaft aufgezählten Kriterien der neueren BGH-Rechtsprechung, mit denen sie Grenzen des Lockspitzeleinsatzes zu markieren sucht, durchaus einordnen und – enventuell – besser verstehen, vor allem aber genauer diskutieren. Das Modell erlaubt jedoch, noch einige weitere Probleme etwas schärfer zu umreißen, und dem soll der verbleibende Raum dieser Untersuchung gewidmet sein.

VI. Folgerungen

Soll in diesem Bereich nicht der Keim für ein ganz neues Verhältnis von Bürger und Staatsgewalt, für eine grundlegende Akzentverschiebung innerhalb des Polizeirechts und des Strafrechts[70] und ihres Verhältnisses zueinander gelegt werden, so muß geklärt werden, auf welche Sachverhalte der Lockspitzeleinsatz zu begrenzen ist, wie weit er gehen darf und wie die Festigkeit dieser Grenzen zu sichern ist – gleichgültig, ob man de lege lata oder ferenda nachdenken will.

Auch das kann hier freilich nur thesenhaft und recht abstrakt geschehen.

1. Die BGH-Formel »besonders gefährliche und schwer aufklärbare Kriminalität« muß dahingehend präzisiert werden, daß Zielobjekt nur sein darf der vorher genannte »gefährliche« Mensch. Weiterhin darf er es nur dort sein, wo seine Existenz so unübersehbar und die Gefährlichkeit seiner Handlungen so erdrückend ist, daß angesichts dessen die normativ begründete Vermutung der Rechtstreue des Bürgers unter dem Faktendruck nicht mehr durchgehalten werden kann. Das kann nur bei dem gewerbs- oder gewohnheitsmäßigen Täter solcher Taten der Fall sein, die besonders schwere soziale oder individuelle Schäden hervorrufen.

2. Der Einsatz kann nur gerechtfertigt werden, wo er erforderlich ist; daraus ergeben sich praktisch sehr schwer lösbare Probleme:

a) Weil bereits der Einsatz des V-Mannes ein Eingriff ist, müssen bereits dafür rechtliche Voraussetzungen definiert werden. Diese müssen sich auf den letztlich legitimierenden Grund beziehen, den »gefährlichen« Menschen; sie müssen weiterhin möglichst verhindern, daß *schutzwürdiges* Vertrauen (etwa Dritter)[71] in Anspruch genommen wird.

b) Diese Eingriffsvoraussetzungen haben einerseits einen bestimmten Verdacht von hinreichender Dichte zu beschreiben, daß ein solcher Mensch Taten begehen wird, und daß diese von ihm ausgehende Gefahr nicht anders verhindert werden kann; er kann sich letztlich nur aus dem Verdacht schon begangener Taten ergeben.[72]

c) Dieser Verdacht schon begangener Taten darf andererseits nicht beweisbar sein – dann könnte man den Täter bereits ihretwegen verurteilen und damit den präventiven Bedürfnissen hinreichend durch Strafrecht Rechnung tragen; der Lockspitzeleinsatz wäre nicht »erforderlich«[73] i. S. des § 34 StGB (der auch für Überlegungen zur lex ferenda angesichts der dargelegten Notwendigkeit einer *Ausnahme*vorschrift nützliches Denkmodell ist).

d) Die Eingriffsvoraussetzungen müssen[74] gerichtlicher Kontrolle[75] unterliegen – die Schwierigkeit dessen dürfte nach dem Vorherigen deutlich sein:

Werden dem Täter der provozierten Tat vorherige Taten nicht nachgewiesen, kann es sich um einen Gelegenheitstäter handeln, und damit um einen Fall, in dem die staatliche Verbrechensprovokation nicht gerechtfertigt wäre. Werden sie ihm nachgewiesen, (so erweist sich die Provokation entweder als nicht erforderlich oder) so geschieht dies regelmäßig aufgrund einer Täuschung und damit entgegen § 136a StPO[76] – die Beweise sind also jedenfalls für den Nachweis der Vortaten nach geltendem Prozeßrecht nicht verwertbar.

Die Auflösung dieses Dilemmas ist – will man im Ergebnis ausschließen, daß ungerechtfertigte Provokationen zur Bestrafung führen[77] – in zweierlei Weise denkbar: Entweder durch eine Minderung der Feststellungssicherheit bezüglich der tatsächlichen Gefährlichkeit des Angeklagten[78] oder durch eine punktuelle Aufhebung des Täuschungsverbots.[79] Ersteres führt zwar sicherlich zu einer elastischeren Praxis, aber um den – m. E. zu hohen – Preis einer ungenügenden Kontrolle über die Haltbarkeit der Ergebnisse rein polizeilicher Denk- und Handlungsweise (in einem – auch beim besten Willen der Polizei – notwendig zwielichtigen Bereich). Die partielle – nur auf den Beweis der Rechtmäßigkeitsbedingungen für den Lockspitzeleinsatz begrenzte – Aufhebung des Täuschungsverbots ist demgegenüber nicht nur sicherer, sondern auch ehrlicher: Die Zulassung des Lockspitzels *ist* die Zulassung von Täuschung bei der Kriminalitätsbekämpfung.

e) Die Arbeit des Lockspitzels darf schließlich bestimmte, im Rahmen solcher Abwägungen nicht übersteigbare Grenzen nicht außer acht lassen: Die von ihm gesetzten Gefahren für individuelle Rechtsgüter dürfen ein bestimmtes Maß nicht überschreiten, auch nicht dann, wenn es um die Abwehr noch größerer Gefahren für weitere Rechtsgüter geht. Ein Auftrag z. B. an einen vermuteten Berufskiller ist dann unzulässig, wenn nicht gänzlich gesichert ist, daß die Ausführung verhindert werden kann. Realistischer: Ein V-Mann darf nicht, um an einen großen Rauschgiftring heranzukommen, selbst als Dealer Kinder an die Spritze locken oder auch nur eine erhebliche Gefahr dessen begründen.

Damit ist der Effektivität der Methode eine sicherlich schmerzhafte Grenze gesetzt: Eine gut organisierte Unterwelt wird zur Abwehr von V-Leuten die sog. »Keuschheitsproben« jenseits dieser Grenze (wo immer man sie auch ziehen mag) ansetzen – gleichwohl muß diese Grenze beachtet werden. Andernfalls könnte von Recht(-mäßigkeit, -fertigung) die Rede nicht mehr sein.

VII. Schlußbetrachtung

Die hier versuchte Skizze eines rechtlichen Grundschemas für die Einordnung der Probleme beim Einsatz von Lockspitzeln kann als Muster für den polizeilichen V-Mann-Einsatz generell dienen: Mehr oder minder tauchen dieselben Probleme auch beim »schlichten V-Mann« in eben dieser Grundfiguration auf:

a) Es geht – auf der Eingriffsseite – um die Inanspruchnahme von Vertrauen, Art. 2 Abs. 1 GG; erste Aufgabe ist dementsprechend, den Bereich des schützenswerten Vertrauens zu erfassen.

b) Auf der anderen Seite geht es im Kern um präventive Ziele, die nur mit dem Mittel des Strafrechts erreicht werden können; die dabei notwendige Überschreitung grundlegender rechtsstaatlicher Prinzipien des Polizei- und Strafrechts nötigt zu einer engen Umgrenzung dieser Ziele.

c) Soll es sich um ein Mittel des Rechts handeln und nicht nur mehr um eine nackte Waffe der »society at war with the criminal classes«[80], sind dem Mittel enge Grenzen gesetzt, die letztlich seine Effektivität in Frage stellen können.

d) Die Gesamtheit der durch den V-Mann-Einsatz eventuell notwendig werdenden Rechtsbeeinträchtigungen – materieller und prozessualer Art – ist als ein einheitliches Problem zu sehen; es darf nicht je eine solche Beeinträchtigung gegen das Interesse an einer »effektiven Kriminalitätsbekämpfung« gestellt werden.

Der erste Versuch einer Gesamtabwägung nach diesem Muster ergibt, daß jedenfalls die in der neueren BGH-Rechtsprechung erkennbar werdenden Bedenken berechtigt sind; wahrscheinlich werden die Grenzen sogar noch erheblich enger zu ziehen sein. Die dann sich ergebende Beeinträchtigung der Effektivität des Mittels (»Eignung« i. S. des § 34 StGB) könnte zu dem Ergebnis führen, daß insgesamt eine staatlich gesteuerte Beteiligung an Delikten zur Kriminalitätsbekämpfung nicht nur durch § 34 StGB nicht gerechtfertigt, sondern auch durch den Gesetzgeber nicht legalisiert werden kann.

Anmerkungen

1 Die Fragen geheimdienstlicher V-Mann-Praxis (dazu *Evers*, Privatsphäre und Ämter für Verfassungsschutz, 1960) bleiben im folgenden ebenso außer Betracht wie privatrechtliche Parallelerscheinungen (vgl. dazu BGH, NJW 1981, 1089 ff.).

2 Hier beginnen bereits die später zu erörternden Rechtfertigungsprobleme: Strafbarkeit gem. § 348 StGB?

3 Einen Überblick über einen erheblichen Teil der Probleme vermittelt die sehr materialreiche Erlanger Diss. von *Christian Röhrich*, Rechtsprobleme bei der Verwendung von V-Leuten für den Strafprozeß (1974).

4 Nach den Ausführungen von BGHSt 29, 109 ff., 113 – Lebensgefahr *rechtfertigt* der Sache nach Zeugnisverweigerung – kann die in BGHSt 5, 371 ff. angeführte Rspr. (zur Entschuldigung) nicht mehr unüberprüft bleiben.

5 Die von BGHSt 29, 109 ff. und BVerfG, JZ 1981, 741 ff., 745, 746 postulierte Pflicht für die Exekutive, ihre Entscheidung z. B. gem. §§ 54, 96 StPO dem Gericht gegenüber zu begründen, ist m. W. neuartig und in ihren rechtlichen Konsequenzen noch nicht überprüft.

6 Der Vorgang von BGHZ 8, S. 83 ff. kann Nachfolger finden, die angesichts der gewandelten Strafrechtsprechung wohl ebenfalls neu beurteilt werden müssen.
7 Vgl. nur *Küper*, GA 1974, 321 ff. m. w. N.
8 Neueste Nachweise bei *Meyer*, Anm. zu BGH, JR 1981, 477, 478 ff.; monographisch zuletzt: *Geppert*, Der Grundsatz der Unmittelbarkeit im deutschen Strafverfahren, 1979, bes. S. 216 ff. Speziell zu BVerfG (Anm. 5) jetzt: *Bruns*: Neue Wege zur Lösung des strafprozessualen »V-Mann-Problems«, 1982.
9 *Franzheim*, NJW 1979, 2014 ff.; *Gribbohm*, NJW 1981, 305 ff., 307; *Mache*, StrVert. 1981, 600 f.; *Sieg*, StrVert. 1981, 636 ff. (s. in diesem Band S. 228–237).
10 Zuletzt BGH, StrVert. 1982, 53 f.; s. i. e. Anm. 36–38.
11 Festschr. f. Karl Peters, 1974, 349 ff.; zusammen mit einer Falldokumentation nochmals veröffentlicht in: *Denninger/Lüderssen*, Strafprozeß im demokratischen Rechtsstaat, 1978, 238 ff.
12 Die an sich denkbare Erweiterung der Fragestellung auf staatliche Unterlassungen kann hier nicht verfolgt werden.
13 Im folgenden Text werden die – rechtlich durchaus für andere Fragestellungen wichtigen – Unterscheidungen zwischen Beamten, Beauftragten oder schlicht mit Billigung der Polizei operierenden Beteiligten nicht getroffen – für die Zwecke dieser Untersuchung ist es nicht notwendig.
14 Vgl. *Stratenwerth*, MDR 1953, 717 ff., 720 f.; *Samson*, SK, AT, 3. Aufl. Stand April 1981, Rdn. 38 vor § 26; Fälle, die – etwa dem Lösungsgang *Küpers* (Anm. 7) entsprechend – allein über Teilnahmeregeln lösbar sein könnten, sind praktisch kaum relevant.
15 Vgl. *Stratenwerth* (Anm. 14); BGH (Anm. 36–38).
16 Das ist nunmehr der Stand der höchstrichterlichen Rspr., die ja seit BGHSt 29, 109 ff. u. U. ein Verwertungsverbot für möglich hält; darauf weist besonders *Bruns* (Anm. 8), S. 22, 23 hin.
17 S. BGH und BVerfG wie Anm. 5.
18 Wenn auch nicht notwendig (vgl. z. B. den Fall BGHSt 29, 109 ff.), so geht es doch regelmäßig um ein von vornherein geplantes Aufklärungsverhalten.
19 Das Interesse, den V-Mann nicht »verbrennen« zu lassen, um das es meist geht, muß dann weichen, wenn der V-Mann bestraft werden muß.
20 Die Parallelität der »materiell-rechtlichen« und der »prozessualen« Probleme (es ist – wie zu zeigen ist – eben *ein* Problem) wird deutlich in der Rspr. des BGH zu § 60 Nr. 2 StPO bei einschlägigen Konstellationen; vgl. zuletzt BGH, NStZ 1982, 127 m. w. N.
21 Das ist zwar nur ein – wenn auch immerhin vorkommendes – Fallmuster aus dem weiten Feld möglicher Beteiligung eines V-Mannes an Straftaten, aber ein als Beispiel auch für die Fälle taugliches, in denen er

Alleintäter ist – etwa wenn er sog. »Keuschheitsproben« erbringen muß, um Vertrauen von Kriminellen zu erringen.
22 Mit Ausnahme des – lange ohne Resonanz gebliebenen – Aufsatzes von *Lüderssen* (Anm. 11); auf ihm baut dieser Beitrag in einigen Bereichen derart auf, daß statt vieler Einzelzitierungen hier eine Pauschalverweisung gestattet sei.
23 Mitgeteilt von *Kohlrausch*, ZStW Bd. 33, 694, 695; Hervorhebungen – wie auch im folgenden – von mir.
24 Dazu ist zu erläutern, daß eine konkrete Rechtsgutsgefährdung bei der mitgeteilten Fallage nicht gemeint sein konnte.
25 BGHZ 8, 83 ff., 87.
26 BGHSt 9, 302 ff.
27 a. a. O., S. 304.
28 S. 307: Dieses Verhalten habe »mit Rechtsprechung nichts zu tun« gehabt; auf diesen – gewissermaßen überpositiven – Begriff von »Rechtsprechung« und die m. E. verfehlten Konsequenzen – letztlich: Rechtfertigung –, die der BGH daraus zieht, kann hier nicht eingegangen werden.
29 a. a. O., S. 309.
30 Strafmilderung hat der BGH als Folge auch in einer weiteren, unveröffentlichten Entscheidung angenommen (mitgeteilt bei *Evers* – Anm. 1 –, S. 162).
31 NJW 1972, 2275.
32 In Polizeikreisen nimmt man – verständlicherweise – Anstoß an dem pejorativen Ausdruck; gleichwohl wird er – wie von BGH – auch hier verwendet, da er die Sache trifft.
33 GA 1975, 333.
34 Das wird deutlich, wenn man den von *Lüderssen* (Anm. 11) dokumentierten Fall mit den Maßstäben der jetzigen BGH-Rspr. mißt; am 5. 8. 1977 noch hat der BGH – wie *Lüderssen*, a. a. O., S. 291 mitteilt – durch Beschluß, also gem. § 349 Abs. 2 StPO, die Revision verworfen!
35 Es folgen dann Nachweise zur *Straf*losigkeit des »agent provocateur« – eine Verbindung zu der anschließenden Aussage zu § 136 a StPO stellt der BGH nicht her.
36 Eine gewisse Vorstufe bildet BGH, NJW 1980, 464.
37 NStZ 1981, 70 f.
38 1 StR 107/80, NJW 1980, 1761 (s. in diesem Band S. 175–177); 1 StR 477/80, StrVert. 1981, 163 f.; 2 StR 370/80, NJW 1981, 1626 (s. in diesem Band S. 180–182); 3 StR 61/81, StrVert. 1981, 276.
39 2 StR 242/81, StrVert. 1982, 53 f. (s. in diesem Band S. 192–194).
40 Der Ausdruck wird hier benutzt zur Kennzeichnung der Art von Revisionsentscheidungen, bei denen – trotz Möglichkeit eines Verfahrenshindernisses – nicht eingestellt, sondern aufgehoben und zurückverwiesen wird; dazu schon BGHSt 16, 399 ff., 403 m. w. N.

41 In den Worten von BGH, NJW 1981, 1626.
42 NJW 1981, 1628 f. (s. in diesem Band S. 178 f.).
43 Einen gut zugänglichen Überblick über die Rspr. des U.S. Supreme Court und die amerikanische Diskussion des Problems bietet: *Dietze*, Human Rights (USA). A Neglected Issue: Police in Crime, Jahrb. des Öfftl. Rechts, NF, Bd. 28, 1979, S. 589 ff.
44 Ähnlich den von Verf. zur Erklärung von Verwertungsverboten dargelegten; vgl. *Dencker*, Verwertungsverbote im Strafprozeß, 1977, 59 ff.
45 Vgl. *Dietze* (Anm. 43), S. 609.
46 Art. 20 Abs. 3 GG; der BGH dürfte allerdings nicht einen derart formalen Sinn von »Rechtsstaat« gemeint haben – dazu im Text, V.
47 Daß der Stoff freilich nicht Papier sein muß, mag der Hinweis auf zwei Vorgänge belegen: Die Entscheidung (BGHZ, NJW 1981, 1089 ff.) in Sachen Bild ./. Wallraff behandelt einen Sachverhalt, der ähnliche Elemente aufweist; *Lautmanns* (Justiz – die stille Gewalt, 1972) »teilnehmende Beobachtung« wurde in der Richterschaft wohl nicht zufällig als »unanständig« (*Wittkowski*, DRiZ 1973, 279) bezeichnet. In beiden Fällen wurde auch als selbstverständlich von einem Rechtfertigungsbedürfnis ausgegangen (vgl. BGH, a. a. O., S. 1092 f.; *Lautmann*, a. a. O., S. *29 ff.*).
48 Vgl. dazu eingehend *M.-K. Meyer*, JR 1979, S. 485 ff.; die Inanspruchnahme von Vertrauen durch den Lockspitzel als Eingriff in die Privatsphäre findet sich schon deutlich bei *Evers* (Anm. 1), S. 152.
49 Z. B. NJW 1980, 1761.
50 Zur Bedeutung von »secret police« vgl. *Dietze* (Anm. 43), S. 591.
51 Vgl. nur *Evers* (Anm. 1), S. 30 ff.; *Krebs*, Vorbehalt des Gesetzes und Grundrechte, 1975, 35 ff.
52 Daran kann man freilich angesichts (etwa) der Entscheidung BVerfGE 34, 238 ff. zweifeln, in der eine völlig (gesetzes-)freie Abwägung den *Bereich* von Art. 2 Abs. 1 soll bestimmen können; damit wird der Vorbehalt des *Gesetzes* praktisch aufgehoben.
53 Nachweise zu der fast unübersehbar gewordenen Diskussion bei *Jürgen Wilhelm*, Eingriffsbefugnisse des Staates aufgrund rechtfertigenden Notstandes aus strafrechtlicher Sicht, Diss., Köln 1980.
54 Jedenfalls für alle Bereiche, in denen es um planmäßig einsetzbare, einer normalen Gesetzgebung zugängliche Eingriffe geht; statt einer eigenen Begründung kann hier nur ein Verweis auf die umfängliche Diskussion der Frage erfolgen (s. Anm. 53).
55 Zwar ist der Gesetzgeber freier, auch für ihn aber gilt es, die Grundlinien der auf dem Spiel stehenden Rechtswerte zu beachten.
56 Vgl. nur BGH (Anm. 37, 38); *Nordmann*, DRiZ 1980, 164 ff., 166.
57 S. Anm. 38; anders noch – »oder« statt »und« – und vom BGH zu Recht nicht mehr so aufrechtzuhalten: BGH, GA 1975, 333.
58 Das war früher ganz h. M., vgl. *Röhrich* (Anm. 3), S. 237 ff. m. w. N.;

es ist auch kaum ernsthaft zu bestreiten. Daß das heutzutage z. T. (*Meyer* in Löwe-Rosenberg, 23. Aufl. 1978, Rdn. 4 zu § 136a) schon abgeschwächt wird, ist – da (andere) Gründe nicht genannt werden – wohl schon auf dem Hintergrund der Lockspitzelpraxis zu sehen.
59 Vgl. BGHSt 24, 125 ff., 131.
60 Vgl. *Janiszewski,* Straßenverkehrsstrafrecht, 1979, S. 168.
61 Vgl. die Fälle, die den in Anm. 37, 38 genannten Entscheidungen zugrunde lagen; Schwerpunkt dürfte die Rauschgiftkriminalität sein.
62 Das dürfte beim BGH (Anm. 41) hinter der Formel von der »Tatbereitschaft« des Angestifteten stehen.
63 Ob eine Zulassung der Lockspitzelmethode auch auf Einzeltäter zu erstrecken oder auf Bandenkriminalität zu beschränken ist, kann hier nicht entschieden werden; immerhin dürften in einigen Fällen auch Einzeltäter gefährlich genug sein können (man denke etwa den Fall BGH, NStZ 1981, 70 entsprechend weiter).
64 Die Alternative – die Abwehr solcher Gefahren dem Polizeibereich allein zu überlassen – erscheint kaum diskutabel.
65 Am deutlichsten erkennbar bei der inzwischen – ablehnend – entschiedenen Streitfrage, ob die Polizei sich für Strafverfolgungszwecke auf polizeiliche Eingriffsermächtigungen stützen darf (vgl. *Meyer-Goßner* in Löwe-Rosenberg – Anm. 58 –, Rdn. 1, 19 ff. zu § 163 m. w. N.).
66 *Insoweit* ist die Berufung des BGH (wie Anm. 37, 38) auf das Rechtsstaatsprinzip berechtigt. – Die dem Text zugrundeliegenden Vorstellungen über »Rechtsstaat/Polizeistaat« können ausführlicher nachgelesen werden etwa in der Kritik von *Hoffmann-Riem* am Musterentwurf eines PolG, JZ 1978, 335 ff.
67 Bzw. die ihnen nicht nachgewiesen werden kann.
68 Dessen gefährlicher Reiz ja gerade darin liegt, daß er u. U. Rechtsgüterschutz gegenüber nichtstaatlichen Angriffen wesentlich perfekter besorgen kann.
69 Es *kann* freilich im Einzelfall *auch* um die Abwehr einer klassischen polizeilichen Gefahr gehen – etwa wenn es nicht nur um die Überführung eines Heroinhändlers geht, sondern auch darum, eine große Menge Heroin sicherzustellen; solches Zusammentreffen polizeilich-präventiver und repressiver Ziele ist indes nichts Besonderes und keinesfalls typisch für den Bereich der Lockspitzelpraxis.
70 Dazu besonders *Lüderssen* (Anm. 11).
71 So wie im Fall des AG Heidenheim (Anm. 42); eine »Sozialpflichtigkeit« der Privatsphäre in solchen Fällen anzunehmen, dürfte nicht angehen – der V-Mann hätte das Vertrauen des Mädchens (auch) nicht zu dem Zweck in Anspruch nehmen dürfen, Rauschgifthändler dingfest zu machen. Auch BGH, StrVert. 1982, 53 f. läßt sich in diese Richtung deuten.
72 Als Beispiel einer gesetzlichen Regelung vgl. § 112 a StPO.

73 Auch zur genaueren Bestimmung der Erforderlichkeit bietet sich als Vorbild eine gesetzliche Regelung an: die »ultima ratio-Klausel« am Ende des § 100a Satz 1 StPO.
74 Das ergibt sich – erkennt man die Eingriffsqualität erst einmal an – aus Art. 19 Abs. 4 GG; es ist im übrigen ja jetzt auch die Position des BGH.
75 Ob einer vorgezogenen oder nachträglichen, kann hier nicht untersucht werden; solange es aber – wie jetzt – eine nachträgliche ist, muß Sorge dafür getragen werden, daß sie gleichwohl effektiv ist!
76 Denn insoweit ist er stets schon konkret verdächtig, also Beschuldigter (zum Begriff vgl. *Schlüchter*, Das Strafverfahren, 1981, Rdn. 85).
77 Das müßte – unabhängig von der in Anm. 75 angesprochenen Kontrolle der Zulässigkeit des Lockspitzeleinsatzes – sichergestellt werden; so scheint es immerhin auch der BGH zu sehen, wie BGH, StrVert. 1982, 53 f. nahelegt.
78 Dahin tendiert – im Ergebnis jedenfalls – der BGH, wenn er (vgl. Anm. 37, 38) auf vage Formeln wie die allgemeine »Tatbereitschaft« des Angestifteten abstellt, also keine wirkliche Erhärtung des Vorverdachts verlangt.
79 Auch damit freilich blieben die Fälle zweifelhaft, in denen – gleichwohl – eine Beweisführung bezüglich früherer Taten nicht gelingt; will man aber Ernst machen mit der Kontrolle einer Beschränkung des Lockspitzeleinsatzes auf wirklich dauerhaft gefährliche Kriminelle, kann man auf eine Erhärtung desjenigen Verdachts nicht verzichten, der den Einsatz rechtfertigt: daß es sich um Mehrfachtäter handelt.
80 Vgl. bei *Dietze* (Anm. 43), S. 605.

Hans-Jürgen Bruns
»Widerspruchsvolles« Verhalten des Staates als neuartiges Strafverfolgungsverbot und Verfahrenshindernis, insbesondere beim tatprovozierenden Einsatz polizeilicher Lockspitzel

Zur Einführung des »estoppel«-Prinzips ins Strafprozeßrecht

I. Die Konkretisierung der Problemstellung: Entwicklung und Hintergründe

1. Das neue Urteil des 5. Senats: Leitsätze für ein arglistiges Verhalten des Staates

Das recht kurze Urteil des *BGH* (5 StR 64/82) scheint, schon weil es stark auf den Einzelfall bezogen ist, bei erster Betrachtung wenig Anlaß zu einer Besprechung zu geben und kaum neue rechtstheoretische Einsichten zu vermitteln. Aber der oberflächliche Eindruck trügt. In Wahrheit wirft die Entscheidung eindrucksvolle Schlaglichter auf eine wichtige Änderung in der strafprozessualen Entwicklung, die auf dem weiten Feld der polizeilichen Verwendung von V-Männern, insbesondere des Einsatzes von Lockspitzeln (agents provocateurs) in letzter Zeit überraschend schnell und deutlich in Erscheinung getreten und deshalb rechtsdogmatisch noch nicht aufgearbeitet worden ist. Die knappe Begründung basiert auf folgenden *Leitsätzen*:

Es gibt auf dem Gebiet der nur mit Mühe zu bekämpfenden Schwerkriminalität, namentlich bei der Verfolgung von Straftaten gegen das BTMG ein »arglistiges«, weil tatprovozierendes Verhalten staatlicher (Ermittlungs-)Organe, das die »Nichtbestrafbarkeit« des angestifteten Täters zur Folge hat. Ein solches, auch als »widerspruchsvoll« getadeltes Verhalten führt nämlich zu einem auf den Angeklagten beschränkten Strafverfolgungsverbot, das sich als ein von Amts wegen zu beachtendes Verfahrenshindernis auswirkt. Dies soll aber nur bei »erheblicher« Einwirkung des

Lockspitzels in Betracht kommen, etwa bei wiederholten länger dauernden Überredungsversuchen, intensiver und hartnäckiger Beeinflussung des Täters, d. h. wenn sie ein solches Gewicht erlangt haben, daß demgegenüber der Beitrag des Angestifteten auch unter Berücksichtigung seiner eigenen, nicht fremdgesteuerten Aktivität in den Hintergrund tritt. Der Staat muß sich ein derartiges tatprovozierendes Verhalten des polizeilichen Lockspitzels »anrechnen«, also gegen sich gelten lassen, mitverantworten, es sei denn, daß sein V-Mann zu der »Anstiftung« weder den allgemeinen noch einen konkreten Auftrag von Ermittlungsorganen hatte, wie das in dem jetzt vom 5. Senat entschiedenen Fall erstaunlicherweise angenommen worden ist.

2. Die ungenügende Würdigung der Rechtsprechung und die Mängel ihrer Begründung

Diese Leitsätze beruhen zwar auf einer »inzwischen«, d. h. in den letzten zwei Jahren »gefestigten Rechtsprechung des *BGH*«, insbesondere auf der Entscheidung NJW 1981, 1626 = *NStZ* 1981, 394 (Ls) (siehe in diesem Band S. 180–182); sie sind jedoch in ihrer grundsätzlichen Bedeutung – schon aus Zeitgründen – noch nicht hinreichend gewürdigt worden. Vor allem läßt ihre *Begründung* rechtstheoretisch zu wünschen übrig, obwohl es erstaunlich ist, was der 1. Senat aus der kurzen einschlägigen Bemerkung von *Kleinknecht* alles herausgeholt hat. Im einzelnen ist aber vieles streitig: Schon über die Zahl (Häufigkeit) derartiger Fälle gehen die Ansichten erheblich auseinander. Während *Gribbohm*[1] annimmt, daß die Versuche von Beschwerdeführern, derartige Konsequenzen abzuleiten, stets erfolglos waren[2], mehren sich neuerdings die Entscheidungen, in denen ein Strafverfolgungsverbot dieser Art grundsätzlich anerkannt, sogar im Einzelfall bejaht worden ist.[3] Deshalb muß auch die Feststellung von *Berz*[4], der *BGH* habe die Verfolgbarkeit der durch einen polizeilichen Lockspitzel zur Tat provozierten Angeklagten in allen einschlägigen (von ihm zitierten) Urteilen bejaht, als schon überholt bezeichnet werden. Die Entwicklung geht offensichtlich schneller voran, als sie registriert oder ausgewertet werden kann. So erklärt es sich z. B. auch, daß sogar in der neuesten Auflage des sonst ständig auf dem laufenden gehaltenen Lehrbuchs des Strafprozeßrechts von *Roxin*[5] zwar die V-Mann-Problematik behandelt, das spezielle Thema des Einsatzes tatprovozierender polizeilicher Lockspitzel und die Verwertbarkeit ihrer Ergebnisse unter dem Gesichtspunkt eines Verfahrenshindernisses noch nicht erwähnt wird.[6]

Aber auch dort, wo das geschieht, bleibt die Begründung *unbefriedigend*: Die üblichen Rechtsprechungs-Übersichten beschränken sich naturgemäß auf die verkürzte Wiedergabe der einschlägigen Entscheidungen[7]; die Kommentare bringen ebenfalls kaum neue Erkenntnisse.[8] Erwähnenswert ist immerhin, daß *Boujong*[9] auf *Lüderssen*[10] zurückgreift, der sich verdienstvoll erstmals für ein Beweisverwertungsverbot eingesetzt und die grundsätzliche Problematik der staatlich provozierten Straftat (»Verbrechensprophylaxe durch Verbrechensprovokation«) rechtstheoretisch aufgegriffen hat. Die Besprechungen der Grundsatzentscheidung *BGH*, NJW 1981, 1626 durch *Mache*, *Sieg*[11], und vor allem durch *Berz*[12], führen zwar zu einer gewissen Vertiefung der rechtsdogmatischen Erörterungen, beschränken sich jedoch primär auf Einzelfragen, die durch jenes Urteil aufgeworfen worden sind. Sie kritisieren die Verneinung(!) eines Verfolgungsverbotes insbesondere deshalb, weil das tatprovozierende Verhalten des Lockspitzels sich im konkreten Fall auf eine unbescholtene Person bezog, die nicht im Verdacht stand, strafbare Handlungen begangen zu haben oder zu beabsichtigen, die also in diesem Sinne nicht einmal »Beschuldigter« war.[12] *Krüger* erwähnt in seiner Untersuchung über die verfassungsrechtlichen Grundlagen polizeilicher V-Mann-Arbeit[13] beiläufig einzelne, insbesondere tatrichterliche Entscheidungen[14] über die Rechtsfolgen tatprovozierender Spitzeltätigkeit, begnügt sich dann aber, ohne auf die Problematik dieses Fragenbereichs einzugehen, mit der Bemerkung, derartige Fallgestaltungen ließen schon »massive« Zweifel daran aufkommen, ob die Art des polizeilichen Vorgehens überhaupt rechtlich haltbar ist.

3. Der »überhöhte« verfassungsrechtliche Aspekt der Diskussion; vage, nicht praktikable Voraussetzungen

Eine Stellungnahme dazu, verbunden mit dem Versuch, die Existenz eines solchen Verwertungsverbots (Prozeßhindernisses) gerade unter *verfassungsrechtlichem* Gesichtspunkt zu begründen, hätte um so näher gelegen, weil derartige Argumente von Beginn der Entwicklung an eine große Rolle gespielt haben. Sie tauchen als Begründungselemente zwar nach wie vor in den einschlägigen Urteilen auf, z. B. als Verstöße gegen das Rechtsstaatsprinzip, den Schutz der Würde des Menschen, der (als angestifteter) nicht zum Zwecke der Überführung zum Objekt staatlichen Handelns herabgewürdigt werden darf, das prozessuale Fairneßgebot und als Gründe für die »Verwirkung« des staatlichen Strafanspruchs. Sie sind auch im Schrifttum[15] von *Lüderssen* über *Franzheim* bis zu *Berz* ausführlich erörtert worden, treten aber – ebenso wie die damit zusammenhängende Heranziehung des § 163a StPO – neuerdings zunehmend gegenüber dem Vorwurf des arglistigen oder (und) widerspruchsvollen Verhaltens des Staates zurück.

Das erscheint u. a. deshalb sinnvoll, weil derart »hochgegriffene« Prinzipien schon inhaltlich zu vage, in der tatrichterlichen Alltagsarbeit *nicht praktikabel* sind. Die Urteile des *AG Heidenheim* und des *LG Heilbronn*[16], die kurzerhand mit dem Gesichtspunkt verfassungsrechtlicher Verwirkung des staatlichen Strafanspruchs arbeiten, ohne viel zu argumentieren, erscheinen deshalb gerade hinsichtlich der Feststellung eines arglistigen Verhaltens des Staates nicht besonders überzeugend. Zwar wäre der sonst naheliegende Vorwurf einer dadurch verursachten »Aufweichung« der StPO-Vorschriften hier nicht am Platze, weil es gerade an einschlägigen Bestimmungen fehlt, aber gleichwohl erscheint es geboten, »schlichtere«, prozessuale Grundsätze dafür heranzuziehen, wie sie vielleicht in der Qualifikation des widerspruchsvollen Verhaltens als Verfolgungsverbot oder Verfahrenshindernis zu finden sind.

4. Die Notwendigkeit rechtstheoretischer Vertiefung

Daß das nicht ganz leicht ist, liegt auf der Hand; gleichwohl muß es versucht werden. Mit Recht hat schon *Berz*[17] erkannt, daß die Begründungen für jene Lösungsmöglichkeiten in ihrem Kern selbst wörtlich nahezu identisch sind, die Formulierungen aber noch nicht ohne weiteres den Weg zu dem dogmatisch richtigen Begründungsansatz aufzeigen. Deshalb wird in der Tat die Diskussion über die polizeiliche Arbeit von V-Personen zunehmen[18], zumal rechtspolitische Bestrebungen im Gange sind, durch eine Änderung des Strafprozeßrechts deren Aussagen nicht mehr unbeschränkt als gerichtsverwertbare Beweise zuzulassen.[18] Eine rechtstheoretische *Vertiefung* der vom *BGH* entwickelten Leitsätze ist also dringend geboten.

In ihren Mittelpunkt müssen vor allem die Fragen nach der »Verzahnung« der Arbeit (Aufgaben) der Polizei einerseits und der Strafjustiz andererseits sowie die Beziehungen zwischen der materiellrechtlichen Strafbarkeit der polizeilichen Lockspitzel und der prozessualen Verwertbarkeit ihrer Ergebnisse stehen, die in der Diskussion eine wichtige, aber fragwürdige Rolle spielen. Wenn es dabei auch mehr darauf ankommt, die entscheidenden neuen Probleme richtig zu kennzeichnen und zu präzisieren als abschließende Antworten zu finden, so mag diese Untersuchung doch dazu beitragen, eine *systematische Grundlage* für die aufgeworfenen Fragen zu geben, die mit Recht auf der nächsten Tagung der Strafrechtslehrer in Bern als aktuelle und noch klärungsbedürftige Referatsthemen gestellt worden sind.[19]

5. Die Funktionstüchtigkeit der Strafrechtspflege als »gegenreformatorisches Argumentationstopos«?

Die übliche rechtliche Beurteilung des Einsatzes von polizeilichen Lockspitzeln verläuft durchweg nach einem ebenso simplen wie angreifbaren Schema: Da derartige Ermittlungsmethoden kriminalpolitisch unbedingt erforderlich seien, bemüht man sich, sie als erlaubt, legitim, jedenfalls als nicht strafbar zu qualifizieren mit der weiteren Folgerung, ihr Ergebnis unverändert auch im Strafprozeß zur Aburteilung des Angeklagten als Beweismittel einsetzen, dabei den V-Mann eidlich vernehmen (§ 60 Nr. 2 StPO) zu können.[20] Diese Argumentation ist, wie wir noch sehen werden[20], nicht haltbar und irreführend. Denn die »Justizförmigkeit« des Strafprozesses kontrastiert in vielfacher Hinsicht mit dem Strafverfolgungsinteresse der Polizeibehörden, die in ihrem – anerkannt wichtigen – Kampf gegen die Schwerkriminalität, insbesondere bei ihrer schwierigen Aufklärungsarbeit, nicht gern über »rechtsdogmatische Zwirnsfäden« stolpern, sich einsatzmäßig dadurch möglichst wenig behindern lassen wollen, auch wenn sie im Übereifer vielleicht einmal einen Schritt zu weit gehen. Auch ist die materielle Frage nach der Strafbarkeit des Spitzels nicht präjudiziell für die prozessuale Verwendbarkeit der von ihm so erzielten Ergebnisse. Die komplexe Diskussion über die Bewältigung des »Spannungsfeldes« zwischen Polizei und Strafjustiz[21] darf hier als bekannt vorausgesetzt werden. Sie kulminiert in dem Stichwort von der »*Funktionstüchtigkeit der Strafrechtspflege*«, das neuerdings

i. S. energischen Durchgreifens häufig angeführt wird, aber kürzlich von *Hassemer*[22] scharf kritisiert worden ist. Er warnt mit Recht davor, im Strafverfolgungsinteresse weitere Abstriche von der Justizförmigkeit des Verfahrens zu machen, dessen Formalisierungsleistungen zu reduzieren. Denn er befürchtet – wegen des falschen Gegensatzes von effektiver Strafverfolgung und Rechtsstaatlichkeit – daß die Verteidigungsbelange des Beschuldigten auf diesem Wege zugunsten der Strafverfolgungsinteressen unangemessen eingeschränkt werden.

Diese Befürchtungen sind vornehmlich beim Einsatz von V-Männern nicht von der Hand zu weisen. Wie groß die Konzessionen sind, die der *BGH* im Interesse der Funktionstüchtigkeit der Strafrechtspflege als *Abstriche vom Normalverfahren* schon gemacht hat, ergibt sich aus meinen Ausführungen zu § 251 II StPO[21]; sie treten besonders deutlich in Erscheinung, wenn die polizeilichen Lockspitzel – wegen der Gefahr der Enttarnung – nicht einmal als Zeugen vor Gericht zu erscheinen brauchen, lediglich durch »schriftliche Befragung« vernommen oder durch Zeugen vom Hörensagen ersetzt werden.[21]

6. Die Justizförmigkeit des Strafprozesses, rechtsstaatliche Grenzen des tatprovozierenden Verhaltens

Erst vor diesem Hintergrund gewinnt die Erkenntnis gesteigerte Bedeutung, daß die erwähnte gefestigte Rechtsprechung des *BGH* einen wesentlichen Beitrag dazu geleistet hat, die *Justizförmigkeit* des Strafverfahrens vor den Verfolgungsinteressen der Polizei *sicherzustellen*. Auch ohne Eingreifen des Gesetzgebers und trotz Verneinung(!) der Strafbarkeit des Lockspitzels hat der *BGH* die Forderung von *Franzheim*[23] erfüllt, für Straftaten, die durch polizeilichen Lockspitzel provoziert worden sind, ein Strafverfolgungshindernis in das Verfahrensrecht einzuführen. Die ohnehin problematische Gleichung: Ihr Verhalten sei kriminalpolitisch notwendig, deshalb materiellrechtlich nicht strafbar, also erlaubt, folglich prozessual verwertbar, geht deshalb nicht mehr auf. Angesichts der bereits erwähnten Kritik an der Entscheidung *BGH*, NJW 1981, 1626 in Einzelfragen muß es insgesamt als *Verdienst der Rechtsprechung* bezeichnet werden, daß sie dem Strafverfolgungsinteresse der Polizei, wohl auch der Staatsanwaltschaft, rechtsstaatliche Grenzen gesetzt hat. Das wäre noch mehr zu begrüßen, wenn die rechtsdogmatische Begründung nicht einiges zu wünschen übrig ließe. Der entscheidende Gesichtspunkt des widerspruchsvollen Verhaltens ist weder genügend herausgestellt, noch rechtstheoretisch abgesichert und deshalb auch im Schrifttum zu wenig als moderner Rechtsgrundsatz gewürdigt worden, obwohl er die Einführung eines neuen, des »estoppel«-Prinzips bedeutet.

Aber schon dieser Begriff stößt auf ablehnende Verwunderung, weil er nämlich unter Strafrichtern kaum bekannt ist. Hier gilt es, an rechtstheoretischer Information einiges nachzuholen, sogar zu prüfen, ob jener Vorwurf nicht bis zu einem gewissen Grade verallgemeinert und – über die erwähnten Fälle hinaus – als ein Grundprinzip eines fairen Verfahrens anerkannt werden muß.[24]

II. Die Bedeutung der materiellrechtlichen Vorfragen nach der Strafbarkeit des polizeilichen Lockspitzels für die Bejahung des prozessualen Strafverfolgungsverbots

1. Die übliche Ausrichtung der Diskussion

Mit dem bisher erzielten Zwischenergebnis ändert sich die übliche Ausrichtung der Diskussion über unser Thema ganz erheblich. Denn schon ihr *Ausgangspunkt* erscheint *bedenklich*: Wie auch weite Teile des Schrifttums beginnt der *BGH* die Begründung seiner einschlägigen Urteile meist mit der Vorfrage nach der Strafbarkeit des Lockspitzels. Er verneint sie zunächst mit dem kriminalpolitischen Hinweis, daß bei der Bekämpfung besonders gefährlicher und schwer aufklärbarer Kriminalität, insbesondere der Rauschgiftdelikte, auf derartige agents provocateurs nicht verzichtet werden könne, und zieht (daraus?) dann die Folgerung, daß ihr Einsatz grundsätzlich geboten und rechtmäßig, jedenfalls nicht strafbar sei, so daß § 60 Nr. 2 StPO keine Anwendung finde[25], wenn der Spitzel sich an einem Rauschgiftgeschäft beteiligt[26], um der Polizei die Überführung des Täters und die Sicherstellung des Rauschgiftes zu ermöglichen (*BGH*, NJW 1981, 1626 (siehe in diesem Band S. 180–182); 1980, 1761 (siehe in diesem Band S. 175–177); StrVert 1982, 51 m.w. Nachw.).

Die fehlende nähere Begründung muß man sich aus dem umfangreichen Schrifttum[27] über das allgemeine Anstiftungsproblem verschaffen, wonach der *Anstiftervorsatz fehlt*, wenn der Spitzel nicht die Vollendung der Tat herbeiführen, sondern den Täter noch im Versuchsstadium ergreifen lassen will.[28] Das soll auch dann gelten, wenn der Anstifter zwar die formelle Vollendung der Tat in Kauf nimmt, ihre materielle Beendigung aber zu verhindern sucht. Dagegen läßt sich nach h. M.[27] die Straflosigkeit des Spitzels nicht mehr begründen, wenn er den Täter, um ihn überführen zu können, zur materiellen Beendigung eines Delikts veranlaßt.[28]

Die Ansichten über diese Frage gehen seit langer Zeit auseinander, brauchen hier aber nicht näher verfolgt oder wiederholt zu werden. Es genügt vorerst zu betonen, daß sich immer wieder Autoren für die Bejahung der Strafbarkeit des Spitzels ausgesprochen haben, und zwar mit guten Argumenten. Zu ihnen gehört zuletzt *Franzheim*[29], der gerade im Blick auf das (angeblich davon abhängende) Strafverfolgungsverbot, auch unter Heranziehung des § 34 StGB, jedenfalls bei provozierten abstrakten Gefährdungsdelikten, der h. L. und Rechtsprechung nicht folgen will, weil er glaubt, bei Verneinung der Straflosigkeit das von ihm geforderte Beweisverwertungsverbot und Prozeßhindernis nicht begründen zu können, obwohl er dafür beachtliche andere Gründe anführt.[29]

2. Der fehlende Vollendungs- oder Beendigungsvorsatz des Lockspitzels; Folgerungen, zusätzliche ungelöste Fragen

Daß ein solches Verbot bei strafbaren Handlungen des Lockspitzels leichter zu rechtfertigen ist als bei nicht tatbestandsmäßigen Provokationen, steht seit den Ausführungen von *Lüderssen*[30] über die »Prozeßordnungswidrigkeit« derartiger Handlungen fest. Der weiteren Untersuchung muß deshalb die schwierigere Alternative der *Straflosigkeit* des polizeilichen Lockspitzels zugrunde gelegt werden, von der auch der BGH ausgeht.[31] Dafür sprechen zudem praktische Erfahrungen: Die Polizei wird u. a. regelmäßig unwiderlegbar behaupten, der Angestiftete sei ohnehin schon zur Tat entschlossen gewesen, oder der Spitzel habe, auch wenn es – wider Erwarten – zur Vollendung oder gar Beendigung der Tat gekommen ist, ohne den erforderlichen entsprechenden Vorsatz gehandelt.[32] So dürfte es sich auch erklären, daß Bestrafungen von polizeilichen Lockspitzeln trotz erfolgreicher Tatprovokation nicht erfolgt, jedenfalls nicht bekannt geworden sind.

Die Argumentation mit dem *Vorsatzmangel*, einschließlich des fehlenden Eventualdolus, hat aber auch eine zu mancherlei *Zweifeln* führende Kehrseite:

a) Sie berücksichtigt nicht den *staatlichen Auftrag*, zur Verbrechensbekämpfung so tätig zu werden, kann deshalb auch Anwendung auf die entsprechende Tätigkeit von »Privatdetektiven« finden und müßte sogar zum Zuge kommen, wenn ein beliebiger Bürger sich als Lockspitzel betätigt, um die für die Ergreifung des Verbrechers ausgelobte Belohnung zu erhalten. Die Einbeziehung dieser Fälle in unsere Untersuchung erscheint nicht zu weit hergeholt, weil sich nun die Frage aufdrängt, ob die Tätigkeit polizeilicher Lockspitzel unbedingt einen behördlichen Auftrag voraussetzt, der in dem vom 5. Senat entschiedenen Fall (angeblich) nicht erteilt worden war, der Spitzel nämlich aus eigener Initiative den Entschluß des Angeklagten zur Beschaffung des Rauschgiftes geweckt und bestärkt hatte. Ob deshalb ein Verfolgungsverbot radikal ausscheidet, bedarf besonderer Prüfung.[33]

b) Zweifelhaft und durch die Rechtsprechung nicht geklärt ist schließlich die Frage, bei *welchen Delikten* der Vorwurf eines tatprovozierenden widersprüchlichen Verhaltens erhoben werden kann. Der *BGH* spricht von Bekämpfung besonders gefährlicher und schwer aufklärbarer Kriminalität, insbesondere Rauschgiftdelikten. Aber so sicher sie nicht allein für ein Strafverfolgungsverbot in Betracht kommen, so unbestimmt ist der Umfang des Kreises der ähnlich zu behandelnden *Deliktsgruppen*. *Lüderssen*[34] nennt dafür Betrug, Diebstahl, Abtreibung, Unterschlagung; *Franzheim*[34] bezieht noch die Waffen- und die Falschgeldkriminalität mit ein; *BGH,* NStZ 1981, 70 erörtert sogar die Provokation zur Brandstiftung. Es scheint also, als würden die Grenzen recht weit abgesteckt. Gleichwohl ist bei all diesen Fragen Vorsicht geboten.

Das mag hier – ohne weitere Untersuchung – an dem etwas ungewöhnlichen Beispiel illustriert werden, daß ein polizeilicher oder ein privater Lockspitzel den mutmaßlichen Täter zahlreicher Notzuchtsdelikte irgendwie zu einer weiteren Vergewaltigung veranlaßt, die wider Erwarten auch vollendet wird, weil der – lediglich mit Versuchsvorsatz handelnde – agent provocateur und seine Helfer – aus welchen Gründen auch immer – nicht rechtzeitig eingreifen konnten. Soll hier auch der polizeiliche Lockspitzel straflos ausgehen, der Täter durch ein Verfolgungsverbot vor Verurteilung geschützt werden oder sind beide zu bestrafen? Selbst wenn der Fall »wirklichkeitsfremd« sein sollte, darf seine heuristische Bedeutung für die Aufzeigung der Problematik nicht verkannt werden.

3. Zwischenergebnis

Als vorläufiges Ergebnis ist festzuhalten: Ob, wann und weshalb das tatprovozierende Verhalten des polizeilichen Lockspitzels strafbar ist oder nicht, bleibt zweifelhaft. Für den Vorwurf des widerspruchsvollen Verhaltens des Staates spielt die Beantwortung dieser Frage keine entscheidende Rolle mehr. Denn in der Rechtsprechung des *BGH* ist das prozessuale Beweisverwertungs- und Strafverfolgungsverbot gerade für die Fälle entwickelt worden, in denen die materielle Strafbarkeit des agent provocateur zu verneinen war. Führt aber bereits die straflose Tatprovokation zu einem Prozeßhindernis, so muß dieses natürlich erst recht eingreifen, wenn die Anstiftung durch den Spitzel als strafbar qualifiziert wird. Die Beurteilung der materiellen Frage ist also nicht mehr unbedingt für die prozessuale Folgerung[35] präjudiziell, mag es auch leichter sein, ein Verwertungsverbot zu bejahen, wenn die Beweise durch strafbare Handlungen der Verfolgungsorgane erlangt worden sind.[36]

III. Das tatprovozierende und deshalb widerspruchsvolle Verhalten des Staates als Strafverfolgungsverbot

1. Die Grundsatzentscheidung BGH, NJW 1981, 1626 (siehe in diesem Band S. 180–182)

Es gibt also seit kurzer Zeit neue *rechtsstaatliche Grenzen* für die prozessuale Verwertbarkeit der von polizeilichen Lockspitzeln erzielten Beweise, deren Verhalten »als ein dem Staat zuzurechnender Verstoß in das Strafverfahren gegen den Täter hineinwirkt« und im Ergebnis die »Unverfolgbarkeit« der provozierten Tat zur Folge hat. Durch die Rechtsprechung des *BGH* ist so eine Forderung erfüllt worden, die *Lüderssen, Peters, Kleinknecht* und *Franzheim* mit unterschiedlicher Begründung geltend gemacht hatten. Sie wird nun auf ein anderes rechtsdogmatisch sicheres Fundament gestellt. Denn der entscheidende Satz in *BGH*, NJW 1981, 1626 lautet:

»Hat ein im Auftrag oder mit Billigung staatlicher Behörden tätiger agent provocateur den Täter durch eine – im beschriebenen Sinn – erhebliche Einwirkung vom Weg des Rechtes abgebracht, so setzt sich der Staat dem Vorwurf widerspruchsvollen und (!) arglistigen Verhaltens aus, wenn er es nun unternähme, den Täter strafrechtlich zu verfolgen, um ihn wieder auf den Weg des Rechts zurückzuführen. Das kann innerhalb einer rechtsstaatlichen Ordnung nicht zulässig sein. Die sich daraus ergebende Folgerung wäre ein auf den angestifteten Täter beschränktes Strafverfolgungsverbot, das die Wirkungen eines von Amts wegen zu beachtenden Verfahrenshindernisses entfaltet.«

2. Die Konkretisierung des Rechtsstaatsprinzips

Dieser Grundsatz enthält eine erhebliche Konkretisierung des Rechtsstaatsprinzips oder des Verwirkungsgesichtspunkts und der sonst angezogenen verfassungsrechtlichen Erwägungen, z. B. der Verletzungen der Art. 1 oder 2 GG und der Prozeßfairneß. Er leuchtet unmittelbar ein und ist praktikabler als der Rekurs auf die Würde des Menschen, der auch in diesen Fällen nicht zum bloßen Objekt staatlichen Handelns herabgestuft werden dürfe; andererseits macht er den leidigen Streit über die Anwendbarkeit des § 136a StPO hinfällig. Der *BGH* greift damit offensichtlich auf einen Gedanken zurück, den *Lüderssen* unter Hinweis auf den alten Grundsatz des *venire contra factum proprium* und das amerikanische »estoppel«-Prinzip in die Diskussion eingeführt hat. Zwar kann man daraus nicht folgern, daß jeglicher Einsatz von Lockspitzeln bei der Verbrechensbekämpfung unzulässig sei, insbesondere, daß der Täter schon vor der Provokation in bestimmter Weise »belastet« sein müsse, nicht durch sie erst später zum Beschuldigten gemacht werden dürfe.[37] Nicht jede Verbrechensprophylaxe durch Verbrechensprovokation verstößt gegen StPO-Vorschriften. Wohl aber *präzisiert* der Gesichtspunkt des widerspruchsvollen Verhaltens diejenigen Fälle, in denen es notwendig ist, die Rechtsstaatlichkeit des Strafverfahrens gegen die Verfolgungsinteressen der Exekutive sicherzustellen. Er hat andererseits vorläufig noch den Mangel, weitgehend unbekannt zu sein. In den meisten Untersuchungen über die prozessuale Problematik des Einsatzes polizeilicher Lockspitzel wird das Prinzip des venire contra factum proprium gar nicht erwähnt oder nicht genügend betont[38]; auch wirkt sich die gedankliche Verwandtschaft mit dem amerikanischen »estoppel«-Prinzip eher nachteilig als förderlich aus.

3. *Der Rechtsmißbrauch durch venire contra factum proprium*

Um so mehr muß betont werden, daß der Vorwurf widerspruchsvollen Verhaltens im deutschen Recht schon *lange* als *Rechtsprinzip anerkannt* ist, oft als eine Form des Rechtsmißbrauchs in Erscheinung tritt, namentlich im Zivilrecht. Schon in der ersten Auflage des bekannten Lehrbuchs des Schuldrechts von *Esser*[39] gab es dazu ein aufschlußreiches Sonderkapitel mit Beispielen aus zahlreichen Rechtsgebieten für ein Rechtsverlangen, das gegen die bisher selbst erklärte oder ausgeübte Haltung verstößt. Ob dieses Prinzip auch im materiellen Strafrecht zur Anwendung kommen kann, ist, wie ich in JZ 1956, 147 näher dargelegt habe, wenig untersucht und schon wegen des Analogieverbots zweifelhaft.[40] Das Strafprozeßrecht steht jedoch einer derartigen Überlegung offen, wie die neuen *BGH*-Entscheidungen bestätigen. Ihre Bedeutung müßte aber gerade unter dem Gesichtspunkt der Einführung eines neuen (estoppel-)Prinzips stärker betont, ihre Begründung rechtstheoretisch vertieft werden.

Dabei zeigt sich, daß der Vorwurf des widerspruchsvollen Verhaltens, das keineswegs mit »Arglist« gleichgesetzt[41] werden darf, *nicht* auf die Verwendung polizeilicher Lockspitzel *beschränkt* ist. *BGH*, NJW 1982, 1238 hat die Anwendbarkeit des in *BGH*, NJW 1981, 1626 entwickelten Prinzips auf einen anders gelagerten Auslieferungsfall grundsätzlich bejaht, wenn auch im Ergebnis verneint:

Staatsanwaltschaft und Gericht seien bei der Vernehmung des Zeugen davon ausgegangen, daß § 60 Nr. 2 StPO keine Anwendung finde. Anhaltspunkte für ein »arglistiges« Verhalten, nämlich dafür, daß bei der Vernehmung durch den Ermittlungsrichter die Vorschriften des Verfahrens bewußt verletzt wurden, um eine sonst nicht mögliche Auslieferung des Angeklagten unter Ausnutzung dieses Verstoßes zu erreichen, waren nicht vorhanden.

Deutlicher ist die Anwendung des »estoppel«-Prinzips in all den Entscheidungen, in denen der *BGH* die strafschärfende Verwertung eingestellter *»Nebendelikte«* davon abhängig gemacht hat, daß der Angeklagte auf diese Möglichkeiten hingewiesen worden ist (*BGHSt* 30, 147, 165)[42]: Ohne einen solchen Hinweis läge ein widerspruchsvolles Verhalten des Gerichts vor, das sich mit einem fairen Verfahren nicht vereinbaren läßt. Es gehe nicht an, bestimmte Vorgänge von der Strafverfolgung auszuscheiden, sie aber dennoch – ohne den Angeklagten über diese Möglichkeiten aufzuklären – ihm bei der Strafzumessung anzulasten. Auch hier wird der übergeordnete Gesichtspunkt der Fairneß des Verfahrens erst in Verbindung mit dem Vorwurf des widerspruchsvollen Verhaltens praktikabel, bekommt er deutlichere Konturen.[43]

4. Die Anwendung des Grundsatzes auf die als Zeugen »gesperrten« V-Männer

In diesem Zusammenhang gewinnt die Feststellung Bedeutung, daß jenes Prinzip im Schrifttum *schon früher prozessual* eingesetzt worden ist, und zwar bei der Frage nach der Verwertbarkeit der Aussagen von V-Leuten, die durch die Verweigerung der behördlichen Genehmigung von der Exekutive als Beweismittel »*gesperrt*« worden sind. Zahlreiche Autoren, wie z. B. *Hanack, Koffka, Arndt, Grünwald, Geppert*[44], haben auf die *Widersprüchlichkeit* hingewiesen, wenn der Staat durch die Beschränkung der Aussagebefugnis, aber durch die in seinem Namen erhobene Anklage die Gerichte zwinge, die Verfahrensordnung in einer Weise anzuwenden, die die Verteidigung des Angeklagten, das rechtliche Gehör und die Erschöpfung der Aufklärungspflicht inhaltlich einengt:

Es geht nicht an, daß derselbe Staat, einmal durch seine vollziehende und zum andern durch seine rechtsprechende Gewalt handelnd, sich mit sich selbst in Widerspruch setzt und sein eigenes, in der Aussageverweigerung liegendes Beweisverbot durch bedenkliche Ermittlungsformen umgeht. Der Staat klage an und verhinderte zugleich die Befragung des V-Mannes als Hauptbelastungszeugen durch den Angeklagten.

Diese Einwendungen sind früher vor allem gegen die gerichtliche Verwertung der Zeugnisse von Hörensagen geltend gemacht worden und insoweit heute zum Teil überholt, zum Teil aussichtslos. Sie behalten aber ihre Berechtigung für weitere Modifikationen der Beweisaufnahme im Dienste der Funktionstüchtigkeit der Strafrechtspflege, insbesondere für die neuerdings zunehmende schriftliche Befragung des V-Mannes nach § 251 II StPO.[45] Beweisbeschränkungen, die die Exekutive selbst veranlaßt, müssen prozessual zu ihren Lasten gehen, dürfen sich nicht über Verfahrensmanipulationen zum Nachteil des Angeklagten auswirken. Da diese Forderung aber in der Rechtsprechung für die Vernehmung von gesperrten V-Leuten bisher nicht anerkannt wird, kommt dem aus der Tatprovokation hergeleiteten Verfahrenshindernis erhöhte Bedeutung zu. Die Grenzen des Einsatzes polizeilicher Lockspitzel, die ja eine stärkere und heiklere Initiative entfalten als andere V-Männer, sind deshalb hier auch früher als sonst erkannt und enger gezogen worden. Das schließt aber nicht aus, daß das estoppel-Prinzip, der Vorwurf widerspruchsvollen Verhaltens, in weiterem Umfang im Strafprozeßrecht zur Anwendung gebracht werden kann; Pionierdienste dafür hat der *BGH*, wie erwähnt, bereits geleistet. Keinesfalls kann diese Entwicklung mit dem simplen Hinweis kurz abgetan werden (so aber *Rebmann*, NStZ 1982, 318 [siehe in diesem Band S. 403–424]), bei der »Sperrung« eines Zeugen durch die Exekutive fehle es an einem durch früheres Verhalten geschaffenen Vertrauenstatbestand. Dieser Gesichtspunkt mag in einzelnen, insbesondere zivilrechtlichen Situationen eine zusätzliche Rolle für die Bejahung des Rechtsmißbrauchs spielen. Zwingende Voraussetzung für die Feststellung eines widerspruchsvollen Verhaltens ist er sicher nicht, wie schon die Rechtsprechung über den tatprovozierenden Einsatz von polizeilichen Lockspitzeln beweist. Oder soll hier die vom V-Mann ausgehende Täuschung, als echter Komplice mitzumachen, für den Angestifteten einen Vertrauenstatbestand geschaffen haben, ohne den ein widerspruchsvolles Verhalten des Staates etwa zu verneinen wäre?

IV. Die »erhebliche Einwirkung« des polizeilichen Lockspitzels als Vorbedingung für ein Strafverfolgungsverbot

1. Die Wertungsgesichtspunkte

Voraussetzung für die »Unverfolgbarkeit« der staatlich provozierten Tat wegen widerspruchsvollen Verhaltens ist nach der Rechtsprechung die *»erhebliche« (nachhaltige)* Einwirkung des polizeilichen Lockspitzels auf die Angeklagten, wie sie etwa bei wiederholten, länger andauernden Überredungsversuchen, intensiver und hartnäckiger Beeinflussung vorliegen kann. Das tatprovozierende Verhalten des Lockspitzels muß ein solches Gewicht erlangt haben, daß demgegenüber der eigene Beitrag des Täters in den Hintergrund tritt. Wann diese Voraussetzung gegeben ist, kann nur im Einzelfall gesagt werden und auch dann natürlich zweifelhaft sein.[11] Eine sorgfältige (induktive) Auswertung der Rechtsprechung ist deshalb geboten. Nach den erwähnten Richtlinien genügt nicht jede Einflußnahme i. S. des § 26 StGB, die letztendlich (conditio sine qua non) zum Entschluß des Täters führt.[46] Untersagt ist den Strafverfolgungsbehörden (lediglich?), auf die Verübung von Straftaten hinzuwirken, wenn die Gründe dafür vor dem Rechtsstaatsprinzip nicht bestehen können. Wesentlich für die Beurteilung sind dabei Grundlage und Ausmaß des gegen den Täter bestehenden Verdachts, Art, Intensität und Zweck der Einflußnahme des Lockspitzels und eigene, nicht ferngesteuerte Aktivitäten dessen, auf den er einwirkt (*BGH*, NJW 1981, 1626 (siehe in diesem Band S. 180–182); 1980, 1761 (siehe in diesem Band S. 175–177); NStZ 1981, 70; 1 StR 477/80; StrVert 1981, 276). Nach diesen »*Wertungsgesichtspunkten*«[47] bestimmen sich die Grenzen tatprovozierenden Verhaltens. Ob sie dem Verhältnismäßigkeitsgrundsatz entsprechen müssen, den das *BVerfG* bei der Verwendung von Beweismitteln heranzieht, kann zweifelhaft sein. Als schlichte »Voraussetzungen« für die Unverfolgbarkeit der provozierten Tat erfüllen sie ebenfalls ihre rechtsstaatliche Funktion. Das zeigt sich bei der Prüfung der einschlägigen Fälle.

2. Die Verneinung der erheblichen Einwirkung in der Rechtsprechung

BGH, GA 1975, 333[48]: Der Spitzel betätigte sich als Scheinkäufer von Rauschgift, aber der Angeklagte war bereits vor dem Auftreten des Polizeibeamten entschlossen, das in seinem Besitz befindliche Mittel an Interessenten abzugeben, eine besondere (!) Überredung deshalb nicht nötig. Das Verhalten des Spitzels richtete sich im wesentlichen nur auf die *Konkretisierung*(!) eines bereits vorhandenen Tatentschlusses und auf die Vereitelung des Tatererfolges.

BGH, NJW 1980, 1761 (siehe in diesem Band S. 175–177) zur Frage der Verwirkung: Was der Spitzel zur Beeinflussung des verdächtigen Angeklagten vorbrachte, verstand sich von selbst. Er begnügte sich damit, den »diesen größeren Gewinn ermöglichenden Partner zu mimen«. Alles andere war dem Angeklagten überlassen, er war von vornherein nicht abgeneigt und ergriff aufgrund bestehender Bereitschaft sogleich die Gelegenheit (dem Fall GA 1975, 333 vergleichbar: lediglich Konkretisierung des Entschlusses).

BGH, NJW 1981, 1626[49] (siehe in diesem Band S. 180–182): Der Angeklagte lehnte den Vorschlag des Spitzels zunächst ab, wollte sich aber mal umhören; dann bot er Heroin an, nachdem der V-Mann Vorzeigegeld erhalten hatte. Einer nachhaltigen Einwirkung auf den Angeklagten, ihn zur Beschaffung des Heroins zu bestimmen, bedurfte es nicht. Er war alsbald geneigt, ins Geschäft zu kommen und hatte seine allgemeine Bereitschaft zur Mitwirkung sogar kundgetan, obwohl er vorher nicht in diesem Sinne »verdächtig« war.

BGH, StrVert 1981, 276[50]: Die Grenzen tatprovozierenden Verhaltens sind hier gewahrt: Dem V-Mann-Einsatz gegen den Angeklagten lag ein ausreichender Verdacht zugrunde, daß er sich als Betäubungsmittelhändler betätige; er hatte bereits vorher angeboten, erhebliche Mengen Marihuana zu besorgen. Der Spitzel beeinflußte den Angeklagten nur in der Weise, daß er ihm eine Gelegenheit zum Abschluß eines größeren Rauschgiftgeschäftes zu bieten schien. Der Angeklagte entschloß sich – entsprechend seiner schon früher erklärten Bereitschaft – diese Gelegenheit zu nutzen. Die Vorbereitungen zu diesem Geschäft lagen größtenteils in seiner Hand, ohne daß die Polizei darauf Einfluß nahm: »Der Angeklagte ist nicht zum Objekt staatlichen Handels herabgewürdigt worden.«

BGH, NStZ 1982, 127[51]: Trotz Bezugnahme auf *BGH*, NJW 1981, 1626 wird nur die Strafbarkeit des Spitzels erörtert und eindeutig verneint (zu § 60 Nr. 2 StPO). Anhaltspunkte dafür, daß sich der Spitzel – neben seiner Tätigkeit für die Polizei (Verbindungsmann) – auch sonst noch in strafbarer Weise an den Taten des Angeklagten beteiligt haben könnte, sind nicht vorhanden. Der V-Mann hatte lediglich die Verbindung zwischen dem Angeklagten und einem anderen Polizeibeamten hergestellt. Die näheren Umstände dieser Vermittlung können allenfalls für die Strafzumessung von Bedeutung sein (vgl. *BGH*, StrVert 1981, 596; 1982, 52, 220).

3. Die Bejahung der erheblichen Einwirkung in der Rechtsprechung

Bejaht (wenn auch nur möglicherweise, nach weiteren Ermittlungen) wurde die »erhebliche Einwirkung« in folgenden Fällen:

BGH, NStZ 1981, 70[52]: Um eine etwaige »Verwirkung« des staatlichen Strafanspruchs feststellen zu können, muß der Sachverhalt weiter aufgeklärt werden, und zwar u. a. hinsichtlich des Ausmaßes des gegen die Angeklagten bestehenden Verdachtes als Brandstifter, ihrer Gefährlichkeit, des Umfangs ihrer Tatbereitschaft, ihrer Eigeninitiativen, aber auch hinsichtlich der Ernsthaftigkeit der festgestellten Rücktrittsüberlegungen. Die Angeklagten wurden von dem polizeilichen Lockspitzel überredet für eine Belohnung von 10000 DM eine Discothek in Brand zu setzen. Er hatte sie für ihre tadellose »saubere Arbeit« bei einer anderen, angeblich von ihnen begangenen Brandstiftung an einer Bar gelobt, ohne daß sie sich zu dieser Tat bekannten. Sie hatten in engem Kontakt mit dem V-Mann die ihnen notwendig erschienenen Vorbereitungen getroffen und waren, nachdem er sie zum Weitermachen überredet(!) hatte, von ihm bis unmittelbar in die Nähe des Tatortes begleitet worden, wo sie beim Versuch, die Türen des Hintereingangs zu öffnen, festgenommen wurden.

Obwohl der Sachverhalt nur unvollständig wiedergegeben werden kann, läßt er doch schon eine erhebliche Tatprovokation des Spitzels erkennen und die Frage wichtig erscheinen, ob er die Angeklagten später auch dazu bestimmt hat, von der Begehung der Tat »nicht wieder Abstand zu nehmen«. Erst nach Klärung dieser Fragen, die merkwürdigerweise nicht näher untersucht worden sind, kann man abschließend beurteilen, ob der Spitzel entscheidenden Einfluß auf die Begehung der abgeurteilten Tat genommen oder nur zur Konkretisierung eines bei den Angeklagten allgemein vorhandenen Entschlusses zur Inbrandsetzung an Versicherungsobjekten beigetragen hat. Schon die bisherigen Feststellungen werfen ein *belastendes Bild* auf merkwürdige Polizeimethoden und lassen die Zweifel des *BGH*, ob damit der Angeklagte nicht zum Objekt staatlichen Handelns herabgewürdigt worden ist, berechtigt erscheinen. Das Urteil stammt noch aus einer Zeit, in der man nur an eine »Verwirkung« des staatlichen Strafanspruchs gedacht und den Vorwurf des widerspruchsvollen Verhaltens des Staates noch nicht in Erwägung gezogen hat.

BGH, NStZ 1982, 126[53] (siehe in diesem Band S. 192–194). Auch hier erachtete der *Senat* eine weitere Aufklärung für erforderlich: Das *LG* hatte sich nicht mit der Einlassung des Angeklagten befaßt, er sei von dem V-Mann »in der Anbahnungsphase regelrecht bedrängt worden«, ihn mit Heroinverkäufern bekannt zu machen. Er habe aber ein solches Ansinnen lange Zeit strikt zurückgewiesen und sich schließlich nur deshalb bereit erklärt, weil er dringend Heroin gebraucht habe und ihm solches versprochen worden sei.

Wiederum kann man sich nur wundern, daß diese Einlassung des Angeklagten im Urteil des *LG* nicht berücksichtigt, geschweige denn zutreffend gewürdigt worden ist, obwohl ohne diese Klärung nicht beurteilt werden kann, ob sich der Spitzel im Rahmen des rechtlich Zulässigen gehalten hat.

Das beanstandet der *BGH* mit Recht und mit einer interessanten *Erläuterung* seinr Rechtsprechung, die nicht eng interpretiert werden darf:

Soweit der *Senat* in diesem Zusammenhang den Fall erwähnt hat, daß der Lockspitzel den Täter durch erhebliche Einwirkung erst vom Weg des Rechts abgebracht hat, handelt es sich nur um ein Beispiel. Es schließt nicht aus, daß auch die Bestimmung einer heroinabhängigen und somit bereits in strafbarer Weise in die Drogenszene verstrickten Person – etwa wenn gerade ihre Sucht und der sich daraus ergebende Mangel an Widerstandskraft ausgenutzt wird – unzulässig sein kann, vor allem wenn die Überlassung von Heroin als Belohnung für die Mitwirkung in Aussicht gestellt wird.

Diese Verschärfung der Rechtsprechung läßt für den Außenstehenden, der weitere unveröffentlichte einschlägige Urteile nicht kennt, den Schluß zu, daß sich *tatprovozierende Exzesse* polizeilicher Lockspitzel zahlenmäßig häufen und in ihrer prozessualen Unzulässigkeit steigern. Kritische Äußerungen des Schrifttums weisen in dieselbe Richtung. Die nachfolgenden Urteile bestätigen diesen Eindruck und erweitern den Umfang des Strafverfolgungsverbots in zusätzlicher Weise:

BGH, NStZ 1982, 156[54]: Auch hier hatte der Spitzel in einer *nachhaltigen* Weise auf den Angeklagten eingewirkt, so daß die provozierte Tat nach den in *BGH,* NJW 1981, 1626 aufgestellten Grundsätzen wegen *widerspruchsvollem* Verhalten des Staates nicht verfolgt werden durfte.

Der *Senat* sah sich jedoch darüber hinaus zu der *Klarstellung* veranlaßt, daß eine solche Einwirkung nicht nur für die erste, von dem Angeklagten geplante oder durchgeführte Tat, sondern für alle die Taten ein Strafverfolgungsverbot begründe, die infolge der nachhaltigen Einflußnahme des agent provocateur begangen worden sind. Sie kann jedenfalls für solche weitere Taten nicht grundsätzlich ausgeschlossen werden, die in einem engen und sachlichen *Zusammenhang* mit der ersten Tat stehen. Allerdings kann schon allein die Tatsache, daß der Täter über einen längeren Zeitraum hinweg mehrere Taten begeht, für die Gewichtung seines Verhaltens so bedeutsam sein, daß demgegenüber die Tatprovokation in den Hintergrund tritt. Das war jedoch *hier anders*: Zwischen der zunächst geplanten und der dann in zwei Teilakten durchgeführten Tat besteht der erwähnte Zusammenhang, so daß der Spitzel den Angeklagten auch zu den beiden Teilakten der fortgesetzten Tat in unzulässiger Weise angestiftet hat.

In *BGH*, MDR 1982, 448 ist der Sachverhalt ausführlicher geschildert: Das *LG* hatte den Umstand, daß der V-Mann im Angeklagten den Entschluß weckte, Heroin zu liefern, wobei er »den wochenlangen Widerstand um die Weigerung des Angeklagten durch ständiges Insistieren bis zur Tatbereitschaft abbaute« (!), nur bei der Strafzumessung berücksichtigt, weitere Folgerungen daraus aber abgelehnt, weil der Angeklagte bereits *vor* der hier abzuurteilenden Tat bei dem dann nicht durchgeführten Geschäft seine *Bereitschaft* zum Heroinhandel offenbart und Heroin von echten Dealern, d. h. von krimineller Seite beschafft habe. Dem trat der *BGH* entgegen: Das Strafverfolgungsverbot greift – abweichend von der Ansicht des *LG* – nicht nur dann ein, wenn Rauschgift von staatlicher Seite geliefert werden soll. Die weiteren ständigen Aufforderungen des V-Mannes sind auch nicht deshalb bedeutungslos, weil der Angeklagte durch seine Beteiligung an dem zunächst geplanten Geschäft hatte erkennen lassen, daß er grundsätzlich zu Heroingeschäften bereit sein werde. Seine Bereitschaft hatte er erst nach erheblicher Beeinflussung durch den Spitzel gezeigt. Diese Einflußnahme durfte das Gericht nicht schon deshalb unberücksichtigt lassen, weil sie nicht unmittelbar zu den beiden Teilakten des Handeltreibens mit Heroin, sondern zunächst zu dem für einige Zeit vorher geplanten, dann aber nicht zustande gekommenen Geschäft geführt hatte. Auch für die beiden Teilakte der fortgesetzten Tat kann das provozierende Verhalten des Lockspitzels ein solches Gewicht haben, daß demgegenüber der eigene Beitrag des Angeklagten in den Hintergrund tritt.

4. Zur Frage der »Anrechnung«

Das Urteil des 5. Senates (BGH – 5 StR 64/82) bildet gewissermaßen den Endpunkt dieser Gedankenreihe, die im Grunde von der Frage der Intensität der Einwirkung auf die andere übergegangen ist, *wann* sich der Staat die eindeutige Tatprovokation durch den Spitzel »anrechnen« lassen muß. Der V-Mann hatte hier aus eigener Initiative den Entschluß des Angeklagten zur Beschaffung des Rauschgiftes geweckt und bestärkt. Er war auch bei anderen Gelegenheiten als polizeilicher Lockspitzel tätig gewesen. Da er aber zu der abzuurteilenden Tat weder den allgemeinen Auftrag noch einen konkreten Auftrag von Ermittlungsorganen hatte, soll sein vor der Einschaltung der Polizei liegendes Handeln nicht dem Staat »angerechnet« werden können und ein Verfolgungsverbot aus diesem neuen Grunde ausscheiden.

Wer sein naheliegendes Erstaunen über diese Entscheidung zum Ausdruck bringen will, weil durch eine solche Argumentation der von der neuesten Rechtsprechung erzielte Fortschritt weitgehend rückgängig gemacht werden könnte, der muß zunächst eine revisionstechnische Vorfrage prüfen:

Das Revisionsgericht ist bei materiellrechtlichen Rügen grundsätzlich an die tatsächlichen Feststellungen des Tatrichters gebunden. Sollte sein Urteil dahin auszulegen sein, die Strafkammer habe das Fehlen(!) eines allgemeinen oder konkreten Auftrags der Polizeibehörden eindeutig festgestellt, so kann das Revisionsgericht das von sich aus nicht ändern[55], und die sich aufdrängende Kritik müßte sich gegen die Vorinstanz richten, die den Sachverhalt insoweit recht kursorisch festgestellt hat.

Aber so leicht sollte man sich damit nicht abfinden. Aus dem Gesamtzusammenhang der Urteilsgründe ist schon manches erschlossen worden, was zunächst nicht sichtbar wurde. Hier war der V-Mann immerhin bei anderen Gelegenheiten als Lockspitzel tätig geworden, er hatte diese Eigenschaft offenbar »nicht verloren«. Es fragt sich, ob im konkreten Fall seine eindeutige Tatprovokation nur wegen seiner »eigenen Initiative« dem Staat nicht als widerspruchsvolles Verhalten »angerechnet« werden kann. Das

Urteil stellt allzu sehr auf eine bestimmte Einzeltat ab; es mag auch richtig sein, daß die polizeilichen Dienststellen erst später mit dem konkreten Vorgang befaßt wurden. Aber das Anrechnungsproblem darf man doch nicht unter derart feingesponnenen zivilrechtlichen Auftragsgesichtspunkten beurteilen. Die Benutzung eines polizeilichen Lockspitzels kann auch konkludent veranlaßt werden, oft wird schon die bloße Kenntnis von seiner gelegentlichen Tätigkeit genügen, um ihn nach seinem Ermessen bei sich bietender Gelegenheit einfach gewähren zu lassen. Schon *Mache*[56] ist dem naheliegenden Einwand entgegengetreten, es handele sich um die Aktionen eines »Privatmannes«. Das könne nur in solchen Fällen zutreffen, in denen jemand völlig auf eigene Faust, ohne jede vorherige Absprache mit den Ermittlungsbehörden tätig wird.

Davon kann hier keine Rede sein. Da es sich immerhin um einen Polizei-Spitzel handelt, wird man eine »zumindest de-fakto-Aufsicht« der Polizeibehörden[57] unterstellen dürfen. Selbst wenn er im konkreten Fall gewissermaßen als Geschäftsführer ohne Auftrag tätig geworden ist, hätte ich keine Bedenken, seine Tatprovokation dem Staat »anzurechnen«, wenn die Ergebnisse nachträglich von der Polizei verwertet und bezahlt(!) werden. Ob das auch für den Privatdetektiv gilt, der sein Honorar in ähnlicher Form zu verdienen sucht oder für jeden Bürger, der – von der Polizei zur Mithilfe bei der Fahndung aufgefordert – sich wie ein polizeilicher Lockspitzel betätigt, um die dafür ausgesetzte Belohnung zu erhalten, mag offen bleiben und zur Grenzziehung dienen. Die zum widerspruchsvollen Verhalten des Staates führende »Anrechnung« tatprovozierender Spitzeltätigkeit ist jedenfalls nicht ausschließlich nach zivilrechtlichen Auftragsregeln zu beurteilen, sondern nach den faktischen Polizeipraktiken, die es durchaus erlauben, einen V-Mann »an langer Leine« zu führen und ihm die Entscheidung über nähere Umstände seines Einsatzes nach Ort, Zeit und Art der Straftat selbst zu überlassen. Die Verneinung der Anrechnungsmöglichkeit in dem vom 5. *Senat* entschiedenen Falle befriedigt wenig, läßt aber mangels näherer tatsächlicher Anhaltspunktes vorläufig eine strengere Kritik nicht zu. Das Urteil gibt jedoch Anlaß, solche und andere noch offene Fragen genauer zu prüfen, und zwar im Sinne der Tendenz, die der Gesamtentwicklung zugrunde liegt. Meist wird es sich um Teilakte einer nur rahmenmäßig umschriebenen, lockeren fortgesetzten Tätigkeit handeln.

V. Schlußbemerkung

Im Ergebnis ist die neue Rechtsprechung über die rechtsstaatlichen Grenzen des Einsatzes polizeilicher Lockspitzel sehr zu begrüßen, die Einführung des estoppel-Prinzips mit dem Vorwurf des widerspruchsvollen Verhaltens des Staates in das Strafverfahrensrecht zu befürworten. Rückblickend mag aber noch folgendes erwähnt werden: Hier ist nicht der Ort, um die Polizeibehörden zu kritisieren, ihre Methoden zu schelten; der Kampf gegen die Schwerkriminalität verdienen Unterstützung. Aber es gibt die geschilderten Grenzen für den Einsatz von polizeilichen Lockspitzeln. Die Belange der Polizei werden hinreichend gewahrt durch die Verneinung der Strafbarkeit der Spitzel, selbst wenn sie gelegentlich etwas zu weit gehen. Die Verwertung der so erlangten Ergebnisse ist auch intern, d. h. innerhalb der Polizei möglich und nützlich.

Die Situation ändert sich aber erheblich, wenn die durch Provokation mittels erheblicher Einwirkung erlangten Erkenntnisse im Strafverfahren zum Nachteil des Angeklagten verwertet werden sollen. Die *Justizförmigkeit* des Prozesses läßt das eben nicht zu. Damit müssen sich auch die Polizeibehörden abfinden, und deshalb sollten sie dafür sorgen, daß die Einwirkung der Spitzel auf die Angeklagten sich in den Grenzen hält, die den Vorwurf widerspruchsvollen Verhaltens des Staates ausschließen. Die Aufgaben und Methoden der Exekutive stimmen eben nicht mit denen der Judikative überein. Denn sie orientieren sich an unterschiedlichen Zielsetzungen. Vielleicht kann diese, auch der neuesten Rechtsprechung zugrundeliegende Einsicht dazu beitragen, die im Spannungsfeld beider Gewalten auftretenden Probleme einigermaßen befriedigend zu lösen, ohne daß einer der beiden Partner unzumutbare Konzessionen machen müßte. Auch das von der Rechtsprechung neu entwickelte Verfolgungsverbot wegen des Einsatzes polizeilicher Spitzel gehört zur »Funktionstüchtigkeit der Strafrechtspflege«, der Vorwurf des widerspruchsvollen Verhaltens des Staates läßt sich über den estoppel-Grundsatz (venire contra factum proprium) als neues Rechtsprinzip nun auch im Strafverfahren verwerten. Sein Anwendungsgebiet muß aber noch genauer umschrieben, wahrscheinlich erweitert werden. Die Anforderungen an die Bejahung seiner wichtigsten Voraussetzungen, nämlich der erheblichen Einwirkung des Spitzels und des polizeilichen Auftrags, sollte man nicht übertreiben.[58]

Anmerkungen

1 *Gribbohm*, NJW 1981, 307; dagegen *Krüger*, NJW 1982, 857.
2 Vgl. *Schmidt*, MDR 1980, 972: Grenzüberschreitungen beim tatprovozierenden Verhalten werden zwar in der Revision immer wieder behauptet. Es ergibt sich dann aber, daß davon i. d. R. keine Rede sein kann.
3 Vgl. die Rspr.-Nachw. S. 273 f.
4 JuS 1982, 416.
5 17. Aufl. (Febr. 1982), S. 254 zum Stichwort Zeugen vom Hörensagen, mit dem Hinweis, die neue Rspr. des *BGH* zeige sich bemüht, die Verwertung anonymer Aussagen von V-Leuten durch konkrete Richtlinien weiter einzuschränken.
6 Obwohl es schon von *Franzheim* (NJW 1979, 2015, 2017) unter Bezugnahme auf *Lüderssen*, aber unter der Voraussetzung der Strafbarkeit (!) tatprovozierenden Verhaltens gefordert worden und seit dem im Gespräch geblieben ist.
7 Vgl. *Schmidt*, MDR 1980, 972; *Körner*, NStZ 1981, 18; *Schoreit*, NStZ 1982, 66: Bei Überschreitung der sich aus dem Rechtsstaatsprinzip ergebenden Grenzen tatprovozierenden Verhaltens kann der staatliche Strafanspruch »verwirkt« werden.
8 Zumal sie z. Z. die grundlegende Entscheidung *BGH*, NJW 1981, 1626 (s. in diesem Band S. 180–182) noch nicht berücksichtigen konnten; vgl. *Berz*, JuS 1982, 417.
9 In: KK, StPO, § 136a Rdnr. 26 unter Hinweis auf neuere Entscheidungen des *BGH*, der durch diese Bezugnahme die Wende der Rechtsprechung verdeutlicht.
10 In: Festschr. f. Peters, 1974, S. 349 ff., ohne damit längere Zeit Anklang zu finden.
11 Vgl. *Mache*, StrVert 1981, 600, der seine Dissertation über die Zulässigkeit des Einsatzes von agents provocateurs und die Verwertung der Ergebnisse im Strafprozeß ankündigt. Ferner *Sieg*, StrVert 1981, 636 (s. in diesem Band S. 228–237) zur staatlich provozierenden Straftat und ausf. *Berz*, JuS 1982. 416 m. Nachw.
12 *Berz* (Anm. 11), S. 420: Damit scheint mir jedoch die äußerste Grenze für die Verwendung eines agent provocateur überschritten. Die Verwertung derartig erlangter Beweise können nicht mehr als »faires« Verfahren verstanden werden. Ausf. über die verschiedenen Verdachtsalternativen und ihre Kombinationen *Sieg* (Anm. 11): Hinsichtlich früherer Straftaten und der Gefahr künftiger Straftaten; vgl. dazu unten S. 271; es handelt sich um eine vorerst weniger wichtige Einzelfrage.
13 NJW 1982, 855.
14 Aus der Rsp. nur das Urteil *BGH*, NStZ 1981, 70.
15 Als Verletzungen der Art. 1 I, 2 I, 20 I und III GG.

16 NJW 1981, 1628; vgl. *Sieg* (Anm. 11). Zur »Verwirkung« vgl. *BGH*, NStZ 1981, 70; NJW 80, 1761 (s. in diesem Band S. 175–177); StrVert 1981, 276.
17 JuS 1982, 417.
18 So auch *Krüger*, NJW 1982, 856. Nach Zeitungsmeldungen sollen »Untergrund-Agenten« verstärkt gegen das organisierte Verbrechen eingesetzt werden.
19 Es handelt sich um folgende Themen: Der Beschuldigtenbegriff im Strafprozeß – Gerade des Verdachts –, prozessuale und materiell-rechtliche Probleme beim Einsatz von V-Leuten.
20 Das ist insb. das Ziel der Polizeibehörden und entspricht ihrer Aufgabe. Vgl. unten S. 265, 267.
21 Sie hat durch die Entscheidung *BVerfGE* 57, 250 = NStZ 1981, 357 = NJW 1981, 1719 (s. in diesem Band S. 457–482) neuen Auftrieb bekommen. Vgl. dazu *Bruns*, Neue Wege zur Lösung des strafprozessualen V-Mann-Problems 1982, und *Rebmann*, NStZ 1982, 315 (s. in diesem Band S. 403–424).
22 StrVert 1982, 275.
23 NJW 1979, 2015, 2017.
24 Das ist folgerichtig und sicher zu bejahen.
25 Vgl. insb. zur Anwendung des § 60 Nr. 2 StPO *BGH*, StrVert 1981, 392; 1982, 51, 52; *BGH* – 2 StR 294, 81 m. Nachw.
26 Als Beteiligungsformen kommen zwar auch Beihilfe (vgl. *Schoreit*, NStZ 1982, 66), u. U. sogar Mittäterschaft in Betracht. Die Erörterung soll jedoch beispielhaft auf Anstiftung beschränkt werden.
27 Vgl. m. w. Nachw. *Franzheim*, NJW 1979, 2014; *Berz*, JuS 1982, 416; *Maaß*, Jura 1981, 514; *Küper*, GA 1974, 323–335; *Roxin*, in: LK, § 26 Rdnrn. 17 ff.; *Schmidt*, MDR 1980, 972.
28 So insb. *Roxin* (Anm. 27).
29 NJW 1979, 2014 mit vorwiegend verfassungsrechtlichen Gründen. Er bejaht die Strafbarkeit des agent provocateur auch bei der Bekämpfung von Rauschgiftdelikten, plädiert gerade deshalb dafür, die Strafverfolgung der provozierten Tat durch Einführung eines Beweisverwertungsverbots mit Fernwirkung zu verhindern. Auch *Krüger*, NJW 1982, 855 beginnt mit einer Erörterung der Strafbarkeit des agent provocateur; vgl. auch *Schoreit*, NStZ 1982, 66, und *Krause-Nehring*, StrafverfahrensR in der Polizeipraxis, 1978, S. 144.
30 O. Fußn. 10, S. 361; *Berz* (Anm. 11), S. 418 N 34 als Voraussetzung des Verwertungsverbots.
31 Vgl. die Rspr. unten S. 274.
32 Vgl. *Schoreit*, NStZ 1982, 66: Hat der Mitwirkende ernsthaft mit der Anwesenheit und dem Eingreifen der Polizei gerechnet und nur im Vertrauen darauf das Geschäft gefördert, so kann ihm auch dann nicht der Vorsatz im Sinne des Handeltreibens mit Betäubungsmitteln zur Last

gelegt werden, wenn er zugleich die Gefahr gesehen hat, daß es entgegen seinen Erwartungen und Hoffnungen doch zur Vollendung der geplanten Tat kommen könne (BGH – 2 StR 235/81: Die Annahme eines bedingten Vorsatzes war nach den Feststellungen auszuschließen!). Vgl. auch *BGH*, NJW 1980, 1761 a. E.

33 Vgl. unten S. 272.
34 *Lüderssen* (Anm. 10), S. 351; *Franzheim* (Anm. 27); vgl. auch *Berz* (Anm. 11), S. 420 über den noch unbestimmten Begriff der Schwerkriminalität.
35 Anders für die Anwendung des § 60 Nr. 2 StPO, die aber wenig sinnvoll ist, wenn das Verfolgungsverbot eingreift.
36 Vgl. *Berz* (Anm. 30).
37 Vgl. dazu ausf. die Kritik der *BGH*-Entsch. NJW 1981, 1626 durch *Mache*, *Sieg* und *Berz*. Die Rechtsprechung erwähnt zwar mehrfach auch den Verdacht als einen Wertungsgesichtspunkt für die Beurteilung der »nachhaltigen Einwirkung«, aber ohne ihn zur zwingenden Voraussetzung zu machen. Gerät der Spitzel – etwa aus Versehen – an einen unverdächtigen Bürger, so wird dieser regelmäßig das an ihn gestellte Ansinnen als Zumutung zurückweisen. Geht er aber darauf ein, so interessiert durchaus die Frage, ob er alsbald von sich aus dazu bereit war oder erst durch intensives Zureden des Spitzels dazu veranlaßt werden mußte. Der »Schutz« des unverdächtigen Bürgers vor solchen Zumutungen spielt in diesem Zusammenhang keine Rolle (vgl. Anm. 11).
38 Vgl. aber *Berz* (Anm. 11), S. 417 N 11.
39 Vgl. *Bruns*, JZ 1956, 147. Seitdem ist es in der zivilrechtlichen Literatur anerkannt.
40 Es handelt sich um die heute nicht mehr aktuelle, aber trotzdem interessante Frage, ob der Täter (§ 182 StGB a. F.) sich auf die »Beschollenheit« des Mädchens berufen kann, wenn er sie selbst vorher verursacht hat.
41 Vor allem nicht kumulativ; vgl. ähnlich unklar *BGHSt* 29, 109: Willkürliches oder mißbräuchliches Verhalten der Exekutive als Grund für ein Beweisverwertungsverbot.
42 Vgl. dazu *Bruns*, NStZ 1981, 81 zu VI, 3–5 und StrVert 1982, 18.
43 Auf die gerade das justizförmige Strafverfahren Wert legen muß.
44 Vgl. meine Abh. (Anm. 21), S. 65 ff. m. Nachw.
45 Vgl. *Bruns* (Anm. 21), S. 67: Dieses widerspruchsvolle Verhalten der Exekutive erscheint rechtsmißbräuchlich und rechtfertigt ein Beweisverwertungsverbot... Daran möchte ich gegen *Rebmann*, NStZ 1982, 315 (s. in diesem Band S. 403–424) festhalten.
46 Anders wohl *Mache*, StrVert 1981, 600.
47 Vgl. dazu *Berz* (Anm. 11), S. 420.
48 Vgl. *BGH* – 1 StR 165/75, MDR 1976, 13.
49 BGH – 2 StR 370/80, NStZ 1981, 394 = StrVert 1981, 392: Es handelt

sich um die mehrfach kritisierte Grundsatzentscheidung (s. in diesem Band S. 180–182).
50 *BGH* – 3 StR 61/81: Das Vorliegen eines Verdachts wird ausdrücklich betont.
51 *BGH* – 2 StR 294/81, MDR 1982, 282 = StrVert 1982, 52.
52 *BGH* – 4 StR 16/80.
53 *BGH* – 2 StR 242/81, NStZ 1982, 126 = MDR 1982, 281 = StrVert 1982, 53.
54 *BGH* – 2 StR 742/81, MDR 1982, 448.
55 Auf die Zulässigkeit des Freibeweises für die Feststellung eines Prozeßhindernisses oder auf prozessuale Rügen ist hier nicht einzugehen.
56 StrVert 1981, 600; auch *Berz* (Anm. 11), S. 417 über Privatpersonen als polizeilich (gelenkte) Lockspitzel.
57 So *Krüger*, NJW 1982, 856. Seine Differenzierung zwischen staatlichem Handeln und den Aktivitäten eines beliebigen Mitbürgers, zwischen selbständig und gebunden handelnden V-Personen ist in der Tat etwas grob und hilft dann nicht viel weiter, wenn der sonst als polizeilicher Lockspitzel auftretende V-Mann auf eigene Faust, aber ganz »im Sinne« der Polizei tätig und dafür von ihr auch noch honoriert wird.
58 Der erst nach Abschluß der Drucklegung bekannt gewordene Beitrag von *Dencker* zur Festschrift für Dünnebier (S. 447 ff.) (s. in diesem Band S. 238–258) über die Zulässigkeit staatlich gesteuerter Deliktsbeteiligung konnte im Text nicht mehr berücksichtigt werden. Der Verfasser hält den Einsatz von polizeilichen Lockspitzeln – mangels gesetzlicher Eingriffsermächtigung – für grundsätzlich unzulässig, kritisiert die einschlägige Rechtsprechung der *BGH* als »gigantischen Anwendungsbereich des § 34 StGB« und bemüht sich deshalb um die Aufzeigung möglicher Rechtfertigungsgründe. An der Grundkonzeption des vorstehenden Aufsatzes und der vorgeschlagenen Lösung wird dadurch nichts geändert.

Kurt Seelmann
Zur materiell-rechtlichen Problematik des V-Mannes

Die Strafbarkeit des Lockspitzels und des Verlockten

Straflosigkeit des durch den V-Mann Verlockten?

Auch der BGH trägt sich durchaus mit Bedenken gegenüber der Lockspitzelpraxis. Seine Skrupel wirken sich allerdings nicht auf die Strafbarkeit des Lockspitzels, sondern nur auf die des Verlockten aus. Hier sondiert der BGH seit einigen Jahren dogmatisches Neuland. Der zur Straftat Verleitete gehört zwar seit jeher notwendig zur agent-provocateur-Problematik. Seine Stellung wurde auch, wie noch zu zeigen sein wird, von der Praxis gelegentlich berücksichtigt. In der Diskussion zum Thema agent provocateur hat man dagegen die Straflosigkeit des Provozierten bis vor kurzem nicht bezweifelt.

I. Strukturelle Vorbereitung des BGH-Lösungsmodells

Eine Erschütterung ihrer Grundlagen erfuhr diese Position freilich schon in den sechziger Jahren, und zwar durch ganz verschiedene Entwicklungen und Anlässe.

1. Notwehrprovokation

Die Vorstellung, daß ein Provokateur durch seine Provokation Rechte gegen den Provozierten einbüßen könnte, erwuchs als verallgemeinerungsfähiges Ergebnis aus der Lehre von der provozierten Notwehr. Die zivilrechtlich fundierte Rechtsmißbrauchslehre konnte sich hier weitgehend durchsetzen[1], war allerdings nie ganz unumstritten. Ob durch das Strafrecht eingeräumte Befugnisse überhaupt der Verwirkung unterliegen, wurde kontrovers diskutiert.[2]

2. Staatliches Fehlverhalten zu Beginn der Strafverfolgung

Zwei weitere Anstöße für die Neuformulierung des Lockspitzelproblems entstanden aus Beispielen fehlerhaften staatlichen Vorverhaltens außerhalb des Provokationsbereichs: Spektakuläre Fälle von Entführungen um der Strafverfolgung willen – u. a. der Fall *Eichmann* und der Fall des OAS-Obersten *Argoud* – erweckten Zweifel an der Legitimität des nachfolgenden Verfahrens. Mußte sich der Staat, der ein Strafverfahren auf solche Weise ermögliche, nicht sein – unbestritten völkerrechtswidriges – Vorverhalten im Verfahren entgegenhalten lassen?

Auf sehr viel breiterer Basis gewann diese Frage Bedeutung durch die Lehre von den Beweisverboten. Unter welchen Voraussetzungen, so lautet das allgemeine Thema, führt unzulässige Beweiserhebung als fehlerhaftes staatliches Vorverhalten zur Unverwertbarkeit des Beweises? Sicher können die Antworten darauf zur Klärung der Provokationsproblematik nicht unmittelbar beitragen. Aber strukturell werden die BGH-Thesen auch zur V-Mann-Problematik schon vorbereitet: Wenn schon Unzulässigkeit der Beweiserhebung unter Umständen den Angeklagten vor Strafe bewahrt, muß dann nicht erst recht die unzulässige Korrumpierung zur Straftat eine Verurteilung in Frage stellen?

Die Problematik des Rechtsverlustes infolge Widersprüchlichkeit staatlichen Verhaltens wurde aber auch schon vor einigen Jahren im Hinblick auf den V-Mann selbst diskutiert – damals allerdings in der traditionell-prozessualen Sichtweise: Der Staat dürfe nicht sein eigenes, in der Verweigerung des Aussagegenehmigung liegendes Verhalten durch bedenkliche Ermittlungsformen umgehen.[3] Das Bestreben der Exekutive, die Identität des V-Mannes nicht im Prozeß zu lüften, müsse die Judikative sich zurechnen lassen; daß der Hauptbelastungszeuge nicht erreichbar oder nicht auf seine Glaubwürdigkeit hin zu untersuchen sei, müsse zugunsten des Angeklagten beachtet werden.

II. Einfluß der Tatprovokation auf die Strafbarkeit des Verletzten nach traditionellen Kriterien

Ehe solchen Überlegungen weiter nachgegangen werden kann, stellt sich allerdings die Vorfrage: Bedarf es überhaupt dieser neuen und weitreichenden Argumentationen, um der Position des Lockspitzel-Opfers gerecht zu werden? Helfen zu diesem Zweck nicht schon die ganz alltäglichen Kategorien des Straftatsystems?

1. Entfallen des Tatbestands

Polizeiliche Verführung zur Straftat könnte zunächst, auch für den Verführten, den objektiven Tatbestand einer Straftat entfallen lassen. In diese Richtung zielt der BGH, wenn er davon ausgeht, daß ein bloß einmaliger Verkauf von Rauschgift an den V-Mann auch in der Person des verkaufenden Dealers gar kein »Handeltreiben mit Betäubungsmitteln« sei.[4] Ein weiteres Beispiel ist die Retortenkriminalität mit dem Dealer als Spielball zwischen den V-Leuten, der Fall also, daß der Dealer nur zwischen verkaufenden und kaufenden V-Leuten hin und her geschickt wird.[5] Beide Beispiele genießen freilich in der Realität Seltenheitswert. Hinzu kommt, daß dem Verlockten in diesen Fällen die Versuchsstrafe droht. Auf der Ebene des Tatbestands eröffnet sich also keine Möglichkeit der Straflosigkeit des Verlockten. Auch die anerkannten Rechtfertigungs- und Schuldausschließungsgründe greifen nicht.

2. Strafzumessung

Das wichtigste traditionelle Feld für strafrechtsdogmatische Erwägungen zugunsten des Verlockten ist folgerichtig das Strafzumessungsrecht. Daß jemand durch einen V-Mann zur Tat bestimmt wurde, hält der BGH auch heute noch jedenfalls für strafmildernd: Wo die Tatausführung durch die Polizei kontrolliert werde, sei die Tat »objektiv weniger gefährlich«.[6] Wo während der Tat die Polizei zugreife, habe diese Tat »im Ergebnis nichts eingebracht«.[7] Im übrigen wird ganz allgemein als strafmildernd gewertet, daß der Angeklagte »von einem polizeilichen Lockspitzel zur Tat gedrängt worden war«.[8] Das Moment der »Verführung«, im schweizerischen StGB als Strafzumessungsgesichtspunkt ausdrücklich erwähnt (§ 64 schw. StGB), gewinnt hier eigenständige Bedeutung. Insbesondere das Vorliegen eines Regelbeispiels von »Handeltreiben in einem besonders schweren Fall« soll damit trotz Vorliegen der im Regelbeispiel benannten Voraussetzung ausgeschlossen werden.[9] Offensichtlich konzediert der BGH dem Verlockten geringere verbrecherische Energie. In Extremfällen wurde schon früher wegen geringer Schuld eingestellt: so 1969 in München ein

Diebstahlsverfahren gegen einen Reisenden, dem ein Bahnpolizist einen Koffer als Tatobjekt zugespielt hatte[10], und 1972 in Hannover ein Verfahren gegen zwei Schülerinnen, denen der Hausdetektiv vorgemacht hatte, wie man Schallplatten in der Tasche verschwinden läßt.[11]

All dies sind Aspekte, die bei Tatprovokationen auch bisher schon zugunsten des Verlockten Berücksichtigung finden konnten.

III. Der neue Ansatz des BGH: arglistiges und widersprüchliches Verhalten

Neuerdings aber ist der BGH um weiterreichende Möglichkeiten der Straflosigkeit für den Verlockten bemüht. Es hat beinahe den Anschein, als führe ein schlechtes Gewissen wegen der Nachsicht gegenüber dem Lockspitzel zu einem Nachschlag für den Verlockten. Die Begründung für die Straflosigkeit des Verlockten fällt allerdings unter den Strafsenaten nicht einhellig aus:

Der 1., der 3. und der 4. Strafsenat argumentieren ausdrücklich mit einer »Verwirkung des staatlichen Strafanspruchs«. Der 3. Senat kann sich 1981 auf eine zwar erst ein Jahr alte, aber bereits durch mehrere Entscheidungen gefestigte Rechtsprechung berufen, wenn er ausführt: »Der Bundesgerichtshof hat... wiederholt hervorgehoben, daß sich aus dem Rechtsstaatsprinzip Grenzen tatprovozierenden Verhaltens für den polizeilichen Lockspitzel ergeben, deren Überschreitung unter dem Gesichtspunkt einer Verwirkung des staatlichen Strafanspruchs im Ergebnis zur Unverfolgbarkeit der provozierten Tat führen kann.«[12] Diese Terminologie (»Verwirkung des staatlichen Strafanspruchs«) war vordem nur als Losung im Streit um die Folgen überlanger Verfahrensdauer bekannt. In Rechtsprechung und Literatur wird – seit den sechziger Jahren – erwogen, bei schwerwiegender und erheblicher Überschreitung der für ein Strafverfahren angemessenen Frist den Strafanspruch als verwirkt zu betrachten.[13]

Der 2. Strafsenat nimmt dagegen ein »Verfahrenshindernis« an, das er aus einem »auf den angestifteten Täter beschränkte(n) Strafverfolgungsverbot«[14] ableitet. Betrachtet man die Begründung für dieses »Strafverfolgungsverbot«, die auf das »widersprüchliche und arglistige Verhalten des Staates« abstellt, so ist der Unterschied zu den anderen Senaten freilich nicht groß.

Auch in den Voraussetzungen für die Straflosigkeit sind die Senate sich einig: Sie behalten sich mit Hilfe eines Topoi-Katalogs die Entscheidung für den Einzelfall vor. Schon bestehender Tatverdacht gegen den Verlockten, Einwirkung des Lockspitzels und eigene Tatbereitschaft des Verlockten sind zu erwägen. Zunächst, und noch 1980, sind nur solche Provokationen rechtmäßig, die den vorhandenen Tatentschluß nur »konkretisieren«.[15] Kurze Zeit später aber soll es schon ausreichen, wenn die Situation diesen Fällen »vergleichbar ist«, und es wird zum erstenmal ein ganzer Katalog von Abwägungsgesichtspunkten aufgestellt, wie »Grundlage und Ausmaß des gegen den Angeklagten bestehenden Verdachts, Art, Intensität und Einflußnahme des Polizeibeamten, Tatbereitschaft und eigene, nicht fremdgesteuerte Aktivitäten des Angeklagten«.[16] Gelegentlich kann sogar der Verdacht (der BGH läßt jeweils offen, ob es sich um einen Verdacht bereits getätigter oder einen Verdacht noch zu erwartender Delikte handelt) ganz fehlen, und der Verstoß gegen das Rechtsstaatsprinzip wird zur eng umgrenzten Ausnahme erhoben, etwa bei besonders hartnäckiger Beeinflussung[17], bei Ausnutzung der Heroinabhängigkeit und Versprechen von Heroin als Belohnung.[18] Dann aber wird kurze Zeit später der Rechtsstaatsverstoß wieder auf alle Straftaten erstreckt, die in einem engen zeitlichen und sachlichen Zusammenhang mit der provozierten Tat stehen.[19] Die Verleitung eines bisher noch gar nicht Tatverdächtigen, besonders hartnäckiges Insistieren des V-Mannes oder das Versprechen von Betäubungsmitteln als Belohnung können also, müssen aber nicht notwendig zur Straflosigkeit des Verlockten nach Auffassung des BGH führen.

Der Untersuchung bedarf allerdings, wie das Entscheidungsmodell des BGB zu begründen ist.

1. Das zivilrechtliche Erbe

Für die Annahme einer Verwirkung von Rechten bieten sich zwei klassische Begründungsmodelle an, die beide in § 242 BGH verankert sind: Zunächst die »exceptio doli praesentis«[20], wie sie im Grundsatz des »venire contra factum proprium« oder in der ursprünglichen Bedeutung des anglo-amerikanischen »estoppel«[21] zum Ausdruck kommt. Danach soll sich niemand, der informelles Vertrauen in eine bestimmte Richtung gelenkt hat, mit einer späteren Wahrnehmung von Rechten in Gegensatz zu diesem Vorverhalten setzen dürfen. Freilich schafft die verdeckte Tatprovokation kein Vertrauen, das durch die Bestrafung enttäuscht werden könnte. *Bruns* hat also sicher recht, wenn er die Widersprüchlichkeits-Argumentation des BGH für unabhängig vom Gedanken des Vertrauensschutzes hält.[22] Viel eher einschlägig ist deshalb der Gedanke der »exceptio doli praeteriti«: Niemand soll aus eigener früherer Arglist profitieren dürfen.[23]

2. Grenzen von Verwirkung und Mißbrauchslehre im Strafrecht

Trägt dieses Argumentationsmuster aber auch die Straflosigkeit eines tatbestandsmäßigen, rechtswidrigen und schuldhaften Verhaltens infolge unzulässiger Rechtsausübung des *Staates*? »Rechtsmißbrauch« oder »Verwirkung« sind ihrem Ursprung nach zivilrechtliche Kategorien. Sie vorschnell zu »allgemeinen Rechtsgedanken« aufzustufen, ersetzt die Begründung durch die Behauptung. An diesem Kurzschluß ist die Terminologie sicher nicht unschuldig.[24] Der Begriff des »Strafanspruchs« lädt offenbar auch heute noch zu dogmatischen Folgerungen ein. Er ist so gesehen keineswegs »unschädlich«[25] oder eine bloße »Redensart«.[26] Dies zeigt etwa die Zähigkeit einer auf die bloß dienende Funktion einer »Anspruchs«-Durchsetzung festgelegten Prozeßrechtsvorstellung. Es wird besonders anschaulich aber auch in der neuen Debatte über die »Verwirkung des Strafanspruchs« wegen Tatprovokation.

a) Erweiterte Handlungskompetenz und Provokation

Der Gedanke einer Mißbrauchsschranke hat sich im Strafrecht weitgehend durchgesetzt, z. B. bei der schon erwähnten Notwehrprovokation. Dies ist konsequent, wenn man die Notwehrvorschrift für eine Kollisionsregel hält, die eine zusätzliche Handlungskompetenz für den Fall einräumt, daß ein anderer durch seinen Angriff Schutznormen zugunsten des Angegriffenen verletzt.[27] Verschuldet der Angegriffene den Angriff, so entfällt mithin unter Umständen der Sinn seiner erweiterten Handlungskompetenz.[28] Zugleich zeigen sich hier aber auch die äußersten Grenzen des Verwirkungsgedankens, die heute nicht immer klar gesehen werden: Wo sich die Rechtfertigung aus der vom Staat gesetzten objektiven Wertordnung ergibt – gelegentlich wird dann von intrasystematischen Rechtfertigungsgründen gesprochen[29] –, endet die Möglichkeit der Verwirkung. Der einzelne kann nicht stellvertretend für die Rechtsordnung eine Umwertung oder Abwertung von Rechtsgütern auslösen. Für die provozierte Notwehr folgt daraus: Der Provokateur wird immer nur in die Grenzen der Notstandsgüterabwägung verwiesen.[30] Wo er selbst provoziert, kann der Zuwachs an Handlungskompetenz entfallen. Davon unberührt aber bleibt die Feststellung, daß sein Leben schwerer wiegt als etwa die körperliche Integrität des Angreifers. Auf den rechtfertigenden Notstand kann er sich berufen.

Das Notwehrrecht macht also sicher die äußerste Grenze einer noch verwirkbaren Rechtsposition deutlich. Freilich mag es im Strafrecht auch noch manch andere Handlungskompetenz geben, die, entsprechend der Notwehr, bei Verschwinden ihrer Ratio gleichfalls fortfällt. Zu denken wäre etwa an die Debatte über die Verwirkung prozessualer Rechte bei arglistigem Herbeiführen eines Verfahrensmangels.[31]

b) Handlungskompetenz versus staatliche Aufgabe und Handlungspflicht

Eine Übertragung des Verwirkungsgedankens über den möglichen Bereich individueller Handlungskompetenz hinaus muß aber scheitern. Seine Anwendung etwa auf die Beweisverbote wäre nicht zulässig. Die Durchführung eines Strafverfahrens ist für den Staat sicher keine unter Vorbehalt erweiterte und deshalb auch keine bei Verfehlung entziehbare Handlungskompetenz. Sie ist seine Aufgabe, seine Funktion, Bestandteil der gegenwärtigen objektiven Wertordnung selbst. Rechtsgüterschutz ist deshalb auch für den Staat keine verwirkbare günstige Rechtsposition, sondern eine Handlungs*pflicht*. So wenig der Feuerwehrmann das Löschen einstellen darf, weil er den Brand mitverursacht hat, so wenig kann sich der Staat grundsätzlich von seinen Aufgaben wegen eigenen Fehlverhaltens dispensieren. In der Beweisverbotslehre wird deshalb ganz zu Recht nicht von »Verwirkung«, »Mißbrauch« oder »unzulässiger Rechtsausübung« gesprochen. Was aber für einen Fehler in der Beweiserhebung gilt, muß insoweit auch für die Provokation gelten: Ein solches Fehlverhalten läßt Aufgabe und Handlungspflicht grundsätzlich nicht entfallen. Im Bild des Feuerwehrmanns: Er muß nun eher besser löschen. Die stark moralisch gefärbte »Verwirkungs«- und »Arglist«-Lehre des BGH erweist sich deshalb in der Lockspitzelproblematik als dogmatischer Fehlgriff.

c) Disziplinierung der V-Leute und Ermittlungsbehörden?

Denkbar wäre nun allerdings, daß die moralischen Skrupel nur der Impetus für eine andere Ratio der Straflosigkeit des Verlockten sind. In Betracht kommt der in der Lehre von den Beweisverboten entwickelte Gedanke, durch Verfahrenshindernisse Polizei und Ermittlungsbehörden zu disziplinieren.[32] Bekannt ist der dagegen erhobene Einwand, die aus dem amerikanischen Rechtsdenken übernommene Vorstellung einer Disziplinierung vom Verfahrensende her sei dem deutschen Rechtssystem fremd.[33] Dies kann hier aber dahinstehen. In der Realität der V-Mann-Problematik scheidet dieser Gedanke jedenfalls aus. Eine Disziplinierung vom Ende her würde in den Lockspitzelfällen weitgehend leerlaufen. Die Polizei, die Szenen kontrollieren will, ist nicht notwendig an gelungenen Strafverfahren gegen einzelne interessiert. Im Gegenteil: Sie sieht darin mitunter sogar eine Behinderung ihrer präventiven Tätigkeit, eine Enttarnungsgefahr für ihren V-Mann, ein Versiegen wichtiger Informationsquellen.

IV. Gründe für die Straflosigkeit des Verlockten

Möglicherweise bringt uns gerade dieses polizeiliche Desinteresse auf einen weiterreichenden Ansatz für die Straflosigkeit des Verlockten. Staatliche Strafe, so läßt sich vermuten, erweist sich dort, wo sich selbst die Strafverfolgungsbehörden als weitgehend uninteressiert zeigen, unter teleologischen Kriterien als funktionslos, unter Umständen sogar als disfunktional.

Diese Feststellung könnte, wie bisher schon in den Bereichen objektiver Strafbarkeitsbedingungen oder persönlicher Strafausschließungsgründe, auch hier zur Straflosigkeit des Verlockten führen. Die Rechtsprechung wäre nicht gehindert, Gründe für solchen Funktionsverlust staatlicher Strafe zu typisieren und bereits de lege lata zu beachten. Denn anders als beim V-Mann selber wären solche Überlegungen nicht mit der öffentlich-rechtlichen Problematik fehlender gesetzlicher Eingriffsbefugnisse belastet.

1. Ungefährlichkeit des Täters im Bereich bloß abstrakter Gefährdung?

Ein erster heuristischer Gesichtspunkt solcher Strafausschließungsgründe liegt möglicherweise in der besonderen Art der Gefährdung, die von einer polizeilich inszenierten Tat ausgeht. Freilich reicht dieser Gedanke nicht sehr weit, wenn man nur auf die Geringwertigkeit der Gefahr abstellt. In den Extremfällen *objektiver* Ungefährlichkeit – etwa beim einmaligen Verkauf von Betäubungsmitteln durch den Verlockten an den V-Mann – entfiele ohnehin bereits der Tatbestand. Und in den meisten anderen Fällen hat die Polizei, die Szenen mit Kaufgeldern zunächst einmal anheizt, die Verhinderung konkreter Gefahren für Leib und Leben keinesfalls im Griff; hier handelt es sich also gar nicht mehr um staatlich gesteuerte und kontrollierte Gefahren von geringem Gewicht.

Erwägenswert bliebe freilich der Gedanke an eine geringere, vom Strafrecht nicht ernst zu nehmende Gefährlichkeit des Täters. Gerade im Bereich der abstrakten Gefährdungsdelikte drängen sich Parallelen zum abergläubischen Versuch und zur Ratio der Rücktrittsbestimmung des § 24 StGB auf: Auch hier geht es letztlich um das kriminalpolitische Problem, den zu weit reichenden Tatbestand versuchter Tatbegehung einzugrenzen und solche Täter aus der Strafdrohung auszunehmen, die eine reale Verletzung konkreter Rechtsgüter nicht selbst initiieren und durchstehen können. Doch auch dieser Gesichtspunkt ist keine ausreichende Grundlage für einen außergesetzlichen Strafausschließungsgrund. Er wäre zum einen tendenziell auf alle Angestifteten anwendbar. Zum anderen aber enthält § 31 BtMG eine gesetzliche Regelung tätiger Reue, die im Erfordernis der Fahndungshilfe gerade mehr fordert als die Dokumentation eigenen Zauderns.

2. Mangelnde Ausdifferenzierung der Straftat

Die tragenden Gründe für eine jedenfalls partielle Straflosigkeit des Verlockten deuten auf folgenden Ansatz hin: Wo die Polizei eine Tat selbst inszeniert und mit ihr polizeiliche Interessen verfolgt, hat sich die tatbestandmäßige Handlung nicht oder noch nicht in einer für eine Straftat typischen Weise ausdifferenziert: Sie steht nicht für sich gegen die Gemeinschaftsordnung und gegen staatliche Interessen, sondern in einer Interaktion, die gerade auch im staatlichen Interesse erfolgt. Hier greifen die Zurechnungsmechanismen des Staates und die prozessualen Regeln einer Demonstration der Bewährung staatlicher Rechtsordnung nicht. Auf den darin enthaltenen verfahrensrechtlichen Aspekt soll hier nicht weiter eingegangen werden. Es sei nur darauf hingewiesen, daß staatliches Strafverfahren eine Interessenlage voraussetzt, in der der Staat sich von der Tat distanzieren und zugleich auf Distanz zum Täter gehen kann. Wo er selbst in die Tat involviert ist, wird die Anklage im Extremfall verfahrensuntauglich.

Hier interessiert vielmehr, wieweit dieser Funktionsverlust bereits im materiellen Recht vorprogrammiert ist. Dies dürfte in zweifacher Hinsicht der Fall sein: Zunächst ist eine Straftat allemal eine Provokation der Rechtsordnung. In ihr stellt sich der Täter *gegen* Gemeinschaft und Staat. Diese materiellen Konturen fehlen, wo der Staat selbst die Straftat betreibt. Wo Interessen der sozialen Ordnung die Straftat einbinden, weil der Staat mit ihr weitergehende Ziele verfolgt, hat sich diese Tat noch nicht als eine *Störung* der sozialen Ordnung manifestiert. Entsprechend funktionieren – das ist der zweite Punkt – die strafrechtlichen Kriterien der Tatzurechnung und der Schuldzuschreibung nicht. Beide setzen den Täter voraus, der sich mit seiner Tat als Opponent der Rechtsordnung von Gemeinschaft und Staat isoliert hat. Das ist abermals dort nicht der Fall, wo der Staat an der Tat ein eigenes, über die Straftat hinausreichendes Interesse hat. Hier tritt der einzelne dem Staat nicht entgegen, vielmehr wird er – bewußt oder unbewußt – in eine staatliche Aktion eingebunden. Dann aber ist ihm der Aspekt der Normverletzung nicht isoliert zuzurechnen.

3. Die Parallele in der Victimo-Dogmatik

Auch dieser Aspekt wird im Grunde längst thematisiert, allerdings bislang in einem anderen Zusammenhang. Die Victimo-Dogmatik weist seit Jahren einen entsprechenden Weg. Wo etwa beim Betrug extreme Leichtgläubigkeit des Opfers vorliegt, hat man Schwierigkeiten, das Ergebnis als die Tat *des Betrügers* zu verstehen.[34] Wo im Sexualstrafrecht Verführer und Verführter nicht mehr zu unterscheiden sind, ist die Zuschreibung der Verführer-Eigenschaft zu einem der Beteiligten nur noch schwer haltbar.[35] Oder wo der erpresserische Anruf auf Tonband aufgenommen wird, macht es Mühe, diese Aufzeichnung allein dem Erpressungsopfer zuzurechnen.[36] Das Strafrecht erscheint als nur noch bedingt taugliches Instrument der Konfliktregulierung in Fällen, in denen *die* Tat oder *der* Täter sich nur mit erkennbar großem Abstraktionsaufwand aus der kommunikativen Gesamtsituation herausfiltern läßt. Daß man mit solchen teleologischen Tatbestandsreduktionen behutsam umgehen muß, dürfte freilich evident sein.

Diese Zweifel an der Funktion der Zurechnung aber gelten erst recht, wenn sich die Zurechnungsinstanz selbst in die Tatbegehung verstrickt. Die kriminalpolitischen Bedenken gegen die Victimo-Dogmatik – Bloßstellung des Opfers, geringerer Schutz des Opfers[37] – sind in diesem Bereich zudem nicht einschlägig. Die Verstrickung muß freilich, entsprechend der Opferbeteiligung, ein gewisses Gewicht erlangen, um den Tatbeitrag des Täters in den Hintergrund treten zu lassen. Nicht jede Tatprovokation, darin ist dem BGH im Ergebnis zuzustimmen, wird Straflosigkeit des durch den V-Mann Verlockten legitimieren.[38]

Damit ist zwar prinzipiell der Punkt gefunden, an dem ohne falsche Analogien zu verwirkter Handlungskompetenz die Straflosigkeit der Verlockten aus der Disfunktionalität staatlicher Strafe geboten erscheint. Gibt diese Ratio aber auch schon hinreichende Abgrenzungskriterien für die Fälle der Straflosigkeit? Kann das Kontinuum zunehmenden »Gewichts« staatlicher Einflußnahme an einem bestimmten Punkt in die Straflosigkeit des Verlockten umschlagen?

Anmerkungen

1 Für die Mißbrauchslehre *Roxin*, Die provozierte Notwehrlage, ZStW 75 (1963), S. 541, 556ff., im Anschluß an die Rechtsprechung ab BayObLGSt. 1954, 59, 65, BGH LM Nr. 3 zu § 53 StGB. Zur Geschichte des Mißbrauchsgedankens im Strafrecht vgl. *Otto*, Rechtsverteidigung und Rechtsmißbrauch im Strafrecht, Zum Zusammenhang zwischen den §§ 32, 34 StGB, Festschrift für Würtenberger, 1977, S. 129, 130–133.
2 Vgl. einerseits *Schaffstein*, Notwehr und Güterabwägungsprinzip, MDR 1952, 132, 135; andererseits *Schmidhäuser*, Allg. Teil, S. 155,

Rdn. 73, 6/73; *Otto* (Anm. 1). Kritik im Hinblick auf die inhaltliche Leere des Mißbrauchsgedankens bei *Naucke*, »Mißbrauch« des Strafantrags?, Festschrift für H. Mayer, 1966, S. 565, 574.
3 Vgl. die Nachweise bei *Bruns*, »Widerspruchsvolles« Verhalten des Staates als neuartiges Strafverfolgungsverbot und Verfahrenshindernis, insbesondere beim tatprovozierenden Einsatz polizeilicher Lockspitzel, NStZ 1983, 49 ff. (s. in diesem Band S. 259–284).
4 Vgl. BGH Strafverteidiger 1981, 549.
5 Vgl. zu diesem Fall Basler Zeitung vom 16. 12. 1982.
6 BGH, Urteil vom 26. 2. 1980 – 5 StR 9/80 – unveröffentlicht.
7 Anm. 6.
8 BGH, Beschluß vom 23. 12. 1981 – 2 StR 694/81 – unveröffentlicht. Zur Bedeutsamkeit einer Ausnutzung herabgesetzter Widerstandskraft bei der Provokation für die Strafzumessung vgl. BGH Strafverteidiger 1983, 148.
9 BGH Strafverteidiger 1982, 221, sowie Anm. 8.
10 Vgl. Süddeutsche Zeitung vom 15./16. März 1969.
11 Vgl. Saarbrücker Zeitung vom 2. 2. 1972.
12 BGH Strafverteidiger 1981, 276. Vgl. auch die davorliegenden Entscheidungen BGH NStZ 1981, 70; BGH 1981, 163. In BGH NJW 1980, 1761 (s. in diesem Band S. 175–177), ist noch nicht ausdrücklich von »Verwirkung« die Rede, sondern von der Möglichkeit, der »Strafanspruch« könnte »nicht entstanden oder entfallen sein«.
13 So *Baumann*, Die Bedeutung des Art. 2 GG für die Freiheitsbeschränkungen im Strafprozeß, Festschrift für Eb. Schmidt, 1961, S. 525, 541; *Schwenk*, Das Recht des Beschuldigten auf alsbaldige Hauptverhandlung, ZStW 79 (1967), S. 721, 736; *Peters*, Anm. zu BGH JR 1978, 246 (= BGHSt. 27, 274); *Hillenkamp*, Verwirkung des Strafanspruchs durch Verfahrensverzögerung, JR 1975, 133–140; *Ulsenheimer*, Zur Problematik der überlangen Verfahrensdauer und richterlichen Aufklärungspflicht im Strafprozeß sowie zur Frage der Steuerhinterziehung durch Steuerumgehung, wistra 1983, 12–17; LG Frankfurt JZ 1971, 234; LG Krefeld JZ 1971, 733; offengelassen bei BGHSt. 21, 81, 84. Einwände dagegen bei BGHSt. 24, 239; 27, 274; *Hanack*, Prozeßhindernis der überlangen Verfahrensdauer?, JZ 1971, 705, 709, 712; *Roxin*, Strafverfahrensrecht, 17. Aufl. 1982, S. 80; *Schäfer*, in: *Löwe/Rosenberg*, Einl. Kap. 11 Rdn. 7; Kap. 12 Rdn 92, *Volk*, Prozeßvoraussetzungen im Strafrecht, Zum Verhältnis von materiellem Recht und Prozeßrecht, 1978, S. 227 ff., 229.
14 BGH NJW 1981, 1626 (s. in diesem Band S. 180–182), besprochen von *Berz*, JuS 1982, 416–421; *Mache*, Strafverteidiger 1981, 599–601; *Sieg*, Strafverteidiger 1981, 636–638 (s. in diesem Band S. 228–237); außerdem BGH NStZ 1982, 126 (s. in diesem Band S. 192–194); BGH NStZ 1982, 156.

15 Ausgehend von BGH GA 1975, 333 und BGH, Urteil vom 26. 2. 1980 – 5 StR 9/80 – unveröffentlicht.
16 BGH NJW 1980, 1761 (1. Senat). Der 3. Senat hat kurze Zeit später diesen Katalog übernommen, vgl. BGH Strafverteidiger 1981, 276. Zur Entwicklung der Rechtsprechung vgl. *Sieg* (Anm. 14), S. 637. Der 4. Senat greift diese Kriterien zwar grundsätzlich auf, aber nur als Indizien für die alte Konkretisierungsthese, vgl. BGH NStZ 1981, 70; vgl. auch die Entscheidung des 1. Senats, BGH Strafverteidiger 1981, 163.
17 BGH NJW 1981, 1626.
18 BGH NStZ 1982, 126.
19 BGH NStZ 1982, 156 = JA 1982, 451 mit Anm. *Sonnen*.
20 Vgl. dazu *Roth*, in: Münchener Kommentar zum BGB, 1979, § 242 Rdn. 234, 295.
21 Vgl. dazu *Riezler*, Venire contra factum proprium, Studien im römischen, englischen und deutschen Zivilrecht, 1912, S. 55 f.; *Staehelin*, Estoppel und Vertrauensprinzip, Festschrift für Simonius, Basel 1955, S. 381–399.
22 *Bruns* (Anm. 3), S. 54.
23 Vgl. dazu *Roth*, in: Münchener Kommentar zum BGB, § 242 Rdn. 229, 259, 268; *Teubner*, in: Alternativ-Kommentar zum BGB, 1980, § 242 Rdn. 31.
24 Gleichwohl ist diese Terminologie weit verbreitet. Vgl. nur BVerfGE 2, 213, 222: »Strafansprüche« der Länder; BVerfGE 57, 250, 284: Das Staatswohl fordert, den »Strafanspruch des Staates« durchzusetzen. Zur Literatur vgl. die Nachweise bei *Klose*, »Ius puniendi« und Grundgesetz, ZStW 86 (1974) S. 33, 45 f.; beispielhaft aus späteren Jahren *Hillenkamp* (Anm. 13), S. 133–140, sowie die vielen zitierten Stellungnahmen in der Literatur zur Verwirkungsproblematik in den V-Mann-Fällen, in denen die Berechtigung der Anspruchs-Argumentation nicht in Zweifel gezogen wird. Stichhaltige Einwände gegen den Begriff des Strafanspruchs bei *Goldschmidt*, Der Prozeß als Rechtslage, 1925, Neudruck Aalen 1962, S. 243 Fn. 1327; KMR, StPO, 6. Aufl. 1966, § 296 Vorb. 4 b; *Henkel*, Strafverfahrensrecht, 2. Aufl. 1968, S. 105; *Vogler*, Die Rechtskraft des Strafbefehls, Ein Rechtskraftproblem, 1955, S. 74 f. m. w. N. der älteren Diskussion; *H. Kaufmann*, Strafanspruch, Strafklagrecht, Die Abgrenzung des materiellen vom formellen Strafrecht, 1968, S. 97, 99; *Tiedemann*, Zeitliche Grenzen des Strafrechts, Festschrift für Peters, 1974, S. 193, 197.
25 So aber *Zipf*, Strafantrag, Privatklage und staatlicher Strafanspruch, GA 1969, 234, 235 Fn. 5.
26 *Klose* (Anm. 24), S. 46 Fn. 56; vgl. auch *Rödig*, Die Theorie des gerichtlichen Erkenntnisverfahrens, Die Grundlinien des zivil-, straf- und verwaltungsgerichtlichen Prozesses, 1973, S. 62 Fn. 31.

27 Dazu *Hruschka*, Strafrecht nach logisch-analytischer Methode, 1983, S. 362 ff., 365 f.
28 Das ließe sich etwa damit begründen, daß der Verteidiger dann nicht mehr die Wirksamkeit der Rechtsordnung schützt; so etwa *Roxin* (Anm. 1), S. 567; *Lenckner*, in: *Schönke/Schröder*, § 32 Rdn. 55 f. m. w. N.; oder damit, daß Notwehr in diesen Fällen präventiv nicht mehr sinnvoll sei: *Roxin*, Die »sozialethischen Einschränkungen« des Notwehrrechts – Versuch einer Bilanz, ZStW 93 (1981), S. 68–104; oder, individualrechtlich, einfach damit, daß wir uns gegenseitig die Einhaltung von Normen ungeschmälert nur so lange schulden, als wir nicht selbst rechtswidrig angegriffen werden; so wohl *Hruschka* (Anm. 27).
29 Dazu *Hruschka*, Extrasystematische Rechtfertigungsgründe, Festschrift für Dreher, 1974, S. 189–210.
30 A. A. im praktischen Ergebnis jene Autoren, die die Figur der actio illicita in causa auf den rechtfertigenden Notstand anwenden wollen, vgl. etwa *Lenckner*, in: *Schönke/Schröder*, § 34 Rdn. 42 m. w. N. Auch dann aber wird die Verteidigung als solche für gerechtfertigt durch den Notstand angesehen; Anknüpfungspunkt für die Bestrafung ist vielmehr das pflichtwidrige Herbeiführen der Notstandslage.
31 Dazu *W. Schmid*, Die »Verwirkung« von Verfahrensrügen im Strafprozeß, 1967, S. 324 ff.
32 Vgl. *Grünwald*, Beweisverbote und Beweisverwertungsverbote im Strafverfahren, JZ 1966, 489, 499.
33 Dazu *Dencker*, Verwertungsverbote im Strafrecht, Ein Beitrag zur Lehre von den Beweisverboten, 1977, S. 52 ff.
34 Vgl. dazu etwa *Amelung*, Irrtum und Zweifel des Getäuschten beim Betrug, GA 1977, 1–17; *Beulke*, Anm. zu LG Mannheim NJW 1977, 160, NJW 1977, S. 1073 f.; *Naucke*, Der Kausalzusammenhang zwischen Täuschung und Irrtum beim Betrug, Festschrift für Peters, 1974, S. 109–120.
35 Dies berücksichtigt das Gesetz etwa in § 174 Abs. 4 StGB.
36 Vgl. dazu *R. Schmitt*, Tonbänder im Strafprozeß – OLG Celle NJW 1965, 1677, JuS 1967, 19, 23. Kritik an der Reichweite der victimodogmatischen Ansätze bei *Hillenkamp*, Vorsatztat und Opferverhalten, 1981, S. 21 ff., 36 ff., 85 ff., 100 ff. und passim.
37 Vgl. zu den Bedenken *Hillenkamp* (Anm. 36), S. 192 ff.
38 Mehrmals stellt der BGH darauf ab, ob der Tatbeitrag des Lockspitzels von größerem »Gewicht« ist (so BGH, Beschluß vom 23. 12. 1981 – 2 StR 694/81 – unveröffentlicht), so daß demgegenüber der des Verlockten »in den Hintergrund« trete; vgl. BGH NJW 1981, 1626; BGH NStZ 1982, 126; BGH NStZ 1982, 156.

C. Der Mittelweg des Rechts

II. Zentrale Probleme

Die Tendenzwende und ihre Kritiker

Eberhard Foth
Kann die Anstiftung durch eine V-Person ein Verfahrenshindernis begründen?

I. Anstiftung durch den Staat als Verfolgungshindernis?

Im Schrifttum wird die Auffassung vertreten, ein Täter, der erst auf staatlichen Einfluß hin sich strafbar gemacht habe, dürfe von eben diesem anstiftenden Staat nicht strafrechtlich verfolgt werden. Zu nennen sind hier insbesondere *Lüderssen*[1] und *Bruns*[2], auch *Franzheim*.[3] Es wird vom widersprüchlichen Verhalten des Staates, von »venire contra factum proprium« gesprochen. Eine ganze Reihe von Gerichtsentscheidungen ist der gleichen Meinung: es ist von der Verwirkung des staatlichen Strafanspruchs, von einem Strafverfolgungsverbot, einem Verfahrenshindernis die Rede.[4] Diese Grundsätze sind, so scheint es, nahezu unangefochten.[5] Zu prüfen bleibt nach dieser Ansicht nur, ob die Einwirkung der V-Person so stark war, daß sie ein Verfahren hindert, oder ob nur die Straffrage berührt wird. Interessant ist freilich, daß noch in keinem vom BGH abschließend entschiedenen Fall ein Verfahren tatsächlich aus diesem Grund eingestellt wurde. Noch jedesmal war die Grenze zur Verwirkung nicht überschritten oder jedenfalls *nach den bisherigen* – vom *BGH* aufgehobenen – Feststellungen nicht überschritten.[6] Diesem Umstand ist wohl zuzuschreiben, daß die hiermit zusammenhängenden Fragen bisher nicht erschöpfend erörtert worden sind. Diese Zeilen sollen einige Gedanken beitragen.

Um dem Fragenkreis gerecht zu werden, muß man wohl über den Bereich der V-Person und auch über den Bereich des Strafrechts hinausdenken. Von V-Personen angestiftete Täter außer Verfolgung zu setzen, würde, allgemein ausgedrückt, bedeuten: Wer vom Staat – das sei zunächst bewußt so umfassend gesagt – zu einer Straftat angestiftet wird, wird strafrechtlich nicht verfolgt.

Bei diesem Satz müßte man eigentlich hellhörig werden. Die Gerichte, die mit NS-Sachen befaßt sind (von den Erschießungen bei der *Röhm*-Affäre 1934 über die Straftaten gegen jüdische Mitbürger anläßlich der »Kristallnacht« 1938 bis zu den Verbrechen während des Krieges), bestrafen zum guten Teil Täter, die vom Staat zu Straftaten veranlaßt und angestiftet worden sind. Sollen sie außer Verfolgung bleiben?

II. Lösungen des Gesetzgebers in rechtsähnlichen Fällen

Man mag sagen, das seien besondere Verhältnisse, auch ein besonderer »Staat« gewesen, der heute nicht mehr besteht. Doch gibt es geltendes Recht, das sich mit Fragen befaßt, die der hier angeschnittenen rechtsähnlich sind. In § 11 SoldG und – entsprechend – § 5 WStG ist vorgesehen, daß ein militärischer Befehl nicht befolgt werden darf, wenn dadurch eine Straftat begangen würde. Befolgt der Untergebene den Befehl trotzdem – begeht er also die Straftat –, so trifft ihn strafrechtliche Schuld, wenn er erkennt oder wenn offensichtlich ist, daß er durch die Befolgung des Befehls eine Straftat begeht.

Der Gesetzgeber geht also davon aus, es könne dazu kommen, daß eine staatliche Stelle – hier in Gestalt eines militärischen Vorgesetzten – zu Straftaten anstiftet. Selbst für diesen Fall billigt er indes dem Untergebenen kein Verfahrenshindernis zu. Erkennt dieser, daß es sich um eine Straftat handelt, bleibt er verantwortlich; allenfalls kann, wenn die Schuld gering war, die Strafe gemildert oder (bei Vergehen) von Strafe abgesehen werden (§ 5 II WStG). Zu bedenken ist dabei, daß V-Personen, im Unterschied zu militärischen Vorgesetzten, gerade *nicht* mit staatlicher Autorität auftreten.

Weitere Überlegungen führen auf das Gebiet des Staats- und Verfassungsrechts. Gesetzt den Fall, man bejahte ein Verfahrenshindernis, wenn der Täter auf Veranlassung »staatlicher Behörden ... vom Weg des Rechts abgebracht«[7] worden ist: Das Handeln *welcher* »staatlichen Behörde« oder auch – schon eingeschränkt – welcher »Strafverfolgungsbehörde« hätte ein Verfahrenshindernis zur Folge? Sicher nicht die Tätigkeit jedes Polizeibeamten, wohl auch nicht die jedes Polizeipräsidenten. Müßte es der Innenminister selbst sein oder wenigstens der Leiter seines Polizeiressorts? Oder wäre das Sache der Staatsanwaltschaft? Hier angelangt, stellt sich notwendigerweise die Frage der Gewaltenteilung: Kann die Polizei also die Innenverwaltung, dadurch, daß sie zu einer Straftat anstiftet, zugleich die Gerichte am Vorgehen gegen den Angestifteten hindern? Und weiter: Strafgesetze sind vom Parlament beschlossen. Im Strafgesetz ist auch geregelt, unter welchen Voraussetzungen ein Täter straffrei bleibt, weil er die Tat infolge der Einwirkung eines anderen begangen hat. Zu nennen ist hier insbesondere der früher in § 52, jetzt in § 35 StGB geregelte Nötigungsstand. Dürfen zweite und dritte Gewalt diese von der ersten Gewalt getroffenen Regelungen unterlaufen, indem die zweite Gewalt den Täter anstiftet und die dritte Gewalt diesem Verhalten verfahrenshindernde Wirkung zuerkennt?

Der bisherigen Betrachtung in Schrifttum und Rechtsprechung liegt unausgesprochen die Vorstellung zugrunde, die Strafverfolgungsorgane könnten irgendwie (faktisch) über den Strafverfolgungsanspruch des Staates verfügen. Davon kann indes – außer in den gesetzlich vorgesehenen Fällen, etwa §§ 153 ff. StPO – keine Rede sein. Möglicherweise ist diese Auffassung durch die Art des hier hauptsächlich in Frage stehenden Delikts, des Umgangs mit Betäubungsmitteln, begünstigt worden, weil es hier – vordergründig – keinen individuell Geschädigten gibt. Würde es sich um Tötungs-, aber auch um Raub- oder Diebstahlskriminalität handeln, wäre die Optik ganz anders. Wenn die Polizei durch einen V-Mann den *A* anstiftete, den *B* umzubringen, und *A* dies täte – niemand käme auf die Idee, den Täter *A* außer Verfolgung zu setzen; oder anders: käme eine Mehrheit auf diese Idee, stünde es um den Staat nicht gut.

III. Praktische Probleme

Schließlich eine Frage der praktischen Handhabung. In sehr vielen Fällen behaupten Betäubungsmitteltäter, sie seien von V-Personen angestiftet, bedroht, zur Tat genötigt worden. Da die Übergänge fließend sind, solche Dinge sich ja auch oft in einem besonderen Milieu abspielen, werden sich solche Behauptungen oft nicht zur vollen Gewißheit aufklären lassen. Daran knüpft sich sogleich die Frage, ob hier der Zweifelssatz gilt. Den Grundsatz, bei Verfahrenshindernissen sei das allgemein nicht der Fall, hat der *BGH* aufgegeben, als es um die Verjährung ging.[8] Für das hier in Frage stehende Hindernis wäre das neu zu prüfen. Wenn der Zweifelssatz auch in diesem Fall Anwendung fände, wären die Folgen beträchtlich. Übrigens sollte man schon allgemein daran festhalten, daß

Verfahrenshindernisse einfach und klar überprüfbar sein müssen.

Alles in allem wird die Rechtsprechung sorgfältig zu prüfen haben, ob die Anstiftung durch eine V-Person tatsächlich ein Verfahrenshindernis begründen kann, oder ob es nicht bei einer Berücksichtigung im Rahmen der Strafzumessung sein Bewenden haben muß.

Anmerkungen

1 Festschr. f. Karl Peters.
2 NStZ 1983, 49 (s. in diesem Band S. 259–284).
3 NJW 1979, 2015.
4 *BGH*, NJW 1981, 1626 (s. in diesem Band S. 180–182); NStZ 1981, 70 und 104; NStZ 1982, 126 (s. in diesem Band S. 192–194) und 156; NStZ 1983, 80; Urteil vom 16. 2. 1983 – 2 StR 437/82.
5 Bedenken meldet *Schmidt*, MDR 1982, 885 an.
6 *AG Heidenheim*, NJW 1981, 1628 (s. in diesem Band S. 178 f.), ist allein geblieben.
7 *BGH*, NJW 1981, 1626.
8 *BGHSt* 18, 274 = NJW 1963, 1209.

Jürgen Taschke
Verfahrenshindernis bei Anstiftung durch einen Lockspitzel?*

Wer die strafrechtliche und strafprozessuale Diskussion um den Einsatz von V-Männern in den letzten Jahren verfolgt hat, liest mit Überraschung den Beitrag von Foth. Es geht dort zwar nur um eines von vielen der umstrittenen Probleme, aber dennoch um eine, wenn nicht *die* zentrale Frage im strafprozessualen Bereich. Und die auf den ersten Blick überzeugende Argumentation Foths scheint der gesamten Auseinandersetzung eine völlig andere Richtung zu geben. Auf den zweiten Blick freilich ändert sich dieser Eindruck; *Foths* Ausführungen fordern dann zum Widerspruch heraus.

1. Foth wirft die Frage auf, ob die Anstiftung durch einen V-Mann ein Verfahrenshindernis begründen kann. Die Literatur hat diese Frage schon seit langem bejaht[1], die Rechtsprechung hat sich nach langem Zögern angeschlossen.[2] Der Wandel in der höchstrichterlichen Rechtsprechung ist um so bemerkenswerter, als sie sich lange Jahre geweigert hat, die Frage eines Verfahrenshindernisses wegen Anstiftung durch einen Lockspitzel überhaupt als Problem anzuerkennen. Eine darauf gestützte Revision mußte damit rechnen, durch Beschluß (§ 349 Abs. 2 StPO) als »offensichtlich unbegründet« zurückgewiesen zu werden.[3]

Foth stellt nun die sich im Grundsatz abzeichnende Einigkeit wieder in Frage. Ein Verfahrenshindernis bei Anstiftung durch einen agent provocateur anzuerkennen, würde nach Foth bedeuten: »Wer vom Staat (...) angestiftet wird, wird strafrechtlich nicht verfolgt« (S. 301). Diesem Satz kann man, allemal in dieser Pauschalität, nicht zustimmen; man denkt sofort an den Staschynskij-Fall[4], bei dem ein Verfahrenshindernis, wenngleich die Anstiftung auch durch einen fremdländischen Staat erfolgte, nie zur Debatte stand. Wenn Foth dann auf die Verfolgung von NS-Straftaten verweist, erfaßt man die volle Tragweite des Arguments. Die rhetorische Frage: Sollen NS-Täter außer Verfolgung bleiben, weil

* Entgegnung zu E. *Foth,* NJW 1984, S. 221 f. (s. in diesem Band S. 301–304). - Seitenzahlen ohne weitere Angabe beziehen sich auf diesen Beitrag.

sie vom Staat zu ihren Taten angestiftet wurden? läßt sich im Ergebnis nur verneinen.

Auf den ersten Blick ist diese Argumentation plausibel. Die Anstiftung durch den Staat kann in der Tat kein Verfahrenshindernis schaffen; dies hieße, staatliches Unrecht zu leugnen. Sodann wird man aber »hellhörig«, wie Foth es – freilich in anderer Intention – selbst fordert (S. 301). Denn bereits der Ausgangspunkt ist falsch, oder besser: unvollständig formuliert. Er hat richtig zu lauten: Wer vom Staat zu einer Straftat angestiftet wird, *um gerade wegen dieser Tat angeklagt und verurteilt zu werden*, wird strafrechtlich nicht verfolgt. Dieses intentionale Moment, auf das Foth mit keinem Wort eingeht, steht im Kern der Argumentation derer, die ein Verfahrenshindernis postulieren; nicht die Anstiftung selbst ist das entscheidende Moment, sondern das damit verfolgte Ziel. Das Verhalten eines Staates, der so vorgeht, wird als widersprüchlich und arglistig charakterisiert:

»Hat ein im Auftrag oder mit Billigung staatlicher Behörden tätiger agent provocateur den Täter erst durch eine (...) erhebliche Einwirkung vom Wege des Rechts abgebracht, so setzte sich der Staat dem Vorwurf widersprüchlichen und arglistigen Verhaltens aus, wenn er es nun unternähme, den Täter strafrechtlich zu verfolgen, um ihn wieder auf den Weg des Rechts zurückzuführen.«[5]

Lüderssen[6] hat dieses Verhalten dogmatisch eingeordnet über das im amerikanischen Rechtskreis bekannte »estoppel«-Prinzip, dem in unserem Rechtskreis der Gedanke des »venire contra factum proprium« entspricht; *Bruns*[7] hat diesen Gedanken auf der Grundlage der neueren Rechtsprechung systematisiert und konkretisiert.

Wird die Frage nach einem Verfahrenshindernis bei Anstiftung durch einen V-Mann mit dem widersprüchlichen und arglistigen Verhalten des Staates in Verbindung gebracht, kann die Antwort nicht mehr so klar und eindeutig ausfallen, wie es nach Foths Überlegungen erscheint. Die Verfolgung von NS-Verbrechen scheitert jedenfalls nicht daran, daß eine staatliche Anstiftung vorlag. Denn die staatliche Anstiftung erfolgte nicht, um die Täter der staatlichen Bestrafung zuzuführen; seinerzeit sicherte im Gegenteil gerade die staatliche Beteiligung die Freiheit vor Verfolgung. Dem NS-Staat kann daher hinsichtlich der von ihm angestifteten Täter nicht der Vorwurf arglistigen und widersprüchlichen Verhaltens gemacht werden; dies aber wäre Voraussetzung, um ein Verfahrenshindernis bei der Verfolgung von NS-Straftaten zu diskutieren.

Berücksichtigt man den Gedanken des widerspruchsvollen Verhaltens, so kann auch die Argumentation, die sich auf § 11 Abs. 2 SoldG und § 5 Abs. 1 WStG stützt (S. 302), nicht überzeugen. Denn hierin sind keine »rechtsähnlichen Fälle« zu sehen. Der Soldat, der in Befolgung eines Befehls eine Straftat begeht, wird strafrechtlich zur Verantwortung gezogen, wenn er erkannte oder offensichtlich war, daß er eine Straftat begehen würde (§ 5 Abs. 1 WStG). Der Gesetzgeber hat damit *einen* Fall geregelt, in dem »eine staatliche Stelle – hier in Gestalt eines militärischen Vorgesetzten – zu einer Straftat anstiftet« (S. 302). Ein Fall des widerspruchsvollen und arglistigen Verhaltens ist dies indessen nicht. Eine Vergleichbarkeit, die Rückschlüsse zuließe, bestünde erst dann, wenn – im Soldatengesetz, im Wehrstrafgesetz oder an einem anderen Ort – gesetzlich geregelt wäre, daß ein Täter auch dann zu verfolgen ist, wenn er angestiftet wurde, um bestraft und damit wieder »auf den Weg des Rechts« zurückgebracht zu werden, von dem der Staat ihn abgebracht hat.

Foth vermutet, wahrscheinlich zu Recht, daß die Diskussion um ein Verfahrenshindernis durch »die Art des hier hauptsächlich in Frage stehenden Delikts, des Umgangs mit Betäubungsmitteln« (S. 303), geprägt sei. Ob die Optik sich allerdings ändert, wenn Tötungs-, Raub- oder Diebstahlskriminalität zur Diskussion stünde, ist fraglich. Sicher ist richtig, daß niemand begründet auf die Idee käme, »den Täter A außer Verfolgung zu setzen«, »wenn die Polizei durch einen V-Mann den A anstiftete, den B umzubringen und A dies täte« (S. 303). Anders sieht es allerdings aus, wenn A nur deshalb angestiftet wird, um sodann wegen eines Tötungsdelikts verurteilt zu werden; diese Bedingung fehlt in dem Beispiel Foths. Die »Optik« verändert sich nicht, oder allenfalls die Optik derer, die sich gegen ein Verfahrenshindernis aussprechen, wenn man von dem Bereich gefährlicher und schwer aufklärbarer Kriminalität[8] abgeht. Man kann dies an einem anderen gedachten Fall überprüfen. Wenn die Polizei durch einen V-Mann den völlig unverdächtigen, vielleicht sogar noch jugendlichen A anstiftete, etwa das Fahrrad des B zu entwenden, *um A wegen eben dieses Diebstahls zu bestrafen* – niemand würde daran zweifeln, daß eine Verurteilung nicht erfolgen dürfte[9]; oder – mit den Worten Foths –: »käme eine Mehrheit auf diese Idee, stünde es um den Staat nicht gut« (S. 303).

2. Bleibt es somit dabei, daß die Anstiftung durch einen Lockspitzel ein Verfahrenshindernis begründen kann, so ist auf die anderen Fragen einzugehen, die Foth aufwirft. Es geht zunächst um das Problem, wann der Staat sich tatprovozierendes Verhalten zurechnen lassen muß.[10] »Das Handeln *welcher* ›staatlichen Behörde‹«, fragt Foth, »oder auch – schon eingeschränkt – welcher ›Strafverfolgungsbehörde‹ hätte ein Verfahrenshindernis zur Folge?« (S. 302). Die Frage ist diffizil und wurde bisher nicht ausreichend diskutiert. Dies mag daran liegen, daß es in den meisten einschlägigen Entscheidungen um die Konkretisierung ging, wann tatprovozierendes Verhalten die in einem Rechtsstaat zulässige Grenze überschreitet[11] und zur Verwirkung des Strafanspruches des Staates führt. Die Literatur hat sich ebenfalls vorrangig mit dieser Frage beschäftigt.[12] Untersucht man die Entscheidungen des BGH aus den letzten Jahren unter dem von Foth angesprochenen Aspekt, so ist das Ergebnis dürftig. Formelhaft wird davon gesprochen, der Staat müsse sich das provozierende Verhalten eines agents provocateurs zurechnen lassen, wenn er »im Auftrag oder mit Billigung staatlicher Behörden«[13] oder – etwas präziser – »unter Führung eines Kriminalbeamten als V-Mann für die Kriminalpolizei«[14] tätig geworden sei.

Foth weist also auf einen unbedingt klärungsbedürftigen Punkt hin. Seine Antwort auf die von ihm aufgeworfene Frage kann freilich nicht überzeugen. Nach Foth soll »sicher nicht die Tätigkeit jedes Polizeibeamten, wohl auch nicht die jedes Polizeipräsidenten« für eine Zurechnung ausreichen (S. 302). Dies ist eine Behauptung, für die eine Begründung völlig fehlt. Deshalb muß die Frage gestattet sein, warum nicht jeder Polizeibeamte eine Bedingung für ein dem Staat zurechenbares Verhalten eines Lockspitzels setzen kann.

Hier sind nun etwas weitergehende Überlegungen anzustellen, welche die Richtung andeuten sollen, die eine Lösung nehmen könnte. Sicher kann nicht die Beteiligung (hier also eine Anstiftung) eines Polizeibeamten oder eines (nichtbeamteten) Lockspitzels in jedem Fall ein Verfolgungsverbot schaffen. Dies würde am Ende eine nicht gebotene strafrechtliche Immunität bedeuten. Ausscheiden kann man daher all jene Fälle, in denen ein Polizeibeamter oder ein agent provocateur zu Straftaten anstiftet, an denen er ein eigenes, unmittelbares Interesse hat, ohne diese Straftaten aufklären zu wollen. Wer als Polizeibeamter etwa zu einem Diebstahl anstiftet, um sich dann mit dem Angestifteten das Diebesgut zu teilen, schafft kein Verfahrenshindernis. Eine solche Anstiftung unterscheidet sich nicht von einer »normalen« Anstiftung. Daß der Anstifter Polizeibeamter oder V-Mann ist, ist hier rein zufällig.

Wenn niemand in einem solchen Fall ein Strafverfolgungsverbot in Erwägung zieht, so weist dies bereits auf ein einschränkendes Moment hin. Voraussetzung für eine Zurechnung ist, daß ein sachlicher Zusammenhang zwischen der *Diensttätigkeit* des Beamten oder der Tätigkeit des V-Mannes[15] *in seiner Eigenschaft als V-Mann* und der Provokation besteht. Der »sachliche Zusammenhang« ist freilich zu präzisieren. Verläßt man einmal das Gebiet des Strafprozesses und geht auf andere Rechtsgebiete über, wo es – wenn auch unter anderen Gesichtspunkten – um Fragen der Zurechnung des Handelns eines Beamten geht, so bietet es sich an, die im Zivilrecht zur Amtshaftung (Art. 34 GG, § 839 BGB) entwickelten Grundsätze zur Konkretisierung heranzuziehen. Ein dem Staat zurechenbares Verhalten, das – bei Vorliegen der sonstigen Voraussetzungen – entsprechende Schadensersatzansprüche des Bürgers auslösen kann, ist immer dann gegeben, wenn ein Beamter in Ausübung eines öffentlichen Amtes gehandelt hat. Nicht ausreichend ist es danach, daß der Beamte nur »bei Gelegenheit« der Ausübung öffentlicher Gewalt tätig wurde; erforderlich ist vielmehr, daß die Zielsetzung der Tätigkeit des Beamten sich dem Bereich der hoheitlichen Verwaltung zurechnen läßt[16], sie mithin gerade im öffentlich-rechtlichen Funktionskreis der jeweiligen Körperschaft ausgeübt wurde.[17]

Überträgt man diese Kriterien auf die Zurechenbarkeit einer Anstiftung durch einen Lockspitzel, so ergibt sich, daß eine »erhebliche Einwirkung« immer dann zurechenbar ist, wenn der agent provocateur einen speziellen oder einen generellen Auftrag von einem Beamten in Ausübung eines öffentlichen Amtes erhalten hat und dieser Auftrag dem Bereich der hoheitlichen Verwaltung zugeordnet werden kann. Gleiches hat auch dann zu gelten, wenn ein nichtbeamteter V-Mann, sei er nun besonders verpflichtet oder nicht, tätig wird, solange dies in seiner Eigenschaft als V-Mann geschieht. Denn wenn der Einsatz von V-Männern grundsätzlich als geboten und gerechtfertigt angesehen wird, um Straftaten aufzuklären oder zu verhindern, so werden damit hoheitliche Aufgaben verfolgt – seien diese nun präventiver oder repressiver Natur.[18] Der V-Mann wird dann auf dem Gebiet der hoheitlichen Verwaltung tätig; der Staat muß sich sein Verhalten zurechnen lassen.

Diese Überlegungen bedürfen noch der Vertiefung. Man könnte damit aber zum einen die Fälle erfassen, in denen V-Leute, beispielsweise aus der Drogenszene, »auf eigene Rechnung« arbeiten, d. h. unter dem Schutz ihrer von der Polizei gedeckten Tätigkeit strafbare Handlungen[19] begehen, von denen die Polizei nichts weiß. Eine in diesem Rahmen erfolgende Anstiftung ereignete sich nur »bei Gelegenheit« der Tätigkeit als V-Mann und wäre dem Staat nicht zuzurechnen. Freilich müßte in einem solchen Fall auch der V-Mann strafrechtlich verfolgt werden. Eine Übertragung der Grundsätze aus dem Amtshaftungsrecht könnte zum anderen auch zu einer befriedigenden Lösung in den Fällen beitragen, in denen ein Beamter ohne Deckung seiner Vorgesetzten und/oder der Staatsanwaltschaft einen agent provocateur einsetzt oder gar ein V-Mann ohne Auftrag zu einer Tat anstiftet, die er dann – aus welchen Gründen auch immer – polizeilich verfolgen läßt.[20] Abgesehen von dem naheliegenden Einwand, daß die zu kritisierende und gesetzlich nicht gedeckte Selbständigkeit der Polizei[21] und der V-Leute dem Angeklagten nicht zum Nachteil gereichen darf[22], beseitigt das Handeln »ohne Auftrag« nicht den hoheitlichen Charakter einer solchen Maßnahme. In Ausübung eines öffentlichen Amtes handelt auch derjenige, der seine Kompetenzen überschreitet.[23]

Es geht hier wohlgemerkt nicht darum, Fragen der Amtshaftung zu diskutieren; es soll vielmehr erörtert werden, wann der Staat sich das Handeln eines seiner Beamten oder einer anderen für ihn tätig werdenden Person zurechnen lassen muß. Wenngleich die Einzelheiten noch zu klären sind, läßt sich dennoch festhalten, daß es Zurechnungskriterien gibt. Die verfahrenshindernde Wirkung einer (erheblichen) Provokation läßt sich daher nicht mit dem Argument in Frage stellen, das Handeln eines Polizeibeamten oder eines Lockspitzels könne dem Staat nicht zugerechnet werden.

3. Interessant ist in diesem Zusammenhang der Hinweis von Foth auf das Gewaltenteilungsprinzip. Er stellt einmal die Frage, ob die Polizei durch die Anstiftung zu einer Straftat zugleich die Gerichte am Vorgehen gegen den Täter hindern könne – es ist zu ergänzen: –, wenn der Täter nur angestiftet wurde, um der Bestrafung zugeführt zu werden. Weiterhin habe der Gesetzgeber geregelt, wann

ein Täter Straffreiheit genieße. Foth erscheint es deshalb fragwürdig, ob diese von der ersten Gewalt getroffene Entscheidung unterlaufen werden dürfe, »indem die zweite Gewalt den Täter anstiftet und die dritte Gewalt diesem Verhalten verfahrenshindernde Wirkung« zuerkenne (S. 303).

Interessant ist der Hinweis auf das Gewaltenteilungsprinzip deshalb, weil er in der Diskussion um den Einsatz von V-Leuten ansonsten an einer ganz anderen Stelle auftaucht. Ein unzulässiger Eingriff in die grundgesetzlich garantierte Autonomie der Gerichte (Art. 92 GG) wird darin erblickt, daß die Exekutive mit einer nicht durch Geheimhaltungsgründe gerechtfertigten Sperrung (§ 96 StPO) von V-Leuten das sachnäheste Beweismittel dem Gericht vorenthält.[24] Was Foths Argumentation anbelangt, so kann sie im Ergebnis nicht überzeugen. Zum einen »disponiert« die Polizei in den hier zur Debatte stehenden Fällen nicht über den Strafanspruch des Staates. Denn sie stiftet nicht an zur Begehung einer Straftat, um den Strafanspruch zu vereiteln, im Gegenteil, sie will – wie im Grundsatz anerkannt ist: in rechtsstaatlich unzulässiger Weise – überhaupt erst die Basis für den Strafanspruch schaffen. Zum anderen ist es sehr fraglich, ob die Entscheidungen der ersten Gewalt durch die Anerkennung eines Verfahrenshindernisses unterlaufen werden. Mehrere Gründe sprechen dagegen. Es ist nicht ersichtlich, daß der Gesetzgeber in § 35 StGB, auf den Foth an dieser Stelle verweist (S. 303), eine abschließende Regelung getroffen hat, wann ein Täter straffrei ausgehen soll. Nur dann, wenn die Legislative einen abschließenden Katalog geschaffen hätte, könnte man darüber reden, ob die Entscheidung der ersten Gewalt unterlaufen wird. Weiterhin gibt es Fälle, in denen die Polizei durch ihr Verhalten faktisch eine Bestrafung des Täters verhindert, indem sie ihn etwa mit unerlaubten Methoden (§ 136a StPO) zu einem Geständnis veranlaßt, das dann im Verfahren nicht verwertet werden kann. Fehlen sonstige Beweismittel, muß ein Freispruch erfolgen. Verallgemeinert man diesen Gedanken, so läßt sich sagen, daß ein Verstoß der Ermittlungsbehörden gegen rechtsstaatliche Grundsätze, der zu einem Freispruch führt oder seinen Niederschlag auch nur im Rahmen der Strafzumessung findet, nicht als ein Unterlaufen der Entscheidungen des Gesetzgebers bezeichnet werden kann. Niemand vertritt diese Auffassung, und es besteht kein Anlaß, davon im Falle der Anstiftung durch einen agent provocateur eine Ausnahme zu machen. Schließlich ist hier noch ein weiterer

Gesichtspunkt zu berücksichtigen. Der Staat verwirkt seinen Strafanspruch, will er sich nicht dem Vorwurf arglistigen und widerspruchsvollen Verhaltens aussetzen, weil es auch bei grundsätzlich gebotenem und gerechtfertigtem Einsatz von V-Leuten *rechtsstaatliche* Grenzen gibt, die nicht überschritten werden dürfen. Beachten die Gerichte diese rechtsstaatlichen Grenzen, indem sie ein Verfahrenshindernis anerkennen, so können sie damit nicht die Entscheidungen des Gesetzgebers unterlaufen. Denn auch der Gesetzgeber ist an die Prinzipien des Rechtsstaates gebunden.

4. Als letzten Punkt wirft Foth die Frage auf, ob der Zweifelssatz auch für ein Verfahrenshindernis der vorliegenden Art gelten soll. Er weist indessen auch gleich auf die Richtung hin, die eine Antwort nehmen muß (S. 303). Der BGH hat bereits 1963[25] entschieden, daß der Grundsatz *in dubio pro reo* jedenfalls bei der Verjährung einzugreifen hat. Sieht man sich die Begründung des BGH an, so läßt sich die Anwendung dieses Grundsatzes auf die vorliegenden Fälle nicht in Frage stellen. Nach der Gegenüberstellung von Gerechtigkeit einerseits und Rechtssicherheit andererseits will der BGH[26] bei der Verjährung den Grundsatz *in dubio pro reo* anwenden, weil »ein Verdacht ungesetzlichen Strafens (...) dem Vertrauen in die Rechtsstaatlichkeit der Strafrechtspflege mehr (schadet) als es die Gerechtigkeit befriedigt, wenn der Täter – nach langer Zeit – doch noch zur Rechenschaft gezogen wird.« Die Literatur[27] hat dieser Entscheidung zugestimmt. Übertragen auf die Diskussion um die verfahrenshindernde Wirkung der Anstiftung durch einen agent provocateur bedeutet dies, daß das Vertrauen in die Rechtsstaatlichkeit der Strafrechtspflege höher zu veranschlagen ist als der Anspruch und die Verpflichtung des Staates, einen Schuldigen zu bestrafen. Dies gilt um so mehr, als die Zweifel an der Rechtsstaatlichkeit des Handelns der Strafverfolgungsbehörden – hier also der Polizei und der von ihr eingesetzten V-Leute – nicht durch Zweifel an der Richtigkeit der gerichtlichen Entscheidung potenziert werden dürfen. Die Gerichte sind auch dazu berufen, die Rechtmäßigkeit des gesamten Strafverfahrens – also auch des Ermittlungsverfahrens – zu kontrollieren.

Da es überdies von Zufälligkeiten abhängt, ob ein Umstand als Prozeßvoraussetzung – mit der möglichen Folge des Freibeweisverfahrens – oder als objektive Bedingung der Strafbarkeit oder als persönlicher Strafausschließungsgrund – mit der Folge des Strengbeweisverfahrens – eingestuft wird, ist eine unterschiedliche Behandlung im Beweisverfahren nicht gerechtfertigt.[28] So sehr man sich auch wünschen mag, »daß Verfahrenshindernisse einfach und klar überprüfbar sein müssen« (S. 304), so wenig kann man an der Tatsache vorbeisehen, daß sie mitunter diese Bedingung nicht erfüllen. Die Zweifel, die darüber bestehen, ob das Verfahren an sich zulässig ist, können aber ebensowenig zu Lasten des Angeklagten gehen wie die Zweifel, die hinsichtlich seiner Täterschaft auftreten. Es ist daher nicht gerechtfertigt, die Zweifel im ersten Fall durch ein formloses und weniger zuverlässiges Beweisverfahren auszuräumen.[29]

5. *Bruns*[30] hat gefordert, der Grundsatz des estoppel-Prinzips müsse noch genauer umschrieben und aufgearbeitet werden; eine rechtstheoretsche Vertiefung sei erforderlich.[31] Eine derartige Arbeit steht noch aus. Festhalten läßt sich jedoch, daß die Überlegungen von Foth nicht geeignet sind, die grundsätzliche Bejahung eines Verfahrenshindernisses bei tatprovozierendem Verhalten eines Lockspitzels wieder in Frage zu stellen.

Anmerkungen

1 Foth nennt K. *Lüderssen*, Festschrift für Karl Peters, Tübingen 1974, S. 349 ff. (wiederveröffentlicht – zusammen mit einer Falldokumentation – in: E. *Denninger*/K. *Lüderssen* (Hg.), Polizei und Strafprozeß im demokratischen Rechtsstaat, 1978, S. 238 ff.), *Bruns*, NStZ 1983, S. 49 ff. (s. in diesem Band S. 284–295) und *Franzheim*, NJW 1979, 2015 ff. Zustimmend auch *Dencker*, Festschrift für Hanns Dünnebier, 1982, S. 447 ff. (s. in diesem Band S. 235–258).
2 Zur Entwicklung siehe *Dencker* (Anm. 1), S. 450 ff., und *Bruns* (Anm. 1), S. 53 f. Aus der neueren Zeit sind die Entscheidungen BGH, StrVert 1982, 221; StrVert 1983, 2; StrVert 1984, 4 (s. in diesem Band S. 195–199) und LG Verden, StrVert 1982, 364 (s. in diesem Band S. 187–191); OLG Düsseldorf, StrVert 1983, 450, sowie (hinsichtlich der Frage der Strafzumessung) AG Osterholz-Scharmbeck, StrVert 1983, 247 zu nennen.
3 So in dem von *Lüderssen* (Anm. 1), S. 255 mitgeteilten Verfahren.
4 BGHSt 18, 87.
5 BGH, StrVert 1982, 151 (152).
6 S. Anm. 1.

7 S. Anm. 1.
8 Beispielhaft werden vom BGH (StrVert 83, 490 [s. in diesem Band S. 551–561) aufgezählt: Rauschgifthandel, »Straftaten im Zusammenhang mit dem ›Nachtgewerbe‹, Verschiebung hochwertiger Kraftfahrzeuge, Diebstähle in großem Ausmaß, Herstellung und Verbreitung von Falschgeld, illegaler Waffenhandel; zur »Gefährlichkeit« siehe auch *Dencker* (Anm. 1), S. 458.
9 Es geht hier selbstverständlich nicht darum, auf die §§ 153 ff. StPO, 45 JGG »auszuweichen«; hier steht eine prinzipielle Frage im Raum.
10 Siehe dazu neuerdings OLG Düsseldorf, StrVert 1983, 450.
11 Diese Frage stellt sich freilich nur für den, der den Einsatz von V-Leuten prinzipiell für zulässig hält; dagegen lassen sich allerdings erhebliche Bedenken geltend machen (zuletzt *Dencker* [Anm. 1]).
12 *Berz*, JuS 1982, 416 (420); *Bruns* (Anm. 1), S. 54 f. m. w. N.
13 BGH, StrVert 1981, 332.
14 BGH, StrVert 1983, 53.
15 Gemeint sind hier die nichtbeamteten V-Männer.
16 *Papier*, in: MünchKomm, 1980, Rdnr. 89 zu § 839.
17 *Thomas*, in: Palandt, Kommentar zum BGB, 43. Aufl. 1984, Anm. 2 c zu § 839.
18 Eine Diskussion der möglichen Rechtsgrundlagen für die Tätigkeit von V-Leuten findet sich bei *Dencker* (Anm. 1), S. 458 ff. und *Sieg*, StrVert 1981, 636 (s. in diesem Band S. 228–237); aus verfassungsrechtlicher Sicht dazu C. *Gusy*, RiA 1982, S. 161 ff.; *Krüger*, NJW 1982, S. 855 ff.
19 Zur umstrittenen Frage nach der Strafbarkeit des agent provocateur siehe nur *Bruns* (Anm. 1), S. 51 f. m.w.N.
20 So war es in der Entscheidung BGH, StrVert 1983, 2 (m. Anm. *Körner*); zur Frage der Zurechnung in diesem Fall siehe auch *Bruns* (Anm. 1), S. 55 f.
21 Dazu ausführlich *Geißer*, GA 1983, 385 ff.
22 *Körner*, StrVert 1983, 2.
23 *Thomas*, (Anm. 17), Anm. 4 b zu § 839.
24 BVerfGE 57, 250 (287).
25 BGHSt 18, 274 ff.
26 BGH, a. a. O., S. 278.
27 C. *Roxin*, Strafverfahrensrecht, 17. Aufl. 1982, § 21 C (S. 113); E. *Schlüchter*, Das Strafverfahren, 2. Aufl. 1983, Rdziff. 390, jeweils mit weiteren Nachweisen.
28 *Roxin* (Anm. 27).
29 *Roxin* (Anm. 27).
30 S. Anm. 1, S. 56.
31 S. Anm. 1, S. 50.

Landgericht Stuttgart, Urteil vom 30. 11. 1983

Aus den Gründen:

II. Die Straftat des Angeklagten

1. Vorgeschichte

Durch sein Angebot an »Black Music«-Spezialitäten war der Angeklagte L. im Jahre 1982 vielen Schallplattensammlern und Diskjockeys in der Schweiz und dem benachbarten Ausland bekannt, wobei er zur BRD keine Geschäftsbeziehungen hatte.

An einem Abend im Oktober 1982 besuchte der Angeklagte L. in Basel die Bar »A.«, in der er einen flüchtigen Bekannten antraf, von dem nur der Vorname »Daniel« bekannt ist. Dieser wußte, daß L. mit Schallplatten handelte. Er übergab dem Angeklagten einen Zettel, auf dem zwei Telefonnummern notiert waren, und erklärte, bei dem Inhaber beider Anschlüsse handele es sich um einen Nachtlokalbesitzer im Raume Stuttgart, der möglicherweise am Kauf von Schallplatten interessiert sei. Wie »Daniel« in den Besitz dieser Telefonnummern gelangt war, konnte nicht geklärt werden.

Im Oktober oder November 1982 wählte der Angeklagte L. eine dieser Telefonnummern, um Schallplatten anzubieten. Er wußte nicht, daß es sich bei dem vermeintlichen Nachtlokalbesitzer in Wirklichkeit um einen Beamten des gehobenen Dienstes des LKA Baden-Württemberg handelte, der unter dem Decknamen »Roger« als verdeckter Ermittler (undercover agent) in Unterweltkreise eingeschleust worden war, um Waffen-, Falschgeld- und Betäubungsmitteldelikte aufzudecken. Von der angeblichen Ehefrau des »Roger« wurde L. an die zweite Telefonnummer verwiesen, unter der »Roger« tatsächlich erreichte. L. stellte sich als Schallplattenhändler namentlich und unter Nennung seiner Geschäftsbezeichnung vor und bot die Lieferung von Schallplatten aus seinem Sortiment an. »Roger« lehnte sofort ab, erklärte jedoch, er habe Interesse am Kauf größerer Mengen Kokain und fragte L., ob er Kokainlieferanten kenne. Für das Kilogramm wolle er 140000 Schweizer Franken bezahlen; Geld spiele für ihn und seine Partner keine Rolle.

Der Angeklagte L., der ob dieser Entwicklung des Gespräches perplex war und keinerlei Beziehungen zu Btm hatte, verneinte, nannte dem »Roger« aber auf dessen Verlangen sowohl seine geschäftliche als auch die private Telefonnummer. Von einer etwa vierwöchigen Unterbrechung um Weihnachten 1982 abgesehen, rief nun »Roger« mindestens einmal in der Woche beim Angeklagten L. sowohl in dessen Wohnung als auch im Geschäft an und drängte diesen, ihm und seinen Partnern größere Mengen Kokain zu liefern; der Kilogramm-Preis solle 140000 Schweizer Franken betragen. Obwohl er mit Kokainhändlern keinerlei Kontakte hatte und auch innerlich nicht bereit war, konkrete Schritte zur Anbahnung eines Kokaingeschäftes zu unternehmen, wies L. das Ansinnen des »Roger« nicht zurück, sondern erklärte diesem, er sei gegenwärtig nicht in der Lage, einen solchen Handel anzubahnen. Am 9. 12. 1982 rief L. von sich aus bei »Roger« an und teilte mit, im Dezember »gehe mit einem Kokaingeschäft nichts mehr«. Er hoffte, »Roger« werde ihn nunmehr in Ruhe lassen.

Bei einer Silvesterfeier im Bekanntenkreis berichtete der Angeklagte L. von diesen Telefonkontakten und von den für seine Begriffe ungeheuren Geldsummen, die für den Kauf von Kokain zur Verfügung stünden. Dabei erfuhr auch der Angeklagte M., der L. über dessen Schallplattenhandel seit etwa sechs Jahren kannte, erstmals von diesen Vorgängen, ohne daß er dem zunächst mehr als ein flüchtiges Interesse entgegenbrachte. Der Angeklagte L. brachte bei dieser Feier seine Ablehnung von Rauschgiftgeschäften zum Ausdruck.

In dieser Einstellung wurde der Angeklagte L. hingegen zunehmend schwankender, als »Roger« ab Anfang Januar 1983 wieder häufig bei ihm anrief und mindestens einmal wöchentlich auf die Durchführung eines Kokaingeschäftes drängte. Der zögernden, die Entscheidung hinausschiebenden Haltung L., der den Handel nie klar und deutlich ablehnte oder sich weitere Anrufe verbat, hielt er entgegen, daß es doch möglich sein müsse, für die zur Verfügung stehenden großen Geldsummen Kokain aufzutreiben. Dabei gab er sich zunehmend ungeduldiger. Schließlich schlug »Roger« am 15. 3. 1983 fernmündlich vor, sich am nächsten Tag in Weil am Rhein im Hotel »B.« zu treffen und die Möglichkeit eines Kokaingeschäftes im persönlichen Gespräch zu klären, worauf der Angeklagte L. einging. Teils aus Neugier und um diesen geheimnisvollen »Roger« persönlich kennenzulernen, teils aus Abenteuerlust, teils aber auch in der Hoffnung, von den genannten großen Geldbeträgen etwas für sich selbst abzweigen zu können, fuhr der Angeklagte L. am 16. 3. 1983 nach Weil und wartete im Hotel »B.« auf »Roger«. Zu einem Kokaingeschäft war er nach wie vor nicht entschlossen, lehnte es aber im Hinblick auf den erhofften Gewinn keinesfalls mehr kategorisch ab. Vielmehr fehlten ihm weiterhin die Beziehungen zu Betäubungsmittelkreisen; er wußte nicht, wie er Zugang zu Kokainhändlern finden sollte.

Als der Angeklagte nach längerer Wartezeit die Toilette aufsuchte, wurde er dort von »Roger« angesprochen, der ihm sogleich seinen Begleiter mit dem Vornamen »Werner« vorstellte, bei dem es sich um einen weiteren verdeckten Ermittler des LKA Baden-Württemberg handelte. »Roger« drängte auf einen baldigen Geschäftsabschluß und erklärte, er und seine Partner hätten inzwischen rund 200000 DM zur Verfügung; für diese Summe wollten sie Kokain kaufen. Das Geld stamme aus der von ihnen betriebenen Spielothek und Diskothek, in der sich allabendlich Einnahmen zwischen 7000 und 10000 DM erzielen ließen. Außerdem vertrauten ihnen Bekannte immer wieder Schwarzgeld an.

Dabei brachte der Angeklagte L. seine Verwunderung zum Ausdruck, daß sie bei einem derart hohen Einsatz ihre Lieferanten nicht selbst kennenlernen wollten. Beide bekundeten hierauf ihr Interesse, worauf L. vorgab, sich nach Kräften um die Beschaffung großer Mengen Kokain zu bemühen und außerdem ein weiteres Treffen, diesmal mit den Lieferanten, vorzubereiten. L. hatte dabei keine Vorstellung davon, wie er dies realisieren könne. Sein Glaube, daß es sich bei »Roger« und »Werner« um sehr reiche Kaufinteressenten handle, wurde dadurch bekräftigt, daß beide in einem Pkw Porsche 928 davonfuhren.

In der Folgezeit bis Anfang Mai 1983 rief »Roger« weiterhin häufig – ein- bis zweimal in der Woche – beim Angeklagten L. an und beharrte auf einem baldigen Geschäftsabschluß. Anfang Mai teilte L. mit, er müsse demnächst für einige Tage nach Paris fahren. Vorher solle man sich noch einmal treffen.

Zufällig suchte der Angeklagte M. kurz nach diesem Telefonat den Angeklagten L. in dessen Ladengeschäft auf, um – wie in den letzten sechs Jahren häufiger – Schallplatten zu kaufen. L. berichtete seinem Freund die ganze Geschichte. M. bezweifelte, daß es so etwas geben könne, daß es Leute gäbe, die so viel Geld für Kokain zur Verfügung hätten. Er bezeichnete L. als Spinner. Als dieser darauf bestand, daß sich alles wie geschildert abgespielt habe, wollte M. die Kaufinteressenten selbst kennenlernen. Er riet L., ein weiteres Treffen zu vereinbaren und versprach, ihn zu begleiten.

So geschah es. Am 20. 5. 1983 kam es zu einem zweiten Treffen im Hotel »B.« in Weil am Rhein, an dem außer »Roger«, »Werner« und L. auch M. teilnahm, den L. als »Karl« vorstellte, um dessen richtigen Namen nicht zu nennen. Karl sei ein Vertrauter der Hintermänner, die selbst nicht nach Deutschland kommen wollten. »Roger« erklärte, es stünden jetzt 400000 DM für den Kauf von Kokain zur Verfügung. Im übrigen solle – auch am Telefon – nicht mehr von Kokain gesprochen werden. Ein Kilogramm Kokain heiße zukünftig eine Flasche Whisky, 500 Gramm Kokain entsprechend eine halbe Flasche Whisky. Das Geschäft solle außerdem in den nächsten vier Wochen abgeschlossen werden, da er selbst im Juni für zwei Monate nach Spanien in Urlaub fahre. Vorher müsse er nach Paris. Zu konkreten Absprachen hinsichtlich des weiteren Vorgehens kam es nicht.

2. Die Tat

Auch der Angeklagte M. war nach diesem Treffen von der genannten Summe von 400000 DM, dem Auftreten der Kaufinteressenten und dem teuren Porsche, den sie fuhren, nachhaltig beeindruckt und glaubte an deren ernsthaftes Kaufinteresse. Bereits auf der Rückfahrt suchten die beiden Angeklagten, die weder sehr gewandt, flexibel und selbstsicher, noch gar durchtrieben, vielmehr äußerst solide, ja naiv, bieder und bodenständig erscheinen, nach einer Lösungsmöglichkeit. Sie waren einerseits begierig, das große Geld zu verdienen, hatten aber andererseits keinerlei Beziehungen und wußten nicht, wie sie vorgehen sollten. Sie unternahmen nichts. Am 3. 6. 1983 rief »Roger« wieder beim Angeklagten L. an. Er sei aus Paris zurück, aber nur noch 14 Tage in Deutschland. In dieser Zeit solle das Kokaingeschäft zustandekommen. Nach mindestens einem weiteren Anruf etwa gleichen Inhalts am 7. 6. 1983, der wiederum zu ergebnislosen Beratungen der beiden Angeklagten geführt hatte, kam M. am 8. 6. 1983 in das Geschäft des Angeklagten L. und erklärte, er habe sich entschlossen, über das Wochenende nach Holland zu fahren und dort zu versuchen, eine größere Menge Kokain aufzutreiben. M. wußte aus einem früheren Urlaub, daß Passanten in Amsterdam in bestimmten Straßen offen Rauschgift angeboten wurde. Er wußte nicht, in welchen Mengen und zu welchem Preis dies geschah, hoffte aber gleichwohl, zum Erfolg zu kommen. L., der selbst einen solchen Schritt nicht getan hätte, war mit dem Vorhaben M. einverstanden. Sein eigener Beitrag sollte darin bestehen, daß er den Kontakt zu dem vermeintlichen Kaufinteressenten »Roger« aufrechterhielt und M. die Übergabemodalitäten durchgab. So unterrichtete er »Roger«, der ihn am 9. 6. erneut anrief, davon, daß »Karl« am Wochenende wegfahre und in der Rauschgiftsache vielleicht »etwas laufen« könne. Am Morgen des 10. 6. 1983 flog der Angeklagte M. mit mehr als 40000 holländischen Gulden Bargeld aus seinen Ersparnissen nach Amsterdam, um Kokain zu kaufen. Unmittelbar nach der Ankunft begab er sich in die Altstadt; nachdem er mehrfach angesprochen worden war, ob er Btm erwerben wolle, faßte er zu einem der Anbieter Vertrauen und erklärte, er wolle für 40000 holländische Gulden Kokain kaufen. Nachdem der Anbieter das Geld gesehen und in einem Cafe telefoniert hatte, bedeutete er M., die Übergabe von 260 Gramm Kokain könne am nächsten Tag um 13.00 Uhr an gleicher Stelle erfolgen.

Zwischenzeitlich hatte der Angeklagte L. von »Roger« erfahren, daß die Übergabe des Kokains in dem Lokal mit dem schwäbischen Namen »D'r Knaudl« in F. bei S. erfolgen solle. L. ließ sich den Namen buchstabieren und den Weg zur Gaststätte beschreiben. Als ihm M. am Abend mitteilte, er werde das Kokain voraussichtlich am 11. 6. bekommen, gab er den Namen »Doktor Knaudl«, die Adresse und die Wegbeschreibung an ihn weiter. Beide kamen überein, sich am nächsten Tag, dem 11. 6. 1983, nach 19.00 Uhr in der Gaststätte zu treffen, um dort gemeinsam das Kokain an »Roger« und »Werner« zu übergeben. Über die Höhe des Verkaufspreises und ihre jeweiligen Anteile am Gewinn sprachen sie nicht. L. gab diesen Übergabetermin am Abend des 10. 6. an »Roger« weiter, der ihn erneut angerufen hatte und mit dem Termin einverstanden war.

Der Angeklagte M. übernahm gegen Zahlung von 39000 holländischen Gulden am Mittag des 11. 6. 1983 von dem unbekannten Anbieter in Amsterdam 263,69 Gramm Kokainzubereitung mit einem Anteil von 55 Prozent an Cocainhydrochlorid, dem 145,03 Gramm reines Cocainhydrochlorid zugrundelagen. Er verbarg es im Hosenbund und schmuggelte es so in einem in Amsterdam gemieteten Pkw am Grenzübergang Emmerich in die BRD ein.

Er traf zwischen 21.00 Uhr und 22.00 Uhr in F. in der Gaststätte »D'r Knaudl« ein, wo L. seit etwa 20.30 Uhr auf ihn wartete. Dieser war von »Roger« und »Werner« zu erheblichem Wodkakonsum animiert worden und bereits angetrunken. Auch M. wurde zum Trinken harter Schnäpse eingeladen und war alsbald nicht mehr nüchtern. Er gab zu verstehen, daß er Kokain dabei habe, nannte die Menge aber nicht. Während »Roger« sich nun für gut eine Stunde entfernte, um die Verhaftung der Angeklagten vorzubereiten, setzte »Werner« mit diesen das Zechgelage fort. L. drängte auf die Übergabe des Kokains, weil er an sich noch in der Nacht in die Schweiz zurückfahren wollte. Nach Rückkehr des »Roger« gegen 23.15 Uhr begaben sie sich deshalb auf den Parkplatz vor der Gaststätte, wo »Roger« die Ware im Fahrzeug des L. zunächst zu testen vorgab. Über einen Kaufpreis wurde während der ganzen Zeit nicht verhandelt. Anschließend wurde das Zechgelage fortgesetzt, obwohl alle Voraussetzungen für den polizeilichen Zugriff vor 24.00 Uhr gegeben waren. Die Festnahme der Angeklagten erfolgte schließlich am 12. 6. 1983 um 0.15 Uhr.

III. Beweiswürdigung

Der festgestellte Sachverhalt beruht auf den Geständnissen beider Angeklagten (wird ausgeführt).

Die V-Leute »Roger« und »Werner« standen der *StrK* als Zeugen nicht zur Verfügung. Das Innenministerium des Landes hat – trotz mehrfacher detaillierter Gegenvorstellung – die Preisgabe der Namen dieser Zeugen abgelehnt. Die Entscheidung ist nach Auffassung der *StrK* ermessensfehlerfrei begründet; die Sorge des Innenministeriums, die auch weiterhin verdeckt ermittelnden Beamten könnten nicht nur enttarnt werden, sondern wären bei Nennung ihrer Personalien auch einer erheblich gesteigerten Gefährdung von Leib und Leben ausgesetzt, erscheint aus der Sicht der ablehnenden Behörde berechtigt.

Durch die Verweigerung der Preisgabe der Personalien der Zeugen waren diese unerreichbar i. S. von § 244 Abs. 3 StPO; auch ihre Vernehmung durch einen beauftragten oder ersuchten Richter gem. § 223 Abs. 1 StPO schied unter diesen Umständen aus (vgl. Beschl. des Großen Senates für Strafsachen des *BGH* vom 17. 10. 1983 – GSSt I/83 – [= StrVert 1983, 490, siehe in diesem Band S. 551–561, m. Anm. *Grünwald* StrVert 1984, 56, siehe in diesem Band S. 562–570).

Um der umfassenden Pflicht zur Sachaufklärung gem. § 244 Abs. 2 StPO zu genügen, hat die *StrK* das Protokoll über die frühere polizeiliche Vernehmung des »Roger« gem. § 251 Abs. 2 StPO verlesen und den Dienstvorgesetzten und V-Mann-Führer des »Roger« beim LKA Baden-Württemberg vernommen, der sich seinerseits wenige Stunden vor seiner Vernehmung in der Hauptverhandlung von »Roger« über den Hergang der Ereignisse vom Oktober 1982 bis zur Festnahme der Angeklagten hatte unterrichten lassen.

Die Wiedergabe dieser Darstellung durch den Zeugen und die protokollierten Angaben des »Roger« stimmten – teilweise wörtlich – überein. Sie bestätigen die Einlassungen der Angeklagten zum Zeitraum der Kontakte, zu den zwei Treffen in Weil am Rhein, zu dem ständigen Telefonkontakt, zu den Ereignissen am Abend des 11. Juni 1983 in F. und in einer Reihe von anderen, untergeordneten Punkten. Die Rolle der Angeklagten stellt »Roger« allerdings grundlegend anders dar. Danach hat ihn der Angeklagte L. als »Ludwig« Anfang Oktober 1982 angerufen und schon in diesem ersten Gespräch 100 bis 500 Gramm Kokain zum Grammpreis von 150 DM angeboten. Dabei habe er ihm auch zwei Schweizer Telefonnummern hinterlassen (bei diesen Anschlüssen handelte es sich tatsächlich um das private und das Geschäftstelefon des Angeklagten L.). In der Folgezeit habe »Ludwig« wiederholt bei ihm angerufen und ihn zu einem Treffen mit den Hintermännern in Amsterdam aufgefordert. Er – »Roger« – habe mit der Begründung abgelehnt, das Kokain müsse nach Deutschland geliefert werden.

Bis März 1983 hätten dann mehrere Telefonate stattgefunden, die teils von »Ludwig«, teils aber auch von ihm selbst ausgegangen seien und den Zweck gehabt hätten, den Kontakt nicht abreißen zu lassen. Dabei habe er – »Roger« – regelmäßig sein Interesse am Kauf größerer Mengen Kokain durchblicken lassen.

Am 16. 3. 1983 sei es zu dem ersten, tags zuvor telefonisch vereinbarten Treffen mit »Ludwig« im Hotel »B.« in Weil am Rhein gekommen. Er selbst habe »Ludwig« nach etwa sechswöchiger Pause wieder angerufen und diesen Treffpunkt vorgeschlagen. »Ludwig« habe im Beisein eines weiteren vermeintlichen Kaufinteressenten geäußert, er habe mit seinen Hintermännern gesprochen, die zu einem Treffen bereit seien. Man bestehe nicht auf Vorkasse, er selbst kaufe von ihnen schon seit Jahren Kokain im 100-Gramm-Bereich. Sie könnten bis zu 500 Gramm nach Deutschland liefern, größere Mengen müßten in Holland selbst abgeholt werden. Der Gramm-Preis betrage 150 DM.

Schließlich sei ein weiteres Treffen, zu dem auch die Hinterleute kommen sollten, für den 24. 3. 1983 vereinbart worden, das dann allerdings nicht zustandegekommen sei. »Ludwig« habe am 24. 3. angerufen und erklärt, die Hinterleute kämen nicht nach Deutschland. Statt dessen solle man sich mit einem Freund treffen, der besseren Kontakt zu den Lieferanten habe und leicht die gewünschte Menge Kokain liefern könne. Dieser sei allerdings wegen einer Wehrübung die nächsten zwei bis drei Wochen nicht erreichbar.

Bis zum 16. 5. 1983 habe loser Telefonkontakt bestanden; Anrufer sei meistens »Ludwig« gewesen. Er habe auch ein weiteres Treffen in Weil am Rhein vorgeschlagen, das zunächst für den 18. 5. vorgesehen gewesen, dann jedoch auf den 20. 5. verlegt worden sei. Bei diesem Treffen sei »Ludwig« in Begleitung eines Mannes gewesen, den er als »Rolf« vorgestellt habe. Dieser habe dann nach der gewünschten Menge Kokain gefragt und statt des verlangten Kilogramm 500 Gramm zum Preis von 70000 DM angeboten. Er werde diesen Stoff am 28. 5. 1983 nach S. bringen. Er – »Roger« – habe »aus anderweitigen Gründen« um eine Verschiebung des Übergabetermins gebeten, woraufhin »Rolf« den 4. 6. vorgeschlagen habe.

Bei einem Anruf am 3. 6. bei »Ludwig« habe er dann erfahren, »Rolf« sei noch in Holland, wo es zwar viel Kokain, aber nur in »Gassenqualität« gebe. »Rolf« bleibe dort, bis er gutes Kokain bekommen könne. Man habe daber vereinbart, in telefonischem Kontakt zu bleiben.

Die Übergabe des Kokains einschließlich ihrer vorherigen Verabredung schildert »Roger« dann im wesentlichen so, wie es die *StrK* festgestellt hat. »Ludwig« habe ihm allerdings die Lieferung von einem Kilogramm Kokain angekündigt. Zur Frage des Alkoholkonsums könne er wegen seiner Abwesenheit zur Vorbereitung der

Festnahme nichts sagen. Preisverhandlungen hätten tatsächlich nicht stattgefunden.

Der V-Mann-Führer hat angefügt, die Aussage des »Roger« sei anhand von kurzen Gedächtnisprotokollen zustande gekommen, die »in der Regel bald nach dem Ereignis« festgehalten würden. Andere Aufzeichnungen gebe es nicht. »Roger« sei Kriminalbeamter des gehobenen Dienstes und arbeite seit vier Jahren mit gutem Erfolg verdeckt. »Werner« sei Beamter des mittleren Dienstes und seit einem Jahr als undercover agent eingesetzt. Weitere Angaben zu den V-Leuten hat der Zeuge unter Hinweis auf seine eingeschränkte Aussagegenehmigung verweigert. Er hat zum Hergang noch angegeben, das LKA Baden-Württemberg habe zunächst an »ein übles Spiel« geglaubt, weil der von »Roger« geschilderte erste Telefonkontakt mit dem Angeklagten L. in dieser Art und Weise vollkommen ungewöhnlich und höchst erstaunlich gewesen sei.

Die *StrK* sieht sich nicht in der Lage, die Aussage des »Roger« einschließlich der dazu gegebenen Erläuterungen des V-Mann-Führers zu Lasten der Angeklagten zu würdigen. Ihr Beweiswert ist aufgrund einer Vielzahl von Umständen so gering, daß ein für die Angeklagten nachteiligerer als der festgestellte Sachverhalt auf sie nicht gestützt werden kann.

Teile der Aussage erscheinen unglaubhaft, so z. B. die Behauptung, L. habe den M. nicht als »Karl« sondern als »Rolf« und also mit seinem richtigen Vornamen vorgestellt, obwohl es beiden gerade darum ging, die Personalien des M. im Dunkeln zu lassen. Ob es sich hierbei um einen Irrtum handelt, oder aus welchen anderen Gründen es immer zu dieser Aussage kam, konnte der V-Mann-Führer nicht beantworten und läßt sich nicht aufklären.

Bei anderen Aussagebestandteilen wäre eine kritische Überprüfung und Vertiefung durch Fragen weit über das Maß hinaus, das der V-Mann-Führer in der Hauptverhandlung zu leisten vermochte, unabdingbar gewesen. Diese Aussageteile, die im folgenden beispielhaft genannt werden, erscheinen ungenau, nicht durchformuliert, oberflächlich und teilweise wenig plausibel. Sie klingen hohl, stereotyp und sind nicht von Leben erfüllt. Was könnte etwa den Angeklagten L., der das hohe Risiko eingegangen sein soll, einem wildfremden Mann im ersten Telefongespräch große Mengen Kokain anzubieten, veranlaßt haben, diesem Fremden auch noch seine beiden eigenen Telefonanschlüsse durchzugeben und dadurch seine sofortige Identifizierung zu ermöglichen? Welche Umstände führten dazu, daß trotz dieses sofortigen Angebots mehr als sechs Monate vergingen, ehe es zu einem Treffen mit dem Anbieter kam, und weitere drei Monate, bis die Hälfte der bestellten bzw. ein Viertel der angekündigten Menge übergeben wurde? Welche Gründe wurden hierfür genannt? Welchen genauen Inhalt hatten die Telefongespräche, insbesondere jene, die von »Roger« ausgingen und der »Kontaktpflege« dienten? Wann wurden die jeweiligen Gedächtnisprotokolle gefertigt? Welchen Umfang hatten sie? Warum liegen sie der Dienststelle nicht vor? Welche »anderweitigen Gründe« führten zur Verschiebung des angeblichen Übergabetermins vom 28. 5. 1983? Warum wurde während der gesamten Übergabevorbereitung bis hin zum Test des Kokains und der Übergabe selbst nie über den Kaufpreis gesprochen?

Die Fragen mußten offen bleiben. Den schlüssigen und plausiblen Einlassungen der Angeklagten steht ein nichtssagendes papierenes Protokoll gegenüber, das aus ebenfalls nicht bekannten Umständen erst sieben Wochen nach der Festnahme der Angeklagten erstellt wurde.

Die *StrK* wurde zudem nicht in die Lage versetzt, sich von der Persönlichkeit des V-Mannes »Roger«, von seinem Werdegang, den Beweggründen für sein Handeln und insgesamt von seiner Glaubwürdigkeit ein eigenes Bild zu verschaffen. Der Beweiswert seiner Bekundungen ist daher gering; Feststellungen können auf sie um so weniger gestützt werden, als seine den Angeklagten L. belastende Aussage für den Zeitraum von Oktober 1982 bis März/April 1983 alleine dasteht und durch weitere Beweise nicht gestützt wird (vgl. *BGHSt* 17, 382 ff., 386 m. w. N.).

IV. Rechtliche Würdigung

Die Angeklagten L. und M. haben sich je eines gemeinschaftlich begangenen Verbrechens der unerlaubten Einfuhr von Btm in nicht geringer Menge gem. §§ 1 Abs. 1 i. V. m. Anlage III, 3 Abs. 1 Nr. 1, 30 Abs. 1; Nr. 4 BtMG 25 Abs. 2 StGB je in Tateinheit gem. § 52 StGB mit einem gemeinschaftlich begangenen Vergehen des unerlaubten Handeltreibens mit Btm gem. §§ 1 Abs. 1 i. V. m. Anlage III, 3 Abs. 1 Nr. 1, 29 Abs. 1 Nr. 1 BtMG, 25 Abs. 2 StGB schuldig gemacht.

V. Einstellung des Verfahrens gegen den Angeklagten L.

Der strafrechtlichen Verfolgung des Angeklagten L. steht ein von Amts wegen zu beachtendes Verfahrenshindernis entgegen. Der staatliche Strafanspruch ist verwirkt, nachdem durch die Tätigkeit des V-Mannes »Roger« die sich aus dem Rechtsstaatsprinzip ergebenden Grenzen tatprovozierenden Verhaltens überschritten wurden. Das Strafverfahren gegen den Angeklagten L., der vom polizeilichen Lockspitzel zur Straftat angestiftet wurde, war gem. § 260 Abs. 3 StGB durch Urteil einzustellen.

Es ist zwar feststehende Rspr., daß zur Bekämpfung besonders gefährlicher Kriminalität, die durch die gewählte Organisationsform, komplizierte Vertriebssysteme und teilweise konspirative Vorgehensweisen die Aufklärung durch konventionelle Methoden der Ermittlungsbehörden erheblich erschwert oder sogar unmöglich macht, auf den polizeilichen Lockspitzel (agent provocateur) nicht verzichtet werden kann (vgl. Beschl. des Großen Senates für Strafsachen des *BGH* vom 17. 10. 1983 – GSSt 1/83 – [s. in diesem Band S. 551–561]). Dessen tatprovozierendem Verhalten sind jedoch Grenzen gesetzt, deren Außerachtlassung als ein dem Staat zuzurechnender Rechtsverstoß in das Strafverfahren gegen den Täter hineinwirkt. Das dem GG und der StrPO immanente Rechtsstaatsprinzip untersagt es den Strafverfolgungsbehörden, auf die Verübung von Straftaten hinzuwirken, wenn die Gründe dafür vor diesem Prinzip nicht bestehen können; wesentlich für die Beurteilung sind dabei Grundlage und Ausmaß des gegen den Täter bestehenden Verdachtes, Art, Intensität und Zweck der Einflußnahme des Lockspitzels, Tatbereitschaft und eigene, nicht fremdgesteuerte Aktivitäten dessen, auf den er einwirkt (vgl. *BGH* MDR 1981, 683 = NJW 1981, 1626 [= StrVert 1981, 392] (siehe in diesem Band S. 180–182); NStZ 1981, 70 f.; MDR 1982, 282; NJW 1980, 1761 (siehe in diesem Band S. 175–177) j. m. w. N.).

Auch bei der gebotenen Anlegung strenger Maßstäbe, die allein dem der Prüfung innewohnenden Vorwurf des nicht rechtsstaatlichen Handelns der Ermittlungsbehörden gerecht werden können und angemessen erscheinen, nötigt das Ergebnis der Hauptverhandlung im vorliegenden Fall dazu, beim Angeklagten L. die Grenzen rechtsstaatlich gebotener Verhaltensweisen als überschritten anzusehen.

Gegen den Angeklagten L. bestand bei Beginn des telefonischen

Kontakts mit »Roger« keinerlei Verdacht einer wie auch immer gearteten strafbaren Handlung, geschweige denn einer Straftat im Zusammenhang mit Btm. L. ist weder in Deutschland noch in der Schweiz vorbestraft; er ist darüber hinaus unbescholten und genießt einen guten Leumund. Sein Kontakt zu »Roger« kam durch Zufall zustande; er führte dazu, daß »Roger« ihn auf gut Glück fragte, ob er größere Mengen Kokain liefern könne. L. war auch nicht etwa alsbald zur Tatausführung entschlossen, auch wenn er aus nicht völlig verständlichen Gründen das Ansinnen des »Roger« bei diesem ersten und den weiteren Telefongesprächen nicht eindeutig von sich wies bzw. sich weitere Anrufe verbat. Erst aufgrund der nachhaltigen, allein bis zum ersten Treffen in Weil etwa sechs Monate andauernden Beeinflussung durch wöchentliche Anrufe von »Roger« wurde bei L. die Bereitschaft zur Begehung der Straftat geweckt und durch das ständige Drängen des Lockspitzels so gefördert, daß er schließlich der hinzutretenden großen Verlockung durch die enormen Geldbeträge, die von »Roger« genannt wurden, erlag. Seine Widerstandskraft war monatelanger vielfältiger Überredung, die ihn tatsächlich zum »Objekt staatlichen Handelns herabgewürdigt hatte« (*Franzheim*, NJW 1979, 2014, 2015), schließlich nicht mehr gewachsen.

Demgegenüber wirkt sein eigener Tatbeitrag vergleichsweise gering. Angesichts der geschilderten ganz erheblichen Beeinflussung durch den Spitzel, der ihn vom Weg des Rechts abbrachte, setzte sich der Staat in der Tat dem Vorwurf widersprüchlichen Verhaltens aus, wenn er es nun unternähme, den Täter strafrechtlich zu verfolgen, um ihn auf den Weg des Rechts zurückzuführen; dies kann innerhalb einer rechtsstaatlichen Ordnung nicht zulässig sein (*BGH* MDR 1981, 683 = NJW 1981, 1626f. [= StrVert 1981, 392]).

VI. Strafzumessung beim Angeklagten M.

Beim Angeklagten M. gilt das oben Gesagte nicht; in seinem Fall ist der staatliche Strafanspruch nicht verwirkt. Auf ihn wurde weder unmittelbar durch »Roger« noch mittelbar über den Mitangeklagten L. so nachhaltig eingewirkt, daß er allein durch diese Einwirkung zum Erwerb, zu der Einfuhr und der Übergabe des Kokains bestimmt worden wäre. Einer derart massiven Einwirkung bedurfte es wohl nicht, weil der Angeklagte M. alsbald nach dem Gespräch mit L. und dem Treffen mit den V-Männern zur Tatausführung entschlossen war. Er entwickelte im Gegensatz zum Angeklagten L. auch erhebliche Eigeninitiative und führte den wesentlichen Teil des Kokaingeschäftes aus eigenem Antrieb ohne Direktiven von dritter Seite durch.

Gleichwohl hat das Vorgehen der Lockspitzel auch auf die vom Angeklagten M. begangene Straftat Auswirkungen. Ohne deren lang andauernden Kontakt zum Angeklagten L. und dessen Unentschlossenheit wäre es zur Tat des M. nicht gekommen; er sprang gleichsam auf einen bereits in Fahrt befindlichen Zug auf, nachdem ihn L. unter dem Einfluß des Drängens von »Roger« eingeweiht hatte. Dabei hat die langjährige Bekanntschaft mit L. eine tragende Rolle gespielt und es dem Angeklagten leicht gemacht, über ihn in die sich anbahnende Straftat verwickelt zu werden. Ohne diese Freundschaft wäre es nie zu der Tat gekommen, mit einem Dritten zusammen hätte M. die Tat nicht begangen. Hinzu kommt, daß seine Tathandlung zwar nicht in rechtsstaatswidriger Weise von den V-Leuten bestimmt wurde, dennoch aber auf deren Anstiftung zurückgeht, wobei auch beim Angeklagten M. die sehr großen Geldbeträge, die angeblich zur Verfügung standen, maßgeblichen Einfluß auf seinen Tatentschluß hatten.

Unter weiterer Berücksichtigung der Person des Angeklagten M. und des Umstandes, daß er nicht vorbestraft ist und des Handels mit Btm nie verdächtig war, nimmt die *StrK* bei dem Verbrechen der unerlaubten Einfuhr von Btm in nicht geringer Menge einen minder schweren Fall gem. § 30 Abs. 1 Nr. 4, Abs. 2 BtMG an und verneint beim Vergehen des Handeltreibens mit Btm das Vorliegen eines besonders schweren Falles i.S.v. § 29 Abs. 3 Nr. 4 BtMG. Die gesetzlichen Mindeststrafen von zwei Jahren für das Verbrechen der Einfuhr bzw. ein Jahr für das Vergehen des Handeltreibens erscheinen im Hinblick auf die Vorgeschichte und das dilettantische Vorgehen des Angeklagten M. im Vergleich zum durchschnittlichen Unrechtsgehalt solcher Straftaten unverhältnismäßig hoch.

(Es folgen die Strafzumessungserwägungen und die Festlegung der Strafe auf sechs Monate zur Bewährung.)

Bundesgerichtshof, Urteil vom 23. 5. 1984
(LG Stuttgart)

Aus den Gründen: Das *LG* (siehe in diesem Band S. 315–327) hat das Verfahren wegen unerlaubter Einfuhr von Btm in nicht geringer Menge in Tateinheit mit unerlaubtem Handeltreiben mit Btm gegen den Angeklagten L. nach § 260 Abs. 3 StPO durch Urteil eingestellt. Nach Auffassung des Tatgerichts ist der staatliche Strafanspruch verwirkt, weil der Entschluß des Angeklagten, größere Mengen Kokain zu liefern, durch rund sechs Monate andauernde wöchentliche Anrufe des polizeilichen Lockspitzels – eines Polizeibeamten des LKA Baden-Württemberg – geweckt wurde und seine Widerstandskraft der Verlockung durch die bei diesen Anrufen in Aussicht gestellten »enormen Geldbeträge« nicht mehr gewachsen war.

Den Mitangeklagten M. hat das *LG* zwar wegen unerlaubter Einfuhr von Btm in nicht geringer Menge in Tateinheit mit unerlaubtem Handeltreibem mit Btm verurteilt. Es hat jedoch wegen der Einwirkung des polizeilichen Lockspitzels auf den Mitangeklagten L. trotz der Liefermenge von rund 264 Gramm Kokainzubereitung (Wirkstoffgehalt: 145 Gramm reines Cocainhydrochlorid) einen minder schweren Fall nach § 30 Abs. 2 BtMG angenommen und einen besonders schweren Fall nach § 29 Abs. 3 Nr. 4 BtMG verneint und deshalb nur auf eine Freiheitsstrafe von sechs Monaten erkannt, deren Vollstreckung zur Bewährung ausgesetzt wurde.

Mit ihrer auf die Sachrüge gestützten Revision wendet sich die StA gegen die Einstellung des Verfahrens hinsichtlich des Angeklagten L. sowie gegen die Strafzumessung hinsichtlich des Angeklagten M. Das Rechtsmittel ist begründet.

A. Zutreffend geht das angefochtene Urteil davon aus, daß der Einsatz von V-Personen und von verdeckt arbeitenden Polizeivollzugsbeamten zur Bekämpfung besonders gefährlicher und schwer aufklärbarer Kriminalität, zu der insbesondere auch der Rauschgifthandel gehört, notwendig und zulässig ist (*BVerfGE* 57, 250, 284 [= StrVert 1981, 381 m. Anm. *Kotz* StrVert 1981, 591] [siehe in diesem Band S. 457–482]; *BGHSt* 32, 115, 121/122 m. w. N. [= StrVert 1983, 490, siehe in diesem Band S. 551–561,

m. Anm. *Grünwald* StrVert 1984, 56, siehe in diesem Band S. 562–570]). Das *LG* betont andererseits mit Recht, daß tatprovozierendes Verhalten polizeilicher Lockspitzel nur innerhalb der durch das Rechtsstaatsprinzip gesetzten Grenzen hingenommen werden kann (vgl. Urteil des *Senats* in GA 1975, 333, 334; ferner *BGH* NStZ 1984, 78 m. w. N. [= StrVert 1984, 4] [siehe in diesem Band S. 195–199]). An diesem Grundsatz ist festzuhalten.

I. Bereits die Ansicht des Tatgerichts, im vorliegenden Fall seien die Grenzen zulässiger Tatprovokation durch einen Lockspitzel überschritten, begegnet jedoch durchgreifenden rechtlichen Bedenken.

Die *StrK* stützt sich bei ihren Ausführungen zu dieser Frage zwar ausdrücklich auf die vom *BGH* in st. Rspr. (NJW 1980, 1761; 1981, 1626 [= StrVert 1981, 392 m. Anm. *Mache* StrVert 1981, 559]; StrVert 1981, 276; NStZ 1981, 70; 1984, 78 [= StrVert 1984, 4]) entwickelten wesentlichen Wertungsgesichtspunkte (Grundlage und Ausmaß des gegen den Angeklagten bestehenden Verdachts, Art, Intensität und Zweck der Einflußnahme, Tatbereitschaft und eigene, nicht fremdgesteuerte Aktivitäten des Angeklagten). Sie übersieht aber, daß es sich dabei nicht um Einzelkriterien, sondern vielmehr um den Rahmen für die erforderliche Gesamtwürdigung handelt, nach der die entscheidende Frage zu beantworten ist, ob das tatprovozierende Verhalten des Lockspitzels ein solches Gewicht erlangt hat, daß demgegenüber der eigene Beitrag des Täters in den Hintergrund tritt (*BGH* NJW 1981, 1626 [= StrVert 1981, 392] [siehe in diesem Band S. 180–182]; NStZ 1982, 126 [= StrVert 1982, 53] [siehe in diesem Band S. 192–194] und 1982, 156 [= StrVert 1982, 151]). Davon, daß hier unter Abwägung aller Umstände das Vorgehen des Lockspitzels »unvertretbar übergewichtig« (*BGH* NStZ 1984, 78, 79 [= StrVert 1984, 4]) wäre, kann keine Rede sein.

Nach der den Feststellungen zugrundegelegten Einlassung des Angeklagten L. lehnte dieser das für ihn überraschende fernmündliche Ansinnen, größere Mengen Kokain zum Preis von 140000 sfr/kg zu beschaffen, niemals ab, sondern verhielt sich hinhaltend. Er verbat sich nicht etwa weitere Anrufe, sondern reiste im März 1983 sogar von seinem Wohnort im Berner Raum zu einem Treffen in Weil am Rhein, obwohl die Zusammenkunft mit dem ihm bis dahin nur aus Telefongesprächen bekannten Lockspitzel ausschließlich der Erörterung von Kokainlieferungen dienen sollte.

Dabei ließ er sich auch von der Hoffnung auf Gewinn leiten. Bei dem Treffen gab er vor, »sich nach Kräften um die Beschaffung großer Mengen Kokain zu bemühen und außerdem ein weiteres Treffen, diesmal mit den Lieferanten, vorzubereiten«. Dieses zweite Treffen in Weil am Rhein nahm der Angeklagte L. am 20. 5. 1983 in Begleitung des Mitangeklagten M. wahr. Die dabei von den angeblichen Abnehmern geäußerte Bereitschaft, Kokain für insgesamt 400 000 DM zu kaufen, führte dann – nach weiterem telefonischem Drängen des Lockspitzels – zu dem Entschluß beider Angeklagten, für 40 000 hfl aus den Ersparnissen des Mitangeklagten M. eine größere Menge Kokain in Amsterdam zu besorgen. Zu der Übergabe dieses aus Holland eingeführten Rauschgiftes in Stuttgart am 11. 6. 1983 reiste wiederum der Angeklagte L. selbst aus der Schweiz an.

Danach beschränkte sich die Einwirkung auf den Angeklagten L. auf ständig wiederholte verlockende Angebote. Der Angeklagte reagierte darauf von Anfang an wie jemand, der Rauschgiftgeschäften in der vorgeschlagenen Größenordnung nicht von vornherein ablehnend gegenübersteht. Auf das unter diesen Umständen naheliegende Drängen des Lockspitzels zeigte er wachsendes Interesse, traf sich sogar mehrmals mit ihm außerhalb seines Heimatlandes. Die Beschaffung der gewünschten großen Rauschgiftmengen, insbesondere die Vorfinanzierung des Kaufs, blieb allein Sache der Angeklagten; eine Steuerung oder gar Beherrschung dieses entscheidenden Tatteils durch staatliche Organe lag nach der eigenen Einlassung des Angeklagten L. nicht vor. Er blieb – von der bei ihm erweckten und wachgehaltenen Hoffnung auf erheblichen Gewinn abgesehen – stets Herr seiner Entscheidungen, er mußte insbesondere alle Einzelheiten der Beschaffung selbst planen. Dem vom *LG* betonten Gesichtspunkt, daß er bislang unbescholten war, kommt angesichts seiner erheblichen, nicht fremdgesteuerten Aktivitäten keine *entscheidende* Bedeutung zu (vgl. *BGH* NJW 1981, 1626 [= StrVert 1981, 392]).

II. Die Einstellung des Verfahrens gegen den Angeklagten L. kann danach schon aus tatsächlichen Gründen keinen Bestand haben. Der *Senat* ist im übrigen der Auffassung, daß selbst eine Überschreitung der Grenzen zulässigen Lockspitzeleinsatzes nicht zu einem Verfahrenshindernis eigener Art wegen »Verwirkung des staatlichen Strafanspruchs« führen würde.

1. Das *LG* kann sich allerdings für seine gegenteilige Ansicht auf

Entscheidungen des *BGH* berufen, dessen Rspr. zu den hier wesentlichen Fragen allerdings noch nicht völlig eindeutig und gefestigt ist.

a) Der erkennende *Senat* hat im Jahre 1980 in zwei Entscheidungen (NJW 1980, 1761 [siehe in diesem Band S. 175–177]; StrVert 1981, 163) ausgesprochen, daß die Nichtbeachtung der Grenzen tatprovozierenden Verhaltens durch den polizeilichen Lockspitzel als »ein dem Staat zuzurechnender Rechtsverstoß« in das Strafverfahren »hineinwirke«, weil das dem Grundgesetz und der StPO immanente Rechtsstaatsprinzip es den Strafverfolgungsbehörden untersage, auf die Verfolgung von Straftaten hinzuwirken, »wenn die Gründe dafür vor diesem Prinzip nicht bestehen können«. Er hat allerdings in keinem dieser beiden Urteile die Art dieses Hineinwirkens in das Strafverfahren näher charakterisiert, sondern lediglich in einem Fall ausgeführt, nach dem festgestellten Sachverhalt könne keine Rede davon sein, daß »der staatliche Strafanspruch nicht entstanden oder entfallen sei« (NJW 1980, 1761).

b) Anfang 1981 hat dann der *2. Strafsenat* (NJW 1981, 1626 [= StrVert 1981, 392]) erstmals die Möglichkeit eines »zugunsten des Angeklagten wirkenden *Verfahrenshindernisses*« mit der Begründung bejaht, der Staat würde sich dem Vorwurf widersprüchlichen und arglistigen Verhaltens aussetzen, wenn er es unternähme, den durch erhebliche Einwirkung eines im Auftrag oder mit Billigung staatlicher Behörden tätigen agent provocateur vom Wege des Rechts abgebrachten Täter strafrechtlich zu verfolgen, um ihn wieder auf den Weg des Rechts zurückzuführen. Nach seiner Auffassung ist in diesen Fällen ein »auf den angestifteten Täter beschränktes Strafverfolgungsverbot« anzunehmen, »das die Wirkungen eines vom Amts wegen zu berücksichtigenden Verfahrenshindernisses entfaltet«. In dem zu entscheidenden Fall wurde ein solches Verfahrenshindernis aus tatsächlichen Gründen verneint (ebenso in StrVert 1982, 221); in weiteren Entscheidungen hat der *2. Strafsenat* jedoch die angefochtenen Urteile wegen der vom Tatgericht versäumten Prüfung dieser Frage aufgehoben (NStZ 1982, 126 [= StrVert 1982, 53] und 156 [= StrVert 1982, 151]; vgl. auch NStZ 1984, 78 [= StrVert 1984, 4]).

c) Der *3. Strafsenat* hat in einer Entscheidung (StrVert 1981, 276) auf der Grundlage dieser Rspr. eine Überschreitung der Grenzen des tatprovozierenden Lockspitzeleinsatzes nach dem vom Tatgericht festgestellten Sachverhalt ausgeschlossen.

d) Der 4. *Strafsenat* hat unter anderem unter Bezugnahme auf das Urteil des erkennenden *Senats* vom 15. 4. 1980 NJW 1980, 1761) die Möglichkeit einer Verwirkung des staatlichen Strafanspruchs bejaht, die tatsächlichen Voraussetzungen dafür aber im konkreten Fall verneint (NStZ 1981, 70).

e) Der 5. *Strafsenat*, der sich zunächst mit rechtstheoretischen Ausführungen zurückhielt (vgl. Urt. v. 26. 2. 1980 – 5 StR 9/80; ferner NStZ 1983, 80 [= StrVert 1983, 2 m. Anm. *Körner*]), hat in seinem Beschluß vom 20. 12. 1983 – 5 StR 643/83 [= StrVert 1984, 58] – (als obiter dictum) ausgesprochen, daß er der hier geschilderten Rspr. zum Vorliegen eines Verfahrenshindernisses nicht folgen wolle, vielmehr dazu neige, in entsprechenden Fällen »einen aus dem Rechtsstaatsprinzip herzuleitenden Strafausschließungsgrund« zu bejahen.

2. Die Annahme eines von Amts wegen zu beachtenden Verfahrenshindernisses ist schon vom Ansatz her zur Lösung der hier in Betracht kommenden Konflikte ungeeignet.

a) Als Verfahrenshindernisse kommen nur Umstände in Betracht, die nach dem ausdrücklich erklärten oder aus dem Zusammenhang ersichtlichen Willen des Gesetzes für das Strafverfahren so schwer wiegen, daß von ihrem Nichtvorhandensein die Zulässigkeit des Verfahrens im ganzen abhängig gemacht werden muß (*BGHSt* 15, 287, 290 m. w. N.; *Schäfer* in LR, StPO 23. A. Einl. Kap, 11 Rdnr. 6; vgl. auch *BGH* MDR 1984, 335 [= StrVert 1984, 99]).

Dies gilt auch für Verstöße gegen das Rechtsstaatsprinzip. Bei der Weite und Unbestimmtheit des Rechtsstaatsprinzips und der in ihm angelegten Gegenläufigkeiten verbieten sich unterschiedslose verfahrensrechtliche Sanktionen für Verletzungen von selbst (vgl. *BVerfGE* 57, 250, 276 [= StrVert 1981, 381]). Dem entspricht auch die einhellige Praxis. So führt – wie sich aus § 338 Nr. 1 StPO ergibt – die Mißachtung des Art. 101 Abs. 1 Satz 2 GG (gesetzlicher Richter) nur zu einem Verfahrensmangel, nicht zu einem Prozeßhindernis (vgl. *BGHSt* 19, 273, 276). Dasselbe gilt nach allgemeiner Meinung für die Verletzung des durch Art. 103 Abs. 1 GG garantierten rechtlichen Gehörs. Auch die vorschriftswidrige Abwesenheit des Angeklagten in der Hauptverhandlung wird nicht als Verfahrenshindernis, sondern lediglich als – nur auf formgerechte Rüge zu beachtender – absoluter Revisionsgrund nach § 338 Nr. 5 StPO angesehen (*BGHSt* 26, 84, 89 ff.). Der *BGH* hat es deshalb bisher auch stets abgelehnt, Verstöße gegen den aus dem Rechtsstaatsprinzip herzuleitenden Anspruch auf ein faires Verfahren (vgl. *BVerfGE* 57, 250, 274/275; 63, 45, 68/69, jeweils m. w. N.) zum Anlaß für die Bejahung eines Verfahrenshindernisses zu nehmen, so etwa bei der Frage nach den Folgen überlanger Verfahrensdauer (*BGHSt* 21, 81; 24, 239; *BGH* NStZ 1982, 291 [= StrVert 1982, 339] und 1983, 135 m. w. N.) oder bei Kenntnis der StA vom Verteidigungskonzept des Angeklagten (*BGH* MDR 1984, 335 [= StrVert 1984, 99]). Allerdings hat ein Vorprüfungsausschuß des *BVerfG* kürzlich Bedenken gegen die Rspr. des *BGH* zur Verletzung des Beschleunigungsgebots geäußert (NJW 1984, 967 [= StrVert 1984, 97]). Die Entscheidung des Vorprüfungsausschusses beruht jedoch nicht auf dieser Erwägung. Sie betrifft auch nur »extrem gelagerte Fälle, in denen das Strafverfahrensrecht keine Möglichkeit der Verfahrensbeendigung, z. B. durch Anwendung des § 153 StPO, zur Verfügung stellt«. Der zuständige Senat des *BVerfG* hat sich zu dieser Frage noch nicht geäußert.

b) Verfahrenshindernisse knüpfen an *Tatsachen* an (*BGHSt* 24, 239, 240). Diese mögen im Einzelfall schwierig zu ermitteln sein, stehen aber – wenn sie als gegeben erachtet werden müssen – der Fortführung des Verfahrens entgegen, ohne daß eine wertende Betrachtung zulässig oder gar erforderlich wäre. Die Frage, ob ein polizeilicher Lockspitzel den Tatentschluß des Angeklagten unter Überschreitung rechtsstaatlicher Grenzen hervorgerufen hat, ist das Ergebnis eines *Werturteils*, das untrennbar mit der Schuld des Angeklagten, insbesondere dem Grad eines gegen ihn vorher bestehenden Verdachts, seiner Tatbereitschaft und seiner nicht fremdgesteuerten Aktivitäten sowie der Art, Intensität und dem Zweck der Einflußnahme des Lockspitzels, verknüpft ist und deshalb sinnvollerweise nur nach umfassender Prüfung aller Umstände des Falles aufgrund einer Hauptverhandlung gefällt werden kann. Die Konturen der Rechtsfigur des Verfahrenshindernisses gingen verloren, wenn man allein an solche Wertungsergebnisse anknüpfen wollte (vgl. *Schäfer* a. a. O. Rdnr. 7; *BGHSt* 24, 239, 240; vgl. auch *Seelmann* ZStW 95 (1983), 797, 831 [siehe in diesem Band S. 285–300]).

c) Soweit in der Literatur (vgl. *Bruns* NStZ 1983, 49, 53 ff. [siehe in diesem Band S. 259–284] unter Berufung auf *Lüderssen* in Festschrift für Karl Peters S. 349, 354/355) versucht wird, die Bejahung eines Verfahrenshindernisses durch den *BGH* in den hier in Betracht kommenden Fällen dogmatisch durch einen Vergleich mit dem amerikanischen »estoppel«-Prinzip »abzusichern«, wird die Rspr. der amerikanischen Gerichte unzutreffend gewürdigt. Das »estoppel«-Prinzip ist kein Institut des Verfahrensrechts, sondern ein Grundsatz des materiellen Rechts (Halsbury's Laws of England 4. A. Bd. 16 Abschn. 1501). Es befreit auch niemanden von der Erfüllung seiner *Pflichten* (*Halsbury* a. a. O. Abschn. 1596). Da der Staat von seiner Verpflichtung zur Strafverfolgung auch nach dem common law durch das »estoppel«-Prinzip nicht entbunden werden könnte, haben die Gerichte der Vereinigten Staaten eine eigene »doctrine of entrapment« (Harris's Criminal Law 21. Aufl. S. 89 ff.; *Bader*, Die Verwertung rechtswidrig erlangten Beweismaterials im anglo-amerikanischen Strafverfahren S. 72/73; *Lüderssen* a. a. O. S. 354) entwickelt, die im Falle unzulässigen tatprovozierenden Verhaltens des Lockspitzels zum Freispruch des Angeklagten führt, also gerade kein Verfahrenshindernis begründet, und im übrigen nicht für besonders schwerwiegende Straftaten gilt (vgl. dazu im einzelnen *Stempel*, Der Lockspitzel im amerikanischen Recht S. 60 ff.).

III. Der Überschreitung rechtsstaatlicher Grenzen durch tatprovozierendes Verhalten eines polizeilichen Lockspitzels kann auch nicht durch eine andere rechtliche Konstruktion der »Verwirkung des staatlichen Strafanspruchs« Rechnung getragen werden. Der erkennende Senat vermag insbesondere dem von 5. *Strafsenat* erwogenen Gedanken eines aus dem Rechtsstaatsprinzip herzuleitenden Strafausschließungsgrundes (vgl. auch *Sieg* StrVert 1981, 636, 638 [siehe in diesem Band S. 228–237]; ferner mit anderer Begründung *Seelmann* a. a. O. S. 826 ff.) nicht zu folgen.

1. Schon die Annahme einer Verwirkung des staatlichen »Strafanspruchs« beruht auf einer unzulässigen Übertragung zivilrechtlicher Kategorien auf das Strafrecht.

Zwar ist allgemein anerkannt, daß der Rechtsgedanke der Verwirkung durch treuwidriges Verhalten auch im öffentlichen Recht gilt (vgl. *BVerwGE* 3, 297, 299 f.; 16, 262, 263; *BVerfGE* 27, 231, 236; 33, 265, 293). Gegenstand der Verwirkung sind aber auch dort materielle Rechte oder prozessuale Befugnisse (*BVerfGE* 32, 305, 308 f.). Die mißverständliche Formulierung »Strafanspruch« täuscht darüber hinweg, daß es hier nicht um eine verwirkbare günstige Rechtsposition, sondern um eine Funktion des Staates, um seine Verpflichtung zum Rechtsgüterschutz durch die Verfolgung strafbarer Handlungen geht (so zutreffend *Seelmann* a. a. O.

S. 825). Er kann von dieser Verpflichtung nicht durch das Fehlverhalten einzelner in seinem Namen Handelnder freigestellt, geschweige denn an ihrer Erfüllung gehindert werden. *Foth* (NJW 1984, 221, 222 [siehe in diesem Band S. 301–304]) hat auf die unhaltbaren Konsequenzen hingewiesen, die sich bei einer allgemeinen Anerkennung des Verwirkungsgedankens im Strafrecht etwa im Bereich der Tötungs-, aber auch der Raub- und Diebstahlskriminalität ergeben könnten. Die dem Schutz des Staates anvertrauten Rechtsgüter würden damit im Ergebnis zur Disposition des polizeilichen Lockspitzels gestellt, der seine Befugnisse überschreitet und damit den ihm vom Staat erteilten Auftrag mißbraucht.

Im übrigen fehlt es in den hier in Betracht kommenden Fällen an dem für die Anwendung des Verwirkungsgedankens wesentlichen Gesichtspunkt des Vertrauensschutzes (*Seelmann* a. a. O. S. 823; ebenso *Bruns* a. a. O. S. 54, der allerdings ohne nähere Begründung dieses Erfordernis auf »zivilrechtliche Situationen« beschränkt wissen will). Der polizeiliche Lockspitzel gibt sich nicht als »Vertreter« des Staates zu erkennen und weckt deshalb auch kein Vertrauen auf Straflosigkeit. Der von *Dencker* (Festschrift für Dünnebier S. 447ff., 456, 459f. [siehe in diesem Band S. 238–258]) angesprochene Gedanke der »Zerstörung des allgemeinen Grundvertrauens« durch den Einsatz tatprovozierender Lockspitzel läßt sich in die dem Institut der Verwirkung zugrunde liegenden Rechtsgedanken nicht einordnen.

2. Die Anerkennung eines Strafausschließungsgrundes bei Überschreitung der Grenzen des tatprovozierenden Lockspitzeleinsatzes würde im übrigen – unabhängig von seiner dogmatischen Begründung – zu einem unlösbaren Wertungswiderspruch mit der gesetzlichen Regelung vergleichbarer Situationen führen.

Weisungsgebundene Beamte und gehorsamspflichtige Soldaten haften strafrechtlich – von hier nicht in Betracht kommenden Fällen des Irrtums abgesehen – für Straftaten, die sie auf dienstliche Anordnung oder auf Befehl begehen. Sie dürfen Weisungen zur Begehung einer Straftat nicht befolgen (§ 56 Abs. 2 S. 3 BBG; § 38 Abs. 2 BRRG; § 7 Abs. 2 UZwG; § 11 Abs. 2 SoldG). Der Gedanke an einen Strafausschließungsgrund aus der Erwägung, der Staat könne nicht bestrafen, was er selbst befohlen habe, ist – mit Recht – bisher nie geäußert worden, obwohl in diesen Fällen die vermeintliche Widersprüchlichkeit im Verhalten »des Staates«

besonders deutlich wird und sogar der Gesichtspunkt des »Vertrauensschutzes« naheläge. Dies zeigt, daß die Bedenken gegen die Bestrafung des Täters aus der Erwägung, die »Zurechnungsinstanz« sei »selbst in die Tatbegehung verstrickt« (*Seelmann* a. a. O. S. 828), auf einer unzulässigen Gleichsetzung des Staates mit dem pflichtwidrig die Tat provozierenden Lockspitzel beruhen.

Die äußerste Grenze für die Berücksichtigung tatprovozierenden Verhaltens staatlicher »Repräsentanten« im Bereich der Strafbarkeit liegt nach der klaren Wertentscheidung des Gesetzgebers, an die die Rspr. gebunden ist, in der Möglichkeit eines Absehens von Strafe bei Vergehen, wie sie § 5 Abs. 2 WStG für besondere Situationen der Befolgung eines militärischen Befehls vorsieht. Ob und unter welchen Voraussetzungen in Extremfällen eine Analogie zu dieser Vorschrift beim Lockspitzeleinsatz geboten oder erlaubt ist, braucht hier nicht entschieden zu werden.

IV. Mit der Ablehnung eine Verwirkung des Strafanspruchs wegen widersprüchlichen Verhaltens des Staates entfallen auch wesentliche Argumente für die in der Literatur verschiedentlich (*Lüderssen* a. a. O. S. 363; *Franzheim* NJW 1979, 2014; *Berz* JuS 1982, 416) befürwortete Annahme eines Beweisverbots (*Seelmann* a. a. O. S. 825). Es kann daher offen bleiben, ob etwa eine Analogie zu § 136a StPO dogmatisch überhaupt vertretbar und in ihrer praktischen Ausgestaltung geeignet wäre, befriedigende Ergebnisse herbeizuführen.

V. Der hier vertretenen Auffassung läßt sich nicht entgegenhalten, sie ignoriere im Strafverfahren die Grenzen zulässigen Lockspitzeleinsatzes.

1. Die nachhaltige erhebliche Einwirkung des Lockspitzels auf den Täter ist ein wesentlicher Strafmilderungsgrund. Der auf diesem Wege dem Tatrichter zur Verfügung stehende Spielraum zur angemessenen Berücksichtigung aller Umstände, die zur Tat geführt haben, reicht über die Verneinung eines besonders schweren Falles trotz Vorliegens eines oder mehrerer Regelbeispiele und über die Annahme eines minder schweren Falles bis zur Einstellung des Verfahrens nach §§ 153, 153a StPO bei Vergehen. Bei Verbrechen wird regelmäßig ein Zurückgehen auf die gesetzliche Mindeststrafe unter Ausnutzung der auch hier im allgemeinen durch §§ 47 Abs. 2, 59 StGB eröffneten Möglichkeit einer Verwarnung mit Strafvorbehalt ausreichen. Daß dort eine völlige Straflosigkeit wegen der

Überschreitung rechtsstaatlicher Grenzen durch den tatprovozierenden Einsatz des polizeilichen Lockspitzels ausscheidet, steht im übrigen in Einklang mit der von den Befürwortern weitergehender Konsequenzen als Vorbild herangezogenen amerikanischen »doctrine of entrapment«, die auf besonders schwerwiegende Delikte – wie bereits erwähnt – keine Anwendung findet (*Stempel* a. a. O. S. 62).

2. Die Versuche, bei unzulässigem Lockspitzelverhalten unabhängig von der Schuld des provozierten Täters eine Verurteilung zu verhindern, beruhen ersichtlich zumindest auch auf dem verständlichen Ziel, ungesetzliche Maßnahmen der Polizei ineffektiv zu machen und auf diese Weise den Anreiz zu ihrer Anwendung zu beseitigen (vgl. *Dencker* a. a. O. S. 464). Sie übersehen, daß das Strafverfahren an die Schuld des Angeklagten anzuknüpfen hat. Die Verfolgung außerhalb des einzelnen Verfahrens liegender Zwecke ist unzulässig. Mit Recht hat im übrigen *Seelmann* (a. a. O. S. 826) darauf hingewiesen, daß derartige Versuche der Strafgerichte, Einfluß auf die Praxis des Lockspitzeleinsatzes zu nehmen, weitgehend untauglich wären. Der die Grenzen des Zulässigen überschreitende polizeiliche Lockspitzel und die für sein Verhalten Mitverantwortlichen werden in aller Regel nicht vom Ausgang des späteren Strafverfahrens motiviert. Es ist im übrigen Aufgabe der Strafverfolgungsbehörden und notfalls des Gesetzgebers, rechtsstaatswidrige Praktiken mit dem erforderlichen Nachdruck zu unterbinden.

3. Daß die Qualifikation des konkreten Lockspitzeleinsatzes als rechtsstaatswidrig auch rechtsethisch nicht notwendig einer Bestrafung des Verlockten entgegenstehen muß, zeigt ein Blick auf andere Rechtsordnungen, die tatprovozierendes Verhalten eines V-Mannes allgemein für unzulässig halten:

a) Die von den Gerichten der Vereinigten Staaten entwickelte »doctrine of entrapment« hat in Großbritannien trotz scharfer Mißbilligung (»strong disapproval«) des Lockspitzeleinsatzes durch die Gerichte keine Anerkennung gefunden (*Harris* a. a. O. S. 91; in der 22. A. wird sie vom Autor nicht einmal mehr erwähnt).

b) Die österreichische Strafprozeßordnung enthält in § 25 ein ausdrückliches Verbot des Lockspitzeleinsatzes. Gleichwohl hat es der Oberste Gerichtshof bisher stets abgelehnt, aus einer Verletzung dieser Vorschrift prozessuale oder materiellrechtliche Folgerungen für das Strafverfahren gegen den Verlockten zu ziehen (SSt 27/20 und 50/30).

B. Bei der Strafzumessung gegen den Angeklagten M. hat sich das Tatgericht ersichtlich von der Straflosigkeit des Mitangeklagten L. leiten lassen. Diese Erwägung wird durch die Aufhebung des Einstellungsurteils der Boden entzogen. Bei der neuen Verhandlung wird die Strafkammer im übrigen deutlicher erkennen lassen müssen, daß sie sich der Notwendigkeit bewußt ist, die Frage nach dem Vorliegen eines besonders schweren oder minder schweren Falles für jeden Tatbeteiligten gesondert zu prüfen. Das Ergebnis dieser Prüfung richtet sich – wenn auch unter Berücksichtigung der Tat des anderen Beteiligten – nach dem Tatbeitrag und der Person des Teilnehmers, dessen Strafe zugemessen werden soll (*BGH* NStZ 1982, 206 m. w. N. [= StrVert 1982, 261]; Senatsbeschl. v. 24. 2. 1983 – 1 StR 55/83 – und v. 16. 2. 1984 – 1 StR 32/84).

Hans-Jürgen Bruns
Zur Frage der Folgen tatprovozierenden Verhaltens polizeilicher Lockspitzel

*Eine Besprechung des Urteils BGH 1 StR 148/48
vom 23. 5. 1984*

I. Die allgemeine Bedeutung der Entscheidung

1. Wende der Rechtsprechung?

Trotz der allgemein gehaltenen Überschrift, die – nicht ohne Grund – auf die Formulierung eines Leitsatzes verzichtet, leistet das wichtige Urteil einen weiteren interessanten Beitrag zur Klärung der V-Mann-Problematik, speziell zur prozessualen Beurteilung des Einsatzes von früher sog. agents provocateurs. Wenn es wirklich zu dem am Schluß (zu V., 1.) umschriebenen und offensichtlich vom 1. Senat erstrebten Ergebnis führen würde, daß »selbst eine Überschreitung der Grenzen zulässigen Lockspitzeleinsatzes« sich nur als *Strafmilderungsgrund* auswirkt, d. h. weder ein Prozeßhindernis begründen, noch die Verwirkung des staatlichen Strafanspruchs zur Folge haben, geschweige denn einen Strafausschließungsgrund oder ein Beweisverbot bilden könnte, dann würde es sich in der Tat um eine sensationelle Entscheidung handeln, die – wegen ihrer V-Mann-»freundlichen« und für die Polizei »günstigen« Tendenz – dem ähnlich ausgerichteten Vorlagebeschluß des 2. Senats zur Frage der Verwertbarkeit der Aussage eines »gesperrten« V-Mannes[1] entwicklungsgeschichtlich gleichgestellt werden müßte und des allgemeinen Interesses sicher sein könnte, obwohl sie alles andere als eine abschließende Klärung der Probleme bringt. Vorläufig interessiert nur, ob das Urteil gleichwohl schon jetzt eine *grundsätzliche Wende* einleitet, die auf den Protest der Verteidiger stoßen muß, und der herrschenden Meinung der Strafrechtslehrer, wie sie auf der letzten Tagung in Bern zum Ausdruck gebracht worden ist[2], eine deutliche Absage erteilen will.

Obwohl der Senat sich mit einzelnen dieser Autoren auseinandersetzt, relativiert sich jener erste Eindruck bei näherer Betrachtung bald, weil es primär um eine bemerkenswerte *Meinungsdiskrepanz* zwischen einigen, sogar *sämtlichen Senaten* des BGH handelt, deren ausführlich dargestellte Rechtsprechung »zu den hier wesentlichen Fragen allerdings noch nicht völlig eindeutig und gefestigt ist«. Diese Formulierung enthält eine »Untertreibung« der tatsächlich vorliegenden rechtsdogmatischen Gegensätze, aber auch – was noch wichtiger ist – die Verschleierung der Tatsache, daß alle Senate, die – mehr oder weniger angreifbare – Lösung des Problems jedenfalls nicht auf die Strafzumessungsebene abgedrängt, sondern auf anderem, vorwiegend prozessualen Gebiet gesucht haben. Die derzeitige Lage schildert *Roxin*[3] zutreffend wie folgt:

»Seit 1980 beginnt sich in der Rechtsprechung ein neues Verfahrenshindernis herauszubilden. Der BGH hat die Möglichkeit einer Verwirkung des staatlichen Strafanspruchs gegenüber Beschuldigten anerkannt, die durch polizeiliche Lockspitzel in rechtsstaatwidriger Weise zu ihren Straftaten (meist Rauschgiftdelikten) provoziert worden sind (BGH NJW 1980, 1761 [s. in diesem Band S. 175–177]; 1981, 1626 [s. in diesem Band S. 180–182]; StrVert 1981, 276; NStZ 1981, 70; NStZ 1982, 126f. [s. in diesem Band S. 192–194]; MDR 1982, 448 bei Holtz; NStZ 1983, 80). Eine rechtsstaatswidrige Einwirkung ist vor allem dann anzunehmen, wenn der Angeklagte bisher unbestraft oder rauschgiftabhängig oder die Beeinflussung besonders intensiv war. Die Verwirkung, zu deren Begründung vor allem auf den Rechtsgedanken des § 136a (Täuschung!) und des venire contra factum proprium (der Staat darf den nicht bestrafen, den er selbst erst zu seiner Straftat veranlaßt hat) zurückgegriffen wird, führt zu einem Strafverfolgungs- und Prozeßhindernis; (ein solches hat der BGH als möglicherweise vorliegend angesehen in NStZ 1981, 70; 1982, 126, 156 = MDR 1982, 448). Wissenschaftlich ist das Problem zuerst von *Lüderssen*, Verbrechensprophylaxe durch Verbrechensprovokation?, Peters-Festschrift 1974, 349, behandelt worden. Zur neueren Diskussion, die noch im Fluß ist, vgl. *Berz*, JuS 1982, 460; *Mache*, StrVert 1981, 600; *Sieg*, StrVert 1981, 636 (s. in diesem Band S. 228–237); *Dencker*, Dünnebier-Festschrift, 447 (s. in diesem Band S. 238–258); *Bruns*, NStZ 1983, 49 (s. in diesem Band S. 259–284).«

Obwohl sich noch keine festen Rechtsgrundsätze herausgebildet haben, läßt sich doch sagen, daß die rechtsdogmatischen Ansatzpunkte der Rechtsprechung beachtlich und im Schrifttum, wenn auch aus unterschiedlichen Gründen, weitgehend zustimmend aufgenommen worden sind. Eine Wende, wie sie das Urteil »andeutet«[4], wäre schon ein *bemerkenswertes Ereignis*, würde aber zunächst voraussetzen, daß sich die anderen Senate des BGH der neuen Ansicht des Urteils anschließen, was nicht vorauszusehen ist[5], und bei den erneut in Bedrängnis geratenen Verteidigern vor einer abschließenden Stellungnahme den Ruf nach einer Entscheidung des Großen Senats zur Sicherung einer einheitlichen Rechtsprechung (§ 137 GVG) lauter werden lassen

2. Die tragenden Gründe der Entscheidung

Ob und wieweit dafür die erforderlichen Voraussetzungen gegeben sind, muß zuvor sorgfältig geprüft werden. Denn das Urteil setzt sich aus *zwei heterogenen Teilen* zusammen: Der Senat hält zunächst an dem auch vom Tatrichter übernommenen Grundsatz fest, daß tatprovozierendes Verhalten polizeilicher Lockspitzel nur innerhalb der durch das Rechtsstaatsprinzip gesetzten Grenzen hingenommen werden kann, und daraus folgt alsbald, daß eine »*Überschreitung*« dieser »Zulässigkeitsgrenzen« rechtliche Folgerungen haben muß, die in der neuesten, im Urteil zustimmend zitierten Entscheidung BGH NStZ 1984, 78 m. w. N. (siehe in diesem Band S. 194–199) wie folgt umschrieben worden sind:

»Das Vorgehen eines mit Billigung der Polizeibehörde handelnden Lockspitzels *überschreitet* die Grenze des Zulässigen nicht nur dann, wenn er einen anderen so in der Gewalt hat, daß dieser unbedingt seinen Wünschen nachkommen muß. Auch wenn er den anderen mit erheblicher Intensität zu erneutem strafbaren Tun veranlaßt sowie im weiteren Verlauf der Tat in jeder Phase mitbeherrscht und steuert, erscheint der dem staatlichen Organ zuzurechnende Tatbeitrag auch bei Berücksichtigung der vom Angestifteten später entwickelten Aktivität unvertretbar übergewichtig.«[6]

Unter diesen Gesichtspunkten hat auch der 1. Senat das angefochtene Stuttgarter Urteil (siehe in diesem Band S. 315–327) geprüft und ist hier zu dem Ergebnis gelangt, daß von einer »unvertretbar übergewichtigen« Initiative des Lockspitzels »keine Rede sein kann«. Ob das richtig ist, braucht hier nicht kontrolliert werden; es handelt sich um eine Folgerung aus der für erforderlich gehaltenen »*Gesamtwürdigung*« aller Umstände, die für die »Gewichtigkeit« der beiderseitigen Tatbeiträge von Bedeutung sind. Das mit einer solchen Abwägung verbundene »Werturteil« wird später für die Erörterung eines Prozeßhindernisses eine wichtige Rolle spielen.[7] Vorerst genügt die Feststellung, daß nach Ansicht des Senats eine grenzüberschreitende unzulässige Mitwirkung des Lockspitzels eindeutig *nicht* vorlag, die Aufhebung des angefochtenen Urteils deshalb »*schon aus tatsächlichen Gründen*« geboten war. Damit hätte der Fall für die Revisionsinstanz abgeschlossen sein können und müssen, ohne daß Anlaß zu weiteren Überlegungen bestand. Das Landgericht muß nämlich in der neuen Verhandlung von der »Aufhebungsansicht« des BGH ausgehen, also ein zulässiges Verhalten des Lockspitzels seiner neuen Entscheidung zugrunde legen. Eine Alternative, daß möglicherweise doch eine Grenzüberschreitung in Betracht käme, schied nach Lage der Sache völlig aus, so daß zunächst unerfindlich bleibt, warum sich der Senat überhaupt noch damit, sogar ausführlich, beschäftigt hat.

3. Der rechtstheoretische Exkurs des Urteils, hypothetische Fälle

Seine im Hauptteil II der Gründe gemachten Rechtsausführungen beschäftigen sich mit den hier gar nicht vorliegenden und zur Entscheidung gestellten Fällen eines »*unzulässigen*« rechtsstaatwidrigen Lockspitzeleinsatzes und haben gemeinsam, daß sie die dafür bisher vorgeschlagenen Lösungsmöglichkeiten sämtlich verneinen. Offenbar sollen damit ganz allgemein Hinweise an die Tatrichter in dieser Richtung gegeben, vielleicht sogar die anderen BGH-Senate zur Überprüfung und Änderung ihrer bisherigen Rechtsprechung veranlaßt werden. Das erscheint *ungewöhnlich*, weil es bisher als weise Selbstbeschränkung des Revisionsrichters angesehen wurde, nur zum konkreten Fall Stellung zu nehmen, jedenfalls keine zusätzlichen Abhandlungen über nicht gegebene Sachverhalte zu schreiben. Unbedenklich ist zwar, daß der BGH gelegentlich – über die eigentlich tragenden Urteilsgründe hinaus – dem in derselben Sache erneut tätig werdenden Tatrichter gewisse *Hinweise* für seine Entscheidung gibt, etwa mit Hilfe eines »obiter dictum« seine grundsätzliche Haltung abrundet oder erläutert.

Aber darum ging es hier beim Landgericht Stuttgart, wie dargelegt, *gerade nicht*. Vielmehr sind die »*hypothetischen*« Lösungsvorschläge des Senats ganz offensichtlich an eine breite interessierte Öffentlichkeit gerichtet und so ausführlich gehalten, daß sie mehr als die Hälfte der Urteilsgründe (S. 7–19) einnehmen. Sie als bloße »obiter dicta« zu betrachten und zu werten, fällt zumindest schwer. Näher liegt die Annahme, der Senat wolle durch die Darlegung seiner neuen Rechtsauffassung einen grundlegenden Wegweiser für die abweichende Beurteilung des Lockspitzeleinsatzes in Lehre und Rechtsprechung geben. Diese methodisch ungewöhnlichen »hypothetischen« Rechtsausführungen, auf denen das Urteil gar nicht beruht, und zu einem Sachverhalt, der nicht zur Entscheidung stand, mögen zwar für manchen die Autorität, die Geltungskraft des Richterspruchs schmälern, gehen aber doch andererseits über die Bedeutung von *privaten Meinungsäußerungen* beteiligter Senatsmitglieder *hinaus*. Das mag nicht zuletzt deshalb erwähnt werden, weil in den Gründen ausdrücklich auf den tendenziell gleichgerichteten Aufsatz von *Foth*, NJW 1984, 221 (siehe in diesem Band S. 301–304), hingewiesen wird, der offensichtlich die Stellungnahme des Senats beeinflußt hat. Aber auch vor diesem Hintergrund bleiben rein theoretische Meinungsäußerungen hoher Richter für die Rechtslehre interessant genug, um die Diskussion fortzusetzen, obwohl es sich um einen ungewöhnlichen Vorgang handelt. In dem gebotenen kurzen Rahmen einer Urteilsbesprechung können allerdings nur die wenigen rechtsdogmatischen Ansatzpunkte aufgegriffen werden, die das Urteil selbst erwähnt. Daß damit die zu allen Punkten umfangreiche Literatur nicht annähernd ausgeschöpft wird, vieles nur durch Stichworte angedeutet werden muß, liegt für den Sachkundigen auf der Hand.

4. Der Sachverhaltskern: widerspruchsvolles Verhalten der Strafverfolgungsorgane

Die vom 1. Senat abgelehnten Lösungsmöglichkeiten sind ganz überwiegend in der Praxis entwickelt worden. Trotz der verdienstvollen, etwas länger zurückliegenden Vorarbeit von Peters und Lüderssen[8], waren es doch erst die sich mehrenden einschlägigen Entscheidungen aller Strafsenate des BGH, die später das Schrifttum ermunterten, den neu in der Diskussion eingeführten Stichworten vom Verfahrenshindernis, Verwirkungsgedanken usw. nachzugehen, und wahrscheinlich ist das ganz allgemein etwas voreilig, ohne genügende rechtsdogmatische Absicherung geschehen, die erst auf der letzten Strafrechtslehrertagung[2] bis zu einem gewissen Grade nachgeholt wurde. Der *Mangel* mag an der Kürze der zur Verfügung stehenden Zeit liegen, läßt sich aber besser *anders erklären*: Offensichtlich war die Entwicklung reif für die Einsicht, daß es notwendig sei, der überhand nehmenden »illegalen« Tatprovokation durch Lockspitzel in irgendeiner rechtlichen, justizstaatlichen Form entgegenzutreten.⁹ Grundlage dafür war ein *Sachverhalt* (!), der grob unter der zusammenfassenden Bezeichnung »widerspruchsvolles Verhalten« registriert und als Verstoß gegen den Grundsatz des fairen Verhaltens empfunden wurde, wobei man sich über die rechtsdogmatische Konstruktion der daraus zu ziehenden Folgen wahrscheinlich nicht so recht klar, jedenfalls nicht einig war.

Im Grunde ging es um die tatsächliche und rechtliche Auswertung eines alten, aber nur wenig bekannten Rechtsprinzips, das früher in der Formulierung »venire contra factum proprium« erörtert worden ist. Da die lateinische Bezeichnung im Laufe der Jahre immer mehr unverständlich wurde, suchte man nun den Sachverhalt des widerspruchsvollen Verhaltens mit dem amerikanischen »*estoppel*«-*Prinzip* in Verbindung zu bringen, ihn so schlagwortartig zu kennzeichnen. Aber das geschah nur zur Erleichterung der gedanklichen Verständigung, *nicht* um damit ein Verfahrenshindernis bei uns »rechtsdogmatisch abzusichern«. Keineswegs war daran gedacht, einfach etwaige ausländische Rechtsgrundsätze mehr oder weniger unbesehen auf das deutsche Straf- oder Prozeßrecht zu übertragen. Eine solche Anregung wäre von vielen Diskussionsteilnehmern schon rechtsgrundsätzlich als abwegig angesehen worden, zumal wenn sie mit dem ausländischen Recht nicht genügend vertraut sind. Die Belehrung des Urteils, daß damit(?) die Rechtsprechung der amerikanischen Gerichte unzutreffend gewürdigt worden sei, trifft zwar nicht den entscheidenden Punkt, kann aber hingenommen, letzten Endes den Sachkennern des ausländischen Rechtes überlassen werden. Denn eine damit verbundene rechtliche Absicherung bestimmter Rechtsfolgen nach deutschem Recht war nicht beabsichtigt.¹⁰

Es handelt sich bei dem Stichwort »estoppel«-Prinzip lediglich um eine abkürzende Verweisung auf die entsprechenden Erscheinungsformen des widerspruchsvollen Verhaltens, dessen rechtliche Bedeutung schon bisher unabhängig vom ausländischen Recht geprüft und z. B. in der Rechtsprechung zu der ganz anderen Frage, ob die durch Einstellung ausgeschiedenen Straftaten strafschärfend berücksichtigt werden dürfen, als Verstoß gegen den Grundsatz der Verfahrensfairneß gewürdigt worden ist.¹⁰ Im übrigen zeigt der Ausgang des weltweit beachteten Sensationsprozesses gegen den Autofabrikanten DeLorean, der von den Lockspitzeln in eine Falle gelockt, nämlich zur Verübung von Straftaten ermuntert worden war und deshalb (!) freigesprochen worden ist, daß die amerikanische Justiz auf derartige Auswüchse ganz energisch reagiert, nicht etwa nur mit Einstellung des Verfahrens, sondern sogar durch Freispruch des Angeklagten. Diese Entscheidung des Geschworenengerichtes in Los Angeles bedeutet nach Ansicht der Weltpresse eine schwere Niederlage des FBI und seiner Geheimoperationen. Ein Argument zugunsten der vom 1. Senat jetzt vorgeschlagenen »Rechtsfolgenlösung« kann aus dem im Urteil betonten Unterschied zwischen Einstellung und Freispruch wahrlich nicht hergeleitet werden. Vielmehr bleibt es bei der insoweit vorbildlichen Haltung der amerikanischen Gerichte. Ich habe schon früher auf die Notwendigkeit einer rechtstheoretischen Vertiefung der aus jenem Sachverhalt zu ziehenden Rechtsfolgen hingewiesen und will demjenigen nicht entgegentreten, der meint, sie sei – in genügendem Ausmaß – bisher noch nicht erfolgt, wofür dann allerdings mehr (überzeugende) Beweise beizubringen wären, als sie dem Urteil zu entnehmen sind.

II. Die vom BGH abgelehnten Lösungsvorschläge

Die im rechtstheoretischen Teil des Urteils enthaltenen Ausführungen sind von unterschiedlicher Qualität und entsprechender Länge oder Kürze. Offensichtlich beabsichtigen sie nicht – was natürlich nicht zu erwarten war –, das einschlägige Schrifttum auch nur annähernd vollständig auszuwerten. Gleichwohl erscheint die Auswahl der angesprochenen und meist kritisierten Autoren unvollständig und etwas einseitig, nämlich stark unter dem Gesichtspunkt erfolgt zu sein, einzelne Schwachstellen in der Argumentation der nicht in die Zielrichtung des Urteils passenden »Senatsgegner« aufzudecken. Wichtige Teile ihrer Beweisführung werden so ausgespart, und daraus ergibt sich ein oft *lückenhaftes Gesamtbild*, das dem wirklichen Stand der Rechtslehre nicht entspricht. Die fehlenden Abhandlungen, oft gewichtige Monographien, können natürlich hier nicht nachreferiert werden, vielmehr muß genügen – ist andererseits aber auch unverzichtbar –, wenigstens kurz auf ihre Existenz und das von ihnen benutzte Schrifttum hinzuweisen. Die Notwendigkeit einer solchen Ergänzung ist durch den Darstellungsstil des Urteils vorprogrammiert, ihre Knappheit ihm notwendigerweise angepaßt.

1. Die Verneinung eines Verfahrenshindernisses

Die erwähnten Vorbehalte gelten allerdings nicht oder nur in stark verringertem Maß für die Frage, ob der rechtsstaatswidrige Lockspitzeleinsatz wegen des widerspruchsvollen Verhaltens der Strafverfolgungsorgane ein Verfahrenshindernis begründen kann. Insoweit bedeutet die Stellungnahme zumindest einen *Fortschritt* der Diskussion. Was der Senat – im wesentlichen unter Übernahme der grundlegenden Ausführungen von Karl *Schäfer* – zu einer solchen »negativen Prozeßvoraussetzung«[11] sagt, kann m. E. bis auf weiteres nach erneuter Überprüfung akzeptiert werden, obwohl *Volk* 1978[12] versucht hat, den Begriff und die Funktionen von Prozeßvoraussetzungen neu zu bestimmen. Da der Senat darauf jedoch nicht eingeht, erübrigt sich die weitere Verfolgung dieses Gedankenganges. Entscheidend bleibt deshalb die Erwägung, die Verfahrenshindernisse müßten sich auf Tatsachen gründen; wenn man allein an *Werturteile* anknüpfe, wie sie aufgrund der für notwendig erachteten »Gesamtwürdigung« der Intensität des Lockspitzeleinsatzes für maßgebend bezeichnet werden, *»gingen die Konturen dieser Rechtsfigur verloren«*. Ob dieser – zunächst einleuchtende – Standpunkt aufrechterhalten, die Zahl der Prozeßhindernisse über die Beispiele ihrer »gesetzlich«(!) ausdrücklichen Regelung hinaus nicht vermehrt werden kann, ist neuerdings durch die Entscheidung des Bundesverfassungsgerichts NJW 1984, 967 zweifelhaft geworden, weil dieses für »extrem gelagerte« Fälle einer Verletzung des Beschleunigungsgebotes gegen die Rechtsprechung des BGH ein *Prozeßhindernis* anerkannt hat, das »sich unmittelbar aus dem Rechtsstaatgebot des Grundgesetzes« ableiten läßt. Das erscheint u. a. deshalb bemerkenswert, weil der BGH seine gegenteilige Ansicht auch hier mit der Notwendigkeit der Anknüpfung an bestimmte Tatsachen und mit dem Hinweis begründet hat[13], bei einer Vernachlässigung des Beschleunigungsgebotes fehle es an der erforderlichen Bestimmtheit, da es für die »Überlänge« der Verfahrensdauer auf eine »wertende Betrachtung«, auf die Angemessenheit oder Unangemessenheit der Verzögerung ankommt. Insoweit gibt es also, wie schon *Ulsenheimer*[14] herausgearbeitet hat, deutliche Gemeinsamkeiten und Parallelen zwischen beiden Fällen.

Ihre Eindruckskraft kann nicht durch den (abwertenden) Hinweis des 1. Senates beeinträchtigt werden, es handelte sich nur um eine Entscheidung des Vorprüfungsausschusses[15], die zudem

»nicht auf diesen Erwägungen beruht«. Die hypothetischen, nicht fallbezogenen Rechtsausführungen des Urteils tun das jedenfalls noch weniger: Denn wenn der Senat an den Grundsätzen der Rechtsprechung, wie sie im BGH NStZ 1984, 78 (siehe in diesem Band S. 195-199) zusammengefaßt sind[16], mit ausdrücklicher Betonung »*festhält*«, dann ist ja wohl ausgeschlossen, diese in den tragenden Urteilsgründen enthaltene Stellungnahme, also dem Kern seiner »Entscheidung«, nachträglich in einem solchen rechtstheoretischen Exkurs gerade für den Fall »übergewichtig unvertretbarer Aktivität« des Lockspitzels in ihr Gegenteil umzuwandeln, vielleicht sogar in die Strafzumessung zu drängen.

Es ist also keineswegs sicher, daß der entscheidende Gesichtspunkt für die Verneinung eines Verfahrenshindernisses, nämlich die fehlende Anknüpfung an Tatsachen, das Abstellen auf eine wertende Betrachtung, in Zukunft durchgehalten werden kann, insbesondere ob nicht wenigstens auch hier »in extrem gelagerten« Sonderfällen, z. B. wenn sich die Grenzüberschreitung des Lockspitzels geradezu »mit Händen greifen läßt«, sich eindeutig aus den festgestellten Tatsachen – ohne die Möglichkeit einer abweichenden Bewertung – ergibt, nicht ein Prozeßhindernis (praeter legem?) anerkannt werden kann. Gleichwohl bleibt die *Gegenüberstellung* von Prozeßhindernissen und bloßen Verfahrensmängeln interessant, insbesondere die Übersicht über die Fälle, in denen bei bestimmten Gesetzesverletzungen nur ein Verfahrensmangel und damit ein auf formgerechte Rüge zu beachtender Revisionsgrund, nicht aber ein von Amts wegen zu berücksichtigendes Prozeßhindernis angenommen worden ist. Dazu zählen, wie das Urteil selbst hervorhebt, z. B. die Verstöße gegen den aus dem Rechtsstaatsprinzip herzuleitenden Anspruch auf ein faires Verfahren. Auf die naheliegende Frage, ob sich das widerspruchsvolle Verhalten der Strafverfolgungsorgane nicht in diese Gruppe von *Verfahrensmängeln* eingliedern läßt, geht das Urteil gar nicht ein; wir werden darauf später zurückkommen.[17]

2. Zur Frage der Verwirkung

Das Urteil spricht mehrfach von einem Verfahrenshindernis eigener Art »wegen Verwirkung« des staatlichen Strafanspruchs. Diese sprachliche Verbindung verschiedener Gesichtspunkte verdunkelt die Tatsache, daß es sich um mehrere selbständige rechtliche Konstruktionen handelt, die nicht nur in ihrer Kombination Relevanz gewinnen. Gemeinsam ist lediglich die Tatsachengrundlage in beiden Fällen, nämlich das widerspruchsvolle Verhalten der Strafverfolgungsorgane. Die Verwirkung wird deshalb später[18] auch als selbständige Rechtsfigur abgehandelt. Es ist zuzugeben, daß damit ein *Schwachpunkt* der neuen Lehre aufgegriffen worden ist, die hier – auch nach der verdienstvollen Zusammenstellung der Verwirkungsmodelle durch *Seelmann*[19] – einer rechtsdogmatischen Vertiefung bedurft hätte. Denn der mit der Verwirkung des Strafanspruchs operierenden Begründung fehlt die Präzision.

Der erste Einwand des Urteils trifft allerdings nicht zu, nämlich die Annahme, die Verwirkung des staatlichen Strafanspruchs beruhe auf einer unzulässigen Übertragung zivilrechtlicher Kategorien »auf das Strafrecht«.[20] Das ist eine bloße, nicht näher begründete Behauptung, die schon durch die apodiktische Gegenthese hinreichend in Zweifel gezogen werden könnte. Im übrigen erwähnt das Urteil selbst, wenn auch ganz kurz, die Möglichkeit der *Verwirkung »prozessualer Befugnisse«*. Wir kennen sie genauer aus der Habilitationsschrift von *Werner Schmid* über die Verwirkung von Verfahrensrügen im Strafrecht. Dabei spielt der Gesichtspunkt des Widerspruchs zum eigenen vorausgegangenen Prozeßverhalten, sei es des Verteidigers oder des Staatsanwalts, eine wichtige Rolle. Diese Lehre ist, wie schon seit langem bei *Kleinknecht*[21] erwähnt, geradezu *aus dem Zivilprozeß übernommen* worden, und es ist deshalb nicht einzusehen, weshalb sie nicht erweitert auf das Verhalten der Strafverfolgungsorgane einschließlich Staatsanwaltschaft und Polizei, hinsichtlich des Einsatzes von Lockspitzeln angewandt werden dürfte.

Die Ablehnung des Verwirkungsgedankens läßt sich auch nicht, wie das Urteil meint, durch die *»mißverständliche«* Formulierung *»Strafanspruch«* des Staates wirksam unterstützen. Was daran mißverständlich sein soll, ist schwer auszumachen. In der Strafrechtslehre, insbesondere bei der Erörterung der Verjährung, ist der Ausdruck durchaus geläufig, in der Monographie von *Hilde Kaufmann*[22] sogar in den Titel *Strafanspruch und Strafklagerecht* aufgerückt, allerdings nicht ohne Kritik geblieben. Auch die Verpflichtung des Staates zum Rechtsgüterschutz durch Verfolgung strafbarer Handlungen läßt sich sprachlich so umschreiben, *ohne daß damit zwangsläufig*, wie der Senat zu glauben scheint, der Gesichtspunkt der Verwirkung schlechthin ausgeschlossen würde, wie das bei der Geltendmachung von Verfahrenshindernissen allerdings der Fall ist. Die gegenteiligen Ausführungen des Urteils, die sich bis zu dem Hinweis steigern, von dieser Verpflichtung könne der Staat nicht durch das Fehlverhalten einzelner, in seinem Namen handelnder Lockspitzel freigestellt, geschweige denn an ihrer Erfüllung gehindert werden, gehen eindeutig auf den Beitrag von *Foth*, NJW 1984, 221 (siehe in diesem Band S. 301–304), der sich – nicht nur zur Verwirkung, sondern ganz allgemein – gegen die neue Lehre, insbesondere die vom Verfahrenshindernis, ausgesprochen und den rechtstheoretischen Teil des Urteils offensichtlich wesentlich beeinflußt hat. Ohne diesen Beitrag, der eine gesonderte Betrachtung verdient, erscheinen die Erwägungen gegen die Verwirkung des staatlichen Strafanspruchs dürftig und nicht überzeugend. Daß sie nicht auf den Gesichtspunkt des fehlenden Vertrauensschutzes gestützt werden können, habe ich schon früher behauptet und wird in anderem Zusammenhang noch zu begründen sein.[23]

3. Die Diskussion zwischen Foth und Taschke

Sie hat wesentlich zur Klärung des strittigen Fragenbereichs beigetragen. Deshalb ist es zu bedauern, daß der Senat, der sich ausdrücklich auf den Beitrag von *Foth* stützt – offenbar schon aus Zeitgründen – keine Gelegenheit gehabt hat, zu der Kritik von *Taschke*, StrVert 1984, 178 (siehe in diesem Band S. 305–314) Stellung zu nehmen. *Foth*, der sich eindringlich gegen die Anerkennung eines Verfahrenshindernisses bei Anstiftung durch einen Lockspitzel wendet, glaubt vor allem die (angebliche) These der Gegenmeinung beanstanden zu müssen: »Wer vom Staat ... angestiftet worden ist, kann strafrechtlich nicht verfolgt werden«, und das Urteil tritt ihm sachlich mit dem Hinweis bei, sonst würden die dem Schutz des Staates anvertrauten Rechtsgüter damit im Ergebnis zur Disposition des polizeilichen Lockspitzels gestellt, der seine Befugnisse überschreitet und damit den ihm vom Staat erteilten Auftrag mißbraucht. Diese zunächst einleuchtende Erwägung läßt sich so aber nicht halten: Die zutreffende Kritik von *Taschke* beginnt schon mit einer wesentlichen *Berichtigung* der *Fothschen Fragestellung*, denn sie muß ja – nur das trifft den zentralen Punkt der Diskussion – lauten: Kann derjenige, der vom Staat zu einer Straftat angestiftet worden ist, »*um gerade wegen dieser Tat ange-*

klagt und verurteilt zu werden« (!), strafrechtlich zur Verantwortung gezogen werden, trotz des unfairen, widerspruchsvollen Verhaltens der Strafverfolgungsorgane? *Taschke* stellt ebenfalls mit Recht den Gedanken des venire contra factum proprium in den Mittelpunkt seiner Überlegungen und präzisiert diese durch instruktive Beispiele:

Wenn die Polizei durch einen V-Mann den völlig unverdächtigen A anstiftet, das Fahrrad des B zu entwenden, um A wegen eben dieses Diebstahls bestrafen und der Öffentlichkeit einen sonst gesuchten Täter präsentieren zu können – »niemand würde daran zweifeln, daß eine Verurteilung nicht erfolgen dürfte« (!?). Das müßte auch gelten, wenn der A berechtigt oder unberechtigt in Verdacht geraten wäre.

Natürlich kann man über die sachgerechte Lösung dieses Falls streiten, auch fragen, für welche Gruppen von Straftaten (Tötungsdelikte?) ein solcher Einsatz von agents provocateurs – mit der Folge ihrer »Nichtbestrafung« – überhaupt in Betracht kommt.[24] Aber das hat mit der Frage der Verwirkung nichts zu tun und ändert nichts daran, daß *Taschke* die Weichen für die Lösung des Falles, nämlich die Beurteilung der Strafbarkeit des erfolgreich angestifteten Täters, richtig gestellt hat, während die Beispiele von *Foth* zumindest irreführend sind.

Allerdings entfernt sich dann die Diskussion vom eigentlichen Verwirkungsthema, weil sie zu der anderen Frage übergeht, ob und wann der Staat das tatprovozierende Verhalten des Lockspitzels sich *»anrechnen«* lassen muß. Das ist, wie die Beurteilung des Berliner Falles[25] beweist, ein noch nicht geklärter Punkt, zu dem aber *Taschke* ebenfalls wesentliche Argumente gegen *Foth* beigesteuert hat. Voraussetzung für die Zurechnung ist danach ein sachlicher Zusammenhang zwischen der Diensttätigkeit des Lockspitzels (in seiner Eigenschaft als V-Mann) und der Provokation, eine erhebliche Einwirkung immer dann *zurechenbar*, wenn der agent provocateur, der einen speziellen oder generellen Auftrag von einem Beamten in Ausübung eines öffentlichen Amtes erhalten hat, in dieser Eigenschaft auf dem Gebiet der hoheitlichen Verwaltung tätig wird, selbst wenn er dabei seine Kompetenzen *überschreitet*. Das überzeugt jedenfalls mehr, als die spätere – in anderem Zusammenhang aufgestellte – Behauptung des Senats, die Bedenken gegen die Bestrafung des angestifteten Täters beruhten auf einer unzulässigen Gleichsetzung des Staates mit dem pflichtwidrig(?)

die Tat provozierenden Lockspitzel, der so in die Lage versetzt werde, die dem Staat anvertrauten Rechtsgüter »zur Disposition zu stellen«. Der Abschnitt des Urteils über den Gesichtspunkt der Verwirkung und die Gründe für seine Ablehnung ist deshalb rechtstheoretisch dürftig geblieben.

4. *Die Erörterung eines Strafausschließungsgrundes*

Der Einfluß der Vorstellungen von *Foth* zeigt sich im Urteil noch deutlicher bei der Erörterung der Frage, ob ein Strafausschließungsgrund für die hier zur Diskussion gestellten Fälle anerkannt werden kann. Dieser Gesichtspunkt ist ja ganz oberflächlich vom 5. Senat angesprochen und vereinzelt im Schrifttum erwogen worden. Er spielt theoretisch und praktisch keine große Rolle. Um so mehr interessiert in dem entsprechenden kurzen Abschnitt des Urteils der (offensichtlich) von *Foth* übernommene Hinweis auf die *Bestimmungen der Beamten- und Soldatengesetze*, in denen angeblich rechtsähnliche Fälle geregelt worden seien. *Foth* betont, daß selbst bei Anstiftung durch militärischen Befehl eines Vorgesetzten dem Untergebenen kein Verfahrenshindernis zugebilligt wird, und das Urteil hält es für nötig, darauf hinzuweisen, daß weisungsgebundene Beamte und gehorsamspflichtige Soldaten für Straftaten, die sie auf dienstliche Anordnung begehen, strafrechtliche Verantwortung tragen und solche Weisungen nicht befolgen dürfen. Aber was das mit der Problematik unseres Themas, insbesondere der Annahme eines Strafausschließungsgrundes, zu tun haben soll, ist schwer einzusehen, nachdem schon *Taschke* dargelegt hat, daß es sich dabei *gar nicht um »rechtsähnliche« Fälle* handelt[26], und sogar das Urteil hervorhebt: Der Gedanke, daß der Staat nicht bestrafen könne, was er selbst befohlen habe, ist bisher nie(!) geäußert worden.

Aber auch der Hinweis darauf, daß Beamte und Soldaten dienstliche Weisungen zur Begehung einer Straftat *nicht befolgen* dürfen, paßt nicht für unser Thema. Denn bisher wird ja ständig behauptet, der Einsatz von tatprovozierenden Lockspitzeln sei kriminalpolitisch notwendig und rechtlich zulässig[27], und der agent provocateur selbst könne auch dann nicht bestraft werden, wenn er die Grenzen zulässiger Tatprovokation überschritten hat. Die Gründe für diese Auffassung liegen zwar im dunkeln, offenbar legt man allgemein wenig Wert darauf, sie mehr aufzuhellen. Tatsache ist jedenfalls, daß Verurteilungen von Lockspitzeln wegen eines derartigen »pflichtwidrigen Handelns« bisher nicht erfolgt, zumindest nicht bekannt geworden sind. Warum sollten sie derartige dienstliche Weisungen, in die gewisse Grenzüberschreitungen bereits einkalkuliert sind, ablehnen? Was hat die Bejahung oder Verneinung ihrer strafrechtlichen Verantwortung mit der Strafbarkeit des Angestifteten oder mit der ihn begünstigenden Zubilligung eines Strafausschließungsgrundes zu tun, für den im übrigen kaum noch jemand plädiert? Auch der 5. Senat des BGH hat ja nur in einem obiter dictum ausgesprochen, daß er dazu »neige«.

5. Das Beweisverbot in Analogie zu § 136a StPO

Im Gegensatz zu dem kaum interessierenden Strafausschließungsgrund tut das Urteil die überaus wichtige und interessante Frage nach der Annahme eines Beweisverbotes ganz kurz mit der Erwägung ab, mit der Ablehnung einer Verwirkung des Strafanspruchs wegen widerspruchsvollen Verhaltens seien auch wesentliche Argumente für die in der Literatur verschiedentlich befürwortete Annahme eines Beweisverbotes entfallen. Es könne daher offenbleiben, ob etwa eine Analogie zu § 136a StPO dogmatisch überhaupt vertretbar und in ihrer praktischen Ausgestaltung geeignet wäre, befriedigende Ergebnisse herbeizuführen. Dieser Auffassung ist *entschieden zu widersprechen*: Verwirkung bzw. materieller Strafausschließungsgrund und prozessuales Beweisverbot haben sachlich überhaupt nichts miteinander zu tun. Jede von ihnen gewinnt selbständige Bedeutung, Querverbindungen, die für parallele Argumentation geeignet wären, fehlen. Geradezu unverständlich erscheint die Kürze der Begründung für das Ausscheiden des Beweisverbotes, das im Schrifttum *eingehend* und mit beachtlichen Argumenten *erörtert* und in Analogie zu § 136a StPO oft bejaht worden ist. Das wäre in einer rechtstheoretischen Diskussion von solcher Breite schon ein lohnendes Thema gewesen. Aber wo das Urteil auf Argumentation bewußt verzichtet, muß auch die Besprechung abgebrochen werden. Zu erwähnen ist lediglich, daß der in § 136a StPO verwertete Gesichtspunkt der »Täuschung« des Beschuldigten für den durch früheres Verhalten des Lockspitzels geschaffenen Vertrauenstatbestand als Komplementärbegriff eine Rolle spielen kann.[28]

III. Zusammenfassung

Das bisherige Ergebnis läßt sich wie folgt umreißen: Die aufgeworfenen Rechtsfragen für die Beurteilung des rechtsstaatliche Grenzen überschreitenden Lockspitzeleinsatzes sind noch nicht geklärt. Die harte Gegenüberstellung der unterschiedlichen Positionen, gerade auch in der Praxis, beruht zwar im Urteil auf einer ziemlich einseitigen Sicht und unvollständigen Darstellung der Rechtslage, gibt jedoch einen wertvollen Anstoß, die Diskussion auf dieser neuen Ebene fortzusetzen und rechtstheoretisch zu vertiefen. Dabei müssen allerdings zunächst bestimmte *Ausgangspositionen richtig* umschrieben und präzisiert werden: Der Kern des Sachverhalts liegt im widerspruchsvollen Verhalten der Strafverfolgungsbehörden und kann abgekürzt mit dem Gesichtspunkt des venire contra factum proprium oder des »estoppel«-Prinzips gekennzeichnet werden. Das ist aber lediglich eine sprachliche Bezeichnung, die rechtliche Schlußfolgerungen, wie sie im Urteil erwähnt sind, nicht einschließt, geschweige denn rechtsdogmatisch absichert. Von entscheidender Bedeutung bleibt die *richtige Fragestellung*, wie sie von *Taschke* formuliert und an typischen Beispielen illustriert worden ist. Die erneute Prüfung der in Betracht kommenden Konstruktionen und Rechtsfiguren führt zu einem *differenzierten Ergebnis*, das sich etwa so zusammenfassen läßt: Die Ablehnung eines Prozeßhindernisses möchte ich mit dem Vorbehalt einer weiteren Entwicklung in der Rechtsprechung des Bundesverfassungsgerichtes akzeptieren. Der Gesichtspunkt der Verwirkung des staatlichen Strafanspruchs wird im Urteil ziemlich oberflächlich behandelt. Der Einwand einer unzulässigen Übertragung zivilrechtlicher Kategorien auf das »Strafrecht« trifft nicht zu. Die Benutzung der juristischen Bezeichnung »Strafanspruch« des Staates erscheint durchaus vertretbar und verführt, wenn man sich inhaltlich vor unzulässigen zivilprozessualen Analogien hütet, nicht zu sachwidrigen Folgerungen. Die Verneinung des Verwirkungsgedankens stellt nicht das letzte Wort zu diesem Thema dar, überzeugt so ebenfalls nicht. Gegen die Ablehnung eines Strafausschließungsgrundes drängen sich – im Ergebnis – keine Einwände auf. Die Frage des Beweisverbotes ist argumentativ, namentlich im Hinblick auf die im Schrifttum viel erörterte Analogie zu § 136a StPO, zu Unrecht völlig offengeblieben.

Nach Lage der Sache spricht alles für die Annahme, daß der Senat nach der Ablehnung der erörterten Lösungsvorschläge für die Beurteilung des unzulässigen Lockspitzeleinsatzes sich mit der Zubilligung eines bloßen, wenn auch wesentlichen *Strafmilderungsgrundes* zufrieden geben, diesen sogar »favorisieren« will. Die allgemeine Situation ließe sich dann durchaus mit der bisherigen Behandlung der überlangen Verfahrensdauer vergleichen, bei der die Hoffnung auf eine Änderung der Rechtsprechung zwar gegeben ist, aber nicht überschätzt werden darf. Das entspricht dem Zug der Zeit, nämlich der bedenklichen Tendenz, alles, was irgendwie Schwierigkeiten bereitet oder rechtsdogmatisch nicht recht in den Griff zu bekommen ist, in die Strafzumessung »abzuschieben«. Dagegen müßten erhebliche zusätzliche Bedenken geltend gemacht werden, wenn sich nicht noch eine andere Interpretation des Urteils anbieten würde.

IV. Das widerspruchsvolle Verhalten als bloßer Verfahrensmangel

Selbst wenn man mit dem Senat alle erörterten Lösungsvorschläge ablehnt, bleibt die Möglichkeit, das widerspruchsvolle Verhalten der Strafverfolgungsorgane prozessual zu beanstanden, nämlich *»lediglich«* als einen *Verfahrensmangel*, einen nur auf formale Rüge zu beachtenden Revisionsgrund. Das Urteil erörtert diese Sondergruppe als solche nicht, erwähnt sie aber in der Gegenüberstellung der Verfahrensmängel mit den ihnen vorgehenden Verfahrenshindernissen und zählt dazu u. a. die Verstöße gegen den aus dem Rechtsstaatsprinzip herzuleitenden Anspruch des Angeklagten auf ein *faires Verfahren*[29] und ähnliche Fälle, die für die Bejahung eines Verfahrenshindernisses nicht ausreichen. Diese Kombination des widerspruchsvollen Verfahrens der Strafverfolgungsorgane mit dem Fairneß-Grundsatz ist im rechtstheoretischen »Exkurs« der eigentlichen Entscheidung nicht erwähnt, eine solche Lösungsmöglichkeit jedenfalls nicht verneint worden. Sie bildet eine neue Form des übergeordneten Gesichtspunktes *»Rechtsmißbrauch«*, den ich auf verschiedene, im Tatsächlichen nicht gleichgelagerte Fälle habe anwenden wollen.

Von ihnen ist das Problem des als Zeugen »gesperrten« V-Mannes inzwischen anders, nämlich durch den Großen Senat (BGH 32, 115) (siehe in diesem Band S. 551–561) sachgemäß erledigt worden. Die übrigen Fälle aber bleiben so lösbar, insbesondere die strafverschärfende Verwertung eingestellter »Nebendelikte«, die von einem entsprechenden Hinweis an den Angeklagten abhängig gemacht wird, »weil sonst ein widerspruchsvolles Verhalten des Gerichts vorliegt, das mit einem fairen Verfahren nicht vereinbar ist«. Diese Kern-Erwägung läßt sich, wie es in der Rechtsprechung des BGH bisher schon – wenn auch mit unterschiedlicher Begründung – geschehen ist, trotz aller sonstigen Abweichungen im Tatsächlichen auf die unzulässige, weil grenzüberschreitende Tatprovokation durch Lockspitzel übertragen. Selbst wenn der Senat auch diese »Konstruktion« implicite in seine ablehnenden Ausführungen hat einbeziehen wollen oder sein Urteil nachträglich so auszulegen sucht, liegt insoweit *keine gerichtliche Entscheidung* im üblichen Sinne vor, da die Aufhebung des Urteils »nicht auf diesen Gründen beruht«.

Die Annahme eines revisiblen Verfahrensmangels ist zwar eine wesentliche *mildere Reaktion* auf das Fehlverhalten der agents provocateurs, aber ein hinreichendes Mittel, um den getäuschten Angeklagten fair zu behandeln und auch die gröbsten Mißstände in diesem Gebiet, einer strafprozessualen Grauzone, die gebührende rechtsstaatliche Antwort zu geben. Ob das Einfluß auf die Praxis des behördlichen Lockspitzeleinsatzes hat, bleibt ungewiß. Aber sicher sollte man eine derartige Reaktion des Strafgerichtes nicht etwa deshalb für unzulässig erklären, weil damit gleichzeitig auch ein solcher, außerhalb des Verfahrens liegender Zweck verfolgt werden kann. Die Annahme eines mit der Verfahrensrüge anzugreifenden Mangels hat u. a. die wichtige Folge:

»Hier prüft das Revisionsgericht nicht nur, ob das Prozeßrecht richtig ausgelegt ist, sondern auch, ob das Untergericht den unter einer prozessualen Norm zu subsumierenden Sachverhalt richtig festgestellt hat. Mit der Verfahrensrüge können daher im Ergebnis auch die tatsächlichen Feststellungen des Instanzgerichts zur Sache selbst angegriffen werden, sofern sie in einem prozeßwidrigen Verfahren zustande gekommen sind. Diese Regelung dient dem Schutz des Angeklagten gegen richterliche Willkür.«[30]

Vielleicht schafft diese »*Ergänzung*« des Urteils die Grundlage für eine Verständigung der erheblich auseinandergehenden juristischen Meinungen oder gibt Anlaß, die Rechtsfrage vom Großen Senat entscheiden zu lassen. Die endgültige Zurückdrängung des unzulässigen Lockspitzeleinsatzes auf einen bloßen Strafmilderungsgrund würde – zumal bei den Verteidigern – große Enttäuschung und lebhaften Protest auslösen, der um so berechtigter erscheint, als sogar die Polizeibehörden zuweilen einen »strengeren«, d. h. hier rechtsstaatlicheren Standpunkt einnehmen als einzelne Senate des BGH. Das ergibt sich neuerdings wieder aus dem Bericht von Polizeipräsident *Lisken*[31], wonach in Nordrhein-Westfalen und anderen Bundesländern zumindest der Einsatz von under cover-agents[32] abgelehnt wird, »weil der Strafverfolgungsauftrag kein rechtswidriges Verhalten rechtfertigen kann«! Mag damit auch ein anderer spezieller Kreis von V-Männern angesprochen sein, so sollte die zugrundeliegende Einstellung eines maßgeblichen Vertreters der Exekutive doch bei der Beurteilung unseres Themas berücksichtigt werden, zumal nach Ansicht von *Lisken* die Einschränkung des Einsatzes von V-Leuten nicht ohne weiteres zu der Annahme zwingt, daß die Strafjustiz weniger effektiv sein wird. Eine wirksame Gegenwehr gegen die oft geradezu unerhörten »Exzesse«[33] der – ohne strafrechtliches Risiko handelnden – agents provocateurs erscheint geboten.

Anmerkungen

1 Vgl. BGH StrVert 1983, 314 (s. in diesem Band S. 517–530), mit Besprechung von *Bruns* in StrVert 1983, 382 (s. in diesem Band S. 531–550).
2 Vgl. die in ZStW 95 (1983) veröffentlichten Referate (s. in diesem Band Seelmann S. 285–298 und S. 379–399), dazu *Gropp*, S. 993 ff.
3 *Roxin*, Strafprozeßrecht, 18. Aufl., S. 116, 117.
4 Ein entsprechender Leitsatz ist nicht aufgestellt, ein »Vorlage«-Beschluß für den Großen Senat nicht gefaßt worden.
5 Das erscheint aber wenig wahrscheinlich.
6 Derartige »Exzesse« häufen sich in der Rechtsprechung der letzten Zeit.
7 Vgl. unten S. 346 ff.
8 Die sich ja nicht nur zum Beweisverbot geäußert haben.
9 Vgl. *Bruns*, NStZ 1983, 49 ff. m. N. (s. in diesem Band S. 259–284).
10 Ich glaube, das in NStZ 1983, 53 hinreichend deutlich zum Ausdruck gebracht zu haben: »Auch wirkt sich die gedankliche Verwandtschaft mit dem amerikanischen ›estoppel‹-Prinzip eher nachteilig als förderlich aus.«

11 Sie sind in jeder Lage des Verfahrens von Amts wegen im Freibeweis zu prüfen und haben Vorrang vor anderen Fragen.
12 Prozeßvoraussetzungen im Strafrecht 1978.
13 Vgl. z. B. BGH NStZ 1983, 135.
14 In wistra 1983, 12.
15 Die Entscheidung des zuständigen Senats stehe noch aus!
16 Vgl. oben S. 341.
17 Vgl. unten S. 354.
18 Zu III 3 der Urteilsgründe.
19 In ZStW 95 (1983) 824 ff. (s. in diesem Band S. 290 ff.).
20 Vgl. dazu *Bruns*, NStZ 1983, 53 mit Fußnote 40 (s. in diesem Band S. 270).
21 Vgl. *Kleinknecht-Meyer*, StPO 36. Aufl., Einleitung Nr. 112; § 337 Nr. 21, 22.
22 Aus dem Jahr 1968. Vgl. auch *Roxin* (Anm. 3), S. 5: Zur selbständigen Inhaltserfüllung des Begriffs »Strafanspruch« des Staates, der vorwiegend insoweit beanstandet wird, als er einen falschen strafprozessualen Parteibegriff (Parteiprozeß) nahe zu legen scheint.
23 Vgl. *Bruns* NStZ 1983, 54.
24 Vgl. *Bruns* NStZ 1983, 52 und das dort gebildete Notzuchtbeispiel.
25 Vgl. *Bruns* NStZ 1983, 55, 56 und *Körner*, zu BGH StrVert 1983, 2.
26 Eine Vergleichbarkeit (unter dem Gesichtspunkt des widerspruchsvollen Verhaltens) bestünde erst, wenn in diesen Bestimmungen gesetzlich geregelt wäre, daß ein Täter auch dann zu verfolgen ist, wenn er angestiftet wurde, um bestraft und damit wieder »auf den Weg des Rechts« zurückgebracht zu werden, von dem der Staat ihn abgebracht hat.
27 Wobei natürlich die Zulässigkeit nicht aus der Notwendigkeit hergeleitet werden kann, sondern selbständig begründet werden muß, was bisher noch nicht hinreichend geschehen ist.
28 Insoweit modifiziere ich meine Ansicht aus NStZ 1983, 54.
29 Vgl. *Rüping*, JZ 1983, 664, mit ausführlicher Darstellung der Rechtsprechung des Bundesverfassungsgerichtes.
30 So *Roxin* (Anm. 3), S. 317.
31 In ZRP 1984, 192.
32 Das sind Beamte, die äußerlich Bandenmitglieder werden, zeitweilig ihren Strafverfolgungsauftrag zurückstellen und sich notfalls auch an strafbaren Handlungen, z. B. als Lockspitzel, beteiligen müssen.
33 Vgl. auch den Bericht des *Spiegels* (Heft 33 aus 1984, S. 63) über den Frankfurter Prozeß, in dem ein Kriminalkommissar wegen Strafvereitelung angeklagt worden ist, weil er Dealer als V-Leute eingesetzt habe. Das geht allmählich sogar der Staatsanwaltschaft zu weit. Dazu die Fernsehsendung der ARD vom 16. 8. 1984 über Lockspitzel im Zwielicht, die beträchtliches Aufsehen erregt hat.

Strafgericht Basel-Stadt, Urteil vom 30. November 1983

Sachverhalt

Der Anklage liegt folgender Sachverhalt zugrunde:

I.

Etwa einen Monat vor seiner Verhaftung lernte Ilhan in Zürich den aus Basel kommenden Türken Necmettin Sönmezcan kennen und erfuhr von diesem, daß er 1 Kilogramm Heroin zu kaufen beabsichtige. Da sich Ilhan in finanziellen Schwierigkeiten befand und ihm Sönmezcan in Aussicht stellte, er könne Fr. 10000 bis Fr. 20000 verdienen, wenn er ihn mit einem Lieferanten zusammenbringen würde, war er bereit, sich für Sönmezcan nach einem Verkäufer umzuschauen. Da er selbst keinen Heroinhändler kannte, fragte er Tekin, ob ihm eine solche Person bekannt sei. Dieser wiederum wandte sich mit der gleichen Frage an Olgun. Olgun, welcher von Denli schon darauf aufmerksam gemacht worden war, daß er Heroinkäufer suche, begab sich in der Folge zu diesem und vergewisserte sich, daß tatsächlich 700 g des Betäubungsmittels zum Preise von Fr. 180 pro Gramm verfügbar waren. Nachdem er mit Denli vereinbart hatte, daß er und Tekin für die Vermittlung des Geschäftes je ca. Fr. 3000 erhalten würden, benachrichtigte er seinen Kollegen, welcher Ilhan informierte. Dieser unterbreitete Sönmezcan am 10. März 1983 das Angebot. Obwohl Sönmezcan das Geschäft anfänglich ablehnte, erschien er noch gleichentags in Zürich, um den Stoff zu übernehmen. Da man aber Tekin nicht fand und Ilhan den Lieferanten nicht kannte, nahm er schließlich am 13. März 1983, angeblich ohne Wissen Ilhans, von einem unbekannten Türken, welcher sich Mohamed Mustafa nannte, 300 g Heroin in Kommission. Mit diesem Stoff wurde er am 14. März 1983 in Basel gestellt und verhaftet.

Anläßlich der Einvernahmen in Basel erklärte sich Sönmezcan bereit, seine Lieferanten, welchen er noch Geld schuldete und mit welchen er noch ein weiteres Geschäft vereinbart hatte, preiszugeben. Er telefonierte deshalb in der Folge, erstmals am 22. März

1983, mit Wissen der Untersuchungsbehörden mehrmals nach Zürich und erhielt schließlich von Ilhan die Zusicherung, daß 700 g Heroin geliefert werden könnten. Die Übergabe sollte am 25. März 1983 bei der Autobahnraststätte Würenlos stattfinden. Damit war Denli, welcher sich entschlossen hatte, die Abwicklung des Geschäftes selbst zu beobachten, allerdings nicht einverstanden. Aus diesem Grunde versuchten Ilhan und Tekin, den für Sönmezcan vereinbarungsgemäß erschienenen Abnehmer zu überreden, die Übergabe in Zürich durchzuführen. Da dieser, wie sich Tekin vergewissern konnte, das Geld dabei hatte, jedoch darauf bestand, die ursprünglichen Vereinbarungen einzuhalten, fuhren schließlich alle Angeklagten nach Würenlos, um die Übergabe vorzunehmen. Olgun übernahm in der Folge den Stoff von Denli, der in seinem Wagen zurückblieb, und begab sich damit zum Käufer. Nachdem die Übergabe von *725 Gramm Heroin* um ca. 22.10 Uhr stattgefunden hatte, wurden die Angeklagten von der Polizei, welche über das Geschäft orientiert war, festgenommen.

II.

Gegen Necmettin Sönmezcan wird ein separates Verfahren geführt.

III.

Aufgrund des Ermittlungsverfahrens ist nach Erachten der Staatsanwaltschaft die Kammer des Strafgerichtes zur Beurteilung der Sache zuständig.

IV.

Zülfikar Ilhan ist am 9. 12. 1980 wegen Fahrens in angetrunkenem Zustand von der Bezirksanwaltschaft Zürich zu einer bedingten Gefängnisstrafe von sechs Tagen, bei einer Probezeit von zwei Jahren, verurteilt worden. Am 12. 1. 1983 ist diese Probezeit um ein Jahr, d.h. bis zum 12. 1. 1984, verlängert worden.

Isa Tekin ist am 20. 10. 1982 wegen Diebstahls, Sachbeschädigung, Hausfriedensbruchs und Widerhandlung gegen das Bundesgesetz über die Betäubungsmittel vom Bezirksgericht Baden zu einer bedingten Gefängnisstrafe von 5 Monaten, bei einer Probezeit von 3 Jahren, verurteilt worden.

Da sowohl bei Ilhan als auch bei Tekin das hier zu beurteilende Delikt in die Probezeit fällt, wird das Gericht auch über den Vollzug der Vorstrafen zu entscheiden haben.

V.

Isa Tekin befand sich erstmals vom 25. 4. 1982 (1.40 Uhr) bis 30. 4. 1982 (11.00 Uhr) in Zürich in Haft. Am 25. 3. 1983 (ca. 22.10 Uhr) wurde er zusammen mit Zülfikar Ilhan, Hakan Olgun und Haydar Denli in Würenlos erneut verhaftet.

Der vorläufige Strafvollzug wurde Ilhan am 19. 5. 1983, Tekin und Olgun am 28. Juni 1983 bewilligt.

Der Haftbefehl für Haydar Denli ist vorläufig gültig bis zum 25. August 1983.

Erwägungen

I. Zuständigkeit

Die Zuständigkeit des Strafgerichts Basel-Stadt zur Beurteilung der im Kanton Zürich geplanten und im Kanton Aargau ausgeführten Delikte ist nach der Übernahme des Verfahrens durch die Staatsanwaltschaft Basel-Stadt (Akten S. 111, 438) gegeben.

II. Gegenstand der Anklage

Aufgrund der reichlich unklar abgefaßten Anklageschrift hat die Verteidigung der Angeklagten die Frage aufgeworfen, ob überhaupt eine Anklage vorliege, die der Vorschrift des § 151 der Strafprozeßordnung genüge und hinreichende Grundlage für eine Verhandlung biete. Insbesondere sei nicht ersichtlich, ob die kommissionsweise Übernahme der 300 g Heroin durch Sönmezcan von dem angeblichen Mustafa den Angeklagten ebenfalls als Vermittlungsgeschäft zur Last gelegt werde und ob und wie ein Zusammenhang mit der späteren Lieferung der 700 bzw. 725 g Heroin bestehe (Prot. S. 30ff.).

Der Staatsanwalt hat zu Protokoll gegeben, daß die Übernahme der 300 g Heroin nicht Gegenstand der Anklage sei bezüglich aller vier Angeklagter (Prot. S. 2). Mit Bezug auf den Angeklagten Ilhan ist ein formeller Einstellungsbeschluß ergangen (Akten S. 446).

Das Gericht geht davon aus, daß eine allfällige Beteiligung der vier Angeklagten, in welcher Form auch immer, an der Übernahme der 300 g Heroin durch Sönmezcan nicht geschildert ist, so daß dieses Geschäft nicht Grundlage einer Beurteilung sein kann.

Dagegen ergibt sich aus der Schilderung der Anklageschrift, daß ursprünglich zwischen Sönmezcan und Ilhan ein Geschäft über 1 kg Heroin vereinbart worden war. Ilhan, Tekin und Olgun sind nach dem Text der Anklageschrift der Vermittlung von 1 kg Heroin, bzw. dem Anstalten Treffen dazu angeklagt.

Gemäß Anklageschrift hatte Denli nur 700 g Heroin zur Verfügung, die er zu verkaufen beabsichtigte, so daß ihm allenfalls eine Widerhandlung gegen das Betäubungsmittelgesetz im Umfang dieser Menge vorgeworfen werden kann.

Absatz 2 der Anklageschrift Seite 2 schildert die Abwicklung des Geschäftes über die Übergabe von 725 g Heroin, dessen alle vier Angeklagten angeklagt sind.

III. Tatsächlicher Ablauf, insbesondere die Einwirkung des Betäubungsmitteldezernates auf die Heroingeschäfte

1.

Der tatsächliche Geschehensablauf muß in zwei Phasen unterteilt werden. Als erste Phase ist die Kontaktnahme Sönmezcans mit dem Angeklagten Ilhan in Zürich, ca. anfangs bis Mitte Februar 1983 anzusehen, die dazu führte, daß Ilhan sich mit Tekin, dieser sich wiederum mit Olgun in Verbindung setzte. Während Ilhan und Tekin keine Kontakte zu einem allfälligen Heroinlieferanten hatten, war Olgun nach seinen eigenen Aussagen bereits Ende Januar von Denli darauf hingewiesen worden, daß letzterer Heroin verkaufen wolle (Prot. S. 23). Olgun nahm die Verkaufsofferte von Denli zur Kenntnis, wurde aber erst aktiv, als er von Tekin angesprochen wurde (Prot. S. 57).

Denli hat jegliche Beteiligung an einem Heroingeschäft bestritten (Prot. S. 26 ff., 49 ff.).

Die zweite Phase betrifft die Vorbereitung und Abwicklung der

Übergabe der 725 g Heroin in Würenlos unter Mitwirkung des Betäubungsmitteldezernates.

2. Phase 2

Der eigentliche Ablauf der zweiten Phase ist durch den ausführlichen Bericht von Det. Kpl. Buschauer hinreichend nachgewiesen (Akten S. 251 ff.). Er ist auch von den Angeklagten Ilhan (Prot. S. 15), Tekin (Prot. S. 21/23) und Olgun Prot. S. 23–25) nicht bestritten worden.

Hingegen hat der Angeklagte Denli in Abrede gestellt, mit dem Heroindeal etwas zu tun gehabt zu haben. Er hat behauptet, er habe geglaubt, es handle sich um ein Devisengeschäft (Prot. S. 26/27).

Da diese Beweisfrage in tatsächlicher Hinsicht wegen eines prozessualen Verfahrenshindernisses in casu nicht zu prüfen sein wird, kann die Frage der Richtigkeit bzw. Unrichtigkeit der Behauptung des Angeklagten Denli offen gelassen werden.

Fest steht, daß Sönmezcan am 14. März 1983 im Besitz von 300 g Heroin verhaftet worden ist. Er hat in seinen Einvernahmen erklärt, daß er das Heroingeschäft auf Veranlassung von Ali Dogan gemacht habe, der ihm erklärt habe, er arbeite mit der Polizei zusammen und er, Sönmezcan, werde Fr. 35 000 erhalten, wenn es gelänge, mit seiner Hilfe der Heroinhändler habhaft zu werden (Auss. Sönmezcan vom 14. 3. 1983 im Verfahren 2520/83 i.S. Sönmezcan). Die Lieferung der 300 g Heroin sei nur der erste Teil eines größeren Geschäftes, sozusagen ein Test gewesen. Nach Übergabe des Geldes für die 300 g Heroin hätte dann eine weitere Lieferung stattfinden sollen (Auss. Sönmezcan vom 15. 3. 1983 in V. 2520/83).

Der Lieferant, mit dem er verhandelt habe, sein ein gewisser Mohamed Mustafa gewesen.

Um die Wahrheit seiner Aussagen beweisen zu können, telefonierte Sönmezcan mehrfach vom Betäubungsmitteldezernat Basel aus nach Zürich und organisierte die Übergabe der weiteren 700 g Heroin. Insgesamt fanden folgende Telefonanrufe statt:

22. März 1983   20.45 Uhr   (Akten S. 238),
23. März 1983   10.00 Uhr, 11.00 Uhr, 13.30 Uhr
                                (Akten S. 239),
23. März 1983   19.00 Uhr   (Akten S. 240),

24. März 1983   11.00 Uhr   (Akten S. 240) und
24. März 1983   19.00 Uhr   (Akten JS. 247).

Das letzte Telefongespräch wurde durch Beamte der Kantonspolizei Zürich im türkischen Restaurant Negro überwacht. Obwohl Sönmezcan nach den vorherigen Berichten immer Mohamed Mustafa verlangt hatte, wurde beim letzten Anruf vom Buffetburschen der Angeklagte Ilhan ans Telefon gerufen. Sönmezcan konnte hierfür keine plausible Erklärung geben, d.h. er hat nicht ausgeschlossen, alle Telefonate mit Ilhan geführt zu haben (Akten S. 248). Aufgrund der cit. Berichte muß festgehalten werden, daß die Lieferanten offenbar Angst hatten und sich die Sache nochmals überlegen wollten (Akten S. 239/40).

Das Geschäft kam schließlich, wie oben erwähnt, zustande. Bis es zustande kam, war allerdings eine aktive, mehrfache Einwirkung auf die, wenn auch grundsätzlich tatbereiten Lieferanten nötig. Insgesamt hat Sönmezcan auf Veranlassung des Betäubungsmitteldezernates siebenmal telefoniert und es ergibt sich aus den Berichten, daß bei den Telefonaten nicht nur Details der Übergabe besprochen wurden, sondern die Übergabe als solche Gegenstand der Verhandlungen war. Sönmezcan hat in der Hauptverhandlung als Auskunftsperson ausgesagt, er habe auf Veranlassung des Beamten des Betäubungsmitteldezernates nochmals Heroin bestellt (Prot. S. 37 unten/38).

3. Phase 1

3.1. Indizien für die Annahme der Deliktssteuerung durch das Betäubungsmitteldezernat

Die Anklage geht davon aus, daß zwischen Sönmezcan und Ilhan und in der Folge den anderen Angeklagten erste Kontakte bereits ca. 1 Monat vor ihrer Verhaftung, also ca. Mitte bis Ende Februar 1983 bestanden haben.

Der Angeklagte Ilhan selber hat angegeben, daß Sönmezcan ca. $1^{1}/_{2}$ Monate vor seiner Verhaftung an seinem Arbeitsort im Restaurant Down-Town erschienen sei und ihn gefragt habe, ob er bis zu 1 kg Heroin besorgen könne. Nach anfänglicher Weigerung habe er sich bereit erklärt, sich umzuhören, und schließlich Tekin gefragt. In der Folge habe Sönmezcan täglich z. T. mehrfach in Zürich angerufen (Prot. S. 15 ff.).

Nachdem Telkin sich an Olgun gewandt und von diesem gehört hatte, daß er jemanden wisse, der 700 g Heroin liefern könne, gab er dies Ilhan bekannt (Prot. S. 21/22). Olgun hatte bereits im Januar von Denli – was dieser bestreitet – erfahren, daß er einen Käufer für Heroin suche, und vermittelte schließlich, als er von Tekin im Februar angesprochen wurde (Prot. S. 24/25, 57).

Daß ein Treffen zwischen Sönmezcan und Ilhan stattgefunden hatte, hat auch Ali Dogan als Auskunftsperson bestätigt (Prot.S. 34).

Es stellt sich daher im Folgenden die Frage, ob und gegebenenfalls in welchem Ausmass der ganze Deal, gerichtet auf die Übergabe von 1 kg Heroin von Anfang an durch das Betäubungsmitteldezernat bzw. die Polizeiorgane gesteuert war.

Für die Annahme der polizeilichen Steuerung des Geschäftes von Anfang an sprechen mehrere Indizien:

Sönmezcan hat, wie mehrfach erwähnt, behauptet, er sei überhaupt nur auf Veranlassung von Ali Dogan in das Drogengeschäft eingestiegen, wobei dieser ihm erklärt habe, er arbeite für die Polizei. Ali Dogan hat eine Zusammenarbeit mit der Polizei geleugnet (Prot. S. 34/35, Konfrontation vom 22. 3. 1983 in V. 250/83). Auch die Staatsanwaltschaft hat eine Zusammenarbeit mit Dogan in Abrede gestellt (Prot. S. 41).

Die von der Staatsanwaltschaft zur Verfügung gestellten Beweismittel, insbesondere die Ermittlungsakten i. S. Sönmezcan, reichen indes nicht aus, um den Sachverhalt aufzuklären und die Behauptung polizeilicher Zusammenarbeit von Sönmezcan via Dogan zu widerlegen.

Det. Kpl. Buschauer hat in seinem Bericht vom 28. März 1983 (V. 2520/83) festgehalten, daß er nicht in der Lage sei anzugeben, welcher der beiden Männer, Dogan oder Sönmezcan, die Wahrheit sage.

Gerade die Art der Führung des Ermittlungsverfahrens i. S. Sönmezcan aber ist ein entscheidendes Indiz für die Richtigkeit seiner Behauptungen. Sönmezcan wurde am 14. März 1983 im Besitz von immerhin 300 g Heroin verhaftet. Zudem wird ihm die Vermittlung von 1 kg Heroin zur Last gelegt. Dennoch ist Sönmezcan nach kurzer Zeit wieder aus der Haft entlassen worden (Prot. S. 42). Diese Haftentlassung ist um so verwunderlicher, als zumindest mit Ali Dogan, der sich ebenfalls nicht in Haft befindet, erhebliche Kollusionsgefahr besteht.

Es ist ferner festzuhalten, daß die Ermittlungsakten i. S. Sönmezcan mit dem Datum des 28. März 1983 (Bericht Buschauer) enden. Ob inzwischen weitere Ermittlungen getätigt wurden, ist nicht ersichtlich. Das Verfahren ist weder eingestellt, noch ist Anklage erhoben worden.

Hinzu kommt, daß die Ermittlungsakten i. S. Sönmezcan offensichtlich unvollständig sind, z. B. fehlt die Haftentlassungsverfügung.

Nachdem die Staatsanwaltschaft sich zunächst überhaupt geweigert hatte, die Ermittlungsakten i. S. Sönmezcan herauszugeben, hat sie schließlich diese unvollständigen Akten vorgelegt. Unvollständig sind die Akten, abgesehen von der fehlenden Haftentlassung insbesondere auch insofern, als sie, trotz globaler Hinweise darauf, Berichte über die Überwachung Sönmezcans nicht enthalten. Sönmezcan wurde aufgrund eines Berichtes vom 6. März 1983 (in V 2520/83) durch die Kantonspolizei Basel-Land überwacht. Der Bericht der Kantonspolizei Basel-Land vom 22. März 1983 spricht von umfangreichen Überwachungen Sönmezcan. Auch der Staatsanwalt hat die Überwachung Sönmezcan festgehalten (Prot. S. 40), sich aber ansonsten recht widerspruchsvoll verhalten. Nachdem er zunächst die Herausgabe der Überwachungsakten wegen der Hängigkeit des Vorfahrens verweigert hat (Prot. S. 40), hat er später behauptet, es gäbe keine Protokolle über die Überwachung (Prot. S. 43 unten).

Auf Antrag Dr. Joset, die Protokolle herauszugeben, und entsprechende Verfügung des Gerichtes hat der Staatsanwalt zu Protokoll erklärt, der Chef des Betäubungsmitteldezernates habe ihm versichert, es lägen keine weiteren Überwachungsprotokolle vor, alle existierenden Protokolle befänden sich in den Akten (Prot. S. 44/45).

Letztlich ist auf das auffällige Verhalten Sönmezcans in der Hauptverhandlung hinzuweisen. Als Auskunftsperson befragt hat er stets auf seine Aussagen im Ermittlungsverfahren verwiesen und sich auf Erinnerungslücken berufen (Prot. S. 33).

3.2. Wertung der Indizien und Konsequenzen aus der unklaren Beweislage

Die oben geschilderten Indizien für die Annahme der polizeilichen Steuerung des Heroingeschäftes reichen zwar grundsätzlich nicht aus, um im Sinne einer materiellen Beweisführung diese strikte nachzuweisen. Es ist andererseits aber festzuhalten, daß die prozeßordnungsgemäße Aufklärung des Sachverhalts durch die Nichtherausgabe der Überwachungsprotokolle erheblich erschwert, bzw. verunmöglicht wird.

Die Weigerung der Herausgabe der Protokolle muß als pflichtwidriges Verhalten der Staatsanwaltschaft angesehen werden. Es spielt dabei keine Rolle, ob die Protokolle nicht vorhanden sind, was eine Verletzung der Protokollierungspflicht nach §§ 106, 18 der Strafprozeßordnung darstellen würde, oder ob die Herausgabe an sich vorhandener Protokolle verweigert wird.

Es ist Pflicht der Staatsanwaltschaft, die Akten so zu führen, daß sie alle Ermittlungshandlungen enthalten, die aus Anlaß eines bestimmten Tatverdachtes tatsächlich durchgeführt worden sind, geheime Fahndungsakten kann es nicht geben (Detlef Krauss, Der Umfang der Strafakte, in BJM 1983, S. 56). Es geht nicht an, daß die Staatsanwaltschaft durch selektive Aktenführung die Entscheidungskompetenz des Gerichtes verkürzt und die Verteidigerrechte schmälert. Dies gilt auch für die Akten abgetrennter Verfahren von Mitbeschuldigten (Krauss, a.a.O., S. 58, 63).

Diese ihr obliegende Pflicht hat die Staatsanwaltschaft im vorliegenden Fall zweifelsfrei verletzt. Sie hat damit dem Gericht eine prozeßordnungsgemäße Verfahrensgestaltung, nämlich eine Beweisaufnahme nach Aktenlage zumindest erschwert und dadurch die lückenlose Aufklärung der Beziehung Sönmezcan – Dogan – Polizei verunmöglicht. Das gleiche gilt für die dem Gericht nicht vorliegenden Protokolle über die Überwachung der Telefonate Sönmezcan mit Zürich sowie eine Fahndung nach dem angeblichen Mustafa, die bis heute die Aufklärung von dessen Identität und allfälligen Beziehungen zum Angeklagten Ilhan verhindert haben.

Die Konsequenz, die sich hieraus ergeben muß, ist, daß die Beweisbeschränkungen und damit die fehlenden Aufklärungsmöglichkeiten, die die Staatsanwaltschaft, wie dargelegt, pflichtwidrig selbst veranlaßt hat, prozessual zu ihren Lasten gehen (Hans-Jürgen Bruns, »Widerspruchsvolles« Verhalten des Staates als neuartiges Strafverfolgungsverbot und Verfahrenshindernis, in NStZ 1983, S. 54 [siehe in diesem Band S. 259–284]; Strafverteidiger 1983, S. 97). Sie wirken sich dahingehend aus, daß die oben erwähnten Indizien nach dem Grundsatz »in dubio pro reo« als wahr zu unterstellen sind (Zur sog. Wahrunterstellung: Claus Roxin, Strafverfahrensrecht, 1983, S. 255 und J. Tonckhoff, Die Wahrunterstellung im Strafprozeß, 1980, S. 30ff.).

Das führt in casu zum Ergebnis, daß als wahr zu unterstellen ist, daß das ganze Heroingeschäft zwischen Ilhan und Sönmezcan von Anfang an polizeilich gesteuert war.

Da den Angeklagten vorherige Kontakte mit der Drogenszene nicht nachzuweisen sind, sie insbesondere keine einschlägigen Vorstrafen aufweisen, muß zu ihren Gunsten davon ausgegangen werden, daß die zur Anklage gebrachte Widerhandlung gegen das Betäubungsmittelgesetz ohne das tatprovozierende Verhalten Sönmezcans, dessen sich die Polizei als V-Mann bediente, nicht zustande gekommen wäre.

Die Tatsache, daß Olgun schon vor der Kontaktnahme zwischen Sönmezcan und Ilhan von Denlis – bestrittener – Verkaufsabsicht wußte, steht dem nicht entgegen, da er nicht widerlegbar behauptet hat, erst nach der Anfrage durch Tekin, die kausal auf die Anfrage Sönmezcan zurückgeht, aktiv geworden zu sein (Prot. S. 57).

Ob Denli wirklich der Lieferant des Heroins war, was er bestreitet, braucht materiell nicht entschieden zu werden.

IV. Rechtliche Konsequenzen

1.

Im Folgenden ist die Frage zu untersuchen, welche rechtlichen Konsequenzen aus der Tatsache zu ziehen sind, daß die angeklagten BMG-Widerhandlungen allein auf das tatprovozierende Verhalten der Strafverfolgungsorgane zurückzuführen sind.

Soweit dem Gericht bekannt, gibt es in der Schweiz bisher weder in Rechtsprechung noch Literatur eine eingehende Erörterung der mit dem Einsatz von V-Männern verbundenen rechtlichen Problematik.

Dagegen hat sich die Rechtsprechung des BGH in Deutschland in mehreren grundlegenden Entscheidungen mit dem Problem befaßt. Die Grundsätze, die der BGH, basierend auf einigen Untersuchungen im Schrifttum, zu diesem Fragenkomplex entwickelt hat, sind heute im wesentlichen unangefochten (Eberhard Foth, Kann die Anstiftung durch eine V-Person ein Verfahrenshindernis begründen?, in NJW 1984, 221 [siehe in diesem Band S. 301–304]).

Es wird im Folgenden zu zeigen sein, daß die zu erörternden Grundsätze auch für die schweizerische Rechtsprechung Gültigkeit haben und somit analog herangezogen werden können.

Es hat sich im Ergebnis herauskristallisiert, daß bei erheblicher Einwirkung des Lockspitzels, bei dem das tatprovozierende Verhalten ein solches Gewicht erlangt, daß demgegenüber der eigene Tatbeitrag des Täters in den Hintergrund tritt, die sich daraus ergebende Folge ein auf den angestifteten Täter beschränktes Strafverfolgungsverbot ist, das die Wirkung eines von Amtes wegen zu beachtenden Verfahrenshindernisses entfaltet (Strafvert. 1982, 151; NJW 1981, 1626 [siehe in diesem Band S. 180–182]; NJW 1982, 838). Das Problem wird also über den prozessualen Weg eines Verfahrenshindernisses gelöst. Dieses resultiert aus dem Verwertungsverbot der durch die provozierte Tat geschaffenen Beweise. Das führt dazu, daß ein Sachentscheid nicht ergeht und das Verfahren einzustellen ist.

Abgeleitet wird die Unverfolgbarkeit der provozierten Tat daraus, daß die Tätigkeit eines V-Mannes gegen grundlegende rechtsstaatliche Prizipien und darüber hinaus gegen Vorschriften des Prozeßrechtes wie des materiellen Rechtes verstößt.

2. *Frage der Rechtsgutverletzung durch V-Mann-Einsatz*

Der BGH nennt als Voraussetzung für die Unverfolgbarkeit der staatlich provozierten Tat Wertungsgesichtspunkte. Er geht davon aus, daß der Einsatz polizeilich gelenkter Lockspitzel zur Bekämpfung besonders gefährlicher und schwer aufklärbarer Straftaten, zu denen auch der Rauschgifthandel gehöre, im Grundsatz geboten und rechtmäßig sei. Dies gelte aber nicht uneingeschränkt. Dem tatprovozierenden Verhalten des Lockspitzels seien Grenzen gesetzt, deren Außerachtlassung als ein dem Staat zuzurechnender Rechtsverstoß in das Strafverfahren gegen den Täter hineinwirke. Das Rechtsstaatsprinzip untersage es den Strafverfolgungsbehörden, auf die Verübung von Straftaten hinzuwirken, wenn die Gründe dafür vor diesem Prinzip nicht bestehen könnten. Wesentlich für die Beurteilung seien dabei Grundlage und Ausmaß des gegen den Täter bestehenden Verdachts, Art, Intensität der Einflußnahme des Lockspitzels, Tatbereitschaft und eigene, nicht fremdgesteuerte Aktivitäten dessen, auf den er einwirke (NJW 1981, 1626 = Strafvert. 1981, 392f.). Handle es sich nicht um die bloße Konkretisierung eines bereits vorhandenen Tatenschlusses, sondern liege eine nachhaltige, erhebliche Einwirkung vor, der gegenüber der eigene Beitrag des Täters in den Hintergrund trete, so würde der Täter zum Objekt staatlichen Handelns herabgewürdigt (NJW 1981, 1628).

Begründungselemente dieser Rechtsprechung sind verfassungsrechtliche Gesichtspunkte, so z. B. Verstöße gegen den Schutz der Würde des Menschen (Art. 1 Abs. 1 GG), der als Angestifteter nicht zum Zwecke der Überführung zum Objekt staatlichen Handelns gemacht werden darf, gegen das Rechtsstaatsprinzip, wonach es Aufgabe des Staates und seiner Organe ist, Straftaten zu verhindern und nicht zu veranlassen.

Auch im Schrifttum wird unter Berufung auf das Grundgesetz Artikel 2 Absatz 1 in Verbindung mit Artikel 1 Absatz 1 (Freie Entfaltung der Persönlichkeit und Schutz der Menschenwürde) die Auffassung vertreten, daß der Einsatz von agents provocateurs diese Bestimmungen verletze und daher an sich unzulässig sei (Friedrich Dencker, Zur Zulässigkeit staatlich gesteuerter Deliktsbegehung, in Festschrift für Dünnebier 1982, S. 457 [siehe in diesem Band S. 238–258]; Klaus Lüderssen, Verbrechensprophylaxe durch Verbrechensprovokation, cit. nach Denninger/Lüderssen, Strafprozeß im demokratischen Rechtsstaat, 1978, S. 238ff., 249).

Man wird die verfassungsrechtliche Fragestellung offenlassen können, da, wie noch zu zeigen sein wird, die Unzulässigkeit des Einsatzes eines agent provocateur sich für die Schweiz klar aus dem Betäubungsmittelgesetz selber ergibt.

Dennoch ist es im Hinblick auf die Bewertung der Konsequenzen der Rechtsgutsverletzung nicht unerheblich, bereits an dieser Stelle festzuhalten, daß das Recht auf persönliche Freiheit als ungeschriebenes Verfassungsrecht auch nach schweizerischem Recht von Bedeutung ist.

Aber auch ohne Berufung auf derart »hochgegriffene« Prinzipien können »schlichtere« prozessuale Grundsätze herangezogen werden. Aus dem Verfassungsrecht der persönlichen Freiheit ist im Zusammenhang mit dem Prozeßrecht das Recht auf freie Entschließung und Verbot der Täuschung abzuleiten. Der Grundsatz des Verbotes der Täuschung des Beschuldigten durch den vernehmenden Beamten ist in der Basler Strafprozeßordnung ausdrücklich in § 27 normiert (Robert Hauser, Kurzlehrbuch des Schweiz. Strafprozeßrechts, 1978, S. 14, 83, 151). Lüderssen hat unter Bezugnahme auf das ausdrückliche Verbot täuschender Vernehmungsmethoden in § 136a deutsche Strafprozeßordnung festgehalten, »wenn es richtig ist, daß die Verbote des § 136a die Freiheit des Beschuldigten hinsichtlich dessen schützen sollen, womit er sich selber belasten will, dann muß dies um so mehr für diejenigen Fälle gelten, in denen der für eine bestimmte prozessuale Maßnahme erforderliche Verdacht noch gar nicht vorliegt; dem Betroffenen muß es also erst recht überlassen bleiben, in welchem Maße er dazu bereit ist, Material gegen sich selber zu schaffen« (Lüderssen, a. a. O. S. 248). Die Tätigkeit des agent provocateur stellt sich damit als prozeßordnungswidrig dar. Den gleichen Grundsatz bringen auch das Prinzip des »fair trial« und dasjenige von Treu und Glauben zum Ausdruck. Letzteres verbietet widerspruchsvolles Verhalten und »erlistete Handlungen, die das ganze Verfahren ungültig machen können« (Hauser, a. a. O. S. 138/39).

Das Verbot, die Aussagen des Beschuldigten durch Täuschung, List oder gar Zwang zu erreichen, kann also auch unter den Titeln des fairen Verfahrens oder des Verbots des Rechtsmißbrauchs gesehen werden (Hauser, a. a. O., S. 139, 151).

Das Zürcher Obergericht hat in einem Fall, in welchem ein im Ausland lebender Angeschuldigter unter wahren Angaben in die Schweiz gelockt und dann verhaftet worden war, unter Berufung auf ein Rechtsgutachten von Schultz entschieden, daß das in diesem Fall eingeleitete Verfahren mangelhaft und unzulässig sei. »Die Begründung des strafprozessualen Zugriffs durch die Überlistung des im Ausland weilenden Angeschuldigten durch die mindestens als Mitwisser beteiligten Behörden der Strafverfolgung stelle einen so schwerwiegenden Verstoß gegen grundlegende rechtsstaatliche Regeln dar, daß die derart begründete Gerichtsgewalt als nicht bestehen angesehen werden müsse. Ausdruck der ungeschriebenen Regel, daß niemand durch unfaire Manöver der Strafgerichtsbarkeit unterstellt werden dürfe, seien die Bestimmungen, welche die Achtung der Persönlichkeit forderten« (ZR 1967, Nr. 119, S. 250).

Das Verbot des Rechtsmißbrauchs ist auch in den oben erwähnten Entscheiden des BGH enthalten. Der Staat setze sich dem Vorwurf des widerspruchsvollen und arglistigen Verhaltens aus, wenn er es unternähme, einen Täter, den er durch erhebliche Einwirkung eines agent provocateur vom Wege des Rechts abgebracht habe, strafrechtlich zu verfolgen, um ihn wieder auf den Weg des Rechts zurückzuführen, was innerhalb einer rechtsstaatlichen Ordnung nicht zulässig sein könne (NJW 1981, 1626).

Der Vorwurf widerspruchsvollen Verhaltens greift auf den alten Grundsatz des venire contra factum proprium zurück (Bruns, a. a. O., S. 53; Denker, a. a. O., S. 454; Lüderssen, a. a. O., S. 242).

3. Frage nach der Strafbarkeit des Lockspitzels

Abgesehen von den oben genannten Rechtsgütern, die durch die Methode des Einsatzes eines V-Mannes verletzt werden können, ist auch die Frage zu prüfen, ob gegebenenfalls der V-Mann sich durch seine Tätigkeit selber strafbar macht, d. h. sein Vorgehen illegal ist.

Während in Deutschland diese Frage in der Praxis mit dem Hinweis auf die Notwendigkeit einer effektiven Strafverfolgung einer bestimmten Art von Kriminalität verneint wird, ist in der Schweiz das Problem in Artikel 23 Absatz 2 des Betäubungsmittelgesetzes einer klaren rechtlichen Regelung zugeführt.

Nach Artikel 23 Absatz 2 des Betäubungsmittelgesetzes bleibt der Beamte, der zu Ermittlungszwecken selber oder durch einen anderen ein Angebot von Betäubungsmitteln annimmt oder Betäubungsmittel persönlich oder durch einen anderen entgegennimmt, straflos. Weitergehende Handlungen als die Entgegennahme einer Offerte oder direkt von Betäubungsmitteln sind durch Artikel 23 Absatz 2 des Betäubungsmittelgesetzes nicht gedeckt (vgl. R. Gerber, Das revidierte Betäubungsmittelgesetz, Kriminalistik 1976, S. 324 f. und A. Schütz, Die Strafbestimmungen des Bundesgesetzes über die Betäubungsmittel vom 3. Oktober 1951 in der Fassung vom 20. März 1975, Diss. Zürich 1980, S. 202 ff.). Der Gesetzgeber hat – in Anlehnung an Walder – dem Einsatz von V-Leuten bewußt sehr enge Grenzen gesteckt (vgl. Amtl. Bull. Ständerat 1973, S. 710, 1974, S. 599, Nationalrat 1974 II, S. 1421 und 1459 f.).

Walder hat in einem Aufsatz über »Erlaubte und unerlaubte Fahndungsmethoden, insbesondere bei Verdacht von Rauschgiftdelikten« (Hans Walder, Kriminalistik 1970, S. 41 ff.) mit nicht zu überbietender Deutlichkeit dargelegt, daß Artikel 23 Absatz 2 des Betäubungsmittelgestzes restriktiv auszulegen sei. Im Rechtsstaat rechtfertige der Zweck, die Überführung von Rauschgifthändlern, nicht jedes Mittel. Ein Beamter, der eine andere Person, die er für einen Rauschgifthändler halte, um eine Lieferung angehe, sei, wenn sich der andere entschließe, entsprechende Schritte zu unternehmen, nach Artikel 19 des Betäubungsmittelgesetzes in Verbindung mit Artikel 24 des Strafgestzbuches strafbar, im Falle der Anstiftung einer qualifizierten Widerhandlung auch, ohne daß es zur Ausführung des Deliktes käme.

Nach Walder dürfe sich der Beamte nicht einmal eine Bezugsquelle für Rauschgift namhaft machen lassen, da der andere, bemühe er sich um eine solche Adresse, ein Delikt im Sinne des Anstalten Treffens zu einer BMG-Widerhandlung begehe.

Der Beamte müsse vielmehr passiv bleiben, die Offerte an sich herantragen lassen (Walder, a. a. O., S. 42).

Während bei Erfolgsdelikten der agent provocateur gerade die Vollendung des von ihm provozierten Deliktes nicht will, also eine Schädigung des Rechtsgutes verhindert werden soll, ist im Bereich der Rauschgiftkriminalität insofern eine Besonderheit gegeben, als schon Vorbereitungshandlungen in der Form des »Anstalten Treffens« das vollendete Delikt darstellen. Der agent provocateur ist in diesem Falle immer voller Anstifter (Walder, a. a. O., S. 43) und mithin strafbar.

Mn muß wohl davon ausgehen, daß Artikel 23 Absat 2 des Betäubungsmittelgesetzes seiner Natur nach einen Rechtfertigungsgrund für tatbestandsmäßige Verwirklichung von BMG-Delikten in den engen Formen der Entgegennahme von Offerten bzw. Betäubungsmitteln durch einen Beamten darstellt (Schütz, a. a. O., S. 202). Da für weitergehende Handlungen das Gesetz eine Rechtfertigung nicht nennt, muß aus diesem positiven Schweigen geschlossen werden, daß der Gesetzgeber eine weitergehende Rechtfertigung gerade ausschließen wollte.

Dennoch bleibt zu prüfen, ob sich der polizeiliche Lockspitzel auf einen allgemeinen Rechtfertigungsgrund berufen kann.

Eine Berufung auf Artikel 32 des Strafgesetzbuches scheidet nach Walder aus. Es gehöre zu den Pflichten eines Strafverfolgungsorganes, strafbare Handlung zu verhindern, nicht aber, aus einer vermeintlichen Amtspflicht heraus, solche zu veranlassen, um jemanden überführen zu können, was auch immer das letzte Ziel sein möge. Da die Polizei mit der Anstiftung ihre Kompetenz zur Verbrechensverhütung überschreite, sei diese sowohl materiell wie prozeßrechtlich unzulässig (Walder, a. a. O., S. 42−43).

Als weiterer Rechtfertigungsgrund käme eventuell Notwehrhilfe in Betracht. Da jedoch, insbesondere ohne Vorliegen eines Tatverdachtes, kaum von einem unmittelbaren Angriff – auf die Gesundheit zahlreicher Menschen – die Rede sein kann, entfallen die Voraussetzungen für die Anwendbarkeit dieses Rechtfertigungsgrundes (Walder, a. a. O., S. 43).

Eine Ermächtigung, in gewissen Fällen anstiftend vorzugehen, findet sich nirgendwo (Walder, a. a. O., S. 43).

Eine solche aus einem übergesetzlichen, rechtfertigenden Notstand abzuleiten, würde dem Grundsatz der Gesetzmäßigkeit der Verwaltung und somit dem Rechtsstaatprinzip widersprechen (Denker, a. a. O., S. 457; Lüderssen, a. a. O., S. 273 ff.). Dies wiegt um so schwerer, als, wie oben dargelegt, mit dem Einsatz eines V-Mannes verfassungsmäßige Rechte tangiert werden. Für einen Eingriff in die Individualrechtsgüter mit Verfassungsrang ist der Gesetzesvorbehalt unumstritten (Hauser, a. a. O., S. 143).

Die Anwendung des Rechtfertigungsgrundes des Notstandes setzt voraus, daß die Tat, um deren Rechtfertigung es geht, zur Abwehr einer gegenwärtigen, nicht anders abwendbaren Gefahr für ein Rechtsgut begangen wird, und daß bei Abwägung der widerstreitenden Interessen, namentlich der betroffenen Rechtsgüter und des Grades der Gefährdung, das geschützte Interesse das beeinträchtigte wesentlich übersteigt (Horst Franzheim, Der Einsatz von agents provocateurs zur Ermittlung von Straftätern, NJW 1979, 2014 ff., 2017).

Es dürfte wohl bereits an der gegenwärtigen Gefahr fehlen, jedenfalls aber kann die Volksgesundheit nicht als das überwiegende Interesse gegenüber der Freiheit der angestifteten Person gewertet werden, zumal bei der Bewertung persönlichkeitsgebundener Rechtsgüter, die durch eine Notstandshaftung beeinträchtig werden sollen, strenge Anforderungen zu stellen sind (Franzheim, a. a. O., S. 2017/18).

Im übrigen greift der Rechtfertigungsgrund des übergesetzlichen Notstandes zur Abwehr der Gefahr eines die Allgemeinheit betreffenden Rechtsgutes nur in Fällen des sogenannten Staatsnotstandes (Günter Stratenwerth, Schweizerisches Strafrecht, Allg. Teil I, Bern 1982, S. 207), von dem ja wohl im Ernst bei der Verfolgung normaler BM-Kriminalität nicht die Rede sein kann. Dagegen kann beispielsweise das Interesse, Gesetzesübertretung zu verhindern oder dafür zu sorgen, daß sie sanktioniert werden, niemals einen übergesetzlichen Notstand begründen (Stratenwerth a. a. O.).

Im Ergebnis muß daher davon ausgegangen werden, daß der V-Mann, wenn er aktiv im Sinne eines agent provocateur zur Begehung einer Widerhandlung gegen das Betäubungsmittelgesetz anstiftet, sich strafbar macht. Ob dem agent provocateur sein Verhalten auch subjektiv zuzurechnen ist, er also schuldhaft gehandelt hat, braucht hier nicht geprüft zu werden.

4. Auswirkungen auf den vorliegenden Fall

Es kann in casu keinem Zweifel unterliegen, daß die Art der Einflußnahme der Staatsanwaltschaft bzw. des Betäubungsmitteldezernates weit über die zulässige passive Entgegennahme von Offerten oder Heroin hinausgegangen ist. Dies gilt im übrigen auch, wenn man die Einflußnahme nur auf die Beschaffung der 700 g Heroin (Phase 2) beschränken würde, insbesondere aber für die als wahr unterstellte Einwirkung auf die bisher unverdächtigen Angeklagten in der ersten Phase.

Daß die Erfüllung eines Straftatbestandes mit einer hohen Strafdrohung durch die Strafverfolgungsorgane eine extreme Rechtsstaatverletzung darstellt, bedarf keiner weiteren Ausführungen. Darüber hinaus hat das Vorgehen des Staatsanwaltschaft, wie ausgeführt, auch andere grundlegende Rechtsstaatsprinzipien verletzt.

Durch die rechtsstaatswidrig manipulierte Verfahrenseinleitung hat der Staat Unschuldige in unzulässiger Weise korrumpiert, was in einem Rechtsstaat nicht geduldet werden kann. Die Folge muß ein Verbot der Strafverfolgung dieser »Täter« sein.

Auch selbst wenn man davon ausgeht, Olgun und Denli seien verdächtig und tatbereit gewesen, so muß die Folge die nämliche sein, da der Staat selbst gegen Verdächtige nach dem Grundsatz der Justizförmigkeit des Verfahrens ein korrektes Verfahren einzuhalten hat und nicht in extremer Weise gegen den Rechtsstaat verstoßen darf.

Der Gedanke, daß sich der Staat nicht rechtsstaatswidriger Mittel bedienen darf, bzw. die Verletzung dieses Prinzips sich zu seinen Lasten auswirkt, stammt aus der Lehre der Beweisverwertungsverbote. Nach dieser Lehre dürfen unrechtmäßig erlangte Beweise in der Regel nicht bei der Urteilsfindung verwertet werden, es sei denn, die unrechtmäßige Gewinnung beziehe sich lediglich auf die Verletzung untergeordneter Ordnungsvorschriften (Hauser, a.a.O., S. 109). Bei der Verletzung von Gültigkeitsvorschriften ist grundsätzlich ein Beweisverwertungsverbot anzunehmen. Die Abgrenzung ist nach dem der verletzten Norm zugrundeliegenden Schutzgedanken vorzunehmen (Hauser, a.a.O., S. 147).

Daß die oben erwähnten Individualrechte mit Verfassungsrang und die daraus abgeleiteten prozessualen Rechte dem Schutz des Angeklagten gelten, steht außer Frage. Da, wie dargelegt, der Einsatz von V-Leuten als agents provocateurs durch Artikel 23 Absatz 2 des Betäubungsmittelgesetzes nicht gedeckt, also straftatbestandsmäßig ist, und zudem mit den Normen der Strafprozeßordnung, die den Angeschuldigten schützen sollen, nicht vereinbar ist, muß ein Verwertungsverbot angenommen werden.

Auch eine Güter- und Interessenabwertung kann zu keinem anderen Ergebnis führen. Zwar hat das Bundesgericht festgehalten, daß bei höheren Interessen der Gemeinschaft diese gebieterisch den Verzicht auf den Schutz der persönlichen Interessen des Betroffenen fordern (Praxis 1983, Nr. 275).

Die Strafverfolgung in einem ganz normalen BM-Fall rechtfertigt indes niemals die Anwendung extrem rechtsstaatswidriger Mittel.

Überträgt man den Gedanken des Verbots der Beweisverwertung bei der Urteilsfindung auf die rechtsstaatswidrige Einleitung des Verfahrens, so bedeutet das, daß das Gericht das allein durch die Tätigkeit des agent provocateur geschaffene Delikt nicht zum Gegenstand einer Strafverfolgung machen darf.

Ein Verbot der Strafverfolgung aber stellt ein Verfahrenshindernis dar, was bedeutet, daß ein Sachentscheid nicht ergehen kann. Vielmehr ist das Verfahren einzustellen (Hauser a.a.O., S. 94; Peter Noll, Strafprozeßrecht, Zürich 1977, S. 59).

V. Nebenpunkte

Die beschlagnahmten 725 g Heroin sind auch ohne Strafbarkeit der Angeklagten nach Artikel 58 Absatz 1 des Strafgesetzbuches einzuziehen. Für die weiteren Nebenpunkte wird auf das Dispositiv verwiesen.

Demgemäß hat das STRAFGERICHT *erkannt:*

Das Verfahren gegen Zülfikar Ilhan, Isa Tekin, Hakan Olgun und *Hayda Denli* wegen qualifizierter Widerhandlung gegen das Betäubungsmittelgesetz wird gemäß § 189 Absatz 5 der Strafprozeßordnung *eingestellt.*

Die Kosten des Verfahrens gehen zu Lasten des Staates.

Der beschlagnahmte Plastiksack mit 725 g Heroin wird gemäß Artikel 58 Absatz 1 des Strafgesetzbuches eingezogen.

Der beschlagnahmte Xythos-Kipplaufrevolver wird der Polizeidirektion Zürich zur weiteren Verfügung zugestellt.

Die beschlagnahmten Geldbeträge werden unter Aufhebung der Beschlagnahme dem Beurteilten Denli freigegeben.

Den Offizialverteidigern werden folgende Honorare ausgerichtet:

Dr. Suzanne Lehmann	2320. Fr.
Dr. Marco Biaggi	240. Fr.
Dr. Pierre Joset	2700. Fr.
Lic. iur. Hans L. Müller	2100. Fr.
Dr. Andreas Bernoulli	3500. Fr.

C. Der Mittelweg des Rechts

II. Zentrale Probleme

Strafbarkeit des Provokateurs?

Kurt Seelmann
Zur materiell-rechtlichen Problematik des V-Mannes

Die Strafbarkeit des Lockspitzels und des Verlockten

Straflosigkeit des provozierenden V-Mannes?

I. Die traditionelle agent-provocateur-Problematik

Die traditionelle agent-provocateur-Problematik gab Anlaß, den Gehalt des Unrechtsbegriffs, vor allem aber den Strafgrund der Teilnahme zu erhellen. Für die sehr bald unangefochtene Verursachungstheorie boten sich zwei Lösungswege an: Wird der Anstiftende bestraft für die Verursachung des Unrechts beim Haupttäter im Sinne einer sozial unerträglichen Normverletzung oder im Sinne einer Rechtsgutsverletzung?[1] Im ersteren Fall lag es nahe, die Anstiftung zum Versuch auch ohne Tatvollendungsvorsatz beim Anstifter zu bestrafen. Die Entscheidung fiel aufgrund mancherlei Erwägungen[2] zugunsten der zweiten Alternative.[3] Damit lastete auf der folgenden Diskussion bereits die schwere Hypothek des ungeklärten Rechtsgutsbegriffs. Die Rechtsgutsorientierung reaktivierte dann eine von *Glaser* schon Mitte des 19. Jahrhunderts aus dem österreichischen ins deutsche Recht aufgenommene Unterscheidung[4] von (formeller) Vollendung und (materieller) Beendigung der Straftat: War der Grund für die Strafbarkeit des Anstifters die durch ihn bewirkte und intendierte Rechtsgutsverletzung, so entfiel die Strafbarkeit des Provokateurs selbst für den Fall, daß er die Vollendung anstrebte, falls diese nur noch nicht mit der Rechtsgutsverletzung zusammenfiel.[5] Ob der Kommissar den in die Diebesfalle Gelockten vor oder nach Gewahrsamserlangung festnahm, hing doch zu sehr vom Zufall ab. Befürchtungen, damit werde statt der tatbestandlich exakt umschriebenen Handlung eine undifferenzierte Schädigung des Rechtsgutsträgers zur Bedingung des Rechtswidrigkeitsurteils[6], blieben in der Minderheit. Daß darüber hinaus der rechtfertigende Notstand auch jenseits der Beendigung den agent provocateur rechtfertigen könnte, von *Katzenstein* 1901 noch für »selbstverständlich indiskutabel«[7] gehalten, wurde in den letzten Jahrzehnten gelegentlich vorsichtig bejaht[8], aber meist als praktisch irrelevant abgetan.[9] Für die besseren Studenten placierte man gleichwohl in entsprechenden Übungsarbeiten die Beute meist im Haus: An der irreparablen Hausrechtsverletzung sollten sie den rechtfertigenden Notstand überprüfen.

II. Die aktuelle Lockspitzelproblematik

Was jahrzehntelang in erster Linie ein sicher wichtiges Klausurthema war, hat sich heute zu einem ganz praktischen Problem der Polizeiarbeit, der Strafverfolgung und der Kriminalpolitik gemausert. Mehr als ein Dutzend Entscheidungen zur Tatprovokation durch polizeiliche V-Leute wurden seit 1980 allein vom BGH erlassen. Meist ging es um verdeckte Ankäufe von Rauschgift[10], doch finden sich auch Fälle von Waffenschieberei[11] und bandenmäßiger Brandstiftung.[12]

1. Das Problemfeld

Solche Quantität läßt bereits eine veränderte Qualität des Problems vermuten.

a) Wandlungen
Wir registrieren zunächst einen Wandel der Kriminalitätsszene selbst. Dimension und Zweck der Provokationstätigkeit haben deshalb die altbekannte Diebesfalle mit dem präparierten Hundertmarkschein weit hinter sich gelassen. Rockerbanden etwa manifestieren zunehmende gesellschaftliche Aggressivität. Autoschieberbanden bedienen sich heute modernster Logistik und sind nach außen nicht selten perfekt abgeschottet. Wirtschafts- und Umweltkriminalität entzieht sich häufig dann der Kontrolle, wenn es an individuellen Rechtsgutsverletzungen fehlt. In der Rauschgiftszene summieren sich diese Probleme.[13] Daß deshalb von seiten der Polizei »neue Wege«[14] beschritten werden müssen, daß die »Uraltmethoden unserer Dorfpolizisten«[15] nicht mehr greifen, erscheint im Grundsatz unbestreitbar. Der Lockspitzeleinsatz ist nicht mehr jene ultima ratio des ehrgeizigen Kripomannes, sondern eine aus polizeitaktischer Sicht zweckmäßige »Routine«.[16]

Wir vermerken als zweiten Punkt, daß sich mit der neuen Realität auch die rechtliche Einschätzung der Polizeiaufgaben gewandelt hat: Der polizeiliche Gefahrbegriff wird ausweitend interpretiert, er orientiert sich an Taktiken, die es gar nicht erst zu einer konkreten Gefahr kommen lassen.[17] Mit dem Polizeieinsatz auf breiter Front verlagert sich das Einsatzfeld immer weiter nach vorne: Es geht um die Infiltration und Kontrolle von »Gefahrenpotentialen«[18] im Vorfeld konkreter Rechtsgutsverletzungen. Die Beteiligung an oder Verleitung zu Straftaten dient der Auslotung und nicht selten auch der Steuerung solcher noch abstrakter Gefahren.

Gesetzgebung und Dogmatik des Strafrechts schwenken auf diesen neuen Bereich polizeilicher Aufgaben ein. Wie das polizeiliche, so konzentriert sich auch das strafrechtliche Interesse zunehmend auf den Bereich vor der klassischen Versuchsgrenze im Ablauf konkreter Rechtsgutsverletzungen. Das zeigt sich einmal in der strafrechtlichen Nomenklatur, die dem Einzeltäter kollektive Gruppen zur Seite stellt: die Bande, die kriminelle und terroristische Vereinigung, die Menschenmenge, ja selbst die juristische Person und den Betrieb im Fall der Organ- und Vertreterhaftung. Die Dogmatik beschäftigt sich allgemein mit »Systemkriminalität« im Bereich von Wirtschaft und Umwelt. Ganz konsequent bemächtigt sich schließlich die Gesetzgebung dieser Vorverlagerungen. Ging es zunächst nur darum, die Versuchstatbestände durch einzelne typisierte Vorbereitungshandlungen zu ergänzen, so erweiterte sich das kriminalpolitische Potential zunehmend auch um sog. abstrakte Gefährdungsdelikte.

Die beschriebenen Prozesse in den Bereichen der Verbrechensrealität, des Polizeirechts und der Strafrechtsdogmatik einschließlich ihrer Gesetzgebung verlaufen natürlich nicht nur parallel zueinander. Vielmehr ist das eine Phänomen immer zugleich der Auslöser des anderen. Die veränderte Realität des Verbrechens provoziert die beschriebenen institutionellen und dogmatischen Wandlungen in Polizeirecht und Strafrecht. Zugleich wirken diese Wandlungen auf die Kriminalitätsszene zurück. Nicht zuletzt die gesteigerte Produktion abstrakter Gefährdungsdelikte schafft ein Kriminalitätspotential, dem sich die Polizei in verstärktem Maße zuwenden muß.

b) Neue Probleme
Gerade in ihrem Zusammenwirken schaffen die genannten Wandlungen vielfältige Probleme:

Polizeiliches Engagement im Vorfeld traditioneller Kriminalität bewirkt Legitimationsprobleme, denen man oft allzu rasch mit dem Mittel des Strafrechts entgegenkommt. Das Strafrecht behindert dann sehr schnell die Polizeiarbeit: Kriminalisierung nämlich bedingt Strafverfolgung, und diese ist auf Transparenz angelegt. Darunter leidet das auf längerfristige Beobachtung ausgerichtete polizeiliche Interesse. Dieser Interessenwiderstreit spitzt sich im Strafverfahren zu und führt dort zu den hier nicht zu behandelnden Friktionen.

Die Vorverlagerung polizeilicher Tätigkeit auf die abstrakte Gefahr gerät indessen auch zur Crux für die materiell-rechtliche Strafrechtsdogmatik. Die agent-provocateur-Problematik sieht sich plötzlich auf dem ihr bisher weitgehend fremden Feld der abstrakten Gefährdungsdelikte. Exemplarisch ist der V-Mann, der zum Verkauf von Heroin auffordert: Er verleitet zum »Handeltreiben mit Betäubungsmitteln« (§ 29 Abs. 1 Nr. 1 BtMG), einem Tatbestand, der schon mit jeder auf den Umsatz gerichteten Tätigkeit, mit jedem Verhandlungsangebot vollendet ist.[19] Dieser BtMG-Tatbestand ist exemplarisch. Abstrakte Gefährdungsdelikte kennen nämlich so gut wie alle V-Mann-relevanten Kriminalitätsbereiche – man denke nur an das Waffenrecht und das Geldfälschungsrecht.[20] Was beim traditionellen agent provocateur noch grundsätzlich klar als Versuch, Vollendung und Beendigung abgegrenzt werden konnte, gerät nun auf eine vorverlegte Skala von abstrakter Gefahr, konkreter Gefahr und Verletzung – welches Rechtsguts eigentlich? »Die Volksgesundheit« soll es im BtM-Bereich sein.[21] Aber wann ist dieses Rechtsgut »verletzt« im Sinne der Tat*beendigung*, wann nur gefährdet? Führt nicht die Schaffung abstrakter Gefährdungsdelikte zugleich zur Produktion vorverlagerter, »vergeistigter« Rechtsgüter mit der Folge, daß Gefährdung und Verletzung in einem Punkt zusammenfallen?

Damit bündeln sich auch schon die Probleme des modernen Lockspitzels. Er ist zunächst Produkt einer rechtspolitischen Entwicklung. Als solcher siedelt er im Interessenwiderstreit von Polizei und Strafrecht. Als Mitarbeiter an einer laufenden Polizeiaufgabe verfällt er bereits der Vollendung eines Straftatbestands. Auf diesen Straftatbestand wiederum passen nicht die Lösungskriterien für die traditionelle agent-provocateur-Problematik. Zudem aber läßt uns auch unser sicheres moralisches Judiz im Stich.

Der traditionelle agent provocateur wurde dogmatisch freigesprochen, verfiel aber der moralischen Ächtung.[22] Heute ist es eher umgekehrt: Der dogmatische Freispruch fällt immer schwerer; zugleich aber lösen sich mit der veränderten rechtspolitischen Problematik die Konturen unseres moralischen Unwerturteils auf. Zwar mag in vielen Fällen der Vorwurf sozialer Desintegration des Verletzten bestehen bleiben. Insbesondere *Lüderssen* hat die Lockspitzel-Dogmatik hierfür sensibilisiert.[23] Es fehlt hingegen an der Verwerflichkeit polizeilicher Korrumpierung zum Versuch einer individuellen Rechtsgutsverletzung. Im übrigen verblaßt unsere Polizeischelte auch deshalb, weil im Vorfeld konkreter Gefahren polizeiliches Taktieren und Paktieren in bestimmten Szenen und Milieus stets als zweckmäßig und legitim galt.

2. Lösungsvorschläge und Einwände

Unbeachtet können hier die strafrechtlich irrelevanten Versuche bleiben, den V-Mann deshalb straflos zu stellen, weil er einen generellen Tatvorsatz lediglich konkretisiere.[24] Ein »omnimodo facturus«, den man schon begrifflich nicht mehr anstiften kann, ist nur ein Täter, der zu einer *konkreten Tat* entschlossen ist.[25]

Daß im übrigen die Beurteilung des modernen Lockspitzels nicht so einhellig ausfällt wie die des traditionellen agent provocateur, kann angesichts der geschilderten Wertungsunsicherheiten nicht verwundern. Suchen wir am Beispiel des Rauschgifthandels nach Begründungen, die das herkömmliche Ergebnis der Straflosigkeit auch heute noch tragen.

a) Rechtsgutslösung im Tatbestand
Der BGH beschränkt sich einmal auf das traditionelle Lösungsmuster. Er wendet auf das »Handeltreiben mit Betäubungsmitteln« das schon von den gängigen Verletzungsdelikten bekannte Schema an. Bestraft kann nur werden, »wer den zur Vollendung der Haupttat erforderlichen Erfolg, die Verletzung des durch den Straftatbestand geschützten Rechtsguts, wollte ... Mißbilligter Erfolg im Sinne des Straftatbestands des Handeltreibens mit Betäubungsmitteln ist aber nur ein solcher Vorgang, der das Rauschgift auf dem Weg zum Konsumenten weiterbringt, nicht dagegen ein Umsatz, durch den es der Polizei in die Hände gespielt und damit aus dem Verkehr gezogen wird.«[26]

Beachtlich daran ist zunächst, daß der BGH nicht der Versuchung erliegt, die Gesetzessystematik durch eine fragwürdige Wertung zu unterlaufen. Er versagt sich der in der Literatur angebotenen Lösung, das Gefährdungsdelikt mit seiner vorverlagerten Strafbarkeit zum Versuch im materiellen Sinn umzudeuten. Die Strafbarkeit des Lockspitzels, darin ist dem BGH zuzustimmen, setzt den Willen zum *tatbestandsmäßigen* Erfolg voraus.

b) Die Rechtsgutslösung jenseits des Tatbestandes
Stimmen in der Literatur bestreiten dies. Sie behaupten, die Strafbarkeit des Lockspitzels sei abhängig von einem Vorsatz zur Rechtsgutsverletzung *jenseits* des Tatbestandes. So liest man bei *Körner*: »Der agent provocateur will zwar die Vollendung des Tatbestandes (Handeltreiben mit Betäubungsmitteln), nicht aber die Beendigung, den Erfolg der Tat (Inverkehrbringen des Betäubungsmittels und Gefährdung der Volksgesundheit).«[27] Aber was ist damit gemeint, wenn man bei abstrakten Gefährdungsdelikten auf die »Beendigung« abstellt? Versteht man Beendigung im Sinne der Einlösung eines im Tatbestand kupierten Erfolgs wie etwa beim Diebstahl oder als Beendigung der Fortdauer der Wirkung des tatbestandsmäßigen Erfolgs wie etwa bei Dauerdelikten[28], so ist es in den Fällen abstrakter Gefährdungsdelikte nicht sinnvoll, eine Beendigung von der Vollendung zu unterscheiden. Der Lockspitzel hat auch zu einer *beendeten* Tat verleitet. Eine Straflosigkeit des Lockspitzels unter Teilnahmegesichtspunkten wäre dann auch nach der am weitesten gehenden traditionellen Straflosigkeitslehre zu verneinen. Etwas anderes könnte aber möglicherweise dann gelten, wenn man *statt* auf die Beendigung auf eine noch dahinter angesiedelte Rechtsgutsverletzung abstellen *oder* aber »Beendigung« bereits im Sinne einer solchen Rechtsgutsverletzung verstehen wollte. Überlegungen der ersten Art gibt es, freilich mit ganz anderer Zielrichtung: Weil bei einigen Tatbeständen, etwa beim Betrug, die Rechtsgutsverletzung (verstanden im Sinne des Vermögensschadens) vor der Beendigung liegt, wurde für die agent-provocateur-Problematik gelegentlich ein Abstellen auf die Rechtsgutsverletzung und nicht auf die Beendigung gefordert.[29] Setzt man dagegen Beendigung gleich mit der Irreparabilität des Schadens[30], so ist sie nur ein anderer Begriff für ein bestimmtes Verständnis von Rechtsgutsverletzung. Bei dieser Vorgabe ließe sich zu dem Schluß gelangen, daß auch bei Vollendung eines abstrak-

ten Gefährdungsdelikts eine Rechtsgutsverletzung noch nicht vorliege.

Will man Ordnung in diesen Problemkomplex bringen, so empfiehlt es sich, rein terminologische von sachlichen Fragen zu trennen. Natürlich bleibt es jedem unbenommen und ist isoliert gesehen gänzlich unschädlich, abstrakte Gefährdungsdelikte als Delikte ohne Rechtsgutsverletzung zu begreifen.[31] Rechtsgutsverletzung ist dann die Verletzung eines Gutsobjekts, das im abstrakten Gefährdungsdelikt nur gefährdet werden kann. Ebensowenig kann der davon abweichende Definitionsvorschlag, wonach Rechtsgutsverletzung eine Verletzung des von einem Sachverhalt ausgehenden Achtungsanspruchs sei[32], für sich genommen schon dogmatische Probleme entscheiden. Nur käme man mit dieser Definition eben zu dem Ergebnis, die Vollendung des Gefährdungsdelikts sei zugleich Rechtsgutsverletzung. Davon zu trennen aber ist die Frage, ob die Verleitung zum vollendeten Gefährdungsdelikt strafbar sein soll.

Für die Strafbarkeit dieser Verleitung aber spricht, daß es generell für die Anstiftung keines weiterreichenden Vorsatzes bedarf als für die Täterstrafbarkeit. Dies war in der bisherigen agent-provocateur-Debatte unumstritten. Die Frage war immer nur, ob ein Weniger an Vorsatz bereits für die Bestrafung als Anstifter ausreicht. Der Täter aber wird, auch bei abstrakten Gefährdungsdelikten, nicht mit der Einlassung gehört, er habe, bei Vollendungsvorsatz, irgendein außerhalb des tatbestandlichen Erfolgs angesiedeltes Rechtsgut nicht verletzen wollen. Selbst jene Autoren, die bei abstrakten Gefährdungsdelikten den Gegenbeweis der Ungefährlichkeit zulassen wollen oder gar einen Gefährdungsvorsatz fordern, machen bei den Delikten des BtMG oder des Waffenrechts davon eine Ausnahme[33]: Gefährdung überindividueller Rechtsgüter läßt sich eben bei Verwirklichung der jeweiligen Tatbestände nicht mit Sicherheit ausschließen. In der traditionellen agent-provocateur-Debatte stellten manche Autoren beim Diebstahl auf den Beendigungsvorsatz des Lockspitzels ab, aber nur, um dessen Strafbarkeit auch von denselben tatbestandlich normierten Absichten abhängig zu machen wie die Strafbarkeit des Täters. Bei den abstrakten Gefährdungsdelikten noch darüber hinauszugehen, würde die Tatbestandsbezogenheit der Teilnahme negieren.[34] Voraussetzung für die Strafbarkeit wäre dann nämlich eine außertatbestandliche Schädigung des Rechtsgutsträgers.[35]

c) V-Mann-Praxis und BGH-Theorie
Der Weg, den der BGH beschreitet, erscheint demgegenüber tauglich. Er ist dogmatisch konsequent und läßt Raum für Rauschmitteleinkäufe des Lockspitzels. Um so mehr überrascht das kriminologische Defizit der BGH-Argumentation. In der zitierten Entscheidung hat der V-Mann an einem einzigen Verkauf von Rauschgift teilgenommen und sodann die sofortige Festnahme des Dealers bewirkt. In solchen Fällen geht es an, den objektiven Tatbestand des Handeltreibens auch in der Person des Dealers zu verneinen, der nichts auf dem Weg zum Konsumenten weiterbefördert. Der Vollendungsvorsatz beim verleitenden V-Mann entfällt folglich auch. Den Dealer trifft die Versuchsstrafbarkeit des § 29 Abs. 2 BtMG, über deren sonstige Bedeutung man angesichts der Weite des Vollendungstatbestands zu Recht rätselt.[36] Gleichwohl ist dieser einmalige Einkauf des V-Mannes mit anschließendem Zugriff der Polizei ein theoretischer Grenzfall, dessen Seltenheit den Gemeingültigkeitsanspruch der BGH-Formulierung nicht trägt. Berichte aus der Praxis zeigen, daß dem angepeilten großen Geschäft mit der Chance, die Hintermänner zu Gesicht zu bekommen, eine monatelange Einkäufertätigkeit des V-Mannes über immer größere Mengen Rauschgift vorausgeht.[37] Voraussetzung dafür sind Einkäufe des Dealers im kriminellen Milieu; das vom V-Mann nach und nach gelieferte Geld heizt dadurch den Handel in der Szene zunächst einmal mit an. Was der Dealer, verleitet durch den V-Mann, tut, belebt gerade jenen Mechanismus, den der Gesetzgeber als die organisatorische Grundlage der Gefährdung anvisiert. Dies gilt sogar dann, wenn man davon absieht, daß beim provozierten Ankauf von Rauschgift oder Waffen der V-Mann nie sicher sein kann, ob die Waren nicht zwischenzeitlich einem mehr bietenden dritten Interessenten zukommen.[38] Der objektive Tatbestand beim Täter und der darauf gerichtete Vorsatz beim V-Mann entfallen also gewiß nicht. Nicht anders ist es bei der Anstiftung zum Erwerb von Betäubungsmitteln durch den als *Verkäufer* auftretenden V-Mann. Selbst wo es der Polizei gelingen sollte, den Weg des Rauschgifts durch die Szene zunächst einmal weiterzuverfolgen, kann dies die Vollendung des abstrakten Gefährdungsdelikts nicht hindern.[39]

An eine Ausnahme ließe sich höchstens im Extremfall, bei Kriminalität aus der sozialen Retorte, denken. So wurde in der Schweiz kürzlich ein Fall verhandelt, in dem Anzeichen dafür sprachen, daß ein Dealer, auch über Grenzen hinweg, Rauschgift immer nur zwischen Polizeispitzeln hin und her transportiert hatte.[40] Die Zweifel betreffen auch hier, wie im BGH-Fall des einmaligen Verkaufs mit sofortiger Festnahme, schon den objektiven Tatbestand des Handeltreibens. Darüber hinaus allerdings ist eine Straflosigkeit des provozierenden V-Mannes nach Teilnahmeregeln nicht akzeptabel.[41]

d) Lösung über Notstandsregeln?
Es liegt nahe, nunmehr nach Rechtfertigungsgründen zu suchen. Jedoch fehlen konkrete Eingriffsbefugnisse, die auf der Ebene der Rechtfertigung die Straflosigkeit des V-Mannes bewirken könnten. Zunächst einmal kämen solche öffentlich-rechtliche Befugnisse den privaten V-Leuten, auch wenn sie im Auftrag der Polizei handeln, nicht zugute. Private V-Leute sind nicht »zugezogene Personen« im Sinne des § 114 Abs. 2 StGB, bei denen man die Eigenschaft, Träger polizeilicher Befugnisse zu sein, noch bejahen könnte.[42] Der Umstand, daß die V-Leute, um in den Genuß des Zeugnisverweigerungsrechts des § 54 Abs. 1 StPO zu gelangen, »für den öffentlichen Dienst besonders verpflichtet« werden im Sinne des § 11 Abs. 1 Nr. 4a StGB[43], gibt ihnen noch keine hoheitlichen Befugnisse. Sofern dagegen die V-Leute selbst Polizisten sind oder Polizisten den V-Mann-Einsatz leiten, stellt sich für die Rechtfertigung doch die Frage nach der Existenz konkreter Befugnisnormen. Die gelegentlich für einschlägig gehaltenen Vorschriften des § 163 Abs. 1 StPO und der polizeilichen Generalklausel[44] erfüllen diesen Zweck jedoch nicht. § 163 Abs. 1 StPO gibt keine Eingriffsbefugnisse, sondern erschöpft sich in einer Aufgabenzuweisung.[45] Die polizeilichen Generalklauseln enthalten zwar Eingriffsbefugnisse, jedoch nur in Fällen *konkreter* Gefahren. Die Auslotung oder Abwehr abstrakter Gefahren ist als sozialplanerisches Vorgehen nicht durch die Generalklausel gedeckt.[46]

Somit verbleibt nur noch die Chance, den polizeilichen Lockspitzeleinsatz neuer Art als einen »gigantischen Anwendungsbereich«[47] des rechtfertigenden Notstands zu begreifen. Dies gilt freilich allenfalls für den polizeilich gesteuerten V-Mann. Wo der V-Mann auf eigene Faust handelt, kann er sich auf § 34 StGB schon deshalb nicht berufen, weil die Abwendung von Gefahren für die Volksgesundheit oder die Strafverfolgung nicht seine Aufgaben sind.[48]

aa) Hoheitliche Eingriffe und § 34 StGB

Für den auftragsgemäß handelnden V-Mann ist umstritten, ob § 34 StGB überhaupt als *Maßstab* herangezogen werden darf. Die Straftatverlockung durch den V-Mann im Auftrag der Polizei ist allemal ein hoheitlicher Eingriff in die Rechte einzelner. Dies dürfte schwer bestreitbar sein, seit man in der Beurteilung des Eingriffscharakters nicht mehr auf die Form, sondern auf die Wirkung des Verwaltungshandelns abstellt.[49] Damit gilt für die Rechtfertigung des Lockspitzels der Diskussionsstand zum Thema der Rechtfertigung hoheitlichen Handelns durch § 34 StGB.

Hält man § 34 StGB für eine auf das öffentliche Recht als Sonderrecht nicht anwendbare Vorschrift[50], so erübrigt sich eine weitere Prüfung. Das Ergebnis – keine Rechtfertigung des modernen Lockspitzels durch § 34 StGB – ist jedoch, wie hier gezeigt werden soll, von dieser Auffassung unabhängig.

Dazu bedarf es zunächst eines kurzen Blicks auf die im Strafrecht und im öffentlichen Recht geführte Debatte über die Anwendbarkeit von § 34 StGB als hoheitliche Eingriffsnorm. Es waren die Stichworte »Lauschangriff« und »Kontaktsperre«, die Mitte der siebziger Jahre eine umfassende Debatte begründeten. § 34 StGB bewirke, so wurde eingewandt, die Erweiterung individueller Rechte im Einzelfall; eine Erweiterung staatlicher Eingriffsbefugnisse in eben diese individuellen Rechte sei durch die Norm deshalb nicht gedeckt, je verkehre geradezu die ratio legis.[51] Zudem seien hoheitliche Eingriffe *bestimmten* Gesetzen mit Zuständigkeitsregelungen vorbehalten. Diese Thesen blieben nicht unbestritten.[52] In letzter Zeit zog man sich deshalb, wie schon früher[53], darauf zurück, den auch für das rein strafrechtliche Konkurrenzverhältnis der Rechtfertigungsgründe entscheidenden Spezialitätsgesichtspunkt[54] in das Zentrum auch der hoheitlichen Rechtfertigungsproblematik zu stellen.[55] Folgt man dieser heute im Strafrecht überwiegend vertretenen Auffassung, so ist § 34 StGB zwar grundsätzlich auch auf hoheitliches Handeln anwendbar, aber mit erheblichen Einschränkungen. Diese Einschränkungen ergeben sich aus dem – auch außerhalb des hoheitlichen Bereichs geltenden – Grundsatz vom Vorrang konkreter gesetzlicher Konfliktlösungen. Im öffentlichen Recht wirkt sich ein solches Prinzip allerdings verstärkt aus: Angesichts des Gesetzesvorbehalts besteht wohl im Zweifel eine Vermutung für die Existenz einer als abgeschlossen gedachten gesetzlichen Regelung, sofern die Materie generell regelungsfähig, ein Eingriffsrecht jedoch nicht eingeräumt ist.[56] So gesehen verbietet sich der strafrechtliche Notstand als Rechtfertigungsgrund für die Straftatprovokation durch polizeiliche V-Leute. Denn der Einsatz des Lockspitzels ist als polizeiliche Routine regelungsfähig und dennoch nicht ausdrücklich als Befugnis eingeräumt.

bb) Der Gefahrbegriff in § 34 StGB

Gleichwohl gibt es noch Stimmen, die § 34 StGB als Maßstab auch für hoheitliche Eingriffe heranziehen.[57] In diesem Fall jedoch scheitert die Anwendung von § 34 StGB auf die Lockspitzeleinsätze am Gefahrbegriff der Notstandsvorschrift. Es wäre eine »gegenwärtige, nicht anders abwendbare Gefahr« für ein Rechtsgut nötig.

Nehmen wir zunächst an, der V-Mann handle zum Zweck der *Strafverfolgung*. Dann könnte es seine Aufgabe sein, bei bestimmten Anhaltspunkten den für die Erhebung der öffentlichen Klage nötigen hinreichenden oder den für die Haft nötigen dringenden Tatverdacht zu schaffen.[58] Die Gefahr für ein Rechtsgut wäre die Gefahr für das Scheitern der Strafverfolgung bei Nichtprovokation. Diese Gefahr ist aber schwerlich gegenwärtig, solange nur ein einfacher Anfangsverdacht vorliegt. Zudem dürfte es auch, wo der Tatverdacht für die entsprechende prozessuale Maßnahme (Klageerhebung oder Inhaftierung) nicht hinreicht, nach der gesetzgeberischen Entscheidung bereits an einer Gefahr für ein Rechtsgut fehlen. Das Rechtsgut der geordneten Strafverfolgung existiert überhaupt nur innerhalb der gesetzlichen Grenzen. Haft z.B. setzt eben dringenden Tatverdacht voraus.

Nicht viel anders ist es bei der Provokation zur polizeilichen *Gefahrenabwehr*. Gefahr für ein Rechtsgut wäre hier die Gefahr für die Volksgesundheit. Die Gegenwärtigkeit dieser Gefahr bei Verdacht auf künftige Betäubungsmittelgeschäfte ließe sich allenfalls dann behaupten, wenn man nicht auf die Gefahr einzelner Gesundheitsbeschädigungen abstellen wollte. Für die »gegenwärtige Gefahr« des § 34 StGB auch eine abstrakte Gefahr ausreichen zu lassen, wäre jedoch willkürlich. Auch wenn man den Gefahrbegriff in § 34 StGB auf die Gefahr sofort abwendbarer zukünftiger Schäden erstreckt, muß es sich doch stets um eine konkrete Gefahr handeln, und diese würde die Bedrohung eines konkreten Angriffsobjekts voraussetzen.[59] Dafür reicht nicht schon die »Existenz eines kriminogenen Milieus«.[60]

An dieser Einschätzung ändert sich auch nichts, wenn man den Lockspitzeleinsatz als Prävention durch Repression versteht.[61] Der Lockspitzel würde dann Prävention abstrakter Gefahren mit dem Mittel der Strafverfolgung betreiben. Wo ihm § 34 StGB weder unter repressiven noch unter präventiven Gesichtspunkten eine Befugnis einräumt, wächst sie ihm auch nicht durch die Kombination beider Elemente zu. Bei genauerem Hinsehen scheint freilich auch diese Prävention durch Repression nur ein – mit Verlaub – Abfallprodukt des V-Mann-Einsatzes. Mit dem V-Mann-Einsatz ist nämlich meist weder eine individuelle Strafverfolgung noch eine individuelle präventive Maßnahme beabsichtigt. Die Praxis legt nahe, auch die Tatprovokation in erster Linie als Mittel zur polizeilichen Kontrolle bestimmter Szenen und Gefahrenpotentiale zu interpretieren. »Im Grundsatz«, schrieb kürzlich ein Landespolizeipräsident, »kann diese Kriminalität letztlich weder repressiv noch präventiv hinreichend bekämpft werden; sie muß vielmehr operativ angegangen werden ... Alle anderen Zielsetzungen, sowohl die Ermittlung einer einzelnen Tat als sogar auch die Verhinderung einer einzelnen Tat, müßten im Prinzip demgegenüber zurücktreten.«[62] Dies zeigt doch, in welche beachtlicher Ferne zum Gefahrbegriff des § 34 StGB Lockspitzelalltag verläuft.

cc) Die Interessenabwägung nach § 34 StGB

Aber stellen wir selbst diese Bedenken zurück und betrachten wir die Abwägung nach § 34 StGB. Das durch den Lockspitzeleinsatz geschützte Rechtsgut ist in erster Linie die Volksgesundheit. Eben dieses Rechtsgut wird aber durch eine Anstiftung zum Handeltreiben mit Betäubungsmitteln auch gefährdet. Der Gefahrengrad wird häufig identisch sein[63] – eine abstrakte Gefahr – allenfalls das Ausmaß der Gefahr, die durch den Lockspitzeleinsatz ausgelöst wird, mag mitunter geringer sein als die durch den Verdächtigen bei Unterlassung der Tatprovokation drohende Gefahr. Darüber hinaus aber verletzt der Lockspitzel noch Rechte des Verlockten: Er setzt ihn unter Umständen sozialer Desintegration aus und verletzt damit dessen Grundrechte aus Art. 2 Abs. 1 und Art 1 GG, indem er ihn in Unrecht verstrickt; zudem verletzt er das Sozialstaatsprinzip, welches unter dem Aspekt sozialer Solidarität gleichfalls verbietet, andere zu Straftaten zu verleiten.[64] Ein wesentliches

Überwiegen des Provokationsinteresses dürfte folglich bezweifelt werden, auch wenn die übrigen Voraussetzungen des Notstands vorlägen.

e) Entschuldigungs- oder Strafausschließungsgrund?
Lösungsversuche zugunsten der Straflosigkeit des provozierenden V-Mannes greifen also im Tatbestand zu kurz, und auch eine Rechtfertigung kommt nicht in Betracht. An einen unvermeidbaren Verbotsirrtum wäre gegenwärtig freilich zu denken, zumal der V-Mann nach dem Verpflichtungsgesetz förmlich in seinen Aufgabenbereich eingewiesen wird.[65] Dieser mögliche Grund für seine Straflosigkeit ist allerdings sekundärer Natur, er verdankt seine Existenz den schon dargelegten fragwürdigen Tendenzen in Rechtsprechung und Literatur. Deshalb braucht er hier nicht weiter verfolgt zu werden.

Die vom BGH häufig vorgetragene Formel, auf den Lockspitzel könne »zur Bekämpfung besonders gefährlicher und schwer aufklärbarer Kriminalität ... nicht verzichtet werden«[66], schafft auch keinen übergesetzlichen Strafausschließungsgrund. Man mag die Kategorie der »Strafbedürftigkeit« als Sammelbecken für teleologische Überlegungen jenseits von Unrecht und Schuld akzeptieren, und sie mag insoweit auch der Rechtsprechung für behutsame Rechtsfortbildung offenstehen. Wo wie hier hoheitliche Eingriffsbefugnisse in Frage stehen, ist dieser Weg allerdings versperrt.

f) Analogie zur »tätigen Reue«?
Auch ein Rückgriff auf die diversen Vorschriften über »tätige Reue« kommt für den Lockspitzel nicht in Betracht. Viele dieser Vorschriften (z. B. § 31 BtMG, § 129 Abs. 6 StGB) stellen ohnehin die Straflosigkeit nur als eine alternative Möglichkeit neben die Strafmilderung. Zudem liegt es in solchen Fällen noch im Ermessen des Gerichts, ob es tätige Reue überhaupt zugunsten des Täters oder Teilnehmers berücksichtigen will. Im übrigen sind diese Sondervorschriften eng auszulegen und passen in ihrer Ratio nicht auf den Lockspitzel. Die heute üblicherweise diskutierten Gründe für die Rücktritts- oder »Tätige-Reue«-Regelungen setzen sämtlich an der Gegenläufigkeit des Tätervorsatzes an. Die »Goldene-Brücke«-Theorie ebenso wie die »Gefährlichkeits«-Theorie laufen beim Lockspitzel leer: Er bedarf weder der psychischen Bestärkung für eine Tataufgabe, noch erweist er sich durch eine Aufgabe

der Tat als ungefährlich. Weitere Lockspitzelaktivitäten begründen im Gegenteil weitere Gefahren. Auch die Strafzwecktheorien vermögen es nicht, den Lockspitzeleinsatz unter den Zweck der »Tätige-Reue«-Regeln zu subsumieren. Der Lockspitzel bedarf keiner Bewährung, verringert nicht das schlechte Beispiel und macht auch keinen rechtserschütternden Eindruck rückgängig.[67]

g) Ausweg über den Lockspitzel an »langer Leine«?
Die Polizei kann dieses Ergebnis auch nicht durch Führen des V-Mannes an der »langen Leine« umgehen. Daß der gänzlich selbständig handelnde V-Mann sich selbst strafbar macht, wurde schon erwähnt. Wo der V-Mann hingegen einzelnen Anweisungen folgt, trifft seine Strafbarkeit auch den V-Mann-Führer in der Polizeibehörde. Aber auch dazwischen liegt kein Spielraum. Sofern der V-Mann aufgrund eines allgemeinen Auftrags oder auch nur mit Wissen polizeilicher Dienststellen handelt, kann das Nichtverhindern von Straftaten des V-Mannes Teilnahme durch Unterlassen beim V-Mann-Führer begründen. Die kontroverse Frage, ob ein Polizeibeamter im normalen Dienst zur Verhinderung von Straftaten eine (Sicherungs-[68] oder Obhuts-[69])Garantenpflicht hat, braucht hier nicht geklärt zu werden. Die Beziehung zwischen V-Mann und V-Mann-Führer entspricht nicht der zwischen einem Polizisten und einem x-beliebigen Straftäter. Die Gefahrverantwortlichkeit des V-Mann-Führers für den – an »langer Leine« gehaltenen – Lockspitzel ist mehr als ein Reflex seiner Pflichten zum allgemeinen Schutz von öffentlicher Sicherheit und Ordnung.[70] Zwischen dem Lockspitzel und seinem polizeilichen Betreuer besteht das für eine Sicherheitsgarantenpflicht geforderte »konkrete Abhängigkeitsverhältnis«.[71]

3. Möglichkeiten des Gesetzgebers

Wo es de lege lata keine Möglichkeit gibt, dem Lockspitzel im Bereich tatbestandlicher Vollendung von abstrakten Gefährdungsdelikten Straffreiheit zu gewähren, stellt sich die Frage nach den Möglichkeiten des Gesetzgebers. Er müßte jedenfalls die von der Verfassung gezogenen Grenzen beachten. Der Rechtsstaat ist, darauf hat *Dencker* in diesem Zusammenhang kürzlich hingewiesen, gekennzeichnet durch das Vertrauen des Staates in die Rechtlichkeit des Bürgers bis zum Beweis des Gegenteils.[72] Der Lockspitzel hingegen soll Gefahrenquellen erforschen oder eliminieren, indem er staatlicherseits den Beweis des Gegenteils schafft. Auf der anderen Seite hat der Gesetzgeber selbst der Polizei Kontrolle und Abwehr auch schon abstrakter Gefahren aufgetragen.

Dies zwingt zu einer offenen kriminalpolitischen Diskussion des Problems. Die Gesichtspunkte, die in dieser Auseinandersetzung wesentlich werden, liegen auf der Hand: einerseits das polizeiliche Interesse an langfristiger Kontrolle und Bekämpfung krimineller und kriminogener Szenen, andererseits Gefährdung von Rechtsgütern und soziale Desintegration von Bürgern durch die Polizei. Weitgehend ungeklärt ist dagegen, unter welchen Vorzeichen die Diskussion zu führen ist. Soll die Polizei ausdrückliche Befugnisse erhalten, soll also ein Rechtfertigungsgrund formuliert werden? Oder ist eine Regelung anzustreben, die bei grundsätzlicher Mißbilligung der Lockspitzeltätigkeit von Fall zu Fall nur eine flexible Handhabung der Strafverfolgung zuläßt?

Ein Rechtfertigungsgrund ginge jedenfalls zu weit. Ihm stehen die grundsätzlichen rechtspolitischen Bedenken entgegen, denen gegenüber die sicher auch sehr bedeutsamen polizeitaktischen Notwendigkeiten gleichwohl nicht überwiegen. Diese Überlegung, ebenso wie die Besinnung auf den Ursprung der modernen V-Mann-Problematik, legt deshalb eine andere Diskussionsgrundlage nahe. Die moderne V-Mann-Problematik entspringt zu einem guten Teil aus dem Zielkonflikt, in den das Polizeirecht gerät, wenn sich das Strafrecht in den Bereich abstrakter gesellschaftlicher Gefährdung vorschiebt. Polizeiliche Opportunität einer Szenenkontrolle stößt sich dann an dem durch abstrakte Gefährdungstatbestände ausgelösten Legalitätsprinzip. Wer polizeiliche Aktivitäten dieser Art nicht unterbinden, zugleich aber auch den Tatbestandsbereich der Gefährdungsdelikte nicht zurücknehmen will, muß die Funktionstauglichkeit des Legalitätsprinzips an dieser Stelle in Frage stellen: Er hat die Opportunität der Strafverfolgung zum Thema gewählt. Eine weitere Durchbrechung des Legalitätsprinzips, auch wenn sie in ihren Voraussetzungen sehr eng umrissen wäre, würde sich unter dem Gesichtspunkt der staatlichen Eingriffsbefugnis allerdings de facto nicht anders auswirken als ein Rechtfertigungsgrund.[73] Die Zweifel an einer solchen De-facto-Zulassung der Lockspitzeltätigkeit würden sicher noch verstärkt, wenn man vor einer gesetzgeberischen Entscheidung die V-Mann-Szene auch empirisch gründlich durchleuchten würde. Daß

V-Leute oft selbst in Kriminalität verstrickte, im Ermittlungsverfahren angeworbene und deshalb unter Erfolgszwang stehende Polizeihelfer sind, dürfte die grundsätzlichen rechtsstaatlichen Vorbehalte gegen ihren Lockspitzeleinsatz eher noch unterstreichen. Der österreichische Gesetzgeber hat deshalb zu Recht am ausdrücklichen Verbot jeglichen Lockspitzeleinsatzes (§ 25 öStPO) bisher nicht gerüttelt.[74]

Anmerkungen

1 Die Alternative wird richtig herausgestellt bei *Plate*, Zur Strafbarkeit des agent provocateur, ZStW 84 (1972), S. 294, 297f., und *Küper*, Der »agent provocateur« im Strafrecht, GA 1974, 321, 324f.

2 *Plate* verneint die selbständige Strafbarkeit eines »Geltungsangriffs« gegen die Rechtsordnung unter Hinweis auf die Limitierung der Akzessorietät, wonach auch der Teilnehmer an schuldloser Tat bestraft werde (*Plate* [Anm. 1], S. 302). Damit verkennt er, daß es um den »Geltungsangriff« des Anstifters geht. Einleuchtender erscheint *Küpers* (Anm. 1, S. 331) Argument, das Zusammentreffen zweier Strafausdehnungsgründe (Anstiftung und Versuch), die ein im Deliktstatbestand nicht umschriebenes *Verhalten* unter Strafe stellen, dürfe nicht dazu führen, daß sich die Anforderungen an die *Intention* (zur Tatvollendung) änderten.

3 Vgl. die unter Anm. 1 Genannten; daneben u. a. *Herzberg*, Anstiftung und Beihilfe als Straftatbestände, GA 1971, 1, 11f.; *Rudolphi*, Inhalt und Funktion des Handlungsunwerts im Rahmen der personalen Unrechtslehre, Festschrift für Maurach, 1972, S. 51, 66f. Ihre Auffassung änderten in diesen Jahren von der ersten zu der zweiten Variante *Jescheck*, Allg. Teil, 1. Aufl. 1969, S. 457, und 2. Aufl. 1972, S. 522; *H. Mayer*, Allg. Teil 1953, S. 336, und Allg. Teil, StGB 1967, S. 163; *Stratenwerth*, Der agent provocateur, MDR 1953, 717–721, und Allg. Teil, 1. Aufl. 1971, S. 240f.

4 Vgl. zu dieser Entwicklung *Katzenstein*, Der agent provocateur vom Standpunkt des RStGB, ZStW 21 (1901), S. 374, 420–423.

5 Vgl. *Schröder*, in: *Schönke/Schröder*, StGB, 15. Aufl. 1970, § 48 Rdn. 13; *Cramer*, in: *Schönke/Schröder*, 21. Aufl. 1982, § 26 Rdn. 16 m. w. N.

6 Vgl. *Welp*, Der praktische Fall, JuS 1967, 507, 509.

7 *Katzenstein* (Anm. 4), S. 428.

8 Erste Überlegungen in diese Richtung bei *Stratenwerth*, MDR 1953, 720 f.
9 Vgl. *Plate* (Anm. 2), S. 311 f.; nur »in Ausnahmefällen« *Ellinger*, Polizeilicher Sondereinsatz gegen Rauschmittelhändler aus rechtlicher Sicht, Kriminalistik 1972, 11–13; *Roxin*, in: LK, 10. Aufl. 1978, § 26 Rdn. 20.
10 Die wichtigsten Entscheidungen sind BGH NJW 1980, 1761 (s. in diesem Band S. 175–177); BGH Strafverteidiger 1981, 276; BGH Strafverteidiger 1981, 549; BGH NJW 1981, 1626 (s. in diesem Band S. 180–182); BGH, Beschluß vom 23. 12. 1981 – 2 StR 694/81 – unveröffentlicht; BGH NStZ 1982, 126 (s. in diesem Band S. 192–194); BGH NStZ 1982, 156; BGH Strafverteidiger 1982, 221; BGH Strafverteidiger 1983, 2.
11 BGH Strafverteidiger 1981, 163.
12 BGH NStZ 1981, 70. Zu einem Fall von versuchtem erpresserischen Menschenraub vgl. BGH, Urteil vom 26. 2. 1980 – 5 StR 9/80 – unveröffentlicht.
13 Vgl. etwa *Stümper*, Probleme der Bekämpfung einer konspirativ vorgehenden, bandenmäßig organisierten Kriminalität, Die Polizei, 1982, S. 229 f., sowie »Rechtsprobleme der Polizei bei verdeckten Ermittlungen«, Ergebnisse der von dem Justizministerium und dem Innenministerium des Landes Baden-Württemberg eingesetzten Arbeitsgruppe (1978), Cilip 1982, 63 f.
14 *Decker*, Zum Verhältnis Staatsanwaltschaft – Polizei, Kriminalistik 1980, 423, 428.
15 *Seeber*, Rumpelstilzchensyndrom: Ach wie gut, daß niemand weiß…, Kriminalistik 1980, 321.
16 Zur »Routine« des V-Mann-Einsatzes vgl. *Beer*, Polizeiliche Strategien und Taktiken bei der Drogenbekämpfung, in: Polizeiliche Drogenbekämpfung, hg. vom BKA 1981, S. 199, 206. Vgl. dazu auch *Joachimski*, V-Leute in der Bekämpfung der Rauschgiftkriminalität, Kriminalistik 1971, 555–557; *Zühlsdorf*, Probleme der polizeilichen Untergrundarbeit, hier: bei der Bekämpfung der Rauschmittelkriminalität, Kriminalistik 1974, 193–196.
17 Vgl. dazu *Hoffmann-Riem*, Abbau von Rechtsstaatlichkeit durch Neubau des Polizeirechts? – Kritik am Musterentwurf eines einheitlichen Polizeigesetzes, dargestellt an den Normen über die Personalienfeststellung, JZ 1978, 335, 336 f.; *Wagner*, Polizeirecht, 1982, S. 64 f.; vgl. dazu außerdem das unter Anm. 22 zitierte Thesenpapier, S. 64.
18 Dazu *Preuß*, Prozeßsteuerung durch die Exekutive – V-Männer, Verweigerung der Aussagegenehmigung – Thesen, Strafverteidiger 1981, 312, 314; ausführlich dazu *ders.*, Justizielle und polizeiliche Wahrheit im Strafverfahren, Kritische Justiz 1981, 109–126 (s. in diesem Band S. 115–139).

19 *Eberth/Müller*, BtMG, 1982, § 29 Rdn. 12, 16; *Körner*, BtMG, 1982, § 29 Rdn. 40, 44.
20 Vgl. etwa § 53 WaffenG; § 16 KriegswaffenG; §§ 146 ff. StGB.
21 Vgl. *Franzheim*, Der Einsatz von agents provocateurs zur Ermittlung von Straftätern, NJW 1979, 2014, 2017 f.
22 Vgl. dazu *Stratenwerth*, MDR 1953, 717.
23 *Lüderssen*, Verbrechensprophylaxe durch Verbrechensprovokation?, Festschrift für Peters. 1974, S. 349–371.
24 So etwa BGH GA 1975, 333. Dagegen bereits *Lüderssen* (Anm. 23), S. 358 f.
25 Vgl. *Cramer*, in: *Schönke/Schröder*, § 26 Rdn. 5 m.w.N.
26 BGH Strafverteidiger 1981, 549.
27 *Körner*, Die Glaubwürdigkeit und die Strafbarkeit von V-Personen – Die Strafbarkeit der provozierten Tat, Strafverteidiger 1982, 382, 383; ähnlich *Joachimski* (Anm. 16), S. 556, sowie das unter Anm. 13 zitierte Thesenpapier, S. 65.
28 Vgl. dazu *Eser*, in: *Schönke/Schröder*, vor § 22 Rdn. 4 ff.
29 Vgl. *Maaß*, Die Behandlung des »agent provocateur« im Strafrecht, Jura 1981, 514, 519 f.
30 Vgl. *Maurach/Gössel*, Allg. Teil, Bd. II, 5 Aufl. 1978, S. 246; *Cramer*, in: *Schönke/Schröder*, § 26 Rdn. 16; Nachweise bei *Kühl*, Die Beendigung des vorsätzlichen Begehungsdelikts, 1974, S. 27 ff.
31 Dies gilt nicht nur für die eigentlich materiellen Rechtsgutskonzeptionen, sondern auch für eine Reihe von »ideellen«. Wer, wie lange Zeit die Rechtsprechung, Rechtsgut als »rechtlich geschütztes Interesse« versteht, muß in der Gefährdung des Rechtsgutsobjekts noch keine Verletzung des Rechtsguts sehen; ähnlich auch *Maurach/Zipf*, Allg. Teil, Bd. I, 1977, S. 280. Aber auch wenn man, etwa mit *Otto*, Allg. Teil, 2. Aufl. 1982, S. 7, Rechtsgut als eine *Beziehung* der Person zu konkreten Werten (»sozialen Funktionseinheiten«) begreift, muß diese Beziehung durch die Gefährdung des Rechtsgutsobjekts noch nicht verletzt sein.
32 Vgl. *Schmidhäuser*, Allg. Teil, 3. Aufl. 1982, 5/24 ff. Dasselbe muß wohl gelten, wenn man Rechtsgut als positives Werturteil über Lebensgüter versteht, vgl. etwa *Jescheck*, Allg. Teil, S. 6.
33 Vgl. *Cramer*, in: *Schönke/Schröder*, vor § 306 Rdn. 3 a; *Schröder*, Die Gefährdungsdelikte im Strafrecht, ZStW 81 (1969), S. 7, 15 ff.; dazu auch *Franzheim* (Anm. 21), S. 2016 f.
34 Zur Problematik, daß sich dann auch der anstiftende Privatdetektiv auf das Fehlen der Rechtsgutsverletzung berufen könnte, vgl. *Röhrich*, Rechtsprobleme bei der Verwendung von V-Leuten für den Strafprozeß, Zugleich ein Beitrag zur straf- und zivilrechtlichen Verantwortlichkeit der Denunzianten. Diss. Erlangen 1974, S. 197; *Bruns*, »Widerspruchsvolles« Verhalten des Staates als neuartiges Strafverfol-

gungsverbot und Verfahrenshindernis, insbesondere beim tatprovozierenden Einsatz polizeilicher Lockspitzel, NStZ 1983, 49, 52 (s. in diesem Band S. 259–284).
35 Im Ergebnis auch *Franzheim* (Anm. 21), S. 2016; *Lüderssen*, Dokumentation eines konkreten Falls, in: *Denninger/Lüderssen* (Hg.), Strafprozeß im demokratischen Rechtsstaat, 1978, S. 255, 276 f., aber wohl schon gegen jede Orientierung an der *Beendigung*; *Welp* (Anm. 6).
36 Vgl. *Ebert/Müller*, BtMG, § 29 Rdn. 68; *Körner*, BtMG, § 29 Rdn. 66.
37 Vgl. *Kürbis/Müller*, Im Sondereinsatz gegen Rauschgifthändler, Kriminalistik 1971, 449, 450, 452; *Zühlsdorf* (Anm. 16), S. 194, sowie das unter Anm. 13 zitierte Thesenpapier, S. 164.
38 Dazu *Franzheim* (Anm. 21), S. 2017.
39 Zu einer mißlungenen Observation nach Einschleusung von Waffen in die Szene informativ *Hinze*, Der V-Mann, DJW (Waffenjournal) 1976, S. 136 f.
40 Vgl. zu diesem Fall Basler Zeitungen vom 16. 12. 1982.
41 So im Ergebnis auch *Dencker*, Zur Zulässigkeit staatlich gesteuerter Deliktsbeteiligung, Festschrift für Dünnebier, 1982, S. 447, 449 Fn. 14 (s. in diesem Band S. 238–258); *Hitz/Krüger*, Kriminalistische Fälle und Lockspitzel, Kriminalistik 1979, 259 f.
42 *Hirsch*, in: LK, 9. Aufl. 1974, vor § 51 Rdn. 132. Zur Rechtsstellung der V-Leute als »unselbständige Verwaltungshelfer« vgl. *Gusy*, Rechtsstellung und Betätigung von V-Leuten der Nachrichtendienste, Recht im Amt 1982, 101–106.
43 Vgl. dazu *Steinke*, Förmliche Verpflichtung von V-Personen, Kriminalistik 1980, 490 f., unter Hinweis auf § 1 Abs. 1 und 3 des Verpflichtungsgesetzes in der Fassung von § 42 EGStGB vom 2. 3. 1974.
44 Beide Vorschriften hält *Sieg*, Die staatlich provozierte Straftat, Strafverteidiger 1981, 636 (s. in diesem Band S. 228–237) für einschlägig.
45 Vgl. die Nachweise bei *Meyer-Goßner*, in: *Löwe/Rosenberg*, StPO, 23. Aufl. 1978, § 163 Rdn. 1; *Seebode*, Neue Entwicklungen im Strafverfahrens- und Polizeirecht – aus der Sicht der Wissenschaft, in: Polizei und Kriminalpolitik, BKA Vortragsreihe, 1981, S. 101, 109.
46 Vgl. *Scholler/Broß*, Grundzüge des Polizei- und Ordnungsrechts der Bundesrepublik Deutschland, 3. Aufl. 1981, S. 128; *Wagner* (Anm. 17).
47 *Dencker* (Anm. 41), S. 457.
48 Vgl. *Lenckner*, in: *Schönke/Schröder*, § 34 Rdn. 10.
49 Vgl. *Krüger*, Verfassungsrechtliche Grundlagen der polizeilichen V-Mann-Arbeit, NJW 1982, 855, 856; *Mache*, Anmerkung zu BGH Strafverteidiger 1981, 392, Strafverteidiger 1981, 599, 601. Auch der BGH geht in seiner Rechtsprechung ganz selbstverständlich davon aus.
50 *Amelung*, Erweitern allgemeine Rechtfertigungsgründe hoheitliche Eingriffsbefugnisse des Staates?, NJW 1977, 833, 833 f.; *Wilhelm*, Ein-

griffsbefugnisse des Staates aufgrund rechtfertigenden Notstands aus strafrechtlicher Sicht, Diss. Köln 1980, S. 32.
51 *Amelung* (Anm. 50); *Böckenförde*, Der verdrängte Ausnahmezustand, NJW 1978, 1881, 1883; *Sydow*, Forum: § 34 StGB – kein neues Ermächtigungsgesetz, JuS 1978, 222 f. Vgl. dazu die Auseinandersetzung zwischen *Amelung* (Anm. 50), der zur Abgrenzung des öffentlichen Rechts der Subjektstheorie folgt und diese mit einer Lehre von Primär- und Sekundärnormen kombiniert, und *Schwabe*, Zur Geltung von Rechtfertigungsgründen des StGB für Hoheitshandeln, NJW 1977, 1902, 1903 f.
52 Vgl. *Schwabe* (Anm. 51); *Lange*, Terrorismus kein Notstandsfall? Zur Anwendung des § 34 im öffentlichen Recht, NJW 1978, 784–786; *Schaffstein*, Strafrechtliche Notrechte des Staates, Gedächtnisschrift für Schröder, 1978, S. 97, 116.
53 Vgl. *Otto*, Anm. zu OLG München NJW 1972, 2275, NJW 1973, 668; *Roxin*, Zur Tatbestandsmäßigkeit und Rechtswidrigkeit der Entfernung von Leichenteilen (§ 168 StGB), insbesondere zum rechtfertigenden strafrechtlichen Notstand (§ 34 StGB) – OLG Frankfurt NJW 1975, 271, JuS 1976, 505, 511; *De Lazzer/Rohlf*, Der »Lauschangriff«, JZ 1977, 207, 212.
54 Vgl. dazu *Seelmann*, Das Verhältnis von § 34 StGB zu anderen Rechtfertigungsgründen, 1978, S. 36 ff.
55 Vgl. *Schwabe* (Anm. 51), S. 1907; *Grebing*, Die Grenzen des rechtfertigenden Notstands im Strafrecht, GA 1979, 79, 101, 105; *Ostendorf*, Die strafrechtliche Rechtmäßigkeit rechtswidrigen hoheitlichen Handelns, JZ 1981, 165, 172; *Lenckner*, in: *Schönke/Schröder*, § 34 Rdn. 7; *Hassemer*, Über die Berücksichtigung von Folgen bei der Auslegung der Strafgesetze, Festschrift für Coing, Bd. I, 1982, S. 493, 509, 523 f.; *Dencker* (Anm. 41), S. 457 Fn. 54.
56 So im Ergebnis wohl auch *Schwabe* (Anm. 51), S. 1907; *Dencker* (Anm. 41); *Bottke*, Wege der Strafrechtsdogmatik, JA 1980, 95.
57 Vgl. etwa *Gössel*, Über die Rechtmäßigkeit befugnisloser strafprozessualer rechtsgutsbeeinträchtigender Maßnahmen, JuS 1979, 162, 163.
58 Vgl. dazu *Lüderssen* (Anm. 23), S. 357.
59 *Cramer*, in: *Schönke/Schröder*, vor § 306 Rdn. 5.
60 So aber das unter Anm. 13 zitierte Thesenpapier, S. 66.
61 So *Dencker* (Anm. 41), S. 459 ff.
62 *Stümper* (Anm. 13), S. 232. Zu diesem Verständnis der Polizeiaufgaben vgl. auch *Seebode* (Anm. 45), S. 107 m. w. N.
63 Vgl. aber den von *Lüderssen* (Anm. 35) dokumentierten Fall, in welchem die durch den Lockspitzel heraufbeschworene Gefahr konkreter war als die durch ihn abgewehrte Gefahr (dort besonders S. 270). Vgl. im übrigen den bei *Hinze* (Anm. 39) angeführten Sonderfall, daß die Anstiftung Rechtsgüter gefährdet, auf die sich die präventive Maß-

nahme gar nicht erstreckt: Einschleusung von Waffen durch V-Leute in der Hoffnung, dadurch an Waffen interessierten BtM-Händlern auf die Spur zu kommen.
64 Zu diesen Aspekten *Berz*, Polizeilicher agent provocateur und Tatverfolgung – BGH NJW 1981, 1626, JuS 1982, 416, 420; *Franzheim* (Anm. 21), S. 2014f.; *Lüderssen* (Anm. 23), S. 264f. Zur verfassungsrechtlichen Problematik auch *Kreuzer*, Wenn der Spitzel lockt, Die Zeit vom 29. 1. 1982, S. 33 (s. in diesem Band S. 55–58). Diese Bedenken sprechen generell gegen eine Rechtfertigung, würden es der Rechtsprechung also auch verbieten, einen neuen Rechtfertigungsgrund unabhängig vom Vorliegen der Voraussetzungen des rechtfertigenden Notstands zu typisieren.
66 Vgl. Anm. 43.
66 BGH NStZ 1981, 70; vgl. auch BGH NJW 1980, 1761; BGH Strafverteidiger 1981, 163; BGH NJW 1981, 1626; BGH Strafverteidiger 1981, 276.
67 Vgl. aber *Jakobs*, Allg. Teil, 1983, S. 566, 23/17, der den agent provocateur straffrei lassen will, wo das Gesetz strafbefreienden Rücktritt von der Vollendung anerkennt.
68 So etwa *Stree*, in: Schönke/Schröder, § 13 Rdn. 52; *Wagner*, Amtsverbrechen, 1975, S. 249ff. Vgl. auch (ohne genaue Kennzeichnung der Pflicht) RGJW 1939, 543, zustimmend zitiert bei *Grünwald*, Zur gesetzlichen Regelung der unechten Unterlassungsdelikte, ZStW 70 (1958), S. 412, 425; BGHSt 8, 186, 189.
69 So etwa *Jescheck*, in: LK, 10. Aufl. 1979, § 13 Rdn. 27, 29. Gegen jegliche Garantenpflicht u. a. *Herzberg*, Die Unterlassung im Strafrecht und das Garantenprinzip, 1972, S. 356f., auch Fn. 64; *Rudolphi*, in: SK, § 13 Rdn. 21, 36; *Schünemann*, Grund und Grenzen der unechten Unterlassungsdelikte, 1971, S. 363.
70 Das Reflex-Argument stammt von *Herzberg* (Anm. 69).
71 Das Abhängigkeitsargument stammt von *Rudolphi* (Anm. 69).
72 *Dencker* (Anm. 41), S. 459f.
73 Unterschiede bestünden allerdings für die (hier kaum relevanten) Notwehrprobleme und für die Teilnahme. Meine im Vortrag vertretene Auffassung, in eng begrenzten Ausnahmefällen solle die Provokation zur Vollendung abstrakter Gefährdungsdelikte über das Opportunitätsprinzip straffrei gestellt werden, halte ich nicht aufrecht.
74 Vgl. auch das Dienstreglement für das Polizeikorps des Kantons Zürich vom 8. 3. 1951, § 6: »Das Anreizen zu verbotenen Handlungen ist untersagt.«

C. Der Mittelweg des Rechts
II. Zentrale Probleme
Verdeckte Zeugen

Kurt Rebmann
Der Zeuge vom Hörensagen im Spannungsverhältnis zwischen gerichtlicher Aufklärungspflicht, Belangen der Exekutive und Verteidigungsinteressen

I. Rechtspolitische Ausgangslage

1. *Entscheidung des BVerfG vom 26. 5. 1981*

Mit der in Rechtsprechung und Schrifttum nicht einhellig beantworteten Frage der Verwertbarkeit der Aussage des Zeugen vom Hörensagen – und der Verlesbarkeit von Urkunden mit Bekundungen eines von der Exekutive »gesperrten« Zeugen – hat sich jüngst das *BVerfG* auf Verfassungsbeschwerde des *Dr. Fritz C.* befaßt.[1]

Dr. C. ist auf meine Anklage vom *BayObLG* durch Urteil vom 16. 5. 1980 wegen geheimdienstlicher Agententätigkeit rechtskräftig zu einer Freiheitsstrafe von zwei Jahren und sechs Monaten verurteilt worden. Das Gericht stützte die Verurteilung zum Teil auf schriftliche Angaben und die Bekundungen von Verhörspersonen des früheren Oberleutnants des Ministeriums für Staatssicherheit der DDR (MfS) *Stiller*, der im Jahre 1979 in die Bundesrepublik Deutschland übergewechselt ist und mit dessen Hilfe zahlreiche Agenten einer Straftat gegen die äußere Sicherheit unseres Staates überführt oder zumindest enttarnt werden konnten. Er wurde wegen Gefahr für sein Leben vom Bundesnachrichtendienst für eine Vernehmung in öffentlicher Hauptverhandlung und auch für eine andere richterliche Vernehmung nicht zur Verfügung gestellt. Mit seiner Verfassungsbeschwerde beanstandete *Dr. C.* diese Art der Beweisaufnahme vor allem mit dem Vorwurf, sie verletze sein Prozeßgrundrecht auf ein faires Verfahren. Das *BVerfG* hat die Verfassungsbeschwerde am 26. 5. 1981, verworfen.

2. Initiativen gegen den Zeugen vom Hörensagen

a) Ebenfalls am 26. 5. 1981 wurde vom Arbeitskreis Rechtswesen der SPD-Fraktion des Deutschen Bundestages zum Problem des Zeugen vom Hörensagen ein Vorschlag zur Einführung eines neues § 251 a StPO vorgelegt mit folgendem Wortlaut:

»Kann ein Zeuge oder Mitbeschuldigter nicht vernommen werden, weil eine Behörde
1. über seinen Aufenthalt keine Auskunft gibt oder
2. eine Aussagegenehmigung nicht erteilt,
so darf über Wahrnehmungen dieser Person nicht Beweis erhoben werden.
 Dies gilt nicht, wenn der Angeklagte und der Verteidiger mit der Beweiserhebung einverstanden sind.«[2]

b) Dieser Vorschlag knüpft an eine vom 46. Deutschen Juristentag am 26. 9. 1966 erhobene Forderung an, die Ermittlungen eines V-Mannes dürften nur durch dessen eigene mündliche Zeugenaussage vor dem erkennenden Gericht in die Hauptverhandlung eingeführt werden.[3] Diesem Petitum hat sich auch die Arbeitsgruppe »Prozeßsteuerung durch die Exekutive, V-Männer, Verweigerung der Aussagegenehmigung« des 5. Strafverteidigertages in Berlin im Mai 1981 angeschlossen.[4]

c) Alle diese Initiativen verfolgen das Grundanliegen einer möglichst rechtsstaatlichen Verfahrensgestaltung. Sie sind von der Sorge getragen, die behördliche und gerichtliche Praxis werde diesem Erfordernis nicht immer gerecht. Es ist nicht von der Hand zu weisen, daß diese Sorge im Einzelfall begründet sein kann. Aus meiner Sicht ist ein Einschreiten des Gesetzgebers zur rechtsstaatlichen Lösung des Problems der Verwertung der Angaben eines Zeugen vom Hörensagen gleichwohl nicht erforderlich. Die Rechtsprechung hat Wege aufgezeigt, die bei entsprechender Aufgeschlossenheit der Exekutive für forensische Belange einen angemessenen Ausgleich zwischen dem Interesse des Beschuldigten an einer sachgerechten Verteidigung, der Verpflichtung des Richters zur Erforschung der materiellen Wahrheit und staatlichen Geheimhaltungsinteressen ermöglichen.

II. Bedeutung des Zeugen vom Hörensagen für wirksame Strafverfolgung

Vor allem bei der Verfolgung von Straftaten gegen die innere und die äußere Sicherheit, von Betäubungsmitteldelikten und von Bandenstraftaten ist der Zeuge vom Hörensagen ein zur Gewährleistung wirksamer Strafverfolgung unverzichtbares Beweismittel. In diesen Bereichen kann der unmittelbare Tatzeuge in bestimmten Fällen für eine gerichtliche oder richterliche Vernehmung oder sogar eine polizeiliche Befragung nicht zur Verfügung stehen, weil er sonst an Leib, Leben oder Freiheit gefährdet wäre oder weil sonst überwiegende öffentliche Belange nicht gewahrt werden könnten.

1. Gefährdung des sachnäheren Zeugen

Zweifelsfrei ist die Exekutive gehindert, einen Zeugen akuter Gefahr für sein Leben, seine körperliche Unversehrtheit oder seine Freiheit auszusetzen.[5] Solche Gefahren bestehen insbesondere im Bereich des Terrorismus und des Landesverrats.

a) Terrorismus (§ 129a StGB)

aa) *Aussteiger*. Wie terroristische Vereinigungen mit »Verrätern« umzugehen haben, ergibt sich aus Anweisungen *Carlos Marighellas*[6], die – nicht nur in diesem Punkte – seit Jahren anerkannter Leitfaden terroristischer Praxis sind:

»Alle, die aus eigenem Antrieb bei der Polizei Guerilleros anklagen, denunzieren oder Hinweise geben, die zur Erkennung von Guerilleros führen, müssen vom Stadtguerillero hingerichtet werden, sobald sie in seinen Händen sind.«

Auf den Femermord an *Ulrich Schmücker* sei hingewiesen. Aber selbst »Aussteiger« wie *Peter Boock*[7] und *Hans-Joachim Klein*[8], die niemanden »verraten« haben, sind davon überzeugt, daß sie liquidiert werden, wenn ihre früheren Tatgenossen ihrer habhaft werden.

»Aussteigern« kommt erhebliche Bedeutung nicht nur im Bereich der Prävention, sondern auch in der forensischen Praxis zu. So haben *Gerhard Müller*, *Volker Speitel*, *Hans-Joachim Dellow*, *Karl-Heinz Ruhland* und *Dierk Hoff u. a.* in den Strafverfahren gegen *Horst Mahler*, *Andreas Baader u. a.*, *Manfred Grashof u. a.*,

Irmgard Möller und *Bernhard Braun, Arndt Müller* und *Armin Newerla, Siegfried Haag, Stefan Wisniewski* und *Sieglinde Hofmann* zur Aufklärung des Sachverhalts wichtige, zum Teil sogar entscheidende Aussagen gemacht. Zwar war es bislang nur in wenigen Fällen erforderlich, ihr Wissen durch Zeugen vom Hörensagen – oder Urkunden – in die Hauptverhandlung einzuführen. Die genannten Zeugen haben, solange sie sich in eigenen Ermittlungs- oder Strafverfahren in Haft befanden, ausnahmslos persönlich vor dem Gericht ausgesagt. Es wird jedoch mit zunehmender Integration dieser Zeugen an ihrem jetzigen Aufenthaltsort und der Verfestigung ihrer neuen Identität immer schwieriger werden, sie selbst für kommissarische oder konsularische Vernehmungen zu erreichen.

Das Wissen dieser und – so ist zu hoffen – weiterer »Aussteiger« wird mit Sicherheit in künftigen Strafverfahren gegen terroristische Gewalttäter von wesentlicher, wenn nicht entscheidender Bedeutung sein. Es muß damit gerechnet werden, daß das Wissen von »Aussteigern« künftig wohl nur noch durch Zeugen vom Hörensagen – oder Urkunden – zum Gegenstand der Beweisaufnahme gemacht werden kann.

bb) *V-Leute und Informanten.* Die Einstellung terroristischer Vereinigungen zu Personen, die sie für sie penetrierende V-Leute oder für Informanten halten, ergibt sich aus einem in mehreren linksextremistischen Blättern abgedruckten Schreiben der »RAF« vom 6. 9. 1981, in dem es u. a. heißt:

»Grundsätzlich ist es für uns keine frage, ihn zu erschießen, wir haben es nicht gemacht, weil wir die gefahr einer diskussion um diese frage sehen, die jetzt von einer einheitlichen, klaren mobilisierung gegen den imperialistischen krieg wegziehen würde. aus der erfahrung der ›fahndungspanne‹ haben wir der systematischen durchleuchtung der verschiedenen ebenen, auf denen die geheimdienste gegen uns arbeiten, eine priorität gegeben. zentral, weil am gefährlichsten sind dabei die linien, die sie sich aus figuren der alten studentenbewegung und der ›neuen linken‹ aufgebaut haben. Keiner von ihnen soll davon ausgehen, daß er davonkommt.«

Der forensischen Verwertung des Wissens von V-Leuten und Informanten in Strafverfahren aus dem Bereich des Terrorismus von links kam bisher keine wesentliche, dem von rechts in Einzelfällen durchaus ins Gewicht fallende Bedeutung zu. Es liegt nahe, daß dieses Wissen in künftigen Strafverfahren entscheidende Bedeutung erlangen kann.

b) Landesverrat und geheimdienstliche Agententätigkeit (§§ 94 ff., 99 StGB)
In diesem Bereich sind Überläufer, die Verräter oder Spione enttarnen, akuter Gefahr für ihr Leben, ihre körperliche Unversehrtheit oder ihre Freiheit ausgesetzt. Ein Beispiel dafür aus jüngster Zeit ist der frühere Oberleutnant des MfS *Stiller*, der nach den Erkenntnissen der zuständigen Behörden in der DDR in Abwesenheit zum Tode verurteilt worden ist. Solche Urteile wurden an Offizieren des MfS, die des Verrats für schuldig befunden wurden, auch schon vollstreckt. In bestimmten Fällen wurden solche Personen in den kommunistischen Machtbereich verschleppt. Östliche Geheimdienste haben auch schon außerhalb ihres Machtbereichs Personen, die ihnen sogar nur mißliebig waren, ermorden lassen. Ein gerichtskundiges Beispiel dafür ist der Fall der Exil-Ukrainer *Bandera* und *Rebet*.[9] Hierher gehören auch die – in der Presse als »Regenschirmfall« behandelte – Ermordung des Exil-Bulgaren *Markov* in London am 7. 9. 1978 und der Mordversuch an den Exil-Bulgaren *Kostov* in Paris am 26. 8. 1978; alles spricht dafür, daß diese Taten auf einen östlichen Geheimdienst zurückgehen.

2. *Geheimhaltungsbelange im öffentlichen Interesse*

a) Die Geheimhaltungsgründe im allgemeinen
Die von § 54 I StPO erfaßten besonderen beamtenrechtlichen Vorschriften über das Erfordernis einer Aussagegenehmigung stellen – über die Regelung des § 96 StPO zur Vorlegung von Schriftstücken hinausgehend – außer auf eine Beeinträchtigung des Bundes- oder Landeswohls auch darauf ab, ob durch die – genehmigte – Aussage die Erfüllung öffentlicher Aufgaben ernstlich gefährdet oder erheblich erschwert würde (vgl. § 39 III 1 BRRG). Es mag dahinstehen, ob diese Bestimmungen gleichwohl generell dasselbe besagen.[10] Jedenfalls können im vorliegenden Zusammenhang, in dem die Geheimhaltungsgründe gegen die Gewährleistung materieller Gerechtigkeit und den Freiheitsanspruch des Beschuldigten abzuwägen sind, öffentliche Aufgaben die Vorenthaltung des unmittelbaren Tatzeugen nur dann rechtfertigen, wenn sie von einer solchen Bedeutung sind, daß sie das Bundes- oder Landeswohl berühren. Das kann allerdings auch dann der Fall sein, wenn eine Verletzung von besonders schutzbedürftigen Individualinter-

essen zu nachteiligen Rückwirkungen auf das Bundes- oder Landeswohl führen kann.

Derart überwiegende Belange können vor allem die Gewährleistung der inneren und äußeren Sicherheit der Bundesrepublik und das Gebot einer wirksamen Bekämpfung der Betäubungsmitteldelikte und der Bandenkriminalität sein.

b) Gewährleistung der inneren und äußeren Sicherheit
Die Behandlung der »Aussteiger« aus der terroristischen Szene durch die Justiz hat für die langfristige Bekämpfung des Terrorismus besonderes Gewicht. Die Bereitschaft zur Abkehr von der Szene kann durch die Befürchtung, in Verfahren gegen terroristische Straftäter in öffentlicher Hauptverhandlung als Zeuge vernommen und dadurch einer akuten Lebensgefahr ausgesetzt zu werden, beeinträchtigt oder ausgeschlossen werden.

Welche Bedeutung das Wissen von Überläufern fremder Geheimdienste für die Bekämpfung von Straftaten gegen die äußere Sicherheit der Bundesrepublik Deutschland haben kann, zeigt schon der *Stiller*-Komplex mit mehr als 20 verhafteten oder enttarnten Ostagenten.

c) Bekämpfung der Betäubungsmittelkriminalität und bestimmter Formen der Bandenkriminalität
aa) Drogenhandel und Drogenmißbrauch sind zu einer ernsten Gefahr für die Volksgesundheit und damit für das Bundeswohl geworden. Die Anzahl nur der bekanntgewordenen Rauschgiftdelikte stieg von ca. 27 000 im Jahre 1974 stetig auf 62 395 im Jahre 1980, die bekannten Fälle illegalen Handels und Schmuggels stiegen in demselben Zeitraum von ca. 8500 auf 21 565. Alarmierend ist auch die Zunahme des Konsums harter Drogen. Wurden 1974 noch 33 Kilogramm Heroin sichergestellt, waren es im Jahre 1980 über 267 Kilogramm. Die Entwicklung steht in direktem Zusammenhang mit der Anzahl der Drogentoten. Starben 1970 noch 29 vornehmlich junge Menschen durch Drogenkonsum, waren es 1980 schon 494, 1979 sogar 623.[11] 1981 waren mindestens 60000 bis 80000 Personen drogenabhängig.[12]

Wirksame Erfolge bei der Bekämpfung der Drogenkriminalität lassen sich nur durch eine langfristig und breit angelegte, im wesentlichen verdeckte Ermittlungsführung erzielen. Dies erfordert den Einsatz von Informanten und die Ermittlungstätigkeit von Polizeibeamten im Untergrund. Nur so können die in den oberen Organisationsebenen und in der Spitze der Rauschgifthändlergruppen tätigen Personen abgeklärt, enttarnt und ausgeschaltet werden. Dies ist in der Praxis der Polizei[13] und der Staatsanwaltschaften[14] und auch in der Rechtsprechung der Tatrichter[15] und des *BGH*[16] unbestritten.

Verdeckt eingesetzte Polizeibeamte und auch Informanten können zur repressiven und präventiven Bekämpfung der Drogendelikte unersetzbar sein mit der Folge, daß jedwede Enttarnung vermieden werden muß. In Strafverfahren gegen Rauschgifthändler hat die Beweisführung mit Zeugen vom Hörensagen in der bisherigen Praxis die größte Bedeutung.

bb) Auch andere Formen der organisierten Kriminalität können die öffentliche Sicherheit und Ordnung in einem das Bundeswohl berührenden Maße gefährden oder verletzen mit der Konsequenz, daß ihre wirksame Bekämpfung die »Sperrung« des unmittelbaren Tatzeugen erfordert. Dies gilt vor allem für den internationalen Waffenhandel, die bandenmäßig geförderte und organisierte Prostitution und mafia-ähnliche Formen der Eigentums- und Vermögenskriminalität.

III. Der Zeuge vom Hörensagen in Wissenschaft und Rechtsprechung

1. Stellungnahme zu den Bedenken in der Literatur

a) Nicht wenige Autoren halten eine Beweisführung mit Zeugen vom Hörensagen uneingeschränkt für zulässig.[17] Andererseits wird in der Literatur schon seit langem mit verschiedenen Begründungen die Ansicht vertreten, die Vernehmung eines Zeugen vom Hörensagen sei generell[18] oder zumindest in bestimmten Fällen[19] wegen Verstoßes gegen die Strafprozeßordnung[20], das Grundgesetz[21] oder die Konvention zum Schutze der Menschenrechte und Grundfreiheiten vom 4. 11. 1950 (MRK, BGBl 1952 II, 685) unzulässig.[22]

b) Die Bedenken der Literatur vermögen nicht zu überzeugen. Wird ein forensischer Beweis mit Hilfe eines Zeugen vom Hörensagen nur in den Fällen geführt, in denen die Beweisführung mit dem sachnäheren Zeugen wegen Gefährdung seiner Person oder wegen überwiegender öffentlicher Belange letztlich nicht möglich ist, so ist dies mit der Strafprozeßordnung, mit dem Grundgesetz und auch mit der Menschenrechtskonvention vereinbar.

aa) *Vereinbarkeit mit der Strafprozeßordnung.*

(1) § 250 StPO. Die Beweisführung mit Zeugen vom Hörensagen verstößt nicht gegen den Grundsatz der Unmittelbarkeit der Beweisaufnahme i. S. des § 250 StPO. Auch der Zeuge vom Hörensagen ist ein »unmittelbarer« Zeuge. Er berichtet allerdings nicht über einen zum gesetzlichen Tatbestand gehörenden Umstand, sondern über eine Hilfstatsache, ein Indiz.[23]

(2) § 244 II und III, § 251 I Nr. 1, II StPO. Ein Zeuge, dessen Name oder Anschrift trotz aller Bemühungen des Gerichts wegen Geheimhaltung durch die Exekutive nicht festgestellt werden kann, ist für das Gericht »unerreichbar« i. S. des § 244 III 2 StPO. Außerdem ist in diesem Falle der Aufenthalt des Zeugen i. S. des § 251 I Nr. 1 StPO »nicht zu ermitteln« und kann der Zeuge i. S. des § 251 II StPO »in absehbarer Zeit gerichtlich nicht vernommen werden«. Spätestens an der endgültigen Weigerung der zuständigen Behörde, Namen und Anschrift mitzuteilen, enden die Möglichkeiten der gerichtlichen Aufklärung des Sachverhalts mit Hilfe des Tatzeugen (§ 244 II StPO).

(3) § 261 StPO. Das Gericht darf, weil der Zeuge vom Hörensagen nur ein Indiz mitteilt, nicht einfach das Urteil dieses Zeugen über die Glaubwürdigkeit des unmittelbaren Tatzeugen übernehmen, sondern muß sich aufgrund der vom Zeugen vom Hörensagen bekundeten Anknüpfungstatsachen ein eigenes Urteil über die Glaubwürdigkeit des unmittelbaren Tatzeugen bilden.[24] Ferner hat es im Rahmen sorgfältiger und besonders vorsichtiger Beweiswürdigung die besonderen Gefahren dieser Art der Beweisaufnahme zu bedenken.[25] Auf die Angaben des Zeugen vom Hörensagen darf eine Verurteilung in der Regel nur dann gestützt werden, wenn diese Angaben durch andere wichtige Gesichtspunkte gestützt werden.[26] Bei solchem – in der Rechtsprechung des BGH geforderten – Verfahren steht § 261 StPO der Verwertung der Aussagen eines Zeugen vom Hörensagen nicht entgegen.

bb) *Vereinbarkeit mit dem Grundgesetz.* In Frage käme hier allenfalls ein Verstoß gegen den Anspruch auf rechtliches Gehör (Art. 103 I GG) oder gegen das aus dem allgemeinen Rechtsstaatsprinzip (Art. 20 III GG) i. V. mit dem allgemeinen Freiheitsanspruch folgende Prozeßgrundrecht auf ein faires Verfahren. Beides ist nicht gegeben.

(1) Art. 103 I GG. Der Anspruch auf rechtliches Gehör gewährt weder ein Recht auf ein bestimmtes Beweismittel noch auf bestimmte Arten von Beweismitteln.[27]

(2) Art. 20 III GG. Das *BVerfG* fordert zur Gewährleistung des Prozeßgrundrechts auf ein faires Verfahren bei Verwertung der Aussagen eines Zeugen vom Hörensagen,

- daß diese Beweisführung nur in den Fällen erfolgt, in denen eine zuverlässigere Form der Beweisaufnahme ausgeschlossen ist, ferner
- daß das Gericht die – nur der obersten Aufsichtsbehörde zustehende – Ablehnungsentscheidung bis zu der durch überwiegende öffentliche Belange zwingend gezogenen Grenze überprüfen kann und
- daß der typischerweise eingeschränkten Zuverlässigkeit der Aussage des Zeugen vom Hörensagen genügend Rechnung getragen wird.

Das *BVerfG* sieht diese verfassungsrechtlichen Erfordernisse in der Rechtsprechung des *BGH* als erfüllt an.[28]

(3) Aus dem Gesichtspunkt des »venire contra factum proprium«, das einen Schuldvorwurf nicht voraussetzt, können gegen die Verwertung der Bekundungen eines Zeugen vom Hörensagen keine durchgreifenden Bedenken hergeleitet werden[29], weil die Anwendung dieses Rechtsgrundsatzes erfordert, daß durch früheres Verhalten ein Vertrauenstatbestand geschaffen worden ist. Daran fehlt es bei »Sperrung« eines Zeugen durch die Exekutive.

cc) *Vereinbarkeit mit der Menschenrechtskonvention.* Die Menschenrechtskonvention begründet kein Verbot der Beweisführung mit Zeugen vom Hörensagen, auch nicht in dem Fall, daß die Notwendigkeit dieser Beweisführung auf die »Sperrung« eines sachnäheren Zeugen durch die Exekutive zurückgeht.

(1) Art. 6 III d MRK. Nach dieser Vorschrift hat jeder Angeklagte das Recht, »Fragen an die Belastungszeugen zu stellen oder stellen zu lassen und die Ladung und Vernehmung der Entlastungszeugen unter denselben Bedingungen wie die der Belastungszeugen zu erwirken«. Nach der authentischen englischen und französischen Fassung dieser Vorschrift und der Rechtslage in jenen Ländern ist vom Wortlaut her mit dem Begriff »Belastungszeuge« rein formal nur derjenige Zeuge gemeint, der als präsentes Beweismittel vor

dem Gericht der Hauptverhandlung steht und dort seine Aussage macht, also auch der Zeuge vom Hörensagen.[30] Die teleologische Auslegung dieser Bestimmung führt zu demselben Ergebnis. Die Vorschrift dient ersichtlich allein der Waffengleichheit zwischen Anklage und Verteidigung. Der sachnähere Zeuge ist jedoch für die Anklage in den genannten Problemfällen ebensowenig erreichbar wie für die Verteidigung.[31]

(2) Art. 6 I MRK. Das nach Art. 6 I MRK geforderte »fair hearing« hat keinen weitergehenden Inhalt als das oben erörterte, schon aus dem Grundgesetz folgende Prozeßgrundrecht auf ein faires Verfahren.

2. Der Standpunkt der Rechtsprechung

Die Rechtsprechung hält den Zeugen vom Hörensagen grundsätzlich für ein zulässiges Beweismittel.[32] Dabei ist sie sich der Gefahren bewußt, die sich aus der Verwendung des sachferneren Beweismittels ergeben.[33] Der *BGH* hat gerade deshalb in den letzten Jahren für die Fälle, in denen die Exekutive die Vernehmung des sachnäheren Zeugen durch das Gericht (zunächst) verhindert, Grundsätze herausgearbeitet, die darauf abzielen, nach Möglichkeit diesen Zeugen doch noch durch das Gericht selbst zu vernehmen oder jedenfalls zu einer sonst gegenüber der Vernehmung des Zeugen vom Hörensagen verläßlicheren Beweisgrundlage zu gelangen.[34] Das *BVerfG* hat diese Rechtsprechung des *BGH* unter den in Frage kommenden verfassungsrechtlichen Gesichtspunkten (s. o. III 1 b) bb)) gebilligt.[35]

IV. Verpflichtung des Gerichts zur Erreichung der bestmöglichen Beweisgrundlage

Nach der Rechtsprechung des *BGH* ist das Gericht verpflichtet, sich des bestmöglichen Beweismittels zu bedienen. Es darf sich nur dann auf eine Beweisführung mit Zeugen vom Hörensagen zurückziehen, wenn alle Möglichkeiten, den unmittelbaren Tatzeugen selbst als Beweismittel zu gewinnen, erschöpft sind. Solche Möglichkeiten bestehen einmal in besonderen Formen und Modalitäten der Beweisaufnahme, also der Vernehmung des unmittelbaren Tatzeugen, zum anderen in der Einwirkung auf die Exekutive.

1. Modalitäten der Beweisaufnahme

Es gibt zahlreiche in der StPO selbst vorgesehene, darüber hinaus in der bisherigen Rechtsprechung zugelassene und noch darüber hinausgehend (auch bei fortschreitender Technik) für eine künftige Praxis rechtlich zulässig erscheinende Modalitäten der Vernehmung persönlich gefährdeter oder wegen überwiegender öffentlicher Belange verborgen zu haltender Tatzeugen, die zwar von den normalen Regelungen der Strafprozeßordnung über die Zeugenvernehmung (§§ 48 ff. StPO) weniger oder mehr abweichen, dennoch aber im Interesse der gerichtlichen Wahrheitsfindung und im Verteidigungsinteresse der Beweisführung mit Zeugen vom Hörensagen vorzuziehen sind. Diese Modalitäten können sowohl die bei einer Vernehmung zu treffenden Sicherheitsvorkehrungen als auch die Form der Vernehmung selbst betreffen. Ihre Abweichung vom Regelfall der Zeugenvernehmung ist – dem Grundsatz der Verhältnismäßigkeit entsprechend – abzustufen nach dem Grad der Gefährdung des unmittelbaren Tatzeugen und nach dem Gewicht der zu wahrenden öffentlichen Belange. Von dieser Grundlage ausgehend ergibt sich für die forensische Praxis für die Vernehmung des unmittelbaren Tatzeugen im Grundsatz diese Stufenfolge:

a) Vernehmung durch das erkennende Gericht in der Hauptverhandlung (§ 250 StPO)

aa) *Vernehmung an der Gerichtsstelle.* Sicherheits- oder andere Einwände der Exekutive können durch folgende Maßnahmen ausgeräumt oder jedenfalls relativiert werden:

(1) Schutz des Zeugen durch Sicherheitskräfte. Der Zeuge kann auf dem Wege zum Gericht und zurück und im Gerichtssaal selbst durch Sicherheitskräfte geschützt werden.[36]

(2) Wahrung der Anonymität. Es kann darauf verzichtet werden, daß der Zeuge bei der Vernehmung seine Anschrift (§ 68 S. 2 StPO) oder sogar seinen Namen nennt.[37]

(3) Optische Abschirmung
– Paravent, Scheibe, Kabine
Der Zeuge kann im Gerichtssaal hinter einem Paravent, einer dunklen Scheibe oder in einer Kabine so getarnt werden, daß er zwar von allen Verfahrensbeteiligten gehört, aber nur vom Gericht gesehen werden kann.

– Maskierung

Es kann dem Zeugen gestattet werden, unter einer Maske aufzutreten, so daß er von allen Verfahrensbeteiligten gehört, aber von niemand erkannt werden kann.[38]

(4) *Ausschluß der Öffentlichkeit.* Als weitere Stufe kommt ein Ausschluß der Öffentlichkeit nach § 172 Nr. 1 GVG in Betracht.[39]

(5) *Ausschluß des Angeklagten.* Letztlich kommt der Ausschluß des Angeklagten während der Vernehmung des Zeugen – ggf. zusätzlich zu den Maßnahmen nach (1) bis (4) – in Frage. Diese Möglichkeit sieht § 224 I 2 StPO zwar nur für die kommissarische Vernehmung vor. Sie muß aber auch bei der Vernehmung durch das Gericht in der Hauptverhandlung zulässig sein.[40] Denn diese Art der Vernehmung ist aus der Sicht sowohl des Gerichts als auch der Verteidigung – trotz des Ausschlusses des Angeklagten – die zuverlässigere Form der Beweisaufnahme.

bb) *Vernehmung außerhalb der Gerichtsstelle.* Die Gefährdung des Zeugen kann dadurch beseitigt oder jedenfalls erheblich vermindert werden, daß seine Vernehmung zu einem zunächst geheimgehaltenen Zeitpunkt und an einem geheimgehaltenen Ort außerhalb der Gerichtsstelle erfolgt, zu dem sich die Verfahrensbeteiligten – notfalls mit Verkehrsmitteln, denen nur schwer gefolgt werden kann, etwa mit Hubschraubern – begeben.[41] Als zusätzliche Sicherung können bei solchen gerichtlichen Vernehmungen die unter aa) aufgezeigten Maßnahmen ergriffen werden. Kann der Angeklagte unter diesen Umständen bei der Vernehmung des Zeugen zugegen sein, so ist diese Form der Beweisaufnahme regelmäßig derjenigen an der Gerichtsstelle bei Ausschluß des Angeklagten vorzuziehen.

cc) *Vernehmung über eine Fernsehschaltung.* Hält sich der Zeuge an einem geheimgehaltenen Ort auf, so kann er über eine Fernsehschaltung optisch und akustisch mit den Verfahrensbeteiligten verbunden und auf diese Weise im Gerichtssaal in grundsätzlich öffentlicher Hauptverhandlung vernommen werden. Auch bei dieser – wohl erst nach weiterem Ausbau dieser Technik allgemein praktikablen – Form der Vernehmung können zusätzlich die unter aa) aufgezeigten Sicherungsmaßnahmen getroffen werden. Gegen die Anwesenheit des Angeklagten in der Hauptverhandlung und seine Befugnis, Fragen an den Zeugen zu stellen, werden bei dieser Art der Beweisaufnahme regelmäßig keine Bedenken bestehen. Sie dürfte deshalb mehr im Verteidigungsinteresse liegen als die Vernehmung eines unmittelbar anwesenden Zeugen bei Ausschluß des Angeklagten.

dd) *Vernehmung über eine telefonische Konferenzschaltung.* Als letzte Stufe der Beweisaufnahme durch das erkennende Gericht kommt die Vernehmung des Zeugen über eine telefonische Konferenzschaltung in die Hauptverhandlung in Betracht. Bedenken gegen die Anwesenheit und das Fragerecht des Angeklagten bestehen hier grundsätzlich nicht. Der Wert einer solchen Form der Beweisaufnahme kann dadurch gesteigert werden, daß sich ein Richter bei dem Zeugen befindet, der dem Gericht seine optischen Eindrücke vermitteln kann.

b) Kommissarische Vernehmung (§§ 223, 224 StPO)
Erscheinen die unter a) dargestellten Vorkehrungen zum Schutze des Zeugen oder zur Wahrung öffentlicher Belange immer noch nicht als ausreichend, so kann der Zeuge an einem geheimgehaltenen Ort – z. B. auch im Dienstgebäude einer Polizei- oder Verfassungsschutzbehörde[42] – durch einen beauftragten Richter (insb. durch ein Mitglied des erkennenden Gerichts) oder einen ersuchten Richter vernommen werden.[43] Die Niederschrift kann nach § 251 I Nr. 2 StPO verlesen werden. Bei einer Vernehmung im Ausland kann diese Vernehmung durch einen Konsulatsbeamten in Anwesenheit aller oder einzelner Mitglieder des Gerichts unter Beteiligung der Staatsanwaltschaft und der Verteidigung erfolgen.[44] Bei einer solchen Vernehmung sind vor allem die unter a) aa) (2) und (3) erwähnten Vorkehrungen zu erwägen. Der Angeklagte wird regelmäßig auszuschließen sein (vgl. § 224 I 2, II StPO). Als weitergehende Maßnahme kommt bei dieser Form der Beweisaufnahme auch ein Ausschluß des Verteidigers[45], letztlich auch des Staatsanwalts in Betracht (§ 224 I 2 StPO).

c) Förmliche Vernehmung durch den Polizeibeamten
Scheidet auch eine kommissarische Vernehmung aus, so ist daran zu denken, den Zeugen an geheimgehaltenem Ort durch einen Polizeibeamten – der in Fragen der Observation geschult ist und vielleicht schon Kontakt mit dem Zeugen hatte – zu vom Gericht, der Staatsanwaltschaft oder der Verteidigung formulierten Fragen förmlich vernehmen zu lassen.[46] Dabei kann auf die Mitteilung von Namen und Anschrift verzichtet werden. Die

Vernehmungsniederschrift kann nach § 251 II StPO verlesen werden.

d) Schriftliche Befragung
Ist auch die förmliche Vernehmung durch einen Polizeibeamten nicht durchführbar, so kommt als letzte Stufe eine schriftliche Äußerung des Tatzeugen, wenn nötig noch eine zusätzliche schriftliche Befragung zu formulierten Beweisthemen in Betracht.[47] Die schriftliche Äußerung kann nach § 251 II StPO verlesen werden.

e) Vernehmung des Zeugen vom Hörensagen
Erst nach Erschöpfung der aufgezeigten Möglichkeiten, den sachnäheren Zeugen selbst als Beweismittel zu gewinnen, oder ergänzend zu einer solchen Maßnahme kommt die Beweisführung mit Hilfe eines Zeugen vom Hörensagen, also die Vernehmung der Verhörsperson in der Hauptverhandlung (§ 250 StPO), in Betracht.

2. Einwirkung des Gerichts auf die Exekutive

a) Grundsatz
Mit der Weigerung einer Behörde, den ihr bekannten Namen und die Anschrift eines sachnäheren Zeugen mitzuteilen, darf sich das Gericht nicht ohne weiteres abfinden. Schon die gerichtliche Aufklärungspflicht wird es, wenn keine Genehmigung zur Aussage über die Person des unmittelbaren Tatzeugen erteilt wird, regelmäßig gebieten, auf die Erteilung einer dahingehenden Aussagegenehmigung hinzuwirken oder die Behörde unmittelbar um Auskunft über Namen und Anschrift des sachnäheren Zeugen zu ersuchen.[48]

b) Herbeiführung einer Substantiierung der Bedenken
Macht die Behörde Bedenken gegen eine vom Gericht vorgesehene Art der Vernehmung geltend, so muß das Gericht darauf hinwirken, daß diese Bedenken – soweit mit den zu wahrenden Belangen vereinbar – substantiiert und belegt werden.[49] Dabei muß das Gericht auf die (oben dargelegten) in Betracht kommenden Sicherheitsvorkehrungen und die möglichen Modalitäten der Beweisaufnahme hinweisen.[50] Das Gericht darf sich nicht ohne zwingenden Grund mit einer Form der Beweisaufnahme begnügen, die in der

Rangfolge einen niedrigeren Platz einnimmt. Stellt die Justiz ihr Aufklärungsinteresse und die Wahrnehmung von Verteidigungsinteressen nicht vorschnell hintan, so wird, wie schon geschehen[51], nicht selten eine Bereitschaft der Exekutive zur Herstellung einer Verbindung mit dem unmittelbaren Tatzeugen zu erreichen sein.

3. Entschließung über die Form der Beweisaufnahme

Scheidet eine unbeschränkte gerichtliche Vernehmung aus und stehen statt ihrer mehrere Möglichkeiten beschränkter Beweisaufnahme zur Verfügung, so hat das Gericht sorgfältig abzuwägen, welche Vernehmungsform dem gerichtlichen Aufklärungsinteresse und den Vertreidigungsinteressen am besten dient. Bevor es sich für eine bestimmte Form der Beweisaufnahme entscheidet, sollte es die Staatsanwaltschaft und die Verteidigung hören und versuchen, zu einem von allen Verfahrensbeteiligten getragenen Ausgleich zu kommen.

V. Obliegenheiten der Exekutive

1. Bisherige Praxis – neue Formen der Beweisaufnahme

Es hat den Anschein, daß manche Behörden der Exekutive in der Vergangenheit ihrer schon aus Art. 35 GG folgenden Pflicht, dem Gericht die bei Wahrung ihrer Belange bestmöglichen Beweismittel zu verschaffen[52], nicht immer voll nachgekommen sind. So ist etwa schwer einzusehen, daß von einem in Untersuchungshaft einsitzenden Angeklagten eine Gefahr für das Leben eines Zeugen während der Hauptverhandlung ausgehen soll.[53] Ist ein zur Bekämpfung der Betäubungsmittelkriminalität eingesetzter Polizeibeamter gegenüber dem Angeklagten als Scheinkäufer aufgetreten, ist er diesem also vom Äußeren her bekannt, so ist nicht verständlich, warum das Interesse an dem weiteren Einsatz dieses Beamten seine Vernehmung in der Hauptverhandlung bei Anwesenheit des Angeklagten und Verteidigers hindern soll, wenn der Zeuge seine wahre Identität verschweigen darf und weitere Sicherheitsvorkehrungen wie der Ausschluß der Öffentlichkeit getroffen werden.[54]

Es ist in erster Linie Aufgabe der Exekutive, sich Gedanken über

Formen der Beweisaufnahme zu machen, die gegenüber der Vernehmung des Zeugen vom Hörensagen den Vorzug verdienen. Die Behörden der Exekutive sind am besten in der Lage, vor allem den Einsatz der Technik zu prüfen und in der Praxis auch zu verwirklichen.

2. *Hinweise zur künftigen Praxis*

a) Zuständigkeit
Wird eine Aussagegenehmigung ganz oder teilweise versagt oder eine Auskunft über Anschrift und Namen eines Zeugen verweigert, so erfordert dies eine Entscheidung der obersten Aufsichts- oder Dienstbehörde.[55] Es ist allerdings rechtlich zulässig, daß diese für häufig vorkommende und im wesentlichen gleichgelagerte Fälle im voraus eine Grundsatzentscheidung trifft und nachgeordnete Behörden ermächtigt, in dem gesteckten Rahmen in eigener Verantwortung selbst zu befinden.[56]

Eine Entscheidung der obersten Aufsichts- oder Dienstbehörde wird jedenfalls immer dann zu fordern sein, wenn der unmittelbare Tatzeuge zu einer Vernehmung durch das Gericht in Anwesenheit des Angeklagten nicht präsentiert wird.

b) Abwägung der Interessen
Die Behörden müssen die im Einzelfall kollidierenden Rechtsgüter gegeneinander abwägen. Dabei haben sie
– die Schwere der Straftat,
– das Ausmaß der dem Beschuldigten drohenden Nachteile,
– das Gewicht der einer bestmöglichen Aufklärung entgegenstehenden Umstände und
– den Stellenwert des Beweismitels im Rahmen der Beweislage
zu berücksichtigen.[57] Wie groß die Gefahren sind, die dem Zeugen oder überwiegenden Interessen der Allgemeinheit drohen, weiß die Exekutive in der Regel besser als das Gericht. Auch ist sie häufig besser als das Gericht in der Lage, abzuschätzen, welche Vorkehrungen zum Schutz des Zeugen und der Belange der Allgemeinheit ausreichen.

c) Begründung der Bedenken
Es kann zwingende Sachgründe geben, die eine vollständige Nachprüfung durch das Gericht verbieten. Jedoch reicht die Auskunftspflicht der Exekutive so weit, wie dies wegen entgegen-

stehender Gründe eben noch vertretbar ist. Auch dann, wenn Geheimhaltungsinteressen nur eine unvollständige Auskunft zulassen, muß die Exekutive die Gründe ihrer Weigerung verständlich machen, schon um das Gericht in die Lage zu versetzen, auf die Beseitigung etwaiger Hindernisse hinzuwirken und auf die Bereitstellung des bestmöglichen Beweises zu dringen.[58]

3. Besonderheiten bei V-Leuten

V-Leute, die nicht Beamte oder Angestellte des öffentlichen Dienstes sind, unterliegen der in § 541 I StPO vorausgesetzten Pflicht zur Amtsverschwiegenheit nur dann, wenn sie nach dem Verpflichtungsgesetz vom 2. 3. 1974 (Art. 42 EGStGB, BGBl I, 49 – i. d. F. des G vom 15. 8. 1974, BGBl I, 1942) förmlich verpflichtet worden sind.[59]

VI. Folgen bei Unerreichbarkeit des Zeugen

1. Berechtigte Behördenweigerung

Wie sich z. B. in der Strafsache gegen *Dr. C.* gezeigt hat, gibt es Fälle, in denen das Gericht auf eine Vernehmung des sachnäheren Zeugen aus zwingenden Gründen verzichten muß. Dann wird der Zeuge vom Hörensagen ein zulässiges Beweismittel. Jedoch ist das Gericht dann zu besonders sorgfältiger und vorsichtiger Beweiswürdigung verpflichtet. Auf die Bemerkungen zu § 261 StPO unter III 1 b) aa) (3) wird – zur Vermeidung von Wiederholungen – verwiesen.

2. Unberechtigte Behördenweigerung

Verweigert die Behörde nach Ansicht des Gerichts die erforderliche abgewogene Mitwirkung bei der Beschaffung des bestmöglichen Beweismittels, indem sie ihre Ablehnung nicht oder nicht zureichend begründet oder Hinderungsgründe vorträgt, die dem Gericht unberechtigt oder gar willkürlich erscheinen, so ist dem verstärkt durch die Annahme eines Beweisverwertungsverbots zu begegnen.[60] Häufen sich die Fälle, in denen das Gericht ein Beweisverwertungsverbot annimmt und freispricht, weil es sich mit einer Form der Beweisaufnahme begnügen muß, deren eingeschränkte Zuverlässigkeit zum Schuldnachweis nicht genügt, so wird auch dies dazu führen, daß Zeugen nur in dem unabweisbaren Umfang dem Gericht vorenthalten werden.

VII. Ablehnung eines gesetzlichen Beweisverbotes

1. Grundsätzliches

a) Wie der Sachverhalt in einem strafgerichtlichen Verfahren zu ermitteln ist, schreibt die Strafprozeßordnung abgewogen vor. Dabei läßt sie, wie sich z. B. aus § 251 II StPO ergibt, gegenüber der mündlichen Aussage des Tatzeugen auch prinzipiell unzuverlässigere Beweismittel zu und begegnet den darin liegenden Gefahren durch den Grundsatz der freien Beweiswürdigung in Verbindung mit dem Grundsatz in dubio pro reo. Auch der Zeuge vom Hörensagen ist gegenüber dem Tatzeugen ein zwar prinzipiell unzuverlässigeres, jedoch grundsätzlich zulässiges Beweismittel.

b) Die Bemühungen des Gerichts, der Staatsanwaltschaft und des Angeklagten sind einheitlich darauf gerichtet, eine materiell ungerechte Verurteilung zu vermeiden. Der Angeklagte allein ist darüber hinaus aber in aller Regel auch daran interessiert, einer materiell gerechten Verurteilung zu entgehen. Ein gesetzliches Beweisverbot würde in erster Linie und in aller Regel diesem letzteren Interesse dienen.

c) Auch nach dem erwogenen Beweisverbot (s. o. I 2 a)) bleibt der Zeuge vom Hörensagen grundsätzlich und für den weit überwiegenden Teil der Kriminalität weiterhin ein zulässiges Beweismittel. Die geplante Verbannung dieses Zeugen aus Teilbereichen der Kriminalität beruht also nicht auf der Annahme, daß er als Beweismittel unzuverlässig sei. Das gesetzliche Beweisverbot würde deshalb gerade für bestimmte Bereiche der schweren Kriminalität, nämlich für Straftaten gegen die innere und die äußere Sicherheit der Bundesrepublik Deutschland, für Betäubungsmitteldelikte und für bestimmte Formen der Bandenkriminalität ein – den Täter begünstigendes – Sonderrecht schaffen, ohne daß dies verfassungsrechtlich, rechtsstaatlich, rechtspolitisch oder nach Sachlage geboten oder gar veranlaßt ist. Vor allem im Bereich der Drogenkriminalität würde es auf wenig Verständnis stoßen, daß der Gesetzgeber auf der einen Seite die Strafen für Betäubungsmitteldelikte wegen der

Gefährdung von Leib und Leben junger Menschen erhöht und es auf der anderen Seite dann den Gerichten durch verfahrensrechtliche Regelungen erschwert, den Schutz dieser Rechtsgüter durchzusetzen.

2. *Möglichkeiten der Umgehung eines gesetzlichen Beweisverbotes*

Eine gesetzliche Regelung der vorgeschlagenen Art würde im übrigen in Teilbereichen kaum das bewirken, was sie erreichen soll. Sie könnte z. B. im Bereich der Straftaten gegen die innere und äußere Sicherheit leicht dadurch umgangen werden, daß »Aussteiger« und Überläufer den Kontakt zu den Behörden ganz abbrechen oder nur über Verteidiger halten. Auch bei der zweiten Variante ist die Behörde dann, wenn der Verteidiger die Anschrift seines Mandanten nicht offenbart, nicht in der Lage, dem Gericht diese Anschrift mitzuteilen. In diesen Fällen bliebe der Zeuge vom Hörensagen ein zulässiges Beweismittel.

3. *Schlußbemerkung*

Von der gesetzlichen Einführung eines Verbotes, die Aussagen eines Zeugen vom Hörensagen bei Verweigerung einer Auskunft oder einer Aussagegenehmigung durch die Exekutive zu verwerten, sollte danach abgesehen werden. Sachdienlicher wäre vor allem eine Einwirkung auf die Exekutive mit dem Ziel, sachnähere Zeugen nur unter strengen Voraussetzungen zu sperren und sich insbesondere weitere Gedanken darüber zu machen, welche Vorkehrungen eine Vernehmung des sachnäheren Zeugen zulassen. Den Gerichten sollte die Möglichkeit nicht genommen werden, den eingeschlagenen Weg zu mehr Rechtsstaatlichkeit weiter zu gehen.

Anmerkungen

1 *BVerfGE* 57, 250 ff. (s. in diesem Band S. 457–482).
2 Informationen der Sozialdemokratischen Bundestagsfraktion vom 26. 5. 1981, Ausgabe 560.
3 46. DJT, Verh. Bd. II F, S. 182, 183.

4 5. Strafverteidigertag, Referate, Ergebnisse, Schriftenreihe der Vereinigung Berliner Strafverteidiger e. V., S. 89.
5 *BVerfGE* 57, 250 (284. 285); *BGHSt* 29, 109 (112, 113).
6 *Carlos Marighella*, Minihdb. des Stadtguerilleros, in: Sozialistische Politik 1970, Bd. 2, S. 143 (159).
7 *Boock*, Interview im *Spiegel* Nr. 9/1981, 110 (112, 117, 118, 120).
8 *Klein*, Rückkehr in die Menschlichkeit, 1979, S. 19, 24, 30.
9 *BGHSt* 18, 87ff. – Staschinskij-Urt.
10 *Schneider*, Die Pflicht der Behörden zur Aktenvorlage im Strafprozeß, 1970, S. 93 ff.
11 Zahlen aus: Polizeiliche Kriminalstatistik 1980, hg. v. BKA, S. 147, 148.
12 *Kreuzer, Gebhard, Maassen, Stein-Hilbers*, Drogenabhängigkeit und Kontrolle, 1981, S. 96.
13 *Pietrzik*, Kriminalistik 1980, 315 (322f.); *Zühlsdorf*, Kriminalistik 1974, 193.
14 GenStA beim *KG Schultz* bei der Anhörung durch den Arbeitskreis Rechtswesen der SPD-Fraktion des Dt. Bundestages am 5. 10. 1981.
15 *Nordmann*, DRiZ 1980, 164 (166).
16 *BGH*, NStZ 1981, 70; 1982, 40; NJW 1980, 1761 (s. in diesem Band S. 175–177); *BGH*, Urteil v. 6. 2. 1981 – 2 StR 370/80 (unveröff.) (s. in diesem Band S. 180–182).
17 Vgl. z. B. *Gollwitzer*, in: *Löwe-Rosenberg*, StPO, 23. Aufl., § 250 Rdnrn. 23 ff.; *Kleinknecht*, StPO, 35. Aufl., § 250 Rdnr. 3 ff.
18 *Ullmann*, Lehrb. des dt. Strafprozeßrechts, 1893, S. 473 f.; *Heissler*, Die Unmittelbarkeit der Beweisaufnahme im Strafprozeß unter besonderer Berücksichtigung des Zeugnisses vom Hörensagen, 1973, S. 165 ff. (277, 283); *von Kries*, ZStW 6 (1886), S. 88 ff.; *Muskat*, GA 36 (1888), S. 281 ff.
19 *Peters*, Strafprozeß, 3. Aufl., S. 296, 297; *Schaefer*, Zeugnis vom Hörensagen und freie Beweiswürdigung im Strafprozeß, 1933, S. 14 ff.; *Mehner*, Die Vernehmung von Verhörspersonen im dt. Strafprozeß, Neue Kölner rechtswissenschaftl. Abhandlungen 1975, S. 132 ff.; *Geppert*, Der Grundsatz der Unmittelbarkeit im dt. Strafverfahren, 1979, S. 298 ff.; *Bruns*, Neue Wege zur Lösung des strafprozessualen »V-Mann-Problems«, 1982, S. 65 ff.; *Arndt*, NJW 1962, 25 (27) und NJW 1963, 432 (433); *Meilicke*, NJW 1963, 425 (428); *Grünwald*, JZ 1966, 489 (494); *Koffka*, JZ 1969, 306; *Hanack*, JZ 1972, 236, 237; *Seebode* und *Sydow*, JZ 1980, 506 ff.
20 *Peters, Grünwald, Seebode* und *Sydow* (Anm. 19).
21 *Mehner, Geppert, Arndt, Meilicke, Grünwald, Koffka, Bruns* (Anm. 19).
22 *Peters, Mehner, Meilicke, Grünwald* (Anm. 19).
23 St. Rspr. und h. M., grdl. *BGHSt* 17, 382 (384); vgl. z. B. *Gollwitzer* (Anm. 17), Rdnr. 23.

24 Dazu besonders deutlich *BGH*, Urt. v. 30. 9. 1970 – 3 StR 141/70 (unveröff.).
25 *BGHSt* 17, 382 (385, 386); 29, 109 (111); *BGH*, NJW 1981, 770; *BGH*, Urt. v. 30. 9. 1970 – 3 StR 141/70 und v. 5. 5. 1977 – 4 StR 678/76 (beide unveröff.).
26 *BGHSt* 17, 382 (386); *BGH*, Urt. v. 30. 9. 1970 – 3 StR 141/70 – und v. 5. 5. 1977 – 4 StR 678/76 – sowie Beschl. v. 11. 2. 1980 – 3 StR 480/79 (sämtlich unveröff.).
27 *BVerfGE* 57, 250 (274).
28 *BVerfGE* 57, 250 (274 ff.).
29 A. A. *Bruns* (Anm. 19).
30 *BGHSt* 17, 382 (388); *BGH*, Urt. v. 5. 5. 1977 – 4 StR 678/76 (unveröff.); *Geppert* (Anm. 19), S. 244; so wohl auch *EKMR*, bei *Vogler*, ZStW 89 (1977), 788, 789; anders *BGH*, JR 1969, 305, 306 mit insoweit abl. Anm. *Koffka*. Auch § 240 StPO meint nur den anwesenden Zeugen.
31 *Geppert* (Anm. 19), S. 245.
32 *BVerfGE* 57, 250 (292); *BGHSt* 17, 382 ff.; *BGH*, NStZ 1981, 270; NJW 1981, 770.
33 *BGH* (Anm. 24 bis 26).
34 *BGHSt* 29, 109 (112, 113); 29, 390 (391); 30, 34 (35); *BGH*, NStZ 1982, 40; NJW 1980, 846; NJW 1980, 2088; StrVert 1981, 111; *BGH*, Urt. v. 5. 3. 1980 – 3 StR 18/80 (L) und v. 19. 1. 1982 – 1 StR 755/81 (beide unveröff.).
35 *BVerfGE* 57, 250 (273 ff.).
36 *BVerfGE* 57, 250 (286); *BGHSt* 29, 109 (113).
37 *BVerfGE* 57, 250 (286); *BGHSt* 29, 109 (113); *BGH*, NJW 1981, 770; *BGH*, Beschl. v. 9. 6. 1980 – 3 StR 132/80 (L) (unveröff.).
38 Vgl. *BGH*, NStZ 1982, 42.
39 *BGHSt* 22, 311 (313); *BGH*, NStZ 1982, 40; 1982, 79; *BGH*, Beschl. v. 9. 6. 1980 – 3 StR 132/80 (L) (unveröff.).
40 Diese Frage hat der *BGH* für die gerichtliche Vernehmung bei sonst zu erwartendem Beweisverlust ausdrücklich offengelassen, NStZ 1982, 42.
41 Vgl. *BGHSt* 22, 311 (313). In der Strafsache gegen *Dr. C.* war dies erwogen worden, jedoch konnte dieser Plan wegen verbleibender Sicherheitsrisiken nicht realisiert werden.
42 *BGH*, Beschl. v. 9. 6. 1980 – 3 StR 132/80 (L) (unveröff.).
43 *BVerfGE* 57, 250 (286); *BGHSt* 29, 109 (113); 29, 390 (391); *BGH*, NStZ 1982, 40; 1982, 79; NJW 1980, 2088; 1981, 770; *BGH*, Urt. v. 5. 3. 1980 – 3 StR 18/80 (L) und Beschl. v. 9. 6. 1980 – 3 StR 132/80 (L) (beide unveröff.).
44 Auf diese Weise ist z. B. *Hans-Joachim Dellwo* im Strafverfahren gegen *Sieglinde Hofmann* vernommen worden.

45 *BVerfGE* 57, 250 (287); *BGH*, NStZ 1982, 40; 1982, 79; NJW 1980, 2088; 1981, 770.
46 *BGH*, NStZ 1981, 270; 1982, 40; 1982, 79; NJW 1981, 770.
47 *BVerfGE* 57, 250 (287); *BGH*, NStZ 1981, 270; 1982, 40; NStZ 1982, 79. Eine solche schriftliche Befragung ist in bezug auf den Zeugen *Stiller* in dem eingangs erwähnten Verfahren gegen *Dr. C.* erfolgt.
48 *BGHSt* 17, 382 (384); 29, 109 (113); 30, 34 (35); *BGH*, NStZ 1982, 79; NJW 1981, 770; *BGH*, Urt. v. 30. 9. 1970 – 3 StR 141/70 und v. 19. 1. 1982 – 1 StR 755/81 (beide unveröff.); einschränkend *BGHSt* 29, 390 (391); *BGH*, Urt. v. 18. 7. 1978 – 1 StR 225/78 und v. 26. 6. 1979 – 1 StR 246/79 (beide unveröff.).
49 *BGHSt* 29, 109 (112, 113); 29, 390 (391); *BGH*, NStZ 1982, 79.
50 *BGHSt* 29, 109 (113); *BGH*, NJW 1981, 770; *BGH*, Urt. v. 19. 1. 1982 – 1 StR 755/81 (unveröff.).
51 Vgl. *Weider*, StrVert 1981, 59 (60).
52 *BVerfGE* 57, 250 (283 ff.); *BGHSt* 29, 109 (112); *BGH*, NJW 1981, 770.
53 *BGHSt* 30, 34 (37).
54 Vgl. *BGH*, NStZ 1982, 42; 1982, 79.
55 *BVerfGE* 57, 250 (289); *BGHSt* 30, 34 (35); *BGH*, NStZ 1982, 42; StrVert 1981, 111; *BGH*, Urt. v. 19. 1. 1982 – 1 StR 755/81 (unveröff.); unklar hinsichtlich der Zuständigkeit *BGHSt* 29, 390 (393); *BGH*, NJW 1981, 770.
56 *BVerfGE* 57, 250 (289, 290).
57 *BVerfGE* 57, 250 (285); *BGH*, Urt. v. 19. 1. 1982 – 1 StR 755/81 (unveröff.).
58 *BVerfGE* 57, 250 (288); vgl. auch *BGHSt* 29, 109 (112); *BGH*, NJW 1981, 770, 771.
59 *BGH*, NStZ 1981, 70; NJW 1980, 846.
60 Diese Möglichkeit erkennt bereits *BGHSt* 29, 109 (111) an. Das dieser Entscheidung zugrunde liegende Urteil des *LG Frankfurt*, die in StrVert 1981, 18 und 19 mitgeteilten Beschlüsse des *LG Bremen* sowie das in StrVert 1982, 162 wiedergegebene Urteil des *AG Heidelberg* sind Belege dafür, daß Instanzgerichte schon vereinzelt so entschieden haben.

Jürgen Meyer
Zur prozeßrechtlichen Problematik des V-Mannes

A. Einleitung

I. Der V-Mann als Zeuge

Eine Untersuchung der prozeßrechtlichen Problematik des V-Mannes hat von der Frage auszugehen, welche Stellung der V-Mann im System des Strafprozeßrechts hat. Er gehört nicht zu den Verfahrensbeteiligten, die als Prozeßsubjekte wie der Beschuldigte und sein Verteidiger, die Staatsanwaltschaft und das Gericht über selbständige Verfahrensrechte verfügen.[1] Er ist vielmehr Beweismittel, und zwar Zeuge. Er bekundet die persönliche Wahrnehmung eines in der Vergangenheit liegenden Vorgangs, macht also eine Mitteilung über Tatsachen, die im Strafprozeß gegen einen Dritten relevant sind oder werden können.[2] Die höchstrichterliche Rechtsprechung zu der Frage, ob der V-Mann ein erreichbarer Zeuge sei, setzt sprachlich und logisch seine Zeugeneigenschaft voraus.[3] Auch wer vor Gericht nicht aussagen will, bleibt Zeuge. Daß es sich bei den V-Leuten im Einzelfall gleichzeitig um einen Anzeigeerstatter oder in der Gestalt eines »under cover agent« um einen Hilfsbeamten der Staatsanwaltschaft handeln kann, ändert nichts an ihrer Zeugeneigenschaft. Diese wird durch die gängige Verwendung des Begriffs »Gewährsmann« zwar verdunkelt, aber nicht beseitigt. Nun ist bekanntlich die Zeugenpflicht eine Staatsbürgerpflicht.[4] Der Zeuge ist insbesondere verpflichtet, in der Hauptverhandlung zu erscheinen, auszusagen und zu schwören.[5] Aussage- und Eidespflicht beziehen sich auch auf die Angaben zur Person.[6] Aufgrund dieser Rechtsregeln hat sich das Kantonsgericht Graubünden[7] in einem Strafprozeß, der durch die Angaben von V-Leuten in Gang gesetzt worden war, auf den Standpunkt gestellt, jeder Angeschuldigte habe ein Recht, zu wissen, wer gegen ihn als Kläger auftrete, und jeder Strafanzeiger sollte auch Manns genug sein, offen und frei zu seiner Anzeige zu stehen. Diese Auffassung, welche die Polizei generell zur Preisgabe der Identität ihrer V-Leute zwingen würde, hat sich aber weder in der Schweiz noch anderswo durchgesetzt.

II. Der V-Mann als geheimgehaltener Zeuge

Denn es gehört geradezu zur Idee des V-Mannes, daß er aufgrund einer sogenannten Vertraulichkeitszusage der Ermittlungsbehörden im gerichtlichen Verfahren auf Wahrung seiner Anonymität rechnen kann. Ein wesentlicher Teil der prozeßrechtlichen Problematik des V-Mannes hat in diesem Spannungsverhältnis zwischen Zeugenpflicht und Vertraulichkeitszusage seinen Ursprung. Ohne Vertraulichkeitszusage wäre der V-Mann ein Zeuge wie jeder andere auch. Für die Zwecke dieser Untersuchung empfiehlt es sich daher, von einem weiten V-Mann-Begriff auszugehen und darunter alle Zeugen zu verstehen, die mit den Ermittlungsbehörden zusammenarbeiten und denen für ihre Informationen ausdrücklich oder stillschweigend Vertraulichkeit zugesichert ist. Das V steht also für Vertraulichkeit aufgrund der Vertraulichkeitszusage der Ermittlungsbehörde. Ein darüber hinausgehendes Vertrauensverhältnis wird nicht unterstellt, so daß sich eine Umdeutung des Begriffs in »Verbindungs-Mann« o. ä. erübrigt.[8] Der Begriff umfaßt ebenso die Informanten, die der Ermittlungsbehörde einmalig oder gelegentlich ihre Mitteilungen machen, wie die Polizeiagenten, die als Kellner, Taxifahrer oder Zimmervermieter über einen längeren Zeitraum und gezielt für die Polizei arbeiten. Er umfaßt die Vigilanten, die der kriminellen Szene angehören und zur Polizei konspirative Kontakte unterhalten. Die Informationen können entgeltlich oder unentgeltlich geliefert werden. Und schließlich umfaßt der Begriff auch entsprechend dem gerichtlichen[9] und im Unterschied zum polizeilichen Sprachgebrauch[10] die sogenannten »under cover agents« oder Untergrundfahnder der Polizei, wobei allerdings Besonderheiten bei der Prüfung der Eingriffsbefugnisse[11], des Verfolgungszwangs aufgrund des Legalitätsprinzips[12] und der Aussageverpflichtung im Spannungsverhältnis zur Amtsverschwiegenheit[13] zu beachten sind.

III. Vermehrter Einsatz von V-Leuten zur Bekämpfung neuer Kriminalitätsformen

Verläßliche Angaben über die Häufigkeit des Einsatzes von V-Leuten sind äußerst schwierig zu erlangen. Es gehört zur international üblichen Methode der polizeilichen Führung und Verwendung von V-Leuten, ihren Einsatz und natürlich ihren Namen und ihre Anschrift nicht in den polizeilichen Ermittlungsakten zu erwähnen.[14] Immerhin ergab eine englische Aktenuntersuchung von 150 Verfahren wegen mittlerer und schwerer Kriminalität, die im Londoner Old Bailey durchgeführt worden waren, daß in neun Fällen V-Leute als Informanten aufgetreten waren.[15] Eine von *Skolnick* durchgeführte amerikanische Untersuchung von 508 Betäubungsmittelverfahren im Bundesstaat Kalifornien ergab, daß aus weniger als neun Prozent der Verfahrensakten das Auftreten von V-Leuten ersichtlich war, obwohl nach den persönlichen Feststellungen des Untersuchungsführers in fast allen Verfahren V-Leute eine Rolle gespielt hatten.[16] Die polizeiliche Literatur in der Bundesrepublik Deutschland liefert zahlreiche Belege dafür, daß der Einsatz von V-Leuten einschließlich des verdeckten Einsatzes von Beamten als Untergrundfahndern in den letzten Jahren stark zugenommen hat. Von staatsanwaltschaftlicher Seite wird teilweise sehr kritisch von einer »V-Personen-Inflation« gesprochen.[17] In einem Arbeitspapier[18], das gegenwärtig einem Ausschuß der Innenministerkonferenz vorliegt, wird festgestellt, daß aufgrund der Kriminalitätsentwicklung in den letzten Jahren nur durch verdeckte Ermittlungsmethoden ein gewisses Maß an Waffengleichheit mit dem polizeilichen Gegenüber herzustellen sei. Dabei sei nicht im herkömmlichen Sinne tatbezogen, also mit dem Blick auf »konkretisierbare Straftaten«, vorzugehen, sondern mit dem Ziel, Informationen über die Struktur der kriminellen Organisation zu gewinnen. Die neuere Entwicklung im Bereich der Schwerstkriminalität sei gekennzeichnet durch vermehrte bandenmäßige Zusammenschlüsse sowie konspiratives Verhalten und arbeitsteiliges Vorgehen der Bandenmitglieder. Es sei eine zunehmend professionelle Tatausführung unter Anwendung modernster Mittel und Techniken zu beobachten. Daher müsse sich die polizeiliche Aufklärung jeweils auf die gesamte kriminelle Organisation beziehen, um diese dann in einem Überraschungsangriff zu zerschlagen.[19] Neben der politischen Gewaltkriminalität zeichneten sich überregionale und internationale Verflechtungen vor allem in folgenden Deliktsbereichen ab: Entführungen und Geiselnahmen, Raubüberfälle auf Geldinstitute, Diebstahl und Verschiebung von Kunstgegenständen und hochwertigen Kraftfahrzeugen, arbeitsteilig geplante Einbrüche in Kaufhäuser, Lagerräume und Fabriken, illegaler Handel mit Betäubungsmitteln und Waffen,

Herstellung und Verbreitung von Falschgeld sowie Wirtschaftskriminalität. In einem vor einigen Monaten veröffentlichten Aufsatz[20] hat Generalbundesanwalt *Rebmann* den Einsatz von V-Leuten vor allem bei der Verfolgung von Straftaten gegen die innere und äußere Sicherheit, von Betäubungsmitteldelikten und von Bandenstraftaten als unverzichtbar bezeichnet, wobei letztere sich offenbar auf den gesamten oben aufgezählten Deliktskatalog beziehen können. Ob die durch den vermehrten Einsatz von V-Leuten erreichbaren Fahndungserfolge immer von Dauer sind, kann durchaus zweifelhaft sein. So hat eine 1982 veröffentlichte Studie über die Praxis der Frankfurter Polizei[21] beim Einsatz gegen die Drogenkriminalität ergeben, daß sich die Marktgewohnheiten nach einer anfänglichen Steigerung der Festnahmezahlen gründlich verändert hatten. Die Untergrundfahnder der Polizei konnten deshalb nicht mehr als Drogenkäufer auftreten, weil bei größeren Geschäften nur noch Türken und in Ausnahmefällen Araber und Afrikaner als Aufkäufer akzeptiert wurden. Die Methoden der Abschottung hatten sich erheblich verfeinert.

Derartige Einzelerfahrungen ändern aber nichts an der Feststellung, daß der Einsatz von V-Leuten in Deutschland stark zugenommen hat und die Vielzahl der dabei auftretenden prozeßrechtlichen Probleme der Klärung bedarf.

IV. Zunehmend kritische Einstellung der Rechtsprechung

Dabei ist festzustellen, daß der wachsende Einsatz von V-Leuten auf eine zunehmend kritische Haltung der Rechtsprechung stößt. Bekanntlich hat die u. a. durch das Gutachten von *Peters*[22], das Generalgutachten von *Jescheck*[23] und das Referat von *Klug*[24] sowie einen größeren Aufsatz von *Grünwald*[25] vorbereitete Empfehlung des 46. Deutschen Juristentages 1966 in Essen zunächst wenig Resonanz gefunden. Die Empfehlung ging dahin, die Ergebnisse oder Ermittlungen eines V-Mannes sollten nur durch dessen eigene, mündliche Zeugenaussage vor dem erkennenden Gericht in das Hauptverfahren eingeführt werden können.[26] Auch *Lüderssen* blieb acht Jahre später mit seinem Aufsatz über »Verbrechensprophylaxe durch Verbrechensprovokation?«[27] zunächst ein einsamer Rufer in der Wüste. Erst neuerdings ist eine vorsichtige Kurskorrektur der Rechtsprechung erkennbar. Die in mancher Hinsicht enttäuschende Entscheidung des Bundesverfassungsgerichts von 1981 zum Einsatz eines früheren Oberleutnants im Ministerium für Staatssicherheit der DDR als V-Mann im Strafprozeß gegen einen bayerischen Landtagsabgeordneten[28] hat, wie *Bruns* in seiner Urteilsanalyse treffend herausgearbeitet hat[29], trotz Zurückweisung der Verfassungsbeschwerde auch neue Ansätze zur Einschränkung des V-Mann-Einsatzes im Strafprozeß gebracht. Durch ein Urteil vom November 1982[30] hat der BGH eine Verletzung des Anspruchs auf ein faires Verfahren festgestellt, wenn die zuständige Behörde ohne ausreichende Begründung einen Zeugen nur für eine Vernehmung unter Ausschluß des Angeklagten und seines Verteidigers zur Verfügung stellt. In einem vor zwei Monaten ergangenen Urteil hat der BGH ein Beweisverwertungsverbot für den Fall angenommen, daß der V-Mann den Tatverdächtigen durch einen Anruf gezielt zur Selbstbelastung verleitet und das Gespräch ohne richterliche oder staatsanwaltschaftliche Anordnung aufgezeichnet hat.[31] Bei den Instanzgerichten ist schon seit einigen Jahren eine zunehmend kritische Haltung gegenüber dem Einsatz von V-Leuten zu erkennen.[32] Von einer mehr oder weniger selbstverständlichen Legitimation der Praxis der Verfolgungsbehörden durch die Rechtsprechung kann also jedenfalls nicht mehr die Rede sein.

B. Hauptteil

1. Die Vertraulichkeitszusage, Zuständigkeit der Staatsanwaltschaft

Die für den V-Mann konstitutive Vertraulichkeitszusage erscheint auf den ersten Blick als Selbstverständlichkeit und ist wohl deshalb bisher in der Literatur kaum problematisiert worden. Ein in der polizeilichen Drogenbekämpfung tätiger Mitarbeiter eines Landeskriminalamtes bezeichnet es als »irrsinnig, vertrauliche Hinweise mit der Begründung abzulehnen, daß Vertraulichkeit nicht zugesagt werden kann, denn die Polizei würde sich eines wichtigen Mittels zur Aufklärung von Straftaten berauben«.[33] In polizeilichen Fahndungsaufrufen bis hin zur Fernsehsendung »Aktenzeichen XY... ungelöst«[34] ist der Satz, daß »Hinweise, die auf Wunsch vertraulich behandelt werden«, jede Polizeidienststelle entgegennehme, zur Routine geworden. Die Frage ist nur, inwieweit derartige Zusagen bindend sind und inwieweit dadurch die Aufklärungsmöglichkeiten des Gerichts und die Rechte des Angeklagten und seines Verteidigers eingeschränkt werden können. In der Kommentarliteratur wird die Auffassung vertreten, die Zusicherung werde unter der stillschweigenden Voraussetzung erteilt, daß sich der Hinweisgeber bzw. Anzeigende nicht selbst strafbar gemacht habe.[35] Außer an eine eigene Beteiligung an der angezeigten Straftat, eventuell als agent provocateur, ist dabei auch an den Fall zu denken, daß der V-Mann durch seine Hinweise den Tatbestand der falschen Verdächtigung (§ 164 StGB) erfüllt. Dem entspricht die ausdrückliche Regelung in § 119 Abs. 2 der Aargauischen StPO, wonach der Polizeibeamte, der einer Gewährsperson die Verschweigung ihres Namens zugesichert hat, deren Namen nicht preisgeben muß, es sei denn, es ergäben sich triftige Verdachtsgründe für eine bewußt falsche Anschuldigung oder Irreführung der Rechtspflege.[36] Auf die entsprechende Einschränkung der Vertraulichkeitszusage sollte in geeigneter Form hingewiesen werden.

Damit ist aber noch nicht geklärt, ob die gegebene Zusage in allen anderen Fällen für die Ermittlungsbehörden verbindlich ist. Diese Frage stellt sich insbesondere dann, wenn der oberste Dienstvorgesetzte des Ermittlungsbeamten, der über die Identität des V-Mannes Bescheid weiß, zu entscheiden hat, ob die erforderliche Genehmigung für eine gerichtliche Aussage auch auf die Personalien des V-Mannes erstreckt werden soll. Nach § 54 StPO in Verbindung mit § 39 Abs. 3 BRRG darf die Aussagegenehmigung *nur* versagt werden, wenn die Aussage dem Wohle des Bundes oder eines deutschen Landes Nachteile bereiten oder die Erfüllung öffentlicher Aufgaben ernstlich gefährden oder erheblich erschweren würde. Ähnliches gilt aufgrund analoger Anwendung von § 96 StPO für behördliche Auskünfte über die Person des V-Mannes.[37]

Von polizeilicher Seite wird die Auffassung vertreten, daß Vertraulichkeitszusagen generell einzuhalten seien, weil sonst die Gewinnung von V-Leuten und die Zusammenarbeit mit ihnen gefährdet und damit die Verbrechensbekämpfung als Erfüllung einer öffentlichen Aufgabe erheblich erschwert würde.[38] Dieser

Auffassung scheint auch die Praxis in England[39], den USA[40] und der Schweiz[41] zu entsprechen, wenn man einmal die erwähnten Fallgruppen der eigenen Tatbeteiligung und der falschen Verdächtigung seitens des V-Mannes ausklammert. In der Praxis des Bundesinnenministeriums und der Innenministerien der deutschen Länder[42] wird die Beschränkung der Aussagegenehmigung für die vor Gericht als Zeugen vom Hörensagen auftretenden Beamten bezüglich der Identität der V-Leute meist nicht nur mit der den Hinweisgebern zugesagten Vertraulichkeit, sondern außerdem mit einer »ganz erheblichen Gefährdung des Lebens« oder einer »erheblichen persönlichen Gefährdung« der V-Leute bei Preisgabe ihrer Identität bzw. ihrer ladungsfähigen Anschrift begründet. Zur Vertraulichkeitszusage heißt es in einem Schreiben des Bundesinnenministeriums an das Amtsgericht Hamburg[43]:

»Ohne vorherige Zusage der Vertraulichkeit (wäre) eine Mitarbeit abgelehnt worden. Die Einhaltung dieser Zusage ist aber grundsätzlich notwendig, um die Glaubwürdigkeit des Bundeskriminalamtes und das Vertrauensverhältnis zwischen Polizei und Informanten zu erhalten. Die Nichteinhaltung gegebener Zusagen auf vertrauliche Behandlung würde die Bereitschaft möglicher Informanten mindern, ihr Wissen zu offenbaren. Dies würde nicht nur die Zusammenarbeit mit gezielt angesprochenen Informanten gefährden, sondern auch erhebliche negative Auswirkungen bei öffentlichen Fahndungsaufrufen an die Bevölkerung haben, in denen regelmäßig darauf hingewiesen wird, daß Hinweise auf Wunsch vertraulich behandelt werden.«

Dieser Auffassung ist entgegenzuhalten, daß sich die Ermittlungsbeamten bei ihren Vertraulichkeitszusagen, um diese auch einhalten zu können, an die rechtlichen Voraussetzungen der §§ 54, 96 StPO, 39 Abs. 3 BRRG halten müssen. Es entbehrt sicher der gesetzlichen Grundlage, eine Vertraulichkeitszusage gewissermaßen blanko allein schon deshalb zu geben, weil ein Informant sonst nichts sagen würde. Die Zusage ist dann rechtswidrig. Aber sie kann nach den vom Bundesverwaltungsgericht entwickelten Grundsätzen[44] der Selbstbindung der Verwaltung und des Vertrauensschutzes des Bürgers dennoch bindend sein, wenn nicht die Preisgabe der Auskunftsperson zum Schutz höherwertiger Rechtsgüter geboten ist. Das wiederum hängt nach der erwähnten Rechtsprechung vom Einzelfall ab.

Gericht und Staatsanwaltschaft können eine von der Entscheidung der Exekutive abweichende Rechtsauffassung nach herrschender Meinung nicht im Klagewege gegen das die Aussagegenehmigung verweigernde oder beschränkende bzw. die gewünschte Auskunft ablehnende Innenministerium durchsetzen.[45] Sie haben nur die Möglichkeit der Gegenvorstellung und der Dienstaufsichtsbeschwerde. Das entspricht dem für dieselbe Praxis in der Schweiz z. B. von *Hauser*[46] angeführten Grundsatz der Gewaltenteilung zwischen Justiz und Exekutive. Dieser Grundsatz steht wohl auch der von *Lüderssen*[47] bejahten Zulässigkeit der gerichtlichen Beschlagnahme der polizeilichen Ermittlungsakten entgegen, ganz abgesehen davon, daß die Personalien des V-Mannes in aller Regel nicht in den Polizeiakten zu finden sein werden.[48]

Der Angeklagte selbst kann zwar mit einer Verpflichtungs- oder Leistungsklage beim Verwaltungsgericht gegen die Geheimhaltung des V-Mannes durch das zuständige Ministerium vorgehen.[49] Er wird damit aber selten Erfolg haben[50], weil die Geheimhaltungsentscheidung auf Gründen beruht, die ihrerseits infolge der bestehenden Geheimhaltung schwer nachprüfbar sind.

Das bedeutet, daß die dem V-Mann einmal gegebene Vertraulichkeitszusage weitreichende Konsequenzen für den ganzen weiteren Prozeßverlauf haben kann. Es wäre sicher der falsche Weg, wegen der daraus resultierenden Beeinträchtigung der strafprozessualen Aufklärungsmöglichkeiten[51] prinzipiell für die Nichteinhaltung oder eine weitgehende Unverbindlichkeit gegebener Vertraulichkeitszusagen im Verhältnis zwischen V-Mann und Exekutive einzutreten. Damit würde sich der Staat denselben Vorwurf zuziehen, den ihm Kritiker der gegenwärtigen V-Mann-Praxis in Beziehung auf andere Verfahrenslagen machen: den Vorwurf widersprüchlichen Verhaltens oder – deutlicher – des Wortbruchs und der Täuschung der Bürger. Eine derart weitreichende Entscheidung wie die Zusage der Vertraulichkeit für einen V-Mann kann aber, wie der Generalstaatsanwalt in Hamm, *Geißel*, 1980 überzeugend auf einer Arbeitstagung des Bundeskriminalamts verlangt hat, nur mit Zustimmung des zuständigen Staatsanwalts gegeben werden.[52] *Geißel* hat aus seiner Sicht unter Bezugnahme auf den *Lorenz-Drenkmann*-Prozeß und den Prozeß wegen des Fememordes an dem Studenten Ulrich *Schmücker* darauf hingewiesen, daß die auf eine Vertraulichkeitszusage zurückgehende Verweigerung der Preisgabe eines Informanten auch die mögliche Verurteilung eines zu überführenden Straftäters verhindern könne, also letztlich eine

Einschränkung des Legalitätsprinzips darstelle.[53] Es bedarf keiner weiteren Begründung, daß dies nicht in die Zuständigkeit der Polizei fällt. Für die Fälle, in denen eine sofortige Reaktion des Polizeibeamten auf das »Angebot« eines Informanten notwendig ist, empfiehlt es sich, durch eine Ergänzung der »Richtlinien für das Straf- und Bußgeldverfahren« festzulegen, daß Vertraulichkeitszusagen nur unter den Voraussetzungen der §§ 54, 96 StPO, 39 Abs. 3 BRRG und nur unter dem Vorbehalt, daß keine eigene Tatbeteiligung und keine falsche Anschuldigung vorliegen, gegeben werden dürfen und der staatsanwaltschaftlichen Zustimmung, d. h. Einwilligung oder Genehmigung, bedürfen.[54] Vertraulichkeitszusagen, die diesen Grundsätzen widersprechen, können, ganz abgesehen von der fehlenden Bindung des Gerichts, keinerlei Bindungs- oder Selbstbindungswirkung zu Lasten der Staatsanwaltschaft oder der Exekutive erlangen. Ob sie darüber hinaus ein Beweisverbot begründen können, wird noch zu prüfen sein.[55] Die gesetzlichen Voraussetzungen der §§ 54, 96 StPO, 39 BRRG sind eng auszulegen, so daß Vertraulichkeitszusagen nur in den Bereichen der Schwerstkriminalität in Betracht kommen. Ferner sollte eine Berichtspflicht der Polizei gegenüber der Staatsanwaltschaft über die V-Leute-Praxis eingeführt werden. In Fahndungsaufrufen sollte künftig allenfalls darauf hingewiesen werden, daß Informationen in *begründeten* Fällen vertraulich behandelt werden *können*.

Polizeiliche und staatsanwaltschaftliche Äußerungen[56] belegen, daß die gegenwärtige V-Mann-Praxis zu erheblichen Spannungen zwischen beiden Strafverfolgungsbehörden führt, die den in der Literatur bisher vorwiegend erörterten Spannungen zwischen Gericht und Exekutive gewissermaßen vorgelagert sind und diese mit auslösen. Von polizeilicher Seite wird sogar die Auffassung vertreten, daß der einzelne Beamte die Führung eines V-Mannes aufgrund der getroffenen Vertraulichkeitsvereinbarung gegenüber seinem eigenen Vorgesetzten geheimhalten dürfe[57] und daß der Staatsanwalt entweder grundsätzlich nicht oder allenfalls dann zu informieren sei. wenn er für diese Art der Ermittlungstätigkeit Verständnis habe.[58] Der Interessenkonflikt ist jedoch eindeutig im Sinne der Leitungs- und Kontrollbefugnis der Staatsanwaltschaft zu lösen. Dadurch kann auch eher verhindert werden, daß z. B. bei Rauschgifttransaktionen V-Leute an V-Leute geraten, wie dies gegenwärtig gelegentlich geschehen soll.[59]

Es mag durchaus sein, daß das vorgeschlagene, rechtsstaatlich einwandfreie Verfahren zu einem deutlichen Rückgang der Gewinnung und des Einsatzes von V-Leuten führt. Zeugen, denen es lediglich an Zivilcourage fehlt und die allein mit dieser Begründung nicht auf Vertraulichkeitszusagen rechnen können, haben auch weiterhin die Möglichkeit der anonymen Anzeige, aufgrund deren der Staatsanwalt gemäß Nr. 8 der »Richtlinien« prüfen muß, ob ein Ermittlungsverfahren einzuleiten ist. Im übrigen ist mit *Kleinknecht/Meyer*[60] und gegen den Karlsruher Kommentar[61] davon auszugehen, daß es zur Vernehmung eines nicht beamteten V-Mannes der Polizei oder eines Nachrichtendienstes, wenn er etwa vom Angeklagten oder seinem Verteidiger als Zeuge benannt wird, keiner Aussagegenehmigung bedarf, weil er keine Aufgaben des öffentlichen Dienstes wahrnimmt, und daß diese Personen auch bei besonderer Verpflichtung aufgrund des Verpflichtungsgesetzes[62] kein Aussageverweigerungsrecht haben. Im Bereich der Betäubungsmittelkriminalität bietet die neue »Kronzeugen«-Regelung gemäß § 31 BtMG[63] auszuschöpfende Möglichkeiten, Informationen auch ohne Vertraulichkeitszusage zu erhalten.

II. Neue Gesichtspunkte zum Zeugen vom Hörensagen

Wird der V-Mann, wie es im Behördenjargon heißt, »gesperrt«[64], also im gerichtlichen Verfahren geheimgehalten, präsentiert die Anklagebehörde bekanntlich den »Zeugen vom Hörensagen«, der aussagt, was er vom V-Mann gehört habe. Es ist im Rahmen dieses Referates nicht möglich, alle Bedenken der Literatur gegen die Zulässigkeit und die Zuverlässigkeit dieses Beweismittels erneut darzustellen und die Rechtsprechung des BGH und des Bundesverfassungsgerichts daran zu messen.[65] Die historisch belegte Unzuverlässigkeit des Zeugen vom Hörensagen[66], der durch seine Mehrfachfunktion als Strafverfolgungsorgan, Zeuge und Glaubwürdigkeitsprüfer verursachte Rollenkonflikt[67] und die Schwierigkeit, die Glaubwürdigkeit eines dem Gericht unbekannt bleibenden Zeugen zu beurteilen, sind hinreichend bekannt. In der schweizerischen Literatur[68] wird besonders auf die fehlende richterliche Belehrung des V-Mannes über seine Wahrheitspflicht und die fehlende Möglichkeit des Gerichts hingewiesen, sich ein direktes Urteil über die Persönlichkeit und die Beweggründe eines »Denunzianten« zu verschaffen. Ich kann hier lediglich, was schwierig genug ist, versuchen, der Diskussion über den Zeugen vom Hörensagen den einen oder anderen neuen Aspekt hinzuzufügen.

1. Notwendigkeit einer Gesamtbewertung nach der Grundkonzeption des Strafprozesses

Es fällt auf, daß eine Reihe von Autoren, die ebenso wie die Rechtsprechung in der gegenwärtigen Praxis keine Verletzung des geltenden Gesetzesrechts der StPO und der MRK sehen, die »Schönheitsfehler« des angewandten Verfahrens keineswegs verkennen.[69] Sie vertreten aber hinsichtlich einzelner oder aller einschlägigen Regelungen die Auffassung, daß die Vernehmung des Zeugen vom Hörensagen anstelle des geheimgehaltenen V-Mannes dem positiven Recht noch oder gerade noch entspricht.

Zum Grundsatz der Unmittelbarkeit der Beweisaufnahme gemäß § 250 StPO wird festgestellt, das darin enthaltene Prinzip des bestmöglichen Beweises biete »praktisch kaum« eine Handhabe, das strafprozessuale »Ärgernis« der V-Leute zu beseitigen.[70] Einen »mittelbaren Zeugen« im »rechtstechnischen Sinn« gebe es gar nicht, weil jeder eigene Wahrnehmungen bekunde.[71]

Die gerichtliche Aufklärungspflicht gemäß § 244 Abs. 2 StPO verpflichte das Gericht, sich um eine Vernehmung des V-Mannes zu bemühen. Aber – und man hört das »leider« deutlich heraus – »an der endgültigen Weigerung der zuständigen Behörde« ende die Möglichkeit der gerichtlichen Aufklärung des Sachverhalts mit Hilfe des Tatzeugen.[72]

Im Rahmen der freien Beweiswürdigung gemäß § 261 StPO habe das Gericht nicht nur sorgfältig – man möchte hinzufügen: wie immer –, sondern unter »besonders vorsichtiger Beweiswürdigung die besonderen Gefahren dieser Art der Beweisaufnahme zu bedenken«.[73]

Das Recht des Angeklagten gemäß Art. 6 Abs. 3 d MRK, Fragen an die Belastungszeugen zu stellen oder stellen zu lassen und die Ladung und Vernehmung der Entlastungszeugen unter denselben Bedingungen wie die der Belastungszeugen zu erwirken, sei »rein formal«[74] zu verstehen. Es beziehe sich daher nicht etwa auf alle Personen, die den Angeklagten belasten, sondern nur auf denjenigen Zeugen, der »als präsentes Beweismittel vor dem Gericht der

Hauptverhandlung steht«, also den Zeugen vom Hörensagen, um dessen durch Befragung zu erprobende Glaubwürdigkeit es bei der Wertung seiner Aussage eigentlich erst in zweiter Linie geht. Übrigens führt die teleologische Auslegung der Vorschrift, wonach diese der Waffengleichheit zwischen Anklage und Verteidigung dient[75], nach der von mir vertretenen Auffassung zur Einschaltung der Staatsanwaltschaft in die Vertraulichkeitszusage[76] zu einem anderen Ergebnis. Weil die Vertraulichkeitszusage nur mit Zustimmung des Staatsanwalts gegeben werden darf, kann man nicht mehr behaupten, der sachnähere Zeuge sei für die Anklage ebensowenig erreichbar wie für die Verteidigung. Eine Waffengleichheit aufgrund beidseitiger Unwissenheit kann es nach meiner Rechtsauffassung künftig nicht mehr geben.

Zu dem von *Lüderssen*[77] für die Fälle der Tatprovokation ins Spiel gebrachten § 136a STPO stellen mehrere Autoren fest, § 136a StPO komme zwar durchaus »als Maßstab für das Verhalten der V-Leute in Betracht«[78], aber die Bespitzelung sei eben keine Vernehmung.[79]

Diese etwas mühsamen Gerade-noch-Rechtfertigungen der Präsentation des Zeugen vom Hörensagen anstelle des V-Mannes müßten eigentlich zu einer abschließenden Prüfung der Frage anhand der Gesamtkonzeption führen, die den aufgezählten Einzelregelungen zugrunde liegt. Ich meine damit nicht den vom Bundesverfassungsgericht anerkannten Verfassungsgrundsatz eines fairen, rechtsstaatlichen Verfahrens[80], sondern die der StPO im Hinblick auf die Verfahrensziele der Erkenntnis von Wahrheit und Gerechtigkeit zugrunde liegende »erkenntnistheoretische Grundkonzeption«, die besagt, daß die Urteilsfindung im dialektischen Spannungsverhältnis zwischen Gericht, Staatsanwaltschaft und Angeklagtem bzw. Verteidiger *in der Hauptverhandlung* erfolgt.[81] Davon kann aber keine Rede sein, wenn aufgrund der vorangegangenen »Außensteuerung« in der mündlichen Verhandlung nur noch der Zeuge vom Hörensagen auftritt und der V-Mann vor Gericht, Angeklagtem und Verteidiger geheimgehalten wird. Diesen Sachverhalt kritisiert *Grünwald*[82] mit Recht, wenn er von der »geradezu beängstigenden Vorstellung« spricht, »daß nach der Auffassung des BGH dem Recht auf Befragung der Belastungszeugen Genüge getan sein soll, wenn in einem Verfahren alle Vernehmungen durch eine Verhörsperson außerhalb der Hauptverhandlung durchgeführt werden, diese sodann in der Hauptverhandlung auftritt und dem Angeklagten, der auf einer Gegenüberstellung mit dem Zeugen besteht, bedeutet wird: Hier habe er seinen Belastungszeugen, ihn möge er ausgiebig befragen«. *Klug*[83] hat diese Bedenken gegen die Austrocknung und »Verdunklung« der Hauptverhandlung mit dem Hinweis verstärkt, nach der Rechtsprechung könne man die Verhörsperson ihrerseits außerhalb der Hauptverhandlung verhören lassen und dann dem Gericht den Zeugen vom Hören-Hörensagen mit der Begründung präsentieren, die Mittelspersonen müßten ebenfalls geheimgehalten werden. In einer neueren Untersuchung spricht *Grünwald* mit Recht von einem Niedergang des Prinzips der unmittelbaren Zeugenvernehmung«.[84] Es bedarf keiner weiteren Begründung, daß der beschriebene Einsatz des Zeugen vom Hörensagen der Grundkonzeption unseres Strafprozesses[85], die sich auch auf die Auslegung von Einzelregelungen wie Art. 6 Abs. 3d MRK, § 244 und § 250 StPO auswirken muß, nicht mehr entspricht.

2. *Beweisverbot oder Verfahrenshindernis wegen widersprüchlichen staatlichen Verhaltens*

Die Sperrung des V-Mannes durch die Exekutive und die gleichzeitige Geltendmachung des staatlichen Strafanspruchs durch die Staatsanwaltschaft unter Verwendung des Zeugen vom Hörensagen wird neuerdings von *Bruns*[86] und *Lüderssen*[87] unter Bezugnahme auf frühere Äußerungen von *Arndt*[88], *Koffka*[89] und *Hanack*[90] unter dem Gesichtspunkt des »widersprüchlichen Verhaltens« des Staates oder des »Rechtsmißbrauchs« abgelehnt. *Geppert* spricht von »mangelnder Fairness« des erkennenden Gerichts.[91] Dabei wird zutreffend darauf hingewiesen, daß die staatlichen Funktionen dem Angeklagten gegenüber nicht aufgeteilt werden können; es sei ein und derselbe Staat, der die Befragung des V-Mannes verhindere und dennoch anklage.[92] Der problematische Punkt bei der Begründung dieses neuartigen Verfahrenshindernisses liegt darin, daß es auch gelten soll, wenn die Sperrung des Beweismittels als solche rechtmäßig ist.[93] Die in diesem Zusammenhang angeführten Grundsätze des »venire contra factum proprium«[94] oder des anglo-amerikanischen »estoppel by conduct«[95] in seiner ursprünglichen Bedeutung setzen ein Vertrauen schaffendes Vorverhalten mit anschließendem Vertrauensbruch voraus. Daran fehlt es aber bei der hier interessierenden Fallkonstellation, es sei denn, man wollte die Auffassung vertreten, durch die Anklageerhebung werde beim Angeklagten ein Vertrauenstatbestand geschaffen, daß die Staatsanwaltschaft einen etwaigen V-Mann in der Hauptverhandlung präsentieren werde.

Im Unterschied zum BGH[96], der ein Verfahrenshindernis bislang nur bejaht hat, wenn es sich bei dem Vorverhalten um einen dem Staat zuzurechnenden und in das Strafverfahren hineinwirkenden »Rechtsverstoß«, insbesondere das tatprovozierende Verhalten eines Lockspitzels gehandelt hat, scheint der österreichische Oberste Gerichtshof in den Gründen der Entscheidung eines Staatsschutzfalles aus dem Jahre 1970[97] weitergehen zu wollen. Es heißt dort:

»Falls die Verwaltung Beweismittel für die freie Erörterung in einer sogar unter Ausschluß der Öffentlichkeit durchzuführenden Hauptverhandlung nicht zur Verfügung stellen kann, muß auf die Strafverfolgung verzichtet werden, sofern sich die anonymen Gewährsleute nicht zur Auffindung anderer dem Gerichte (unmittelbar) vorzuführender Beweismittel verwenden lassen.«

Neben dem Grundsatz des rechtlichen Gehörs und Art. 6 Abs. 3 d MRK wird in den Gründen auf den Gesichtspunkt »innerstaatlicher Ingerenz«[98] abgehoben, an der es im konkreten Fall deshalb gefehlt habe, weil es sich bei dem V-Mann um einen Beamten des Bundesnachrichtendienstes der benachbarten Bundesrepublik handelte, der auch bei Preisgabe seines Namens durch die österreichischen Behörden nicht zur gerichtlichen Einvernahme in Österreich erschienen wäre.[99] Deshalb sei der ausländische V-Mann ein »unerreichbarer Zeuge«. Der Oberste Gerichtshof stellt unter Bezugnahme auf *Grünwald, Peters, Klug* und *Jescheck* ausdrücklich fest, daß die »Nichtpreisgabe« des unmittelbar beobachtenden Zeugen aus *innerstaatlichen Geheimhaltungsinteressen* einer »Unerreichbarkeit« i. S. von § 252 Abs. 1 Ziff. 1 öStPO »im allgemeinen nicht gleichgestellt werden (kann)«.

Es erscheint jedoch nicht unbedenklich, bei rechtmäßiger Sperrung eines V-Mannes ein generelles Verfolgungshindernis (oder Beweisverbot) aus den erläuterten Gesichtspunkten des widersprüchlichen Vorverhaltens und der innerstaatlichen Ingerenz abzuleiten, wenn man sich die Möglichkeit vergegenwärtigt, daß der Angeklagte selbst mit seinen Helfershelfern oder der hinter ihm stehenden Organisation die Gefahr für das Leben des V-Mannes verursacht, die dann zu der Sperrung im gerichtlichen Verfahren führt. Offensichtlich würde dann, in zivilrechtlichen Kategorien formuliert, die Einrede der exceptio doli praesentis ihrerseits arglistig sein, d. h. sie würde durch eine exceptio doli praeteriti zu Lasten des Angeklagten verdrängt werden. Es kann nicht in der Hand des Angeklagten oder seiner Hintermänner liegen, durch die Bedrohung eines Zeugen oder entsprechende Vorbereitungshandlungen ein Strafverfahren zu beenden oder auch nur ein Beweisverbot zu begründen. Derartige Fallkonstellationen scheinen insbesondere bei Prozessen gegen Mitglieder terroristischer Vereinigungen (§ 129a StGB) keine Seltenheit zu sein, wenn es sich bei dem V-Mann um einen sogenannten »Aussteiger« oder »Verräter« handelt.[100] Aus dem widersprüchlichen Verhalten des Staates, der den V-Mann sperrt und dennoch die Verurteilung des Angeklagten betreibt, kann in diesen Fällen weder ein Verfahrenshindernis noch ein Verbot der Vernehmung des Zeugen vom Hörensagen abgeleitet werden (Fallgruppe 1).

Ganz anders verhält es sich, wenn der V-Mann nur deshalb geheimgehalten wird, weil er nicht »verbrannt«, also enttarnt werden, sondern für weitere Einsätze tauglich bleiben soll. Die Sperrung mag zwar in unmittelbarer oder analoger Anwendung der §§ 54, 96 StPO rechtmäßig sein, die allgemeinen Interessen der Kriminalitätsbekämpfung können aber nicht dazu führen, daß die Verurteilung des Angeklagten in *seinem* Verfahren mit dem unzuverlässigen Beweismittel des Zeugen vom Hörensagen durchgesetzt wird. In der konkreten Beziehung zwischen dem Staat und dem Angeklagten wäre die Sperrung widersprüchlich. Der Staat muß sich auf die Möglichkeit verweisen lassen, erst dann Anklage zu erheben, wenn die weiteren Einsätze des V-Mannes abgeschlossen sind und er unbedenklich enttarnt werden kann. Diese Fallgestaltung ist im Verhältnis Staat – Angeklagter derjenigen gleichwertig, daß die Sperrung des V-Mannes nicht rechtmäßig bzw. nicht ausreichend begründet ist.[101] Bei beiden Konstellationen leidet das Verfahren aber nicht an einem so tiefgreifenden Mangel, daß es überhaupt nicht durchgeführt werden könnte. Die rechtswidrige bzw. widersprüchliche Sperrung des V-Mannes führt deshalb aus Gründen des Schutzes prozessualer Rechte des Angeklagten i. S. der *Grünwald*schen Beweisverbotssystematik[102] nur zu einem Beweisverwertungsverbot, d. h., die Aussage des gesperrten V-Mannes darf nicht über den Zeugen vom Hörensagen oder andere Surrogate in den Prozeß eingeführt werden (Fallgruppe 2). Widersprüchliches staatliches Verhalten der erläuterten Art kann keine weiterreichenden Konsequenzen haben als die Verletzung von § 136a StPO, die ebenfalls kein Verfahrenshindernis auslöst.

Ganz anders sind die von *Seelmann*[103] unter dem Gesichtspunkt der Verwirkung bzw. des persönlichen Strafausschließungsgrundes behandelten Fälle der Tatprovokation durch einen Lockspitzel zu beurteilen, zu denen ich wegen der vereinbarten Themenabgrenzung nur eine knappe Bemerkung aus prozeßrechtlicher Sicht machen will. In diesen Fällen, in denen das staatliche Vorverhalten nicht nur ein klarer Rechtsverstoß ist, sondern in denen sich der Widerspruch staatlichen Verhaltens unmittelbar auf die Tatbegehung selbt und die anschließende Anklageerhebung bezieht, ist nach meiner Auffassung ein Verfahrenshindernis anzunehmen (Fallgruppe 3). Ich halte es aus zwei Gründen für überzeugender, diese Fälle prozeßrechtlich über ein Verfahrenshindernis[104] und nicht materiellrechtlich über das neue Institut der Verwirkung oder einen persönlichen Strafausschließungsgrund zu lösen. Das Verhalten des Provozierten, der sich ja nicht einem Lockspitzel, sondern seinesgleichen konfrontiert glaubte, ist unter den Kriterien der Tatschuld und der Strafwürdigkeit nur schwer von den Fällen »normaler« Anstiftung zu unterscheiden. Außerdem führt die Straflosigkeit des Provozierten je nach dogmatischer Konstruktion mangels Haupttat nicht nur zu der möglicherweise unerwünschten Straflosigkeit des Provokateurs, sondern vor allem auch weiterer Beteiligter, die ihrerseits nicht dem provozierenden Einfluß des V-Mannes ausgesetzt waren.[105]

3. Kritische Anmerkungen zu der von Rechtsprechung und Literatur entwickelten Stufenfolge gerichtlicher Aufklärungsbemühungen

Ausgehend von der Feststellung, daß sich das Gericht aufgrund seiner Aufklärungspflicht des bestmöglichen Beweismittels zu bedienen habe und sich auf den Zeugen vom Hörensagen erst einlassen dürfe, wenn alle Möglichkeiten, den unmittelbaren Tatzeugen selbst als Beweismittel zu gewinnen, erschöpft sind, hat die Rechtsprechung eine vom Gericht nacheinander durchzuprüfende Stufenfolge von der Vernehmung des V-Mannes in öffentlicher Hauptverhandlung bis hinunter zum Zeugen vom Hörensagen entwickelt.[106] *Rebmann*[107] hat dem noch neue Möglichkeiten der Vernehmung über eine Fernsehschaltung und über eine telefonische Konferenzschaltung hinzugefügt, die als Abweichung vom Grundsatz der körperlichen Anwesenheit des Zeugen vor Gericht nur nach einer Gesetzesänderung in Betracht kommen können. Auch der von *Rebmann* in Betracht gezogene Ausschluß des Angeklagten von der Hauptverhandlung während der Vernehmung des V-Mannes ist nach geltendem Recht, einmal abgesehen von den speziellen Fällen des § 247 StPO[108], nicht möglich, denn er ist aus guten Gründen gemäß § 224 Abs. 1 Satz 2 StPO nur für die kommissarische Vernehmung vorgesehen.[109] Die Teilnahme des Angeklagten und seines Verteidigers an der gesamten Hauptverhandlung sollte auch de lege ferenda eine Selbstverständlichkeit bleiben. Eine optische Abschirmung der Art, daß der Zeuge zwar von allen Verfahrensbeteiligten gehört, aber nur vom Gericht gesehen werden kann, verletzt nach meiner Auffassung Art. 103 Abs. 1 GG; denn der Angeklagte muß alle der Entscheidung zugrunde liegenden Tatsachen, wozu auch optische Eindrücke gehören, zur Kenntnis nehmen und dazu Stellung nehmen können.[110] Jede Einschränkung der gerichtlichen Vernehmung des V-Mannes in Anwendung der §§ 54, 96 StPO bedarf einer überzeugenden Begründung, weil sonst ein Beweisverbot anzunehmen ist.

In rechtlicher Hinsicht ergeben sich Konsequenzen aus der oben[111] begründeten Alleinzuständigkeit des Staatsanwalts für Vertraulichkeitszusagen. Geht die Sperre des V-Mannes auf eine polizeiliche Vertraulichkeitszusage zurück, die dem zuständigen Staatsanwalt nicht unverzüglich mitgeteilt und von diesem genehmigt worden ist, begründet dies eine Vermutung, daß die gerichtlich sonst schwer nachprüfbaren Voraussetzungen der §§ 54, 96 StPO nicht vorliegen. Im übrigen bezieht sich die Vertraulichkeitszusage nur auf die Wahrung der Anonymität, nicht aber auf das Erscheinen vor Gericht, so daß sie, ganz abgesehen von der fehlenden Bindungswirkung für das Gericht, der von der Rechtsprechung bejahten[112] Möglichkeit einer Vernehmung des Zeugen unter optischer Abschirmung nicht entgegensteht. Der Zeuge kann dann von allen Verfahrensbeteiligten gehört, aber von niemandem erkannt werden.

In tatsächlicher Hinsicht ist der von den zuständigen Behörden immer wieder behaupteten Lebensgefährdung des V-Mannes im Falle seiner gerichtlichen Vernehmung mit Skepsis zu begegnen. Entweder ist der V-Mann, wie regelmäßig in Drogensachen, dem Angeklagten bzw. seinem Verteidiger bereits bekannt, dann ist eine

Wahrung der Anonymität nur noch schwer möglich. Oder aber der V-Mann ist dem Angeklagten und seinem Verteidiger noch nicht bekannt. Dann kann die Vernehmung in der vorgeschlagenen Form der optischen Abschirmung kaum zu einer späteren Identifizierung führen. Es ist heute ohne weiteres möglich, einen Zeugen auf dem Weg zum Gericht und zurück und im Gerichtssaal ausreichend zu schützen, zumal wenn sich die Verfahrensbeteiligten nach Ausschluß der Öffentlichkeit in besonderen Fällen[113] an einen Vernehmungsort außerhalb des Gerichtsgebäudes begeben. Bei anhaltender Lebensgefährdung ist es ohnehin üblich, dem V-Mann eine neue sogenannte »Legende« zu verschaffen.

III. Die schriftliche Befragung des V-Mannes

Die neuartige schriftliche Befragung des behördlich gesperrten V-Mannes gemäß § 251 Abs. 2 StPO ist bekanntlich vom Bundesverfassungsgericht durch eine Entscheidung, die *Bruns* in eingehender und weiterführender Weise analysiert hat[114], für verfassungsgemäß erklärt worden. Daß der zivilprozeßähnliche Austausch von Schriftsätzen zwischen dem V-Mann und dem Gericht mit einem Strafprozeß nur noch wenig zu tun hat[115], muß hier nicht erneut ausgeführt werden. Selbst wenn man das neue Verfahren für verfassungsgemäß hält, müßte es als Verletzung geltenden Prozeßrechts, die das Bundesverfassungsgericht nicht zu prüfen hatte, gewertet werden.

Im Unterschied zu § 256 StPO, der die Verlesung von behördlichen Zeugnissen oder Gutachten regelt, läßt § 251 Abs. 2 StPO nur die Verlesung von *früheren* Niederschriften oder Urkunden zu, die entstanden sind, bevor der Zeuge unerreichbar wurde. Das ergibt sich schon aus dem Wortlaut von Absatz 2, der im Unterschied zu den Niederschriften über eine *»frühere richterliche* Vernehmung« i.S. von Absatz 1 auch solche über eine andere Vernehmung für verlesbar erklärt, wenn die engeren Voraussetzungen von Absatz 2, nämlich Tod oder Unerreichbarkeit für absehbare Zeit, vorliegen. Das Wort »andere« tritt an die Stelle des Wortes »richterliche« Vernehmung, ohne daß auf das Erfordernis des früheren Stattfindens der Vernehmung und der Niederschrift verzichtet werden sollte. Das ergibt sich auch aus den Gesetzesmaterialien, die sich ausschließlich auf »frühere«, d. h. im »Vorverfahren« vor der Hauptverhandlung gewonnene Niederschriften beziehen.[116] An einen Zeugen, der während der Hauptverhandlung aus einem sicheren Versteck heraus Schriftsätze an das Gericht verfaßt, hat der Gesetzgeber offenbar nicht gedacht.

Zum Normzweck von § 251 i. V. m. § 250 Satz 2 StPO haben sich Rechtsprechung und Literatur, soweit sie für die Zulässigkeit der Vernehmung des Zeugen vom Hörensagen[117] anstelle des unmittelbaren Tatzeugen eintreten, immer auf den Standpunkt gestellt, der Unmittelbarkeitsgrundsatz verbiete lediglich die Ersetzung des Personalbeweises durch den Urkundenbeweis, nicht aber die Ersetzung des tatnäheren durch den tatferneren Zeugen vom Hörensagen.[118] Die Verlesung von Schriftsätzen des V-Mannes ersetzt aber offensichtlich den Personalbeweis durch den Urkundenbeweis. Sie ist deshalb nicht mit dem Gesetz vereinbar. Im übrigen gilt der Einwand widersprüchlichen staatlichen Verhaltens in gleicher Weise gegenüber dem Verlesen schriftlicher Erklärungen des »gesperrten« V-Mannes wie gegenüber der Einführung seiner Informationen in die Hauptverhandlung durch einen Zeugen vom Hörensagen. Es ist deshalb auch insoweit ein Beweisverbot anzunehmen.[119]

IV. Zur Notwendigkeit einer gesetzlichen Regelung

Die vorgestellte Konzeption zur Lösung der prozeßrechtlichen Problematik des V-Mannes ist aus dem geltenden Recht abgeleitet. Sie läuft für den Fall der behördlichen Sperrung eines im Ermittlungsverfahren eingesetzten V-Mannes auf ein Beweisverwertungsverbot hinsichtlich der als Surrogate in Betracht kommenden Zeugen oder Urkunden hinaus. Bezogen auf das Beweisthema der Wahrnehmungen des gesperrten V-Mannes, handelt es sich um ein Beweisthemaverbot. In den Fällen der Tatprovokation entsteht sogar ein Verfahrenshindernis. Während letzterer Aspekt noch der weiteren Entwicklung durch Literatur und Rechtsprechung überlassen werden kann, ist eine gesetzliche Klärung der Beweisverbotsproblematik dringend geboten, nicht nur wegen der bestehenden Rechtsunsicherheit, sondern auch, weil es sich bei der Außensteuerung des Strafprozesses um ein zentrales Problem der Gewaltentrennung zwischen Judikative und Exekutive handelt, das durch eine klare Entscheidung der Legislative zu lösen ist.[120]

Diese könnte sich an der Empfehlung des 46. Deutschen Juristentages[121], aber auch an Art. 450 Abs. 1 der italienischen Strafprozeßordnung orientieren, wonach die Vernehmung eines mittelbaren Zeugen über Wahrnehmungen einer unbekannten Person ausgeschlossen ist.[122] Durch eine gesetzliche Regelung könnte auch sichergestellt werden, daß durch die Außensteuerung der Exekutive keine den Angeklagten entlastenden Beweise verlorengehen, weshalb die erwähnten Surrogate ausnahmsweise dann zuzulassen sind, wenn der Angeklagte und sein Verteidiger dem zustimmen. Schließlich sollte der zentralen Bedeutung der Hauptverhandlung dadurch Rechnung getagen werden, daß eine kommissarische Vernehmung des V-Mannes in Abwesenheit einzelner Verfahrensbeteiligter von der Exekutive nicht mehr verlangt werden kann. Dem entspricht weitgehend ein dem Deutschen Bundestag im letzten Jahr von der SPD-Fraktion vorgelegter Gesetzesentwurf[123], der die Einfügung eines neuen § 251 a StPO vorsieht. Darauf aufbauend, komme ich mit einigen Änderungen redaktioneller Art und der bereits begründeten Ablehnung eines Beweisverbotes für die Fälle, in denen die Lebensgefährdung für den V-Mann vom Angeklagten oder einer kriminellen Organisation ausgeht, der er angehört, zu folgendem Gesetzesvorschlag:

§ 251 a StPO

(1) Kann ein Zeuge oder Mitbeschuldigter deshalb nicht in der Hauptverhandlung vernommen werden, weil eine Behörde entweder die zur Ladung erforderlichen Auskünfte oder eine Aussagegenehmigung nicht erteilt, so kann das Gericht für die Vernehmung eine Einschränkung der Fragen zur Person und weitere Maßnahmen vorsehen, welche die Anonymität der zu vernehmenden Person zu wahren geeignet sind.

(2) Bleibt die Behörde auch dann bei ihrer Weigerung oder beschränkt sie die Aussagegenehmigung ohne Einverständnis des Gerichts auf bestimmte Gegenstände, so darf über Wahrnehmungen des Zeugen oder Mitbeschuldigten nicht Beweis erhoben werden. Dies gilt nicht, wenn der Angeklagte und der Verteidiger mit der Beweiserhebung einverstanden sind oder wenn der Zeuge oder Mitbeschuldigte wegen einer erheblichen Lebensgefährdung nicht vernommen werden kann, die vom Angeklagten oder einer kriminellen Organisation, der er angehört, ausgeht.

V. Thesenartige Erörterung weiterer Probleme

Mit einer derartigen Regelung und der Weiterentwicklung des Verfahrenshindernisses wegen widersprüchlichen und rechtswidrigen staatlichen Verhaltens ist nur ein wesentlicher Teil der prozeßrechtlichen V-Mann-Probleme zu lösen. Aus der Vielzahl der weiteren Probleme sollen vier wenigstens noch thesenartig behandelt werden.

1. Rechte und Eingriffsbefugnisse des V-Mannes

Der V-Mann hat nicht mehr Rechte und Eingriffsbefugnisse als andere Privatpersonen bzw. Polizeibeamte auch. Die Observation von verdächtigen Personen setzt zumindest einen Anfangsverdacht i. S. von § 163 StPO voraus.[124] Dieser besteht auch ohne konkreten Tatverdacht bei allen Personen, die in einer kriminellen Organisation mitarbeiten.[125] Der geschlossene Katalog prozessualer Zwangsmaßnahmen kann nicht durch § 34 StGB als »Generalermächtigung« für V-Leute aufgebrochen werden.[126]

2. »In dubio pro reo« bei behördlicher Sperrung des V-Mannes

Macht der Angeklagte die Tatprovokation durch einen von ihm in ladungsfähiger Form benannten V-Mann geltend und wird dieser (evtl. bei gleichzeitigem Bestreiten der Provokation) von der zuständigen Behörde »gesperrt«, so ist das Vorbringen des Angeklagten in Anwendung des Grundsatzes »in dubio pro reo« in aller Regel als bewiesen zu behandeln.[127] Ein entsprechender Beweisantrag kann nur mit Wahrunterstellung abgelehnt werden.[128]

3. Geltung des Legalitätsprinzips für die Untergrundfahnder der Polizei

Das Legalitätsprinzip gilt auch für die Untergrundfahnder der Polizei.[129] Taktische Gesichtspunkte können nur für den Zeitpunkt, nicht aber das Ob der Einleitung von Ermittlungen Bedeutung erlangen.[130] Diese und alle weitergehenden Entscheidungen sind Sache der Staatsanwaltschaft.[131] Die Zusammenarbeit des V-Mannes mit der Staatsanwaltschaft ist auch deshalb rechtlich geboten.

4. Dringender Tatverdacht und Zwangsmaßnahmen allein aufgrund der Informationen eines privaten V-Mannes?

Zwangsmittel, die einen dringenden Tatverdacht voraussetzen, sind in aller Regel nicht allein aufgrund der Informationen eines privaten V-Mannes gerechtfertigt. Es müssen daneben weitere Indizien vorliegen.[132]

C. Schluß: Kriminalpolitische Konsequenzen der vertretenen Auffassung

Es kann nicht zweifelhaft sein, daß die Beachtung der hier entwickelten Regeln zu einem Rückgang des gegenwärtig zu beobachtenden Einsatzes von V-Leuten führen muß. Das ist auch beabsichtigt. Dem naheliegenden Einwand einer Gefährdung der Effizienz der Verbrechensverfolgung[133] ist entgegenzuhalten, daß nur eine rechtsstaatlichen Grundsätzen entsprechende Strafrechtspflege wirklich effizient sein kann.[134] Der in früheren Zeiten einmal vertretene Satz, bei den schlimmsten Verbrechen müsse die Überführung des Täters auch bei geringerer Beweisqualität möglich sein[135], ist in einem Rechtsstaat nicht vertretbar. Konspirative Verbrechensbekämpfung mag notwendig sein. Eine ganz andere Frage ist es, ob die Gerichte in diese Konspiration hineingezogen und dazu gezwungen werden dürfen, auf eine offene Beweisführung zur Überführung des Angeklagten zu verzichten. Wichtig ist, daß das Beweisverbot für die Surrogate der Zeugenaussage des V-Mannes keine Fernwirkung hat. Das entspricht der in der polizeilichen Literatur[136] übereinstimmend für notwendig gehaltenen Ermittlungstaktik, aufgrund der Hinweise und Beobachtungen von V-Leuten mit dem Ziel weiterzuarbeiten, handfeste Beweise, möglichst in Form von Sachbeweisen, zu sammeln, um bei der späteren Überführung des Täters auf die Aussage des V-Mannes oder eines Zeugen vom Hörensagen nicht angewiesen zu sein.[137] Nach Auskunft eines Mitarbeiters des Bundeskriminalamtes gelingt das auch in etwa 90 Prozent der von dieser Behörde unter Zuhilfenahme von V-Leuten geführten Ermittlungen.[138] Das erörterte Beweisverbotsproblem entsteht in diesen Fällen nicht. In den von den Landeskriminalämtern[139] und den örtlichen Polizeidienststellen geführten

Ermittlungsverfahren scheint man auf die Aussagen des V-Mannes nicht ganz so oft verzichten zu können. Die Konsequenz kann jedoch nicht darin bestehen, sich bei der Beweisführung in der Hauptverhandlung weiter auf zweifelhafte Beweismittel wie den Zeugen vom Hörensagen oder Schriftsätze des V-Mannes zu stützen. Es erscheint vielmehr notwendig, die Polizei personell und sachlich so auszustatten, daß sie in der Lage ist, mit den verfeinerten Methoden der Kriminalität Schritt zu halten, auch schwierige Tatkomplexe auszuermitteln und zuverlässiges Beweismaterial zusammenzutragen. Der Strafprozeß soll der Wahrheitserforschung dienen. Aber es ist, wie der BGH[140] richtig festgestellt hat, kein Grundsatz der Strafprozeßordnung, »daß die Wahrheit um jeden Preis erforscht werden müßte«. Dem muß auch die prozeßrechtliche Behandlung der V-Mann-Probleme Rechnung tragen.

Anmerkungen

1 Vgl. *Roxin*, Strafverfahrensrecht, 17. Aufl. 1982, S. 81; *Kleinknecht/Meyer*, 36. Aufl. 1983, Einl. Rdn. 71 ff., 75.
2 Vgl. *Kleinknecht/Meyer*, vor § 48 Rdn. 1, 2.
3 Vgl. BGHSt. 13, 300; 22, 118.
4 Vgl. *Kleinknecht/Meyer*, vor § 48 Rdn. 4.
5 Vgl. *Roxin* (Anm. 1), S. 139.
6 Vgl. *Kleinknecht/Meyer*, § 59 Rdn. 2.
7 Vgl. Die Praxis des Kantonsgerichts von Graubünden 1957, Nr. 45, S. 118; vgl. dazu *Hauser*, Kriminalistik 1964, 262, mit dem Hinweis, die Auslegung des Kantonsgerichts könne sich auf die Tatsache gründen, daß nach Art. 21 der Personal-VO eine Ermächtigung zur Zeugenaussage nur in Zivil- und Verwaltungsverfahren, nicht aber im Strafprozeß nötig sei.
8 Vgl. *Röhrich*, Rechtsprobleme bei der Verwendung von V-Leuten für den Strafprozeß, Diss. Erlangen-Nürnberg 1974, S. 10 ff. m. w. N.
9 Die Verwendung eines weiten V-Mann-Begriffs ist jedenfalls dann unvermeidbar, wenn das Gericht ausweislich der Urteilsgründe nicht eindeutig feststellen konnte, ob es sich bei dem »Gewährsmann« um einen Beamten oder eine andere Person des öffentlichen Dienstes oder um eine Privatperson handelte, vgl. BGHSt. 30, 37; vgl. auch BGHSt.

17, 386, zur Problematik des »im Dunkel bleibenden Gewährsmannes«.
10 Vgl. *Beer*, in: Polizeiliche Drogenbekämpfung, BKA-Schriftenreihe, Bd. 49, 1981, S. 208.
11 Vgl. unten B V 1, S. 445.
12 Vgl. unten B V 3, S. 445.
13 Vgl. unten B I, S. 429 ff.
14 Vgl. *Hauser*, SchwZStr 90 (1974), S. 249; *Skolnick*, Justice without Trial, 2. Aufl. 1975, S. 132 f.; *Kleinknecht/Meyer*, § 158 Rdn. 17.
15 Vgl. *Oscapella*, The Criminal Law Review 1980, S. 136 f.
16 Vgl. *Skolnick* (Anm. 14), S. 133.
17 Vgl. *Schaefer*, hessische polizeirundschau 1983, 14.
18 Vgl. die »Dokumentation«, in: CILIP (civil liberties and police) 1982, S. 63 ff.; die ursprünglich von einer gemeinsamen Arbeitsgruppe des Justiz- und des Innenministeriums des Landes Baden-Württemberg erarbeiteten Thesen und Ergebnisse wurden Ende 1981 einem ad-hoc-Ausschuß des Arbeitskreises II (öffentliche Sicherheit und Ordnung) der Innenministerkonferenz zugeleitet.
19 Vgl. Dokumentation (Anm. 18), S. 63 f., 66.
20 NStZ 1982, 315 (s. in diesem Band S. 403–424).
21 *Thomas*, Schriftenreihe der Polizei-Führungsakademie 1982, S. 32 ff., 54 und 62.
22 *Peters*, Beweisverbote im deutschen Strafverfahren, in: Verhandlungen des 46. Deutschen Juristentages Essen 1966, Bd. I (Gutachten) Teil 3 A, S. 91 ff., 138 f.
23 *Jescheck*, Rechtsvergleichendes Generalgutachten für den 46. Deutschen Juristentag Esse 1966, Bd. I, Teil 3 B, S. 1 ff., 43 ff.
24 *Klug*, Verhandlungen des 46. Deutschen Juristentages Essen 1966, Bd. II (Sitzungsberichte), Teil F, S. 30 ff., 57 f.
25 JZ 1966, 489.
26 Vgl. Verhandlungen des 46. Deutschen Juristentages Essen 1966, Bd. II (Sitzungsberichte), Teil F, S. 182 f.
27 *Lüderssen*, Festschrift für Peters, 1974, S. 349.
28 BVerfGE 57, 250 (Beschluß des 2. Senats vom 26. 5. 1981 – 2 BvR 215/81) (s. in diesem Band S. 457–482).
29 Vgl. *Bruns*, Neue Wege zur Lösung des strafprozessualen »V-Mann-Problems«, 1982, S. 22, 53 ff.
30 BGHSt. 31, 148 (Urteil vom 5. 11. 1982 – 2 StR 250/82) (s. in diesem Band S. 488–494); ebenso BGH NJW 1983, 1572, Urteil vom 16. 3. 1983 – 2 StR 543/82 (zum Ausdruck in der amtlichen Sammlung bestimmt) (s. in diesem Band S. 502–507).
31 BGH NStZ 1983, 466 (mit Anmerkung *J. Meyer*), Urteil vom 17. 3. 1983 – 4 StR 640/82 (zum Ausdruck in der amtlichen Sammlung bestimmt) (s. in diesem Band S. 508–513).

32 Vgl. *Bruns* (Anm. 29), S. 58 f. m. w. N.; vgl. auch LG Münster Strafverteidiger 1983, 97 (V-Mann als ungeeignetes Beweismittel) (s. in diesem Band S. 495–501).
33 Vgl. *Beer* (Anm. 10), S. 206, mit der Hinzufügung, daß der Aufklärungspflicht der Gerichte und den Rechten der Angeklagten und ihrer Verteidigung Rechnung getragen werden müsse.
34 Zu den strafprozessualen Rechtsproblemen dieser Fernsehsendung eingehend *Bottke*, ZStW 93 (1981), S. 425.
35 Vgl. *Kleinknecht/Meyer*, § 54 Rdn. 18; *Röhrich* (Anm. 8), S. 156 ff. m. w. N.
36 Vgl. dazu *Brühlmeier*, Aargauische Strafprozeßordnung, 2. Aufl. 1980, § 119 Abs. 2 Erl. 1 und 2; *Real*, in: Aargauisches Strafprozeßrecht, 1961, S. 163 f.
37 Vgl. *Kleinknecht/Meyer*, § 96 Rdn. 8. Bei der analogen Anwendung von § 96 StPO ist zu beachten, daß hier im Gegensatz zu § 54 Abs. 1 StPO i. V. m. § 39 Abs. 3 BRRG die ernstliche Gefährdung oder erhebliche Erschwerung der Erfüllung öffentlicher Aufgaben nicht ausdrücklich genannt ist, so daß nur die engeren Versagungsgründe von Nachteilen für das Wohl des Bundes oder eines deutschen Landes gelten, vgl. dazu *Lüderssen*, Festschrift für Klug, 1983, S. 529 ff. (unter A II).
38 Vgl. die Stellungnahmen des Hessischen Ministers des Inneren vom 16. 12. 1981 und vom 5. 2. 1982, inhaltlich wiedergegeben in den Gründen des BGH-Urteils vom 16. 3. 1983 (Anm. 30); vgl. ferner unten Anm. 43.
39 Vgl. *Oscapella* (Anm. 15), S. 137 f.
40 Vgl. *Wharton's* Criminal Evidence, 13. Aufl. Stand 1982, § 580.
41 Vgl. *Hauser*, SchwZStr 90 (1974), S. 249 f.
42 Zur Praxis des Bundesinnenministeriums kann neben dem im Text auszugsweise wiedergegebenen Schreiben an das AG Hamburg (vgl. Anm. 43) noch auf ein Schreiben vom 4. 12. 1981 an das LG Hamburg – (94) 41/81 – verwiesen werden; zur Praxis des Hessischen Innenministeriums vgl. Anm. 38.
43 Schreiben vom 5. 5. 1981 zu der Strafsache – 132 b 68/79 – des AG Hamburg.
44 Vgl. BVerwG DÖV 1965, 488 f.; weitere Nachweise bei *Röhrich* (Anm. 8), S. 166 ff.
45 Vgl. die Übersicht über Literatur und Rechtsprechung bei *Röhrich* (Anm. 8), S. 546 ff.
46 Vgl. *Hauser*, Kriminalistik 1964, 262 f.
47 Vgl. *Lüderssen* (Anm. 37), S. 535 ff. (unter B II); wie hier *Kleinknecht/Meyer*, § 96 Rdn. 8; vgl. auch *Röhrich* (Anm. 8), S. 522 ff.
48 Vgl. *Kleinknecht/Meyer*, § 158 Rdn. 17; vgl. ferner Anm. 14.
49 Vgl. *Röhrich* (Anm. 8), S. 478 ff., mit Literatur- und Rechtspre-

chungsübersicht; vgl. auch OLG Frankfurt NStZ 1983, 231 (Zum Verfahren gem. §§ 23 ff. EGGVG nach Verweisung des Rechtsstreits durch das an sich zuständige Verwaltungsgericht an das OLG).
50 Eines der seltenen Gegenbeispiele aus der unveröffentlichen Rechtsprechung ist das Urteil des VG Freiburg NJW 1956, 1941.
51 Vgl. *Kleinknecht/Meyer*, § 54 Rdn. 1.
52 *Geißel*, BKA-Vortragsreihe, Bd. 26, 1981, S. 135.
53 Vgl. *Geißel* (Anm. 52) auch zu dem Gesichtspunkt der Leitungs- und Kontrollbefugnis des Staatsanwalts im Ermittlungsverfahren.
54 Formulierungsvorschlag einer neuen Nr. 8 a der »Richtlinien für das Straf- und Bußgeldverfahren«:

»Vertraulichkeitszusagen für Informanten oder sogenannte V-Leute dürfen nur vom zuständigen Staatsanwalt oder mit seiner Zustimmung gegeben werden. Dabei sind die rechtlichen Voraussetzungen der §§ 54, 96 StPO, 39 Abs. 3 BRRG zu beachten. Die Zusage ist gegenstandslos, wenn der Empfänger sich wegen falscher Verdächtigung oder wegen Beteiligung an der Straftat, auf die sich seine Information bezieht, strafbar gemacht hat.«

Die in der Diskussion über ein anderes Referat der Berner Strafrechtslehrertagung vorgetragene Kritik von *Kunert* (siehe den Diskussionsbericht von Gropp, ZStW 95 (1983), Heft 4, S. 1011 f.) am obigen Formulierungsvorschlag überzeugt nicht. Es ist widersprüchlich, einerseits die »grundsätzliche Zuständigkeit der Staatsanwaltschaft« für die Vertraulichkeitszusage anzuerkennen und andererseits entsprechend dem von *Kunert* erläuterten Kommissionsvorschlag für den »Normalfall« der Gefahr im Verzuge vorzusehen, daß die Staatsanwaltschaft lediglich nachträglich zu unterrichten ist. Daß diesem Vorschlag »eine gewisse Augenzwinkerei« nicht abgesprochen wird, macht ihn kaum überzeugender. Auch bei »Gefahr im Verzuge« kann jedenfalls dann nicht auf das Erfordernis der vorherigen Zustimmung des Staatsanwalts verzichtet werden, wenn zweifelhaft ist, ob die gesetzlichen Voraussetzungen einer Vertraulichkeitszusage vorliegen.
Dem entspricht die Erläuterung einer Verwaltungsvorschrift des Innenministeriums von Baden-Württemberg über die Zusage der Vertraulichkeit durch Polizeibeamte vom März 1983 (Az. III 6250/73), die unter II folgendes Verfahren vorsieht:

»Unbeschadet der Rechte der Staatsanwaltschaft im Ermittlungsverfahren bestimmt das Innenministerium zur Ausführung dieser Grundsätze im polizeilichen Bereich zusätzlich folgendes:

1. Die Entscheidung über die Zusage der Vertraulichkeit darf grundsätzlich nicht unterhalb der Ebene der Revierführer, Dezernatsleiter oder vergleichbarer Funktionsträger der Schutz- und Kriminalpolizei getroffen werden.
2. In Eilfällen ist der mit der Sache befaßte Beamte zur Entscheidung

befugt, wenn die Information bei Einschalten des zuständigen Beamten verloren zu gehen droht.«

Ergänzend hat der Innenminister dem Justizminister von Baden-Württemberg dazu mitgeteilt (vgl. Schreiben des Justizministeriums vom 21. 3. 1983 an die Generalstaatsanwälte, Leitenden Oberstaatsanwälte und Leiter der staatsanwaltschaftlichen Zweigstellen. Az. 4103 – IV/175), daß die Polizei in Fortbildungsveranstaltungen klarstellen werde, daß der Satz »unbeschadet der Rechte der Staatsanwaltschaft im Ermittlungsverfahren...« wie folgt zu interpretieren sei.

»Die Sachleitungsbefugnis der Staatsanwaltschaft im Ermittlungsverfahren gebietet es, daß der Polizeibeamte die Staatsanwaltschaft von einer Zusage der Vertraulichkeit alsbald unterrichtet; in Zweifelsfällen hat er die vorherige Abstimmung mit der Staatsanwaltschaft herbeizuführen.«

Ob bei dieser Regelung in den »zweifelsfreien« Fällen der Staatsanwalt bei Gefahr im Verzuge lediglich nachträglich informiert oder – entsprechend dem obigen Formulierungsvorschlag – um seine Genehmigung ersucht wird, ist wohl nur von geringerer praktischer Bedeutung. Die von *Kunert* erwähnte Gefährdung des V-Mannes durch eine nachträgliche Versagung der Genehmigung hat dann aber, weil das Genehmigungsverfahren ausschließlich für »zweifelsfreie« Fälle in Betracht kommt, nur noch theoretische Bedeutung. Das von *Kunert* angesprochene Abstimmungsverfahren zwischen Justiz- und Innenressort ist durch das Zusammenwirken von Polizei und Staatsanwaltschaft gewährleistet. Allerdings kommt eine – ausdrückliche oder stillschweigende – Delegation von Zuständigkeiten durch den Innenminister an den ermittelnden Polizeibeamten ernsthaft nur in Betracht, wenn dieser der effektiven Kontrolle durch den Staatsanwalt unterworfen ist. Die von *Kunert* behauptete »praktische Undurchführbarkeit die Einwilligungserfordernisses« wegen der Schwierigkeit, rasch festzustellen, welcher Staatsanwalt zuständig ist, besteht nach geltendem Recht nicht. Denn die Frage der (örtlichen) Zuständigkeit ist für die Fälle, in denen Gefahr im Verzug ist, eindeutig durch § 143 Abs. 2 GVG geregelt.

55 Vgl. unten B II, 2, 3, insbesondere S. 441.
56 Vgl. *Geißel* (Anm. 52), S. 135; *Harms*, Taschenbuch für Kriminalisten, Bd. 24, 1974, S. 367f.; *Schaefer* (Anm. 17), S. 12; *Schmidt*, Das Polizeiblatt 1980, 21.
57 Ablehnend *Burandt*, Kriminalistik 1973, 300f.
58 Vgl. Polizeipräsident *Ender* (Wiesbaden), Grundlagen der Kriminalistik, Kriminalstrategie und Kriminaltaktik, Bd. 11, 1973, S. 361: »In gewissen Fällen wird bezüglich des Einsatzes eines V-Mannes mit dem Oberstaatsanwalt Führung genommen, sofern er für solche Probleme Verständnis hat. Ansonsten lassen wir es!«

59 Vgl. *Schaefer* (Anm. 17), S. 15.
60 Vgl. *Kleinknecht/Meyer*, § 54 Rdn. 4.
61 Vgl. *Pelchen*, in: KK, 1982, § 54 Rdn. 9 m. w. N.
62 Vgl. Art. 42 EGStGB, BGBl I (1974), S. 547 f.
63 Vgl. BGBl I (1981), S. 690 f.
64 Vgl. *Rebmann* (Anm. 20), 317, 321.
65 Vgl. *Geppert*, Der Grundsatz der Unmittelbarkeit im deutschen Strafverfahren, 1979, S. 283 ff.; *Rebmann* (Anm. 20), 315; *Tiedemann*, JuS 1965, 15; *ders.*, MDR 1965, 870; *ders.*, JZ 1967, L 570, je m. w. N.
66 Vgl. *Seebode/Sydow*, JZ 1980, 506 (»Hörensagen ist halb gelogen«).
67 Vgl. *Peters* (Anm. 22), S. 138 ff.
68 Vgl. *Hauser*, SchwZStr 82 (1966), S. 311 f.
69 Vgl. z. B. *Rebmann* (Anm. 20), 321, zum Zeugen vom Hörensagen als gegenüber dem Tatzeugen »zwar prinzipiell unzuverlässigeres, jedoch grundsätzlich zulässiges Beweismittel«.
70 Vgl. *Geppert* (Anm. 65), S. 287, vgl. aber auch S. 299 zur Verletzung rechtlichen Gehörs durch die Beweisführung mittels unbekannter V-Mann-Aussagen.
71 Vgl. *Kleinknecht/Meyer*, § 250 Rdn. 4.
72 Vgl. *Rebmann* (Anm. 20), 317.
73 Vgl. *Rebmann* (Anm. 20), 317 f.
74 Vgl. *Rebmann* (Anm. 20), 318.
75 Vgl. *Rebmann* (Anm. 20), 318.
76 Vgl. oben B I, S. 429 ff.
77 Vgl. *Lüderssen* (Anm. 27), S. 361 ff.
78 Vgl. *Röhrich* (Anm. 8), S. 231 ff., 240.
79 Vgl. *Röhrich* (Anm. 8), S. 240 ff. m. w. N.
80 Vgl. BVerfGE 57, 250, 274 ff.; *Rebmann* (Anm. 20), 318, je m. w. N.
81 Vgl. *J. Meyer*, Dialektik im Strafprozeß, 1965, S. 75 ff., 90 ff., 140 f.
82 Vgl. *Grünwald*, JZ 1966, 494.
83 Vgl. *Klug* (Anm. 24), S. 58.
84 *Grünwald*, Festschrift für Dünnebier, 1982, S. 347.
85 Das dürfte auch dann gelten, wenn man den Strafprozeß nicht, wie hier, als dialektischen Vorgang (vgl. Anm. 81), sondern unter Berücksichtigung rollen- oder kommunikationstheoretischer Ansätze als soziales Interaktionssystem begreift, vgl. dazu eingehend *Schreiber*, ZStW 88 (1976), S. 117 ff. m. w. N. Zentrale Fragen des Prozeßrechts wie die des Einsatzes von Zeugen vom Hörensagen können nicht überzeugend allein aufgrund einer positivistischen Durchmusterung von Einzelregelungen gelöst werden. Die Antwort muß auch der Grundkonzeption uneres Strafprozesses entsprechen.
86 Vgl. *Bruns* (Anm. 29), S. 65 ff.
87 Vgl. *Lüderssen* (Anm. 27), S. 354 ff., *ders.* (Anm. 37), S. 533 f. (unter A I c).

88 Vgl. *Arndt*, NJW 1963, 433; vgl. auch *ders.*, NJW 1962, 27 (gegen Gewährsleute als anonyme Zeugen).
89 Vgl. *Koffka*, JR 1969, 306; *ders.*, ZStW 81 (1969), S. 963.
90 Vgl. *Hanack*, JZ 1972, 237.
91 Vgl. *Geppert* (Anm. 65), S. 286.
92 Vgl. *Grünwald*, JZ 1966, 494.
93 Vgl. *Bruns* (Anm. 29), S. 65 ff.; *Lüderssen* (Anm. 37), S. 533 (unter A I c).
94 Vgl. BGHZ 32, 279; *Heinrichs*, in: *Palandt*, BGB, 42. Aufl. 1983, § 242 Anm. 4 Ce; *Weber*, in: *Staudinger*, BGB, 11. Aufl. 1961, Bd. II, Teil 1 b, § 242 Rdn. 323 ff., je m. w. N.
95 Vgl. *Riezler*, Venire contra factum proprium, 1912, S. 55 ff.; *Staehelin*, Festschrift für Simonius, 1955, S. 381 ff.; vgl. auch *Lüderssen* (Anm. 27), S. 354 f., je m. w. N. – Die Anknüpfung des »estoppel« an rechtlich mißbilligtes staatliches Vorverhalten wird besonders deutlich in der Unterscheidung zwischen »detection« und »entrapment«, wobei die Rechtsprechung den letzteren Begriff und das daraus abgeleitete Verfolgungshindernis auf die Fälle beschränkt, in denen ein Beamter in einer anderen Person die Idee hervorruft, eine Straftat zu begehen, vgl. *Honig*, in: Das ausländische Strafrecht der Gegenwart, Bd. 4, 1962, S. 203 ff.; vgl. auch aus Polski v. United States (1929), 33 F. (2d), 686: »An essential element of entrapment is that the acts charged as crimes were incited directly by officers or agents of the government... The very heart of the doctrine of entrapment ist that the government itself has brought about the crime.«
96 Vgl. BGH NJW 1981, 1626 (s. in diesem Band S. 180–182); vgl. dazu *Dencker*, Festschrift für Dünnebier, 1982, S. 450 ff. (s. in diesem Band S. 238–258).
97 Entscheidung des Obersten Gerichtshofes vom 11. 2. 1970, 12 Os 177/69, S St. XLI 7.
98 Vgl. Anm. 97, S. 37.
99 Vgl. Anm. 97, S. 37.
100 Vgl. *Rebmann* (Anm. 20), 316.
101 Zur Begründung der Sperrung des V-Mannes mit einer Vertraulichkeitszusage, die nicht die Zustimmung des Staatsanwalts gefunden hat, siehe unten S. 442.
102 Vgl. *Grünewald*, JZ 1966, 494 f.
103 Vgl. den Aufsatz von *Seelmann*, in ZStW 95, S. 817 ff., 831 (s. in diesem Band S. 285–298).
104 Vgl. auch BGH NJW 1981, 1626.
105 Wie hier *Dencker* (Anm. 96), S. 453; a. A. *Seelmann* (Anm. 103), S. 831.
106 Vgl. den Überblick bei *Rebmann* (Anm. 20), 318 f.
107 Vgl. *Rebmann* (Anm. 20), 319.

108 Vgl. zum »Abtretenlassen« des Angeklagten bei »Wahrheitsgefährdung« (im Ermittlungsverfahren vgl. § 168c Abs. 3 StPO) bzw. bei einem drohenden Nachteil für die Gesundheit des Angeklagten *Kleinknecht/Meyer*, § 247 Rdn. 3, 6; zur Notwendigkeit einer besonderen Begründung, wenn gleichzeitig mit der Entfernung des Angeklagten auch die Öffentlichkeit ausgeschlossen werden soll, vgl. BGH NStZ 1983, 325.
109 Vgl. *Kleinknecht/Meyer*, § 224 Rdn. 3; *Engels*, NJW 1983, 1530, vertritt unter Berufung auf BGH NJW 1983, 1005, wo diese Frage aber ausdrücklich nicht abschließend entschieden worden ist (vgl. aber BGH NJW 1980, 2088), die weitergehende Auffassung, daß § 224 Abs. 1 Satz 2 StPO für die »normale« kommissarische Vernehmung nicht den Ausschluß des Angeklagten und seines Verteidigers erlaube, sondern nur das Unterbleiben der Benachrichtigung von dem anberaumten Termin; vgl. dazu auch *Welp*, JZ 1980, 134.
110 Vgl. BVerfGE 1, 418, 429; 22, 267, 273; 54, 140, 142; 57, 250, 273 f. (s. in diesem Band S. 457–482).
111 Vgl. oben B I, S. 429 ff.
112 Vgl. BGH NStZ 1982, 42; ablehnend *Engels*, NJW 1983, 1532; vgl. auch *Grünwald* (Anm. 84), S. 359 ff.
113 Vgl. BGHSt. 22, 311, 313; vgl. ferner *Rebmann*, NStZ 1982, 319 m. w. N.
114 Vgl. *Bruns* (Anm. 29).
115 Vgl. *Bruns* (Anm. 29), S. 31 f., 46 ff., 71; vgl. auch oben B II 1, S. 435, zur erkenntnistheoretischen Grundkonzeption des Strafprozesses.
116 Vgl. z. B. *Hahn*, Die gesamten Materialien zur Strafprozeßordnung, Bd. 1, 2. Aufl. 1885, S. 194 (zu § 213 des Entwurfs: Verlesung von Protokollen, die »in der Voruntersuchung aufgenommen worden« sind); eingehend zur Gesetzesgeschichte *Geppert* (Anm. 65), S. 106 ff. (zu der Frage, in welchem Umfang »im Vorverfahren gewonnene Protokolle« in der »späteren« Hauptverhandlung beweismäßig verwertet werden können).
117 In den Gesetzesmaterialien wird die Problematik des »Zeugen vom Hörensagen« bemerkenswerterweise nicht erwähnt, vgl. *Geppert* (Anm. 65), S. 118.
118 Vgl. *Geppert* (Anm. 65), S. 280, 286 f.; *Kleinknecht/Meyer*, § 250 Rdn. 2 bis 7, je m. w. N.
119 Vgl. oben B II 2, S. 439 f. (zu Fallgruppe 2); im Ergebnis wie hier *Bruns* (Anm. 29), S. 71, und *Engels*, NJW 1983, 1532.
120 Ebenso u. a. *Geppert* (Anm. 65), S. 301, und *Grünwald* (Anm. 84), S. 363.
121 Vgl. oben S. 428 mit Anm. 26.
122 Vgl. Art. 450 Abs. 1 i. V. m. Art. 349 Abs. 6 c. p. p.; die letztere Be-

stimmung regelt die Zeugenaussage von Vernehmungsbeamten und hat folgenden Wortlaut: Il giudice non può obbligare gli ufficiali e gli agenti di polizia giudiziaria (p. p. 221) a rivelare i nomi delle persone che hanno ad essi fornito notizie, e non può ricevere, a pena di nullità, dagli ufficiali od agenti predetti notizie avute da persone i cui nomi essi non ritengono di dovere manifestare« = Der Richter darf die Beamten und Agenten der Gerichtspolizei (p. p. 221) nicht zwingen, die Namen der Personen anzugeben, die ihnen Auskunft gegeben haben; er darf bei Folge der Nichtigkeit von diesen Beamten und Agenten keine Auskünfte entgegennehmen, die sie von Personen erhalten haben, deren Namen sie nicht angeben zu dürfen glauben. – Eine Verurteilung, die ausschließlich auf der Aussage eines Beamten oder Agenten beruht, der den Namen seines Gewährsmannes nicht preisgeben zu dürfen glaubte, ist nichtig, vgl. *Manzini*, Trattato di diritto processuale penale italiano, 6. Aufl. 1970, Bd. 3, S. 295 (mit Nachweisen zur Rechtsprechung des Kassationshofes in Fn. 13).
123 BT-Drucks. 9/2089 vom 10. 11. 1982.
124 Vgl. *Kleinknecht/Meyer*, § 163 Rdn. 34.
125 Das ist eine unvermeidbare Konsequenz der oben (S. 426 ff.) beschriebenen neuen Kriminalitätsformen.
126 Hierzu kann auf die zutreffenden Ausführungen im Aufsatz von *Seelmann*, ZStW 1983, S. 809 ff. m. w. N., verwiesen werden.
127 Vgl. dazu auch den Diskussionsbericht von *Gropp*, ZStW 1983, S. 993 ff., 1003, 1007.
128 Vgl. *Lüderssen* (Anm. 37), S. 538 (unter C), mit dem Hinweis, daß es sich nicht um eine Wahrunterstellung nach § 244 Abs. 3 Satz 2 StPO, sondern um die unmittelbare Anwendung von »in dubio pro reo« als Folge der gerichtlichen Feststellung der Unerreichbarkeit des V-Mannes handele.
129 Das wird auch von polizeilicher Seite de lege lata grundsätzlich anerkannt, vgl. Dokumentation (Anm. 18), These 8 nebst Begründung, S. 70 ff.; man diskutiert aber über eine m. E. nicht erforderliche Gesetzesänderung, die eine »Modifizierung der Verfolgungspflicht« vorsieht und der Staatsanwaltschaft als verantwortlicher Strafverfolgungsbehörde die Möglichkeit gibt, Polizeibeamte »auftragsbezogen und zeitlich begrenzt« von der Verfolgungspflicht freizustelllen, »soweit dies zur Erforschung schwerwiegender Straftaten und zum Schutz des Ermittlungsauftrages oder der eingesetzten Personen unumgänglich ist«, vgl. a. a. O.
130 Vgl. *Kleinknecht/Meyer*, § 152 Rdn. 6.
131 Vgl. auch Nr. 3 Abs. 2 der Richtlinien für das Strafverfahren und das Bußgeldverfahren.
132 Nach der Rechtsprechung (vgl. BGHSt. 17, 385 f.; 29, 111 f.; BVerfGE 57, 292 f.) genügen die Angaben des anonym bleibenden

Gewährsmannes, wenn sie nicht durch andere Gesichtspunkte bestätigt werden, regelmäßig nicht als Beweisgrundlage für eine Verurteilung. Dieses gilt für Untergrundfahnder ebenso wie für private V-Leute (zur Unterscheidung vgl. oben S. 426 ff.). Wegen der notorischen Unzuverlässigkeit der letztgenannten Gruppe von V-Leuten erscheint es notwendig, die erwähnte Beweisregel auch auf die Prüfung eines dringenden Tatverdachts allein aufgrund der Angaben eines privaten V-Mannes anzuwenden; ebenso OLG Frankfurt NJW 1968, 1000.

133 Zur Erforderlichkeit des Einsatzes von V-Leuten zur Bekämpfung neuer Kriminalitätsformen vgl. oben A III, S. 427 f.

134 Vgl. auch *Bruns* (Anm. 29), S. 29 ff.; *Lüderssen* (Anm. 37), S. 532 ff. (unter A II 1 b und c); *Schaefer* (Anm. 17), S. 15.

135 Vgl. Benedict *Carpzov*, Practica nova imperialis Saxonica rerum criminalium, 1652 (11. Aufl. 1723), Pars III, Quaestio C II, 68: »Notissimum est, quod in delictis atrocissimis propter criminis enormitatem jura transgredi liceat.«

136 Vgl. z. B. *Schrader*, Tagungsprotokolle der Polizei-Führungsakademie Hiltrup (Schlußbericht), 1975 (13.–17. 11.), S. 149 ff., 156.

137 Selbstverständlich dürfen aber keine unrichtigen Vermerke gefertigt und zu den Ermittlungsakten gegeben werden; vgl. zu derartigen »Tarnmaßnahmen in den Akten« *Schaefer* (Anm. 17), S. 15.

138 Mündliche Auskunft im Rahmen eines Informationsgespräches im Bundeskriminalamt Wiesbaden am 3. 9. 1982.

139 Mündliche Auskunft im Rahmen eines Informationsgespräches im Landeskriminalamt Baden-Württemberg am 24. 8. 1982.

140 Vgl. BGHSt. 14, 365.

Bundesverfassungsgericht (Zweiter Senat): Beschluß vom 26. Mai 1981*

1. § 99 Abs. 1 Nr. 1 StGB ist mit dem Grundgesetz vereinbar; er verstößt insbesondere weder gegen das Bestimmtheitsgebot in Art. 103 Abs. 2 GG noch gegen das Grundrecht auf freie Meinungsäußerung (Art. 5 Abs. 1 GG).

2. § 251 Abs. 2 StPO ist mit dem Grundgesetz, insbesondere mit dem Recht des Beschuldigten auf ein rechtsstaatliches, insbesondere auch faires Strafverfahren vereinbar.

Dies gilt nach Maßgabe der Entscheidungsgründe auch dann, wenn die »Unerreichbarkeit« einer Beweisperson im Sinne dieser Vorschrift auf die Weigerung einer Behörde zurückzuführen ist, ihr Wissen vom Aufenthaltsort dieser Person mitzuteilen oder ihren Angehörigen die Aussage über Umstände zu genehmigen, auf die sich ihre Pflicht zur Amtsverschwiegenheit bezieht.

3. Der Anspruch des Angeklagten auf ein faires Verfahren steht dem Beweismittel des »Zeugen vom Hörensagen« grundsätzlich nicht entgegen. Allerdings stellt die nur begrenzte Zuverlässigkeit dieses Beweismittels besondere Anforderungen an die Beweiswürdigung und die Begründung der tatrichterlichen Entscheidung; dies gilt in verstärktem Maße, wenn der Gewährsmann anonym bleibt.

Beschluß des 2. Senats vom 26. Mai 1981
– 2 BvR 215/81 –

in dem Verfahren über die Verfassungsbeschwerde des Herrn Dr. C... – Bevollmächtigter: Rechtsanwalt Dr. Helmut Meyer, Seehoferstraße 9, München 21 – unmittelbar gegen a) den Beschluß des Bundesgerichtshofs vom 23. Januar 1981 – 3 StR 467/80 (L) –, b) das Urteil des Bayerischen Obersten Landesgerichts vom 16. Mai 1980 – 3 St 11/79 –, mittelbar gegen § 99 Abs. 1 Nr. 1 StGB und § 251 Abs. 2 StPO.

ENTSCHEIDUNGSFORMEL:
Die Verfassungsbeschwerde wird zurückgewiesen.

* Die Entscheidung über den Antrag auf Erlaß einer einstweiligen Anordnung in diesem Verfahren ist abgedruckt in BVerfGE Bd. 56 Nr. 22. S. 396.

GRÜNDE:

A.

Die Verfassungsbeschwerde wirft insbesondere die Fragen auf, ob der Tatbestand der geheimdienstlichen Agententätigkeit (§ 99 Abs. 1 Nr. 1 StGB) – jedenfalls in seiner Auslegung und Anwendung durch die angegriffenen Entscheidungen – im Sinne von Art. 103 Abs. 2 GG hinreichend bestimmt ist, mit Art. 5 Abs. 1 GG vereinbar ist oder aus anderen Gründen die Verfassung verletzt; ferner ob das gegen den Beschwerdeführer durchgeführte Strafverfahren deshalb gegen rechtsstaatliche Grundsätze verstieß, weil sich die Urteilsfeststellungen auch auf die Bekundungen eines Zeugen stützen, der vom Gericht und den Verfahrensbeteiligten nur schriftlich befragt werden konnte.

I.

[...]

2. Das Bayerische Oberste Landgericht verurteilte den Beschwerdeführer, der als Abgeordneter des Bayerischen Landtags und Inhaber einer Fülle von Parteiämtern auf Bundes-, Landes- und Bezirksebene eine herausgehobene Stellung im politischen Leben innehatte, am 16. Mai 1980 wegen geheimdienstlicher Agententätigkeit (§ 99 Abs. 1 Nr. 1 StGB) zu einer Freiheitsstrafe von zwei Jahren und sechs Monaten. Zugleich erkannte ihm das Gericht auf die Dauer von drei Jahren die Fähigkeit ab, öffentliche Ämter zu bekleiden und Rechte aus öffentlichen Wahlen zu erlangen.

a) Dem Urteil des Bayerischen Obersten Landesgerichts liegen folgende Feststellungen zugrunde: In der Zeit von 1974 bis zu seiner Festnahme im Januar 1979 traf der Beschwerdeführer in regelmäßigen Abständen insgesamt mindestens elfmal mit einem Mitarbeiter des Ministeriums für Staatssicherheit der DDR (MfS) zusammen und teilte ihm Wissen aus dem Bereich der Politik der Bundesrepublik Deutschland mit. Obwohl der im politischen Leben erfahrene Beschwerdeführer spätestens bei der vierten Begegnung Anfang 1976 erkannt hatte, daß der mit ihm unter einem Vorwand geknüpfte Kontakt auf Dauer angelegt war und nachrichtendienstlichen Zwecken diente, brach er die Verbindung zu der von ihm als Agenten des MfS durchschauten Kontaktperson nicht ab, sondern ließ es zu mindestens sieben weiteren Zusammenkünften kommen, über die er Außenstehende nicht unterrichtete. Mitte 1978 reiste der Beschwerdeführer nach Stockholm, wo er mit dem Leiter der Hauptverwaltung Aufklärung des MfS und stellvertretenden Minister für Staatssicherheit sowie einem anderen hohen Geheimdienstoffizier der DDR Gespräche führte. Auch hiervon setzte er niemanden in Kenntnis. Er verschwieg die Begegnung unter einem Vorwand auch seiner Reisebegleiterin, die als langjährige Bekannte ansonsten sein uneingeschränktes Vertrauen besaß. Obwohl der Beschwerdeführer erkannt hatte, daß er in Stockholm mit höherrangigen Angehörigen des MfS zusammengeführt worden war, hielt er den Kontakt zu dem auf ihn angesetzten Agenten des MfS unverändert aufrecht. Nach seiner Festnahme versuchte der Beschwerdeführer vergeblich, das Treffen in Stockholm vor den Ermittlungsbehörden zu verheimlichen, und sah sich erst nach Vorhalten genötigt, dessen äußeren Ablauf nach und nach einzuräumen.

[...]

3. a) Das Strafverfahren habe zudem rechtsstaatlichen Grundsätzen nicht genügt:

Das Urteil stütze sich auf die Bekundung eines Zeugen, der von staatlichen Stellen verborgen gehalten worden sei und nur schriftlich habe befragt werden können. Es trage insoweit der grundrechtsschützenden Bedeutung des strafprozessualen Unmittelbarkeitsgrundsatzes nicht hinreichend Rechnung. § 251 Abs. 2 StPO, der die Verlesung schriftlicher Aussagen gestatte, spiegele nationalsozialistisches Gedankengut wider und sei verfassungsrechtlich bedenklich. Rechtsstaatlichen Anforderungen genüge es jedenfalls nicht, eigens für die Beweisführung vor Gericht hergestellte schriftliche Äußerungen geheimgehaltener Gewährsmänner als Ersatz für eine unmittelbare Vernehmung gelten zu lassen. Es widerspreche dem Grundsatz eines fairen Verfahrens, der Verteidigung die Überprüfung der Glaubwürdigkeit des Zeugen zu erschweren, während es die an der Verurteilung interessierten Geheimdienste in der Hand hätten, einer Erschütterung der Glaubwürdigkeit ihres Gewährsmannes entgegenzuwirken. Die für die Verhinderung des Zeugen vorgebrachten Gründe reichten zudem nicht aus. Es sei nicht zu erkennen, daß sich seine Gefährdung auch bei strengsten Sicherheitsvorkehrungen nicht hätte vermeiden lassen. Das Gericht habe es ferner unterlassen, eine Möglichkeit rechtsstaatlich besserer Beweisgewinnung in Betracht zu ziehen, denn möglicherweise seien dem Zeugen die schriftlichen Fragen durch einen Bediensteten des Bundesnachrichtendienstes überbracht worden, der ihn persönlich hätte vernehmen können. Schließlich sei es nicht angängig, Behörden die Entscheidungsmacht darüber zuzubilligen, welche Umstände das Auftreten eines Zeugen vor Gericht hinderten; diesem müsse es selbst überlassen bleiben, ob er sich durch eine Aussage vor Gericht bringen wolle.

b) Die Mindestanforderungen an ein rechtsstaatliches Verfahren seien auch aus anderen Gründen nicht erfüllt.

Der Bundesminister des Innern habe durch Beschränkung einer Aussagegenehmigung die Preisgabe der Quellen für die Beobachtung in Stockholm verhindert und damit eine weitere Aufhellung wesentlicher – und nur durch Zeugnis vom Hörensagen wiedergegebener – Umstände ausgeschlossen. Die Verteidigung sei dadurch behindert worden, daß die Anklageschrift habe vertraulich behandelt werden müssen und deshalb entlastende Nachforschungen nicht möglich gewesen seien. In der Hauptverhandlung habe es zudem an der Kontrollfunktion der Öffentlichkeit gemangelt, die ohne rechtfertigenden Grund weitgehend ausgeschlossen worden sei. Das Gericht habe es außerdem versäumt, die Unterschrift unter den schriftlichen Angaben des verborgen gehaltenen Zeugen durch einen Sachverständigen auf ihre Echtheit überprüfen zu lassen.

Das Bayerische Oberste Landesgericht habe seinem Urteil weitgehend unkontrollierte Geheimdienstinformationen zugrunde gelegt. Die Gesamtheit der verfahrensrechtlichen Einschränkungen im Zusammenwirken mit der Beweisführung des Gerichts widerspreche der Bedeutung des Grundrechts auf Unverletzlichkeit der persönlichen Freiheit (Art. 2 Abs. 2 Satz 2 GG), das auch verfahrensrechtliche Wirkungen entfalte.

III.

Das Bundesverfassungsgericht hat den im Verfassungsbeschwerde-Verfahren gemäß §§ 94 Abs. 4, 77 BVerfGG Äußerungsberechtigten sowie dem Generalbundesanwalt beim Bundesgerichtshof Gelegenheit zur Stellungnahme gegeben.

1. Der Bayerische Ministerpräsident hat sich für die Bayerische Staatsregierung wie folgt geäußert:
[...]
c) Die Rüge der »Rechtsstaatswidrigkeit des Verfahrens« sei gleichfalls unbegründet. Für eine Verletzung des Rechts auf ein faires Verfahren fehle jeder Anhaltspunkt. Es sei verfassungsrechtlich auch nicht zu beanstanden, daß eine schriftliche Zeugenaussage verwertet worden sei. § 251 Abs. 2 StPO lasse die Verlesung einer schriftlichen Äußerung bei unüberwindbaren tatsächlichen Vernehmungshindernissen zu. Die Weigerung, den Aufenthaltsort des Zeugen preiszugeben, sei mit konkreten Sicherheitsinteressen des Zeugen begründet worden, gegen die der Beschwerdeführer keine stichhaltigen Einwände vorgebracht habe. Das Gericht sei sich auch des Umstandes bewußt gewesen, daß eine schriftliche Erklärung regelmäßig keinen gleichwertigen Ersatz für eine vom unmittelbaren Zeugen in der Hauptverhandlung abgegebene Aussage darstelle, und habe sich mit der Frage der Glaubwürdigkeit des Zeugen und der Glaubhaftigkeit seiner Angaben eingehend auseinandergesetzt. Die Überzeugung von der Richtigkeit dieser Angaben liege im Rahmen tatrichterlicher Beweiswürdigung und sei verfassungsgerichtlicher Nachprüfung entzogen.

2. Der Generalbundesanwalt hält die Angriffe des Beschwerdeführers gegen § 99 Abs. 1 Nr. 1 StGB und die Beweiswürdigung des Tatgerichts ebenfalls für unbegründet.

Die vom Beschwerdeführer behaupteten Verfahrensmängel seien aus Gründen der Subsidiarität der Verfassungsbeschwerde verfassungsrechtlicher Überprüfung nicht zugänglich. Der Beschwerdeführer habe es teilweise versäumt, seine Bedenken zunächst den Fachgerichten zur Prüfung vorzutragen, teilweise sei dies in unzureichender Form geschehen.

Darüber hinaus lägen die behaupteten Verfahrensmängel nicht vor. Verfassungsrechtliche Bedenken gegen § 251 Abs. 2 StPO und dessen Anwendung im vorliegenden Fall bestünden nicht. Die Rechtsprechung des Bundesgerichtshofs stelle an die Feststellung der Verhinderung eines Zeugen, welche die Voraussetzung einer Verlesung gemäß § 251 Abs. 2 StPO bilde, besondere Anforderungen, die rechtsstaatlichen Grundsätzen genügten. Dadurch sei sichergestellt, daß die Unerreichbarkeit des Zeugen nicht leichtfertig als Vorwand zur Vermeidung einer unerwünschten Zeugenvernehmung herangezogen werden könne. So dürfe sich das Gericht nicht ohne weiteres mit der Weigerung der zuständigen Behörde abfinden, die ihr bekannte Anschrift eines Zeugen mitzuteilen. Denn die grundsätzlich verankerte Pflicht zur Gewährung eines rechtsstaatlichen Verfahrens wirke sich auch auf den Umfang der Amtshilfepflicht der Behörden nach Art. 35 GG aus. Das Gericht müsse daher, um eine möglichst zuverlässige Beweisgrundlage zu gewinnen, den Versuch unternehmen, die Behörden zu einer substantiierten Äußerung über ihre Sicherheitsbedenken zu bewegen, damit diesen Bedenken nach Möglichkeit auf andere Weise begegnet werden könne. Diesen Erfordernissen sei das Bayerische Oberste Landesgericht gerecht geworden. Es habe alles in seiner Macht Stehende unternommen, um die Hinderungsgründe aufzuklären und den Zeugen in anderer Weise unmittelbar anzuhören. Das Vorliegen des Hinderungsgrundes sei nicht zweifelhaft.

Stehe die andauernde Verhinderung eines Zeugen fest und beruhten die Gründe der Verhinderung wie hier nicht auf einer unzulässigen staatlichen Beeinflussung des Verfahrens, dann gebiete es das Recht auf ein faires Verfahren auch nicht, entgegen § 251 Abs. 2 StPO auf die schriftlichen Bekundungen eines unerreichbaren Zeugen zu verzichten. Das Recht auf ein faires Verfahren gewähre keinen Anspruch auf die persönliche Anhörung einer jeden als Zeugen benannten Person. Dem könnten nicht nur Individualrechte des Zeugen entgegenstehen, sondern die persönliche Anhörung könne darüber hinaus auch aus anderen übergeordneten Interessen ausgeschlossen sein. Die sorgfältig aufeinander abgestimmten strafprozessualen Regelungen der §§ 244 ff. StPO und der Grundsatz der freien Beweiswürdigung (§ 261 StPO) trügen der verfassungsrechtlich gebotenen und am Verhältnismäßigkeitsprinzip zu orientierenden Abwägung der widerstreitenden Interessen in nicht zu beanstandender Weise Rechnung. Starre Beweisregeln oder ein Verwertungsverbot »ergänzender« Beweismittel brächten das ausgewogene Verhältnis zwischen richterlicher Aufklärungspflicht und Überzeugungsbildung ins Wanken. Der Gefahr mißbräuchlicher Anwendung des § 251 StPO werde nicht nur durch die strengen Anforderungen an die Feststellung der Verhinderung eines Zeugen, sondern auch durch die von der Rechtsprechung des Bundesgerichtshofs geforderte sorgfältige Würdigung der verbliebenen Beweise begegnet. Auch insoweit werde das Urteil des Bayerischen Obersten Landesgerichts den Anforderungen gerecht.

3. Der Bundesminister der Justiz hat erklärt, daß er für die Bundesregierung von einer weiteren Äußerung absehe, nachdem der Generalbundesanwalt zu den durch die Verfassungsbeschwerde aufgeworfenen Fragen Stellung genommen habe.

B.

Die zulässige Verfassungsbeschwerde ist unbegründet. Dies gilt auch, soweit sich der Beschwerdeführer gegen das Verfahren des Bayerischen Obersten Landesgerichts wendet. Ob der Beschwerdeführer Rügen, die das Strafverfahren betreffen, nicht oder nicht in ordentlicher Form mit der Revision gerügt und daher insoweit den Rechtsweg nicht erschöpft hat, kann deshalb auf sich beruhen.

I.

[...]

III.

Der Beschwerdeführer wendet sich mit der Verfassungsbeschwerde darüber hinaus gegen die Handhabung des Verfahrensrechts durch das Tatgericht, insbesondere gegen die Verwertung der gemäß § 251 Abs. 2 StPO verlesenen schriftlichen Angaben eines Zeugen, der vom Bundesnachrichtendienst für eine Vernehmung nicht zur Verfügung gestellt worden war. Die gegen das Verfahren gerichteten Rügen sind jedoch unbegründet. § 251 Abs. 2 StPO verstößt – auch in seiner Anwendung durch die angegriffenen Entscheidungen – nicht gegen die Verfassung.

1. § 251 Abs. 2 StPO bestimmt, daß Niederschriften über eine nichtrichterliche Vernehmung eines Zeugen, Sachverständigen oder Mitbeschuldigten sowie Urkunden, die eine von diesen Personen stammende schriftliche Äußerung enthalten, verlesen werden dürfen, wenn die Person verstorben ist oder » aus einem anderen Grund in absehbarer Zeit gerichtlich nicht vernommen werden« kann. In diesem Sinne »unerreichbar« für eine gerichtliche Vernehmung ist eine Beweisperson, wenn die nach den Umständen des Einzelfalles von der Aufklärungspflicht gebotenen Bemühungen des Gerichts, sie herbeizuschaffen, vergeblich ge-

blieben sind oder vergeblich bleiben müssen, weil eine begründete Aussicht, sie in absehbarer Zeit beibringen zu können, nicht besteht (Paulus in: KMR, 7. Aufl., 1980, § 244, Rdnrn. 455 m. w. N.). Nach der von der Rechtsprechung und in den angegriffenen Entscheidungen vertretenen Auslegung können diese Voraussetzungen auch dann erfüllt sein, wenn staatliche Stellen den Aufenthalt eines Zeugen nicht preisgegeben haben und er aus diesem Grunde für eine gerichtliche Vernehmung »unerreichbar« ist. Mit diesem Inhalt verletzt die Norm weder das Grundrecht auf rechtliches Gehör (Art. 103 Abs. 1 GG) noch den verfassungskräftigen Anspruch des Angeklagten auf ein faires, rechtsstaatliches Verfahren.

a) Art. 103 Abs. 1 GG gewährleistet, daß der Angeklagte im Strafverfahren Gelegenheit erhält, sich zu dem einer Entscheidung zugrundeliegenden Sachverhalt grundsätzlich vor deren Erlaß zu äußern und damit das Gericht in seiner Willensbildung zu beeinflussen. Es dürfen also einer gerichtlichen Entscheidung regelmäßig nur solche Tatsachen und Beweisergebnisse zugrunde gelegt werden, zu denen die Beteiligten Stellung nehmen konnten (vgl. BVerfGE 1, 418 [429]; 22, 267 [273]; 54, 140 [142]; Beschluß vom 7. Oktober 1980 – 2 BvR 1581/79 –, Umdruck S. 4; st. Rspr.). Die durch Art. 103 Abs. 1 GG abgesicherte prozessuale Befugnis des Angeklagten garantiert im vorliegenden Zusammenhang nicht nur die Gelegenheit, auf den möglicherweise minderen Beweiswert schriftlicher Aufzeichnungen hinzuweisen und dadurch auf eine entsprechend zurückhaltende Würdigung durch das Gericht einzuwirken, sondern sie verbürgt auch die Möglicheit, durch entsprechende Anträge auf die Beischaffung des sachnäheren Beweismittels zu dringen und, sollten diese Bemühungen erfolglos bleiben, auf den Inhalt einer schriftlichen Befragung Einfluß zu nehmen, die sich auch auf die Glaubwürdigkeit der Beweisperson beziehen kann. Der Anspruch auf rechtliches Gehör gewährt indessen weder ein Recht auf ein bestimmtes Beweismittel noch auf bestimmte Arten von Beweismitteln (vgl. BVerfGE 1, 418 [429]). Die Verlesung schriftlicher Angaben zu Beweiszwecken anstelle der persönlichen Vernehmung der Beweisperson in der Hauptverhandlung, wie sie § 251 Abs. 2 StPO zuläßt, verletzt das Grundrecht auf rechtliches Gehör daher nicht.

b) Über die Anforderungen hinaus, die sich aus den Verfahrensgrundrechten, insbesondere aus Art. 103 Abs. 1 GG ergeben, hat das Bundesverfassungsgericht aus dem Rechtsstaatsprinzip in Verbindung mit dem allgemeinen Freiheitsrecht (Art. 2 Abs. 1 GG) einen Anspruch des Angeklagten auf ein faires, rechtsstaatliches Strafverfahren abgeleitet. Es hat daran solche Beschränkungen Verfahrensbeteiligter gemessen, die von den speziellen Gewährleistungen nicht erfaßt werden (BVerfGE 26, 66 [71]; 38, 105 [111]; 39, 238 [243]; 40, 95 [99]; 41, 246 [249]; 46, 202 [210]). Die Wurzel dieses allgemeinen Prozeßgrundrechts findet sich in den in einem materiell verstandenen Rechtsstaatsprinzip verbürgten Grundrechten und Grundfreiheiten des Menschen, insbesondere in dem durch ein Strafverfahren bedrohten Recht auf Freiheit der Person (Art. 2 Abs. 2 Satz 2 GG), dessen freiheitssichernde Funktion auch im Verfahrensrecht Beachtung erfordert; ferner in Art. 1 Abs. 1 GG, der es verbietet, den Menschen zum bloßen Objekt eines staatlichen Verfahrens herabzuwürdigen, und von daher einen Mindestbestand an aktiven verfahrensrechtlichen Befugnissen des Angeklagten voraussetzt. Aus der Aufgabe des Strafprozesses, den Strafanspruch des Staates um des Rechtsgüterschutzes Einzelner und der Allgemeinheit willen in einem justizförmig geordneten Verfahren durchzusetzen und damit dem vom Gewicht der Strafe Bedrohten eine wirksame Sicherung seiner Grundrechte zu gewährleisten, ergibt sich ferner, daß dem Strafprozeß von Verfassungs wegen die Aufgabe gestellt ist, das aus der Würde des Menschen als eigenverantwortlich handelnder Person abgeleitete Prinzip, daß keine Strafe ohne Schuld verhängt werden darf (vgl. BVerfGE 20, 323 [331]), zu sichern und entsprechende verfahrensrechtliche Vorkehrungen bereitzustellen. Als zentrales Anliegen des Strafprozesses erweist sich daher die Ermittlung des *wahren* Sachverhalts, ohne den das materielle Schuldprinzip nicht verwirklicht werden kann. Der Anspruch des Angeklagten auf ein faires Verfahren kann deshalb auch durch verfahrensrechtliche Gestaltungen berührt werden, die der Ermittlung der Wahrheit und somit einem gerechten Urteil entgegenstehen.

aa) Welche Anforderungen sich daraus für die prozessualen Garantien zuverlässiger Wahrheitsforschung im Hinblick auf § 251 Abs. 2 StPO ergeben, kann nicht in zeitlos gültiger Weise beantwortet werden, sondern hängt nicht zuletzt von dem Typus und der Struktur des Strafprozesses ab, für den sich der Gesetzgeber entschieden hat. Das Recht auf ein faires Verfahren als eine Ausprägung des Rechtsstaatsprinzips, das in der Verfassung nur zum

Teil näher konkretisiert ist, enthält keine in allen Einzelheiten bestimmten Gebote und Verbote; es bedarf daher die Konkretisierung je nach den sachlichen Gegebenheiten. Bei der Weite und Unbestimmtheit des Rechtsstaatsprinzips ist dabei mit Behutsamkeit vorzugehen; denn es ist grundsätzlich Sache des Gesetzgebers, zwischen möglichen Alternativen bei der normativen Konkretisierung eines Verfassungsgrundsatzes zu wählen. Erst wenn sich bei Berücksichtigung aller Umstände und nicht zuletzt der im Rechtsstaatsprinzip selbst angelegten Gegenläufigkeiten unzweideutig ergibt, daß rechtsstaatlich unverzichtbare Erfordernisse nicht mehr gewahrt sind, können aus diesem selbst konkrete Folgerungen für die Ausgestaltung des Strafverfahrens im Rahmen der vom Gesetzgeber gewählten Grundstruktur des Verfahrens gezogen werden. Die an diesen Maßstäben auszurichtende verfassungsrechtliche Beurteilung der Auslegung und Anwendung des § 251 Abs. 2 StPO im Gefüge des geltenden Strafprozeßrechts erfordert mithin die Einbeziehung der Systematik, in welche die Vorschrift eingebettet ist; die Gesamtschau ergibt, daß die Vorschrift den Anforderungen genügt, die ein faires Verfahren verlangt.

bb) § 251 Abs. 2 StPO behandelt als eine zum Recht der Beweisaufnahme gehörende Vorschrift einen Ausschnitt aus dem Bereich der sogenannten »mittelbaren« Beweismittel, die den wirklichen oder vermeintlichen sachlichen Inhalt der dem Beweisthema nächsten Originalbeweismittel lediglich berichten. Infolge der bei dieser Reproduktion nicht auszuschließenden Fehlerquellen stellen sie typischerweise einen weniger zuverlässigen Weg zur Erforschung der Wahrheit dar. Die in § 251 Abs. 2 StPO getroffene Regelung ist vor dem Hintergrund der für alle Beweisarten und Beweismittel im strafprozessualen Erkenntnisverfahren grundsätzlich Geltung beanspruchenden gerichtlichen Aufklärungspflicht zu sehen, nach der das Gericht »zur Erforschung der Wahrheit die Beweisaufnahme von Amts wegen auf alle Tatsachen und Beweismittel zu erstrecken hat, die für die Entscheidung von Bedeutung sind« (§ 244 Abs. 2 StPO). Dieser Grundsatz schließt es ein, daß das Gericht sich um den bestmöglichen Beweis zu bemühen hat. Dies wird häufig der – bezogen auf das Beweisthema – sachnähere Originalbeweis sein, dessen Aussageinhalt selbst den Schluß auf das Vorliegen oder Nichtvorliegen eines entscheidungserheblichen Umstandes zuläßt. Deshalb darf das Gericht sich bei der Auswahl unter mehreren Beweismitteln regelmäßig nicht damit begnügen, den mit der Gefahr größerer Unzuverlässigkeit behafteten sachferneren Beweis zu erheben, sofern qualitativ bessere Beweismittel zur Verfügung stehen. Vielmehr hat das Gericht bei der Erforschung einer Straftat und bei der Ermittlung der für Schuld und Strafe maßgebenden Tatsachen in die erkenntnismäßig bestmögliche Sachnähe zu den Tatsachen zu treten, die für Unrechtstatbestand, Schuld und Sanktionen beweisrelevant sind.

§ 244 Abs. 2 StPO enthält jedoch kein Verbot, mittelbare und damit sachfernere Beweise zu erheben. Der Grundsatz vollständiger und umfassender Sachaufklärung, mit dem Beschränkungen der Beweisgewinnung und Beweisheranziehung nur begrenzt zu vereinbaren sind, schließt auch solche »mittelbare« Beweismittel nicht als unzulässig aus, sofern diese für die Wahrheitsfindung Bedeutung haben. Dieser Art Beweisführung steht § 244 Abs. 2 StPO daher insbesondere dann nicht entgegen, wenn der Beweis durch das sachnähere Beweismittel nicht möglich ist, weil es untergegangen oder unerreichbar ist. Dieser flexiblen Regelung, die im Interesse der Wahrheitsfindung grundsätzlich kein Beweismittel als von vornherein ungeeignet zurückweist, korrespondiert auf der Ebene der Beweisbewertung das Prinzip der freien Beweiswürdigung durch das Gericht (§ 261 StPO). Es bindet den Richter an keine gesetzlichen Beweisregeln, legt ihm jedoch auf, im Einzelfall die Aussagekraft der zulässigerweise erhobenen Beweise sorgfältig zu überprüfen und zu würdigen. Dabei kann der möglicherweise geringere Beweiswert weniger sachnaher Beweismittel dadurch Berücksichtigung finden, daß er – gerade auch im Hinblick auf ihre möglichen Fehlerquellen – eine Überzeugungsbildung des Gerichts nicht zuläßt, so daß nach dem Grundsatz »Im Zweifel für den Angeklagten« ein Freispruch erfolgen muß oder eine dem Angeklagten günstigere Sachverhaltsalternative anzunehmen ist.

In dieses System der Beweisgewinnung und -bewertung fügt sich die in den §§ 250 bis 256 StPO getroffene Spezialregelung für das Verhältnis des Personalbeweises zum Urkundenbeweis ein, in der § 251 Abs. 2 StPO seinen Platz hat. Der an die Spitze dieses Regelungskomplexes gestellte § 250 StPO verbietet es zwar, die Vernehmung einer Person durch Verlesung des über eine frühere Vernehmung aufgenommenen Protokolls zu ersetzen, wenn der Beweis einer Tatsache auf der Wahrnehmung dieser Person beruht. Dieser Regelung liegt der Gedanke zugrunde, daß die mündlich-persönliche Vernehmung einer Person durch das erkennende Gericht in der Hauptverhandlung über die von ihr wahrgenommenen Tatsachen schlechthin den Vorzug gegenüber berichtenden Urkunden verdient, weil die Beweisvermittlung im Bereich des Personalbeweises erfahrungsgemäß mit besonders gravierenden Gefahren verbunden ist, die sich aus der Eigenart dieser Beweisquelle ergeben. § 250 StPO geht deshalb davon aus, daß der sachnähere Beweis insoweit stets der bessere sei, und erklärt die wahrheitsgewährleistende Funktion des persönlichen Eindrucks mit der Möglichkeit von Fragen, Vorhalten und Gegenüberstellungen grundsätzlich für unverzichtbar. Andererseits kann ein derartiges Beweisverbot infolge seiner mangelnden Elastizität der Wahrheitsfindung und einem gerechten Urteil im Einzelfall auch entgegenstehen. Deshalb hat der Gesetzgeber den Grundsatz des § 250 StPO durch zahlreiche Ausnahmen (§§ 251 ff. StPO) durchbrochen. Sie ermöglichen *im Interesse der Wahrheitsfindung* eine flexiblere Handhabung des Beweisrechts. Den damit verbundenen Gefahren begegnet die Strafprozeßordnung mit dem Grundsatz der freien richterlichen Beweiswürdigung. So ist es unter bestimmten in § 251 Abs. 1 StPO aufgezählten Umständen zulässig, richterliche Vernehmungsniederschriften als Ersatz für eine persönliche Vernehmung heranzuziehen. § 251 Abs. 2 StPO läßt es unter – engeren – Voraussetzungen ausnahmsweise zu, daß Niederschriften über andere, also auch polizeiliche Vernehmungen und schriftliche Äußerungen einer Wahrnehmungsperson als Beweismittel Verwendung finden.

cc) § 251 Abs. 2 StPO ist vor dem Hintergrund der Verfahrensprinzipien und Regelungszusammenhänge des Strafprozeßrechts, welche der Erforschung der Wahrheit zu dienen bestimmt sind und zur Erreichung dieses Zieles zusammenwirken, verfassungsrechtlich nicht zu beanstanden; diese gewährleisten es in ihrer Gesamtheit und insbesondere im Hinblick auf die ausgleichende Funktion der freien Beweiswürdigung, daß ein faires Verfahren gewahrt bleibt.

Die Strafprozeßordnung will die Ermittlung des wahren Sachverhalts in hohem Maße insbesondere dadurch gewährleisten, daß das Strafverfahren als ein vom Prinzip der materiellen Wahrheitserforschung beherrschter Amtsprozeß ausgestaltet ist, in dem das Gericht von Amts wegen zur Erforschung der Wahrheit verpflichtet ist (§ 244 Abs. 2 StPO) und die Verfahrensbeteiligten – jedenfalls in der ersten Instanz – grundsätzlich weder über den Prozeßstoff verfügen noch eine vorzeitige Verfahrensbeendigung herbeiführen können. Dies findet seinen Ausdruck zusätzlich in der starken Stellung des über die Kenntnis der Akten verfügenden Gerichtsvorsitzenden, dem die Leitung der Verhandlung, die Vernehmung des Angeklagten und die Aufnahme des Beweises obliegt (§ 238 Abs. 1 StPO). Die in den Vordergrund gestellte Sicherung der Gerechtigkeit durch Aufklärung des wahren Sachverhalts wird verstärkt durch die Mitwirkung einer zur Objektivität verpflichteten Anklagebehörde (§ 160 StPO) und das Recht des Angeklagten, sich – gegebenenfalls unter dem Beistand eines Verteidigers (§§ 137, 140 StPO) – durch Fragen (§ 240 StPO), Anregungen und Erklärungen (§§ 257, 258 StPO) sowie durch die Stellung von Beweisanträgen, die nur unter engen Voraussetzungen abgelehnt werden können (§§ 244 Abs. 3 bis 6, 245 Abs. 2, 246 Abs. 1 StPO), an der Aufklärung des Sachverhalts aktiv zu beteiligen. Ihre Ergänzung finden diese Regelungen in den Vorschriften, welche die Urteilsfindung durch ein unabhängiges und unparteiisches Gericht gewährleisten, das zu prozessualer Fürsorge gegenüber dem Angeklagten gehalten ist, wie sie sich u. a. in Hinweispflichten (§ 265 StPO) und der Pflicht, eine angemessene Vorbereitung auf veränderte Prozeßlagen zu gewähren (vgl. §§ 145 Abs. 3; 265 Abs. 3, 4 StPO), gesetzlich verdichtet hat. Darüber hinaus kommen auch den Verfahrensgrundsätzen einer mündlichen, konzentrierten und schleunigen Verhandlung unter beständiger Anwesenheit der zur Wahrheitsfindung berufenen Personen und des Angeklagten wahrheitssichernde Funktionen zu. Bei einer derartigen Ausgestaltung des Strafverfahrens mit seinen vielfältigen, sich gegenseitig verstärkenden und auf die Schaffung einer wahren Urteilsgrundlage gerichteten Vorkehrungen ist ersichtlich schon weitgehend Vorsorge gegen eine Verfälschung des Beweisergebnisses durch qualitativ möglicherweise geringwertige Beweismittel getroffen. Deshalb bestehen auch im Hinblick auf die im Strafverfahren drohenden einschneidenden Folgen für den Beschuldigten keine rechtsstaatlichen Bedenken gegen den durch § 251 Abs. 2 StPO ausnahmsweise zugelassenen mittelbaren Beweis durch Urkunden. Wenn auch eine derartige Beweisführung gegenüber der grundsätzlichen Garantie des bestmöglichen Beweises eine relative Verschlechterung der Beweissituation für den Betroffenen darstellen kann, so hält doch das geltende Strafprozeßrecht in dem Grundsatz der freien Beweiswürdigung (§ 261 StPO) ein Regulativ bereit, das der Besonderheit dieser beweisrechtlichen Ausnahmesituation gerecht zu werden vermag und zusammen mit dem Erfordernis des zweifelsfreien Schuldnachweises den Anspruch des Angeklagten auf ein faires Verfahren gewährleistet.

Nichts anderes gilt für die durch § 251 Abs. 2 StPO zugelassene Verlesung polizeilicher Vernehmungsniederschriften. Ein generelles Mißtrauen gegenüber dem Beweiswert von Polizeiprotokollen ist im Staat des Grundgesetzes nicht gerechtfertigt; der Hinweis des Beschwerdeführers auf die Entstehungsgeschichte des § 251 Abs. 2 StPO, der durch die »Dritte Verordnung zur Vereinfachung der Strafrechtspflege« vom 29. Mai 1943 (RGBl. I, S. 342) in seiner heutigen Form eingeführt wurde, vermag daran nichts zu ändern. Durch das Gesetz zur Wiederherstellung der Rechtseinheit vom 12. September 1950 (BGBl. S. 455) wurde die Norm im übrigen vom nachkonstitutionellen Gesetzgeber als frei von ideologischen Überresten der vorangegangenen Epoche übernommen und seitdem trotz zahlreicher Änderungen des Prozeßrechts beibehalten.

dd) Bei einer rechtsstaatliche Grundsätze beachtenden Auslegung der Vorschrift ergeben sich verfassungsrechtliche Bedenken auch nicht daraus, daß die »Unerreichbarkeit« einer Beweisperson im Sinne des § 251 Abs. 2 StPO auf die Weigerung einer Behörde zurückgeführt werden kann, ihr Wissen von dem Aufenthalt dieser Person mitzuteilen oder ihren Angehörigen die Aussage über Umstände zu genehmigen, auf die sich ihre Pflicht zur Amtsverschwiegenheit bezieht.

(1) Das Gesetz sieht eine Beschränkung der Aufklärungsmöglichkeiten des Gerichts durch behördliche Entscheidung an mehreren Stellen vor. § 54 Abs. 1 StPO verweist hinsichtlich der Genehmigung zur Aussage für Beamte und andere Angehörige des öffentlichen Dienstes auf die besonderen beamtenrechtlichen Vorschriften. Gemäß § 39 Abs. 3 Satz 1 des Beamtenrechtsrahmengesetzes darf die Genehmigung, als Zeuge auszusagen, nur versagt werden, wenn die Aussage dem Wohle des Bundes oder eines deutschen Landes Nachteile bereiten oder die Erfüllung öffentlicher Aufgaben ernstlich gefährden oder erheblich erschweren würde. Die Beamtengesetze des Bundes und der Länder enthalten gleichlautende Vorschriften. Soweit die Aussagegenehmigung versagt worden ist, hat der um Auskunft befragte Zeuge das Recht und die Pflicht, die Aussage zu verweigern. Gemäß § 96 StPO darf zu-

dem die Vorverlegung oder Auslieferung von Akten oder anderen in amtlicher Verwahrung befindlichen Schriftstücken durch Behörden und öffentliche Beamte nicht gefordert werden, wenn deren oberste Dienstbehörde erklärt, daß das Bekanntwerden des Inhalts dieser Akten oder Schriftstücke dem Wohl des Bundes oder eines deutschen Landes Nachteile bereiten würde. Soweit das Gericht eine behördliche Auskunft begehrt, kann es zwar – ebenso wie die Staatsanwaltschaft – von allen öffentlichen Behörden die Auskünfte verlangen, die es zur Erforschung der Wahrheit für erforderlich hält (§§ 161, 202, 244 Abs. 2 StPO), wenn nicht eine ausdrückliche gesetzliche Regelung die Auskunfts*pflicht* der Behörde (vgl. BVerwGE 8, 324 [326]; *Kleinknecht*, StPO, 35. Aufl., 1981, § 161 Rdnr. 1; *Düwel*, Das Amtsgeheimnis, 1965, S. 39; *Erdsiek*, NJW 1960, S. 616) einschränkt. Im Hinblick darauf, daß das Gesetz durch die §§ 54, 96 StPO eindeutig seinem Willen Ausdruck verliehen hat, das Amtsgeheimnis auch im Strafverfahren in gewissen Grenzen zu schützen, wird in entsprechender Anwendung aber auch dann als zulässig angesehen, wenn die oberste Dienstbehörde erklärt, daß deren Bekanntwerden »dem Wohl des Bundes oder eines deutschen Landes Nachteile bereiten würde« (BVerwGE 8, 324 [326]; BGH, NJW 1981, S. 355; vgl. auch § 99 VwGO). Mittel, die Preisgabe des behördlichen Wissens zu erzwingen, stehen dem Gericht oder der Staatsanwaltschaft nach geltendem Recht nicht zu Gebote. Die endgültige Weigerung der Behörde, ihr Wissen um den Aufenthalt eines Zeugen mitzuteilen, macht ihn nach Ausschöpfung der vorhandenen und durch die Aufklärungspflicht gebotenen Möglichkeiten für eine gerichtliche Vernehmung somit regelmäßig »unerreichbar« im Sinne des § 251 Abs. 2 StPO.

(2) Die Besonderheit, daß sich staatliche Stellen an der Zurückhaltung des möglicherweise besseren Beweismittels beteiligen, begründet zusätzliche rechtsstaatliche Anforderungen, die an den Entscheidungsprozeß der Behörde und die Nachprüfung dieser Entscheidung durch das in seinen Aufklärungsmöglichkeiten insoweit eingeschränkte Gericht zu stellen sind.

(a) Das Gebot einer rechtsstaatlichen, insbesondere auch fairen Verfahrensgestaltung wendet sich nicht nur an die Gerichte, sondern ist auch von allen anderen staatlichen Organen zu beachten, die auf den Gang eines Strafverfahrens Einfluß nehmen, demgemäß auch von der Exekutive, soweit sie sich rechtlich gehalten sieht, bestimmte Beweismittel nicht freizugeben. Die Zurückhaltung von Beweismitteln kann für die Verteidigung trotz formaler Wahrung aller prozessualen Rechte zu erheblichen Nachteilen führen. Insbesondere kann der Zeuge in der Hauptverhandlung nicht befragt werden (§ 240 StPO, Art. 6 Abs. 3 Buchstabe d MRK). Der persönliche Eindruck von dem Zeugen entfällt. Seine Glaubwürdigkeit kann nicht umfassend beurteilt werden; Gesichtspunkte, die zu Zweifeln Anlaß geben könnten, bleiben möglicherweise unentdeckt. Es ist zudem möglich, daß Näheres über den Zeugen überhaupt nicht zu erfahren ist, weil Vernehmungsbeamte, die ihn kennen, nicht aussagen dürfen. In derartigen Fällen liefe mithin das Recht des Angeklagten leer, Erkundigungen über den Zeugen einzuholen mit dem Ziel, dessen Glaubwürdigkeit zu erschüttern (§§ 246 Abs. 2, 3 und 222 Abs. 1 StPO).

Vor der Verfassung hat eine derartige Auswirkung des Verhaltens der Exekutive auf das Strafverfahren nur Bestand, wenn die Einwirkungsmöglichkeiten in einer mit rechtsstaatlichen Grundsätzen übereinstimmenden Weise gehandhabt und der eigenen Beurteilung durch das Gericht nicht weiter entzogen werden, als dies zur Wahrung verfassungsrechtlich geschützter Belange unumgänglich ist. Bewegt sich die Behörde bei ihrer Entscheidung im rechtsstaatlichen Rahmen, dann verletzt andererseits die Wirkung ihrer Entschließung auch nicht die Rechtsstaatlichkeit des Strafverfahrens.

(b) Bei der Entscheidung darüber, ob die in unbestimmten Rechtsbegriffen niedergelegten Voraussetzungen vorliegen, eine Auskunft zu verweigern oder eine Aussagegenehmigung zu versagen, hat die Behörde die von ihr wahrzunehmenden Aufgaben – mögen diese auch noch so bedeutsame Anliegen betreffen – nicht schon als genügende Rechtfertigung zu betrachten, sich der grundsätzlich bestehenden Auskunftspflicht zu entziehen. Der hohe Rang der gerichtlichen Wahrheitsfindung für die Sicherung der Gerechtigkeit und das Gewicht des Freiheitsanspruchs des Beschuldigten gebieten es vielmehr, diese Belange bei ihrer Entscheidung zu berücksichtigen und ihnen genügendes Gewicht zu verleihen. Denn das Staatswohl und die Wahrung öffentlicher Belange erfordern es auch, sowohl die Grundrechte Einzelner zu schützen und niemanden einer ungerechtfertigten Verurteilung auszuliefern als auch den Strafanspruch des Staates durchzusetzen.

Es liegt indessen auf der Hand, daß es verfassungsmäßig legitimierte staatliche Aufgaben gibt, die zu ihrer Erfüllung der Geheimhaltung bedürfen, ohne daß dagegen verfassungsrechtliche Bedenken zu erheben wären. Die Wahrnehmung derartiger – in ihrer rechtlichen Gebundenheit nicht außerhalb des Rechtsstaats stehender – Aufgaben würde erheblich erschwert und in weiten Teilen unmöglich gemacht, wenn die Aufdeckung geheimhaltungsbedürftiger Vorgänge im Strafverfahren ausnahmslos geboten wäre. Dies gilt insbesondere für Erkenntnisse und Arbeitsweisen der für die innere und äußere Sicherheit der Bundesrepublik Deutschland tätigen Behörden. Auch zur Bekämpfung besonders gefährlicher Kriminalität, wie etwa der Bandenkriminalität und des Rauschgifthandels, können die Strafverfolgungsorgane, wenn sie ihrem Auftrag der rechtsstaatlich gebotenen Verfolgung von Straftaten überhaupt gerecht werden sollen, ohne den Einsatz sogenannter V-Leute nicht auskommen, deren Identität auch noch nach dem Einsatz gewahrt werden muß.

In der Reihe der Sachverhalte, die einer Auskunftserteilung der Behörde entgegenstehen können, nimmt das Grundrecht auf Leben und körperliche Unversehrtheit einen besonders hohen Rang ein (BVerfGE 39, 1 [42]). Art. 2 Abs. 2 Satz 1 in Verbindung mit Art. 1 Abs. 1 Satz 2 GG verpflichtet den Staat zu einem umfassenden Schutz des menschlichen Lebens und gebietet ihm, sich schützend vor dieses Leben zu stellen, es insbesondere vor rechtswidrigen Angriffen anderer zu bewahren (vgl. BVerfGE 46, 160 [164]). Öffentliche Interessen können es somit auch gebieten, das Wissen um den Aufenthalt eines Zeugen geheimzuhalten und dadurch sein persönliches Erscheinen in der Hauptverhandlung oder eine sonstige gerichtliche Vernehmung zu verhindern, um eine dem Zeugen drohende Lebensgefahr abzuwenden (vgl. BGHSt 29, 109, 112). Ähnliches gilt, wenn die Freiheit des Zeugen als Folge seiner Preisgabe ernstlich gefährdet ist.

(c) Wann im Einzelfall die Versagung einer Auskunft und eine dadurch ausgelöste Beeinträchtigung der Beweiserhebung rechtsstaatlich nicht zu beanstanden ist, läßt sich nicht abstrakt festlegen. Erst bei sorgfältiger Abwägung der im Spannungsfeld stehenden Rechtsgüter und entsprechender Würdigung des gesamten Sachverhalts wird sich ein zutreffendes Urteil finden lassen. Besonders bedeutsam werden dabei regelmäßig die Schwere der Straftat, das Ausmaß der dem Beschuldigten drohenden Nachteile und das Gewicht der einer bestmöglichen Aufklärung entgegenstehenden

Umstände sein. Auch den Stellenwert des Beweismittels im Rahmen der Beweislage wird es zu berücksichtigen gelten. Ergibt sich als Ergebnis der Abwägung, daß ein an sich zugängliches, dem Beweisthema sachnäheres Beweismittel in den üblichen prozessualen Formen nicht für die Beweisaufnahme in der Hauptverhandlung zur Verfügung gestellt werden kann, so ist zunächst alles Zumutbare und der Bedeutung der Sache Angemessene zu tun, um die der Heranziehung dieses Beweismittels entgegenstehenden Gründe auszuräumen und zu der Beweisquelle in der unter Wahrung entgegenstehender Belange bestmöglichen Form Zugang zu gewähren, damit die erforderliche Sachaufklärung und die damit verbundenen Rechte der Verfahrensbeteiligten nicht mehr als unvermeidlich beeinträchtigt werden. Die Behörde hat dabei auch zu erwägen, ob nicht bereits bestimmte verfahrensrechtliche Vorkehrungen zur Wahrung ihrer Belange ausreichen. So hat sie in Rechnung zu stellen, daß der Vorsitzende einem Zeugen unter bestimmten Voraussetzungen gestatten kann, seinen Wohnort nicht anzugeben (§ 68 Satz 2 StPO), und daß das Gericht z. B. gemäß § 172 Nr. 1 GVG für die Verhandlung oder einen Teil derselben die Öffentlichkeit ausschließen darf, wenn eine Gefährdung der Staatssicherheit oder der öffentlichen Ordnung zu besorgen ist, wobei der Ausschluß der Öffentlichkeit auch dann gerechtfertigt sein kann, wenn bei wahrheitsgemäßer Aussage eines Zeugen in öffentlicher Verhandlung dem Angeklagten, einem Zeugen oder dessen Informanten eine Gefahr für Leib oder Leben durch andere Personen entsteht (BGHSt 16, 111 [113]; BGH, bei Holtz, MDR 1980, S. 273). Ein persönlich gefährdeter Zeuge ist auf dem Weg zum Gericht und zurück sowie im Gericht selbst vor Anschlägen auf sein Leben zu schützen, wobei die für die Sicherheit des Zeugen zuständigen Stellen alle der Bedeutung der Beweisaufnahme entsprechenden Anstrengungen zu unternehmen haben, um die Vernehmung des Zeugen *in der Hauptverhandlung* zu ermöglichen (vgl. BGHSt 29, 109 [113]). Das Gericht darf ferner zusichern, daß der gefährdete Zeuge im Falle seiner Identitätsänderung seinen gegenwärtigen Namen nicht anzugeben braucht, wenn nur so eine Vernehmung erreicht werden kann (vgl. BGHSt 29, 109 [113]).

Erst wenn derartige Vorkehrungen nicht hinreichen, um das vorhandene sachnähere Beweismittel vollständig in die Hauptverhandlung einführen zu können, kommt ersatzweise ein Rückgriff auf das weniger sachnahe Beweismittel in Frage. Demgemäß wird sich vor der Verwertung der Niederschrift über eine nichtrichterliche Vernehmung oder einer Urkunde, die von der Beweisperson stammende schriftliche Äußerungen enthält, aufdrängen, den Zeugen zunächst unter besonderen Vorkehrungen durch einen beauftragten oder ersuchten Richter vernehmen zu lassen (BGHSt 29, 109 [113]; BGH, Urteil vom 5. März 1980 – 3 StR 18/80 (L) –; BGH, NJW 1980, S. 2088; BGH, Beschluß vom 9. Juni 1980 – 3 StR 132/80 (L) –). Die kommissarische Vernehmung darf notfalls auch unter Ausschluß des Angeklagten und seines Verteidigers stattfinden, wenn anders die einer richterlichen Vernehmung entgegenstehenden Gründe nicht ausgeräumt werden können (vgl. BHG, NJW 1980, S. 2088). Kann *ausnahmsweise* auch unter diesen Vorkehrungen eine richterliche Vernehmung ohne Beeinträchtigung überwiegender entgegenstehender Belange nicht stattfinden, so ist eine schriftliche Befragung nicht schon von vornherein ausgeschlossen, denn sie bietet zur Aufklärung der Wahrheit unter Umständen weitergehende Möglichkeiten, als wenn auf derartige Informationen überhaupt verzichtet werden müßte.

(d) Das Erfordernis, daß die Behörde ihre Entscheidung an den genannten Grundsätzen auszurichten hat, reicht indessen für sich allein nicht hin, den rechtsstaatlichen Verfahrensgarantien zu genügen. Im Rahmen der grundgesetzlichen Kompetenzverteilung ist es grundsätzlich Aufgabe der den Gerichten übertragenen rechtsprechenden Gewalt (Art. 92 GG), frei von Einwirkungen anderer Staatsorgane *selbst* darüber zu befinden, welche Beweismittel zur Aufklärung der Sache notwendig sind. Die vom Gericht nicht überprüfbare Entscheidungsmacht einer Behörde, vorhandene Beweismittel nicht zur Verfügung zu stellen, kann sich dazu in Widerspruch stellen (vgl. *Herzog* in: Maunz/Dürig/Herzog/Scholz, GG, Art. 92 Rdnr. 70; Bettermann/Nipperdey/Scheuner, Die Grundrechte, Bd. III/2, 1959, S. 543). Eine der Abgrenzung der Aufgaben von rechtsprechender und vollziehender Gewalt gerecht werdende Befugnis der Behörde, kraft eigener Entscheidung Beweismittel nicht preiszugeben, kann vor dem Erfordernis einer wirksamen Strafrechtspflege und dem – letztlich auch aus Art. 1 Abs. 1 GG folgenden – Gebot, die Wahrheit zu ermitteln, deshalb nur dadurch gerechtfertigt werden, daß es unabweisbare, zwingende Sachgründe verbieten, das Gericht selbst darüber entscheiden zu lassen, ob ein bestimmter Beweis erhoben werden kann. Derartige Gründe sind indes bei geheimhaltungsbedürftigen Vorgängen gegeben, bei denen es regelmäßig kein praktikables und zugleich verfassungsrechtlich zulässiges Mittel gibt, eine vollständige Sachprüfung durch das Strafgericht zu ermöglichen. Der Ausweg, das Geheimnis lediglich dem Strafgericht zu offenbaren, bietet sich nicht, weil dies einen Verstoß gegen den in Art. 103 Abs. 1 GG gesicherten Anspruch auf rechtliches Gehör der Beteiligten begründen würde. Dieser Grundsatz ist unverzichtbar und gehört zum Kern einer rechtsstaatlichen Verfahrensgestaltung. Demgegenüber muß die grundsätzliche Entscheidungsbefugnis des Gerichts eine Einbuße erfahren und aus zwingenden Sachgründen einer verbindlichen Entscheidung durch die Behörde weichen.

Dies bedeutet jedoch nicht, daß die Gerichte unter Ausschluß jeder Überprüfungsmöglichkeit darauf verwiesen wären, die Entscheidung der Behörde hinzunehmen. Denn die Auskunftspflicht der Behörde, auf deren Erfüllung des Gericht im Rahmen seiner Aufklärungspflicht gegebenenfalls hinzuwirken hat, reicht soweit, wie entgegenstehende Gründe dies noch zulassen, damit dem Gericht die Überprüfung der Rechtmäßigkeit der behördlichen Weigerung mindestens auf offensichtliche Fehler nicht von vornherein verschlossen bleibt. Auch dann, wenn Geheimhaltungsinteressen nur eine unvollständige Auskunft zulassen, ist also die Behörde nicht der Verpflichtung enthoben, die Gründe ihrer Weigerung verständlich zu machen, schon um das Gericht in die Lage zu versetzen, auf die Beseitigung etwaiger Hindernisse hinzuwirken und auf die Bereitstellung des bestmöglichen Beweises zu dringen (vgl. BGHSt 29, 109 [112]).

(e) Der Bereich vom Strafgericht nicht vollständig nachprüfbarer Entscheidungsmacht der Exekutive und die darin enthaltene Gefahr unzulässiger Einflußnahme auf die gerichtliche Sachaufklärung sind ferner rechtsstaatlich nur hinnehmbar, wenn auf seiten der Behörde alle Voraussetzungen dafür geschaffen sind, daß die ihr obliegende Abwägung in möglichst sachgerechter Form vorgenommen wird. Damit vertrüge es sich nicht, wenn die Entscheidung über die Weigerung an untergeordneter Stelle gefällt würde. Nachgeordnete Ämter können möglicherweise aufgrund eines engeren Aufgabenbereichs nicht sicher beurteilen, in welches rechte Verhältnis die widerstreitenden Interessen zu setzen sind, zumal sie unter Umständen über ihre eigenen Handlungen Auskunft geben sollen. Dies gilt in besonderem Maße, wenn die Geheimhaltung gerade von der Behörde wahrzunehmenden Interessen dienen soll, deren Überbewertung in solchen Fällen nicht fernliegt. Deshalb ist es geboten, daß die Entscheidung an einer Stelle getroffen wird, die sich von derartigen Fehlerquellen am ehesten freizumachen versteht, weil sie den größten Überblick und auch ein umfassendes Urteilsvermögen hat. Dazu reicht jedenfalls eine Entscheidung durch die oberste Aufsichtsbehörde aus, an deren Spitze ein Regierungsmitglied oder, wenn die Landesregierung in ihrer Gesamtheit oberste Aufsichtsbehörde ist, alle Regierungsmitglieder stehen. Diese wird am sichersten beurteilen können, was das Staatswohl verlangt (§ 96 StPO, § 39 Abs. 3 BRRG). Das Erfordernis der Entscheidung der obersten Aufsichts- oder Dienstbehörde ist sowohl in § 96 StPO, als auch in § 62 Abs. 4 BBG und in einer Reihe von Landesbeamtengesetzen (z. B. Art. 70 Abs. 3 des Bayerischen Beamtengesetzes, § 76 Abs. 4 des Hessischen Beamtengesetzes und § 65 Abs. 4 des Beamtengesetzes für das Land Nordrhein-Westfalen) enthalten. Es ist im übrigen auch in andere Verfahrensordnungen aufgenommen und für das Verwaltungs- und Finanzgerichtsverfahren durch Einführung einer gerichtlichen Kontrolle ergänzt worden (§ 99 VwGO, § 119 SGG, § 86 FGO). Die Verlagerung der Entscheidung auf eine höhere Ebene hindert es von Verfassungs wegen jedoch nicht, daß die zur Willensbildung berufene Stelle für häufig vorkommende und im wesentlichen gleichgelagerte Fälle im voraus eine Entscheidung trifft und die nachgeordneten Behörden ermächtigt, in deren Rahmen von ihr selbständigen Gebrauch zu machen.

(3) Sind die genannten Voraussetzungen beachtet, so kann im Blick auf die der minderen Beweisqualität Rechnung tragenden verfahrensrechtlichen Sicherungen – vor allem die gebotene vorsichtige Beweiswürdigung – die Zurückhaltung eines Beweismittels durch behördliche Weigerung rechtsstaatlich hingenommen werden. Der Grundsatz der Prozeßfairneß steht einer Verwertung des sachferneren anstelle des sachnäheren Beweismittels zuungunsten des Angeklagten jedoch entgegen, wenn die Behörde den gestellten Anforderungen nicht genügt, insbesondere wenn sie das bessere Beweismittel dem Gericht willkürlich, offensichtlich rechtsfehlerhaft oder ohne Angabe von Gründen vorenthält. Es würde dem Gebot des fairen Verfahrens widersprechen, die Ver-

nehmung des aus den genannten Gründen unerreichbaren Zeugen in der Hauptverhandlung durch die Verlesung der Niederschriften über seine früheren Aussagen vor der Polizei zu ersetzen, ohne daß Gründe geltend gemacht und im Rahmen des Möglichen belegt sind, die das Gericht in den Stand setzen zu prüfen, ob dies unumgänglich ist (so auch BGHSt 29, 109 [112]).

2. Nach alledem ist die vom Beschwerdeführer angegriffene Verurteilung durch das Bayerische Oberste Landesgericht unter dem hier in Frage stehenden Gesichtspunkt verfassungsrechtlich nicht zu beanstanden.

Die Entscheidung der Behörde ist an richtiger Stelle getroffen worden, denn der Bundesnachrichtendienst hat sich im Einvernehmen mit dem Bundeskanzleramt und somit seiner obersten Aufsichtsbehörde geweigert, den an geheimgehaltenen Ort verborgenen Zeugen anders als für eine schriftliche Befragung zur Verfügung zu stellen. Die dem Gericht für die Weigerung mitgeteilten Gründe ermöglichten ihm, deren Berechtigung nachzuvollziehen. Seine Bewertung der Weigerungsgründe ist verfassungsrechtlich nicht zu beanstanden. Die Frage, ob eine andere Beurteilung in Betracht käme, wenn der Zeuge trotz der Bereitschaft, vor Gericht auszusagen, von den Sicherheitsbehörden zurückgehalten worden wäre, kann auf sich beruhen. Unter den Besonderheiten des vorliegenden Falles ist ein derartiger Hergang auszuschließen.

Nach den Feststellungen des Bayerischen Obersten Landesgerichts, die der Überprüfung durch das Bundesverfassungsgericht zugrunde zu legen sind, ist davon auszugehen, daß jede Art von Vernehmung eine konkrete Lebensgefahr für den Zeugen heraufbeschworen hätte. Gegenüber dieser dem Zeugen drohenden Gefahr wog das Interesse des Beschwerdeführers an einer unmittelbaren richterlichen Einvernahme des Zeugen und der dadurch erhofften Verbesserung seiner Verteidigungsmöglichkeit weniger schwer. Die Beschränkung der Verteidigung hielt sich angesichts des Stellenwertes der Zeugenaussage, der entgegen dem Vorbringen des Beschwerdeführers für die Beweisführung nur eine untergeordnete Bedeutung zukam, in einem jedenfalls vertretbaren Rahmen. Zwar konnte der Zeuge nicht persönlich befragt werden; der persönliche Eindruck hätte jedoch auch bei einer kommissarischen Vernehmung durch einen Richter nur begrenzt in die Hauptverhandlung eingeführt werden können. Das Fragerecht war dem

Beschwerdeführer nicht vollständig genommen, vielmehr war ihm Gelegenheit gegeben, auf schriftlichem Wege einen umfangreichen Fragenkatalog an den Zeugen gelangen zu lassen, den dieser auch beantwortet hat. Schließlich ist die Beurteilung der Glaubwürdigkeit des Zeugen möglich geblieben. In der Hauptverhandlung sind mehrere Zeugen vernommen worden, die eingehend mit ihm persönlich befaßt waren und umfangreiche Angaben zu seinem persönlichen Hintergrund, seinem Aussageverhalten und der Zuverlässigkeit seiner Angaben gemacht haben.

Das Bayerische Oberste Landesgericht ist ersichtlich auch den besonderen Anforderungen gerecht geworden, die an die Würdigung eines solchen Beweises zu stellen sind. Es hat nicht nur die Glaubwürdigkeit des Zeugen einer eingehenden Überprüfung unterzogen, sondern die Beweisaufnahme auch so umfassend gestaltet, daß die Aussage des Zeugen, die das Beweisergebnis im übrigen lediglich abrundet, durch andere Beweismittel bestätigt und vielfach abgesichert werden konnte.

IV.

Die weiteren gegen das tatrichterliche Verfahren gerichteten Rügen des Beschwerdeführers bleiben ohne Erfolg.

1. Es ist verfassungsrechtlich nicht zu beanstanden, daß die Beschränkung einer Aussagegenehmigung der Preisgabe der Quellen für die Beobachtung der Gesprächspartner des Beschwerdeführers in Stockholm entgegenstand, so daß die Wahrnehmungen der Beobachter über das Verhalten der Geheimdienstangehörigen im Umfeld des Treffens lediglich durch Zeugnis vom Hörensagen in die Hauptverhandlung eingeführt werden konnten.

a) Der Zeuge vom Hörensagen ist – als eine Form des »mittelbaren Beweises« – ein nach der Strafprozeßordnung zulässiges Beweismittel, dessen Heranziehung und Bewertung nach den §§ 244 Abs. 2, 261 StPO zu beurteilen ist. Die §§ 250 ff. StPO als Spezialregelung für das Verhältnis des Personalbeweises zum Urkundenbeweis kommen hier nicht zur Anwendung. Allerdings stellt die nur begrenzte Zuverlässigkeit des Zeugnisses vom Hörensagen besondere Anforderungen an die Beweiswürdigung, da die jedem Personalbeweis anhaftenden Fehlerquellen sich dadurch erheblich verstärken, daß die Qualität des Beweisergebnisses zusätzlich von der Zuverlässigkeit des Beweismittlers abhängt. Die Rechtsprechung hat die damit verbundenen Richtigkeitsrisiken insbesondere beim anonym gebliebenen Gewährsmann, dessen Wissen durch einen Zeugen vom Hörensagen eingeführt wird, nicht übersehen und verlangt, daß der Beweiswert derartiger Bekundungen besonders kritisch zu überprüfen ist. Dabei genügen die Angaben des Gewährsmannes regelmäßig nicht, wenn sie nicht durch andere, nach der Überzeugung des Fachgerichts wichtige Gesichtspunkte bestätigt werden; das Gericht muß sich der Grenzen seiner Überzeugungsbildung stets bewußt sein, sie wahren und dies in den Urteilsgründen zum Ausdruck bringen (vgl. BGHSt 17, 382 [385f.]; 29, 109 [111f.]; BGH bei Dallinger, MDR 1954, S. 400; BGH, MDR 1981, S. 329 [330]; OLG Frankfurt, NJW 1968, S. 1000; NJW 1976, S. 985f.; OLG Hamm, NJW1970, S. 821f.; MDR 1976, S. 1040; OLG Stuttgart, NJW1972, S. 66f.; vgl. auch Gollwitzer in: Löwe/Rosenberg, StPO, 23. Aufl., 1978, § 250 Rdnr. 26; Paulus in: KMR, 7. Aufl., 1980, § 250 Rdnr. 21; Eb. Schmidt, Lehrkommentar, Teil I, 1964, Nr. 452; Alsberg/Nüse, Der Beweisantrag im Strafprozeß, 1969, S. 200ff.). Ein diesen Anforderungen nicht gerecht werdendes tatrichterliches Urteil begründet die Revision wegen Verletzung des § 261 StPO (BGHSt 17, 382 [385]; Paulus, a.a.O., § 250, Rdnr. 22).

Derartige Vorkehrungen genügen – im Zusammenwirken mit den sonstigen rechtsstaatlichen Erfordernissen einschließlich der auch hier gegebenen Begründungspflicht der Behörde für die Zurückhaltung des unmittelbaren Beweismittels – grundsätzlich den an ein faires Verfahren zu stellenden Anforderungen. Der in aller Schärfe gehandhabte Grundsatz der freien Beweiswürdigung ist – auch im Blick auf das Prinzip »Im Zweifel für den Angeklagten« – regelmäßig ausreichend, um die besonderen Gefahren der beweisrechtlichen Lage aufzufangen; ein Beweisverbot, das den Willen und die Fähigkeit der Gerichte in Zweifel zöge, den genannten Grundsätzen der Beweiswürdigung den zutreffenden Stellenwert einzuräument, ist von Verfassungs wegen regelmäßig nicht geboten.

b) Daran gemessen war der erhobene Beweis vom Hörensagen im vorliegenden Fall nicht rechtsstaatswidrig.

Die Erteilung der Genehmigung, die Personalien der Observanten preiszugeben, ist gemäß § 62 Abs. 1 und 4 BBG vom Bundesminister des Innern und somit von der »obersten Aufsichtsbehörde« versagt worden. Wenn die Versagung auch nicht im einzelnen begründet war, so reichte dies im vorliegenden Fall doch hin, das Gericht im Rahmen des Möglichen in den Stand zu versetzen, die Unumgänglichkeit der Maßnahme zu überprüfen. Denn es liegt auf der Hand, daß ein auf konspirative Arbeit angewiesener Dienst wie das Bundesamt für Verfassungsschutz binnen kurzem aktionsunfähig sein würde, wenn dessen Hinweisgeber, zumal im Ausland, befürchten müßten, daß ihre Identität aufgedeckt würde. Hinweise auf eine Fallgestaltung, bei der die Behörde ausnahmsweise zur Preisgabe des Beweismittels verpflichtet sein könnte, finden sich insbesondere angesichts der am Rande liegenden Bedeutung des Beweisthemas nicht. Das Gericht hat sich bei dieser Sachlage zu Recht mit der Auskunft begnügt, welche das notwendige Mindestmaß an Nachprüfung ermöglichte (vgl. BGH, MDR 1981, S. 156). Anhaltspunkte für eine willkürliche oder auch nur fehlerhafte Versagung der Aussagegenehmigung fehlen.

Die der Beweiswürdigung gezogenen Grenzen sind nicht überschritten. Die Urteilsgründe ergeben, daß sich das Gericht der besonderen Problematik bei Angaben anonymer Gewährsleute bewußt war. Die durch Hörensagen übermittelten Angaben sind durch weitere wichtige Gesichtspunkte gestützt. Der Beschwerdeführer selbt hat nach anfänglichem Leugnen die Richtigkeit der wesentlichen, ihn betreffenden Beobachtungen eingeräumt. Die Angaben der Wahrnehmungspersonen haben darüber hinaus durch Fotografien und schriftliche Unterlagen eine Bestätigung erfahren.

2. Soweit der Beschwerdeführer das Verfahren des Tatgerichts in weiteren Punkten zur verfassungsrechtlichen Überprüfung gestellt hat, sind Anzeichen für ein von sachfremden Erwägungen getragenes Vorgehen des Gerichts nicht hervorgetreten. Dies gilt auch für den Ausschluß der Öffentlichkeit an einer Reihe von Sitzungstagen während der Vernehmung von Zeugen und Sachverständigen aus dem nachrichtendienstlichen Bereich wegen Gefährdung der Staatssicherheit (§ 172 Nr. 1 GVG), der der Beschwerdeführer im übrigen in der Hauptverhandlung nicht widersprochen hat. Die beanstandeten Beurteilungen und Entscheidungen bieten, auch im Zusammenhang gesehen, keinen Anlaß anzunehmen, daß die Verurteilung des Beschwerdeführers mit den das Strafverfahren bestimmenden verfahrensrechtlichen Grundsätzen der Rechtsstaatlichkeit nicht mehr vereinbar ist.

C.

Diese Entscheidung ist einstimmig ergangen.

(gez.) Rinck Wand Dr. Rottmann
Der Richter Niebler Steinberger Träger
ist an der Unterschrift
verhindert. Rinck

Rainer Hamm
Das Bundesverfassungsgericht und die geheimen Zeugen im Strafprozeß

Entgegen einer offenbar weit verbreiteten Meinung ist es bei uns in Deutschland nicht Aufgabe der Gerichte, durch sogenannte Grundsatzentscheidungen allgemein gültige Rechtssätze aufzustellen. Die Gesetzgebung ist Aufgabe der Parlamente. Erst wenn im Einzelfall Streit über die Auslegung und Anwendbarkeit der gesetzlichen Regeln entsteht, müssen die Gerichte bemüht werden. Ihre Aufgabe ist es dann, den Einzelfall zu entscheiden. Dabei müssen zwar die höchstinstanzlichen Gerichte darauf achten, daß ihre Entscheidungen bei künftigen gleichgelagerten Fällen als eine mehr oder weniger verbindliche Gesetzesinterpretation herangezogen werden, es ist jedoch niemals Aufgabe eines Gerichts, aus Anlaß des zur Entscheidung anstehenden Einzelfalles allgemeine Rechtsausführungen zu anderen damit nicht vergleichbaren Sachverhalten zu machen.

Die Beschränkung auf den konkret anstehenden Fall scheint keinem Gericht so schwer zu fallen, wie ausgerechnet dem Bundesverfassungsgericht. Das mag damit zusammenhängen, daß eine seiner Aufgaben die Normenkontrolle ist, d. h. die Prüfung der vom Bundestag und Bundesrat verabschiedeten Gesetze auf ihre Verfassungsmäßigkeit hin. Bei der Wahrnehmung dieser Aufgabe ist durchaus die Tätigkeit des Bundesverfassungsgerichts eher mit der des Gesetzgebers als der der anderen Gerichte vergleichbar. Dies mag das höchste deutsche Gericht dazu verleitet haben, auch in seiner Einzelfalljudicatur, nämlich seinen Entscheidungen über die Verfassungsbeschwerden einzelner Bürger, die Beschränkung auf die konkrete fallbezogene Fragestellung zu verlassen und sozusagen andere Fälle gleich mitzuentscheiden. Das Bundesverfassungsgericht faßt seine Urteile gelegentlich so ab, als gelte es, den einzelnen anstehenden Fall nur zum Aufhänger für breit angelegte rechtswissenschaftliche Abhandlungen zu machen, die weit über die entscheidungserheblichen Rechtsfragen hinausweisen. Man kann dies als ein Zeichen von (der Autorität des Verfassungsgerichts angemessener) Gründlichkeit, man kann es aber auch für einen Systemfehler und eine Ursache für die chronische Überlastung des Bundesverfassungsgerichts halten. Man kann darin das Bemühen des Verfassungsgerichts um Rechtseinheit und Rechtssicherheit sehen, es läßt sich aber auch der Nachweis führen, daß gelegentlich Rechtsunsicherheit und ein Verlust an Rechtsstaatlichkeit auf breitester Ebene in der Justizpraxis die Folge ist. Genau darin liegt die Problematik der »V-Mann-Entscheidung« des Bundesverfassungsgerichts, die zur Zeit nicht nur in Fachkreisen die Gemüter bewegt. Schon die Bezeichnung »V-Mann-Entscheidung« verrät demjenigen, der das Urteil kennt, daß hier nicht über einen Fall, sondern über ein Thema entschieden wurde – ein Thema, mit dem der konkret anstehende Fall eigentlich nichts zu tun hatte.

Erinnern wir uns: Dem Bundesnachrichtendienst war es gelungen, einen hohen Funktionär des Ministeriums für Staatssicherheit der DDR in seine Hand zu bekommen, der den westlichen Behörden die Namen und Tätigkeitsfelder zahlreicher DDR-Agenten preisgab. Ein Politiker wurde daraufhin vom Bayerischen Obersten Landesgericht wegen geheimdienstlicher Tätigkeit zu einer Freiheitsstrafe verurteilt. Dieses Urteil stützte sich in der Beweisführung über die Schuld des angeklagten Politikers unter anderem, aber nicht entscheidend, auf die Aussage jenes DDR-Offiziers, der von den westlichen Behörden an einem auch gegenüber dem Gericht geheimgehaltenen Ort verborgen gehalten wurde. Er sagte demgemäß nicht in der Hauptverhandlung im Verfahren gegen den angeklagten Politiker aus. Seine Bekundungen wurden vielmehr in der Weise in den Prozeß eingeführt, daß das Protokoll über eine polizeiliche Vernehmung verlesen wurde. Darüber, daß der Zeuge aus der Hauptverhandlung herauszuhalten sei, hatte nicht das Gericht, sondern der Bundesnachrichtendienst, also eine Behörde der exekutiven Gewalt entschieden. Diese direkte Einflußnahme der vollziehenden staatlichen Gewalt auf die Beweisaufnahme und damit auf die rechtsprechende Tätigkeit der Gerichte ist ein umstrittenes Thema im Zusammenhang mit der Tätigkeit von V-Leuten (Vertrauensleuten der Polizei). Der DDR-Offizier in dem Fall des bayerischen Politikers unterschied sich jedoch gerade in einem wichtigen Punkt von einem V-Mann: Er stand nicht bereits zum Zeitpunkt der Vorgänge, die Gegenstand seiner Aussage waren, in den Diensten der Behörden, die ihn während des Prozesses versteckten und »betreuten«. Der ihm dadurch gewährte Schutz, daß man ihm den Auftritt in der Hauptverhandlung ersparte, diente nicht der Erhaltung seiner Anonymität, um ihn bei künftigen Einsätzen weiterhin als Schein-Teilnehmer an Straftaten verwenden zu können. Die Weigerung des Bundesnachrichtendienstes, dem Gericht seinen Aufenthaltsort bekanntzugeben, war vielmehr damit begründet worden, daß nach vorliegenden »gesicherten Erkenntnissen« die DDR-Behörden beschlossen hätten, den Zeugen in ihre Gewalt zu bekommen oder zu töten. Es sei davon auszugehen, daß er bereits in Abwesenheit zum Tode verurteilt sei. Deshalb müsse zu seinem Schutz unter allen Umständen verhindert werden, daß durch irgendeine Art der Vernehmung Spuren gelegt werden, die ihn in unmittelbare Lebensgefahr bringen könnten.

Bei einem V-Mann dagegen spielt Lebensgefahr regelmäßig keine Rolle. Es sind dort vielmehr kriminal-taktische Argumente, die von den Ermittlungsbehörden vorgebracht werden (der V-Mann dürfe nicht »verbraten« werden, es sei so schwer neue V-Leute zu finden, wenn man die Vertraulichkeit, die man ihnen vorher zusage, nicht auch einhalten könne).

Gemeinsam haben die V-Mann-Fälle und der vom Bundesverfassungsgericht entschiedene Spionagefall nur eines: Die Frage nämlich, ob die Judicative sich die Eingriffe der Exekutive in ihren ureigensten Kompetenzbereich, die Gestaltung der Beweisaufnahme, bieten lassen darf und wie sie darauf reagieren muß.

Wenn es darum geht, darauf eine präjudizielle verfassungsrechtliche Antwort zu finden, so war dafür der extreme Ausnahmefall des mit dem Tode bedrohten Zeugen denkbar ungeeignet. Hier hätte es genügt, wenn das Bundesverfassungsgericht seine Entscheidung, wonach nicht in jedem Falle eine staatliche Behörde gezwungen werden kann, einen Zeugen dem Gericht zu präsentieren, mit dessen Grundrecht auf Leben und körperliche Unversehrtheit zu begründen. Es wäre jedoch sodann Aufgabe des Bundesverfassungsgerichts gewesen, sich gerade in dem Sonderfall, in dem der Zeugenaussage für die Beweisführung nur eine untergeordnete Rolle zukam – dem Gericht standen auch Urkunden als Beweismittel zur Verfügung – den dann noch verbleibenden Gewinn an Beweiswert abzuwägen gegen den Verlust an Rechtsstaatlichkeit, der durch die Verwertung eines nur verlesenen polizeilichen Vernehmungsprotokolls entsteht.

Unverständlich ist, daß trotz der beschriebenen Unterschiede zwischen dem Spionagefall und dem gewöhnlichen V-Mann-Fall das Bundesverfassungsgericht es für erforderlich gehalten hat, sozusagen ohne danach gefragt zu sein, auch gleich für ganz andere Bereiche der Strafverfolgung eine Aussage zu treffen. In einer aus dem Zusammenhang der Urteilsgründe herausfallenden Nebenbemerkung erklärt das Bundesverfassungsgericht die in dem Geheimdienstfall praktizierte Verfahrensweise kurzerhand auch für den Gesamtbereich »der Bekämpfung besonders gefährlicher Kriminalität, wie etwa der Bandenkriminalität und des Rauschgifthandels« für zulässig. Das sind die Bereiche, in denen V-Leute der Polizei allzuoft eine unschöne Doppelrolle spielen und in denen auch Polizeibeamte nicht selten in gefährliche Nähe zur kriminellen Szene selbst geraten. Die Problematik ist verantwortungsbewußten Polizeibeamten selbst sehr wohl bekannt, und man braucht weiß Gott keine grundsätzlich feindselige Haltung gegenüber den Strafverfolgungsbehörden zu haben, um hier gewisse Entwicklungen in der Grauzone zwischen Kriminellen und Kriminalisten mit großer Sorge zu betrachten. Der V-Mann, der regelmäßig aus der kriminellen Szene hervorgegangen ist, wirkt im Auftrage der Polizei zum Schein an der Tat selbst mit. Daraus kann sich ein Interesse der Polizeibehörden ergeben, durch eine gezielte Steuerung der Beweisaufnahme von außen her eine Erschütterung der Glaubwürdigkeit ihres Gewährsmannes, mit dem man sich identifiziert, zu verhindern.

Das Bundesverfassungsgericht hätte voraussehen können und sollen, daß seine aus nicht gegebenem Anlaß heraus vorgenommene pauschale Legalisierung der verdeckten Vernehmung geheimgehaltener Zeugen von der Strafjustiz als Freibrief verstanden wird, so als ob ausgerechnet bei der schweren Kriminalität, bei der ja auch die höchsten Strafen verhängt werden, die Anforderungen an das Beweisrecht nicht mehr so ernst genommen werden müssen, wie es die Strafprozeßordnung noch vorschreibt. Daß in dem Ausgangsfall des Bundesverfassungsgerichts die verdeckte Vernehmung des Gewährsmannes nur eine untergeordnete Rolle spielte und wahrscheinlich ein Schuldspruch auch ohne sie möglich gewesen wäre und daß das Bundesverfassungsgericht noch den geminderten Beweiswert einer nur verdeckt vorgenommenen Zeugenvernehmung herausstellte, ist in der Praxis der Strafgerichte schnell vergessen worden. Die verdeckte Vernehmung wird unter ständigem Hinweis auf diese Entscheidung zum Gerichtsalltag und die freie Beweiswürdigung des Gerichts wird als die Freiheit verstanden, auch dem verdeckt vernommenen Zeugen zu glauben und auf seine Aussage eine Verurteilung entscheidend zu stützen.

Es muß nach wie vor zweifelhaft sein, ob das Bundesverfassungsgericht sagen wollte, der Zweck der Bekämpfung besonders gefährlicher Kriminalität heilige jedes Mittel, auch um den Preis einer zunehmenden Zahl von »verdeckten Fehlurteilen«. Sollte jedoch die Strafjustiz das Bundesverfassungsgericht mißverstanden haben, so wäre es gut, wenn man die nächste Gelegenheit eines geeigneteren Falles ergreifen würde, um eine Entwicklung aufzuhalten, die unser Strafverfahren mit galoppierender Geschwindigkeit vom Ziel des rechtsstaatlichen Prozesses wegführt.

Bundesgerichtshof, Urteil vom 5. 11. 1982
(LG Frankfurt/M.)

Sachverhalt: Das *LG* hatte die Angeklagte wegen Handeltreibens mit Btm verurteilt. Die Revision der Anklage führt mit einer Verfahrensbeschwerde zur Aufhebung des Urteils.

Aus den Gründen: 1. Die *StrK* hatte die Ladung der als Informantin und Scheinaufkäuferin für die Polizei tätigen Tatzeugin D., genannt »A.«, zur Hauptverhandlung angeordnet. Die an eine Anschrift in der Türkei gerichtete Ladung hatte keinen Erfolg, da sich die Zeugin dort nicht aufhielt. Der als V-Mann-Führer vernommene Zeuge R. verweigerte die Preisgabe des ihm bekannten seinerzeitigen Aufenthaltsorts der Zeugin unter Berufung auf das Fehlen einer entsprechenden Aussagegenehmigung. Das Gericht wandte sich deshalb mit Fernschreiben an den Hessischen Minister des Innern mit dem Ersuchen, KHK R. zur Bekanntgabe des Aufenthaltsortes der Zeugin D. zu ermächtigen. In demselben Schreiben führte der Vorsitzende der *StrK* aus:

»Sollten der Bekanntgabe des Aufenthaltsorts der Zeugin berechtigte polizeiliche Belange entgegenstehen, so muß ich weiter darum bitten, diese Belange mitzuteilen und zugleich zu erklären, unter welchen besonderen Vorkehrungen die Zeugin unter Wahrung dieser Belange vernommen werden kann. Vorliegend könnte eine Preisgabe des Aufenthalts der im übrigen ja namentlich bekannten Zeugin und deren denkbare persönliche Gefährdung m. E. leicht dadurch vermieden werden, daß sie durch Polizeibeamte zum Verhandlungstermin gestellt wird und auf Fragen zum derzeitigen Aufenthalt verzichtet wird.«

Mit Schreiben vom 13. 5. 1981 lehnte der Hessische Innenminister die Erteilung der Aussagegenehmigung gemäß § 76 Abs. 1 HBG ab und begründete dies damit, »durch die Preisgabe des Aufenthalts der Zeugin würde die Erfüllung öffentlicher Aufgaben ernstlich gefährdet oder erheblich erschwert, da die Zeugin in mehreren anderen Ermittlungsverfahren für die Polizei tätig ist und auch weiterhin eingesetzt werden soll«. Aus dem gleichen Grund könne einer Vernehmung der Zeugin nur zugestimmt werden, wenn diese unter Ausschluß der Öffentlichkeit, der Angeklagten und der Verteidiger erfolge. Es biete sich an, die Vernehmung in den

Räumen des Polizeipräsidiums Frankfurt durchführen zu lassen.

Nach Bekanntgabe dieses Schreibens in der Hauptverhandlung widersprachen die Verteidiger einer Vernehmung der Zeugin in Abwesenheit der Angeklagten und der Verteidigung. Sie wiesen dabei u. a. darauf hin, daß die Zeugin zumindest in einem anderen Verfahren vor dem *LG Darmstadt* ohne die nunmehr geforderten Einschränkungen in der Hauptverhandlung vernommen worden sei. Der Verteidiger des Angeklagten A. beantragte außerdem, die Rückfrage beim Innenminister zu klären, ob Gesichtspunkte des Wohles des Bundes oder der Länder durch die Preisgabe des Aufenthaltsorts der Informantin berührt würden. Dennoch ordnete das Gericht die kommissarische Vernehmung der Zeugin durch die drei Berufsrichter der *StrK* unter Ausschluß der Verteidiger und der Angeklagten an. Seine Entscheidung begründete es damit, der Hessische Minister des Innern habe dem Zeugen R. nicht gestattet, den Aufenthalt der Zeugin D. bekanntzugeben. Die Entscheidung des Innenministers »hebe damit auf Belange der öffentlichen Ordnung, d. h. auf das Wohl des Bundes ab«. Zur Begründung führt der Beschluß weiter aus:

»Die Gründe der Exekutive, die Zeugin von der Hauptverhandlung fernzuhalten, erscheinen berechtigt. Soweit die Zeugin einem Teil der Verfahrensbeteiligten schon bekannt ist, würde ihr Erscheinen in der Hauptverhandlung ihre Erinnerung auffrischen; darüber hinaus würde ihr Erscheinungsbild den weiteren Verfahrensbeteiligten bekannt werden. Auch erscheint die Besorgnis der Exekutive berechtigt, daß die Kenntnis der in zahlreichen Rauschgiftverfahren tätigen Verteidiger über Merkmale der V-Frau dazu führen kann, daß diese in zunehmendem Maße auch in anderen Verfahren als Beweisperson herangezogen wird und im Ergebnis immer mehr aus der für ihre Tätigkeit notwendigen Anonymität heraustreten muß. Daher kann die Vernehmung nur unter den angegebenen Einschränkungen durchgeführt werden.«

Nachdem der Vorsitzende dann doch noch, allerdings erfolglos, Gegenvorstellungen gegen die Entscheidung des Hessischen Innenministeriums erhoben hatte, wurde die Zeugin am gleichen Tag in nichtöffentlicher Sitzung im Polizeipräsidium in Frankfurt am Main unter Ausschluß der Angeklagten und ihrer Verteidiger von den drei Berufsrichtern eidlich vernommen. Die Niederschrift über diese Vernehmung wurde gegen den Widerspruch der Angeklagten in der Hauptverhandlung gemäß § 251 Abs. 1 Nr. 1 StPO verlesen und dann im Urteil auch verwertet.

2. Dieses Verfahren beanstanden die Revisionen mit Recht.

Die kommissarische Vernehmung der Zeugin D. unter Ausschluß der Angeklagten und ihrer Verteidiger war unzulässig. Die Niederschrift über diese Vernehmung hätte deswegen nicht verlesen und nicht verwertet werden dürfen. Das Vorgehen des Gerichts läßt sich auch nicht mit der Aufklärungspflicht oder der Pflicht zur umfassenden Beweiswürdigung rechtfertigen.

a) In Fällen, in denen eine Vertrauensperson der Polizei als Zeuge in Betracht kommt, ihre ladungsfähige Anschrift dem Gericht aber nicht bekannt ist und die Polizeibehörde es ablehnt, diese mitzuteilen oder den Zeugen herbeizuschaffen, darf der Tatrichter nach der Rechtsprechung des *BGH* den Zeugen nicht ohne weiteres als unerreichbar ansehen oder sich mit dem ihm angebotenen unzuverlässigeren Beweismittel begnügen. Er muß vielmehr alle nicht von vornherein aussichtslosen Schritte unternehmen, um zu einer möglichst zuverlässigen Beweisgrundlage zu gelangen (vgl. *BGHSt* 29, 109; *BGH* NJW 1980, 2088 und 1981, 770; *BGH*, Beschl. vom 6. 10. 1981 – 1 StR 332/81 [= Strafverteidiger 1982, 2]). Die zuverlässigste Beweisgrundlage ist dabei regelmäßig die Vernehmung des Zeugen nach den für die Hauptverhandlung vorgeschriebenen Vorschriften des Strafverfahrens. Kann eine solche Vernehmung nicht durchgeführt werden, so bietet die Strafprozeßordnung andere förmliche Verfahrensarten der Beweiserhebung an. Hier kommt zunächst die kommissarische Vernehmung eines Zeugen und die Verlesung der Aussage in der Hauptverhandlung in Betracht (§§ 223, 224, § 251 StPO). Der *BGH* hat es zur Vermeidung eines sonst zu erwartenden Beweismittelverlustes in bestimmten Fällen auch für zulässig erachtet, die kommissarische Zeugenvernehmung ohne Rücksicht auf besondere prozessuale Vorschriften – nämlich unter Ausschluß des Angeklagten und seines Verteidigers – durchzuführen, jedenfalls dann, wenn der Angeklagte zur eigenen Entlastung eine richterliche Vernehmung des Zeugen für erforderlich hält (*BGH*, NJW 1980, 2088 und 1981, 770).

b) Der *Senat* hat erhebliche Bedenken, einen solchen Ausschluß des Angeklagten und seines Verteidigers bei der »ersatzweisen« kommissarischen Vernehmung eines Zeugen auch dann generell zuzulassen, wenn der Angeklagte einem solchen Verfahren widerspricht. Nach § 224 Abs. 1 Satz 2 StPO darf vor Durchführung einer kommissarischen Vernehmung in bestimmten Fällen lediglich die Terminmitteilung unterbleiben. Eine darüber hinausgehende Einschränkung des Rechts des Angeklagten in dem Sinne, daß Angeklagte und Verteidiger von der Vernehmung ausgeschlossen werden können, ist um so weniger dann gerechtfertigt, wenn die kommissarische Vernehmung – wie hier – in Anwesenheit der drei Berufsrichter und des StA gleichsam als Ersatz für die an sich gebotene Vernehmung in der Hauptverhandlung durchgeführt wird. Ein solcher Ausschluß läßt sich vor allem nicht allein mit dem größeren Beweiswert des so erreichbaren Beweisergebnisses gegenüber einem – ohne den Angeklagten und seinem Verteidiger – erstellten polizeilichen Vernehmungsprotokoll rechtfertigen. Würde z. B. die Verlesung eines bestimmten polizeilichen Vernehmungsprotokolls nicht ausreichen, um den Angeklagten zu überführen, könnte aber ein »sicherer Beweis« mit Hilfe einer Beweiserhebung geführt werden, welche die Verteidigungsmöglichkeiten des Angeklagten in einer in der Strafprozeßordnung nicht vorgesehenen Art und Weise beschränkt, so muß auf ein solches »sicheres Beweismittel« jedenfalls dann verzichtet werden, wenn der Angeklagte dem Verfahren widerspricht. Anderenfalls würden die dem Schutze des Angeklagten dienenden Vorschriften des Strafverfahrensrechts allein deshalb außer Kraft gesetzt werden, weil sie einer möglichen Verurteilung im Wege stehen (vgl. z. B. *BGHSt* 23, 244).

c) Diese Frage muß indessen nicht abschließend entschieden werden; denn das Gericht hat jedenfalls dadurch, daß es die Zeugin unter Ausschluß der Angeklagten und ihrer Verteidiger kommissarisch vernommen hat, den Anspruch der Angeklagten auf ein faires Verfahren verletzt.

aa) Ungeachtet der genannten Bedenken hätte die Zeugin nur dann in dieser Form vernommen werden dürfen, wenn sie für eine vorschriftsmäßige Vernehmung in der Hauptverhandlung oder eine kommissarische Vernehmung in Anwesenheit der Angeklagten und Verteidiger nicht erreichbar gewesen wäre, oder wenn ihrem Erscheinen zu einer vorschriftsmäßigen Vernehmung andere, nicht zu beseitigende Hindernisse entgegengestanden hätten. Im vorliegenden Falle konnte das Gericht die Zeugin nur mit Hilfe der Polizeibehörde erreichen, die sie allein für eine kommissarische Vernehmung unter Ausschluß der Angeklagten und der Verteidiger »erreichbar« machte.

Soweit die Zeugin damit für eine vorschriftsmäßige Vernehmung nicht erreichbar blieb, beruhte diese »Unerreichbarkeit« indes auf einer Entscheidung einer staatlichen Behörde, die damit erheblichen Einfluß auf den Ablauf und die Durchführung des Strafverfahrens nahm. Dies durfte das Gericht nur hinnehmen, wenn die Entscheidung der Behörde gerechtfertigt war. Anderenfalls war die Zeugin auch für eine ordnungsgemäße Vernehmung im *Rechtssinne* erreichbar. Konnte das Gericht wegen einer unberechtigten Weigerung der Polizeibehörde die Zeugin *tatsächlich* aber nur für eine Beweiserhebung erreichen, die ihren Wert und die Rechte des Angeklagten einschränkte, dann durfte es – jedenfalls gegen den Willen des Angeklagten – einen solchen Beweis nicht erheben. Andernfalls verletzte es den Anspruch des Angeklagten auf ein faires Verfahren.

Die Rechtsprechung hat in solchen Fällen zwar ein Beweisverwertungsverbot erwogen (*BGHSt* 29, 109). Die unberechtigte Weigerung der Behörde, ein Beweismittel für eine möglichst zuverlässige Beweiserhebung nach den Vorschriften der Strafprozeßordnung zur Verfügung zu stellen, hat jedoch bereits Auswirkungen auf die Zulässigkeit der Beweiserhebung.

Das Strafverfahren steht unter dem Gebot einer rechtsstaatlichen, insbesondere auch fairen Verfahrensgestaltung. Dieses wird nicht nur dann verletzt, wenn ein Gericht es aus eigenem Antrieb und in freier Entscheidung mißachtet, sondern bereits dann, wenn das Gericht sich irrtümlich durch die Entscheidung einer anderen Behörde an einer fairen Verfahrensgestaltung gehindert sieht. Es darf nach der Entscheidung einer staatlichen Behörde, die nur noch eine für den Angeklagen ungünstige Gestaltung des Verfahrens zuläßt, sein Verfahren nicht ohne weiteres den durch die Behörde geschaffenen tatsächlichen Gegebenheiten anpassen, sondern es muß selbständig beurteilen, ob die Durchführung eines fairen Verfahrens noch gewährleistet ist. Dabei hat es vor allem zu prüfen, ob und in welchem Umfang eine Einwirkung der Verwaltungsbehörde auf die Gestaltung des Verfahrens noch hingenommen werden kann; diese Frage muß es unter Berücksichtigung der von der Behörde zu erfüllenden öffentlichen Aufgabe sowie der dazu zur Verfügung stehenden gesetzlichen Grundlagen einerseits und der Notwendigkeit einer umfassenden Aufklärung des Sachverhalts unter Wahrung der dem Angeklagten zustehenden Rechte andererseits beurteilen. Besonders deshalb ist die Behörde verpflichtet, die Gründe, die sie veranlaßten, ein bestimmtes Beweismittel nicht oder nur unter bestimmten Bedingungen zur Verfügung zu stellen, verständlich zu machen oder darzulegen, warum auch die Geheimhaltung dieser Gründe zur Wahrung verfassungsrechtlich geschützter Belange ausnahmsweise unumgänglich ist (vgl. *BVerfGE* 57, 250, 288 = NJW 1981, 1719, 1723) (siehe in diesem Band S. 457–482). Das Gericht kann allerdings die Behörde nicht zwingen, ihre Entscheidung zu begründen oder gar bestimmte Zweifel an der Berechtigung einer Maßnahme auszuräumen. Bei einer unberechtigten Weigerung einer Behörde, ihre Gründe mitzuteilen, ist jedoch regelmäßig zu befürchten, daß ein Beweismittel dem Gericht grundlos vorenthalten wird.

bb) Im vorliegenden Fall erscheint es schon zweifelhaft, ob überhaupt Gründe dafür dargetan wurden oder sonst ersichtlich sind, eine Vernehmung der Zeugin nur außerhalb der Hauptverhandlung durchzuführen. Jedenfalls war der Ausschluß der Angeklagten und ihrer Verteidiger von der kommissarischen Vernehmung unzulässig. Es wäre allenfalls dann gerechtfertigt gewesen, wenn das Innenministerium mit zureichender Begründung dargetan hätte oder wenn sonst ersichtlich wäre, daß die Anwesenheit von Angeklagten und Verteidigern die Zeugin einer akuten Gefahr für ihr Leben aussetzen oder dem Wohle des Bundes oder eines deutschen Landes im Sinne von § 96 StPO Nachteile bereiten würde (*BGHSt* 29, 109, 111, 113).

Das Innenministerium hat sich aber lediglich darauf berufen, daß die Zeugin in mehreren anderen Ermittlungsverfahren für die Polizei tätig sei und auch weiterhin eingesetzt werden solle. Werde sie in Anwesenheit der Angeklagten und ihrer Verteidiger vernommen, so würde deshalb die Erfüllung öffentlicher Aufgaben ernstlich gefährdet oder erheblich erschwert.

Diese Begründung reicht nicht aus.

Die Befürchtung des Innenministeriums, die Anwesenheit der drei Angeklagten und ihrer Verteidiger während der Zeugenvernehmung könne den weiteren Einsatz der Zeugin D. gefährden, ist nach den bisherigen Feststellungen nicht nachvollziehbar. Die Zeugin war den Angeklagten A. und S. persönlich bekannt, da sie mit diesen verhandelt hatte. Außerdem hatte sie längere Zeit als Bedienung in einem Lokal gearbeitet, in dem A. ebenfalls beschäftigt war. Es ist auch nicht dargetan, warum einer zusätzlichen Enttarnung der Zeugin dadurch, daß ihr Erscheinungsbild »weiteren

Verfahrensbeteiligten« – somit dem Angeklagten A. und den Verteidigern – bekannt wird oder die Angeklagten A. und S. »ihre Erinnerung (an die Zeugin) auffrischen«, nicht durch eine die Verteidigung weniger erschwerende Maßnahme, nämlich durch optische Abschirmung der Zeugin (vgl. *Rebmann* in NStZ 1982, 315, 319 [siehe in diesem Band S. 404–424) begegnet werden konnte. Welche »Merkmale der V-Frau« die Verteidiger trotz einer optischen Abschirmung wahrnehmen und in anderen Verfahren dazu verwenden konnten, sie »immer mehr aus ihrer Anonymität heraustreten« zu lassen, ist vom Gericht nicht dargelegt worden. Es leuchtet auch nicht ein, warum der angeblichen Gefahr, die Verteidiger könnten die Zeugin durch Fragen enttarnen, die sich auf Ermittlungen in anderen Verfahren bezogen, nicht ebenfalls begegnet werden konnte. Selbst wenn die V-Frau von der Polizei nicht nach dem Verpflichtungsgesetz vom 2. 3. 1974 (Art. 42 EGStGB – BGBl I 469 – i. d. F. des Ges. vom 15. 8. 1974 – BGBl I 1942) verpflichtet und dann nur mit einer auf die Vorgänge des vorliegenden Verfahrens beschränkten Aussagegenehmigung (§ 54 Abs. 1 StPO) versehen werden konnte, so hätte das Gericht doch nicht zur Sache gehörende Fragen zurückweisen können. Nach allem durfte die *StrK* die Entscheidung der Verwaltungsbehörde nicht hinnehmen. Da Gegenvorstellungen erfolglos blieben, hätte sie von der angebotenen Vernehmung der Zeugin in Abwesenheit der Angeklagten und der Verteidiger absehen müssen. Die Vernehmungsniederschrift durfte deshalb auch nicht verlesen werden.

Landgericht Münster beim Amtsgericht Bocholt, Urteil vom 12. 10. 1982

Aus den Gründen: Im Wege des Hilfsbeweisantrages hat der Angeklagte B. zum Beweise der Tatsachen, daß der Gewährsmann der Polizei den Angeklagten mehrfach in Gegenwart einer Frau bedrängt habe, ihm Kokain zu verkaufen, der Angeklagte dieses stets abgelehnt habe, die Frau sich angeboten habe, zu dem Angeklagten nach A. zu kommen, um ihm dort mehrere Tage zur Verfügung zu stehen, wenn er ihr und der Gewährsperson der Polizei, alias »J.«, Kokain liefere, und daß die Frau bereits zu einem früheren Zeitpunkt anläßlich eines Gesprächs mit J. eine Einladung in ein Tanzlokal ausgesprochen habe, wo sich der Angeklagte mit der Frau vergnügen konnte, die Einvernahme dieser Frau im Wege des Hilfsantrages begehrt. Die Personalien müßten über den Gewährsmann J., notfalls den V-Mann-Führer KHK K. bzw. dem Leiter des Kriminalamtes D. zu ermitteln sein. Weiterhin hat der Angeklagte B. die Einvernahme des Gewährsmannes J. zum Beweise der Tatsachen begehrt, daß der Gewährsmann der Polizei ihn über Monate immer wieder bedrängt habe, ihm Kokain zu beschaffen, daß er sich dabei auch der Hilfe einer Frau bedient habe, die den Angeklagten dadurch vom Weg des Rechts abbringen sollte, daß sie Kokainabhängigkeit vortäuschte und ihm ihre Liebesdienste als Lohn für die Kokainlieferung anbot, daß der Angeklagte lange Zeit dem Drängen des Gewährsmannes widerstand und erst nach monatelangem Insistieren sich bereit erklärte, ein Kokainimitat zu beschaffen, sowie daß es der Gewährsmann abgelehnt habe, diesen Stoff in A. oder in W. in Empfang zu nehmen und deshalb auf eine Übergabe unter konspirativen Umständen in B. gedrängt habe. Weiter ist zum Beweis der Tatsache, daß der Angeklagte B. nur gebrochen englisch spreche, und es deshalb zu Mißverständnissen bei der Unterhaltung mit J. gekommen sei, die Einvernahme der Zeugin E., von dem Angeklagten B. beantragt worden, sowie die Einvernahme des Leiters des LKA D. zum Beweise dafür, daß gegen den Angeklagten vor der anhängigen Strafsache kein anderes Ermittlungsverfahren wegen Verstoßes gegen das BtMG anhängig gewesen sei, und daß es auch im vorliegenden Verfahren keine konkreten Anhaltspunkte für Lieferungen von

Kokain an andere Personen als den Gewährsmann der Polizei gab.

Aufgrund der ihm ebenso wie den anderen Zeugen formularmäßig erteilten beschränkten Aussagegenehmigung hat der Zeuge K. die Angaben auf die Frage verweigert, ob der Gewährsmann Beispiele für die Richtigkeit seiner Informationen durch gerichtliche Urteile bzw. Anklagen erbracht habe, da andernfalls Rückschlüsse über die Identität des V-Mannes möglich seien. Entsprechend hat der Zeuge die Frage nach der Staatsangehörigkeit des Informanten nicht beantwortet, jedoch erklärt, daß dieser weder früher noch jetzt Mitglied der Drogenszene bzw. Drogenkonsument sei oder gewesen sei. Die Aussage hat der Zeuge auf die Frage verweigert, ob der Informant Mitglied eines Geheimdienstes oder einer ausländischen Geheimorganisation oder Polizeibehörde sei. Auf die Frage des Verteidigers des Angeklagten P., wie die Telefonnummer des Vertrauensmannes sei, erklärte der Zeuge K., diese dürfte er nicht nennen. Die nach den Angaben des Angeklagten bei der Festnahme in seinem Besitz befindlichen Notizen über die Telefonnummer des Gewährsmannes bzw. der von diesem eingesetzten Frau, könnten bei den sichergestellten Zetteln mit Adressen und Telefonnummern nicht aufgefunden werden. Der Zeuge K. hat weiterhin die Auskunft auf die Frage des Verteidigers des Angeklagten B., wer die von ihm in englisch geführte Vernehmung des Informanten auf die Richtigkeit der Übersetzung gegenkontrolliert habe, verweigert und sich insoweit auf die beschränkte Aussagegenehmigung berufen.

Dem Begehren der *StrK* nach Vernehmung des V-Manns hat der Innenminister des Landes NRW über das LKA mit der Maßgabe entsprochen, daß der Informant an einem von der Polizei zu bestimmenden Ort von der *Kammer* vernommen werden könne. Die Anwesenheit von Verteidigern und Angeklagten sei nicht gestattet. Die Vernehmung dürfe keine Rückschlüsse auf die Identität des Informanten zulassen. Einzelheiten der Vernehmung seien mit dem Zeugen KHK K. abzusprechen. Daraufhin hat die *Kammer* über das LKA durch den Vorsitzenden Gegenvorstellungen erhoben und insbesondere darauf hingewiesen, daß der V-Mann den Angeklagten bereits, wenn auch nicht namentlich, bekannt sei. Ferner wurden Maßnahmen gem. § 174 Abs. 3 GVG in Aussicht gestellt. Daraufhin wurde durch das LKA D. der von dem Innenminister auf die Gegenvorstellung hin aufrechterhaltene Erlaß vom 7. 10.

1982 der Kammer übermittelt, wonach dem Ersuchen auf Vernehmung des Gewährsmannes vor der *Kammer* analog § 96 StPO nicht stattgegeben wird, da hierdurch dem Land NRW Nachteile entstünden und die Erfüllung polizeilicher Aufgaben erheblich erschwert und ernstlich gefährdet würden. Die Gewährsperson könne an einem von der Polizei zu bestimmenden Ort unter Wahrung der Anonymität und in Abwesenheit sonstiger Beteiligter durch einen oder mehrere beauftragte Richter vernommen werden. Bei einer Vernehmung zu den vorgenannten Bedingungen habe sich nach Ansicht des LKA die *Kammer* mit dem Zeugen K. oder dem KHK D. ins Benehmen zu setzen.

Auf die Gegenvorstellungen der *Kammer* ist der Innenminister nicht näher eingegangen.

Bei dieser Prozeßlage ist den Hilfsbeweisanträgen des Angeklagten B. nicht weiter nachzugehen:

Der Beweisantrag, der gegen B. anhängige Ermittlungsverfahren bzw. Anhaltspunkte für Verstöße gegen das BtMG betrifft, ist zurückzuweisen, weil der unter Beweis gestellte Sachverhalt bereits durch die Erörterung der Strafregisterauszüge sowie die Vernehmung des V-Manns-Führers K. erwiesen ist. Der Zeuge K. hat insoweit glaubwürdig ausgesagt, daß der Gewährsmann der Polizei von sich aus an B. herangetreten ist und diesen auf das Kokaingeschäft ansprochen hat. Soweit die übrigen Hilfsanträge eine Entlastung des Angeklagten B. zum Gegenstand haben, sind sie für die Entscheidung ohne Bedeutung, da von dessen Einlassung ausgegangen wird. Aber auch unter dem Gesichtspunkt der allgemeinen Aufklärungspflicht sind sie zurückzuweisen, weil die dem Gericht zur Verfügung stehende Beweisaufnahme durch die Vernehmung der Gewährsperson in Abwesenheit der übrigen Prozeßbeteiligten i. S. d. § 244 Abs. 3 StPO als Beweismittel völlig ungeeignet ist. Die Anträge auf Ermittlung und Vernehmung der angeblich eingesetzten weiblichen Person und auf die Beweiserhebung über die Verständigungsmöglichkeiten zwischen dem Informanten und dem Angeklagten B. hängen notwendig von der Vernehmung des Gewährsmanns selbst über die näheren Umstände der Kontaktanbahnung und Kontaktpflege zwischen ihm und dem Angeklagten ab. Mit dieser primären Beweisaufnahme steht und fällt die Einholung der übrigen Beweise.

Die völlige Nichteignung der Vernehmung des der Polizei bekannten J. ergibt sich etwa nicht aus der Person dieses Zeugen, sondern ausschließlich daraus, daß es dem Gericht trotz der ihm zumutbaren Bemühungen nicht möglich ist, diesen Zeugen in Gegenwart der Verfahrensbeteiligten und ohne direkten Einfluß der Polizeibehörde auf den Umfang der Beweisaufnahme zu vernehmen. Zwar ist die insoweit getroffene Entscheidung der obersten Landesbehörde grundsätzlich von dem Gericht und der StA hinzunehmen, wobei eine Nachprüfung schon deshalb regelmäßig nicht in Frage kommt, weil dadurch der Zweck des Quellenschutzes und der Geheimhaltung gefährdet würde. Im vorliegenden Fall sind jedoch derartige unter dem Gesichtspunkt des Schutzes behördlicher Belange gegebene Gründe für eine regelwidrig eingeschränkte Beweisaufnahme nicht gegeben. Entgegen der substantiierten Gegenvorstellung der *Kammer* hat der Innenminister nicht zu erkennen gegeben, daß die Tatsache, daß der Gewährsmann J. den Angeklagten zumindest von seiner Identität her wenn auch nicht namentlich bekannt ist, von ihm sachlich geprüft und seiner letztverbindlichen Entscheidung zugrunde gelegt worden ist. Die Anerkennung derart weitgehender Eingriffsbefugnisse der Verwaltung hinsichtlich der Wahrheitsfindung durch ein Gericht würde gegen Art. 92 GG verstoßen, wonach die rechtsprechende Gewalt den Richtern und den Gerichten anvertraut ist. Im vorliegenden Fall würde der Umfang und damit das Ergebnis der Beweisaufnahme und somit die Sachentscheidung bei der eingeschränkten Vernehmung des Informanten wesentlich von den verantwortlichen Polizeibeamten und damit nicht mehr von den dazu berufenen Gerichtsorganen bestimmt. Dem Gericht ist es nach Ausschöpfung der ihm gebotenen Gegenvorstellung versagt, sich gegen den Willen der Verwaltungsbehörde notfalls mit Gewalt oder durch Täuschung des V-Manns zu versichern und dessen ordnungsgemäße Vernehmung in Gegenwart der Angeklagten und ihrer Verteidiger und der StA vorzunehmen. In diesem Sinne wird die Behinderung der Wahrheitsfindung letztlich durch die Landesregierung bzw. das diese kontrollierende Parlament politisch zu verantworten sein. Das Gericht hat dem Angeklagten ein faires Verfahren zu gewähren und nach Erschöpfung der ihm gebotenen Aufklärungsmöglichkeiten entsprechend dem Grundsatz »in dubio pro reo« die zur Entlastung vorgebrachten Behauptungen der Angeklagten als wahr zu unterstellen (so sinngemäß *BGHSt* 20, 189, 190).

Entsprechend ist das Ergebnis der Beweisaufnahme nicht so zu würdigen wie es dem Gericht vorliegt. In diesem Falle wäre nämlich die Aussage des Zeugen K., welche auf Hörensagen beruht, in Verbindung mit den Teileinlassungen des Angeklagten B. und der Verlesung des bei dem Angeklagten P. beschlagnahmten Briefes durchaus in dem Sinne überzeugend, daß vorliegend Kokain für Lidokain verkauft worden ist, um ein echtes Kokaingeschäft zu finanzieren, wobei vorher auch entsprechende Beziehungen angebahnt worden sind. Die Annahme eines Vergehens gemäß § 29 Abs. 1 Ziff. 1, Abs. 3 Ziff. 4 BtMG bei dem Angeklagten B. bzw. einer Beihilfe dazu bei dem Angeklagten P. liegt durchaus auf der Hand.

Entscheidend wird dem Grundsatz »in dubio pro reo« jedoch nur dann Genüge getan, wenn zugunsten der Angeklagten nicht nur von dem bisherigen Ergebnis der Beweisaufnahme ausgegangen wird, sondern die *Kammer* dieses Ergebnis vielmehr mit der Unterstellung würdigt, daß die gebotene ordnungsgemäße Vernehmung des V-Mannes zugunsten der Angeklagten ausgegangen wäre. Im Sinne der gebotenen umfassenden Sachaufklärung durch die Vernehmung der zur Verfügung stehenden Zeugen muß also unterstellt werden, daß die Angeklagten nicht nur die in einer Gegenüberstellung liegenden Chancen einer Identifizierung und Verunsicherung des Zeugen genutzt hätten, sondern auch, daß dieser aufgrund von gezielten Vorhalten, die der konkreten Vernehmungs- und Prozeßsituation angepaßt sind und durch alle zur Verfahrensbeteiligung berufenen Beteiligten ergänzt und erweitert werden können, zur weitgehenden Bestätigung der entlastenden Angaben der Angeklagten gebracht hätte werden können. Die in einer korrekten Vernehmung liegende Entlastungsmöglichkeit ist jedoch durch die vordergründig unbegründete Weigerung der Polizei, die an sich bekannte Identität des V-Manns und damit auch evtl. von ihm eingesetzter Hilfspersonen preiszugeben, zunichte gemacht worden. (...)

Demnach hat sich der Angeklagte B. des Handeltreibens mit BtM i. S. d. § 29 Abs. 5 BtMG i. V. m. § 29 Abs. 1 Ziff. 1 BTMG schuldig gemacht. Der Angeklagte hat objektiv mit einem Stoff Handel getrieben, der kein Betäubungsmittel ist, aber als solches ausgegeben wird. Der Angeklagte hat in der Absicht einer Gewinnerzielung eine umfassende Handelsaktivität entwickelt, indem er die Beschaffung, die Einfuhr und auch die Veräußerung des Lidokains besorgte. Insbesondere hat er einen Treff mitorganisiert und auch die Umstände des Vergehens im Einvernehmen mit dem V-Mann bestimmt.

Es wird vertreten, daß auch das Ausgeben als Btm im Rahmen des Handeltreibens, welches im Verhältnis des Angeklagten B. zum V-Mann J. nicht festgestellt werden konnte, zum Tatbestand des § 29 Abs. 6 BtmG gehört (*Körner*, BtmG, Rdnr. 391 zu § 29). Andererseits wird zu der Neufassung des BtmG darauf abgestellt, es sei lediglich wesentlich, daß der »Veräußerer« die Pseudodrogen unter Vorspiegelung der Echtheit anbietet (*Erbs-Pelchen*, Anm. 22 zu § 29 BtmG). Der letztgenannten Auffassung ist der Vorzug zu geben. Nach dem klaren Wortlaut betrifft die jetzt maßgebende Fassung des § 29 Abs. 6 BtmG nicht das Ausgeben von Betäubungsmittelimitaten für Betäubungsmittel bei Gelegenheit des Handeltreibens, Abgebens oder Veräußerns, sondern in erster Linie das Handeltreiben, Abgeben oder Veräußern. Dabei fällt im Vergleich mit der bisher maßgeblichen zweifelhaften Fassung des § 12 BtmG a F auf, daß der Gesetzgeber klargestellt hat, daß lediglich Abgabe- und nicht mehr Erwerbshandlungen unter die Vorschrift fallen. Unter Berücksichtigung des Zwecks dieser Regelung, der darin liegt, daß nicht etwa der Btm-Markt in dem Sinne reinerhalten werden soll, daß Betrügereien vermieden werden, sondern darin, daß die Sicherheit von Konsumenten gewährleistet werden soll, ist diese Klarstellung durchaus verständlich. Der Schutz des Endverbrauchers vor gesundheitlich oder finanziell schädigenden Imitaten (*Körner* a. a. O., § 29 Rdnr. 381) erfordert die Auslegung des § 29 Abs. 6 BtmG in der Alternative des Handeltreibens dahingehend, daß die an dem Handel beteiligten Geschäftspartner durchaus einvernehmlich vorgehen können. Entscheidend ist lediglich, daß der Letztabnehmer getäuscht werden soll. Es wäre widersinnig, wenn der erwerbende und umsetzende Händler, der die Imitateigenschaft kennt, mit dem nicht auf weitere Umsatzgeschäfte ausgehenden Enderwerber gleichgestellt und straflos ausgehen würde. Der auf Umsatzgeschäfte umfassender Art ausgerichtete Händler ist, gleich ob er als Groß-, Zwischen- oder Kleinhändler tätig wird, im Sinne der erörterten Vorschrift in mindestens demselben Maße wie der Abgebende oder Veräußerer gefährlich, der, ohne Handelsaktivitäten zu entfalten, lediglich den Endverbraucher in gefährlicher Weise täuscht. Der Abgebende oder Veräußerer bedarf nämlich der Gewährleistung des Nachschubs durch den Imitathandel, da erfahrungsgemäß auch Btm-Imitate nur für einen besonders sachkundigen Personenkreis zu erlangen sind. Hätte der Gesetzgeber bei der vorgenommenen Bereinigung dieser Strafvorschrift deren Bereich lediglich auf den täuschend vorgehenden Händler beschränken wollen, dann hätte es nahegelegen, die Alternative des Handeltreibens ganz entfallen zu lassen, da der dann gegebene Bereich der Vorschrift durch die Begriffe des Abgebens und Veräußerns voll abgedeckt würde. Schon die Tatsache, daß der Gesetzgeber die Alternative des Handeltreibens ausdrücklich unter Strafe gestellt hat, deutet entscheidend darauf hin, daß damit schon das gefährliche Vorfeld des Imitatumsatzes getroffen werden soll. Eine Beschränkung des Anwendungsbereichs des § 29 Abs. 6 BtmG auf täuschende Händler würde weder dem Wortlaut noch dem Sinn noch dem systematischen Zusammenhang dieser Vorschrift entsprechen.

Bundesgerichtshof, Urteil vom 16. 3. 1983
(LG Frankfurt/M.)

Sachverhalt: Das *LG* hatte den Angeklagten wegen Handeltreibens mit Btm zu einer Freiheitsstrafe von fünf Jahren verurteilt. Seine Revision hatte mit der Rüge der Verletzung formellen Rechts Erfolg.

Aus den Gründen

1. Die StrK hat festgestellt:

In einem türkischen Lokal in L., in dem sowohl der Angeklagte als auch ein Landsmann namens S. des öfteren verkehrten, bediente ein türkischer Kellner, der, ebenso wie seine deutsche Freundin, als Vertrauensperson der deutschen Kriminalpolizei bei der Aufklärung von Betäubungsmitteldelikten tätig war. Die beiden Vertrauenspersonen kamen (in Abwesenheit des Angeklagten) mit S. überein, ihm ein oder zwei Kilogramm Heroin abzukaufen und sich zu diesem Zweck am 9. 3. 1980 mit ihm in einem türkischen Lokal am Hauptbahnhof in Frankfurt am Main zu treffen. Die beiden Vertrauenspersonen trafen bei ihrer Ankunft zunächst nur den Angeklagten und setzten sich zu ihm an den Tisch. Später kam S. dazu. Während des zwei bis drei Stunden dauernden Gesprächs boten der Angeklagte 1,5 Kilogramm Heroin für 69000 DM pro Kilogramm und S. ein Kilogramm Heroin an. Die Vertrauenspersonen nahmen beide Angebote an. Bei dem nachfolgenden Treffen der Vertrauenspersonen mit S. zur Abwicklung des mit diesem vereinbarten Geschäfts wurde S. festgenommen. Mit dem hierbei nicht anwesenden Angeklagten bekamen die Vertrauenspersonen keinen Kontakt mehr.

II. Die Verfahrensrüge

1. Der die Tat bestreitende Angeklagte sieht eine Verletzung des § 251 Abs. 1 Nr. 2 StPO und des Gebots des fairen Verfahrens darin, daß die *StrK* die beiden Vertrauenspersonen nur kommissarisch durch die Berufsrichter in Abwesenheit des Angeklagten und sei-

nes Verteidigers hatte vernehmen lassen und die hierüber gefertigten Niederschriften in der Hauptverhandlung verlesen sowie zum Nachteil des Angeklagten verwertet hat. Dem liegt im einzelnen folgender Sachverhalt zugrunde:

Der Hessische Minster des Innern hatte die Preisgabe von Personalien und Anschriften der beiden Vertrauensleute verweigert und nur einer Vernehmung dieser Zeugen ausschließlich durch die Berufsrichter in Abwesenheit des Angeklagten und seines Verteidigers zugestimmt. Daraufhin hatten die drei Berufsrichter die beiden Informanten am 14. 1. 1982, also vor Beginn der Hauptverhandlung, im Polizeipräsidium Frankfurt am Main in Abwesenheit von StA, Angeklagten und Verteidiger gemäß § 223 StPO kommissarisch vernommen. In der Hauptverhandlung widersprach der Verteidiger der Verlesung der Vernehmungsniederschriften, weil er die Entscheidung des Innenministers für offensichtlich fehlerhaft hielt. Er beantragte, vom Innenminister erneut die Preisgabe der Zeugen für eine in Anwesenheit des Angeklagten und des Verteidigers erfolgende Vernehmung zu begehren. Dem entsprach das Gericht. Der Hessische Minister des Innern blieb jedoch bei seiner zuvor getroffenen Entscheidung. Seine beiden Stellungnahmen enthalten zusammengefaßt folgende Begründung:

Der Angeklagte habe die beiden Vertrauenspersonen letztmals vor nahezu zwei Jahren gesehen. Bei ihrer Vernehmung in Anwesenheit des Angeklagten und seines Verteidigers sei »die Möglichkeit, daß sich jetzt Angeklagter wie Verteidiger ein neues, detailliertes Bild vom Aussehen der VP machen können und eine Weitergabe der detaillierten Personenbeschreibungen an andere Personenkreise nicht auszuschließen«. Eine Enttarnung würde zu einer erheblichen Gefährdung der Informanten führen, zumal diese auch jetzt noch für die Polizei tätig seien; ihr weiterer Einsatz sei dann nicht mehr möglich.

Eine Enttarnung hätte erhebliche negative Auswirkungen auf die Gewinnung von Vertrauenspersonen insgesamt. Diese könnten sich dann nicht mehr auf gegebene Zusagen verlassen. Damit würden dem Wohl des Landes Nachteile bereitet und die Erfüllung öffentlicher Aufgaben ernstlich gefährdet oder erheblich erschwert. In analoger Anwendung des § 96 StPO müsse deshalb die Preisgabe der Informanten unterbleiben.

Auch seien die Informanten selbst nur zur Aussage vor den Berufsrichtern bereit.

Aufgrund dessen erachtete die *StrK* mit Beschluß vom 8. 2. 1982 die beiden Vertrauenspersonen als für das Gericht nicht erreichbar im Sinne des § 251 Abs. 1 Nr. 2 StPO. Sie war der Auffassung, die vom Hess. Minister des Innern gegebene Begründung sei nicht zu beanstanden. Dies gelte auch bei Berücksichtigung der Möglichkeit einer vermummten Vernehmung, weil sich der Angeklagte dabei jedenfalls Größe, Figur und Stimme der jeweiligen Vertrauensperson einprägen könnte. Sodann wurden die Niederschriften vom 14. 1. 1982 über die Vernehmung der beiden Informanten verlesen.

Im Anschluß daran übergab der Verteidiger »einen noch nicht vollständigen Fragenkatalog« mit dem Antrag, die betreffenden »Fragen an die V-Leute richten zu lassen«. Die *StrK* beschloß eine erneute Vernehmung, wobei sie dem Verteidiger Gelegenheit gab, seinen Fragenkatalog bis zum 10. 2. 1982, 13.00 Uhr, zu ergänzen. Die erneute Vernehmung der beiden Vertrauensleute erfolgte am 16. 2. 1982 in der bereits beschriebenen Form. Die hierbei gefertigten Vernehmungsniederschriften wurden in der Sitzung vom 19. 2. 1982 unter Bezugnahme auf den Beschl. v. 8. 2. 1982 ebenfalls verlesen.

2. Die Verfahrensrüge ist in zulässiger Form erhoben.

Der Bf hat die Tatsache der in Abwesenheit des Angeklagten und seines Verteidigers erfolgten zweimaligen kommissarischen Vernehmung der Vertrauenspersonen durch die Berufsrichter, den – auch die Stellungnahmen des Hess. Ministers des Innern wiedergebenden – Gerichtsbeschluß über die Anordnung der Verlesung der Vernehmungsniederschriften sowie die Tatsache der Verlesung mitgeteilt. Seinem Vortrag sowie dem auf § 251 Abs. 1 Nr. 2 StPO gestützten Gerichtsbeschluß ist zu entnehmen, daß er dem Vorgehen der *StrK* nicht im Sinne des § 251 Abs. 1 Nr. 4 StPO zugestimmt hat. Damit hat der Senat zu prüfen, ob die Zulässigkeitsvoraussetzungen für die durchgeführten kommissarischen Vernehmungen der Zeugen sowie für die Verlesung der Vernehmungsniederschriften vorlagen.

3. Die Rüge ist begründet.

a) Soweit der Hess. Minister des Innern seine ablehnende Entscheidung damit begründet hat, bei einer Vernehmung der Vertrauensleute in Anwesenheit des Angeklagten und seines Verteidigers könnten sich diese »ein neues detailliertes Bild vom Aussehen der VP machen«, hat er die Möglichkeit einer Vernehmung unter optischer Abschirmung übergangen. Die *StrK* hat in ihrem Beschluß diese Begründung hingenommen. Allerdings hat sie zusätzlich darauf abgehoben, der Angeklagte könnte auch bei vermummtem Auftreten der beiden Zeugen jedenfalls deren Größe, Figur und Stimme wahrnehmen. Aber auch sie hat dabei unberücksichtigt gelassen, daß die Zeugen bei einer Einvernahme in einem geeigneten Raum *vollständig,* also auch hinsichtlich ihrer Größe und Figur, verdeckt werden können. Daß die bloße Möglichkeit des Angeklagten und seines Verteidigers, Stimme und Sprache der Vertrauensperson zu hören, zu deren Enttarnung, zumal im Hinblick auf andere Personenkreise, führen könnte, ist nicht dargetan und auch bei Berücksichtigung der Vernehmungsniederschriften nicht selbstverständlich. Damit lassen die getroffenen Entscheidungen nicht erkennen, daß alle nach Sachlage in Betracht zu ziehenden Möglichkeiten, die Zeugenvernehmungen in Anwesenheit des Angeklagten und seines Verteidigers durchzuführen, in der gebotenen Weise geprüft worden sind.

War somit diese Begründung fehlerhaft, so halten auch die daraus abgeleiteten Erwägungen einer Nachprüfung nicht stand. Soweit bei einer auf die vorbeschriebene Weise durchgeführten Vernehmung die Anonymität eines Informanten auch gegenüber dem anwesenden Angeklagten und seinem Verteidiger gewahrt werden kann, führt die Vernehmung nicht zu einer Gefährdung des Zeugen oder zur Behinderung seines weiteren Einsatzes. Daß in erheblichem Umfang andere oder erst zu gewinnende Informanten wegen der nicht auszuschließenden Möglichkeit einer *solchen* Verfahrensgestaltung von einer Mitarbeit abgehalten würden, kann bei *sachgerechter* Aufklärung nicht angenommen werden. Dies um so weniger, als jede Vertrauensperson damit rechnen muß, in erster Linie im Zusammenhang mit der Geschäftsanbahnung und -abwicklung sowie aufgrund ihrer Verschonung von Verfolgungsmaßnahmen bei den Tätern in Verdacht zu geraten, und diese größere Enttarnungsgefahr in Kauf nimmt.

Es versteht sich von selbst, daß die Polizeibehörde ihren Informanten Zusagen nur in dem zuvor bezeichneten Rahmen geben darf. Geschieht dies, so kommt sie nicht in Gefahr, davon abrücken zu müssen. Sollte im vorliegenden Fall das vom Hess. Minister des Innern angedeutete Problem bestehen, könnte dies nur darauf beruhen, daß die Polizeibehörde unter den genannten Gesichtspunkten nicht zu rechtfertigende Zusagen gegeben hat. In diesem

Fall hätte sie sich bemühen müssen, die Sachlage gegenüber den Vertrauenspersonen klarzustellen und deren Einverständnis zu erwirken.

Im übrigen kann der Erklärung der Vertrauenspersonen, nur vor den Berufsrichtern aussagen zu wollen, verfahrensrechtlich keine Bedeutung beigemessen werden. Eine Vertrauensperson hat zwar Anspruch auf den erforderlichen Schutz gegenüber etwaiger Gefährdung. Sie hat aber nicht die Befugnis, unter mehreren für sie ungefährlichen Möglichkeiten der Vernehmung die ihr wünschenswerteste auszusuchen. Insoweit muß sie sich gleichbehandeln lassen wie jeder andere Zeuge.

Aus den vorgenannten Gründen war die Weigerung des Hess. Ministers des Innern ermessensfehlerhaft.

Auf dieser Grundlage war es nicht zulässig, die Vertrauenspersonen in Abwesenheit des Angeklagten und seines Verteidigers zu vernehmen sowie die Vernehmungsniederschriften zu verlesen. Das Interesse des Angeklagten, zusammen mit seinem Verteidiger bei der Zeugenvernehmung anwesend zu sein, verdiente hier um so mehr Beachtung, als die dem Angeklagten vorgeworfene Straftat mit schwerer Strafe bedroht ist und die *StrK* ihre Überzeugung von der Täterschaft des Angeklagten im wesentlichen, die Feststellungen über den Tathergang im einzelnen sogar ausschließlich, auf die Aussagen dieser Zeugen stützen konnte. In einem solchen Fall muß der Tatrichter im besonderen Maße darauf bedacht sein, die Form der Vernehmung zu erreichen, die, bei Gewährleistung des Schutzes der Vertrauensperson, auch dem Angeklagten und seinem Verteidiger die unmittelbare Prüfung des Wahrheitsgehaltes der Zeugenaussage ermöglicht. Das Gericht hätte deshalb erneut an den Minister herantreten und ihn unter Hinweis auf die Anfechtbarkeit seiner bisherigen Stellungnahmen um eine Entscheidung ersuchen müssen, die dem Anspruch des Angeklagten auf ein rechtsstaatliches, faires Verfahren gerecht wird (vgl. *BVerfGE* 57, 250, insbes. 278 bis 290 [= Strafverteidiger 1981, 381] [siehe in diesem Band S. 457–482]; BGH, Urteil vom 5. 11. 1982 – 2 StR 250/82 [= Strafverteidiger 1983, 49] – zum Abdruck in *BGHSt* bestimmt – [siehe in diesem Band S. 488–494] jeweils m. N.).

b) Aus der Tatsache, daß der Verteidiger nur vor der Verlesung der Vernehmungsniederschriften vom 14. 1. 1982 ausdrücklich Widerspruch erhoben, diesen zu keinem späteren Zeitpunkt wiederholt, wohl aber eine zweite Vernehmung der Vertrauenspersonen zu seinen Fragen erwirkt hat, ergibt sich nichts anderes. Der Verteidiger hatte seinen Widerspruch unter anderem damit begründet, daß er nicht erkennen könne, inwiefern die V-Leute durch seine und des Angeklagten Anwesenheit bei der Vernehmung selbst dann, wenn diese unter optischer Abschirmung erfolge, enttarnt würden. Der Hess. Minister des Innern hat darauf keine befriedigende Antwort gegeben. Unter diesen Umständen konnte weder im bloßen Schweigen des Verteidigers, noch in seinem Bemühen um eine zusätzliche Vernehmung zu noch offenen Fragen eine Zustimmung zur Verwertung der in seiner und des Angeklagten Abwesenheit erhobenen Beweise gesehen werden.

Bundesgerichtshof, Urteil vom 17. 3. 1983
(LG Dortmund)

Sachverhalt: Das LG hatte den Angeklagten wegen Handeltreibens mit Haschisch zu einer Freiheitsstrafe von zwei Jahren und sechs Monaten verurteilt. Die Revision des Angeklagten führte mit der Verfahrensrüge zur Aufhebung des Urteils.

Aus den Gründen: I. 1. Nach den Feststellungen wandte sich der Angeklagte im Oktober 1981 an den Zeugen C. mit der Bitte, ihm gegen Entgelt beim Einschmuggeln einer größeren Menge Haschisch aus der Türkei in die Bundesrepublik Deutschland sowie beim Absatz dieses Rauschgifts behilflich zu sein. C., der seit mehreren Jahren als V-Mann des Rauschgiftdezernats der Kriminalpolizei tätig war, ging auf das Ansinnen ein, informierte aber sofort das Rauschgiftdezernat und erhielt den Auftrag, zum Schein als Komplize des Angeklagten aufzutreten. Am 22. 10. 1981, einen Tag vor der Abreise in die Türkei, rief C. vom Polizeipräsidium aus in Gegenwart des Leiters des Rauschgiftdezernats den Angeklagten in dessen Wohnung an. Er vergewisserte sich durch das Gespräch, daß der Angeklagte mit seinen türkischen Geschäftspartnern Rücksprache genommen und sich über den Kaufpreis für das Haschisch geeinigt hatte, sowie darüber, daß in der Türkei in dem zum Transport benutzten Personenkraftwagen ein Schmuggelversteck präpariert werden würde. Dieses in türkischer Sprache geführte Telefongespräch wurde über eine im Polizeipräsidium vorhandene Mithörvorrichtung, an die ein Kassettenrekorder angeschlossen war, auf Tonband aufgezeichnet.

Anfang Dezember 1981 schmuggelte C. mit Hilfe weiterer Personen in dem präparierten Pkw 2785 Gramm Haschisch aus der Türkei in die Bundesrepublik Deutschland ein und übergab dieses am 11. 12. 1981 der Polizei in D. Der Angeklagte war auf dem Luftwege aus der Türkei in die Bundesrepublik zurückgekehrt. Um ihn des Rauschgifthandels überführen zu können, rief C. am 12. 12. 1981 wiederum vom Polizeipräsidium aus in Gegenwart eines Kriminalbeamten den Angeklagten an; dabei teilte er ihm mit, daß die Schmuggelfahrt erfolgreich verlaufen sei und verabredete mit ihm noch für denselben Tag ein Treffen in dessen Wohnung. Dieses – ebenfalls in türkischer Sprache geführte – Telefongespräch wurde in derselben Weise wie das vom 22. 10. 1981 auf Tonband aufgezeichnet. Eine richterliche Anordnung über die Überwachung des Fernmeldeverkehrs lag weder für den Fernsprechanschluß des Angeklagten noch für den Fernsprechanschluß im Polizeipräsidium vor. C. begab sich anschließend mit dem gesamten Haschisch, das ihm von den Polizeibeamten teilweise umgepackt, wieder übergeben worden war, zu der Wohnung des Angeklagten. Dieser nahm nur etwa die Hälfte des Haschisch (1380 Gramm) als seinen Anteil an sich und versteckte es auf dem Dachboden. Dort wurde es bei der anschließenden Durchsuchung der Wohnung des Angeklagten durch die Polizei gefunden.

2. Das *LG* hat die Niederschriften über die von einem gerichtlichen Dolmetscher angefertigten Übersetzung der Telefongespräche vom 22. 10. 1981 und vom 12. 12. 1981 gemäß § 249 StPO in der Hauptverhandlung verlesen und bei der Beweiswürdigung gegen den Angeklagten verwendet.

II. Zu Recht beanstandet die Revision mit der Verfahrensrüge die Verwertung der beiden Tonbandprotokolle.

1. Die Aufzeichnung der beiden Telefongespräche auf Tonband verstieß gegen § 201 Abs. 1 StGB. Diese Vorschrift verbietet es grundsätzlich, unbefugt das nicht öffentlich gesprochene Wort eines anderen auf einem Tonbandgerät aufzunehmen und eine so hergestellte Aufnahme zu gebrauchen. Die Gespräche mit C. waren nach dem Willen des Angeklagten sowie nach ihrem Zweck und ihrer Eigenart nicht öffentlich (vgl. *Dreher/Tröndle*, StGB 41. A., § 201 Rdnr. 2) und sind im Polizeipräsidium unbefugt, d. h. ohne einen Rechtfertigungsgrund (*Samson* in SK, § 201 StGB Rdnr. 23), auf einen Tonträger aufgenommen worden (§ 201 Abs. 1 Nr. 1, Abs. 3 StGB).

a) Die Voraussetzungen für die Befugnis von Strafverfolgungsbehörden, Telefongespräche von Tatverdächtigen abzuhören und aufzunehmen, sind in §§ 100a, 100b StPO abschließend geregelt (*Laufhütte* in KK, Vorbem. vor § 94 StPO Rdnr. 4; § 100a StPO Rdnr. 1; *Boujong* in KK, § 136a StPO Rdnr. 25; *Meyer* in Löwe/Rosenberg, 23. Aufl., § 100a StPO Rdnr. 2; *Evers* ZRP 1970, 147, 150; *Welp*, Die strafprozessuale Überwachung des Post- und Fernmeldeverkehrs, S. 209). Sie liegen hier jedenfalls deshalb nicht vor, weil es an einer richterlichen oder staatsanwaltlichen Anordnung fehlt. Nach § 100b Abs. 1 StPO ist eine derartige Anordnung jedoch zwingend vorgeschrieben und damit notwendige

Voraussetzung für die Rechtmäßigkeit einer Aufnahme von Fernmeldeverkehr durch Strafverfolgungsbehörden. Schon deshalb kann eine Rechtfertigung der Aufzeichnung der Telefongespräche im Polizeipräsidium aufgrund der §§ 100a, 100b StPO nicht in Betracht kommen. Das würde auch dann gelten, wenn die sachlichen Voraussetzungen nach § 100a Satz 1 Nr. 4 StPO vorgelegen hätten, also ein Richter, wenn er mit der Sache befaßt worden wäre, einen Überwachungs- und Aufnahmebeschluß erlassen hätte. Für eine Betrachtung unter dem Gesichtspunkt eines »hypothetischen Ersatzeingriffs« (vgl. *Welp* a.a.O. S. 217) ist in Anbetracht der eindeutigen Gesetzeslage kein Raum.

b) Auch nach Notstandsgrundsätzen (§ 34 StGB) lassen sich die Aufzeichnungsmaßnahmen nicht rechtfertigen. Im Regelungsbereich der §§ 100a ff. StPO kann für eine Strafverfolgungsbehörde Notwehr oder rechtfertigender Notstand allenfalls in ganz außergewöhnlichen Fällen in Betracht kommen (vgl. *Dreher/Tröndle*, 41. A., § 201 StGB Rdnr. 8; *Lenckner* in Schönke/Schröder, 21. A., § 201 StGB Rdnr. 31 ff. m. w. N.). Im vorliegenden Fall, der weder hinsichtlich der Tat noch im Hinblick auf die Person des Angeklagten außergewöhnliche Umstände aufweist, dienten die behördlichen Maßnahmen jedenfalls nicht der Abwehr einer gegenwärtigen, einem bestimmten Rechtsgut drohenden Gefahr, sondern einzig dem Zweck, ein Beweismittel für die spätere Überprüfung des Angeklagten zu schaffen. Bei dieser Fallgestaltung besteht schon deshalb keine Möglichkeit, § 34 StGB als Rechtfertigungsnorm heranzuziehen (vgl. auch *Samson* in SK, § 201 StGB Rdnr. 26).

c) Auf andere Gründe, z.B. Interessengegensatz oder Sozialadäquanz, die das Verhalten der Strafverfolgungsbehörde nach einer im Schrifttum vertretenen Auffassung als gerechtfertigt erscheinen lassen sollen (*Samson* in SK, § 201 StGB Rdnr. 27; *Lenckner* in Schönke/Schröder, § 201 StGB Rdnr. 32), ist nicht einzugehen. Sie sind entbehrlich; denn soweit es um die Beschaffung von Beweismitteln im strafprozessualen Bereich geht, genügt die sachgerechte Anwendung der §§ 32, 34 StGB (*Samson* in SK, § 201 Rdnr. 30).

2. Aus der Rechtswidrigkeit der Erlangung des Beweismittels folgt im vorliegenden Fall auch das Verbot, das so gewonnene Beweismittel gegen den Angeklagten zu verwerten.

Die StPO enthält keine ausdrückliche Bestimmung darüber, ob

und unter welchen Umständen die rechtswidrig gewonnene Tonbandaufnahme eines Telefongesprächs im Strafverfahren verwertet werden darf. Ein allgemeines Beweisverwertungsverbot, wie es sich für bestimmte Fälle aus § 136a Abs. 3 Satz 2 StPO ergibt, läßt sich dem Gesetz nicht entnehmen. Die StPO trifft keine abschließende Regelung über die Beweisverwertungsverbote (*BGHSt* 19, 325, 329); solche können vielmehr auch unmittelbar aus dem Grundgesetz abgeleitet werden (*BGH*, Urteil v. 2. 12. 1975 – 1 StR 681/75).

Das gesamte Strafverfahrensrecht steht unter dem Leitgedanken der Rechtsstaatlichkeit (Art. 20 Abs. 3 GG). Ausdruck dieses Gedankens sind die Regelungen des § 136 Abs. 1 Satz 2 StPO, wonach niemand gezwungen ist, gegen sich selbst auszusagen, und der §§ 136a, 163a Abs. 3, 4 StPO, wonach es den Strafverfolgungsbehörden verboten ist, durch unzulässige Mittel wie Täuschung, Drohung oder Mißhandlung auf die Willensfreiheit des Beschuldigten einzuwirken. Ist es aber ein Grundsatz des rechtsstaatlichen Strafverfahrens, eine in verbotener Weise gewonnene Aussage des Beschuldigten, die in unzulässiger Weise mit Hilfe technischer Mittel festgehalten worden ist, gegen ihn verwendet wird.

Es kann in diesem Zusammenhang dahinstehen, ob jeder Verstoß gegen die Zuständigkeitsregelung des § 100b Abs. 1 StPO zur Unverwertbarkeit der so erlangten Informationen führt (verneinend *Meyer* in Löwe/Rosenberg, 23. A., § 100b StPO Rdnr. 10). Der hier vorliegende Verfahrensverstoß hat jedenfalls ein Beweisverwertungsverbot zur Folge. Denn es ist mit den Grundsätzen eines rechtsstaatlichen Strafverfahrens unvereinbar, daß der Verdächtige unter Umgehung der richterlichen Anordnungsbefugnis von einem V-Mann der Polizei mit deren Billigung und unter deren Mitwirkung gezielt angerufen und unter Ausnutzung des bestehenden Vertrauensverhältnisses in ein Gespräch über eine Straftat verwickelt wird, damit dieses auf Tonband aufgenommen und später gegen ihn verwendet werden kann. In dieser Verfahrensweise ist eine durch Täuschung bewirkte Provokation der fernmündlichen Selbstbelastung des Verdächtigen zu sehen, die in Verbindung mit der Umgehung der gesetzlich bestimmten richterlichen Zuständigkeit für die Anordnung der Aufzeichnungsmaßnahme insgesamt einen so schwerwiegenden Verfahrensverstoß darstellt, daß dem gewonnenen Ergebnis die Verwertbarkeit versagt werden muß. Der Fall ist nicht anders zu beurteilen als das Fehlen einer wesentlichen sachlichen Voraussetzung für die Anordnung der Maßnahme nach § 100a StPO, beispielsweise das Nichtvorliegen einer Katalogtat oder eines erlaubten Ermittlungsziels; in diesen Fällen ist die rechtswidrig erlangte Information bereits bisher allgemein als unverwertbar angesehen worden (vgl. *Kleinknecht*, 35. A., § 100a StPO Rdnr. 11; *Müller* in KMR, 7. A., § 100a StPO Rdnr. 14; *Laufhütte* in KK § 100a StPO Rdnr. 17; *Welp* a.a.O. S. 210ff.; vgl. auch *BGHSt* 28, 122, 124 und *BGH* NJW 1979, 1370, 1371).

Diese Auffassung hat zwar zur Folge, daß wichtige Beweismittel zur Aufklärung von Straftaten unbenützt bleiben müssen, obwohl dem Grundsatz wirksamer Strafrechtspflege Verfassungsrang zukommt (*BVerfGE* 51, 324, 345). Das muß im Interesse eines rechtsstaatlichen Verfahrens jedoch hingenommen werden; die Strafprozeßordnung zwingt nicht zur Wahrheitserforschung um jeden Preis (*BGHSt* 14, 358, 365).

Das *LG* hätte die Tonbandprotokolle sonach nicht als Beweismittel gegen den Angeklagten verwerten dürfen.

3. Das Beweisergebnis des *LG* beruht auch auf dem Verfahrensverstoß (§ 337 StPO). Zwar waren die Tonbandaufnahmen nicht das einzige Mittel zur Überprüfung des Angeklagten. Nach den Urteilsgründen hat das *LG* jedoch die wegen Unerreichbarkeit des Zeugen C. gemäß § 251 Abs. 2 StPO verlesene Niederschrift über dessen polizeiliche Vernehmung inhaltlich insbesondere deswegen für wahr gehalten, weil sie mit den – im Urteil teilweise wörtlich wiedergegebenen – Protokollen über die aufgezeichneten Telefongespräche übereinstimmte. Aus demselben Grund hat das *LG* es für ausgeschlossen gehalten, daß der Zeuge C. sich seiner Zeugenpflicht deswegen entzogen haben könnte, weil seine Angaben bei der polizeilichen Vernehmung nicht der Wahrheit entsprachen. Ferner hat das *LG* dem Angeklagten die Tonbandprotokolle in der Hauptverhandlung vorgehalten, worauf dieser die Gespräche als solche bestätigte und lediglich die Richtigkeit der Übersetzung bezweifelte und einem ihm besonders belastenden Gesprächsteil einen anderen Sinn zu geben versuchte als das *LG*. Die Verwertung der Tonbandprotokolle war daher für die Verurteilung von nicht unerheblicher Bedeutung. Das angefochtene Urteil mußte daher auf die Verfahrensrüge hin aufgehoben werden; die Sache war zu neuer Verhandlung und Entscheidung an das *LG* zurückzuverweisen.

III. Sollte die neue *StrK* wiederum zu einem Schuldspruch kommen, wird sie bei der Abwägung, ob von einem besonders schweren Fall im Sinne des § 11 Abs. 4 BtmG a. F. auszugehen ist, auch zu berücksichtigen haben, daß der Angeklagte die Regelbeispiele des § 11 Abs. 4 Satz 2 Nr. 5 und Nr. 6 a BtmG a. F. nur durch den gezielten Einsatz des V-Mannes C. und die Mitwirkung der Polizei (am 12. 12. 1981) verwirklichen konnte (vgl. *BGH* Strafverteidiger 1982, 221 und 1983, 20).

Bundesgerichtshof, Urteil vom 22. 3. 1983
(LG Stuttgart)

Zum Sachverhalt: Das *LG Stuttgart* hat die Angeklagten wegen gemeinschaftlichen unerlaubten Handeltreibens mit Betäubungsmitteln zu Freiheitsstrafen verurteilt und bestimmte Gegenstände eingezogen; der Angeklagte A. wurde im übrigen freigesprochen. Die Revisionen der Angeklagten blieben ohne Erfolg.

Aus den Gründen: ... Der Zeuge *Al* wurde von der Verteidigung des Angeklagten *B.* benannt. Der Vorsitzende ersuchte die Kriminalpolizei Böblingen um beschleunigte Vernehmung, ggf. Aufenthaltsermittlung. Die Landespolizeidirektion Stuttgart gab daraufhin mit Schreiben vom 16. 7. 1982 bekannt, daß es sich bei »Al« um eine Gewährsperson der Polizei handle, deren Identität gewahrt werden müsse und die nur unter bestimmten Voraussetzungen für eine Vernehmung zur Verfügung stünde: die Vernehmung müsse außerhalb der Hauptverhandlung in Abwesenheit der Angeklagten durch einen ersuchten oder beauftragten Richter erfolgen und dürfe keine Befragung zur Person enthalten. Mit Fernschreiben vom 22. 7. 1982 ersuchte der Vorsitzende das Innenministerium von Baden-Württemberg, die Landespolizeidirektion Stuttgart anzuweisen, die ladungsfähige Anschrift des *Al.* mitzuteilen, zumindest die unbeschränkte kommissarische Vernehmung zu gestatten. Mit Beschluß vom gleichen Tage ordnete die *StrK* die kommissarische Vernehmung des Zeugen an unter den »einschränkenden Bedingungen«, daß dieser keine Angaben zur Person zu machen brauche und die Angeklagten seiner Vernehmung nicht beiwohnen dürften; nur unter diesen Voraussetzungen sei das Beweismittel für die *StrK* erreichbar gewesen, die hierfür von den Polizeibehörden geltendgemachten Gründen seien stichhaltig. Der Vernehmungstermin wurde auf den 27. 7. 1982 festgesetzt, Angeklagte und Verteidiger hiervon verständigt. Mit Fernschreiben vom 26. 7. 1982 billigte das Innenministerium die von der Landespolizeidirektion Stuttgart eingenommene Haltung und gab hierfür eine umfangreiche Begründung. *Al* wurde am 27. 7. 1982 in Anwesenheit der Verteidiger im Gebäude der Polizeidirektion Böblingen durch den beauftragten Richter vernommen; er blieb gemäß § 60 Nr. 2 StPO unvereidigt, »da er hinsichtlich der Tat, welche den

Gegenstand der Untersuchung bildet, der Beteiligte verdächtig ist«. In der Hauptverhandlung vom 18. 8. 1982 wurde das Schreiben der Landespolizeidirektion Stuttgart vom 16. 7. 1982 verlesen; das Fernschreiben des Innenministeriums vom 26. 7. 1982 wurde auszugsweise verlesen. Der Vorsitzende gab den Inhalt des Beschlusses vom 22. 7. 1982 bekannt. Die *Kammer* beschloß, das Protokoll über die kommissarische Vernehmung des Zeugen *Al* zu verlesen, »weil die Gründe, die zur Anordnung der kommissarischen Vernehmung geführt haben, fortbestehen (§ 251 I Nr. 2 StPO)«. Sodann wurde die richterliche Niederschrift vom 27. 7. 1982 verlesen und Gelegenheit zur Abgabe von Erklärungen gegeben.

Die Beanstandungen der Revision greifen nicht durch.

a) Ordnet das Gericht die Verlesung richterlicher Protokolle an, so hat es gemäß § 251 IV 2 StPO den Grund der Verlesung bekanntzugeben. Diese Voraussetzung ist durch die ausdrückliche Bezugnahme auf die Gründe, die der Anordnung der kommissarischen Vernehmung mit Beschluß vom 22. 7. 1982 zugrunde lagen, erfüllt. Der Inhalt dieses Beschlusses wurde unmittelbar zuvor vom Vorsitzenden noch einmal bekanntgegeben und somit den Verfahrensbeteiligten in Erinnerung gerufen, so daß über die Bedeutung der Bezugnahme keinerlei Zweifel bestanden. Damit war der von der Vorschrift angestrebte Zweck erreicht und den Anforderungen des Gesetzes Genüge getan.

b) Die Rüge, *Al* hätte in der Hauptverhandlung und in Anwesenheit der Angeklagten als Zeuge vernommen werden müssen, ist nicht in der von § 344 II 2 StPO vorgeschriebenen Form erhoben und daher unzulässig.

In der neueren Rechtsprechung besteht Einigkeit darüber, daß die Bekämpfung bestimmter Erscheinungsformen der Kriminalität den Einsatz anonymer Gewährsleute erfordert und die Gerichte sich unter bestimmten Umständen damit abfinden müssen, solche Gewährsleute nicht in öffentlicher Hauptverhandlung als Zeugen vernehmen zu können. Anerkannt ist aber auch, daß die Gerichte in solchen Fällen alle nicht von vornherein aussichtslosen Schritte unternehmen müssen, um dennoch zu einer möglichst zuverlässigen Beweisgrundlage zu gelangen. Ein denkbarer Weg ist die Vernehmung des Zeugen durch den beauftragten oder ersuchten Richter, notfalls außerhalb der Gerichtsstelle und in Abwesenheit des Angeklagten oder seines Verteidigers, letzteres jedenfalls dann, wenn die Beweiserhebung (auch) der Entlastung des Angeklagten dient und andernfalls der Verlust des Beweismittels zu befürchten ist (vgl. *BVerfGE* 57, 250 [siehe in diesem Band S. 457–482; *BGH*, NJW 1980, 2088; 1981, 770; NStZ 1982, 40; 79; *BGH*, Urteil v. 5. 11. 1982 – 2 StR 250/82, zur Veröff. bestimmt [siehe in diesem Band S. 488–494]). Um die Zulässigkeit einer solchen Beweiserhebung prüfen zu können, ist zumindest die Kenntnis der maßgeblichen gerichtlichen Entscheidungen einschließlich der in bezug genommenen Begründungselemente (vgl. oben a) erforderlich. Sie werden jedoch vom Bf. nicht so genau und so vollständig mitgeteilt, daß der Senat allein aufgrund der Revisionsrechtfertigung prüfen kann, ob ein Verfahrensfehler vorliegt, wenn die behaupteten Tatsachen zutreffen (vgl. zu den formalen Anforderungen an Verfahrensrügen *Gribbohm*, NStZ 1983, 97, 101 m.w.N.).

Die Rüge wäre auch unbegründet, weil der Angeklagte und sein Verteidiger der Verlesung der Vernehmungsniederschrift in der Hauptverhandlung nicht widersprochen haben (*BGH*, NJW 1952, 1426; *BGHSt* 9, 24 [28]; 26, 332 [333]).

c) Zwar trifft zu, daß das erkennende Gericht von Amts wegen und ohne Bindung an die Vorentscheidung des vernehmenden Richters darüber entscheiden muß, ob die Vereidigung nachgeholt werden soll (§ 251 IV 4 StPO). Für diese Entscheidung gelten dieselben Grundsätze wie für die Entscheidung über die Vereidigung eines in der Hauptverhandlung vernommenen Zeugen (*BGHSt* 1, 269), so daß ein V-Mann nicht ohne weiteres aus den Gründen des § 60 Nr. 2 StPO unbeeidigt bleiben darf (*BGH*, NStZ 1982, 127). Auf dem Verfahrensverstoß kann die Verurteilung des Angeklagten *Al* jedoch nicht beruhen. Für das Beruhen ist entscheidend, ob ein unter Einhaltung der Verfahrensvorschriften ordnungsgemäß durchgeführtes Verfahren zu demselben Ergebnis geführt haben würde (*RGSt* 61, 353 [354]). Dies kann hier bejaht werden. Der Angeklagte *B.* hat die Angaben des Zeugen im wesentlichen bestätigt . . .

Bundesgerichtshof: Vorlagebeschluß des 2. Strafsenats an den Großen Senat für Strafsachen vom 4. 5. 1983

Aus den Gründen: I. 1. Das *LG* hat den Angeklagten wegen unerlaubten Handeltreibens mit Btm zu einer Freiheitsstrafe von fünf Jahren verurteilt. Es hat dafür die Niederschrift über die gegen den Willen des Angeklagten und des Verteidigers in deren Abwesenheit durchgeführte kommissarische Zeugenvernehmung des als Scheinkäufer aufgetretenen V-Mannes der Polizei verwertet.

Die *StrK* hatte versucht, den Zeugen in der Hauptverhandlung – sie betraf vier Angeklagte, die durch sieben Rechtsanwälte verteidigt waren – zu vernehmen, zumindest aber durch einen beauftragten Richter in Anwesenheit der Verteidiger vernehmen zu lassen. Jedoch hatte der Hess. Minister des Innern als oberste Dienstbehörde (vgl. § 96 StPO) mit zwei Fernschreiben die Bekanntgabe von Namen und Anschrift des V-Mannes verweigert. Er hatte nur einer Vernehmung durch die Berufsrichter unter Ausschluß der Öffentlichkeit sowie der Angeklagten und ihrer Verteidiger zugestimmt. Er hatte seine Entscheidung zunächst damit begründet, daß bei einer Vernehmung in der Hauptverhandlung die Gefahr der Enttarnung bestehe. Dies gelte auch bei einer Einvernahme unter Ausschluß der Öffentlichkeit und bei »Maskierung« der Vertrauensperson, weil diese »durch persönliche Eigenarten der Figur, der Sprache oder des Auftretens einer Vielzahl von Personen bekannt (werde), die durch solche Einzelheiten in Verbindung mit ggf. bereits bekannten oder noch bekanntwerdenden Fakten Rückschlüsse auf die Personen ziehen könnten«. Selbst wenn sich die Anwesenden einer Geheimhaltungsverpflichtung gemäß § 174 Abs. 3 GVG unterwürfen, könne eine Enttarnung durch unbedachte Äußerungen nicht ausgeschlossen werden. Es bestünden konkrete Anhaltspunkte, daß dem V-Mann im Falle einer Enttarnung erhebliche Gefahren für Leib und Leben drohten. Außerdem würden die Ermittlungen in anderen Verfahren, in denen der Informant tätig sei, gefährdet und sein beabsichtigter weiterer Einsatz ausgeschlossen. Damit würden dem Wohl des Landes Nachteile bereitet und die Erfüllung öffentlicher Aufgaben erheblich erschwert oder ernstlich gefährdet.

Auf seine zusätzliche telefonische Anfrage hatte der *StrK*-Vorsitzende vom Hess. Minister des Innern »ergänzend zu dem Fernschreiben« folgende Entscheidung erhalten:

»Wegen der in dem Fernschreiben erwähnten Gefahr der Enttarnung der V-Person aufgrund persönlicher Eigenarten ihrer Sprache stimmt der Minister einer Vernehmung der V-Person durch die oder einen Berufsrichter unter gleichzeitiger Verwendung einer Simultanschaltung, durch die die Angeklagten und ihre Verteidiger oder auch nur die Verteidiger in einem anderen Raum die Vernehmung akustisch miterleben und anschließend den Zeugen selbst befragen können, nicht zu.«

Nachdem der Vorsitzende die Fernschreiben und die telefonische Stellungnahme des Hess. Ministers des Innern in der Hauptverhandlung mitgeteilt hatte, beschloß die *StrK*, den Informanten durch die Berichterstatterin in Abwesenheit der Angeklagten und ihrer Verteidiger kommissarisch vernehmen zu lassen. Sie erachtete den Zeugen als unerreichbar für eine Vernehmung in der Hauptverhandlung. Zur Vermeidung des sonst drohenden Beweismittelverlustes hielt sie die Vernehmung in der vom Minister zugestandenen Form für erforderlich. Der Verteidiger widersprach dem Beschluß.

Nach der Vernehmung des Informanten, die ohne weitere vorherige Benachrichtigung der Verfahrensbeteiligten in Abwesenheit des Angeklagten, des Verteidigers und des StA stattfand, wurde die hierüber gefertigte Niederschrift in der Hauptverhandlung verlesen. Die Verfahrensbeteiligten erhielten Gelegenheit zur Einreichung schriftlicher Fragen als Grundlage für eine weitere abschließende Vernehmung des Zeugen. Auch diese fand in der oben beschriebenen Form statt; die darüber gefertigte Niederschrift wurde ebenfalls verlesen.

2. Der Angeklagte rügt mit seiner Revision die Verletzung der §§ 240, 250, 251 Abs. 1 Nr. 2 StPO. Unter besonderem Hinweis auf nach seiner Auffassung vorliegende Begründungsmängel der Behördenentscheidung und damit auch des Gerichtsbeschlusses hält er die trotz seinem Widerspruch in seiner und des Verteidigers Abwesenheit durchgeführte kommissarische Zeugenvernehmung für unzulässig.

Nach der Auffassung der Mehrheit des *Senats* ist die Entscheidung der Behörde ermessensfehlerfrei begründet und die auf dieser Grundlage in der beschriebenen Weise durchgeführte Zeugenvernehmung sowie die Verwertung der Vernehmungsniederschriften zulässig. Selbst von der Auffassung aus, nach der durchgreifende Begründungsmängel vorliegen und zur Urteilsaufhebung nötigen, würde sich die Frage je nach dem weiteren Verfahrensgang für den neuen Tatrichter wiederum stellen.

Der Senat mißt der Frage grundsätzlich Bedeutung bei. Verschiedene Entscheidungen des *BGH* lassen unterschiedliche Ansichten erkennen. Zur Fortbildung des Rechts und zur Sicherung einer einheitlichen Rspr. ist deshalb die Entscheidung des *Großen Senats* erforderlich.

II. 1. Im Bereich schwerwiegender Kriminalität (z. B. Terrorismus, Btm-Delikte, Landesverrat) haben Personen, die – als ursprünglich Tatbeteiligte nach Aufgabe ihres strafbaren Tuns oder als von vornherein Eingeschleuste – der Polizei zum Zwecke der Verbrechensbekämpfung und -aufklärung Informationen aus dem Täterkreis liefern, Angriffe auf ihr Leben oder ihre Gesundheit zu befürchten. Ihr entscheidender Schutz besteht darin, daß sie, gegebenenfalls nach Namens- und Wohnsitzänderung, für den Täterkreis unauffindbar sind. Die Verantwortung für ihren Schutz liegt bei der Polizeibehörde, die aufgrund der ihr bekannten, aber von ihr geheimzuhaltenden Lage des jeweiligen Informanten allein beurteilen kann, welche Sicherheitsmaßnahmen erforderlich sind. Dem Schutzbedürfnis des Informanten muß auch bei der Einführung seiner Zeugenaussage in ein Strafverfahren gegen die mutmaßlichen Täter Rechnung getragen werden. Der *BGH* hat deshalb in ständiger Rspr. anerkannt, daß von einer zuständigen Behörde ermessensfehlerfrei angeordnete Beschränkungen hinsichtlich der Preisgabe einer Vertrauensperson den Tatrichter berechtigen und verpflichten können, anstelle der in erster Linie vorgeschriebenen Zeugenvernehmung (in öffentlicher Verhandlung in Anwesenheit des Angeklagten) eine nachrangige Beweiserhebung zu wählen, z. B. die kommissarische Vernehmung und die Verlesung der hierüber gefertigten Niederschrift gemäß §§ 223, 224, 251 Abs. 1 Nr. 2 StPO oder die Verlesung schriftlicher Bekundungen des Zeugen gemäß § 251 Abs. 2 StPO (vgl. *BGHSt* 29, 109; 29, 390 [= StrVert 1981, 58]; 31, 148 [= StrVert 1983, 49] [siehe in diesem Band S. 488–494]; *BGH*, Urteil v. 12. 12. 1979 – 3 StR 422/79 (S), v. 5. 3. 1980 – 3 StR 18/80 (L), v. 28. 5. 1980 – 3 StR 155/80 (L)

(= *NJW* 1980, 2088), v. 11. 12. 1980 – 4 StR 588/80 (= *NJW* 1981, 770 [= StrVert 1981, 109]) und v. 22. 3. 1983 – 1 StR 846/82 [= StrVert 1983, 232] (siehe in diesem Band S. 514–516); *BGH*, Beschl. v. 9. 6. 1980 – 3 StR 132/80 (L) und v. 6. 10. 1981 – 1 StR 332/81 [= StrVert 1982, 2]; zu einer Beweisaufnahme gemäß § 251 Abs. 2 StPO vgl. *BGH* NStZ 1981, 270 mit Anm. *Fröhlich* sowie – zur verfassungsrechtlichen Unbedenklichkeit – *BVerfGE* 57, 250 = NStZ 1981, 357 [= StrVert 1981, 381 m. Anm. *Kotz* StrVert 1981, 591] (siehe in diesem Band S. 457–482).

Soweit die Behörde einen Informanten aus Sicherheitsgründen nur für eine Vernehmung unter Ausschluß des Angeklagten und des Verteidigers freigeben kann, wird dieses Verfahren »jedenfalls dann« für zulässig gehalten, »wenn der Angeklagte zur eigenen Enlastung eine richterliche Vernehmung des Gewährsmannes für erforderlich erachtet und er nur so die Möglichkeit erhalten kann, dem Zeugen – über den vernehmenden Richter – vorbereitete Fragen zu stellen« (*BGH* NJW 1980, 2088; *BGH,* Urteil v. 11. 12. 1980 – 4 StR 588/80 [= StrVert 1981, 109] – und v. 22. 3. 1983 – 1 StR 846/82 [= StrVert 1983, 252]). Die Frage, *ob der Verteidiger auch gegen seinen Willen ausgeschlossen werden darf*, ist bisher vom *BGH* noch nicht entschieden (vgl. jedoch *OLG Frankfurt* NStZ 1983, 231 [= StrVert 1983, 53]).

2. Die Vorlegungsfrage stellt sich – da der Zeuge optisch abgeschirmt werden kann – nur dann, wenn es denkbar ist, daß ein Zeuge schon allein dadurch enttarnt und (in der Folgezeit durch Täter) gefährdet wird, daß der Verteidiger seine Bekundungen mithört. Diese Möglichkeit ist nicht auszuschließen. Anhaltspunkte dafür gibt der vom *Senat* zu entscheidende Fall. Der Minister konnte seine Entscheidung nur für alle vier Angeklagte einheitlich treffen. Es ging somit um die Zulassung – im Mindestfall – von sieben Verteidigern. Da der Informant auch in anderen Ermittlungsverfahren eingesetzt war, bestand die Möglichkeit, daß Verteidiger ihm wiederholt begegneten sowie ihn wiedererkennen und letztlich identifizieren konnten. In einem solchen Fall läßt sich auch die – selbst zulässige – Weitergabe dieser Kenntnis bis in Täterkreise hinein nicht ausschließen. Denn je nach Lage des Falles kann der Verteidiger das Interesse seines Mandanten an der Identifizierung des Informanten höher einschätzen als die ihm nach Art und Grad unbekannte Gefährdung des letzteren. Auch das zeigt das anhängige Verfahren. Nachdem der Verteidiger eines Mitangeklagten aus

anderem Zusammenhang Anhaltspunkte dafür zu haben glaubt, daß es sich bei dem V-Mann um eine auch mit Anschrift bekannte Person namens B. handle, bemühten sich Verteidiger mehrerer Angeklagter um eine Aufklärung dieses Sachverhalts, also, trotz der Hinweise des Ministers auf die Gefährdung des Zeugen, um dessen Identifizierung. Da somit schon zulässiges Verteidigerverhalten zu einer nicht mehr eingrenzbaren Enttarnung und damit Gefährdung der V-Person führen kann, bedarf es keines näheren Eingehens darauf, daß die für den Schutz verantwortliche Behörde auch versehentliches Fehlverhalten in Betracht ziehen muß.

Möglichkeiten, gegenüber den die Zeugenaussage mithörenden Personen nicht nur die Stimme des Zeugen, sondern auch die Eigenarten seiner Sprache (wie Dialekt, charakteristische Satzbildungen und Wiederholungen, Sprachfehler usw.) zu verbergen, sind nicht bekannt. Denkbar wäre zwar, den in einem anderen Raum befindlichen Personen die für sie unhörbar abgegebene Bekundung des Zeugen durch eine Mittelperson übertragen zu lassen. Wegen des Fehlens jeglicher Regelungen, die die Auswahl und Heranziehung solcher Personen, die Kontrolle ihrer Übertragung sowie die Berichtigung und gegebenenfalls Ahndung von fehlerhaftem Verhalten sicherstellen, hält der *Senat* jedoch auch dieses Verfahren nicht für praktikabel.

Unter diesen Umständen kann es Fälle geben, in denen die Polizeibehörde eine V-Person, für deren Schutz sie verantwortlich ist, für eine Vernehmung in Anwesenheit (des Angeklagten und) des Verteidigers nicht freigeben kann.

3. In der Vorlegungsfrage lassen sich gegensätzliche Auffassungen vertreten:

a) Nach der einen Auffassung ist es rechtlich nicht zulässig, die kommissarische Zeugenvernehmung einer V-Person der Polizei gegen den Willen des Verteidigers in dessen Abwesenheit durchzuführen.

Diese Rechtsansicht stützt sich auf folgende Erwägungen:

Die StPO enthält den lückenlos verwirklichten Grundsatz, daß dem Verteidiger die Anwesenheit bei richterlichen Untersuchungshandlungen gestattet ist. Für das Ermittlungsverfahren bestimmen dies die §§ 168c Abs. 1, 2, 168d Abs. 1 Satz 1 StPO ausdrücklich. Für kommissarische Beweiserhebungen zur Vorbereitung der Hauptverhandlung gilt dasselbe: § 244 Abs. 1 Satz 1 StPO setzt das Anwesenheitsrecht des Verteidigers voraus.

Einschränkungen dieser Befugnis sieht das Gesetz nicht vor. Zwar unterbleibt die Benachrichtigung – auch des Verteidigers – vom Vernehmungstermin, wenn sie den Untersuchungserfolg gefährden würde (§§ 168 c Abs. 5 Satz 2, 224 Abs. 1 Satz 2 StPO). Das Anwesenheitsrecht selbst bleibt davon jedoch – mag es auch oft nicht mehr wahrgenommen werden können – unberührt. Der *BGH* hat dies bereits in einer Entscheidung zu § 168 c StPO hervorgehoben (*BGHSt* 29, 1, 5); er hat an gleicher Stelle zum Ausdruck gebracht, daß der Verteidiger – anders als der Beschuldigte (§ 168 c Abs. 3 StPO) – nicht von der Anwesenheit ausgeschlossen werden kann. Was aber das Gesetz im Anwendungsbereich des § 168 c StPO verbietet, kann nicht im Rahmen kommissarischer Beweisaufnahme erlaubt sein: dies wäre ein unerklärlicher und unauflösbarer Wertungswiderspruch. Die gesetzliche Regelung zum Anwesenheitsrecht des Verteidigers ist hiernach so eindeutig und vollständig, daß für eine Einschränkung dieser Befugnis im Wege richterlicher Gesetzesauslegung oder lückenergänzender Rechtssatzgewinnung kein Raum bleibt.

Die Zulassung einer kommissarischen Beweiserhebung, die gegen den Willen des Verteidigers in dessen Abwesenheit stattfindet, bedeutet den Ausschluß des Verteidigers von einem Teil des gerichtlichen Beweisverfahrens. Ein solcher, partieller Verteidigerausschluß findet im geltenden Strafverfahrensrecht weder Beispiel noch Vorbild: er wäre singulär. Gegen ihn bestehen durchgreifende verfassungsrechtliche Bedenken.

Dagegen läßt sich nicht einwenden, das *BVerfG* habe ihn bereits gutgeheißen. Wohl enthält die sogenannte »V-Mann-Entscheidung« (*BVerfGE* 57, 250, 287) den Satz: »Die kommissarische Vernehmung darf notfalls auch unter Ausschluß des Angeklagten und seines Verteidigers stattfinden, wenn anders die einer richterlichen Vernehmung entgegenstehenden Gründe nicht ausgeräumt werden können (vgl. *BGH,* NJW 1980, S. 2088).« Indessen geht es nicht an, diesen Satz als verfassungsrechtliche Billigung der hier abgelehnten Ansicht zu deuten. Er erschöpft sich – wiewohl in die Form einer eigenen Aussage gekleidet – der Sache nach in einer nur referierenden Bezugnahme auf die in einem Urteil des *BGH* geäußerte Rechtsansicht. Er gehört nicht zu den tragenden Gründen der Entscheidung. Der in ihm enthaltene Hinweis hat keine selbständige Bedeutung: er erscheint – als einer von mehreren – im Kontext einer ausführlichen Aufzählung der prozessualen Mittel, die der Tatrichter zu erwägen hat, um trotz der Weigerung der Exekutive, den »V-Mann« als Zeugen zur Verfügung zu stellen, dessen Wissen gleichwohl in der nach den Umständen bestmöglichen Weise für die Urteilsfindung nutzbar zu machen. Deshalb verbietet sich die Annahme, das *BVerfG* habe die hier in Rede stehende Frage bereits abschließend geklärt und entschieden.

Bei der verfassungsrechtlichen Beurteilung ist folgendes zu bedenken: Die dem Verteidiger in der StPO eingeräumten Anwesenheitsrechte, die sich als Mitwirkungsbefugnisse darstellen, sind ihm um seiner Aufgabe willen verliehen, die er als Beistand des Beschuldigten wahrnehmen soll; gerade in dieser Rolle ist er Organ der Rechtspflege (*BVerfGE* 39, 156, 165; ähnlich: *BVerfGE* 53, 207, 214). Die Einschränkung seines Anwesenheitsrechts berührt damit Rechtsgüter, die verfassungsrechtlich geschützt sind. Einerseits ist das Recht des Beschuldigten auf den Beistand eines Verteidigers Bestandteil seines Anspruchs auf ein faires Verfahren, die ihm Art. 2 Abs. 1 in Verbindung mit Art. 20 Abs. 3 GG verbürgt (*BVerfGE* 39, 156, 163; *BVerfG* EuGRZ 1983, 268 f.); andererseits wurzelt die eigene Rechtsstellung des Verteidigers in den Erfordernissen eines rechtsstaatlichen Strafverfahrens, also letztlich im Rechtsstaatsprinzip (vgl. *BVerfGE* 34, 293, 302 f.). Beide Rechtspositionen erlitten aber eine beträchtliche Einbuße, wenn es zulässig wäre, den Verteidiger von einer richterlichen Beweiserhebung fernzuhalten. Mit Rücksicht darauf bedürfte der Ausschluß des Verteidigers von der kommissarischen Zeugenvernehmung des »V-Manns« einer Begründung, die den Eingriff in die genannten, verfassungsrechtlich geschützten Rechtspositionen vor der Verfassung rechtfertigt. Eine solche Begründung läßt sich nicht finden.

In formeller Hinsicht fehlt – wie bereits dargelegt, ein Gesetz, das es zuließe, dem Verteidiger die Anwesenheit bei einer kommissarischen Beweiserhebung zu verwehren. Daß hierzu eine gesetzliche Grundlage erforderlich wäre, liegt bereits von der Sache sehr nahe, folgt aber auch aus der Rspr. des *BVerfG*; in der Entscheidung zum anwaltlichen Zeugenbeistand (*BVerfGE* 38, 105, 120) hebt es hervor, daß unter Umständen das Bedürfnis auftreten könne, den als Zeugenbeistand erschienenen RA von der Zeugenvernehmung auszuschließen; in diesem Zusammenhang heißt es dann weiter, wenn dazu die rechtlichen Möglichkeiten der §§ 176 ff. GVG nicht ausreichen, sei »mangels sonstiger gesetzlicher Zurückweisungsgründe« der Gesetzgeber aufgerufen, eine Regelung zu treffen. Ist aber hiernach für die Ausschließung des anwaltlichen Zeugenbeistands von der Vernehmung des Zeugen eine gesetzliche Grundlage nötig, dann muß gleiches erst recht für den Ausschluß des Verteidigers von einer kommissarischen Beweisaufnahme gelten; denn es ist nicht einsichtig zu machen, wieso der Zeugenbeistand insoweit größeren Schutz als der Verteidiger genießen sollte.

Auch in materieller Hinsicht gibt es für den Ausschluß des Verteidigers von der kommissarischen Zeugenvernehmung eines »V-Manns« keine sachlich hinreichenden Gründe. Freilich ist die Vernehmung der V-Person durch einen beauftragten oder ersuchten Richter – mit späterer Verlesung der darüber gefertigten Niederschrift in der Hauptverhandlung – im Vergleich zur Verwendung nur polizeilicher Vernehmungsniederschriften oder schriftlicher Äußerungen des Zeugen (§ 251 Abs. 2 StPO) das bessere Beweismittel. Läßt sich die kommissarische Zeugenvernehmung nur unter der – von der Exekutive aus stichhaltigen Gründen ermessensfehlerfrei gestellten – Bedingung erreichen, daß der Verteidiger nicht daran teilnimmt, so treten damit die Belange der Wahrheitsermittlung in Gegensatz zum Interesse an der Behauptung des dem Verteidiger zustehenden Anwesenheitsrechts. Dieser Interessenkonflikt ist zugunsten des Anwesenheitsrechts und damit der Mitwirkungsbefugnisse des Verteidigers zu entscheiden. Die Sachaufklärungsbelange erfahren keine so wesentliche Beeinträchtigung, daß ihretwegen das Anwesenheitsrecht des Verteidigers zu weichen hätte; es bleibt, wenn die kommissarische Zeugenvernehmung des »V-Manns« entfällt, nach Maßgabe des § 251 Abs. 2 StPO die Möglichkeit der Verwendung polizeilicher Vernehmungsniederschriften oder schriftlichen Äußerungen des Zeugen (vgl. *BVerfGE* 57, 250, 273 ff.). Bei der Abwägung der ineinander widerstreitenden Belange kann das vom *BVerfG* stets betonte Interesse der staatlichen Gemeinschaft an der Aufrechterhaltung einer funktionstüchtigen Strafrechtspflege (*BVerfGE* 33, 367, 383 und öfter) nicht den Ausschlag zugunsten der Sachaufklärung geben, weil es – richtig verstanden – die Anerkennung der den Verfahrensbeteiligten eingeräumten Mitwirkungsbefugnisse einschließt und daher nicht gegen sie in die Waagschale gelegt werden darf; denn »funktionstüchtige Strafrechtspflege«, wie sie das Rechtsstaatsprinzip fordert, ist keine nur zwecktaugliche, auf bloße Effizienz hin angelegte Einrichtung: es gehört bereits zu ihrem Begriff, daß sie sich auch in rechtsstaatlichen Formen, also unter Wahrung schutzwürdiger Belange der Verfahrensbeteiligten, vollzieht.

Die Betrachtung des geltenden Strafprozeßrechts ergibt nirgends Anhaltspunkte dafür, daß Anwesenheitsrechte des Verteidigers hinter dem Interesse an einer möglichst umfassenden und zuverlässigen Wahrheitserforschung zurücktreten müßten. Ein Vorrang der Sachaufklärungsbelange gegenüber dem Schutz der Verteidigerrechte ist dem deutschen Strafverfahrensrecht fremd. Ein derartiger Grundsatz läßt sich weder mit Einzelvorschriften des Gesetzes belegen noch aus einer Zusammenschau strafprozessualer Regelungen herleiten. Die Bestimmungen über den Ausschluß des Verteidigers von der Mitwirkung im – gesamten – Verfahren (§§ 138 a, 138 b StPO, vgl. auch § 146 StPO) rechtfertigen keine andere Schlußfolgerung; denn hier wird an Umstände und Verhältnisse angeknüpft, die in der Person des Verteidigers vorliegen und gerade ihn als ungeeignet zur Wahrnehmung der Verteidigerrolle kennzeichnen. Liegen solche personenbezogenen Umstände oder Verhältnisse dagegen nicht vor, so ist das Anwesenheitsrecht des Verteidigers, wie es die StPO gewährt, keiner Einschränkung unterworfen. So gibt es – worüber kein Streit herrscht – in der Hauptverhandlung keine rechtliche Möglichkeit, dem Verteidiger die Anwesenheitsbefugnis – etwa für einzelne Abschnitte der Beweisaufnahme – zu entziehen. Wieso diese Möglichkeit – unter sonst gleichen Umständen – bei einer kommissarischen Beweiserhebung gegeben sein soll, leuchtet nicht ein. Daß im einen Fall die Beweisaufnahme vor dem erkennenden Gericht stattfindet, so daß eine Zeugenaussage unmittelbar Gegenstand der richterlichen Wahrnehmung und Beweiswürdigung wird, während im anderen Falle nur die in der Verhandlung zu verlesende Niederschrift (§ 251 Abs. 1 Nr. 2 StPO) über die kommissarische Vernehmung das für die Urteilsfindung maßgebliche Beweismittel bildet, ist kein Unterschied, der überzeugend erklären könnte, wieso das Anwesenheitsrecht des Verteidigers im ersten Fall unentziehbar, im zweiten dagegen beschränkbar sein soll.

b) Eine andere Auffassung bejaht die Vorlegungsfrage und stützt sich dabei auf folgende Erwägungen:

aa) Im Fall der Unerreichbarkeit eines Zeugen für die Hauptverhandlung hat die Beweiserhebung über sein Wissen entsprechend der in § 251 StPO vorgesehenen Reihenfolge gemäß Absatz 1 Nr. 2 der Vorschrift in erster Linie durch kommissarische Vernehmung des Zeugen und durch Verlesung der darüber aufgenommenen Niederschrift in der Hauptverhandlung zu erfolgen. Nur wenn der Zeuge auch hierfür unerreichbar ist, dürfen nach Absatz 2 der genannten Vorschrift Niederschriften über eine andere (also nichtrichterliche) Vernehmung sowie Urkunden, die eine von ihm stammende schriftliche Äußerung enthalten, verlesen werden. Die erstgenannte Beweiserhebung ist auch dann die zuverlässigere und damit sachnähere, wenn sie in (freiwilliger oder erzwungener) Abwesenheit des Angeklagten und seines Verteidigers durchgeführt wird. Sie bietet dennoch die sichere Möglichkeit, das gesamte Wissen des Zeugen verwertbar zu machen und den Wahrheitsgehalt seiner Aussagen zu prüfen, zumal nur in diesem Falle eine Vereidigung erfolgen kann. Dabei kann auch der abwesende Verteidiger immerhin insofern mitwirken, als er durch den vernehmenden Richter eigene Fragen – soweit sie der Überprüfung der Zeugenaussage dienen, in einer dafür geeigneten Weise – stellen lassen kann (vgl. *BGH*, Urteil v. 5. 5. 1983 – 2 StR 797/82). Ob der Verteidiger der Beweisaufnahme zugestimmt oder widersprochen hat, ist *in diesem Zusammenhang* ohne Bedeutung; das Beweisergebnis hängt davon nicht ab.

bb) Die Frage, ob einer solchen Beweiserhebung Verteidigerrechte entgegenstehen, ist aus § 224 StPO zu beantworten. Dagegen erscheint es nicht gerechtfertigt, die für eine Zeugenvernehmung in der Hauptverhandlung geltenden Vorschriften heranzuziehen. Die für beide Fälle getroffenen Regelungen sind nicht vergleichbar. Das zeigt sich schon darin, daß das Gesetz die Teilnahme des Verteidigers an der gesamten Hauptverhandlung und damit auch an einer in deren Verlauf durchgeführten Zeugenvernehmung *zwingend* vorschreibt (§§ 145, 338 Nr. 5 StPO), ihm die Anwesenheit bei der kommissarischen Zeugenvernehmung aber *freistellt* (§ 224 Abs. 1 Satz 1 2. Halbsatz). Allerdings hat der Verteidiger grundsätzlich das Recht, auch an der kommissarischen Zeugenvernehmung teilzunehmen. Jedoch gewährleistet das Gesetz die Möglichkeit hierzu nicht uneingeschränkt. Vielmehr läßt es zu, daß die kommissarische Zeugenvernehmung in bestimmten Fällen auch gegen den Willen des Verteidigers in dessen Abwesenheit durchgeführt wird. Das gilt schon insoweit, als der Verteidiger bei Verhinderung – ebenso wie nach der ausdrücklichen Regelung des § 168c Abs. 5 Satz 2, 3 StPO – keinen Anspruch auf Terminsverlegung hat (*RGSt* 59, 299, 301; *BGH* NJW

1952, 1426; *BGH* bei Dallinger MDR 1972, 753; *Gollwitzer* in LR, StPO 23. A. § 224 Rdnr. 6;*Treier* in KK StPO § 224 Rdnr. 3; *Paulus* in KMR StPO 7. A. Rdn. 4, 5; *Meyer* in Kleinknecht/ Meyer StPO 36. Aufl. § 224 Rdnr. 3). Insbesondere ergibt sich dies aus § 224 Abs. 1 Satz 2 StPO. Nach dieser Vorschrift unterbleibt die Benachrichtigung von Verfahrensbeteiligten, gegebenenfalls also auch des Verteidigers, »wenn sie den Untersuchungserfolg gefährden würde«. Nach allgemeiner Auffassung ist damit nicht nur eine sich derart auswirkende Verzögerung gemeint. Vielmehr ist die Vorschrift ebenfalls anwendbar zur Vermeidung solcher Gefährdungen, die – wie etwa Zeugenbeeinflussungen – erst im weiteren Verfahren von einem Beteiligten ausgehen können (*Gollwitzer* a.a.O. Rdnr. 9; *Paulus* a.a.O. Rdnr. 6, 13; *Treier* a.a.O. Rdnr. 9; für denselben Wortlaut in § 168c Abs. 5 Satz 2: *BGHSt* 29, 1; *Peters* JR 1978, 174). Auch wenn der grundsätzliche Anwesenheitsanspruch des Verteidigers davon unberührt bleibt (so *BGHSt* 29, 1, 5; a. A. *Paulus* a.a.O. Rdnr. 6), so ist er doch in allen von der Vorschrift erfaßten Fällen regelmäßig nicht durchsetzbar und damit in Wirklichkeit gegenstandslos.

Nach ihrem Wortlaut und bei dem dargelegten Inhalt erfaßt die Vorschrift aber auch Fälle, in denen das Schutzbedürfnis eines Zeugen nur seine Vernehmung in Abwesenheit des Angeklagten und des Verteidigers zuläßt. Eine Benachrichtigung der genannten Verfahrensbeteiligten – die daraufhin bei der Vernehmung, unter Umständen auch auf dem Rückweg des Zeugen zu dessen Enttarnung führende Wahrnehmungen machen könnten – hätte hier zur Folge, daß der Zeuge auch für eine solche Einvernahme nicht freigegeben wird. Der Anwendung der Vorschrift auf derartige Fälle steht nicht entgegen, daß die Frage, unter welchen Voraussetzungen der Zeuge vernommen werden kann, von einer Exekutivbehörde entschieden werden kann. Wenn eine Behörde im Rahmen ihrer Zuständigkeit eine solche Entscheidung pflichtgemäß trifft und einleuchtend begründet, so können dem nicht gleichzeitig rechtsstaatliche Bedenken entgegengesetzt werden (*BVerfGE* 57, 250, 281ff.). Hinzu kommt, daß die Behördenentscheidung nur die notwendige Folge der Gefährdung des Zeugen ist. Dies ist der eigentliche Hinderungsgrund für die Anwesenheit des Verteidigers. Soweit das Gericht aufgrund eigener Kenntnisse mit der Gefährdung des Zeugen ernsthaft rechnen muß, hat es – auch ohne vorangegangene Behördenentscheidung – als Folge der ihm selbst gegenüber dem Zeugen obliegenden Fürsorgepflicht die notwendigen Schutzmaßnahmen zu treffen, die eben in der Vermeidung einer Gegenüberstellung des Zeugen mit Verfahrensbeteiligten bestehen können.

cc) Betrachtet man auf der Grundlage der §§ 223, 224, 251 StPO unmittelbar die Interessen an der Wahrheitsermittlung und an der bestmöglichen Verteidigung des Angeklagten, so führt auch diese Überlegung zu dem Ergebnis, die kommissarische Zeugenvernehmung unter den erwähnten Voraussetzungen und Umständen zuzulassen. Die andere Auffassung, nach der sie bei Widerspruch des Verteidigers unterbleiben muß, hätte die Beweiserhebung nach § 251 Abs. 2 StPO zur Folge. Es wäre danach zulässig und je nach Sachlage geboten, den Zeugen – ebenfalls in Abwesenheit des Verteidigers, statt durch den Richter persönlich – nur schriftlich oder durch einen Polizeibeamten zu befragen sowie in der Hauptverhandlung seine schriftliche Auskunft oder das polizeiliche Vernehmungsprotokoll zu verlesen. Das erscheint sinnwidrig und daher nicht vertretbar. Die Verteidigung als Institution der Rechtspflege ist nicht darauf angelegt, eine Verurteilung grundsätzlich zu verhindern, sondern darauf, den Angeklagten vor ungerechtfertigter Verurteilung zu bewahren. Nach der Intention des Gesetzes dient auch die Verteidigung der bestmöglichen Wahrheitsermittlung. Unter dem Gesichtspunkt des Angeklagteninteresses kommt hinzu, daß im Einzelfall nicht vorhersehbar ist, ob die Beweisaufnahme nach Abs. 1 oder die nach Abs. 2 des § 251 StPO für ihn günstiger ausfallen würde. Da die letztere die bessere Möglichkeit bietet, die Aussagen – ohne Eideszwang, bewußt oder unbewußt auch auf Kosten des Wahrheitsgehalts – »stimmig« zu machen, und da es sich bei dem anonymen Gewährsmann meist um einen Belastungszeugen handeln wird, birgt dieses Verfahren gerade für den Angeklagten die größere Gefahr in sich. Diese Gesichtspunkte drängen dazu, von den zwei möglichen Beweiserhebungen, die beide nur in Abwesenheit des Verteidigers durchführbar sind, die zuverlässigere zu wählen. Das ist unbestreitbar die kommissarische (evtl. eidliche) Zeugenvernehmung.

dd) Unter verfassungsrechtlichen Gesichtspunkten ist ebenfalls das hier vertretene Ergebnis vorgezeichnet durch die zu § 251 Abs. 2 StPO ergangene Entscheidung des *BVerfG BVerfGE* 57, 250. In dem jener Entscheidung zugrundeliegenden Verfahren hatte der Tatrichter das Wissen eines Zeugen, den die für seinen Schutz verantwortlichen Behörden aus Sicherheitsgründen selbst für eine kommissarische Vernehmung nicht freigeben konnten, in Anwendung des § 251 Abs. 2 StPO in der Weise in die Hauptverhandlung eingeführt, daß er nichtrichterliche Verhörspersonen vernommen sowie polizeiliche Vernehmungsprotokolle und schriftliche Erklärungen des Zeugen enthaltende Urkunden verlesen hatte. In der angeführten Entscheidung hat das *BVerfG* die genannte Vorschrift in dieser Anwendung für verfassungsgemäß erklärt. In den tragenden Gründen hat es den hohen Rang des aus Art. 1 Abs. 1 GG folgenden Gebots der Wahrheitsermittlung hervorgehoben. Daraus hat es außerdem abgeleitet, daß einerseits die Exekutive ein Beweismittel dem Gericht nicht über das unumgänglich notwendige Maß hinaus vorenthalten dürfe, und daß andererseits das Gericht von den ihm möglichen Formen der Beweiserhebung die in der Reihenfolge der §§ 250, 251 StPO sachnächste und damit zuverlässigste wählen müsse. Auf dieser Linie liegt es, wenn die zuständige Behörde die V-Person nur *den* Verfahrensbeteiligten vorenthält, von denen nach ihrer Auffassung eine Enttarnungsgefahr ausgehen kann, und das Gericht die danach eröffnete Möglichkeit zur Vernehmung des Zeugen durch einen beauftragten Richter nutzt. Dagegen wäre es mit dieser Argumentation nicht vereinbar, von zwei aus stichhaltigen Gründen jeweils in Abwesenheit des Angeklagten und des Verteidigers durchgeführten und im übrigen genau auf die tatsächlichen Möglichkeiten abgestellten Beweiserhebungen diejenige für zulässig zu erklären, bei der der Zeuge schriftlich oder polizeilich befragt wird, jene aber als rechtsfehlerhaft und grundrechtsverletzend anzusehen, die in der Form richterlicher Zeugenvernehmung erfolgt.

Daß diesem Ergebnis andere Verfassungsgrundsätze entgegenstünden, ist nicht erkennbar. Das gilt auch bei Berücksichtigung des Beschlusses des *BVerfG BVerfGE* 38, 105, nach dem einem RA die Begleitung eines Zeugen zu dessen Vernehmung nicht ohne gesetzliche Regelung verwehrt werden darf (*sofern* der Zeuge ein Recht auf diesen Beistand hat). Die dort vermißte beschränkende Regelung ist hier in §§ 223, 224, 251 StPO vorhanden. Im übrigen ist dieser Grundsatz deshalb nicht ohne weiteres auf den vorliegenden Fall übertragbar, weil die Entscheidung unter dem anderen verfassungsrechtlichen Gesichtspunkt der Freiheit der Berufsausübung des RA ergangen ist und keine Auseinandersetzung mit dem hier entgegenstehenden besonders bedeutsamen Interesse des

Schutzes für Leib und Leben einer Person erforderte. In der letztgenannten Hinsicht hätte sich ein Korrektiv bei der Vorfrage ergeben, *ob* der Zeuge ein Recht auf Rechtsbeistand hat. Insoweit hat das Gericht für jeden Einzelfall »eine Abwägung zwischen dem Anspruch des Zeugen und dem öffentlichen Interesse an der Effizienz des Strafprozesses« unter Berücksichtigung »aller persönlichen und tatsächlichen Umstände« verlangt. Gerade in jener Entscheidung hat es »wiederholt die unabweisbaren Bedürfnisse einer wirksamen Strafverfolgung und Verbrechensbekämpfung anerkannt, das öffentliche Interesse an einer möglichst vollständigen Wahrheitsermittlung im Strafprozeß betont und die Aufklärung schwerer Straftaten als einen wesentlichen Auftrag eines rechtsstaatlichen Gemeinwesens bezeichnet« (a. a. O. S. 116). Dafür, daß sich das *BVerfG* in seinem eigens zur Problematik des § 251 StPO erlassenen Beschluß *BVerfGE* 57, 250 zu der vorerwähnten oder einer anderen eigenen Entscheidung in Widerspruch gesetzt haben könnte, sind keine Anhaltspunkte vorhanden.

Hans-Jürgen Bruns
Präjudizierende Randbemerkungen zum »Vorlage«-Beschluß des BGH vom 4. 5. 1983

I. Die kennzeichnenden »Rahmenbedingungen« des Beschlusses

Die Aufforderung der Schriftleitung des *Strafverteidigers*, schon jetzt zu einem Beschluß des *2. Senats*[1] Stellung zu nehmen, durch den eine wichtige und lebhaft erörterte Streitfrage aus der komplexen V-Mann-Problematik dem *Großen Senat (GS)* nach § 137 GVG zur Entscheidung vorgelegt worden ist, steigert zwar die damit für den Rezensenten verbundenen Schwierigkeiten, erweist sich jedoch bei näherer Prüfung als sachlich geboten, obwohl die Begründung der Vorlage insgesamt juristisch beachtlich und – im Hinblick auf ihre deutliche Zielsetzung – »taktisch geschickt« erscheint. Denn es kann kein Zweifel darüber bestehen, daß schon die Stellungnahme des *2. Senats* eine »vorprogrammierte« *Wendung* der Rechtsprechung ankündigt, die schwerwiegende Folgen nach sich ziehen muß, obwohl sie auf einem »zugespitzten« Sachverhalt beruht. Dazu ist vom Standpunkt des kritischen Beobachters etwas mehr zu sagen, als sich aus der Vorlagebegründung ergibt.

1. Darstellungsform und Zielrichtung

Die Schilderung der Rechtslage über die Kernfrage nach der Zulässigkeit des Verteidigerausschlusses[2] bei kommissarisch-richterlicher Vernehmung ist allerdings aus zwei entgegengesetzten Perspektiven – trotz erheblicher Konzentration – so umfassend erfolgt, daß dazu kaum weitere Einzelheiten ergänzt werden können. Auf die genauer begründete persönliche Ansicht eines Theoretikers, der sich (gewissermaßen) zwischen die Hauptfronten der Strafverfolgungsbehörden, einschließlich der Polizei, und den Verteidiger gedrängt fühlt[3], kommt es ohnehin schon lange nicht mehr an, zumal der Vorlagebeschluß nur *sachliche Argumente* vorträgt und auf die Angabe der jeweiligen Vertreter der entgegengesetzten Meinungen offensichtlich bewußt verzichtet. Das scheint zwar zur »Objektivierung« der Diskussion beizutragen, schmälert aber nicht das Interesse des Lesers – gerade für die Bildung seiner eigenen Stellungnahme – zu erfahren, welche Personen oder Kräftegruppen[4] hinter den rechtlichen Argumenten stehen und sicherlich die Frontlinien der schärfer werdenden Auseinandersetzung beeinflußt haben. Mußmaßungen über den Ausgang des Verfahrens sind natürlich nicht möglich, wären auch ohne jedes allgemeine Interesse. Wohl aber erscheint es geboten, schon zu Anfang darauf hinzuweisen, daß die eigentliche und volle Bedeutung des Vorlagebeschlusses sich nur aus seiner *Gegenüberstellung* mit den beiden Urteilen desselben Senates in *BGHSt* 31, 149 (= StrVert 1983, 49) (siehe in diesem Band S. 488–494) und StrVert 1983, 225 (siehe in diesem Band S. 502–507) ergibt, die aufgrund eines ähnlichen, aber in dem entscheidenden Punkt abweichenden Sachverhalts[5] zu einem anderen (»verteidigerfreundlichen«) Ergebnis gelangt sind. Ob dabei auch der zwischenzeitlich innerhalb des Senats eingetretene Richterwechsel[6] sich ausgewirkt hat, läßt sich nur vermuten.

2. *Unterschiedliche Bedeutung der einzelnen Abschnitte*

Für die Bewertung der Gründe des Vorlagebeschlusses ist die Erkenntnis wichtig, daß seinen einzelnen Abschnitten *unterschiedliche Bedeutung* und Überzeugungskraft zukommt: In den Teilen I und II 1 bis 2 (etwa $^1/_3$ der Gründe) schildert der *Senat* zunächst die tatsächlichen Umstände des Falles, einschließlich der bisherigen Entwicklung des Verfahrens, dann erörtert er die einschlägige Rechtsprechung, aber ohne seine beiden vorgenannten Urteile zu erwähnen, und gelangt, nachdem er die Sperrung des V-Mannes durch die Exekutive für »ermessensfehlerfrei« erklärt hat, auf dieser Grundlage zur Bejahung der Vorlegungsfrage, einem Ergebnis, das aber nur von der »Mehrheit« der Richter getragen wird. Wichtig bleibt, daß der Senat schon vorher über präjudizielle Vorfragen, insbesondere über die »Berechtigung« der nur bedingten Freigabe des V-Mannes selbständig entschieden hat.[7] Nach diesen *»eigenständigen«* Erwägungen folgt im Abschnitt II 3 (in etwa $^2/_3$ der Gründe) die Schilderung der beiden gegensätzlichen Auffassungen a) (= contra) und b) (= pro), diesmal aber in Form eines *Referates*, über deren einzelne sachliche Argumente. Ob die jeweiligen »Autoren« mit dieser Darstellung ihrer Ansichten zufrieden sein können, muß ihnen überlassen und hier offen bleiben, obwohl sich der *Senat* offensichtlich um eine vorurteilsfreie und sachgerechte Wiedergabe bemüht. Dabei darf allerdings nicht übersehen werden, daß er sich mit seiner Bejahung der Vorlegungsfrage die Argumentation der Anhänger der b) (pro)-Meinung zu eigen gemacht hat. Ein gewisses »Eigeninteresse« an der hinreichenden Rechtfertigung seiner Entscheidung wird man zwar in Rechnung stellen dürfen, aber daraus läßt sich wohl nicht auf eine unzureichende, weniger überzeugende Darstellung der Gegenmeinung schließen, wofür auch keine Anhaltspunkte ersichtlich sind.

3. Zur Präzisierung der Vorlegungsfrage, Umfang der Nachprüfung

Die Vorlage erfolgte »zur Fortbildung des Rechts und zur Sicherung einer einheitlichen Rechtsprechung«. Die Häufung der Zielsetzung geht über den alternativen Wortlaut des § 137 GVG hinaus. Aber obwohl vorher die Rede davon ist, die einschlägigen Entscheidungen des *BGH* ließen unterschiedliche Ansichten erkennen, wird später betont, »die Frage, ob der Verteidiger auch gegen seinen Willen ausgeschlossen[2] werden darf, ist bisher vom *BGH* noch nicht entschieden«. Diese Feststellung muß naturgemäß angesichts der verschiedenen Urteile, die sich bereits mit einer so zentralen Frage beschäftigt haben. z. B. *BGHSt* 31, 149 (= StrVert 1983, 49) und StrVert 1983, 225, zunächst auf Verwunderung stoßen. Aber das Erstaunen darüber löst sich bald, wenn man sich – mehr als bisher üblich – klar macht, daß in jenen Entscheidungen der Verteidigerausschluß gerade nicht vom *Senat* gebilligt worden ist, weil er damals die Sperrbegründung der Exekutive als »ermessensfehlerhaft« angesehen hat.

Die Vorlegungsfrage *reduziert* sich danach auf die Fälle, in denen die Enttarnungsgefahr[8], wie jetzt, nach Ansicht des *Senats* aus einem neuen, noch zu schildernden[9] besonderen Grund zu bejahen war. Das ist in der Tat ein *völlig neuer Gesichtspunkt*, und er dürfte wohl auch hinreichend erklären, weshalb jene abweichenden Entscheidungen im ganzen Vorlagebeschluß nicht erwähnt werden. Deshalb kann kaum Zweifel darüber aufkommen, daß sich die Entscheidung des GS schwerpunktmäßig weniger mit der Sicherung einer einheitlichen Rechtsprechung als mit der »*Fortbildung des Rechts«* beschäftigen muß, wie sie vom vorlegenden 2. *Senat* i. S. der von ihm vorgeschlagenen Bejahung der Vorlegungsfrage erstrebt wird. Daß dieses Ziel nur erreicht werden kann, wenn die präjudizierenden Vorfragen ebenfalls in diesem Sinne bejaht werden, insbesondere, daß der V-Mann infolge der Sperrung »unerreichbar« i. S. des § 251 I Nr. 2 StPO ist, daß die Sperrung »ermessensfehlerfrei« mit einer spezifischen Enttarnungsgefahr[10] begründet werden kann, die – und das ist ebenfalls *völlig neu* (!) – aus der Sphäre der Verteidiger stammt, durch ihr »bloßes Mithören« entstanden ist.

Die *präjudiziellen Gesichtspunkte* tauchen zwar im Tenor der Vorlageformel gar nicht auf, werden aber implicite als bereits so entschieden betrachtet. Obwohl der Wortlaut nur von der »Sorge um die Enttarnung« spricht, ohne dafür einen Grund anzugeben, geschweige denn, ihn auf seine Stichhaltigkeit zu qualifizieren, scheint mir selbstverständlich zu sein, daß sich die Vorlegungsfrage »nur für den Fall stellt«, in dem sich die Sperrung des V-Mannes »ermessensfehlerfrei« durch die von den Verteidigern ausgehende Enttarnungsgefahr begründen läßt. Ob es Absicht des 2. *Senates* war, auch diese, von ihm selbständig vorab entschiedenen präjudiziellen Fragen vom *GS* nachprüfen zu lassen, kann zweifelhaft sein. Daß dieser sie aber in seine Prüfung einbeziehen kann, ja sogar muß, ergibt sich m. E. daraus, daß er die Kernfrage nach der Zulässigkeit des Verteidigerausschlusses in ihrer Gesamtheit, einschließlich aller präjudiziellen Gesichtspunkte, zu beurteilen hat. Ausscheiden kann er allenfalls die Fälle »unberechtigter« Verweigerung der Freigabe des Zeugen und damit indirekt zum Ausdruck bringen, daß insoweit die darauf beruhende Rechtsprechung (*BGHSt* 31, 149; StrVert 1983, 225) aufrecht erhalten werde.

Die *Tragweite* des Vorlegungsbeschlusses des 2. *Senats* und der *Umfang* der Kontroll- und Entscheidungsbefugnis des *GS* dürfen jedenfalls nicht auf die End-Fragestellung verkürzt werden, ob es zulässig ist, nach Eröffnung der Hauptverhandlung den Verteidiger gegen seinen Willen von den notwendig gewordenen kommissarisch-richterlichen Vernehmungen der Vertrauensperson auszuschließen. Die insoweit unscharfe Formulierung des Vorlagebeschlusses muß nicht nur zur Klarstellung seiner Tragweite verbessert, in dem geschilderten Sinne konkretisiert werden, sondern erst recht deshalb, weil davon auch die Entscheidung in der Sache, zumindest zum Teil, abhängig sein kann.

II. Die Vor- und Zwischenentscheidungen des 2. Senats

Durch die Festschreibung dieser »Rahmenbedingungen« haben sich die Chancen der Verteidiger, erfolgreich gegen ihren Ausschluß zu protestieren, ganz *erheblich verschlechtert*. Das ergibt sich aus der Gegenüberstellung des Vorlagebeschlusses mit den kurz vorher ergangenen Urteilen desselben *Senats* in *BGHSt* 31, 149 (= StrVert 1983, 49) und StrVert 1983, 225. Sie hatten alsbald die Hoffnung aufkommen lassen, mit dieser Rechtsprechung[11] sei eine entscheidende Wende, fast ein »Durchbruch« zugunsten der Verteidiger erreicht worden. Denn in beiden Fällen hat der *Senat* die tatrichterlichen Frankfurter Urteile im Ergebnis aufgehoben, zuvor aber den Ausschluß der Verteidiger bei den kommissarischen Vernehmungen der Vertrauensperson für unzulässig erklärt, dies aber nur deshalb, weil die zuständige Behörde die Zeugen »*ohne ausreichende Begründung*« (!) so gesperrt hatte.

1.

Im Fall *BGHSt* 31, 149 kritisierte der *Senat* die Befürchtung der Polizei, die Anwesenheit des Angeklagten und seines Verteidigers während der Zeugenvernehmung könne den weiteren Einsatz des V-Mannes gefährden, erfreulich streng: Sie sei nach den bisherigen Feststellungen »nicht nachvollziehbar«, insbesondere leuchte es nicht ein, warum der angeblichen Gefahr, die Verteidiger könnten die Vertrauensperson durch Fragen enttarnen, die sich auf Ermittlungen in anderen Verfahren bezogen, »nicht ebenfalls begegnet werden könnte«. Die Strafkammer hätte deshalb die Entscheidung der Verwaltungsbehörde nicht hinnehmen, die Niederschrift über die in Abwesenheit des Verteidigers erfolgte Vernehmung nicht verlesen dürfen. Dieses Urteil des *2. Senats* hat deshalb *so großes Aufsehen* erregt, weil es den diametral entgegengesetzten Beschluß des *OLG Frankfurt am Main* (StrVert 1983, 53) kurzerhand kassierte und sich dazu durchrang, anstelle seiner (»gebetsmühlenhaften«) Wiederholung der polizeilichen Sperrbegründung erstmals deren Stichhaltigkeit mit verschärften Anforderungen und negativem Ergebnis zu überprüfen.[12] Die Stellungnahme der Exekutive ist auch von *Franzheim* (NStZ 1983, 230) als »offensichtlich mißbräuchlich« bezeichnet worden, »weil von der Anwesenheit der Verteidiger keine weitere Gefährdung dieser Vertrauensperson ausgehen konnte«. Gleichwohl bleibt die Verschärfung des gerichtlichen Prüfungsmaßstabes bemerkenswert, noch mehr ihre Beziehung auf eine in der Person der Verteidiger liegende Enttarnungsgefahr und den daraus hergeleiteten spezifischen »Sperrungsgrund«.

2.

Ähnlich war die Situation im Fall *BGH StrVert 1983, 225:* Wiederum erklärte der 2. *Senat* die ablehnende Entscheidung des Hessischen Ministers für »ermessensfehlerhaft«, weil er die Möglichkeit einer Vernehmung »unter optischer Abschirmung übergangen« und nicht dargetan habe, daß »die bloße Möglichkeit des Angeklagten und seines Verteidigers, Stimme und Sprache der Vertrauensperson zu hören, zu deren Enttarnung ... führen könnte«. *Weider* (StrVert 1983, 227) hat das Urteil, das so in der Tat »den Weg zur umfassenden Prüfung der Sperrerklärung der Behörde eröffnet« und die vom *OLG Frankfurt am Main* übernommene Pseudobegründung einfach »vom Tisch wischt«, ebenfalls – sozusagen im Namen aller Verteidiger – begrüßt und unterstützend auf die Möglichkeit neuer technischer Vorkehrungen (Vernehmungsmodalitäten) hingewiesen, bei deren »konsequenter Ausschöpfung wohl keine Entscheidung vor dem BGH standhalten wird, die trotz dieser Möglichkeiten Verteidiger und Angeklagte von der Vernehmung ausschließt«. Noch weitergehende Konsequenzen zieht – ziemlich voreilig – *Engels* (NJW 1983, 1531) aus der Entscheidung *BGHSt* 31, 149 (= StrVert 1983, 49), ohne jedoch ihre – erst nachträglich erkennbare – schmale Grundlage, nämlich die nicht akzeptable Begründung der Sperrerklärung, zu erwähnen[13] und dementsprechend zu differenzieren.

3. Die Verlagerung des Sperrgrundes in die Sphäre der Verteidiger

Selten sind derartige Prognosen so rasch und eindeutig – wie hier durch den neuen Vorlagebeschluß – *widerlegt* worden, und zwar ohne daß man genug Zeit gehabt hätte, weiter darüber nachzudenken, ob das von *Weider* an die Wand gemalte »gerichtliche Spektakel« durch die Verwendung von Kutten, Gesichtsmasken, Paravents, Stimmverzerrer, Fernseh- oder telefonische Konferenzschaltung, nicht längst für alle Verfahrensbeteiligte »entwürdigend« geworden sei, was zweifellos zu bejahen ist. Denn ganz offensichtlich haben die Exekutivbehörden – was die regelmäßig gerügten Begründungsmängel ihrer Sperrerklärungen angeht – inzwischen, auch aus gerichtlichen Hinweisen, viel dazugelernt, um die von ihnen für notwendig gehaltenen Beschränkungen der Beweisermittlung zum Schutz der Vertrauensperson »justiziell unangreifbar« zu machen, und nun damit einen durchschlagenden Erfolg erzielt.

Denn die Gefahr der Enttarnung der Vertrauensperson mit schwerwiegenden Folgen nicht nur für ihre Weiterverwendung, sondern auch für deren Leib und Leben wird nunmehr (erstmals!) vom 2. *Senat* in den Gründen des Vorlagebeschlusses – »da der Zeuge optisch abgesichert werden kann«(!) – auf die Verteidiger verlagert, weil sie die Zeugenbekundungen *»mithören« und »schon allein dadurch«* (!) *zur Gefährdung des V-Mannes beitragen können:* »Diese Möglichkeit ist nicht auszuschließen«, und das soll generell gelten, unabhängig von den Umständen des einzelnen Falles, insbesondere dem Verhalten des jeweiligen Verteidigers.[14] Anhaltspunkte dafür lagen, wie der *Senat* betont, hier sogar vor, und zwar wegen der Bemühungen der Verteidiger, den V-Mann trotz der damit verbundenen Gefährdung zu »identifizieren«. Schon ein derartiges *»zulässiges«*[15] Verteidigerverhalten könne deshalb zu einer nicht mehr eingrenzbaren Enttarnung und damit zur Gefährdung der Vertrauensperson führen, gegen die es auch keine praktikablen Abhilfemöglichkeiten gebe. Der 2. *Senat* hat deshalb im Vorlegungsfall die so von der Exekutive begründete Sperrung der Vertrauensperson als »ermessensfehlerfrei« erachtet, auf dieser Grundlage aus noch zu erörternden Gründen die kommissarische Vernehmung des Zeugen trotz Ausschlusses des Verteidigers und weiterhin die Verwertung der Niederschriften durch Verlesung als zulässig angesehen. »Nur für diesen Fall«, d. h. nur unter diesen neuen Voraussetzungen »stellt sich die Vorlegungsfrage«.[16]

4. *Die unterschiedliche Beurteilung der Sperrbegründung*

Damit sind natürlich alle durch die beiden Vorentscheidungen des *Senats* geweckten *Hoffnungen*, das Anwesenheitsrecht des Verteidigers bleibe uneingeschränkt aufrecht erhalten, (vorerst) *hinfällig* geworden. Denn jene Urteile gelten nur für eine »ermessensfehlerhafte« Begründung der Sperre, die hier gerade verneint worden ist.

Der *Senat* zögert deshalb auch nicht, aus dieser unterschiedlichen Situation andere und weitreichende Konsequenzen zu ziehen. Die Wende bahnt sich schon bei der Beurteilung der Vorfrage an, »*warum*« der Zeuge für andere (normale) Vernehmungsformen nicht »freigegeben« worden ist. Der »*Grund*« für die Sperre wird *ausgewechselt*, in die Sphäre der Verteidiger verlagert, auf ihr eigenes Verhalten bezogen, und dann kann er – jedenfalls nach Ansicht des *Senats* – nicht mehr, wie in den beiden vorhergegangenen Entscheidungen, erfolgreich beanstandet werden.

Das *Neue* und für die Verteidiger Gefährliche des Vorlagebeschlusses liegt also darin, daß die Kernfrage nach der Zulässigkeit des »Ausschlusses« davon abhängig gemacht worden ist, ob die Sperrerklärung der Exekutive »ermessensfehlerfrei« begründet oder – wie man früher gesagt hat – rechtsmißbräuchlich oder willkürlich, jedenfalls »nicht nachvollziehbar« erscheint. Nur in Fällen der letzteren Art – so möchte ich jedenfalls die Gesamtentscheidung des *Senats* verstehen – bleibt es bei den von *BGH* 31, 149 (= StrVert 1983, 49); StrVert 1983, 225 entwickelten Grundsätzen. Aber ein solcher Fall wird – nach der jetzt möglichen »Auswechslung« des Sperrgrundes – in Zukunft nur noch ganz selten vorkommen, die neue (hieb- und stichfeste?) Begründung zur *Routine* der Polizeibehörden werden. Um so mehr bleibt zu hoffen, daß der GS auch diese wichtige präjudizielle Vorfrage in seine Prüfung mit einbezieht, selbst wenn der vorlegende Senat nur das von ihm erstrebte Schlußergebnis, die Zulässigkeit des Verteidigerausschlusses als solche, zum Gegenstand der Entscheidungskompetenz des *GS* sollte gemacht haben wollen.[17] Jedenfalls kann man davon ausgehen, daß das Vorliegen einer »ermessensfehlerfreien« Begründung für die von der Exekutive angeordnete Sperre die Grundvoraussetzung für die abschließende Beurteilung der Streitfrage bilden wird.

5. Die Verschlechterung der Position des Angeklagten

Dieser entscheidende Unterschied zu den in *BGHSt* 31, 149; StrVert 1983, 225 erledigten Verfahren führt zu der Erkenntnis, daß zahlreiche, in jener Rechtsprechung entwickelten Grundsätze über die Auswirkungen einer »ungenügenden« Begründung für unser Thema unverwertbar (geworden?) sind. Wie groß der so bedingte *Verlust* an rechtsstaatlichen Garantien im Strafverfahren ist, läßt sich zwar noch nicht ganz absehen, wohl aber an einzelnen Beispielen aufzeigen:

a) Das gilt vor allem für die Ausführungen über den Anspruch des Angeklagten auf eine *faire Verfahrensgestaltung*, der damals als verletzt angesehen wurde, ferner über das daraus herleitbare Beweiserhebungs- oder -Verwertungsverbot und sonstige Auswirkungen der unberechtigten »Freigabeverweigerung« der Exekutive auf gewisse »anomale« Formen der Beweiserhebung. Damals äußerte der *Senat* auch erhebliche Bedenken, einen solchen Ausschluß des Angeklagten und seines Verteidigers bei der »ersatzweisen« kommissarischen Vernehmung des V-Mannes sogar dann zuzulassen, wenn sie einem solchen Verfahren widersprechen.[18] Er brauchte jedoch diese Streitfrage zu § 224 StPO[19] nicht abschließend zu entscheiden, weil er den Ausschluß des Verteidigers als Verstoß gegen das Gebot eines fairen Verfahrens ansah und ihn schon deshalb für unzulässig erklärte.

b) Aber nicht nur dieses Ergebnis, auch andere »*Zwischenbemerkungen*« werden nachträglich besonders interessant, weil sie nämlich im Vorlagebeschluß bezeichnenderweise *nicht mehr wiederkehren*: Dazu zählen die Ausführungen zu der Frage, die geradezu den Ausgangspunkt aller einschlägigen Überlegungen bildet, nämlich ob der »tatsächlich« von der Exekutive gesperrte V-Mann damit auch »im Rechtssinn« für das Gericht »*unerreichbar*« (§ 244 III StPO) geworden sei. Diese Frage wird nach wie vor im Schrifttum mit beachtlichen Argumenten verneint[20], in der Rechtsprechung jetzt aber nicht einmal für noch erörterungswürdig angesehen. Weiter fehlt im Vorlagebeschluß der frühere wichtige Hinweis, daß die Polizeibehörden ihre Informanten auf naheliegende *Enttarnungsgefahren* hinweisen müßten, deshalb nur entsprechend beschränkte Schutzzusagen geben dürften, und daß bei der Sperrung eines zur Entlastung des Angeklagten benannten V-Mannes die in sein Wissen gestellten Tatsachen als bewiesen angesehen werden können.

Je mehr einzelne Gesichtspunkte dieser Art sich zur Gewährleistung eines fairen Verfahrens kombinieren lassen, desto stärker drängt sich die Frage in den Vordergrund, warum sie nur für ein Strafverfahren mit »ungenügender« Sperrbegründung gelten sollen, nicht aber auch bei »ermessensfehlerfreier« Verweigerung der Freigabe des Zeugen Berücksichtigung finden könnten, ja sogar müßten. Umgekehrt wäre es natürlich ein noch schlimmerer Rückschlag für die rechtsstaatlichen Bemühungen, wenn die von *BGHSt* 31, 149 (= StrVert 1983, 49) erfaßten Fälle ebenfalls der neuen Konzeption des 2. Senats, wie sie im Vorlagebeschluß ihren Niederschlag gefunden hat, untergeordnet würden, was dessen Wortlaut immerhin nicht ausschließt.

c) Besondere Bedeutung gewinnt dieser Rückblick für die Frage nach der Erheblichkeit des *Widerspruchs* des Verteidigers gegen die kommissarische Vernehmung in seiner Abwesenheit. Auch hierzu hat *BGH* StrVert 1983, 225 eine für den Angeklagten günstige Haltung eingenommen. Die hier oft entstehende »Zwickmühlensituation« ist von *Weider* (a. a. O. S. 227) näher umschrieben und damals vom 2. *Senat* dahingehend beurteilt worden, daß weder das Schweigen des Verteidigers zur Verlesung weiterer Vernehmungsprotokolle noch sein Einlassen auf die ergänzende Beweisaufnahme nach einem bestimmten, von ihm erstellten Fragekatalog dem ursprünglichen Widerspruch seine Wirkung nimmt, jedenfalls dann nicht, wenn die darin gegen diese Verfahrensweise erhobenen Bedenken nicht ausgeräumt sind. Damit gelangt auch § 251 I Nr. 4 StPO nicht zur Anwendung. War diese Feststellung schon in jenem Zusammenhang aufschlußreich, so wird die volle Bedeutung dieses Gesichtspunktes erst klar, wenn man sie mit der Behauptung des Vorlagebeschlusses (zu 3, b, aa) konfrontiert, die Beweiserhebung gemäß § 251 I Nr. 2 StPO sei – als die zuverlässigere und sachnähere – auch dann geboten, wenn sie »in *erzwungener(!) Abwesenheit*« des Angeklagten und seines Verteidigers durchgeführt wird: »Ob der Verteidiger der Beweisaufnahme zugestimmt oder widersprochen hat, ist in diesem Zusammenhang *ohne Bedeutung*. Das Beweisergebnis hängt davon nicht ab« (!). Das soll offensichtlich nicht nur für kommissarische Beweiserhebungen »zur eigenen Entlastung« des Angeklagten (vgl. II 1 a E.), sondern auch dann zulässig sein, wenn es sich um belastende Äußerungen der Vertrauensperson handelt – ein weiteres Anzeichen dafür, wie stark sich die Gewichte bestimmter Gesichtspunkte zum Nachteil des Angeklagten im Vorlagebeschluß verschoben haben, der bezeichnenderweise schon zu Beginn der Gründe (vgl. II 1) »das Schutzbedürfnis des Informanten« in den Vordergrund der Betrachtung rückt und erst danach versucht, es – über die Formen »nachrangiger« Beweiserhebung – mit den Grundsätzen einer fairen Verfahrensgestaltung noch in Einklang zu bringen.

III. Die Darstellung der gegensätzlichen Auffassungen über die Vorlegungsfrage

Bei ihrer referierenden Zusammenfassung fällt zunächst auf, daß innerhalb der verneinenden Ansicht a, wonach die kommissarische Vernehmung der Vertrauensperson nicht gegen den Willen des Verteidigers in dessen Abwesenheit durchgeführt werden darf, verfassungsrechtliche Gesichtspunkte im Vordergrund stehen, während innerhalb der auch vom 2. *Senat* vertretenen Gegenmeinung b vorwiegend die strafverfahrensrechtlichen Bestimmungen der StPO eine maßgebende Rolle spielen. Die Einzelheiten brauchen hier nicht wiederholt zu werden, wohl aber scheint eine Betonung bestimmter Akzente geboten:

1. Das Schwergewicht der *verfassungsrechtlichen* Gesichtspunkte ergibt sich ohne weiteres aus der grundlegenden sogenannten V-Mann-Entscheidung des *BVerfG* 57, 250, 287 (siehe in diesem Band S. 457–482), die aber leider – je nach der Einstellung des Lesers – oft unzulässig verkürzt wiedergegeben oder falsch interpretiert wird.[21] Aus ihr kann in der Tat nicht die Folgerung hergeleitet werden, das *BVerfG* habe bereits die kommissarische Vernehmung der Vertrauensperson unter Ausschluß des Verteidigers gebilligt. Wenn das so wäre, würde es den Vorlagebeschluß und die Entscheidung des *GS* überflüssig machen. Der zitierte Satz des *BVerfG* gehört tatsächlich nicht zu den tragenden Grundgedanken der Entscheidung: Der in ihm enthaltene Hinweis hat keine selbständige Bedeutung und wird auch von der Gegenseite nicht in diesem Sinne als Argument vorgebracht. Darüber hinaus ist zu bedenken, daß sich in der Entscheidung des *BVerfG* lange Ausführungen zum »einfachen« Recht der StPO finden, die zwar sicher beachtlich sind, aber von dem verfassungsrechtlichen Autoritätsmonopol des höchsten Gerichts nicht gedeckt werden, keine Bindungswirkung haben.

Mit dieser Klarstellung ist für die *Meinung a* der Weg frei zur Entwicklung ihrer These, daß bei dem hier vorliegenden Interessenkonflikt zwischen den Belangen der Wahrheitsermittlung und der Gewährleistung des dem Verteidiger zustehenden Anwesenheitsrechtes zugunsten seiner Mitwirkungsbefugnisse zu entscheiden sei. Einen Vorrang der Sachaufklärungsbelange ihm gegenüber kenne das deutsche Strafverfahrensrecht nicht: Das

Anwesenheitsrecht ist in der Hauptverhandlung keiner Einschränkung unterworfen, auch nicht für einzelne Abschnitte, und das könne auch bei der – »gleichsam als Ersatz für die an sich gebotene Vernehmung in der Hauptverhandlung« (so *BGHSt* 31, 153) durchgeführten – kommissarischen Vernehmung vor einem oder allen Berufsrichtern, möglicherweise in demselben Gerichtssaal nicht anders sein. Der von der Exekutive erzwungene und vom Gericht akzeptierte partielle Verteidigungsausschluß finde im geltenden Verfahrensrecht »weder Beispiel noch Vorbild«, womit gleichzeitig die Anwendung des § 224 I StPO abgelehnt wird. Das Anwesenheitsrecht des Verteidigers sei weder durch Auslegung noch durch lückenergänzende Rechtssatzgewinnung manipulierbar. Seine Einschränkung berühre verfassungsrechtlich geschützte Rechtsgüter, für deren Beeinträchtigung sich keine (durchschlagende) Begründung finden lasse.

2. Die – auch, aber nur von der Mehrheit des vorlegenden *Senats* vertretene – *Gegenmeinung b* stützt sich in erster Linie auf die Bestimmungen der StPO und kulminiert in der nicht näher begründeten These, zur Beantwortung der Frage, ob einer solchen kommissarischen Vernehmung das Anwesenheitsrecht des Verteidigers entgegenstehe, sei nicht die für die Beweisaufnahme »in« der Hauptverhandlung geltende Regelung, sondern der für ihre »Vorbereitung« bestimmte § 224 StPO heranzuziehen. Danach aber dürfe die kommissarische Vernehmung in bestimmten Fällen auch gegen den Willen des Verteidigers in dessen Abwesenheit durchgeführt werden, und zwar gerade dann, wenn das Schutzbedürfnis des Zeugen eine solche Einschränkung erfordert. Genau gesehen sind es also *zwei verschiedene Fragen*, die zur Entscheidung anstehen: Die erste, nämlich die nach den anzuwendenden Bestimmungen, wird überhaupt nicht näher begründet[22], obwohl das schon deshalb geboten gewesen wäre, weil die »nach« Beginn der Hauptverhandlung erforderlich gewordene kommissarische Vernehmung weder »in« der Hauptverhandlung erfolgt noch ihrer »Vorbereitung« dient, gewissermaßen zwischen beiden Situationen steht, auf deren Verschiedenheit (»Nicht-Vergleichbarkeit«) der Beschluß richtig hinweist. Wohin der Trend der tatrichterlichen Entwicklung geht, ergibt sich deutlich aus der Entscheidung *BGH* 31, 236 (= StrVert 1983, 138), wonach die Strafkammer – sicherlich nicht nur aus Versehen – die von ihr angeordnete kommissarische Vernehmung des V-Mannes unter Ausschluß des Verteidigers vor dem Ge-

richt »in voller Besetzung«, also einschließlich der Schöffen, und damit in Wahrheit »in Fortsetzung der Hauptverhandlung« durchgeführt hatte.

Die zweite Frage nach der Tragweite des § 224 I StPO – wenn er präjudiziell wäre(!) – betrifft einen anderen, in sich geschlossenen, äußerst streitigen Themenkreis, dessen fragwürdige Argumente (extensive Auslegung – analoge Anwendung) hinreichend bekannt und hier nicht näher zu erörtern sind. Die Zusammenstellung der einschlägigen Kommentarliteratur darf allerdings – nebenbei bemerkt – nicht zu der unzutreffenden Annahme verleiten, als sei damit die herrschende Meinung der deutschen Prozessualisten wiedergegeben. Die Gegner der Rechtsprechung sind zahlreicher, als es danach den Anschein hat. Die gegen eine Heranziehung des § 224 I StPO in *BGH* 31, 152 sprechenden Erwägungen werden nicht einmal erwähnt; sie sind zuletzt nochmals von *Engels* (NJW 1983, 1530) unterstrichen und durch Ablehnung des argumentum a maiore ad minus vertieft worden. Schon die merkwürdige Erwägung, der Verteidiger dürfe zwar in den fraglichen Fällen ausgeschlossen werden, sein grundsätzlicher Anwesenheitsanspruch bleibe aber davon unberührt, sei allerdings regelmäßig nicht durchsetzbar und damit in Wirklichkeit gegenstandslos geworden, wird dem *GS* Anlaß geben, nochmals darüber nachzudenken.

Die b-Meinung hält das von ihr vertretene Ergebnis verfassungsrechtlich durch die Entscheidung des *BVerfG* 57, 250 (= StrVert 1981, 381) »vorgezeichnet« und befürwortet diese Lösung wegen des »hohen Ranges des aus Art. 1 I GG folgenden Gebots der Wahrheitsermittlung« und der Verpflichtung des Gerichts, die in der Reihenfolge der §§ 250, 251 StPO sachnächste und damit zuverlässigste Form der Beweiserhebung zu »wählen«: »Auf dieser Linie liegt es, wenn die zuständige Behörde die Vertrauensperson nur den Verfahrensbeteiligten vorenthält, von denen nach ihrer (vom 2. Senat akzeptierten) Auffassung eine Enttarnungsgefahr ausgehen kann«, d. h. nach Ansicht des *Senats* auch wirklich »ausgeht«, nämlich den Verteidigern.[23]

IV. Die Heranziehung des § 251 II als Begründungsargument

Mit der bisherigen gekürzten Wiedergabe der entgegengesetzten Meinungen und der dabei ins Feld geführten Hauptargumente ist das Entscheidungsmaterial für die Beantwortung der Vorlegungsfrage aber noch nicht abschließend zusammengestellt. Obwohl sich die ganze Auseinandersetzung vor dem Hintergrund des § 251 I Nr. 2 StPO abspielt, der die Verlesung richterlicher Protokolle gestattet, hat ein anderer Gesichtspunkt gerade auch im Vorlagebeschluß, eine zwar indirekte (mittelbare), aber zunehmend wichtige Bedeutung erlangt: Die *Einführung des § 251 II StPO* in die Diskussion und damit die Frage nach der Verwertbarkeit von Protokollen über polizeiliche Vernehmungen des V-Mannes, die in Abwesenheit des (womöglich ausgeschlossenen) Verteidigers durchgeführt worden sind. Sie stand bereits im Mittelpunkt der Entscheidung des *BVerfG* 57, 250 und zieht sich wie ein roter Faden durch die Auseinandersetzung der gegenteiligen Auffassungen.

1. Während die a-Meinung ihre Verneinung der Vorlegungsfrage nur kurz u. a. damit begründet, die Sachaufklärungsbelange erführen dadurch keine wesentliche Beeinträchtigung, denn es bleibe auch dann noch die Möglichkeit der Verwendung polizeilicher Vernehmungsniederschriften und schriftlicher Äußerungen des V-Mannes[24], benutzt die b-Meinung diese Bestimmung – wegen der weniger zuverlässigen Beweiserhebung – gerade umgekehrt, um damit für die kommissarisch-richterliche Beweisaufnahme (§ 251 I Nr. 2 StPO) in Abwesenheit des Verteidigers zu plädieren: Da die polizeiliche Beweisaufnahme nach § 251 II StPO leichter[25] die Möglichkeit bietet, die Aussagen des V-Mannes – ohne Eideszwang bewußt oder unbewußt – »stimmig zu machen«[26], und da es sich bei dem anonymen Gewährsmann meist um einen Belastungszeugen handeln wird, berge dieses Verfahren gerade für den Angeklagten die größere Gefahr in sich. Diese Gesichtspunkte drängten dazu, von zwei möglichen Beweiserhebungen, die beide (?) nur in Abwesenheit des Verteidigers durchführbar sind, die zuverlässigere, nämlich die kommissarisch-richterliche zu wählen.

2. Wenn wirklich eine echte *Wahlfreiheit* zwischen beiden Alternativen in dem Sinn bestünde, daß jede von ihnen zweifelsfrei »zulässig« wäre, müßte man sich dieser Argumentation anschließen, die darauf hinausläuft, von zwei Übeln das kleinere hinzunehmen. Denn natürlich ist die richterlich-kommissarische Vernehmung in mehrfacher Hinsicht »besser« als die polizeiliche. Deshalb war es ein zentrales »Anliegen« meiner Besprechung des Beschlusses *BVerfG* 57, 250[27], vor der vorschnellen und wenig durchdachten Umschaltung auf § 251 II StPO zu warnen, wie sie in dem von *BGH* NStZ 1981, 270 bestätigten Verfahren des *BayObLG* hinsichtlich des total geheimgehaltenen V-Mannes Stiller erstmals praktiziert worden ist:

Bedenkt man, daß der *BGH* mit Recht sich bemüht, zumindest eine kommissarisch-richterliche Vernehmung zu erreichen, weil ihr eindeutig der Vorrang vor polizeilichen Vernehmungen einzuräumen ist, dann wird beängstigend deutlich, zu welchen extremen rechtsstaatlichen Konzessionen sich die Justiz hat drängen lassen, als sie sich mit einer Beschränkung der Wahrheitsermittlung auf die beiden Alternativen des Urkundenbeweises (§ 251 II StPO), insbesondere die schriftliche Befragung des V-Mannes zufrieden gab. Die daraus folgende Bevorzugung ausschließlich polizeilicher Beweismittel ist deshalb immer wieder als unzulässige Fernsteuerung des Strafprozesses durch die Exekutive von den Verteidigern kritisiert worden... Erst recht habe ich die »*schriftliche Befragung*« des – künstlich unerreichbar gemachten – V-Mannes beanstandet, wenn sie sich – über den Wortlaut des § 251 II StPO hinausgehend – bis zu einem zivilprozeßähnlichen Austausch von Schriftsätzen steigert oder gar darauf beschränkt. Dann werden nämlich die justiziellen Vernehmungsmethoden völlig verdrängt und durch polizeiliche ersetzt.[28]

Die Sorge vor einer derartigen Entwicklung hat auch *Grünwald*[29] veranlaßt, den so zugespitzten »Niedergang des Prinzips der unmittelbaren Zeugenvernehmung« zu beklagen und seine schlimmen Folgen anhand eines (extremen) Parabelbeispiels aufzuzeigen, in dem der Angeklagte unter Verwendung von ungewöhnlichen Beweissurrogaten, nämlich lediglich aufgrund von Polizeiprotokollen und einem durch die Sicherheitsbehörden vermittelten Briefwechsel zwischen dem Gericht oder dem Verteidiger und dem gesperrten V-Mann verurteilt werden kann.

3. Läßt sich vor diesem Hintergrund die vom *2. Senat* in seinem Vorlagebeschluß vertretene b-Lösung überhaupt *noch kritisieren*? Genügt nicht zu ihrer Rechtfertigung der Hinweis, es sei besser, von zwei Übeln das kleinere, statt der polizeilichen die gerichtlich-kommissarische Vernehmung des Zeugen jeweils[30] in Abwesenheit des Verteidigers zu wählen? Wenn zwei prozessual gleich zulässige Alternativen sich gegenüberstünden: sicherlich! Aber hier *fehlt* es (vorläufig) gerade an dieser *Voraussetzung*, denn es soll und muß ja erst bewiesen werden, daß die kommissarisch-richterliche Vernehmung des V-Mannes unter Ausschluß des Verteidigers »verfahrenslegitim« ist. Das kann man vielleicht, wie erwähnt, trotz dürftiger Begründung aus § 224 I StPO herzuleiten versuchen – ob zu Recht oder nicht, soll ja noch der *GS* entscheiden. Erst wenn er diese Vorentscheidung als richtig bestätigt, läßt sich aus dem Vergleich mit § 251 II StPO ein zusätzliches Argument für die Anwendung des § 251 I Nr. 2 StPO herleiten. Vorher arbeitet man mit einer bloßen Unterstellung, die zur Lösung des Problems (doppelte Abweichung von den für die normale Beweisaufnahme in der Hauptverhandlung geltenden Regeln) nichts beitragen kann. Die im Vorlagebeschluß herangezogenen Argumente aus § 251 II StPO sind deshalb erst dann brauchbar, wenn – vorher, ohne sie! – die Zulässigkeit der kommissarisch-richterlichen Vernehmung in Abwesenheit des Verteidigers überzeugend dargetan worden ist, sonst beruht die Begründung insgesamt auf einem Zirkelschluß.

V. Zusammenfassung und Ausblick

1. Der Kern des Vorlagebeschlusses liegt also in der noch nicht geklärten Frage, ob der Ausschluß des Verteidigers von kommissarisch-richterlichen Beweiserhebungen (§ 251 I Nr. 2 StPO) unter bestimmten, vom *2. Senat neu* eingeführten Bedingungen zulässig ist. Zu ihnen gehört primär die vorab zu entscheidende Feststellung, daß die Sperrung der Vertrauensperson von der Exekutive »ermessensfehlerfrei« begründet, also nicht – als mißbräuchlich oder willwürlich – zu beanstanden war. Die erforderliche hinreichende Rechtfertigung stützt sich auf einen bisher nicht bekannten »Sperrungsgrund«, nämlich auf die von den »mithörenden« Verteidigern ausgehende »Enttarnungsgefahr«, die von der Exekutive weder veranlaßt worden noch zu beseitigen ist. Obwohl der Wortlaut des Vorlagebeschlusses diesen neuen spezifischen und kaum angreifbaren Sperrungsgrund nicht erwähnt, sondern nur allgemein von der Sorge um die Enttarnung der Vertrauensperson spricht, wird der *GS* beide präjudiziellen Vorfragen in seine Prüfung einbeziehen müssen, bevor er zum eigentlichen Problem der Zulässigkeit des Verteidigungsausschlusses auf dieser Grundlage übergehen kann. Prüft er in solcher Reihenfolge die aufgeworfenen Einzelfragen, so wird er Gelegenheit haben, als nobile officium – zumindest in einem obiter dictum – klarzustellen, ob es – was der Tenor des Vorlagebeschlusses unerwähnt läßt[31] – bei »ermessenfehlerhafter«, also nicht einleuchtender Sperrbegründung bei der von den Entscheidungen *BGHSt* 31, 149 (= StrVert 1983, 49) und StrVert 83, 225 eingeleiteten Rechtsprechung des *2. Senates* bleibt, die dort für jene andere Fallgruppe gezogenen Folgerungen in Richtung Fairneßverstoß-, Beweiserhebungs- oder -Verwertungsverbot als nach wie vor richtig aufrecht erhalten werden, obwohl damals die Frage nach der Zulässigkeit des Verteidigungsausschlusses nicht abschließend entschieden, das verneinende Ergebnis anders begründet worden ist. Die Ansätze für die Geltendmachung der Gegenposition der Verteidiger sind dementsprechend vielfältig.

2. Sollte der GS – was bei der vom 2. Senat getroffenen Vorentscheidung wohl zu befürchten ist – die Vorlegungsfrage mit ihren tragenden Voraussetzungen bejahen, so würde damit – nach dem (ohnehin nicht absolut geltenden) Unmittelbarkeits- und dem Mündlichkeitsgrundsatz – nun auch das Recht des Verteidigers auf Anwesenheit bei allen, nicht nur vorbereitenden richterlichen Beweiserhebungen durchbrochen und damit ein weiteres rechtsstaatliches Grundprinzip durch polizeilich erzwungene Ausnahmen in Frage gestellt, deren Berechtigung – bei zunehmender Veränderung der Grundstruktur des Strafverfahrensrechts – immer stärker in Zweifel gezogen werden muß. Erneut hätte sich dann der Gesichtspunkt der Funktionstüchtigkeit der Strafrechtspflege[32] – trotz seiner von der a-Meinung versuchten inhaltlichen Richtigstellung – zum Nachteil des Angeklagten durchgesetzt. Das selbstverständlich zu begrüßende Festhalten an der kommissarisch-richterlichen Kompetenz für derartige Beweiserhebungen mag zwar (wahrscheinlich, jedoch ist das keineswegs sicher) zu einem Zurückdrängen der polizeilichen Beweiserhebungen i. S. des § 251 II StPO führen, aber dies Ergebnis würde durch den Preis des Verteidigerausschlusses sehr teuer bezahlt. Man darf gespannt sein, wie dann die Anwaltschaft auf diese Verschärfung der Auseinandersetzung reagieren wird.

Denn von der ursprünglichen, noch heute oft vertretenen These, daß jede polizeiliche Verweigerung der »Freigabe« einer Vertrauensperson für eine ordnungsgemäße Vernehmung »in« der Hauptverhandlung dazu führen muß, daß diese Person als Beweismittel ausscheidet[33], hat sich die unter dem Druck der kriminalpolitischen Verhältnisse stehende Entwicklung der Praxis schon lange entfernt. Andererseits bestätigt die Rechtsprechung ein auf den Verstoß gegen die Grundsätze des fairen Verfahrens gestütztes Prozeßhindernis, wenn der V-Mann, der ja ein potentieller agent provocateur ist, sich allzu sehr um die Verleitung des Angeklagten zu strafbaren Handlungen bemüht hat.[34] Insgesamt gibt der Vorlegungsbeschluß erneut Anlaß zu betonen, daß Aufgaben und Methoden der Exekutive nicht mit denen der Judikative übereinstimmen, sich schon an unterschiedlichen Zielsetzungen orientieren. Die »Justizförmigkeit« des Strafprozesses kontrastiert in vielfacher Hinsicht mit dem Strafverfolgungsinteresse der Polizeibehörden. Folglich darf im Konfliktsfall nicht jedes Ermittlungsergebnis lediglich deshalb, weil es die Exekutive »legal« erzielt hat, später auch im Strafverfahren ohne weiteres oder mit erheblichen Abstrichen von den prozessualen Grundsätzen der Hauptverhandlung verwertet werden.

Anmerkungen

1 Vgl. StrVert 1983, 314 (s. in diesem Band S. 517–530).
2 Der Tenor des Vorlagebeschlusses spricht mildernd von der »Abwesenheit« des Verteidigers gegen dessen Willen.
3 Und seine grundsätzliche Haltung zu diesem Fragenbereich schon vorher weitgehend festgelegt hat: Vgl. *Bruns*, Neue Wege zur Lösung des strafprozessualen »V-Mann-Problems« 1982.
4 Außer den Polizeibehörden und sonstigen Stellen der Exekutive.
5 Vgl. unten S. 543.
6 Er betrifft mehrere Mitglieder, einschließlich des Vorsitzenden Richters.
7 Darüber wird später mehr zu sagen sein; vgl. unten S. 538.
8 Sie wird nun alsbald mit schweren Folgen für Leib und Leben der Vertrauensperson verknüpft, während früher nur die weitere »Unverwendbarkeit« des anonymen Gewährsmannes betont worden ist; vgl. *Bruns* (Anm. 3), S. 28.

9 Vgl. unten S. 538.
10 Vgl. unten S. 538.
11 Die im Vorlagebeschluß gar nicht erwähnt wird.
12 Während es in zahlreichen anderen Fällen nicht zu einer solchen, dringend notwendigen Korrektur gekommen ist.
13 Seine Vorschläge sind deshalb zum Teil irreführend und – trotz einzelner beachtlicher Erwägungen – vom Standpunkt des Vorlagebeschlusses aus gesehen, von der Rechtswirklichkeit der strafgerichtlichen Praxis weit entfernt.
14 Es ist denkbar, daß er versucht, die so gekennzeichnete Enttarnungsgefahr durch die Versicherung, weitere Identitätsbemühungen zu unterlassen, auszuräumen oder zu unterlaufen.
15 Der *Senat* geht zwar nicht näher darauf ein, erwähnt es aber, »daß die für den Schutz verantwortliche Behörde auch versehentliches *Fehlverhalten* (der Verteidiger) in Betracht ziehen muß, ein bemerkenswerter Hinweis auf tatsächliche Vorgänge, die allgemein bekannt sind und ein gewisses *Mißtrauen* gegenüber den Verteidigern erzeugt haben.
16 Die nachträglich so konkretisiert werden kann.
17 Das ist trotz der allgemeinen Fassung des Beschlußtenors aber wohl nicht anzunehmen.
18 Vgl. dazu unten S. 540.
19 Näheres darüber S. 542f.
20 *Bruns* (Anm. 3), S. 42. Die aufschlußreichen Ausführungen von *Lüderssen* (in der Festschrift für Klug), die jene Unerreichbarkeit verneinen, weil hier nur verschiedene Funktionen der einheitlichen Staatsgewalt zueinander in Konkurrenz treten, werden leider erst nach der Entscheidung des *GS* zur Veröffentlichung gelangen.
21 Vgl. *Bruns* (Anm. 3), S. 22 ff., 60ff.
22 Das ist ein auffallender »Schwachpunkt« der einschlägigen Ausführungen, die deshalb im Text kritisiert werden. Denn die kommissarische Vernehmung findet »gleichsam als Ersatz für die an sich gebotene Vernehmung in der Hauptverhandlung« statt (so zutreffend *BGHSt* 31, 153; vgl. auch *BGHSt* 31, 236 (= StrVert 1983, 138): Angeordnete Zeugenvernehmung des V-Mannes vor dem Gericht in voller Besetzung als Fortsetzung der Hauptverhandlung unter Ausschluß des Verteidigers.
23 Verstärkt werden soll dieses Argument offensichtlich durch den Hinweis, daß die Behördenentscheidung nur die notwendige Folge der Gefährdung des Zeugen und diese der *eigentliche Hinderungsgrund* für die Anwesenheit des Verteidigers sei! Aber so einfach kann die Exekutive hier »ihre Hände nicht in Unschuld waschen«, denn sie ist es doch, die den V-Mann in eine (angeblich) so schwierige Lage gebracht hat. Das gilt auch für die Kritik von *Meyer,* Der Beweisantrag im Strafprozeß, 5. Aufl., S. 272, Fn. 190a, daß es »in erster Linie die

Verteidiger sind, die in das Wissen eines gesperrten V-Mannes entlastende Tatsachen stellen«, als ob das nicht ihr gutes Recht, sogar ihre Pflicht wäre.
24 Sollten die Verteidiger wirklich so plädiert haben, so hätten sie damit ein argumentatives »Eigentor geschossen«.
25 Also nicht »besser«, wie der *Senat* sagt.
26 Mit dieser höflichen Umschreibung wird zutreffend auf die Gefahr einer »Formulierungshilfe« der Exekutive hingewiesen, die ich schon früher (Anm. 3, S. 47) als begründet bezeichnet habe.
27 Vgl. Anm. 3 fortlaufend, z. B. o. 47.
28 Vgl. dazu auch S. 547.
29 In der Festschrift für Dünnebier S. 347, 364.
30 Ob das für § 251 II StPO so einfach zulässig ist, müßte wohl noch näher geprüft werden (vgl. *BVerfG* 38, 105). Die Vorlegungsfrage stellte sich damals gar nicht, da der V-Mann nicht einmal für eine kommissarisch-richterliche Vernehmung freigegeben worden war.
31 Aber für den Verteidiger von größtem Interesse bleibt.
32 Vgl. *Hassemer*, StrVert 1982, 275 (s. in diesem Band S. 71–88).
33 So viele, zuletzt *Grünwald*, Fn. 29 S. 362: Es sei ein Grundfehler der Entscheidung des *BVerfG*, daß es diese Lösung des Interessenkonflikts überhaupt nicht als Möglichkeit in Betracht gezogen, sondern von der verfassungsrechtlichen Unbedenklichkeit der »Sperrung« ohne weiteres die verfahrensrechtliche Zulässigkeit »dubioser« Ersatzformen der Beweisaufnahme hergeleitet hat.
34 Näheres bei *Bruns*, NStZ 1983, 49 (s. in diesem Band S. 259–284).

Bundesgerichtshof Großer Senat:
Beschluß vom 17. 10. 1983
(LG Frankfurt/M.)

Sachverhalt: Mit Beschluß des 2. Strafsenats des *BGH* vom 4. 5. 1983 (siehe in diesem Band S. 517–530) wurde dem *Großen Senat* für Strafsachen des BGH die Rechtsfrage zur Entscheidung vorgelegt, ob die kommissarische Zeugenvernehmung einer Vertrauensperson der Polizei gegen den Willen des Verteidigers in dessen Abwesenheit durchgeführt werden darf, weil die oberste Dienstbehörde den Zeugen aus Sorge vor dessen Enttarnung nur unter dieser Voraussetzung freigibt. Zum Sachverhalt sowie zu den unterschiedlichen Auffassungen zur Vorlegungsfrage wird verwiesen auf den Vorlagebeschluß des 2. Strafsenats.

Der GBA hatte beantragt, die Frage wie folgt zu beantworten:

Die kommissarische Zeugenvernehmung einer V-Person der Polizei darf gegen den Willen des Verteidigers in dessen Abwesenheit durchgeführt werden, wenn die oberste Dienstbehörde der Polizei den Zeugen aus Sorge um dessen Enttarnung nur unter dieser Voraussetzung freigibt, sofern die Weigerung nicht ermessensfehlerhaft ist und die Durchführung der kommissarischen Vernehmung im Einzelfall nicht gegen die Grundsätze eines rechtsstaatlichen und fairen Verfahrens oder strafprozessuale Vorschriften verstößt.

Er ist der Auffassung, daß das Interesse an der Aufklärung schwerster Straftaten es erforderlich mache, die kommissarische Vernehmung eines Zeugen auch in Abwesenheit des Verteidigers gegen dessen Willen zuzulassen, da einer richterlichen Vernehmung grundsätzlich ein höherer Wert zukomme, als einer polizeilichen Vernehmung oder einer nur schriftlichen Äußerung der V-Person, die – bei Ablehnung der Zulässigkeit einer kommissarischen Zeugenvernehmung – gemäß § 251 StPO als Beweisersatz in Betracht kämen. Der Verzicht auf die kommissarische richterliche Vernehmung könne dem Verzicht auf den sicheren Nachweis teils schwerster Straftaten gleichkommen und zu schwerwiegenden Konflikten mit dem Legalitätsprinzip führen. Aus dem Prinzip der Güterabwägung, wie es in § 34 StGB seinen Niederschlag gefunden habe, ergebe sich, daß unter Umständen auch Verteidigerrechte eingeschränkt werden müßten. Ausschlaggebend sei jedoch, daß kein sachlicher Grund dafür ersichtlich sei, die kommissarische richterliche Vernehmung und die Verlesung der Niederschrift gem. § 251 Abs. 1 StPO in der Hauptverhandlung nicht zuzulassen, während die Niederschrift über eine polizeiliche Vernehmung und/oder eine schriftliche Äußerung der V-Person gem. § 251 Abs. 2 StPO unbegrenzt verwertbar seien, obwohl bei der polizeilichen Vernehmung ein Anspruch des Verteidigers auf Mitwirkung nicht bestehe und bei der schriftlichen Äußerung der V-Person ohnedies nicht in Betracht komme. Es bestehe kein Anlaß, an die kommissarisch-richterliche Vernehmung in bezug auf die Verteidigermitwirkung generell sehr viel strengere Anforderungen zu stellen als an die polizeiliche Vernehmung einer V-Person oder an ihre schriftliche Befragung und Äußerung. Bei Prüfung der Frage, welche Art der Durchführung der Vernehmung in Betracht komme, dürfe nicht allein auf den Willen des Verteidigers abgestellt werden, vielmehr habe das Gericht im Interesse der Abrundung der Sachaufklärung in eigener Zuständigkeit und unter Berücksichtigung aller Umstände des Einzelfalles und aller abgegebenen Erklärungen der Beteiligten darüber zu befinden, wie es seiner Aufklärungspflicht am besten genüge.

Aus den Gründen: III. Die Vorlegung ist zulässig. Die noch von keinem *Senat* des *BGH* verbindlich entschiedene Vorlegungsfrage ist für die Rechtsentwicklung auf dem Gebiet der Beweisaufnahme von grundsätzlicher Bedeutung. Die im Vorlegungsbeschluß aufgezeigten gegensätzlichen Entscheidungsmöglichkeiten begründen außerdem die nicht auszuschließende Gefahr einer uneinheitlichen Rspr. Die Beantwortung der Vorlegungsfrage dient daher auch der Sicherung einer einheitlichen Rechtsprechung. Dies gilt ebenfalls für das von der Vorlegungsfrage nicht ausdrücklich erfaßte Problem der Zulässigkeit der Geheimhaltung der Personalien eines Zeugen (vgl. *BGHSt* 23, 244 ff.). Auch die Beantwortung dieser Frage hat präjudizielle Wirkung für künftige Fälle (vgl. KK-*Salger* § 137 GVG Rdnr. 3).

IV. Die Entwicklung der Kriminalität im mittleren und schweren Bereich in den vergangenen Jahren ist nicht nur durch einen zahlenmäßigen Anstieg der Straftaten gekennzeichnet, sie läßt vielmehr auch eine qualitative Veränderung insoweit erkennen, als in verstärktem Maße kriminelle Organisationen in Erscheinung treten, durch die die Verbrechensaufklärung wesentlich erschwert wird. Dies gilt insbesondere auf dem Gebiet des Rauschgifthandels, bei Straftaten im Zusammenhang mit dem »Nachtgewerbe«, im Hinblick auf die Verschiebung hochwertiger Kraftfahrzeuge, für Diebstähle in großem Ausmaß, teilweise auf Bestellung, auf dem Hintergrund eines organisierten Hehlerrings, für die Herstellung und Verbreitung von Falschgeld sowie beim illegalen Waffenhandel. Die Vorgehensweise der Täter im Rahmen dieses »organisierten Verbrechens« ist darauf angelegt, die Hauptpersonen möglichst nicht nach außen in Erscheinung treten zu lassen. Die Polizei kann mit herkömmlichen Ermittlungsmethoden bei derart organisierten Gruppierungen häufig nur solche Straftäter überführen, die innerhalb der Gruppierung eine untergeordnete Rolle spielen. Da diese Straftäter in der Regel beliebig austauschbar und ersetzbar sind, werden die kriminellen Aktivitäten der Organisation durch eine Aufdeckung der Taten dieser Randfiguren im Kern nicht gestört, zumal die Randtäter in der Regel keinen Einblick in Aufbau und Zusammensetzung der Gesamtorganisation haben. Unvermeidbare Mitwisser werden im übrigen mittels Schweigegeldern oder durch Drohung und Einschüchterung davon abgehalten, ihre Wahrnehmungen weiterzugeben. Wird ein Einzeltäter gefaßt und in Haft genommen, gewährt die Organisation den bedürftigen Familienangehörigen häufig materielle Unterstützung und übernimmt die Verteidigerkosten, um auf diese Weise Gefügigkeit zu erreichen und der Offenbarung von Wissen, das die Organisation betrifft, vorzubeugen.

Der Erfolg der Verbrechensbekämpfung hängt daher letztlich davon ab, inwieweit die hauptverantwortlichen Straftäter, die Organisatoren, Finanziers und im Hindergrund agierenden Drahtzieher der Begehung von Straftaten überführt werden können. Um diesem Ziel näher zu kommen, sind die Ermittlungsbehörden dazu übergegangen, verdeckt operierende Polizeibeamte in die Organisationen einzuschleusen und V-Leute einzusetzen.

Der Begriff des V-Mannes ist nicht fest umgrenzt. Im allgemeinen handelt es sich um eine Person, die der Polizei nicht nur im Einzelfall aus unterschiedlichen Motiven bei der Aufklärung von Straftaten behilflich ist, die Hinweise gibt, die zur Verhinderung und Aufklärung von Straftaten dienlich sind, deren Identität nach Möglichkeit von der Ermittlungsbehörde, für die sie tätig ist, geheimgehalten wird. Der Begriff des V-Mannes umfaßt sowohl den gelegentlichen Hinweisgeber, der berufsbedingt (z. B. als Taxifahrer oder Gastwirt) Erkenntnisse erlangt, die für die Polizei von Interesse sein können, als auch Personen, die entweder dem kriminellen Milieu angehören oder angehört haben oder die mit der Absicht in dieses Milieu eingedrungen sind (z. B. undercover agent), Erkenntnisse zu erlangen, und die ihr Wissen der Polizei preisgeben.

Der Präsident des BKA hat in seiner Stellungnahme insoweit u. a. folgendes ausgeführt: »Erfahrungsgemäß gehören V-Leute zu einem großen Teil dem kriminellen Milieu an. Sie haben häufig Zugang zu dem Kreis der Straftäter, ohne daß sie mit dem Gegenstand des Ermittlungsverfahrens in direktem Zusammenhang stehen. In Ausnahmefällen kann es sich bei ihnen aber auch um Randfiguren des kriminellen Geschehens handeln. Als V-Leute, insbesondere in der Form von Hinweisgebern, kommen aber auch unbescholtene Bürger in Betracht, die aufgrund ihrer beruflichen Tätigkeit (z. B. als Gaststättenbesitzer, Kellner, Taxifahrer) Berührung zum kriminellen Milieu haben.«

V. Im Hinblick auf die veränderten Kriminalitätsstrukturen und der durch sie bewirkten erheblichen Erschwerung der Verbrechensaufklärung besteht in der neueren Rspr. der Obergerichte und auch des *BGH* Einigkeit darüber, daß die Bekämpfung der geschilderten Formen der Kriminalität den Einsatz anonymer Gewährsleute erfordert (*BGH* NStZ 1982, 40 [= StrVert 1982, 4]; 1983, 325 [= StrVert 1983, 232], 326 [= StrVert 1983, 138]). Die Notwendigkeit des Einsatzes von V-Personen zur Bekämpfung besonders gefährlicher und schwer aufklärbarer Kriminalität ist unbestritten. Nach der insoweit feststehenden Rspr. des *BGH* ist auch nicht zu bezweifeln, daß es zulässig ist, das Wissen von V-Personen in das Strafverfahren einzuführen (*BGH* JR 1969, 305; GA 1975, 333; NJW 1980, 1761 [siehe in diesem Band S. 175–177)]; NStZ 1981, 70; NJW 1981, 1626 [= StrVert 1981, 392 m. Anm. *Mache* StrVert 1981, 599] [siehe in diesem Band S. 180–182]; BGH, Urteil vom 16. 2. 1983 – 2 StR 437/82 – S. 10 [StrVert 1983, 185]; vgl. ferner KK-*Mayr* § 250 StPO Rdnr. 13 ff. m. w. N.; kritisch hierzu aus der Literatur: *Lüderssen*, Festschrift für Karl Peters, 1974, S. 349 ff.; *Dencker*, Festschrift für Dünnebier, 1982, S. 447 ff. [siehe in diesem Band S. 238–258]; *Berz* JuS 1982, 417 ff.; *Bruns* NStZ 1983, 49 [siehe in diesem Band S. 259–284]). Auch der Vorlegungsbeschluß geht davon aus, daß der

V-Mann als solcher ein mögliches Beweismittel ist. Gegen die Verwertung des Wissens des V-Mannes, das prozeßordnungsgemäß in das Verfahren eingeführt worden ist, bestehen danach keine grundsätzlichen Einwendungen. Etwas anderes ergibt sich auch nicht aus verfassungsrechtlichen Erwägungen. Aus der Entscheidung des BVerfG *BVerfGE* 57, 250ff. (siehe in diesem Band S. 457-482) folgt eindeutig, daß jedenfalls gegen die Verwendung des Wissens einer namentlich bekannten V-Person keine verfassungsrechtlichen Bedenken hergeleitet werden können.

VI. 1. Da der Richter verpflichtet ist, zur Erforschung der Wahrheit die Beweisaufnahme von Amts wegen auf alle Tatsachen und Beweismittel zu erstrecken, die für die Entscheidung von Bedeutung sind, ist er gehalten, gegebenenfalls das Wissen des V-Mannes im Prozeß zu verwerten. Bei dieser gesetzlichen Aufklärungspflicht, die sich auf alle materiell- und verfahrensrechtlich erheblichen Tatsachen erstreckt, handelt es sich um einen die Handhabung aller Verfahrensvorschriften beherrschenden Grundsatz, wenn es darum geht, ob überhaupt etwas aufgeklärt oder ob etwas noch besser aufgeklärt werden kann (KK-*Herdegen* § 244 StPO Rdnr. 26 m. w. N.). Ein Gericht kommt deshalb seiner Pflicht zur umfassenden Sachaufklärung nicht ausreichend nach, wenn es ein erreichbares sachnäheres Beweismittel nicht nützt. Es kann daher einen Verstoß gegen die Aufklärungspflicht bedeuten, wenn nur ein mittelbarer Zeuge vernommen wird, obwohl die Vernehmung des unmittelbaren Zeugen möglich wäre (*BGHSt* 6, 209; *Eb. Schmidt*, Lehrkommentar II § 244 StPO Rdnr. 8; *Herdegen* a. a. O. Rdn. 28). Nur dann, wenn ein Zeuge für eine unmittelbare Vernehmung in der Hauptverhandlung nicht zur Verfügung steht, ist es unter dem Gesichtspunkt der Amtsaufklärungspflicht unbedenklich, allein das sachferne Beweismittel zu benutzen.

2. Die in § 244 Abs. 2 StPO normierte Amtsaufklärungspflicht hat jedoch gesetzliche Grenzen.

a) Die Strafprozeßordnung selbst enthält Bestimmungen, die einer beschränkten Sachaufklärung entgegenstehen. So setzen beispielsweise die §§ 52, 53 StPO der jeden Zeugen treffenden Pflicht zur Aussage Verweigerungsrechte entgegen, die als Einschränkungen der umfassenden Pflicht zur Sachaufklärung verstanden werden können; ein in bestimmter Hinsicht beschränktes Beweisverbot enthält auch § 252 StPO, der es nach erklärter Zeugnisverweigerung verbietet, die Aussage eines vor der Hauptverhandlung vernommenen Zeugen zu verlesen und zu verwerten. Zu den Vorschriften, die die gerichtliche Aufklärungspflicht begrenzen, gehören auch § 54 StPO i. V. m. § 39 BRRG sowie § 96 StPO. Danach kann der Dienstherr einem Beamten oder einer anderen Person des öffentlichen Dienstes die Genehmigung zur Aussage über Umstände, auf die sich ihre Pflicht zur Amtsverschwiegenheit bezieht, versagen (§ 54 Abs. 1 StPO i. V. m. § 39 Abs. 3 BRRG); ferner kann die Vorlegung oder Auslieferung von Akten oder anderen in amtlicher Verwahrung befindlichen Schriftstücken von der obersten Dienstbehörde verweigert werden (§ 96 StPO). Diese Vorschrift ist auf das Verlangen nach Auskunft über den Namen und die ladungsfähige Anschrift eines behördlich geheimgehaltenen Zeugen entsprechend anzuwenden (*BGHSt* 30, 34 [= StrVert 1981, 111]; vgl. auch *BGH*, Beschl. v. 21. 10 1980 – 5 StR 545/80 – bei Holtz MDR 1981, 101 [= StrVert 1981, 111]).

b) Bei der Entscheidung darüber, ob die materiellen Voraussetzungen für die Versagung einer Aussagegenehmigung oder die Verweigerung einer Auskunft über die Personalien eines Zeugen gegeben sind, hat sich auch die zuständige Verwaltungsbehörde am Gebot einer rechtsstaatlichen Verfahrensgestaltung zu orientieren. Sie darf nicht nur die von ihr wahrzunehmenden Aufgaben zur Grundlage ihrer Entscheidung machen und sie – auch wenn es sich dabei um noch so bedeutsame Anliegen handelt – als genügende Rechtfertigung dafür betrachten, sich ihrer dem Gericht gegenüber grundsätzlich bestehenden Auskunftspflicht, wie sie in Art. 35 GG vorausgesetzt wird, zu entziehen. Die Bedeutung der gerichtlichen Wahrheitsfindung für die Sicherung der Gerechtigkeit und das Gewicht des Freiheitsanspruchs des Beschuldigten gebieten es vielmehr, daß die Exekutive in Anerkennung des Gewaltenteilungsgrundsatzes diese Belange bei ihrer Entscheidung mitberücksichtigt und ihnen genügendes Gewicht beimißt (*BVerfGE* 57, 250; 283 ff.; vgl. auch *BGHSt* 29, 109, 112).

Im übrigen ist die Verwaltungsbehörde gehalten, sich bei ihrer Entscheidung an den Regeln der StPO auszurichten, an die das Gericht gebunden ist. So hat auch die Verwaltungsbehörde davon auszugehen, daß ein Zeuge grundsätzlich in öffentlicher Hauptverhandlung zu vernehmen ist. Die zwingenden verfahrensrechtlichen Vorschriften der StPO und des GVG lassen es nicht zu, daß etwa die Laienrichter oder der Verteidiger auch nur zeitweilig von der Teilnahme an der Hauptverhandlung ausgeschlossen werden.

Ebensowenig erkennt das geltende Recht die Möglichkeit an, die Anonymität eines Zeugen zu wahren, der richterlich vernommen werden soll. Auch eine Beweisaufnahme unter optischer oder akustischer Abschirmung eines Zeugen sieht das geltende Recht (entgegen *Rebmann* NStZ 1982, 325, 318 ff. [siehe in diesem Band S. 403–424]; ebenso *BGHSt* 31, 148, 156 [= StrVert 1983, 49] [siehe in diesem Band S. 488–494]; 31, 290, 293 [= StrVert 1983, 225, m. Anm. *Weider*] [siehe in diesem Band S. 502–507]; offen gelassen in *BGH* NStZ 1982, 42 [= StrVert 1981, 596]) nicht vor.

Zulässig wäre hingegen, wenn die gesetzlichen Voraussetzungen des § 172 GVG gegeben sind, die Freigabe eines Zeugen mit dem Verlangen zu verknüpfen, seine Vernehmung wegen Gefährdung der öffentlichen Ordnung oder der Staatssicherheit unter Ausschluß der Öffentlichkeit stattfinden zu lassen. Ebenso käme, wenn die Voraussetzungen dafür erfüllt sind, ein Ausschluß oder ein Abtretenlassen des Angeklagten von einem Teil der Hauptverhandlung in Betracht. Auch gegen das Verlangen der Verwaltungsbehörde, die Hauptverhandlung für die Dauer der Vernehmung eines gefährdeten Zeugen aus Sicherheitsgründen an einen besonders geschützten Ort zu verlegen, bestehen, wenn zugleich die Voraussetzungen des § 172 GVG gegeben sind, keine Bedenken.

c) Da allein das Gericht die Verantwortung für die Entscheidung darüber trägt, welche Beweismittel zur Sachaufklärung notwendig sind, ist es nicht damit getan, daß die Verwaltungsbehörde ihrerseits gehalten ist, bei ihrer Entscheidung über die »Freigabe« eines Zeugen neben ihrem Interesse an der Geheimhaltung auch die Verpflichtung des Gerichts zur Wahrheitserforschung mitzuberücksichtigen. Die Behörde muß vielmehr die Gründe ihrer eventuellen Auskunftsverweigerung verständlich machen. Allerdings können es unabweisbare, zwingende Sachgründe verbieten, dem Gericht eine vollständige Sachprüfung zu ermöglichen. Dem Gericht darf jedoch die Überprüfung der Rechtmäßigkeit der behördlichen Weigerung auf offensichtliche Fehler nicht völlig verschlossen sein. Die Behörde ist daher auch dann, wenn Geheimhaltungsinteressen nur eine unvollständige Darlegung der für ihre Entscheidung maßgebenden Gründe ermöglichen, verpflichtet, diese soweit mitzuteilen, als die geheimhaltungsbedürftigen Vorgänge dies zulassen.

3. Dem Gericht obliegt es aufgrund seiner umfassenden Pflicht zur Sachaufklärung, auf die Vernehmung einer V-Person in der

Hauptverhandlung hinzuwirken, sofern von ihr sachdienliche Angaben zu noch aufklärungsbedürftigen Tatsachen erwartet werden können (§ 244 StPO). Verweigert die zuständige Dienstbehörde die Erteilung einer Aussagegenehmigung oder die Mitteilung der Personalien eines namentlich nicht bekannten Zeugen, ergibt sich aus § 244 Abs. 2 StPO die Verpflichtung des Gerichts, die behördliche Weigerung auf eine ausreichende Begründung im dargelegten Sinne zu überprüfen. Ist die Weigerung nicht oder nicht verständlich begründet worden (*BVerfGE* 57, 250, 288), muß das Gericht – ebenfalls als Folge der Pflicht zur vollständigen Sachaufklärung – von der Verwaltungsbehörde eine Überprüfung verlangen (vgl. *BGHSt* 29, 109, 112; 31, 148, 155 [= StrVert 1983, 49]).

Der Strafrichter ist allerdings von der Behördenentscheidung insofern abhängig, als er eine Änderung nicht erzwingen kann. Hat die Verwaltungsbehörde einen Zeugen nur mit einer Einschränkung freigegeben, so ist diese an den Vorschriften der StPO zu messen, an die der Richter gebunden ist. Er ist nicht befugt, sich über zwingende Regeln des Gesetzes hinwegzusetzen, um der Entscheidung der Verwaltungsbehörde Rechnung zu tragen. Würde das Verlangen gegen das Gesetz verstoßen, so liegt – falls die Behörde weiterhin darauf beharrt – eine »Sperrung« des Zeugen vor, ihn in der Hauptverhandlung zu vernehmen. Das Gericht hat dann zu prüfen, welche Möglichkeiten ihm das Gesetz bietet, um seiner Pflicht zur Sachaufklärung nach § 244 Abs. 2 StPO zu genügen.

VII. Wenn die Verwaltungsbehörde einen Zeugen für die Vernehmung in der Hauptverhandlung aus Gründen des § 96 StPO oder des § 54 StPO i. V. m. § 39 Abs. 3 BRRG endgültig gesperrt hat, so ist der Zeuge ein Beweismittel, das unerreichbar im Sinne von § 244 Abs. 3 StPO ist (vgl. *Kleinknecht/Meyer*, 36. A. § 244 StPO Rdnr. 66; KK-*Herdegen* § 244 StPO Rdnr. 93). Seinem Erscheinen in der Hauptverhandlung stehen damit »andere nicht zu beseitigende Hindernisse« entgegen (§ 223 Abs. 1 StPO), die es zulässig machen, den Zeugen durch einen beauftragten oder ersuchten Richter vernehmen zu lassen und dann das Vernehmensprotokoll gemäß § 251 Abs. 1 StPO in der Hauptverhandlung zu verlesen (vgl. *BGHSt* 29, 390, 391 [= StrVert 1981, 58]; *BGH NStZ* 1982, 40). Das Gebot, zwingende verfahrensrechtliche Bestimmungen zu beachten, gilt jedoch auch hier: Die kommissarische Vernehmung des Zeugen ist daher nicht gegen den Willen des Verteidigers in dessen Abwesenheit zulässig, weil die Verwaltungsbehörde nur unter dieser Voraussetzung einer kommissarischen Zeugenvernehmung zugestimmt hat. Es ist auch nicht zulässig, dem Zeugen bei dieser Vernehmung die Nichtangabe seiner Personalien zu gestatten.

1. Der Zeugenbeweis ist eines der wichtigsten Beweismittel, das die StPO zur Wahrheitsforschung zur Verfügung stellt. Anders als bei den Mitteln des Sachbeweises und weitaus stärker als beim Sachverständigenbeweis hängt die Bedeutung des Zeugenbeweises von Umständen ab, die in diesem Beweismittel selbst begründet sind, namentlich seine Persönlichkeit, sein Lebenslauf, sein Charakter und seine Beweggründe. Diese besondere Natur des Zeugenbeweises hat schon das *RG* (*RGSt* 47, 100, 104f.), wenn auch in anderem Zusammenhang, zutreffend charakterisiert: »Der Zeuge hat in der Regel über Vorgänge zu berichten, die abgeschlossen in der Vergangenheit liegen. Er gibt aber nicht die Vorgänge selbst wieder, sondern nur die Wahrnehmungen, die er über sie gemacht hat. Hierbei kommt es ganz wesentlich auf das Auffassungsvermögen, das Urteil und die Gedächtnisstärke des Zeugen an, sowie auf seine Fähigkeit, streng sachlich zu berichten, auf seine persönliche Zuverlässigkeit und Glaubwürdigkeit und dergleichen. Das Ergebnis der Wahrnehmungen und ihre Wiedergabe sind m. a. W. regelmäßig durchaus persönlicher Art. Ein Zeuge kann daher in der Regel nicht durch einen anderen Zeugen und zumeist auch nicht durch ein anderes Beweismittel beliebig ersetzt werden, ist in diesem Sinne vielmehr unersetzbar.«

Dieser Einschätzung des Zeugenbeweises, die der *BGH* teilt (vgl. *BGHSt* 22, 347, 348f.), hat der Gesetzgeber u. a. durch die Vorschrift des § 68 StPO Rechnung getragen. Diese Vorschrift dient zwar hauptsächlich dem Zweck, Personenverwechslungen zu vermeiden, sie soll aber auch eine verläßliche Grundlage für die Beurteilung der Glaubwürdigkeit eines Zeugen schaffen (vgl. *BGHSt* 23, 244, 245).

Nach § 68 S. 1 StPO beginnt daher die Vernehmung eines Zeugen damit, daß er »über Vornamen und Zunamen, Alter, Stand oder Gewerbe und Wohnort befragt wird«. Nach S. 2 dieser Vorschrift kann der Vorsitzende dem Zeugen lediglich gestatten, seinen Wohnort nicht anzugeben. Der Sinn der Verpflichtung des Zeugen zur Angabe seiner Personalien besteht darin, es den Verfahrensbeteiligten zu ermöglichen, Erkundigungen über den Zeugen einzuholen (vgl. § 246 Abs. 2 StPO). Der *BGH* hat deshalb in *BGHSt*

23, 244 entschieden, daß die Personalien eines Zeugen, der in der Hauptverhandlung vernommen wird, vor dem Angeklagten und dem Verteidiger nicht geheimgehalten werden dürfen. An dieser Auffassung hält der *Große Senat für Strafsachen* fest. Sie entspricht auch der Auffassung des Gesetzgebers, der in Kenntnis der Problematik durch die Einfügung von S. 2 durch das Strafverfahrensänderungsgesetz 1979 vom 5. 10 1978 (BGBl I 1645) dem Zeugen bei drohender Gefährdung lediglich ermöglicht hat, seinen Wohnort zu verschweigen, § 68 S. 1 StPO aber unverändert gelassen hat.

Dies gilt auch für die kommissarische Vernehmung. Von der Verpflichtung zur Angabe des Namens kann der Zeuge auch für diese Vernehmung nicht freigestellt werden. Die in *BGHSt* 29, 109, 113 erwähnte Sachlage (Fall einer Identitätsänderung) bleibt hiervon unberührt.

2. Eine Verpflichtung zur Teilnahme an der kommissarischen Zeugenvernehmung besteht für den Verteidiger nicht. Er darf jedoch nicht gegen seinen Willen von ihr ausgeschlossen werden.

Nach dem Wortlaut der StPO ist dem Verteidiger die Anwesenheit bei richterlichen Untersuchungshandlungen stets gestattet. Im Ermittlungsverfahren ist das Anwesenheitsrecht des Verteidigers für die richterliche Vernehmung des Beschuldigten in § 168 c Abs. 1 StPO, für die richterliche Vernehmung eines Zeugen oder Sachverständigen in § 168 c Abs. 2 StPO und für die Teilnahme an einem richterlichen Augenschein in § 168 d Abs. 1 S. 1 StPO ausdrücklich geregelt.

Für die kommissarische Beweiserhebung gilt nichts anderes. In § 224 Abs. 1 StPO ist die Benachrichtigung des Verteidigers vom Vernehmungstermin vorgeschrieben. Die Vorschrift des § 224 StPO geht also vom Anwesenheitsrecht des Verteidigers aus. Dies ergibt sich vor allem auch aus Abs. 2, wo das Gesetz eine Fallgestaltung regelt, in der der Angeklagte keinen Anspruch auf Anwesenheit hat. Nach § 224 Abs. 1 S. 2 StPO kann lediglich die Benachrichtigung auch des Verteidigers vom Vernehmungstermin unterbleiben, wenn sie den Untersuchungserfolg gefährden würde. Die Gefährdung des Untersuchungserfolges kann in der zeitlichen Verzögerung liegen, die eine Benachrichtigung der Beteiligten zur Folge haben würde. Sie kann bei Vorliegen konkreter Anhaltspunkte aber auch darin gesehen werden, daß der (Angeklagte oder) Verteidiger die Benachrichtigung zur Vornahme von

Verdunkelungshandlungen ausnützen könnte (*BGHSt* 29, 1, 3 f.). Welche weiteren Fälle geeignet sein könnten, den Untersuchungserfolg zu gefährden, braucht der *Große Senat* nicht zu entscheiden. Jedenfalls kann in der bloßen Anwesenheit des Verteidigers bei der Vernehmung eine Gefährdung des Untersuchungserfolges nicht gesehen werden. Ein Absehen von der Benachrichtigung allein aus diesem Grunde ist daher nicht zulässig.

Auch in Fällen, in denen die Benachrichtigung des Verteidigers vom Vernehmungstermin unterbleiben kann, weil durch sie der Untersuchungserfolg gefährdet würde, hat er gleichwohl ein Anwesenheitsrecht, wenn er auf andere Weise von dem Vernehmungstermin Kenntnis erhält (vgl. *BGHSt* 31, 148, 153 [= StrVert 1983, 49]; *Welp* JZ 1980, 134 ff.; *Grünwald*, Festschrift für Dünnebier, 1982, S. 347, 361; *Engels* NJW 1983, 1530, 1531). § 224 Abs. 1 StPO a. F. hat die Benachrichtigung der Beteiligten vorgeschrieben, »soweit dies nicht wegen Gefahr im Verzug untunlich ist«. In der durch Art. 1 Nr. 72 des 1. StVRG vom 9. 12. 1974 (BGBl I 3393) neugefaßten Vorschrift hat der Gesetzgeber die Voraussetzungen, unter denen die Benachrichtigung unterbleiben kann, erweitert. § 224 Abs. 1 S. 2 StPO n. F. läßt es genügen, wenn die Benachrichtigung den Untersuchungserfolg gefährden würde. Nicht beschnitten wurde durch die Gesetzesänderung jedoch das Anwesenheitsrecht des Verteidigers. Der Gesetzgeber hat damit in Kenntnis der Problematik eindeutig zu erkennen gegeben, daß selbst dann, wenn eine Gefährdung des Untersuchungserfolges durch die Terminsmitteilung zu besorgen ist, dies am Anwesenheitsrecht des Verteidigers selbst nichts ändern soll.

VIII. Die Vorlegungsfrage ist wie aus dem Leitsatz ersichtlich zu beantworten.

Gerald Grünwald
Anmerkung zum Beschluß des Bundesgerichtshofs Großer Senat vom 17. 10. 1983

1. Der *2. Strafsenat* hatte vom *Großen Senat* die Entscheidung der Frage begehrt, ob bei einer kommissarischen Zeugenvernehmung der Verteidiger ausgeschlossen werden darf, wenn die Exekutive dies zur Bedingung der »Freigabe« des Zeugen macht.[1] Der *Große Senat* hat sich nicht darauf beschränkt, diese Frage – mit einem Nein – zu beantworten. Im Tenor des Beschlusses ist zusätzlich ausgesprochen, daß auch in der kommissarischen Vernehmung die Identität des Zeugen gemäß § 68 StPO offenbart werden muß. Die Begründung schließlich enthält darüber hinaus eine nahezu vollständige Auseinandersetzung mit den verschiedenen in letzter Zeit praktizierten Abweichungen von der »normalen« Zeugenvernehmung, allerdings beschränkt auf die Vernehmung in der Hauptverhandlung und die durch einen beauftragten oder ersuchten Richter.

Für die Gerichte besteht von nun an Klarheit darüber, daß sie sich von der Exekutive keine Modalitäten der Zeugenvernehmung aufnötigen lassen dürfen, die nicht den Bestimmungen der Strafprozeßordnung entsprechen. Keine Auskunft aber wird ihnen vom *Großen Senat* auf die Frage zuteil, wie sie sich zu verhalten haben, wenn ein Zeuge nicht zur prozeßordnungsgemäßen Vernehmung freigegeben wird – ob sie sich dann auf die Verlesung von Protokollen über nichtrichterliche Vernehmungen oder auf die Vernehmung von Verhörsbeamten als Zeugen vom Hörensagen einzulassen haben oder ob derartige Surrogate beiseite zu lassen sind.

2. Zunächst soll jedoch das partielle Schweigen des *Großen Senats* außer Betracht bleiben, und es soll der positive Inhalt des Beschlusses betrachtet werden.

Grundlage der einzelnen Aussagen ist die These[2]: Das Gericht darf sich nicht über gesetzliche Regelungen hinwegsetzen, um auf diese Weise die – beschränkte – Freigabe des Zeugen durch die zuständige oberste Dienstbehörde zu erreichen. (Die in dem Beschluß ebenfalls enthaltene Feststellung, daß schon die Behörde gehalten sei, sich bei ihrer Entscheidung an den Regeln der StPO auszurichten, an die das Gericht gebunden ist[3], stellt lediglich eine notwendige Folgerung aus jener These dar.)

Falls die Exekutive nicht die »normale« Vernehmung des Zeugen in öffentlicher Hauptverhandlung ermöglicht, ist eine Respektierung der von ihr verlangten Beschränkung nur unter zwei Voraussetzungen zulässig:

– Erstens muß die Verweigerung der unbeschränkten Freigabe auf einer sachlich zu rechtfertigenden Interessenabwägung beruhen. Die Behörde hat dem Gericht die Nachprüfung dieser Voraussetzung zu ermöglichen; auch wenn sich aus dem Geheimhaltungsinteresse insoweit Beschränkungen ergeben können, darf die Überprüfung »nicht völlig verschlossen« sein.[4] Ist die Beschränkung der Freigabe nicht hinreichend begründet oder ist ihre Begründung rechtsfehlerhaft, so scheiden die Bekundungen der betreffenden Person als Erkenntnismittel aus: Die unbeschränkte Freigabe kann das Gericht, wenn die Behörde sie verweigert, nicht erreichen, auf die geringerwertigen Surrogate aber darf es in diesem Falle nicht zurückgreifen. Das ist für *diese* Konstellation bereits durch den Beschluß *BVerfGE* 57, 250 (290) entschieden worden (siehe in diesem Band S. 457–482).

– Auch soweit ein berechtigtes Geheimhaltungsinteresse besteht, ist eine vom Normalen abweichende Beweiserhebung nur dann zulässig, wenn sie den Bestimmungen der StPO entspricht. Die Bedeutung der jetzigen Entscheidung des *Großen Senats* bestehen darin, daß sie die Gerichte auf die Beachtung dieser – zweiten – Voraussetzung festlegt.

Eigentlich handelt es sich um eine Selbstverständlichkeit. Um ein Beispiel aus dem Strauß der Abnormitäten, die in den letzten Jahren ersonnen worden sind, anzuführen: Einen Zeugen ohne Feststellung seiner Identität und unter optischer Abschirmung zu vernehmen, widerspricht dem Gesetz. Also versteht es sich – so sollte man meinen –, daß ein solches Vorgehen nicht dadurch zulässig werden kann, daß die Exekutive den Zeugen nur unter dieser Bedingung in der Hauptverhandlung auftreten läßt; vielmehr muß die Vernehmung dann eben unterbleiben. Daß eine abweichende Meinung entstehen konnte und daß es einer Entscheidung des *Großen Senats* bedurfte, um der entsprechenden Praxis ein Ende zu bereiten, ist allerdings nicht ganz unverständlich, und es ist auch nicht einfach aus einer einseitigen Orientierung ihrer Vertreter am Strafverfolgungsinteresse zu klären. Vielmehr liegt dem eine Argumentation zugrunde, der eine gewisse Plausibilität nicht abzusprechen ist: Die Vernehmung eines nicht identifizierten und den Blicken verborgenen Zeugen im Gerichtssaal ist immer noch besser als die Vernehmung einer Verhörsperson, die berichtet, was ihr ein Anonymus über seine (angebliche) Wahrnehmung mitgeteilt habe – immer noch besser sowohl unter dem Gesichtspunkt der Wahrheitsfindung wie unter dem der Verteidigungsmöglichkeiten. Geht man davon aus, daß selbst die letztere Methode der Beweiserhebung zulässig sei – und diesen Standpunkt hat die Rechtsprechung bisher eingenommen[5] –, dann muß die Zulassung der ersteren als ein Gewinn an Rechtsstaatlichkeit erscheinen.

Auf solchen Überlegungen beruht die von *Rebmann*[6] erstellte Skala der Abweichungen von der »normalen« Zeugenvernehmung, die von der Wahrung der Anonymität des Zeugen in der Hauptverhandlung über dessen Abschirmung und eine Reihe weiterer Zwischenschritte bis zur Beauftragung eines Polizeibeamten mit der Vernehmung an einem geheimen Ort, der schriftlichen Befragung und schließlich der Vernehmung des Zeugen vom Hörensagen reicht.

Auf der gleichen Linie liegt die Begründung, die die Mehrheit des 2. *Senats* in dem Vorlagebeschluß dafür vorgetragen hat, daß es zulässig sein müsse, den Verteidiger von der kommissarischen Vernehmung auszuschließen – daß nämlich diese Methode der Beweiserhebung immerhin der nur polizeilichen Vernehmung, bei der der Verteidiger ohnehin kein Anwesenheitsrecht hat, überlegen sei.[7]

Der Große Senat hat diesem argumentum a peiore ad melius eine Absage erteilt, gewiß zu Recht. Die Bestimmungen der StPO über die richterliche Vernehmung von Zeugen sind eindeutig. Aber es wäre zu wünschen gewesen, daß der Große Senat jene Argumentation nicht ignoriert, sondern sich mit ihr auseinandergesetzt hätte. Dann hätte er freilich der Frage nicht ausweichen können, ob denn die Prämisse, auf der die Gegenmeinung aufbaut, richtig ist – ob die »Sperrung« eines Zeugen durch die Exekutive bewirken kann, daß polizeiliche Protokolle und schriftliche Erklärungen verlesen und Verhörsbeamte als mittelbare Zeugen vernommen werden dürfen.

3. Sobald man anerkennt, daß die Beachtung der Bestimmungen der StPO nicht zum Gegenstand eines Kompromisses zwischen

Gericht und Exekutive gemacht werden kann, ergibt sich alles, was der Große Senat zur Vernehmung in der *Hauptverhandlung* ausführt[8], von selbst:
– Die Identität des Zeugen muß festgestellt und bekanntgegeben werden.
– Er darf weder optisch noch akustisch abgeschirmt werden.
– Der Verteidiger darf nicht von der Vernehmung ausgeschlossen werden.
– Nur unter den Voraussetzungen des § 172 GVG kann für die Dauer der Vernehmung die Öffentlichkeit ausgeschlossen und erforderlichenfalls die Hauptverhandlung an einen besonders geschützten Ort verlegt werden.
– Auch eine Ausschließung des Angeklagten ist nur zulässig, wenn die dafür geltenden Voraussetzungen erfüllt sind.

Betrachtet man die verschiedenen Konstellationen, für die § 247 StPO eine Entfernung des Angeklagten vorsieht, so stellt man fest, daß kaum jemals eine von ihnen im Zusammenhang mit der Freigabe von Zeugen durch die Exekutive relevant werden dürfte. Angesichts des Einfallsreichtums derer, die einerseits die Bekundungen von V-Leuten in das Verfahren einführen, andererseits aber deren Enttarnung verhindern möchten, muß allerdings mit der Möglichkeit gerechnet werden, daß sie die folgende Auslegung ersinnen könnten: Die Voraussetzung des § 247 S. 1 StPO, daß der Zeuge »in Gegenwart des Angeklagten die Wahrheit nicht sagen« werde, sei auch dann erfüllt, wenn die Exekutive dem Gericht die Vernehmung des Zeugen nur in Abwesenheit des Angeklagten zu ermöglichen bereit ist. Daß das Gesetz nicht so zu verstehen ist, ist jedoch offenkundig. Auch die Formulierung des Großen Senats – »wenn die Voraussetzungen dafür erfüllt sind« – dürfte hinreichend deutlich sein, um dem Mißverständnis zu begegnen, daß die Exekutive es in der Hand habe, diese Voraussetzungen durch einen Willensakt selbst zu schaffen.

4. Für die *kommissarische* Vernehmung bedeutet die unbedingte – nicht durch Vereinbarungen mit der Exekutive einschränkbare – Geltung der gesetzlichen Vorschriften:
– Das Gebot der Identifizierung des Zeugen und das Verbot seiner Abschirmung gelten auch hier.[9]
– Der Verteidiger hat in jedem Falle ein Anwesenheitsrecht.[10]
– Der Angeklagte hat grundsätzlich einen Anspruch auf Anwesenheit, allerdings mit den Einschränkungen, die sich aus § 224

Abs. 2 StPO (für den nicht in Freiheit Befindlichen) und aus der analogen Anwendung des § 247 StPO[11] ergeben.

Mit der Frage des Anwesenheitsrechts des Angeklagten hat sich der *Große Senat* nicht ausdrücklich befaßt. Seine Ausführungen zum Anwesenheitsrecht des Verteidigers sind jedoch auch hierfür unmittelbar relevant.

Der *Große Senat* hatte sich mit der Auffassung auseinanderzusetzen, die die Mehrheit des *2. Strafsenats* in dem Vorlagebeschluß vorgetragen hatte.[12] Sie besagt: Wenn die Exekutive die Bedingung stellt, daß die kommissarische Vernehmung in Abwesenheit des Verteidigers durchgeführt werde, so stelle die Erfüllung dieser Bedingung gar keine Abweichung von strafprozessualen Vorschriften dar; sie sei vielmehr durch § 224 Abs. 1 Satz 2 gedeckt, der bestimmt, daß die Benachrichtigung der Beteiligten zu unterbleiben hat, »wenn sie den Untersuchungserfolg gefährden würde«. Diese Voraussetzung – so der *2. Strafsenat* – sei auch erfüllt, wenn der Zeuge für eine Vernehmung in Anwesenheit des Verteidigers nicht freigegeben werde. Hinsichtlich der *Rechtsfolge* des § 224 Abs. 1 S. 2 hatte der *2. Strafsenat* zwar zugegeben, daß die allein vorgesehene Unterlassung der Benachrichtigung etwas anderes sei als die Ausschließung, den Unterschied zwischen beiden aber für unbedeutend erklärt: Der »grundsätzliche Anwesenheitsanspruch« bleibe »unberührt«, werde aber »gegenstandslos«.

Dieser mehr als gewagten Auslegung ist der *Große Senat* entgegengetreten[13], und zwar in beiden Punkten, nämlich sowohl hinsichtlich des Merkmals »Gefährdung des Untersuchungserfolges« wie auch hinsichtlich der Deutung der Vorschrift als Legitimation für die Fernhaltung des Verteidigers von der Vernehmung. – Das, was der *Senat* für die Verteidiger ausgeführt hat, muß ebenso für den Angeklagten gelten, da § 224 Abs. 1 StPO eine Regelung für beide gleichermaßen (und zugleich auch noch für die Staatsanwaltschaft) trifft.[14]

5. Durch die vorliegende Entscheidung dürfte die kommissarische Vernehmung ihre Bedeutung als Kompromißlösung zwischen dem Bemühen der Gerichte um unbeschränkte Freigabe eines Zeugen und dem Bestreben der Exekutive um Abschirmung weitgehend verloren haben, da auf diesem Wege weder die Anonymität des Zeugen noch der Ausschluß des Verteidigers erreichbar ist, in der Regel auch nicht der Ausschluß des Angeklagten.

Damit vermindert sich auch die praktische Relevanz der Frage, ob es richtig ist, daß die Gerichte im Falle der Verweigerung der Freigabe eines Zeugen für die Vernehmung in der Hauptverhandlung auf dessen kommissarische Vernehmung zurückzugreifen haben. Trotzdem soll diese Frage gestellt werden. Der *Große Senat* hat sie bejaht.[15] Die »Sperrung« des Zeugen für die Vernehmung in der Hauptverhandlung stelle ein »nicht zu beseitigendes Hindernis« i. S. d. § 223 Abs. 1 StPO und des § 251 Abs. 1 Nr. 2 StPO dar, so daß die kommissarische Vernehmung und die Verlesung des Protokolls über diese zulässig werden.

Damit wird nun doch der Exekutive eine Einflußnahme auf die Methode der Beweiserhebung zugestanden. Während es ihr versagt wird, dem Gericht die Modalitäten der Zeugenvernehmung in der Hauptverhandlung oder in der durch einen beauftragten oder ersuchten Richter aufzunötigen, soll sie die Macht haben, die Ersetzung der »normalen« Vernehmung in der Hauptverhandlung durch eine kommissarische Vernehmung zu bewirken.

Was das bedeutet, zeigt sich, wenn man die beiden »Stufen« der Beweiserhebung miteinander vergleicht. Von der kommissarischen Vernehmung sind in jedem Falle die Laienrichter ausgeschlossen, von den Berufsrichtern des erkennenden Gerichts können einzelne oder – bei der Vernehmung durch einen ersuchten Richter – auch alle unbeteiligt bleiben. Die Vernehmung ist in jedem Falle nicht öffentlich. Der nicht in Freiheit befindliche Angeklagte, der einen Verteidiger hat, hat keinen Anspruch auf Anwesenheit, wenn die kommissarische Vernehmung nicht an der Gerichtsstelle des Haftortes stattfindet. (Hingegen gleichen sich die Vernehmungen in der Hauptverhandlung und die kommissarische hinsichtlich des Gebots der Identifizierung des Zeugen und des Anwesenheitsrechts des Verteidigers und des in Freiheit befindlichen Angeklagten.)

Macht man sich die Auswirkungen des Übergangs zur kommissarischen Vernehmung bewußt, so liegen die Einwände gegen die Auffassung des *Großen Senats* auf der Hand: Wenn es unzulässig ist, bei Fehlen der Voraussetzungen des § 172 GVG die Öffentlichkeit in der Hauptverhandlung als Konzession an die Exekutive auszuschließen, dann kann es nicht geboten sein, den geforderten Ausschluß dadurch herbeizuführen, daß die Vernehmung als kommissarische aus der Hauptverhandlung herausverlegt wird, mit der Folge, daß außer der Öffentlichkeit auch noch die Laienrichter und gegebenenfalls ein Teil der Berufsrichter ausgeschaltet werden. Und wenn das Gericht auf die Bedingung, daß der Angeklagte während der Zeugenvernehmung aus der Hauptverhandlung entfernt werde, nicht eingehen darf, dann kann es nicht zulässig sein, die Vernehmung als kommissarische durchzuführen mit dem Ziele, dem inhaftierten Angeklagten unter vorgeblicher Berufung auf § 224 Abs. 2 StPO sein Anwesenheitsrecht zu nehmen, und mit der »Nebenfolge«, daß wiederum zugleich auch ein Teil der Richter und die Öffentlichkeit ausgeschlossen werden.

Die besonderen Regelungen für die kommissarische Vernehmung sind für den Fall der tatsächlichen Unmöglichkeit des Erscheinens in der Hauptverhandlung geschaffen. Sie werden nicht wirklich angewendet, sondern unzulässigerweise umfunktioniert, wenn sie dazu eingesetzt werden, Modifikationen der Zeugenvernehmung zu »legitimieren«, die durch die Vorschriften über die Vernehmung in der Hauptverhandlung untersagt sind.

Es ist jedoch anzunehmen – wie schon erwähnt –, daß künftig die Neigung gering sein wird, die Vernehmung in der Hauptverhandlung durch eine kommissarische zu ersetzen.

6. Um so drängender wird nun die Frage, welche Folgen die Verweigerung der Freigabe eines Zeugen für eine ordnungsgemäße richterliche Vernehmung hat – ob die Bekundungen dieser Person dann nicht in das Verfahren eingeführt werden dürfen oder ob das Gericht dann genötigt ist, auf der »Skala« weitere Stufen nach unten zu steigen.

Es ist schwer verständlich, daß der *Große Senat* diese Frage, die sich ja unmittelbar an die von ihm gegebenen Antworten anschließt, nicht gestellt und beantwortet hat. Daß er sie nicht gesehen habe, erscheint ausgeschlossen. Es wäre jedoch müßig, über die Motive zu spekulieren – so wie es auch wenig sinnvoll wäre, in eine Exegese des Beschlusses einzutreten, um aus einzelnen Passagen Indizien dafür zu gewinnen, welcher Lösung der *Große Senat* zuneigen könnte.

Festzustellen ist jedoch soviel: Die uneingeschränkte Wahrung des Anwesenheitsrechts des Verteidigers und die strikte Beachtung des Gebots der Identifizierung der Beweispersonen bei der kommissarischen Vernehmung ebenso wie bei der in der Hauptverhandlung würden entwertet – mehr noch, sie würden das Gegenteil des Intendierten bewirken – wenn bei »Sperrung« von Zeugen auf die minderwertigen Surrogate zurückzugreifen wäre: wenn dann Protokolle über Vernehmungen verlesen würden, bei denen nicht nur Verteidiger und Angeklagter ferngehalten werden, die vielmehr von einem Polizeibeamten anstelle eines Richters durchgeführt werden; und ebenso, wenn dann die Anonymität der Person auf die schlechte alte Art zu wahren wäre, nämlich vermittels der Vernehmung der Verhörsperson.

Der Tendenz der Entscheidung des *Großen Senats* entspräche es darum, an die Verweigerung der Freigabe eines Zeugen die Konsequenz zu knüpfen, daß seine Bekundungen auf keinem Wege in das Verfahren eingeführt werden dürfen. Das wichtigste Argument für diese Lösung haben – ungewollt – *Rebmann* mit der Aufstellung seiner Skala und die Mehrheit des *2. Strafsenats* in dem Vorlagebeschluß mit der Darlegung geliefert, daß die kommissarische Zeugenvernehmung in Abwesenheit des Verteidigers immer noch besser sei als die polizeiliche. Man muß die Argumentation *Rebmanns* und der Mehrheit des *2. Strafsenats* nur vom Kopf auf die Füße stellen: Wenn schon die geringeren Abweichungen von der normalen Zeugenvernehmung – Versagung des Anwesenheitsrechts oder Wahrung der Anonymität des Zeugen bei einer richterlichen Vernehmung – unzulässig sind, dann erst recht diejenigen, die noch abnormer, noch gefährlicher für die Wahrheitsfindung sind und die Verteidigungsrecht noch mehr einschränken.[16]

Anmerkungen

1 Vorlagebeschluß vom 4. 5. 1983, StrVert 1983, 314 (s. in diesem Band S. 517–530); dazu Anm. von *H.-J. Bruns* in StrVert 1983, 382 ff. (s. in diesem Band S. 531–550).
2 Abschnitt VI. 3.
3 Abschnitt VI. 2. b.
4 Abschnitt VI. 2. c.
5 Vgl. *BGH* 17, 382.
6 NStZ 1982, 315 ff. (s. in diesem Band S. 403–424).
7 A. a. O. (Anm. 1), S. 316 f. Von den zahlreichen Entscheidungen, die demselben Argumentationsmuster folgen, sei die letzte in der Amtlichen Sammlung veröffentlichte genannt: das Urteil des 1. Strafsenats vom 1. 7. 1983, *BGHSt* 32, 32; danach soll der Ausschluß des Angeklagten aus der Hauptverhandlung während der Zeugenvernehmung zulässig sein, wenn die Behörde die Freigabe an die entsprechende Bedingung knüpft.

8 Abschnitt VI. 2. b.
9 Abschnitt VII. 1.
10 Abschnitt VII. 2.
11 Vgl. *Gollwitzer* in Löwe-Rosenberg, 23. Aufl. § 247 Rdnr. 11; *Mayr* in Karlsruher Kommentar, § 247 Rdnr. 17.
 – Zu beachten ist, daß die analoge Anwendung des § 247 StPO nicht bedeutet, daß der Angeklagte von dem gesamten Vernehmungstermin fernzuhalten wäre. Er ist vielmehr (wenn er sein Anwesenheitsrecht wahrnehmen will) nach der Vernehmung des Zeugen hinzuzuziehen. Er hat das Recht, ergänzende Fragen zu stellen, zur Frage der Vereidigung Stellung zu nehmen und dieser beizuwohnen (siehe dazu – bezogen auf die Hauptverhandlung – *BGHSt* 26, 218).
12 A. a. O. (Anm. 1), S. 317.
13 Abschnitt VII. 2.
14 Zur Auslegung des Merkmals »Gefährdung des Untersuchungserfolges« ist anzumerken: Der *Große Senat* hat sich nicht der Auffassung angeschlossen, daß darunter nur die Gefahr des Verlusts des Beweismittels infolge der mit der Benachrichtigung verbundenen zeitlichen Verzögerung das zu verstehen sei (*Welp* in JZ 1980, 134 ff.; *Grünwald* in Festschrift für Dünnebier, S. 347 (361)). Vielmehr sei – etwa – auch der Fall erfaßt, daß die Benachrichtigung Verdunkelungshandlungen auslösen könnte.
Der *Senat* beruft sich auf die Änderung des Gesetzes durch das 1. StVRG, das die frühere Fassung – »wegen Gefahr im Verzug untunlich...« durch die jetzige ersetzt hat; damit habe der Gesetzgeber die Voraussetzungen für das Unterbleiben der Benachrichtigung *erweitert*. Diese Deutung steht im Gegensatz zu den Intentionen des Gesetzgebers bei der Neufassung der §§ 168 c Abs. 5 und 224 Abs. 1, wie *Welp* belegt hat.
15 Abschnitt VII.
16 Näher dazu *Engels*, NJW 1983, 1530 ff. und *Grünwald* (Anm. 14), S. 359 ff.

Klaus Tiedemann/Ulrich Sieber
Die Verwertung des Wissens von V-Leuten im Strafverfahren
Analyse und Konsequenzen der Entscheidung des Großen Senats des BGH*

I. Einleitung: Anlaß, Begründungsstil und Gegenstand der Entscheidung

Der Beschluß des *Großen Senats* vom 17. 10. 1983 hat in der Öffentlichkeit Beachtung gefunden und Aufsehen errregt. Hierzu trug keineswegs nur die Tatsache bei, daß der V-Mann-Beweis in brisanten politischen Strafverfahren eine Rolle spielt. Vielmehr ist in der neueren Vergangenheit eher die Bedeutung dieses Beweises in Rauschgift- und (anderen) Zollstrafverfahren sowie bei der Bekämpfung der (sonstigen) Bandenkriminalität in den Vordergrund getreten[1] und hat gerade für diesen Bereich mit dem Unbehagen über eine nicht selten erst durch V-Leute provozierte Kriminalität[2] auch verbreitete Unsicherheit über die Zulässigkeit einer »justizförmigen« Beweisführung mittels dieser V-Personen hervorgerufen. Vor allem die vom Großen Senat in der vorliegenden Entscheidung neben anderen Verfahrensfragen ebenfalls behandelte »optische oder akustische Abschirmung« der V-Person bei ihrer Vernehmung in der Hauptverhandlung, also die Verdeckung oder Verzerrung des Anblicks oder der Stimme des Zeugen durch künstliche Maßnahmen zum Zwecke der Geheimhaltung seiner Identität, hatte das Intersse der Öffentlichkeit sowie der Massenmedien an solcher Art der Beweisführung geweckt.

Was der *Große Senat* nunmehr hierzu ausführt, verdient sowohl unter dem Gesichtspunkt des Begründungsstils als auch im Hinblick auf den Zeugenbeweis überhaupt Beachtung. Zeugenpsychologische Ewägungen vertiefen die rechtlichen Ausführungen zur Auslegung der bisher mehr als Ordnungsvorschrift verstandenen Norm des § 68 StPO. Ergänzt wird dieser Rückgriff auf Einsichten

---

* Beschl. v. 17. 10. 1983 – GSSt 1/83 = NJW 1984, 247 ff. = NStZ 1984, 36 ff. m. Anm. *Frenzel* S. 39 ff. = StrVert 1983, 490 ff. m. Besprechung *K. Schmid*, DRiZ 1983, 474 ff. (s. in diesem Band S. 551–561).

der Strafprozeßlehre[3] durch die Einbettung der rechtlichen Lösung in die Schilderung der Entwicklung des organisierten Verbrechens, also des kriminologischen Hintergrundes der zu entscheidenden Rechtsfrage, und in die kriminalistische Umschreibung des breiten Spektrums von Personen, »die der Polizei nicht nur im Einzelfall aus unterschiedlichen Motiven bei der Aufklärung von Straftaten behilflich« sind – vom Gastwirt oder Taxifahrer, welcher der Polizei gelegentlich Hinweise gibt, bis zu Berufskriminellen und Randfiguren der konkreten Straftat. Der *Große Senat* zitiert hierzu eine von ihm eingeholte Stellungnahme des Bundeskriminalamtes und entgeht mit dieser Veranschaulichung zugleich dem Vorwurf, die für die polizeiliche Praxis gewichtige, ja in manchen Bereichen geradezu zentrale Rechtsfrage des V-Mann-Beweises vom grünen Tisch aus entschieden zu haben. Für die Problemlösung und für die Entscheidungsanalyse mahnt die einleitende Begründung des *Großen Senats* dabei vor allem zur Berücksichtigung der Vielfältigkeit und damit des Umfanges der Problematik des V-Mann-Beweises, der eben nicht nur die Beweisführung in einem ohnehin kriminellen Milieu zum Gegenstand hat, sondern auch Angeklagte in »normalen« Strafverfahren und »normale« Angeklagte betreffen kann. Die rechtstatsächlichen Erkenntnisse, deren Einbeziehung der Zustimmung sicher sein kann, sind vor allem wegen der daraus resultierenden Folgerungen für den Beweiswert von Aussagen anonymer V-Leute von Bedeutung: Bei Anonymität der V-Person ist angesichts der weitgespannten Unterschiedlichkeit ihrer möglichen Motive (vom beamteten und auf Wahrheitsfindung bedachten »under cover agent« über den Doppelagenten und den rachsüchtigen Konkurrenten bis zum »umgedrehten« Häftling, der gegen Erfolgshonorar tätig wird) die Gefahr nicht auszuschließen, daß im konkreten Fall die unzuverlässigste Konstellation vorliegt, die Aussage des verdeckten Zeugen also keinerlei Beweiswert hat.

Aus der Gesamtproblematik des V-Mann-Beweises behandelt der *Große Senat* vor allem die ihm gem. § 137 GVG vorgelegte Frage nach der Zulässigkeit des Verteidigerausschlusses bei der kommissarischen Vernehmung einer V-Person. Jedoch geht der *Senat* bei der Findung der Antwort zunächst von den in der Hauptverhandlung zu beachtenden Verfahrensformen aus (dazu unten II.), um die dort geltenden Grundsätze anschließend auf die kommissarische Vernehmung der V-Person zu übertragen (dazu unten III.).

Hieraus ergibt sich eine eher extensive Antwort auf die Vorlagefrage. Offen bleibt vor allem, welche Folgerungen sich aus dem Beschluß des *Großen Senats* im System der StPO ergeben, soweit es um (weitere) Beweissurrogate geht: die Verlesung des polizeilichen Protokolls der Vernehmung und die Verlesung eigener schriftlicher Erklärungen der V-Person sowie die Vernehmung polizeilicher Verhörspersonen in der Hauptverhandlung (dazu unten IV.). Wegen der vom *Großen Senat* geforderten Offenlegung der Identität des Zeugen bei der Vernehmung dürften diese Ausweichmöglichkeiten in Zukunft besonders aktuell werden.

II. Die Vernehmung der V-Person in der Hauptverhandlung

1. Der Ausgangspunkt des Großen Senats: Die gerichtliche Aufklärungspflicht und ihre Grenzen

An den Anfang seiner rechtlichen Überlegungen stellt der *Große Senat* den für jede gerichtliche Beweisaufnahme geltenden *Grundsatz der Aufklärungspflicht* (§ 244 II StPO): Die Ersetzung eines erreichbaren sachnäheren Beweismittels – z. B. eines unmittelbaren Zeugen – durch ein sachferneres Beweismittel – z. B. einen mittelbaren Zeugen – verstößt gegen dieses Gebot der gerichtlichen Sachaufklärung. Jedoch gilt der Grundsatz der gerichtlichen Wahrheitsermittlungspflicht nicht ohne Einschränkung; vielmehr ist er u. a. durch die dem Schutz staatlicher Geheimhaltungsinteressen dienenden §§ 54, 96 StPO begrenzt. Aufgrund dieses Spannungsverhältnisses zwischen dem gerichtlichen Interesse an der Wahrheitsfindung und dem behördlichen Geheimhaltungsinteresse erhebt der Senat die Forderung, daß die Behörde sich bei Entscheidungen über die »Sperrung« von Zeugen nicht nur an den von ihr wahrzunehmenden Aufgaben orientiert, sondern auch »die Bedeutung der gerichtlichen Wahrheitsfindung für die Sicherung der Gerechtigkeit und das Gewicht des Freiheitsanspruches des Beschuldigten« berücksichtigt und diesen Interessen »genügendes Gewicht bemißt«.

Dieses für die behördliche Entscheidung über die Sperrung von V-Personen geltende *Gebot der Abwägung* zwischen Wahrheitsermittlungs- und Geheimhaltungsinteressen wurde bereits in der

Entscheidung *BVerfGE* 57, 250 (285 ff.) (siehe in diesem Band S. 457–482) grundlegend erörtert und entspricht der ganz h. M.[4] Das *BVerfG* und die bisherige strafverfahrensrechtliche Rechtsprechung und Literatur haben aus diesem Gebot eine Art *Stufentheorie* entwickelt, nach der die Behörde nur die Form der Sperrung wählen darf, die das justizielle Interesse am geringsten beeinträchtigt[5]:

War die von der StPO als Regel vorgesehene »normale« Vernehmung der V-Person als Zeuge in der Hauptverhandlung aufgrund der §§ 54, 96 StPO nicht möglich, so sollte eine Vernehmung der V-Person in der Hauptverhandlung unter gewissen äußeren Einschränkungen erfolgen (Maßnahmen zum Schutz der Person des V-Mannes[6]; Verlegung der Hauptverhandlung an einen anderen Ort[7]; Ausschluß der Öffentlichkeit[8]; Anordnung einer Geheimhaltungsverpflichtung gem. § 174 III GVG[9]; Nichtangabe des Wohnortes des Zeugen in der Hauptverhandlung gem. § 68 S. 2 StPO[10]; Beschränkung der Namensnennung auf den alten Namen des Zeugen unter Verzicht auf die Nennung des neuen Namens im Falle einer Identitätsänderung[11]; vollständiger Verzicht auf die Nennung von Namen und Anschrift[12]; Vernehmung des Zeugen unter optischer und akustischer Abschirmung[13]; Ausschluß des Angeklagten von der Hauptverhandlung[14]). Ließen die Geheimhaltungsinteressen der Exekutive trotz solcher Schutzmaßnahmen eine Vernehmung der V-Person in der Hauptverhandlung nicht zu, so wurde der Ausweg einer Vernehmung mit besonderen Sicherungsvorkehrungen[15], unter Verzicht auf die Namensnennung des Zeugen[16] und notfalls in Abwesenheit (also unter Ausschluß!) des Angeklagten und seines Verteidigers[17], gewählt. Waren schließlich auch durch eine derartige Verfahrensgestaltung die Behördeninteressen nicht zu wahren, so kamen die Verlesung polizeilicher Vernehmungsprotokolle[18] oder schriftlicher Erklärungen der V-Person[19] sowie die Vernehmung von Polizeibeamten als »Zeugen vom Hörensagen« über Erklärung der V-Person[20] in Betracht.

Der Ausgangspunkt des *Großen Senats* ist damit nicht neu. Im Hinblick auf die in zahlreichen Urteilen von Instanzgerichten, aber auch in verschiedenen Entscheidungen des *BGH* erkennbare Tendenz, bei behördlichen Sperrerklärungen ohne besondere Widerstände eine Beweiserhebung auf einer weitergehenden Einschränkungsstufe zu akzeptieren[21], verdient die Hervorhebung der Grundsätze der Wahrheitsermittlungspflicht und der Zeugenvernehmung in der Hauptverhandlung durch den Großen Senat jedoch Zustimmung.

2. Die bei der Vernehmung geltenden prozessualen Formen

Neu im Vergleich zu der genannten Entscheidung des *BVerfG* und zu der bisherigen Rechtsprechung auch des *BGH* ist dagegen das Gewicht, das der *Große Senat* bei der Abwägung zwischen Wahrheitsermittlungs- und Geheimhaltungsinteressen den in der StPO vorgesehenen prozessualen Formen beimißt. Während das *BVerfG* und ein großer Teil der sonstigen Rechtsprechung die im Rahmen der »Stufentheorie« dargelegten Vernehmungsformen durch eine weitgehend *freie Abwägung* zwischen den widerstreitenden Interessen entwickelte, macht der *Große Senat* die Normen und insbesondere die *Formvorschriften des Strafprozeßrechts* zur Richtschnur seiner Prüfung. Da die Vorlagefrage die Verfahrensweise bei der kommissarischen Zeugenvernehmung betrifft, wirken die in dem Beschluß des *Großen Senats* an erster Stelle stehenden Ausführungen zur Zeugenvernehmung in der Hauptverhandlung zunächst überraschend und könnten den Eindruck bloßer *obiter dicta* entstehen lassen. Bei genauerer Analyse wird aber deutlich, daß der *Große Senat* hier *allgemeingültige Verfahrensregeln* postuliert, deren Geltung auch für die kommissarische Zeugenvernehmung im nachfolgenden Teil des Beschlusses begründet wird.

a) Diese Begründungstechnik wird zunächst bei dem vom *Großen Senat* für unzulässig angesehenen *Ausschluß der Verfahrensbeteiligten* deutlich: Der die Hauptverhandlung betreffende Teil des Beschlusses stellt die Unzulässigkeit des Verteidigerausschlusses als Grundsatz für diesen Verfahrensabschnitt[22] fest; in den die kommissarische Zeugenvernehmung betreffenden Ausführungen begründet der Beschluß sodann, daß für die kommissarische Vernehmung keine Besonderheiten gelten. Auch die knappe Aussage zur Unzulässigkeit *des Ausschlusses der Laienrichter* von der Hauptverhandlung ist auf diesem Hintergrund der Relevanz für die kommissarische Vernehmung zu sehen: Ein Ausschluß der Laienrichter wird für den Bereich der Hauptverhandlung zwar bisher noch nicht vertreten, für den Bereich der kommissarischen Vernehmung von der Rechtsprechung jedoch dadurch ermöglicht, daß die drei richterlichen Mitglieder gemeinsam als beauftragte

Richter den Zeugen gem. § 223 I StPO vernehmen.[23] Da § 223 StPO von der Vernehmung durch »*einen* beauftragten oder ersuchten Richter« spricht, sollte die Feststellung des *Großen Senats* zur Unzulässigkeit des Ausschlusses der Laienrichter von der Hauptverhandlung zum Anlaß genommen werden, die Formvorschrift des § 223 StPO in diesem Punkte ernst zu nehmen und auch hier keine Umgehung der für die Hauptverhandlung geltenden Förmlichkeiten durch eine kommissarische Zeugenvernehmung zu praktizieren.

b) Neben der Unzulässigkeit des Verteidigerausschlusses ist es die zweite zentrale Aussage des *Großen Senats*, daß das geltende Recht keine Möglichkeit kennt, die *Anonymität eines Zeugen* zu wahren.[24] Auch diese Feststellung wird vom *Senat* sowohl für die Zeugenvernehmung in der Hauptverhandlung als auch für die kommissarische Zeugenvernehmung getroffen. Daß sich die Begründung hierfür in dem die kommissarische Vernehmung betreffenden Teil des Beschlusses findet, ändert an der Allgemeingültigkeit der Aussage nichts.

Die Begründung für die Unzulässigkeit einer anonymen, also insbesondere die Personalien nicht erhebenden, Zeugenvernehmung geht von dem klaren Wortlaut des – im Allgemeinen Teil der StPO lozierten – § 68 StPO aus. Danach beginnt die Zeugenvernehmung damit, »daß der Zeuge über Vornamen und Zunamen, Alter, Stand oder Gewerbe und Wohnort befragt wird«. Bei der Auslegung dieser Vorschrift kann sich der Senat zumindest für die Fälle der Bedrohung des Zeugen auch auf eine eindeutige Entscheidung des historischen Gesetzgebers stützen, der diese Problematik gesehen, in § 68 S. 2 StPO jedoch lediglich die Nichtangabe des Wohnortes des Zeugen in der Hauptverhandlung zugelassen hat.[25] Die *lexa lata* stützt das Ergebnis des Senats weiter durch die in dem Beschluß nicht ausdrücklich angesprochene Vorschrift des § 222 StPO, nach der das Gericht dem Angeklagten die geladenen Zeugen rechtzeitig unter Namhaftmachung ihres Wohn- oder Aufenthaltsorts anzugeben hat, sowie durch die in dem Beschluß genannte Norm des § 246 StPO, nach der die Aussetzung der Hauptverhandlung zum Zwecke der Erkundigung beantragt werden kann, wenn ein zu vernehmender Zeuge erst so spät namhaft gemacht wurde, daß es dem »Gegner« an der zur Einziehung von Erkundigungen erforderlichen Zeit gefehlt hat. Der *BGH* hat zu diesen beiden Vorschriften bereits in *BGHSt* 23, 244 (245) ausgeführt, daß sie eine rechtzeitige Erkundigung über den Zeugen ermöglichen sollen und daß sie als selbstverständlich von der Vernehmung des Zeugen unter seinem richtigen Namen ausgehen. Auch diesen Vorschriften liegt eine bewußte Entscheidung des Gesetzgebers zugrunde, der nicht den Empfehlungen des Bundesrates gefolgt ist, im Hinblick auf mögliche Gefährdungen des Zeugen durch den Angeklagten die Bekanntgabe der Ladungsanschrift des Zeugen genügen zu lassen.[26] Eine Abweichung von diesen klaren gesetzgeberischen Entscheidungen kann mit einer bloßen Einordnung des § 68 StPO als »Ordnungsvorschrift« oder mit der Anerkennung eines auf den eigenen Namen des Zeugen bezogenen Aussageverweigerungsrechts[27] begründet werden. Auch §§ 32, 34 StGB lassen eine Durchbrechung der gesetzlichen Regelung nicht zu: Selbst wenn man die Rechtfertigungsgründe des materiellen Strafrechts im Bereich des Strafprozeßrechts nicht nur zur Begründung von personen- und sachbezogenen Verteidigungsbefugnissen, sondern auch zur Rechtfertigung hoheitlicher Eingriffsbefugnisse für anwendbar hielte, könnten sie in dem hier einschlägigen, seit langem bekannten Problemfeld nicht zu einer grundsätzlichen Korrektur von Verfahrensvorschriften führen, die der Gesetzgeber in Kenntnis der Problematik abschließend auch im Hinblick auf den Schutz staatlicher Geheimhaltungsinteressen im Strafprozeß erlassen hat.[28] Es ist daher begrüßenswert, daß der Große Senat die eindeutige Aussage des geltenden Rechts nicht durch derartige »Konstruktionen« umgeht, sondern im Gegenteil die hinter den Formvorschriften über die Personenangabe stehenden inhaltlichen und insbesondere zeugenpsychologischen Gesichtspunkte hervorhebt: die fundamentale Bedeutung der Persönlichkeit, des Lebenslaufs, des Charakters und der Beweggründe des Zeugen für die Würdigung seiner Aussage.[29] Hinzu tritt, daß erst die Namensnennung des Zeugen dessen strafrechtliche Haftung für eventuelle Falschaussagen ergibt. Da diesen Gesichtspunkten in dem häufig kriminellen Milieu der V-Personen besondere Bedeutung zukommt, sollte die vom *Großen Senat* statuierte Namensnennungspflicht des Zeugen entgegen dem von *J. Meyer* auf der Berner Strafrechtslehrertagung 1983 unterbreiteten Vorschlag[30] auch *de lege ferenda* beibehalten werden. Dagegen treffen die vom *Senat* genannten materiellen Gesichtspunkte dann nicht zu, wenn ein Zeuge nur seinen früheren Namen und nicht den nach dem Tatgeschehen aus Sicherheitsgründen neu angenommenen Tarnnamen angibt. In diesem Fall der *Identitätsänderung* ist gegen die vom Senat unter Hinweis auf *BGHSt* 29, 109 (119) zugelassene Ausnahme nichts einzuwenden.[31]

c) Gleichermaßen zutreffend ist die – in dem Beschluß des *Großen Senats* nur für den Bericht der Hauptverhandlung gemachte, jedoch auch für die kommissarische richterliche Vernehmung geltende – Aussage, eine Beweisaufnahme unter »*optischer oder akustischer Abschirmung eines Zeugen*« sei vom geltenden Recht nicht vorgesehen. Dies richtet sich vor allem gegen die von *Rebmann* vorgeschlagenen technischen Vernehmungsverfahren mittels Telefon- und Fernsehschaltungen sowie gegen die in den letzten Jahren bei einzelnen Gerichten eingeführte Vernehmung von Zeugen, die sich in Schränken oder hinter Paravents und Masken versteckten und ihre Stimme mit Hilfe von Stimmverzerrern unkenntlich machten.[32] Wie weit das vom *Senat* etwas pauschal geforderte Verbot der »optischen oder akustischen Abschirmung« im einzelnen reicht und ob darunter etwa auch die von einem bedrohten Zeugen getragene Perücke fällt, wird in der Entscheidung nicht ausgeführt. Die Antwort ergibt sich aus der (in der Enscheidung allerdings nicht ausdrücklich dargelegten) Begründung des Verbots. Einschlägig sind zwei rechtliche Gesichtspunkte, deren Eingreifen von der jeweiligen Vernehmungsform abhängt. Zum einen verstößt die einseitige optische Abschirmung des vom Gericht voll wahrgenommenen Zeugen nur gegenüber dem Angeklagten und seinem Verteidiger gegen Art. 103 I GG, denn der Angeklagte und sein Verteidiger müssen die Möglichkeit haben, zu allen der Entscheidung zugrundeliegenden Tatsachen einschließlich der optischen Eindrücke Stellung zu nehmen.[33] Auch die Begründung für eine nur gegenüber dem Angeklagten (nicht gegenüber dem Verteidiger) vorgenommene Abschirmung mit einem *argumentum a maiore ad minus* aus § 247 StPO ist abzulehnen, läßt der klare Wortlaut dieser Vorschrift doch nur eine Entfernung des Angeklagten zu. Zum anderen verstößt die Vernehmung der V-Person mittels Fernseh- und Telefonschaltungen gegen den in § 250 StPO normierten Unmittelbarkeitsgrundsatz, der die Zeugenvernehmung »in der Hauptverhandlung« vorschreibt und damit ebenso wie §§ 48, 243 I und II, 248 StPO die körperliche Anwesenheit des Zeugen vor Gericht voraussetzt.[34] Die Vorschriften des Art. 103 I GG und § 250 StPO dienen mit der Gewährleistung eines fairen Verfahrens wiederum vor allem der Wahrheitsfindung: Die Grundsätze der körperlichen Anwendung und der visuellen Sichtbarkeit des Zeugen in der Hauptverhandlung sichern als Ergänzung der Pflicht zur Namensnennung die Identifizierung des Zeugen (wodurch verhindert wird, daß sich eine dritte Person – z. B. der V-Mann-Führer – als V-Mann ausgibt), unterbinden die Beeinflussung der Zeugenaussage durch dritte Personen (die z. B. in dem Vernehmungsschrank verborgen sind oder die von der Fernsehkamera nicht mit aufgezeichnet werden), verhindern eine Umgehung von § 58 I StPO (z. B. durch die Übertragung der Zeugenaussage an einen anderen Ort), legen die Heranziehung von Hilfsmitteln (z. B. Konzeptzetteln) durch den Zeugen offen, machen eine Manipulation der Zeugenaussage bei ihrer Übertragung mit technischen Hilfsmitteln unmöglich und erlauben die Feststellung der für die Glaubwürdigkeitsbeurteilung wichtigen Reaktionen des Zeugen.[35] Die Verbannung von Geheimniskrämerei und Mummenschanz aus dem Gerichtssaal dient aber auch der Würde des Gerichtsverfahrens.[36] Der Ausschluß der »optischen und akustischen Abschirmung«, der im übrigen nach dem Verbot der anonymen Zeugenvernehmung nur noch geringe praktische Bedeutung zugekommen wäre, dürfte schließlich auch von den Ermittlungsbehörden begrüßt werden. Bei der akustischen Abschirmung bestand bisher nämlich trotz des Einsatzes von Stimmverzerrern keine praktikable Möglichkeit, bestimmte Eigenarten der Sprache wie eine Dialektfärbung oder charakteristische Sprechweisen zu verbergen, so daß auch bei Abschirmung der V-Person die Gefahr ihrer Enttarnung gegeben war.[37] Der Verzicht auf zweifelhafte Methoden der Abschirmung ist deswegen auch unter dem Gesichtspunkt der Fairneß gegenüber dem gefährdeten Zeugen zu begrüßen.[38]

d) Als zulässige Vernehmungsmodalitäten sieht der Große Senat dagegen insbesondere den *Ausschluß der Öffentlichkeit*, die *Verlegung der Hauptverhandlung* an einen besonders geschützten Ort und den *Ausschluß des Angeklagten* von einem Teil der Hauptverhandlung an. Da und soweit die mit diesen Maßnahmen verbundenen Einschränkungen des Öffentlichkeitsgrundsatzes und des Anwesenheitsrechts des Angeklagten eine gesetzliche Grundlage besitzen (vgl. insbes. §§ 172 GVG, 247 StPO), ist dem zuzustimmen.[39] Jedoch wird in Zukunft ein Ausschluß des Angeklagten nicht mehr mit dem Ziel einer Geheimhaltung der Personalien des in seiner Abwesenheit vernommenen Zeugen durchgeführt werden können, da der ausgeschlossene Angeklagte gem. § 247 S. 4

StPO von dem wesentlichen Inhalt des während seiner Abwesenheit Ausgesagten oder Verhandelten zu unterrichten ist. Die Personalien der V-Person sind nach den Grundsätzen des *Großen Senats* zumindest für den Regelfall als wesentlich i. S. des § 247 StPO anzusehen.[40] Dagegen kann durch den Ausschluß des Angeklagten von der Hauptverhandlung zumindest im Falle der Nichtvereidigung der V-Person[41] das mit der soeben erörterten optischen und akustischen Abschirmung nicht durchsetzbare Ziel erreicht werden, daß nur der Angeklagte (nicht: sein Verteidiger) die V-Person nicht sehen und hören kann. Die Fälle, in denen ein berechtigtes behördliches Interesse an einer derartigen visuellen und akustischen Abschirmung des dem Angeklagten namentlich bekannten (!) V-Mannes anzuerkennen ist, dürften allerdings selten sein.[47]

3. Die gerichtlichen Kompetenzen gegenüber der Behörde

In Übereinstimmung mit dem *BVerfG* stellt der Große Senat fest, daß die Verantwortung für die Frage, welche Beweismittel zur Sachaufklärung notwendig sind, nicht bei der Verwaltungsbehörde, sondern allein beim Gericht liegt. Ebenso wie das *BVerfG*, das diese gerichtliche Kompetenz mit Art. 92 GG begründete[43], folgert der *Große Senat* hieraus die Verpflichtung der Behörde, eine eventuelle Auskunftsverweigerung zu begründen[44], und für den Fall einer nicht ausreichend begründeten Weigerung die Verpflichtung des Gerichts, eine Überprüfung der Behördenentscheidung durch die Behörde zu verlangen.[45]

Mit der Feststellung, der Strafrichter sei »von der Behördenentscheidung insoweit abhängig, als er eine Änderung nicht erzwingen kann«, nimmt der *Große Senat* dem Gericht in einem *obiter dictum* allerdings die Möglichkeit einer *praktischen Verwirklichung seiner Rechte*. Er lehnt in Übereinstimmung mit der bisher herrschenden Ansicht sowohl eine Befugnis des Strafrichters zur Erhebung einer *verwaltungsgerichtlichen Klage*[46] als auch eine erweiterte *Beschlagnahme der Behördenakten* durch den Strafrichter ab; eine solche Beschlagnahme wird bisher nur in den krassen Fällen einer ganz fehlenden oder willkürlichen Sperrerklärung für zulässig gehalten.[47]

Gegen eine Klagebefugnis des Gerichts sprechen zwar Gesichtspunkte der Prozeßökonomie und der Vermeidung von Insichprozessen des Staates. Gegen eine Erweiterung der Beschlagnahmebefugnis des Strafrichters läßt sich anführen, daß der Strafrichter trotz der Beschwerdemöglichkeit nach §§ 304, 305 StPO zunächst gleichsam in eigener Sache entscheiden und daher vollendete Tatsachen schaffen könnte; auch wäre zu erwarten, daß die Behördenpraxis die Beschlagnahme dadurch umgehen würde, daß sie Namen und Adressen der V-Personen nicht mehr in die Ermittlungsakten aufnimmt.[48] Jedoch bleibt es letztlich unbefriedigend, daß mit der Versagung der praktischen Durchsetzung eines begründeten Herausgabeverlangens ein von keinem Gericht überprüfbarer Freiraum der Behörde entsteht. Die verwaltungsrechtliche Klagebefugnis des Angeklagten[49] schafft insoweit nur teilweise Abhilfe, da der Angeklagte von dieser Möglichkeit nur im eigenen Interesse und nicht im Interesse der Wahrheitsfindung Gebrauch macht. Auch ein Verbot der strafprozessualen Verwertung der von der Behörde angebotenen Beweissurrogate[50] mag zwar im Einzelfall einen gewissen Druck auf die Behörde ausüben, kann als »Sanktion« jedoch nicht akzeptiert werden, da ein solches Verbot mindestens ebenso stark gegen die Wahrheitsfindung wie gegen die Behörde wirkt.

Das Problem sollte *de lege ferenda* durch Einschaltung eines anderen (eventuell: des übergeordneten) Gerichts, das den zu bewertenden Interessen möglichst neutral gegenübersteht, gelöst werden. Andere Verfahrensordnungen enthalten vergleichbare gesetzliche Lösungen der Problematik[51], und es gibt keinen einleuchtenden Grund, entsprechende Lösungen für den Bereich der Strafrechtspflege abzulehnen.

III. Die kommissarische Vernehmung und die Protokollverlesung gem. § 251 I StPO

1. Zulässigkeit der Verwertung des Beweissurrogats

Der *Große Senat* setzt die Protokollverlesung nach kommissarischer Zeugenvernehmung gem. § 251 I StPO auch bei Verwendung dieses Beweissurrogats im Falle der behördlichen Zeugensperrung als zulässig voraus. Dies ist nicht selbstverständlich. Die Behauptung, der gesperrte Zeuge sei ein unerreichbares Beweismittel i. S. des § 244 III StPO und dem Erscheinen des Zeugen in der Hauptverhandlung ständen »andere nicht zu beseitigende Hindernisse«

i. S. des § 223 I StPO entgegen, so daß das Vernehmungsprotokoll gem. § 251 I StPO verlesen werden könne, übergeht die in der Literatur vertretene Ansicht, die im Falle der Sperrung des Zeugen durch die Behörde ein *Beweisverbot* für jede Form der mittelbaren Einführung der Zeugenaussage fordert.[52]

Ein solches Beweisverbot der Sperrung ist von dem Beweisverbot, Prozeßhindernis oder Strafzumessungsgesichtspunkt der Tatprovokation als Folge eines (zum Zeitpunkt der Tatbegehung) rechtswidrigen Verhaltens der V-Person[53] zu unterscheiden. Es wird vor allem damit begründet, daß die Gesichtspunkte des Rechtsmißbrauchs, des *venire contra factum proprium* bzw. *estoppel* dem Staat verbieten, das entscheidende Beweismittel zu sperren und gleichzeitig mit Hilfe des gesperrten Zeugen die Strafverfolgung zu betreiben; eine derartige Vorgehensweise verstoße auch gegen den Gesichtspunkt der Prozeßfairneß, insbesondere gegen das Gebot eines *fair hearing* bzw. *fair tria*.[54] Während die Rechtsprechung ein entsprechendes Beweisverbot aber nur im Falle einer willkürlichen Sperrerklärung der Behörden anerkennt[55], will eine in der Literatur seit einem entsprechenden Votum des 46. Deutschen Juristentages zunehmend vertretene Ansicht bei jeder behördlichen Sperrung eine Benutzung von Beweissurrogaten untersagen.[56] Diese – in der Entscheidung des *Großen Senats* nicht näher erörterte – Frage nach einer Ausdehnung des Beweisverbots der Sperrung kann u. E. nicht pauschal mit dem Schlagwort der Einheit des Staates begründet, sondern nur durch eine differenzierte Betrachtung der verschiedenen für die Sperrung maßgebenden Interessen gelöst werden.[57] Eine Vertiefung der Frage ist im Rahmen dieser Urteilsbesprechung nicht möglich. Da der *Große Senat* in seiner Entscheidung nicht an den in der Literatur diskutierten Gesichtspunkt der Sperrung, sondern an den insoweit neuen Lösungsgesichtspunkt der Anonymität des Zeugen anknüpft, konzentrieren sich die folgenden Ausführungen auf diesen Aspekt.

2. Die bei der kommissarischen Vernehmung geltenden Formen

Die prozessuale Lösung der V-Mann-Problematik durch den *Großen Senat* setzt auch für den Bereich der kommissarischen Zeugenvernehmung bei den hierfür geltenden Verfahrens- und insbesondere Formvorschriften an.

a) Die vom Großen Senat für die Hauptverhandlung betonte Forderung der *Nennung des Zeugennamens* wurde bereits erörtert. In bezug auf die kommissarische Zeugenvernehmung beschränkt sich der Senat auf die knappe Feststellung, daß diese allgemeinen Überlegungen auch für den Bereich der kommissarischen Vernehmung gelten. Dies ist richtig. Da das Verbot der richterlichen Vernehmung anonymer Zeugen vor allem mit der im ersten Buch der StPO lozierten Vorschrift des § 68 StPO und ihrer materiellen Funktion der Wahrheitsermittlung begründet wurde, kommt ein Sonderrecht für die kommissarische Zeugenvernehmung nicht ernsthaft in Betracht.[58]

b) Abweichungen der für die kommissarische Vernehmung geltenden Regeln von den für die Hauptverhandlung gültigen Grundsätzen wurden dagegen von dem überwiegenden Teil der bisherigen Rechtsprechung angenommen, soweit es um den – für zulässig angesehenen – *Ausschluß des Verteidigers* von der kommissarischen Zeugenvernehmung geht.[59] Der Große Senat ist dieser Rechtsprechung zu Recht entgegengetreten.

Die bisherige Rechtsprechung zum Ausschluß des Verteidigers von der kommissarischen Zeugenvernehmung stützte sich formal darauf, daß für die kommissarische anders als für die in der Hauptverhandlung erfolgende Zeugenvernehmung keine Anwesenheitspflicht des Verteidigers bestehe (vgl. § 224 I 1 2. Halbs. StPO gegenüber §§ 145, 338 Nr. 5 StPO) und daß nach § 224 StPO für den Fall der Gefährdung des Untersuchungserfolges die Benachrichtigung des Verteidigers vom Termin der kommissarischen Zeugenvernehmung unterbleiben kann. Materiell wurde der Verteidigerausschluß vor allem damit gerechtfertigt, daß die richterliche Zeugenvernehmung unter Ausschluß des Verteidigers dem Interesse der Wahrheitsfindung besser Rechnung trage als die ansonsten von der Behörde *faktisch* erzwungene polizeiliche Zeugenvernehmung, bei der kein Anwesenheitsrecht des Verteidigers besteht.

Der *Große Senat* weist demgegenüber zutreffend darauf hin, daß § 224 StPO einen Verzicht nur auf die Benachrichtigung des Verteidigers, nicht jedoch auf seine Anwesenheit ermöglicht.[60] Er kann sich dabei sowohl auf den Wortlaut als auch auf die Systematik des § 224 StPO stützen (vgl. insbes. § 224 II, der eine Einschränkung des Anwesenheitsrechts nur für den Angeklagten vorsieht). Der Hinweis der Gegenansicht auf die bei Ablehnung des Verteidigerausschlusses faktisch erzwungene polizeiliche Vernehmung ist nicht überzeugend, da die stillschweigende Annahme der Zulässigkeit der Verwendung dieses Beweissurrogats eine (unzutreffende) Unterstellung ist; jedenfalls kommt dem polizeilichen Protokoll bei der Beweiswürdigung ein geringerer Beweiswert als dem richterlichen Protokoll zu.[61] Die von *BVerfGE* 57, 250 (287) geäußerte Ansicht, daß die kommissarische Vernehmung notfalls auch unter Ausschluß des Angeklagten und seines Verteidigers stattfinden dürfe, kann der Entscheidung des *Großen Senats* ebenfalls nicht entgegengehalten werden, da es sich lediglich um eine referierende Bezugnahme auf die bisherige Rechtsprechung handelt und diese Bezugnahme nicht zu den tragenden Gründen jener Entscheidung gehört.[62] Eine verfassungsrechtliche Prüfung der Frage müßte vielmehr wegen fehlender gesetzlicher Grundlage zur Unzulässigkeit des in die Beschuldigten- und Verteidigerrechte eingreifenden Verteidigerausschlusses führen[63]: Selbstverständlich wird diese Grundlage nicht durch bloßes Richterrecht ersetzt. Aber auch § 34 StGB kann entgegen *BGHSt* 27, 260 (262) schon deshalb nicht herangezogen werden, weil es sich bei dem Verteidigerausschluß keineswegs um eine »planwidrige Gesetzeslücke«, sondern um ein vom Gesetzgeber seit langem erkanntes und abschließend geregeltes Problem handelt; auch bestehen – wie bereits oben angedeutet – gegen die Heranziehung strafrechtlicher Rechtfertigungsgründe zur Ergänzung des Strafprozeßrechts grundsätzliche Bedenken, soweit es nicht nur um personenbezogene Abwehr- und Verteidigungsbefugnisse geht.[65]

Dem Ergebnis des *Großen Senats* ist aber auch vor allem deshalb zuzustimmen, wei das Anwesenheitsrecht des Verteidigers für die Wahrheitsermittlung essentiell ist: Nur im Falle der Anwesenheit bei der Zeugenvernehmung kann der Verteidiger Schlüsse aus der Reaktion des Zeugen ziehen, die Aussagen durch Vorhalte überprüfen, eine etwaige unkorrekte Befragung von Entlastungszeugen durch die Staatsanwaltschaft verhindern, Anträge in bezug auf den Zeugen stellen und zum Ergebnis der Beweisaufnahme Stellung nehmen.[65] Ein Anschluß des Verteidigers widerspräche daher auch dem Grundsatz der Prozeßfairneß, zu dem ein Mindestmaß an materiellen Verteidigerrechten gehört[66], sowie dem Gesichtspunkt der Funktionstüchtigkeit der Rechtspflege, die im Bereich der Wahrheitsfindung auf dem dialektischen Spannungsverhältnis zwischen Staatsanwalt und Verteidiger, zwischen Strafverfolgung und Verteidigung, beruht.[67] Insoweit ist keine Rechtfertigung dafür ersichtlich, daß bei der kommissarischen richterlichen Zeugenvernehmung das für die Hauptverhandlung geltende Anwesenheitsrecht des Verteidigers eingeschränkt oder aufgehoben werden sollte.

Der *Große Senat* erkennt das Anwesenheitsrecht des Verteidigers nicht nur uneingeschränkt an, sondern wirkt gleichzeitig auch seiner *Umgehung* und faktischen Beschneidung entgegen. Er bejaht – im Gegensatz zu der insbesondere von *Welp*[68] vertretenen Ansicht – zwar eine »Gefährdung des Untersuchungserfolges« i. S. des § 224 I 2 StPO auch beim Vorliegen von konkreten Anhaltspunkten für Verdunklungshandlungen, stellt jedoch gleichzeitig fest, daß eine derartige, das Unterlassen der Benachrichtigung von dem Vernehmungstermin rechtfertigende Gefährdung des Untersuchungserfolges nicht »in der bloßen Anwesenheit des Verteidigers bei der Vernehmung« gesehen werden kann.[69] Einer Umgehung seiner Rechtsprechung durch Vorverlegung der Zeugenvernehmung in das Ermittlungsverfahren baut der Senat durch den Hinweis vor, daß das Anwesenheitsrecht des Verteidigers in diesem Verfahrensabschnitt für die richterliche Vernehmung des Beschuldigten in § 168 c I StPO, für die richterliche Vernehmung des Zeugen oder Sachverständigen in § 168 c II StPO und für die Teilnahme an einem richterlichen Augenschein in § 168 d I 2 StPO ausdrücklich geregelt ist.[70] Für die in der Entscheidung nicht näher erörterte richterliche Vernehmung im Zwischenverfahren (§ 202 StPO) sollte das Anwesenheitsrecht des Verteidigers damit ebenfalls selbstverständlich sein.

Auch durch die Erstellung des richterlichen Protokolls zu einem Zeitpunkt, in dem der spätere Angeklagte noch nicht beschuldigt und ein Verteidiger noch nicht bestellt ist, läßt sich der Name des vernommenen Zeugen nicht mehr geheimhalten: Da der *Große Senat*, wie dargelegt, nicht nur die Methode des Verteidigungsausschlusses, sondern auch das mit ihr verfolgte Ziel einer Anonymisierung richterlich vernommener Zeugen für unzulässig erklärt, ist der Zeugenname als wesentlicher Teil der Aussage zu protokollieren[71] und damit Gegenstand des Akteneinsichtsrechts des später bestellten Verteidigers.[72] Die Möglichkeit der Akteneinsicht über den Verteidiger zum Zwecke der Erkundigung über die Glaubwürdigkeit des Zeugen wurde dem Angeklagten in der Begründung der Bundesregierung für die Neufassung von § 68 StPO ausdrücklich auch für den Fall zugestanden, daß der Wohnort des Zeugen bei der öffentlichen Vernehmung gem. § 68 S. 2 StPO nicht angegeben wurde. Die Vorschläge des Bundesrates, durch eine Streichung der Worte »in der Hauptverhandlung« in § 68 StPO und durch eine Änderung von § 222 I StPO (lediglich!) die Kenntnisnahme des Angeklagten und des Verteidigers von dem Wohnort des Zeugen auszuschließen, wurden nicht Gesetz.[73]

Da die Weitergabe des im Wege der Akteneinsicht dem Verteidiger bekanntgewordenen Zeugennamens auch dann möglich ist, wenn der Verteidiger freiwillig auf die Teilnahme an der kommissarischen Zeugenvernehmung verzichtet, dürfte der vom *Großen Senat* für zulässig angesehenen Verfahrensgestaltung eines *freiwilligen Verzichts des Verteidigers*[74] voraussichtlich keine große Bedeutung zukommen. Dies wäre zu begrüßen, da der Verzicht des Verteidigers auf Anwesenheit als »Gegenleistung« für eine andernfalls erfolgende Sperrung des Zeugen durch die Behörde im Hinblick auf die Freiwilligkeit eines solchen Verzichts und ganz allgemein unter dem Gesichtspunkt der Umgehung der für die Hauptverhandlung geltenden Anwesenheitspflicht des Verteidigers problematisch ist. Die Ausnahme sollte daher auch nicht durch Anerkennung der Wirksamkeit eines Verzichts des Verteidigers auf das Akteneinsichtsrecht ermöglicht werden (vgl. auch § 224 I 3 StPO).

c) Die Rechtsprechung des *Großen Senats* hat weiterhin zur Folge, daß durch den *Ausschluß des Angeklagten* von der kommissarischen Zeugenvernehmung eine *Geheimhaltung des Zeugennamens* ebensowenig erreicht werden kann wie durch den bereits behandelten Ausschluß des Angeklagten von der Hauptverhandlung. Der Ausschluß des Angeklagten ist bei der kommissarischen Zeugenvernehmung zwar in weitergehendem Umfang als bei der Vernehmung eines Zeugen in der Hauptverhandlung möglich, da eine Benachrichtigung des Angeklagten von einem Vernehmungstermin bei Gefährdung des Untersuchungserfolgs unterbleibt (§ 224 I) und einem nicht in Freiheit befindlichen Angeklagten, der einen Verteidiger hat, ein Anspruch auf Anwesenheit nur bei Terminen zusteht, die an der Gerichtsstelle des Haftortes abgehalten werden (§ 224 II).[75] Das Ziel einer Geheimhaltung des Zeugennamens läßt sich durch eine den Angeklagten ausschließende Verfahrensgestaltung jedoch vor allem deswegen nicht erreichen, weil nach den Ausführungen des *Senats* zur Bedeutung der Identität des Zeugen der Name des Zeugen zu protokollieren und damit auch gem. § 251

I StPO in der Hauptverhandlung zu verlesen ist.[76] Diese einem Ausschluß des Angeklagten von der kommissarischen Zeugenvernehmung entgegenwirkende Folge der Rechtsprechung des *Großen Senats* verdient Zustimmung, da es der Wahrheitsfindung in hohem Maße dienlich ist, wenn der Angeklagte den Zeugen direkt befragen oder seinem Verteidiger entsprechende Hinweise geben kann.[77]

Ebenso wie durch einen Ausschluß des Angeklagten von der Hauptverhandlung kann durch einen Ausschluß des Angeklagten von der kommissarischen Zeugenvernehmung allerdings sichergestellt werden, daß der Angeklagte den V-Mann weder optisch noch akustisch wahrnimmt. Einem Mißbrauch der kommissarischen Zeugenvernehmung kann hier aber durch die von der Aufklärungspflicht gebotene Kontrolle der behördlichen Sperrerklärung insbesondere bei der Prüfung der Zulässigkeit des Surrogatbeweises entgegengewirkt werden.[78]

d) Die Ausführung des *Großen Senats* zur kommissarischen Zeugenvernehmung lassen sich somit dahin *zusammenfassen*, daß die Ersetzung der Zeugenvernehmung in der Hauptverhandlung durch die kommissarische Zeugenvernehmung bei der Vernehmung von V-Personen nicht mehr zur Verheimlichung der Identität des Zeugen und zur Umgehung der anderen vom *Großen Senat* für die Hauptverhandlung geforderten Verfahrensregeln erfolgen darf.[79]

IV. Folgerungen für weitere Beweissurrogate

Die vom *BGH* für die Zeugenvernehmung in der Hauptverhandlung und für die kommissarische Vernehmung unterstrichenen Forderungen der Offenlegung der Zeugenidentität und eines Anwesenheitsrechts des Verteidigers werden in der Praxis zweifellos zu einer Zunahme behördlicher Sperrerklärungen gegenüber diesen Vernehmungsformen führen. Nach der von der Rechtsprechung bisher vertretenen »Stufentheorie« wäre dann auf die Beweissurrogate der Verlesung polizeilicher Vernehmungsprotokolle und schriftlicher Zeugenerklärungen sowie der Vernehmung polizeilicher Verhörspersonen zurückzugreifen.[80] Bei Beibehaltung der bisherigen Rechtsprechung zur Verwendung dieser Beweissurrogate wäre ein derartiges Verfahren jedoch sowohl unter dem Gesichtspunkt der Verteidigungsrechte und der Prozeßfairneß als auch unter dem Gesichtspunkt der Wahrheitsfindung eine eindeutig schlechtere Lösung: der Angeklagte und der Verteidiger wären bei der Bekundung der V-Person nicht anwesend; die V-Person bliebe völlig anonym; ein sachfremderes und unzuverlässigeres Beweismittel würde verwandt. Bei einer Fortführung der bisherigen Rechtsprechung zu den genannten Beweissurrogaten würde die Entscheidung des Großen Senats damit nur scheinbar einen Fortschritt bedeuten und in Wahrheit zu einem Abbau rechtsstaatlicher Sicherungen führen. Eine umfassende, auch rechtspolitische Beurteilung der Entscheidung des *Großen Senats* ist daher erst dann möglich, wenn die – in dem vorliegenden Beschluß nicht mehr angesprochene – Frage entschieden ist, ob die vom *Großen Senat* für die richterliche Zeugenvernehmung aufgestellten Formerfordernisse und Verfahrensgrundsätze auch bei der Verwendung der genannten sachferneren Beweissurrogate zum Tragen kommen. Sieht man von dem oben angesprochenen, eine andere Zielrichtung verfolgenden Beweisverbot der Sperrung ab, so kann die Frage von zwei unterschiedlichen Ansätzen her diskutiert werden: der Suche nach einer Regelung des Anwesenheitsrechts und der Namensnennungspflicht in den für die jeweiligen Beweissurrogate geltenden Normen der StPO (dazu unten 1) und dem allgemeinen Problem der Verwertbarkeit von Bekundungen anonym bleibender und in Abwesenheit des Verteidigers vernommener Personen (dazu unten 2).

1. Die Grenzen der Verfahrensvorschriften der StPO

Die Antwort auf die Frage, ob und inwieweit die vom *Großen Senat* für die richterliche Beweiserhebung entwickelten Grundsätze auch für (andere) Beweissurrogate gelten, muß zwischen der Verlesung polizeilicher Protokolle und schriftlicher Erklärungen der V-Person einerseits und der Vernehmung polizeilicher Verhörspersonen andererseits unterscheiden:

a) Die in der Praxis zur Einführung des V-Mann-Wissens in den Strafprozeß angewandte *Verlesung polizeilicher Vernehmungsprotokolle und schriftlicher Erklärungen* der anonym bleibenden V-Person beruht auf § 251 II StPO. Diese Vorschrift gestattet dann, wenn ein Zeuge »in absehbarer Zeit gerichtlich nicht vernommen werden kann«, die Verlesung von »Niederschriften über eine andere Vernehmung sowie Urkunden, die eine von ihm stammende schriftliche Äußerung enthalten«. Nach h. M. erfüllt auch die Sperrung eines Zeugen durch die Behörde die genannten Voraussetzungen.[81] Auch soll die Verlesbarkeit von Niederschriften gem. § 251 II StPO nicht davon abhängen, daß die Niederschrift bestimmten Erfordernissen genügt oder von dem Zeugen unterschrieben ist.[82] Trotz und gerade wegen der geringen Bedeutung, welche die Rechtsprechung den Vernehmungsformen im Bereich von § 251 II StPO beimißt, ist es aber gerechtfertigt und geboten, einen gewissen Kernbereich rechtlicher Grundvoraussetzungen aufzustellen, die für eine »Niederschrift über eine andere Vernehmung« oder eine »Urkunde« erforderlich sind. Im Hinblick auf die in der Entscheidung des *Großen Senats* zutreffend betonte fundamentale Bedeutung der Person des Zeugen für die Würdigung der Zeugenaussage kann und sollte die Feststellung der Identität der aussagenden Person jedenfalls zur Voraussetzung der »Niederschrift über eine andere Vernehmung«, aber wohl auch – vor allem wegen der Systematik von § 251 II – der »Urkunde« gemacht werden. Für den Begriff der Urkunde kann sich diese Auslegung des § 251 II StPO an die Urkundendefinition des materiellen Strafrechts anlehnen, auch wenn diese spätestens seit *RGSt* 17, 103 ff. gegenüber dem prozessualen Verständnis verselbständigt ist.[83]

Das vom *Großen Senat* für die richterliche Vernehmung bejahte Anwesenheitsrecht des Verteidigers läßt sich dagegen nicht im Wege einer Auslegung von § 251 II StPO auf die polizeiliche Vernehmung übertragen. Für die hier erörterte Umgehungsproblematik ist dies jedoch nicht besonders gravierend, da angesichts des Erfordernisses einer Identifizierung des Vernommenen bzw. des Urkundenausstellers i. S. des § 251 II StPO die polizeiliche Vernehmung der V-Person nicht mehr mit dem Ziel der Geheimhaltung des Namens der aussagenden Person durchgeführt werden kann.

b) Bei der *Vernehmung polizeilicher Verhörspersonen* sind entsprechende Lösungen durch Auslegung der geltenden Verfahrensvorschriften nicht möglich. Nach der in der Literatur teilweise bestrittenen, in der Rechtsprechung jedoch gefestigten Ansicht verstößt die Vernehmung eines Polizeibeamten über die ihm von der anonym bleibenden V-Person mitgeteilten Tatsachen bei Berücksichtigung des geringen Wertes dieser Beweisführung nicht gegen die in der StPO enthaltenen Vorschriften über die

Zeugenvernehmung. Nach h. M. wird den Erfordernissen des Unmittelbarkeitsgrundsatzes, des rechtlichen Gehörs sowie des in Art. 6 III lit. d MRK und § 240 II StPO gewährleisteten Fragerechts genügt, da Zeuge nicht die V-Person, sondern der in der Hauptverhandlung vernommene Polizeibeamte ist und dieser vom Angeklagten befragt werden kann.[84] Durch diese »Rollenvertauschung« wird die Geheimhaltung des Namens der V-Person vom unzulässigen Verstoß gegen § 68 StPO zur zulässigen partiellen Aussageverweigerung gem. § 54 StPO. Ein Anwesenheitsrecht des Verteidigers bei dem Gespräch zwischen der V-Person und dem späteren »Zeugen vom Hörensagen« gibt es selbstverständlich ebenfalls nicht. Eine Übertragung der vom *Großen Senat* aufgestellten Grundsätze auch auf die sachferneren Beweissurrogate ist damit spätestens im Bereich des Zeugen vom Hörensagen nicht mehr durch eine an den Verfahrensvorschriften der StPO orientierte Auslegung, sondern nur durch eine materielle Betrachtungsweise möglich.

2. Das Verbot der Beweiserhebung über Bekundungen anonymer Personen

Für eine allgemeine Berücksichtigung des vom *Großen Senat* für die richterliche Vernehmung angenommenen Verbots der anonymen Zeugenbefragung und damit für ein Beweisverbot bezüglich der Bekundungen anonym bleibender Personen sprechen der Gesichtspunkt der ansonsten möglichen Umgehung der vom Senat aufgestellten Grundsätze sowie die weiteren Gesichtspunkte der Wahrheitsfindung und der Prozeßfairneß.

Der Umgehungsgesichtspunkt wurde bereits angedeutet. Wenn die Rechtsprechung vor der Entscheidung des Großen Senats – mit einer unzulässigen Unterstellung – argumentierte, die richterliche Vernehmung des anonymen Zeugen sei zulässig, weil sie ansonsten durch den schlechteren Beweis des polizeilichen Vernehmungsprotokolls ersetzt werde, so muß sie nach der Entscheidung des *Großen Senats* den gegenteiligen Schluß akzeptieren, daß wegen der Unzulässigkeit der Verlesung eines richterlichen Protokolls über eine anonyme Zeugenaussage erst recht der schlechtere Beweis durch Verlesung eines entsprechenden polizeilichen Protokolls unzulässig ist.[85] Das eher rechtstechnische Argument der unzulässigen Umgehung bedarf allerdings der inhaltlichen Auffüllung durch die beiden wertenden Gesichtspunkte der Wahrheitsfindung und der Prozeßfairneß:

Das Argument des *Großen Senats*, die Bekundung einer Person könne ohne Kenntnis von deren Identität nicht bewertet werden, gilt selbstverständlich nicht nur für die unmittelbare Beurteilung der anonymen Zeugenaussage durch das Gericht, sondern wegen der möglichen Einflußnahme der Berichtsperson auf das Beweisergebnis auch und erst recht für die mittelbare Beurteilung des Hörensagens über die Aussage.[86] Die Tatsache, daß die StPO für polizeiliche Vernehmung normalerweise nur der Entscheidung über die Anklageerhebung dient und bei Durchführung des Hauptverfahrens durch eine gerichtliche Vernehmung ersetzt wird.[87] Soll eine polizeiliche Vernehmung dagegen von vornherein in der Hauptverhandlung Berücksichtigung finden, so dürfen an sie keine geringeren Anforderungen als an die zu diesem Zweck durchgeführte richterliche Vernehmung gestellt werden. Dieses hier primär aus dem Gesichtspunkt der Wahrheitsfindung abgeleitete Ergebnis ist auch damit zu begründen, daß die in § 68 StPO für den Zeugen statuierte Namensnennungspflicht als allgemeines, auch für den polizeilichen Bereich geltendes Verfahrensgebot aufgefaßt wird oder im Wege der Analogie bzw. nach ihrem Rechtsgedanken bei allen Vernehmungen gilt, die später in die Hauptverhandlung eingeführt werden sollen.[88]

Für das Verbot einer mittelbaren Verwertung der Bekundung anonym bleibender Personen spricht vor allem auch der Gesichtspunkt der Prozeßfairneß. Der als allgemeines Prozeßgrundrecht anerkannte Anspruch des Angeklagten auf ein faires rechtsstaatliches Strafverfahren, der aus dem Rechtsstaatsprinzip, den Grundrechten und der Menschenrechtskonvention folgt, ist verletzt, wenn das Urteil anonyme Aussagen berücksichtigt, denen der Angeklagte nicht wirksam entgegentreten kann.[89]

Wenn nach der bisherigen Rechtsprechung der geringe Beweiswert von mittelbar eingeführten anonymen Bekundungen im Rahmen der freien richterlichen Beweiswürdigung gem. § 261 StPO berücksichtigt werden soll[90], so trägt dies den hier gegen anonyme Aussagen vorgebrachten Einwendungen nicht ausreichend Rechnung. Zwar bestände die Möglichkeit, diese »klassische« Lösung der Problematik des Zeugen vom Hörensagen rechtlich weiterzuentwickeln und insbesondere die im Zusammenhang mit der V-Mann-Problematik bisher nur wenig herangezogene Rechtsprechung zu verwerten, die dem Tatrichter einen – vom Revisionsgericht nur begrenzt nachprüfbaren – Ermessensspielraum zur Ablehnung sachferner »untauglicher« Beweismittel gibt.[91] Selbst bei Berücksichtigung der Tatsache, daß die StPO grundsätzlich auch unzuverlässige Beweismittel zur Wahrheitsfindung zuläßt, würden derartige Einzelfall-Lösungen jedoch weder dem Gesichtspunkt des allgemein gegen Null tendierenden Beweiswertes anonymer Aussagen noch dem Gebot der Prozeßfairneß gerecht. Die Annahme eines Beweisverbots hat demgegenüber den Vorzug der Rechtssicherheit und der Vermeidung von Mißbräuchen. Eine Umgehung der allgemein gültigen Forderung des *Großen Senats* nach Namensnennung des Zeugen bei der richterlichen Vernehmung kann nur durch das grundsätzliche Verbot der Verwertung von anonym bleibenden Bekundungen wirklich verhindert werden.

Zu bestimmen bleibt damit die Reichweite des Verbotes der Beweiserhebung über Bekundungen anonymer Personen. Potentiell kommen in Betracht: bei Zugrundelegung eines außerprozessualen, am Tatgeschehen orientierten materiellen Zeugenbegriffs *alle* anonymen Aussagen (also z. B. auch die Bekundung einer Privatperson über das von einem Unbekannten in einer Menschenmenge über die Tat Geäußerte); unter Zugrundelegung eines verfahrensrechtlichen oder prozessualen Zeugenbegriffs nur die *gegenüber den Ermittlungsbehörden* (und eventuell auch sonstigen staatlichen Behörden), also in einem (Straf-)Verfahren gemachten anonymen Aussagen; bei stärkerer Berücksichtigung der für die Anonymität verantwortlichen *Gründe* alle Aussagen, bei denen die Anonymität auf einem gezielt oder zur Umgehung eingesetzten oder durch eine »Sperrerklärung« verursachten oder sonstwie rechtlich relevanten Verhalten der Behörde beruht, die Anonymität also erst während des Verfahrens und im Hinblick auf die Hauptverhandlung entsteht.[92] Die oben für die Annahme eines Beweisverbots angeführten Gründe sprechen überwiegend für eine Begrenzung des Beweisverbots auf der Grundlage eines verfahrensrechtlichen Zeugenbegriffs. Vor allem bei der Begründung des Beweisverbots mit der – als allgemeines Verfahrensgebot verstandenen oder im Wege der Analogie herangezogenen – Namensnennungspflicht des § 68 StPO ist offensichtlich, daß diese Begründung ebenso wie die genannte Vorschrift selbst nur für das Ermittlungsverfahren und die Verfolgungsorgane, nicht jedoch außerhalb des Strafverfahrens und für Privatpersonen gelten kann. Auch der Gesichtspunkt, eine Umgehung der vom *Großen Senat* geforderten Verfahrensregeln zu verhindern, trägt eine Geltung des Beweisverbots für außerhalb staatlicher Verfahren entstandene Mängel des Beweismittels nicht. Der Gesichtspunkt der Wahrheitsfindung, der sowohl § 68 StPO als auch § 244 II StPO zugrunde liegt, und der Grundsatz der Prozeßfairneß verlangen ebenfalls nicht den Ausschluß aller anonymen Bekundungen. Die verfahrensrechtliche Begrenzung des Beweisverbots entspricht im übrigen auch der Auslegung von § 252 StPO, der sich nach h. M. auf alle früheren Vernehmungen erstreckt, nicht jedoch z. B. auf Äußerungen gegenüber Dritten außerhalb einer Vernehmung.[93]

Die hier als Konsequenz aus der Rechtsprechung des *Großen Senats* gezogene Lösung entgeht auch dem Vorwurf einer Vernachlässigung berechtigter Behördeninteressen und mangelnder Praktikabilität. Anders als die in der Literatur bisher favorisierte Annahme eines generellen Beweisverwertungsverbots im Falle der Sperrung bietet die vorgeschlagene Lösung durchaus die Möglichkeit, Angaben von bedrohten und aus diesem Grunde nicht vor Gericht erscheinenden Personen in den Prozeß einzuführen, sofern die Personen nicht anonym bleiben, und im Falle der Identitätsänderung die Nennung des von dem Zeugen früher benutzten Namens genügen zu lassen. Bei der Diskussion über die praktischen Folgen der Entscheidung des *Großen Senats* und ihrer Konsequenzen darf vor allem auch nicht übersehen werden, daß die hier geforderten rechtsstaatlichen Verfahrensregeln die Ermittlungstätigkeit von V-Leuten nicht einschränken und daß die durch die Tätigkeit von V-Leuten auf legale Weise gewonnenen sonstigen Beweise im Strafverfahren verwertet werden können.[94] Den Tatgerichten bleibt im übrigen die Möglichkeit, bis zur höchstrichterlichen Anerkennung eines Beweisverbotes der Verwendung gezielt anonymer Bekundungen die entsprechenden Beweissurrogate mit der erwähnten Begründung einer »Untauglichkeit« des Beweismittels zu verwerfen.

Das hier entwickelte Beweisverbot der Verwertung von Bekundungen, deren Anonymität erst im Verfahren entstanden ist, sichert im Bereich der Surrogatbeweise selbstverständlich nur die vom *Großen Senat* für die richterliche Vernehmung geforderte Namensnennungspflicht des Zeugen, nicht dagegen das vom *Gro-*

ßen Senat* für die richterliche Vernehmung geforderte *Anwesenheitsrecht des Verteidigers* und das *Verbot der »optischen und akustischen Abschirmung«*. Eine Ausdehnung des Beweisverbots unter diesen Gesichtspunkten, also ein Verbot der Verwertung aller (auch nicht-anonymen) Bekundungen, die in Abwesenheit des Angeklagten und des Verteidigers gemacht werden, ist aufgrund der in § 251 II StPO getroffenen gesetzgeberischen Entscheidung nicht möglich. Für die hier erörterte Vernehmung von V-Leuten ist dies jedoch nicht gravierend, da mit der Forderung nach Identifizierung der Aussageperson der wesentliche Anreiz für ein Ausweichen auf Surrogatbeweise entfällt. Noch in Betracht kommenden möglichen Mißbräuchen der Ersetzung richterlicher durch polizeiliche Vernehmung zum Zwecke des Verteidigerausschlusses kann und muß durch die Aufklärungspflicht, die freie Beweiswürdigung und eventuell durch ein Beweisverbot der Sperrung entgegengewirkt werden. Auf diese über den Entscheidungsgegenstand des *Großen Senats* weit hinausreichenden Überlegungen kann hier ebensowenig wie auf die Notwendigkeit einer Anwendung des Grundsatzes *in dubio pro reo* bei der Sperrung von entlastenden Zeugenaussagen[95] eingegangen werden.

V. Zusammenfassung

Die vom *Großen Senat* für die gerichtliche und für die richterliche kommissarische Zeugenvernehmung betonten Erfordernisse der Namensnennung des Zeugen, des Verbots der optischen und akustischen Abschirmung und des Anwesenheitsrechts des Verteidigers sind im Interesse einer rechtsstaatlichen Verfahrensgestaltung zu begrüßen. Die vom *Großen Senat* vorgenommene Auslegung der Normen des Strafprozeßrechts kann als Schulbeispiel für den Wert »schützender Formen« gelten. Die Entscheidung des *Senats* führt allerdings insgesamt nur dann zu mehr Rechtsstaatlichkeit und mehr Prozeßfairneß, wenn die Rechtsprechung den Vorrang der Vernehmung des Zeugen in der Hauptverhandlung künftig ernst nimmt und wie für die richterliche Zeugenvernehmung auch im Bereich der sachferneren Beweissurrogate ein allgemeines Verbot der Verwertung von Bekundungen anerkennt, deren Anonymität erst im Verfahren entstanden ist.

Anmerkungen

1 Vgl. die Übersicht bei *Rebmann*, NStZ 1982, 316f. (s. in diesem Band S. 403–424), und die Nachw. der einschlägigen empirischen Untersuchungen bei *J. Meyer*, ZStW 95 (1983), 836ff. (s. in diesem Band S. 425–456) sowie bei *Tiedemann*, JuS 1965, 15.
2 Vgl. hierzu die eindrucksvolle Zusammenstellung der Fälle bei *Bruns*, NStZ 1983. 54f. (s. in diesem Band S. 259–284), sowie *Lüderssen*, in: Festschrift für Peters, 1974, S. 349ff.; *Seelmann*, ZStW 95 (1983), 797ff. (s. in diesem Band S. 285–298 u. 379–399).
3 Vgl. dazu *Peters*, Strafprozeß, 3. Aufl. (1981), S. 14f. u.ö.; *Roxin*, StrafverfahrensR, 18. Aufl. (1983), S. 6ff. m.w. Nachw.
4 Vgl. hier nur *BGH*, StrVert 1983, 356f.; *OLG Celle*, StrVert 1983, 446 (447).
5 Vgl. dazu allgemein *BVerfGE* 57, 250 (285ff.) = NJW 1981, 1719; *BGH*, NStZ 1982, 40; *Alsberg-Nüse-Meyer*, Der Beweisantrag im Strafprozeß, 5. Aufl. (1983), S. 625f.; *Backes*, in: Festschrift für Klug, 1983, S. 448ff.; *Bruns*, Neue Wege zur Lösung des strafprozessualen »V-Mann-Problems«, 1982, S. 35ff.; *Rebmann*, NStZ 1982, 318ff.; *Röhrich*, Rechtsprobleme bei der Verwendung von V-Leuten für den Strafprozeß, iur. Diss. Erlangen-Nürnberg 1974, S. 330f.
6 *BVerfGE* 57, 250 (286) = NJW 1981, 1719; *BGHSt* 29, 109 (113) = NJW 1980, 464; *Alsberg-Nüse-Meyer* (Anm. 5), S. 625.
7 Vgl. hier nur *BGHSt* 22, 311 (313) = NJW 1969, 669 und unten Anm. 39.
8 Vgl. hier nur *BGH*, NStZ 1982, 40 und unten Anm. 39.
9 Vgl. *Hannover*, StrVert 1981, 20.
10 Vgl. *BVerfGE* 57, 250 (286) = NJW 1981, 1719; *BGHSt* 29, 109 (113) = NJW 1980, 464; *Bruns* (Anm. 5), S. 56. Vgl. dazu jedoch auch unten im Text vor Anm. 26 u. 73.
11 Vgl. hier nur *BGHSt* 29, 109 (119) = NJW 1980, 464 und unten Anm. 31.
12 Vgl. hier nur *BGH*, Beschl. v. 9. 6. 1980 – 3 StR 192/80 und unten Anm. 24.
13 Vgl. hier nur *BGHSt* 31, 290 (293) = NJW 1983, 1572 (s. in diesem Band S. 502–507) und unten Anm. 32.
14 Vgl. hier nur *BGH*, StrVert 1983, 356 (357) = JZ 1984, 45 (46) m. Anm. *Geerds* S. 46ff. sowie unten Anm. 39.
15 Vgl. *BVerfGE* 57, 250 (286f.) = NJW 1981, 1719; BGHSt 29, 109 (113) = NJW 1980, 464; *BGHSt* 29, 390ff. (391) = NJW 1981, 355; *BGH*, NJW 1980, 2088; *BGH*, NStZ 1982, 79; *BGH*, StrVert 1982, 56 (57).
16 Vgl. hier nur *BGH*, NJW 1981, 770(f.) und unten Anm. 58.

17 Vgl. hier nur *BGHSt* 27, 260 (260, 262) = NJW 1977, 2172 und unten Anm. 59.
18 Vgl. hier nur *BGH*, NStZ 1982, 40 und unten Anm. 81.
19 Vgl. hier nur *BGH*, NStZ 1983, 421 (f.) und unten Anm. 81.
20 Vgl. hier nur *BGHSt* 17, 382 (383 f.) = NJW 1962, 1876 m. Bespr. *Tiedemann*, JuS 1965, 14 ff. und unten Anm. 84.
21 Vgl. z. B. *BGHSt* 29, 109 (112 f.) = NJW 1980, 464; *BGHSt* 29, 390 (391) = NJW 1981, 355; *BGH* Urteil v. 18. 7. 1978 – 1 StR 225/78; *OLG Frankfurt*, NStZ 1983, 231 (232) ähnlich *Gribbohm*, NJW 1981, 307. Die Uneinheitlichkeit der Rechtsprechung wird bei einem Vergleich dieser Entscheidung mit *BGHSt* 31, 148 (155) = NJW 1983, 1005; BGHSt 31, 290 (294) = NJW 1983, 1572 und *LG Bremen*, StrVert 1981, 19 f., deutlich.
22 Unstr.; vgl. hier nur *Grünwald*, in: Festschrift für Dünnebier, 1982, S. 360.
23 Vgl. *BGH*, NJW 1956, 600; *BGHSt* 31, 148 (153) = NJW 1983, 1005; *BGHSt* 31, 236 (238) = NJW 1983, 1864; *Gollwitzer*, in: Löwe-Rosenberg, StPO, 23. Aufl. (1975–1979), § 223 Rdnr. 28; *a. A. Peters* (Anm. 3), S. 522. Als unzulässigen Ausschluß von Angeklagtem, Verteidiger und Staatsanwalt sieht *BGHSt* 31, 236 (238) = NJW 1983, 1864 dagegen eine kommissarische Zeugenvernehmung an, die im Beisein der beiden Schöffen unter der Protokollangabe »nichtöffentliche Sitzung des Gerichts« durchgeführt wurde.
24 Ebenso z. B. *BGHSt* 23, 244 (245) = NJW 1970, 1197; *Engels*, NJW 1983, 1531 und wohl auch *K. Meyer*, JR 1981, 479 f. *A. A. BGH*, Beschl. v. 9. 6. 1980 – StR 132/80; *Alsberg-Nüse-Meyer* (Anm. 5), S. 625. Vgl. weiterhin die Nachw. in Anm. 58.
25 Vgl. GesetzE der BReg, Entwurf eines Strafverfahrensänderungsgesetzes, BR-Dr 420/77 v. 7. 9. 1977, S. 36 f. sowie unten im Text vor Anm. 26.
26 Vgl. BR-Dr 420/1/77 v. 21. 9. 1977, S. 8 f., und BR-Dr 420/77 (Beschl. v. 30. 9. 1977), S. 7 f.
27 Zur Frage der Einordnung von § 68 StPO als Ordnungsvorschrift *BGHSt* 23, 244 (245) = NJW 1970, 1197; zu einer möglichen Vernehmung des Informanten durch den beauftragten Richter »unter Einschränkung der Aussagepflicht zur Person« *BGH*, NStZ 1982, 79; abl. *Röhrich* (Anm. 5), S. 188.
28 Vgl. zur Anwendbarkeit von § 34 StGB im Bereich des Strafprozesses allg. *Lenckner*, in: Schönke-Schröder, StGB, 21. Aufl. (1982), § 34 Rdnr. 7, sowie im Zusammenhang mit der V-Mann-Tätigkeit *Seelmann*, ZStW 95 (1983) 813, je m. Nachw. (s. in diesem Band S. 389). – Dagegen kann § 34 StGB herangezogen werden, um die Aussagepflicht des bedrohten Zeugen entfallen zu lassen; vgl. dazu – allerdings ohne nähere Begründung – *BGHSt* 17, 337 (347) = NJW 1962,

1873; *BGHSt* 30, 34 (37) = NJW 1981, 1052; *BGH*, NStZ 1984, 31 = NJW 1984, 810 L; *Geißer*, GA 1983, 406f (s. in diesem Band S. 140–171). Die Lösung dieser Fälle über § 34 StGB hat den Vorzug, daß sie nicht nur für Personen des öffentlichen Rechts, sondern für alle bedrohten Zeugen gangbar ist und daß die Entscheidung über die Nichtaussage einer bedrohten V-Person wegen Lebens- oder Leibesgefährdung nicht von der Verwaltungsbehörde, sondern vom Strafrichter getroffen wird. Zu den Bedenken gegenüber der Annahme eines Nachteils für das »Wohl des Bundes oder eines deutschen Landes« i. S. des § 96 StPO bei einer reinen Individualgefährdung der V-Person vgl. nur *Franzheim*, NStZ 1983, 230(f.) m. w. Nachw.

29 Zur Unzuverlässigkeit von Aussagen anonymer V-Personen vgl. oben im Text I. und unten Anm. 86.

30 *J. Meyer* ZStW 95 (1983), 858. Krit. zu solchen Vorschlägen *Tiedemann*, JZ 1967, 571.

31 Vgl. auch *BVerfGE* 57, 250 (286) = NJW 1981, 1719 (s. in diesem Band S. 457–482); *OLG Frankfurt*, NJW 1982, 1408 (1409); *Bruns* (Anm. 5), S. 56.

32 Vgl. *BGHSt* 31, 148 ff. = NJW 1983, 1005 m. Anm. *Franzheim*, NStZ 1983, 230; *BGHSt* 31, 290 (293) = NJW 1983, 1572; *OLG Hamburg*, StrVert 1983, 449; *Rebmann*, NStZ 1982, 319; krit. und einschr. *Weider*, StrVert 1981, 153, sowie bereits *Tiedemann*, JZ 1967, 571.

33 Vgl. auch *J. Meyer*, ZStW 95 (1983), 854 und *BVerfGE* 57, 250 (273 f. u. 288) = NJW 1981, 1719, wo eine Offenlegung der Begründung für die behördliche Sperrerklärung nur gegenüber dem Gericht als Verstoß gegen den in Art. 103 I GG gesicherten Anspruch auf rechtliches Gehör bewertet wird.

34 Vgl. auch *Engels*, NJW 1983, 1532; *Gollwitzer*, in: Löwe-Rosenberg, § 251 Rdnr. 33; *J. Meyer*, ZStW 95 (1983), 854.

35 Vgl. zu den genannten Einschränkungen der Wahrheitsfindung *Engels*, NJW 1983, 1532; *Weider*, StrVert 1983, 229.

36 Vgl. auch *Bruns*, StrVert 1983, 384; *Weider*, StrVert 1983, 228.

37 Hierauf weist vor allem der Präsident des Bundeskriminalamtes in der vom *Großen Senat* im vorliegenden Verfahren eingeholten Stellungnahme hin.

38 Vgl. zu diesem Aspekt *Willms*, FAZ Nr. 16 vom 19. 1. 1984, S. 8.

39 Zum Ausschluß der Öffentlichkeit vgl. *BVerfGE* 57, 250 (286) = NJW 1981, 1719; *BGHSt* 22, 311 (313) = NJW 1969, 669; *BGH*, NStZ 1982, 40; BGH, NStZ 1982, 79; krit. *Geerds*, JZ 1984, 47. – Zur Verlegung der Hauptverhandlung an einen anderen Ort vgl. *BGHSt* 22, 311 (313) = NJW 1969, 669 und *Alsberg-Nüse-Meyer* (Anm. 5), S. 625. – Zum Ausschluß des Angeklagten von der Hauptverhandlung vgl. *BGH*, StrVert 1983, 356 (357) = JZ 1984, 45 (46) mit Anm. *Geerds* S. 46 ff.; *BGH*, NStZ 1982, 42; *Alsberg-Nüse-Meyer* (Anm. 5), S. 625 Anm. 51.

40 Vgl. *Mayr*, in: *Pfeiffer* (Hg.) KK, 1982, § 247 Rdnr. 14: »Dem Angeklagten muß alles mitgeteilt werden, was er wissen muß, um sich sachgerecht verteidigen zu können.«
41 Nach h. M. läßt § 247 StPO einen Ausschluß des Angeklagten während der Vereidigung des Zeugen nicht zu. Vgl. *BGHSt* 26, 218 ff. = NJW 1976, 199 m. Anm. *Gollwitzer*, JR 1976, 341 f.; *Kleinknecht-Meyer*, StPO, 36. Aufl. (1983), § 247 Rdnr. 11; *Gollwitzer*, in: Löwe-Rosenberg, § 247 Rdnr. 20; a. A. *Eb. Schmidt*, Teil II, 1957, § 247 Rdnr. 7.
42 In Betracht käme z. B. der Fall eines Aussteigers aus der Terroristenszene, der sein Aussehen verändert hat. Zu derartigen Fällen *Rebmann*, NStZ 1982, 316 (s. in diesem Band S. 403–424).
43 *BVerfGE* 57, 250 (287) = NJW 1981, 1719.
44 Vgl. auch *BVerfGE* 57, 250 (288) = NJW 1981, 1719; *BGHSt* 22, 311 (313) = NJW 1969, 669; *OLG Hamburg*, StrVert 1984, 11 ff.
45 Zur Verpflichtung des Gerichts, alle nicht von vornherein aussichtslosen Schritte zu unternehmen, *BVerfGE* 57, 250 (285) = NJW 1981, 1719; *BGHSt* 17, 382 (384) = NJW 1962, 1876; *BGHSt* 29, 109 (112) = NJW 1980, 464; *BGHSt* 31, 148 (152) = NJW 1983, 1005 (s. in diesem Band S. 488–494); *BGH*, NJW 1980, 2088; *BGH*, NJW 1981, 770 (f.).
46 Vgl. *Geppert*, Der Grundsatz der Unmittelbarkeit im deutschen Strafverfahren, 1979, S. 285; *Röhrich* (Anm. 5), S. 546 ff.; *Tiedemann*, JuS 1965, 16.
47 Vgl. *Kleinknecht-Meyer*, § 96 Rdnr. 6; *Laufhütte*, in: KK, § 96 Rdnrn. 2 f.; *Röhrich* (Anm. 5), S. 522 ff. Weitergehend nunmehr *Lüderssen*, in: Festschrift für Klug, 1983, S. 535.
48 Zu den Erfolgsaussichten einer Beschlagnahme vgl. *Röhrich* (Anm. 5), S. 522.
49 Zu der umstrittenen Frage des Rechtsweges vgl. einerseits *OLG Hamburg*, NJW 1982, 297 f.; andererseits *BVerfG*, NJW 1971, 160 f. und *VGH München*, NJW 1980, 198 ff.
50 Vgl. dazu Anm. 54–56.
51 Gem. § 28 II 2 BVerfGG kann sich der Zeuge nicht auf seine Schweigepflicht berufen, wenn das *BVerfG* mit einer Mehrheit von zwei Dritteln der Stimmen die Verweigerung der Aussagegenehmigung für unbegründet erklärt. Gem. § 86 III FGO und § 99 II VwGO entscheidet das Gericht der Hauptsache durch Beschluß über die Frage, ob glaubhaft gemacht ist, daß die gesetzlichen Voraussetzungen für die Verweigerung der Vorlage von Urkunden oder Akten und der Erteilung von Auskünften vorliegen, wobei der Beschluß mit der Beschwerde angefochten werden kann. Vgl. zu den Möglichkeiten einer gesetzgeberischen Lösung auch *Geißer*, GA 1983, 403 m. w. Nachw.
52 Vgl. die Nachw. Anm. 54–57. Zur Frage, ob der »gesperrte« Zeuge als

unerreichbar i. S. der §§ 243 II, 251 I und II anzusehen ist, vgl. die Nachw. unten Anm. 81.
53 Vgl. dazu z. B. *BGH*, NJW 1980, 1761 (s. in diesem Band S. 175–177); BGH, NStZ 1981, 70(f.); *BGH*, StrVert 1984, 4f. (s. in diesem Band S. 195–199); *Berz*, JuS 1982, 418 ff.; *Foth*, NJW 1984, 221 f. (s. in diesem Band S. 301–304); *Dencker*, in: Festschrift für Dünnebier, 1982, S. 447 ff. (s. in diesem Band S. 238–258); *Lüderssen*, in: Festschrift für Peters, S. 361 ff.
54 Vgl. zum Gesichtspunkt des Rechtsmißbrauchs z. B. *Bruns* NStZ 1983, 53 ff. (s. in diesem Band S. 259–284); *Lüderssen*, in: Festschrift für Klug, S. 533 f.; zum Gesichtspunkt der Prozeßfairneß z. B. *BVerfGE* 57, 250 (290) = NJW 1981, 1719, *BGHSt* 29, 109 (112, 114) = NJW 1980, 464; *BGHSt* 31, 148 (154) = NJW 1983, 1005; *Bruns* (Anm. 5), S. 60; *Weider*, StrVert 1983, 228. Allg. zur Begründung von Beweisverboten vgl. *Dencker*, Verwertungsverbote im Strafprozeß, 1977, insb. S. 33 ff.
55 *BVerfGE* 57, 250 (290) = NJW 1981, 1719; *BGHSt* 29, 109 (112) = NJW 1980, 464; *BGHSt* 31, 148 (154) = NJW 1983, 1005; *BGH*, Urteil vom 12. 12. 1979 – 3 StR 422/79.
56 *Bruns* (Anm. 5), S. 65 f.; *Koffka*, JR 1969, 306; *Lüderssen* in: Festschrift für Klug, S. 533 f. Aus der Rspr. ebenso *BGH*, JR 1969, 305 (f.). Der – allerdings ohne vorhergehende Beratung ergangene – Beschluß des 46. DJT ist abgedruckt in Verh. 46. DJT, Bd. II (Sitzungsberichte), 1967, S. F 183 f. Zusammenfassend und rechtsvergleichend *Jescheck*; Beweisverbote im Strafprozeß, Rechtsvergleichendes Generalgutachten für den 46. DJT, Verh. 46. DJT Bd. I Teil 3 B, S. 43 ff.
57 Beispielsweise ist der Gesichtspunkt des Rechtsmißbrauchs bei einer Bedrohung des Zeugen durch den Angeklagten nicht einschlägig. Dazu auch *J. Meyer*, ZStW 95 (1983), 852 f. und Anm. 28.
58 Im Ergebnis a. A. *BGH*, NJW 1981, 770(f.); ferner *BGH*, NStZ 1982, 79.
59 Vgl. *BVerfGE* 57, 250 (286) = NJW 1981, 1719; *BGHSt* 27, 250 (260, 262); *BGH*, NJW 1980, 2088; *BGH*, NJW 1981, 770(f.); *BGH*, NStZ 1982, 40; *BGH*, NStZ 82, 79; *BGH*, NStZ 83, 421 (f.); *BGH*, StrVert 1982, 56(f.); *Gribbohm*, NJW 1981, 306; *Rebmann*, NStZ 1982, 319. Gegen einen Ausschluß des Verteidigers *BGH*, NJW 1983, 1864; *Bruns* (Anm. 5), S. 33; *Grünwald* (Anm. 22), S. 360 f.; *Günther*, NStZ 1984, 35 f.; *Welp*, JZ 1980, 136. Bedenken bzw. Einschränkungen bezüglich eines Verteidigerausschlusses auch bei BGHSt 31, 148 (152 f.) = NJW 1983, 1005; *Alsberg-Nüse-Meyer* (Anm. 5), S. 626; *K. Meyer*, JR 1981, 480. Zusammenfassend zur bisherigen Rspr. *Schoreit*, MDR 1983, 617 ff.
60 So auch *BGHSt* 31, 148 (152) = NJW 1983, 1005 sowie z. B. *Günther*, *Grünwald* und *Welp* (Anm. 59).

61 Zutr. *BGHSt* 31, 148 (153) = NJW 1983, 1005. Zum geringen Beweiswert der Protokolle i.S. des § 251 II StPO *Gollwitzer*, in: Löwe-Rosenberg, § 251 Rdnr. 54.
62 So auch *Bruns*, StrVert 1983, 385. Vgl. auch *BVerfGE* 1, 418 (429) = NJW 1953, 177 mit der Feststellung, daß Art. 103 I GG keine bestimmten Beweisregeln umfaßt.
63 Vgl. insb. die Entscheidungen *BVerfGE* 34, 293 (302) = NJW 1973, 696 und *BVerfGE* 38, 105 (120) = NJW 1975, 103, die den Verteidigerausschluß im Strafverfahren wegen Teilnahmeverdachts und den Ausschluß des Rechtsanwalts von der Zeugenvernehmung im Disziplinarverfahren mangels gesetzlicher Grundlage als rechtswidrig ansehen.
64 Vgl. Anm. 28 sowie *Tiedemann*, NJW 1979, 1854.
65 Zutr. *Weider*, StrVert 1981, 20.
66 Zum Gesichtspunkt der Prozeßfairneß in diesem Zusammenhang *Tiedemann*, JZ 1967, 571 sowie Anm. 54 und unten im Text vor Rdnr. 89. Zum »Recht auf Verteidigung« *Tiedemann*, JuS 1965, 18 ff. Vgl. auch *Geppert* (Anm. 46), S. 298 ff.
67 *Tiedemann*, IN: *Roxin-Arzt-Tiedemann*, Einführung in das StrafR und StrafprozeßR, 1983, S. 182 f.
68 *Welp*, JZ 1980, 134 ff.
69 Zu pauschal daher *OLG Frankfurt*, NStZ 1983, 231 (f.)..). Zutr. dagegen *Günther*, NStZ 1984, 35.
70 Vgl. auch Gesetze der BReg, Entwurf eines Ersten Gesetzes zur Reform des Strafverfahrensrechts, BR-Dr 117/73 S. 76 und *BGHSt* 29, 1 ff. (5) Wo4 NJW 1980, 1056.
71 Bgl. auch *Meyer*, in: *Löwe-Rosenberg*, § 68 Rdnr. 13; *Eb. Schmidt*, § 68 Rdnr. 8.
72 Vgl. auch bereits *Welp*, JZ 1980, 137.
73 Vgl. Anm. 25 und 26.
74 Zur Anwesenheitspflicht und zur Möglichkeit des Verzichts auf das Anwesenheitsrecht vgl. *BGHSt* 9, 24 (27 f.) = NJW 1956, 557; *Gollwitzer*, in: *Löwe-Rosenberg*, § 224 Rdnr. 24. Zu den für die Revisionsbegründung entscheidenden Konsequenzen der Anerkennung eines Verzichts vgl. *BGH*, StrVert 1983, 232 (s. in diesem Band S. 514–516) und Weider, StrVert 1983, 227.
75 Zur Anwendbarkeit des § 247 auf die kommissarische Zeugenvernehmung vgl. *BGH*, StrVert 1983, 356 (f.) = JZ 1984, 45 (f.) m. Anm. *Geerds* S. 46 ff.; *Gollwitzer*, in: *Löwe-Rosenberg*, § 247 Rdnr. 11; *Mayr*, in: KK § 247 Rdnr. 17. Weitergehend, jedoch unzutreffend, *Gollwitzer*, in: *Löwe-Rosenberg*, § 224 Rdnr. 25.
76 Vgl. dazu auch Anm. 40.
77 Vgl. dazu auch *Hannover*, StrVert 1981, 19 ff.
78 Vgl. Anm. 4 und 54–56.
79 Zur Anwendbarkeit der für die Hauptverhandlung gehenden Verfah-

rensvorschriften bei der kommissarischen Zeugenvernehmung vgl. *BGHSt* 9, 24 (27) = NJW 1956, 557; *BGHSt* 31, 236 ff. = NJW 1983, 1864; *Gollwitzer*, in: *Löwe-Rosenberg*, § 223 Rdnr. 32; *Peters* (Anm. 3), S. 522; *Welp*, JZ 1980, 137.
80 Vgl. Anm. 5 ff. (18 ff.).
81 Vgl. *BVerfGE* 57, 250 (273, 282) = NJW 1981, 1719; *BGHSt* 29, 109 (111) = NJW 1980, 464; *Rebmann*, NStZ 1982, 317; *Tiedemann*, JuS 1965, 17.
82 Vgl. allgemein *Gollwitzer*, in: *Löwe-Rosenberg*, § 251 Rdnr. 58; zur Verlesung mangelhafter richterlicher Protokolle gem. § 251 II *Kleinknecht-Meyer*, § 251 Rdnr. 17; zum Fehlen der Unterschrift des Zeugen *BGHSt* 5, 214 f. = NJW 1954, 361 und *Alsberg-Nüse-Meyer* (Anm. 5), S. 271. Zur Frage, ob § 251 II StPO »frühere« Vernehmungsprotokolle im Gegensatz zu während der Dauer der Hauptverhandlung erstellten Protokollen fordert, vgl. einerseits *J. Meyer*, ZStW 95 (1983), 856, und andererseits *Alsberg-Nüse-Meyer* (Anm. 5), S. 271 f.
83 Vgl. auch *Engels*, NJW 1983, 1532, der sich gegen die schriftliche Befragung eines anonymen Zeugen ausspricht, und *Eb. Schmidt*, § 251 Rdnr. 23, der für das Vorliegen einer »Urkunde« verlangt, daß der Inhalt der Schrift von der eigentlichen Beweisperson stammt.
84 Vgl. hier nur *BVerfGE* 57, 250 (292 ff.) = NJW 1981, 1719; *RGSt* 5, 142 (144); *BGHSt* 17, 382 (383 f.) = NJW 1962, 1876; *Geppert* (Anm. 46), S. 283 ff.; *Eb. Schmidt*, JZ 1962, 761 ff.; *Tiedemann*, JuS 1965, 19. Für die Vertreter der abweichenden Ansicht vgl. *Peters* (Anm. 3), S. 296 f. m. w. Nachw.
85 So *Engels*, NJW 1983, 1532; vgl. jedoch auch oben im Text vor Anm. 61.
86 Vgl. zur Unzuverlässigkeit der Aussagen anonymer V-Personen insbes. bei einer Verwertung im Wege des Hörensagens *Arndt*, NJW 1963, 433; *Bruns* (Anm. 5), S. 61; *Grünwald* (Anm. 22), S. 348 f., 356 ff.; *Körner*, Kriminalistik 1983, 290 ff. (s. in diesem Band S. 91–101); *Kohlhaas*, JR 1957, 41 ff.; *K. Schmid*, DRiZ 1983, 475 f.; *Tiedemann*, MDR 1965, 871.
87 Vgl. *Grünwald* (Anm. 22), S. 361.
88 Für eine derartige Ausdehnung von § 68 StPO vgl. auch *Frenzel*, NStZ, 39 (ff.).
89 Vgl. hierzu insbes. *Geppert* (Anm. 46), S. 297 ff. sowie die w. Nachw. in Anm. 54 und 66.
90 Vgl. die Nachw. Anm. 84 sowie insb. *BVerfGE* 57, 250 (274 ff., 279) = NJW 1981, 1719, wonach der Grundsatz der freien Beweiswürdigung gem. § 261 StPO bestimmte Verstöße gegen die prozessuale Aufklärungspflicht ausgleichen und noch als »fair« erscheinen lassen kann.
91 Vgl. *BGHSt* 13, 300 ff. = NJW 1960, 54; *BGHSt* 22, 118 (121) = NJW 1968, 1485; *Tiedemann*, JuS 1965, 17.

92 Für die verschiedenen Möglichkeiten der Bestimmung des Zeugenbegriffs vgl. einerseits den auf die Tat bezogenen materiellen Ansatz von *Peters* (Anm. 3), S. 319 (Zeuge ist, wer über sinnlich wahrgenommene Tatsachen bekundet); andererseits die prozessuale Begriffsbildung von *RGSt* 52, 289f. (289); *Meyer*, in: *Löwe-Rosenberg*, Rdnr. 2 vor § 48 und *Roxin* (Anm. 3), S. 183 (Zeuge ist, wer in einer Strafsache, ohne Partei zu sein, vor dem Richter seine Wahrnehmungen über Tatsachen durch Aussagen kundgeben soll).

93 Vgl. *BGHSt* 1, 373 (375f.) = NJW 1952, 153; *Mayr*, in: KK, § 252 Rdnr. 14ff., 20. Vgl. auch *Geerds*, JZ 1984, 48 Fußn. 34, und *Grünwald* (Anm. 22), S. 353, mit der Forderung, die Beurteilung der Verhörsperson in amtlicher Funktion von der allgemeinen Problematik des Zeugen vom Hörensagen zu trennen. Differenzierend auch bereits *Tiedemann*, JuS 1965, 15.

94 *Geerds*, JZ 1984, 48, schätzt, daß sich bei sinnvoller und zurückhaltender Nutzung von V-Personen für Beweiszwecke in der Hauptverhandlung nur in fünf Prozent aller einschlägigen Fälle rechtliche Probleme ergeben dürften.

95 Vgl. dazu *BGHSt* 20, 189 (191) = NJW 1965, 922; *LG Münster*, StrVert 1983, 97 (98 f.) (s. in diesem Band S. 495–501); *Meyer*, in: *Löwe-Rosenberg*, § 54 Rdnr. 21; *Lüderssen* in: Festschrift für Klug, S. 538; *K. Meyer*, JR 1981, 480.

Hans-Jürgen Bruns
Der Beschluß des Großen Senates
zum strafprozessualen V-Mann-Problem
Anfang oder Ende einer notwendigen
Neuorientierung der Rechtsprechung

I. Die allgemeine Bedeutung
der neuen Grundsatzentscheidung

1. Der Beschluß wird – gleich, wie man ihn bewertet – als ein Markstein in die Entwicklungsgeschichte des deutschen Strafverfahrensrechts eingehen. Er bildet den *Wendepunkt* einer Rechtsprechung, weil sich der BGH durch seinen Großen Senat (GS) endlich, ziemlich spät, zu einer Abwehr polizeitaktischer Bestrebungen aufgerafft hat, die unter dem Stichwort »administrative Fernsteuerung der Justiz durch die Exekutive« lebhaft kritisiert worden und allgemein bekannt sind. Sie hatten sich in den letzten Jahren dramatisch gesteigert und – mit dem Ziel, die Funktionstüchtigkeit der Strafjustiz unbedingt zu gewährleisten – zu einem Abbau rechtsstaatlicher Sicherungen, insbesondere zu einer erheblichen Verschlechterung der Position des Angeklagten geführt, aber auch zu einem *Konflikt* zwischen Exekutive und Judikative. Der Grund dafür lag in dem zahlenmäßigen Anstieg bestimmter Straftaten und der qualitativen Veränderung des »organisierten Verbrechens«, das die Strafverfolgungsbehörden, namentlich Polizei und Staatsanwaltschaft, vor neue und schwierige Probleme stellte, nicht zuletzt deshalb, weil ihre Ziele und Methoden – das ist nun mal so – aus sachbedingten Ursachen nicht mit denen der Gerichte übereinstimmen.

Die *Gegensätze* mußten auf der Ebene der *Beweisaufnahme* zusammenstoßen, wenn es, wie meist, darum ging, über die Glaubwürdigkeit von V-Leuten (VL) zu entscheiden, die infolge behördlicher »Sperrung« geheimgehalten und damit der Kontrolle der übrigen Prozeßbeteiligten entzogen wurden. Die zahlreichen Versuche, in diesem Spannungsfeld zu einem Kompromiß zu gelangen, sind – das kann man rückblickend sagen – l. E. daran gescheitert, daß die Exekutive, die lange Zeit glaubte, am längeren Hebel zu sitzen und deshalb die justizstaatlichen Regeln der Beweisaufnahme i. S. ihres taktischen Vorgehens beliebig modifizieren zu können, die Erreichung jenes Ziels durch Übertreibung unmöglich gemacht und nun den GS zum »Gegensteuern« veranlaßt hat. Sein Beschluß bedeutet eine *Rückkehr zur Justizförmigkeit* des Verfahrens und damit zur Rechtsstaatlichkeit der Strafjustiz, die eine solche »Verpolizeilichung« des Beweisaufnahmerechts nicht weiter hinnehmen konnte und wollte. Natürlich war es unter den gegebenen Umständen nicht leicht, das Steuer herumzuwerfen. Um so größer werden – zwar nicht bei der Exekutive, wohl aber sonst – Anerkennung und Lob dafür sein, daß der GS sich zu diesem Schritt entschlossen hat, der natürlich auch eine bestimmte, rechtspolitische »Haltung« erkennen läßt.

2. Der Beschluß ist wegen seiner Bedeutung auch in der allgemeinen Presse und den Medien gewürdigt worden, meist mit dem Hinweis, dem *Generalbundesanwalt* (GBA), der sich aus sachlich verständlichen Gründen durchweg auf die Seite der Exekutive geschlagen hat, sei »eine Lektion erteilt« worden, er habe »eine Schlappe erlitten«. Das trifft zwar zu, weil ganz zentrale Thesen der von ihm vertretenen Rechtsauffassung[1] eindeutig abgelehnt worden sind. Aber es wäre doch wohl nicht richtig, ihm allein vorzuwerfen oder ihn dafür zu schelten, daß solche »Methoden eingerissen sind, die unser geschriebenes Recht nicht kennt«.[2] Es waren ja nicht nur die Behörden der Exekutive und die Staatsanwaltschaft, die eine – oft prozessual bedenkliche – *Modifizierung* der Beweisaufnahme für notwendig und rechtlich noch vertretbar hielten. Auch die Gerichte sind (gezwungenermaßen?) den polizeitaktischen Bestrebungen oft zu weit entgegengekommen.

Das ergibt sich z. B. aus dem Beschluß des OLG Frankfurt am Main (StrVert 1983, 53), der alsbald vom BGH 31, 149 (siehe in diesem Band S. 488–494) korrigiert werden mußte. Auch die grundlegende Entscheidung des BVerfG 57, 250, 283 (siehe in diesem Band S. 457–482), die uns auch hier noch mehrfach beschäftigen wird, läßt l. E. und zumindest tendenziell eine »*polizeifreundliche*« Grundeinstellung[3] erkennen, und der 2. Senat des BGH hat in seinem Vorlagebeschluß[4] sogar die unhaltbare Ansicht vertreten, daß der Verteidiger durch sein bloßes, korrektes Auftreten vor Gericht – wegen der damit verbundenen Enttarnungsgefahr – selbst einen hinreichenden Grund für die Zulässigkeit seines Ausschlusses von der Vernehmung eines V-Mannes (VM) lege.

Es sind also auch in der Justiz bei der Bekämpfung des organisierten Verbrechertums einige – unter rechtsstaatlichen Gesichtspunkten – merkwürdige Dinge geschehen, die besonders in ihrer Häufung die durch den Beschluß eingeleitete Wende der Rechtsprechung zumindest verständlich machen.

Dennoch liest man ihn – bei aller Zustimmung – in einer Hinsicht mit etwas *zwiespältigen* Gefühlen, weil sich dabei die Frage aufdrängt: War denn vorher niemand da, der sich mit der Chance, es ändern zu können, dafür eingesetzt hätte, daß man einen Verteidiger nicht so kurzer Hand von der Beweisaufnahme über das Wissen eines VM ausschließen darf, daß sich die Aussage des gesperrten Zeugen, insbesondere seine Glaubwürdigkeit, schlechterdings nicht in einer »freien« gerichtlichen Beweiswürdigung kritisch beurteilen läßt, wenn keine Möglichkeit besteht, ihn zu sehen, zu fragen, zu prüfen? Wie ist es zu erklären oder gar zu rechtfertigen, daß sich die Gerichte überhaupt auf das »gerichtliche Spektakel«[5] einer Vernehmung des VM unter drastischer optischer und akustischer Abschirmung eingelassen haben? Weil andernfalls keine Verurteilungen möglich gewesen wären? Warum sind die lebhaften Proteste[6] mehrerer Tatgerichte und der Verteidigerorganisationen gegen die Sperrungspraxis der Exekutive höheren Ortes ungehört verhallt?

3. Es ist gut, daß der GS diesem Streit (vorläufig?) ein Ende bereitet hat und bemerkenswert, *in welcher Form* das geschehen ist: In einer relativ kurzen Entscheidung, fast ohne (die meist entgegenstehenden) Literaturnachweise, in einer schlichten, aber alsbald den wesentlichen Punkt packenden Begründung und – was hier nicht so selbstverständlich erscheint – in einer emotionsfreien Gedankenführung. Es ist auch keine Rede von tragenden Prozeßgrundsätzen, etwa der Unmittelbarkeit oder Mündlichkeit des Verfahrens, seiner »fairen« Ausgestaltung oder von der Stellung des Verteidigers und seinen wichtigen Aufgaben – Gesichtspunkte, die sonst in jeder einschlägigen Abhandlung groß herausgestellt werden. Es geht schlicht und einfach um die Auslegung von zwei Bestimmungen der StPO, die bisher nicht gerade zu den besonders wichtigen gehörten, nämlich der *§§ 68 und 224,* und zwar vor dem Hintergrund des *§ 251 I StPO.*

Da drängt sich – ohne jegliche Wertung – der große *Unterschied* zum vergleichbaren Beschluß des BVerfG auf, das zu der ähnlichen Problemstellung innerhalb des § 251 II StPO eine tiefgründige rechtsgelehrte Abhandlung darüber geschrieben hat, »wie« (also nicht »ob«) die Sperrungspraxis der Exekutive nicht nur mit den Normen des Verfassungsrecht, sondern auch mit den Bestimmungen des »einfachen« Rechts, nämlich der StPO, vereinbart werden kann. Der jetzt vom GS erörterte Gedanke, daß die Geheimhaltung des VM rein prozessual die Unverwertbarkeit seines Wissens zur Folge haben könnte, ist vom BVerfG gar nicht ernsthaft in Erwägung gezogen worden. Diese Kombination verfassungs- und verfahrensrechtlicher Gesichtspunkte und ihre Bedeutung für die Lösung unseres Problems wird für die nachfolgende Argumentation noch mehrfach Bedeutung gewinnen.

Versuchen wir, im schlichten Stil des GS seinen Beschluß inhaltlich zu analysieren, so bietet sich hier dafür nur ein kurzer Überblick über die neugeschaffene Rechtslage dar, und zwar i. S. einer knapp skizzierten *»Standortmessung«*, in der allerdings ein Ausblick auf die weitere Entwicklung nicht fehlen darf. Dabei zeichnen sich drei Fragenbereiche ab, die deutlich voneinander abgegrenzt werden müssen, nämlich die eindeutig entschiedenen (II), die beiläufig miterledigten (III) und schließlich die offengebliebenen Gesichtspunkte (IV). Ihre Zusammenschau berechtigt zu der im Untertitel der Untersuchung formulierten Frage, ob es sich (erst) um den Anfang oder (schon) um das Ende einer Neuorientierung der Rechtsprechung handelt.

II. Die eindeutig entschiedenen Probleme

1. Dazu gehört primär die – in der Formulierung auf einen einzigen Punkt beschränkte – Vorlegungsfrage nach der Zulässigkeit des *Verteidigerausschlusses* unter den dort genannten Bedingungen. Der GS hat sie – ohne sich mit der (scheinbar einschlägigen) früheren Entscheidung BGH, NJW 1980, 2088 = MDR 1980, 773[7] auseinanderzusetzen – eindeutig gegen die Ansicht des vorlegenden Senates verneint. Er folgt insoweit dem Urteil BGH 31, 153 und legt dar, daß das an verschiedenen Stellen der StPO anerkannte *Anwesenheitsrecht* des Verteidigers auch durch die Neufassung des § 224 I StPO nicht beschnitten worden ist, wonach allenfalls die Benachrichtigung vom Vernehmungstermin unter den dort genannten Voraussetzungen unterbleiben darf. Erlangt der Verteidiger dann auf andere Weise Kenntnis vom Vernehmungstermin, so

kann er an der Ausübung seines Anwesenheitsrechts nicht gehindert werden. Aus seinem bloßen Auftreten vor Gericht läßt sich im übrigen nicht einmal eine Gefährdung des Untersuchungserfolges herleiten. Der »Trick« des vorlegenden Senates[8], der darin bereits eine den Ausschluß des Verteidigers rechtfertigende »Enttarnungsgefahr« sehen wollte, ist damit ohne weiteres hinfällig geworden. Er hätte den generellen Ausschluß des Verteidigers bei VM-Vernehmungen schlechthin ermöglicht, und das läßt sich mit der Regelung des § 224 StPO, mag dessen Auslegung auch im übrigen zweifelhaft sein[9], nun wirklich nicht mehr vereinbaren.

Der GBA hatte einen derartigen Gesetzesverstoß verneint und den Ausschluß des Verteidigers im wesentlichen deshalb für zulässig erachtet[10], weil »in bezug auf die Verteidigermitwirkung« kein sachlicher Grund bestehe, an die kommissarisch-richterliche Vernehmung der VP generell strengere Anforderungen zu stellen als an ihre polizeiliche Vernehmung oder schriftliche Befragung im Rahmen des § 251 II StPO, die in der Tat ohne Verteidiger durchgeführt werden können. Aber das erklärt sich aus der dort besonderen Verfahrenslage und läßt sich deshalb nicht auf gerichtliche Vernehmungen übertragen. Der GS ist jedenfalls auf diesen – in der Tat wichtigen – *Unterschied* nicht eingegangen, hat aber offensichtlich die Argumentation des GBA implizite als nicht einleuchtend abgelehnt. Ihre Begründung erschöpft sich sachlich in der *vergleichenden Heranziehung* der beiden Absätze des § 251 StPO, die einer Erwähnung durchaus wert gewesen wäre und uns noch mehrfach beschäftigen wird. Andererseits braucht die Bedeutung der – in der Tenorierung[11] merkwürdigen – Stellungnahme des GBA in diesem Zusammenhang vorläufig noch nicht weiter verfolgt zu werden.

2. Der GS ist bei dieser Beantwortung der Vorlegungsfrage nicht stehengeblieben, sondern hat das praktisch damit zusammenhängende, von ihr aber »nicht ausdrücklich erfaßte Problem« der Zulässigkeit der *Geheimhaltung der Personalien* eines Zeugen, nämlich eines VM, in seine Überprüfung miteinbezogen, obwohl es nicht unbedingt präjudiziell[12] ist. Denn es taucht natürlich und gerade bei Anwesenheit des Verteidigers ebenso auf und spielt bei VP wegen der Enttarnungsgefahr allgemein ein große Rolle. Auch hier tritt der GS der Modifizierung der Beweisaufnahme aus polizeitaktischen Gründen unter Hinweis auf die abweichende gesetzliche Regelung entschieden entgegen: Aus der besonderen Natur des

Zeugenbeweises folgt, daß das Ergebnis der Wahrnehmungen und ihre Wiedergabe regelmäßig *persönlichkeitsbedingt* sind, ein Zeuge deshalb in dem Sinne unersetzbar ist, daß er in der Regel nicht durch einen anderen Zeugen und zumeist nicht durch ein anderes Beweismittel ausgetauscht werden kann. Für die Beurteilung der Aussage kommt es also entscheidend auf seine *Glaubwürdigkeit* an, und die läßt sich sinnvoll und sachgerecht nur mit den gesetzlich vorgeschriebenen Vernehmungsmethoden prüfen, grundsätzlich sogar nur in öffentlicher Verhandlung. Der GS stützt sich dabei auf § 68 StPO, der u. a. auch eine verläßliche Grundlage für die Beurteilung der Glaubwürdigkeit eines Zeugen schaffen will. In Übereinstimmung mit BGH 23, 244 entnimmt der Beschluß dieser Bestimmung, die dem Zeugen lediglich erlaubt, bei drohender Gefährdung seinen Wohnort nicht anzugeben, daß die übrigen Personalien nicht vor dem Angeklagten und seinem Verteidiger geheimgehalten werden dürfen, weder in der Hauptverhandlung noch bei kommissarischer Vernehmung, bei der gerade auch dem VM keine Sonderbehandlung zusteht. Dem kann man nur zustimmen, mit einiger Verwunderung, daß sich die gegenteiligen Praktiken so lange durchgesetzt haben.

3. Eine besondere und eigenständige Form der Anonymitätswahrung bei VP hatte sich in letzter Zeit bei der Beweisaufnahme unter *optischer* und *akustischer Abschirmung* des Zeugen entwickelt, und zwar unter betonter Befürwortung durch den GBA.[13] Auch diese, polizeitaktisch modifizierte Art der Beweisaufnahme lehnt der GS kurzer Hand und mit Recht als gesetzwidrig ab, und zwar durch Bezugnahme auf die Entscheidungen BGH 31, 148 und 290 (siehe in diesem Band S. 488–494 und S. 502–507).[14] Vor diesen einfachen und einleuchtenden Erwägungen stürzt das pseudo-rechtsstaatliche Kartenhaus alsbald in sich zusammen, das die Polizei aufgebaut und zunehmend extrem für ihre Zwecke benutzt hat. Damit ist das gesamte entwürdigende »*Justizspektakel*« durch Verwendung von Kutten, Gesichtsmasken, Paravents, Stimmverzerrern usw. hoffentlich endgültig beseitigt und der Vorschlag einer Fernseh- oder telefonischen Konferenzschaltung wahrscheinlich in weite Ferne gerückt. Man sollte diese prozessualen Entartungen nicht humoristisch als das »Rebmannsche Gruselkabinett«[15] verharmlosen, denn es geht um wichtige und ernste Bestrebungen der Polizei, die an die Grundlagen unseres Strafprozeßrechts rühren und für deren Durchsetzung viel Mühe auf-

gewandt worden ist. Mit solchen »*Tricks*« mag die Polizei arbeiten, sie sogar zur Erfüllung ihrer besonderen Aufgaben verwenden »müssen« – für Justizverfahren sind und waren sie schon immer »unmöglich«, nicht nur »deplaciert«, sondern gesetzwidrig. Nicht ohne Grund nennt der GS – wenn auch nur beispielhaft – lediglich drei einwandfreie Formen – von der normalen Hauptverhandlung – abweichender Gestaltung der Beweisaufnahme, nämlich den Ausschluß der Öffentlichkeit, das vorübergehende Abtretenlassen des Angeklagten und die Verlegung der Hauptverhandlung an einen besonders geschützten Ort aus Sicherheitsgründen, um den gefährdeten Zeugen für die Dauer seiner Vernehmung zu schützen[16] – all das aber nur, wenn die Voraussetzungen für diese (wenigen) gesetzlich vorgesehenen Ausnahmen erfüllt sind. Damit hat der GS die wesentlichsten, aus polizeitaktischen Gründen eingerissenen Mißstände bei der Durchführung der Beweisaufnahme beseitigt, die gerade wegen ihrer üblichen Häufung rechtsstaatlich so bedenklich waren.

4. Das bedeutet die *Rückkehr zum Gesetz und zur Justizförmigkeit* des Verfahrens unter Zurückweisung gekünstelter Auslegungsmethoden der Exekutive und polizeilicher Praktiken. Mehrmals, und das ist hier bemerkenswert, weist der Beschluß ausdrücklich darauf hin, daß auch die qualitative Veränderung des »organisierten Verbrechens« und die bei seiner Bekämpfung aufgetauchten Schwierigkeiten nichts an der Geltung der gesetzlichen Bestimmungen ändern können, daß die Verwertung des (ohnehin dubiosen) VM-Wissens *prozeßordnungsgemäß* erfolgen muß, daß das geltende Recht die von der Exekutive (mehr oder weniger) erzwungenen Abweichungen nicht erlaubt, daß die Verwaltungsbehörde sogar gehalten ist, sich bei der Ausformung ihrer Sperrungsentscheidung an den Regeln der StPO auszurichten, die das Gericht binden. Die Befugnis der Justiz, die Rechtmäßigkeit der behördlichen Weigerung auf offensichtliche Fehler zu überprüfen, wird als selbstverständlich bejaht und dazu benutzt, bei nicht einleuchtender Begründung zunächst eine inhaltliche Änderung der Sperrungsentscheidung anzuregen, was sich aber fast immer als vergeblich erwiesen hat. Dann aber ist es *Sache der Justiz*, diese Konfliktsituation durch die Gerichte zu bereinigen: Sie können zwar eine Änderung der Behördenentscheidung nicht erzwingen, sind aber deshalb nicht wehrlos in dem Sinn, daß sie Art und Weise des Beweisaufnahmeverfahrens – statt nach dem Gesetz – nach den

Wünschen der Exekutive ausrichten müßten. Im Gegenteil: »*Die justizielle Verwertbarkeit des gesperrten Beweismittels ist an den Vorschriften der StPO zu messen*, der Richter nämlich nicht befugt, sich über zwingende Regeln des Gesetzes hinwegzusetzen, um der Entscheidung der Verwaltungsbehörde Rechnung zu tragen.« Beharrt die Exekutive, wie meist, auf ihrem Standpunkt, so macht sie sich selbst das gesperrte Beweismittel verfahrensrechtlich unverwertbar, und ob das auf die Dauer in ihrem Interesse liegt, wird sie sich das nächste Mal genauer überlegen.

5. Das ist die *Wende*: Die Gerichte sind nicht mehr gezwungen, allen Wünschen der Polizei, mögen sie auch rechtsstaatlich noch so bedenklich sein, nachzugeben, der Exekutive um jeden Preis entgegenzukommen. Das *Risiko der Unverwertbarkeit* des gesperrten Beweismittels trägt nun diejenige Stelle, welche die Sperre nach Art und Umfang angeordnet hat. Die Exekutive muß sich in Zukunft nach dem Gesetz und der darauf gestützten Ansicht der Justiz richten, nicht umgekehrt. Nur so gelangt man zu einer rechtsstaatlichen Lösung des Methoden- und Zielkonflikts, deren Eigenart eben darin besteht, daß sie notfalls kriminaltaktischen Erwägungen der Polizei vorgeht. Dieses Ergebnis ist natürlich *kein Kompromiß*. Aber er ließ sich durch die bisher üblichen, längst untauglich gewordenen Ermahnungen an die Adresse der Gerichte, sie sollten sich bemühen, durch eine immer weitergehende Steigerung ihrer Wahrheitserforschungspflicht (§ 244 II StPO) und die Ausschöpfung aller Möglichkeiten ihrer freien Beweiswürdigung (§ 261 StPO) einen Ausgleich der Gegensätze herbeizuführen, ohnehin nicht erreichen.

Das hat das BVerfG leider verkannt, als es sich entschloß, nach einem ausführlichen Streifzug durch die strafprozessuale Rechtslage und unter Zugrundelegung der heute insoweit überholten Rechtsprechung des BGH einer Lösung den Vorzug zu geben, die eindeutig »polizeifreundlich« war und zur Aushöhlung verfahrensrechtlicher Prinzipien führen mußte. Die nun vom GS durch bewußtes »*Gegensteuern*« erreichte Wende wird die Gesamtsituation erheblich verändern und die Erkenntnis erneuern, daß auch in Strafverfahren gegen Angehörige des organisierten Verbrechertums die für den gerechten Spruch erforderliche Wahrheit eben nicht um jeden Preis der Zweckmäßigkeit, sondern nur in rechtsstaatlich einwandfreien Verfahrensformen zu ermitteln ist.

Notfalls muß die Justizförmigkeit des Strafprozesses und die Unabhängigkeit der Rechtspflege auch gegen die Staatsraison der Exekutive verteidigt werden, wie das nun der GS erfolgreich getan hat.[17]

III. Die beiläufig mitentschiedenen Fragen

1. In den Entscheidungsgründen des GS taucht ein Gesichtspunkt gar nicht mehr auf, der in der bisherigen Diskussion als Argument eine wichtige Rolle gespielt hat, nämlich die Frage, ob die Sperrung des VM für bestimmte Formen der Beweisaufnahme »*ermessensfehlerhaft*« ist, entweder willkürlich oder rechtsmißbräuchlich erscheint. Erwähnt wurde dieser Gedanke erstmals in BGH 29, 109, 113; auch die Grundsatzentscheidung des BVerfG hat ihn für erheblich angesehen und die beiden letzten vom GS zitierten Urteile BGH 31, 148 und 290 stellen eindeutig darauf ab. Denn sie verneinen ein »*faires*« Verfahren[18], wenn die Behörde »*ohne ausreichende Begründung*« einen Zeugen nur für eine Vernehmung in Abwesenheit des Angeklagten und seines Verteidigers »freigibt«, die so auch durchgeführt worden ist.

Das Tatgericht hätte von einer solchen Vernehmung Abstand nehmen müssen, um den durchgreifenden, aber revisionstechnisch anders ausgerichteten Revisionsgrund zu vermeiden. Der 2. Senat war in seinem Vorlagebeschluß von einer – nach seiner Meinung wegen der vom Verteidiger ausgehenden Enttarnungsgefahr – rechtsfehlerfreien Begründung für die Sperrung des VM ausgegangen, und die Stellungnahme des GBA erwähnt in ihrem Tenor als erste Voraussetzung für den zulässigen Verteidigerausschluß, daß die Weigerung der Behörde »*nicht rechtsfehlerhaft*«, u. a. hinreichend begründet ist, woraus sich ergeben würde, daß sonst anders entschieden werden müßte?

Der GS hat zwar eine von dem Verteidiger ausgehende Enttarnungsgefahr verneint, im übrigen aber die Frage nach der Rechtmäßigkeit oder Rechtsfehlerhaftigkeit der Sperrbegründung nicht weiter ausdrücklich erörtert.

Ich möchte seine Entscheidung dahin verstehen, daß es auf diese Vorfrage gar *nicht mehr ankommt*: Erheblich ist lediglich die Tatsache der Sperrung und die sich daraus ergebenden Konsequenzen für die Art und Weise, wie danach die Beweisaufnahme durchgeführt werden soll. Sind sie, wie hier, mit den Vorschriften der StPO nicht vereinbar, so läßt sich deshalb das Wissen des gesperrten VM justizförmlich nicht verwerten, und zwar ganz gleich, ob die Begründung für die Sperre kriminalpolitisch ausreicht oder ungenügend erscheint.

Der Hinweis des GS, daß das Gericht verpflichtet ist, die Rechtmäßigkeit der behördlichen Weigerung auf offensichtliche Fehler zu überprüfen, steht dem nicht entgegen. Entsprechende Beanstandungen sollen offensichtlich zunächst nur die Behörde veranlassen, die Sperrungsmodalitäten und deren Begründung dann so zu ändern, daß die Verwertung des Wissens des VM nach den Vorschriften der StPO zulässig wird.

Daraus folgt aber nicht, daß eine kriminaltaktisch ausreichende Begründung, die jene Voraussetzungen gleichwohl nicht erfüllt, dennoch die justizförmige Verwertbarkeit der VM-Aussage zur Folge hätte. Die Rechtmäßigkeit oder Rechtsfehlerhaftigkeit der Sperrbegründung ist also *nicht mehr präjudiziell* für die Frage, ob das Ergebnis der unter Sperrbedingungen erfolgten Vernehmung sich prozessual verwerten läßt. Die Stellungnahme des GS dürfte sich gerade auf die schwierigere Alternative beziehen, in der die Sperrung des VM an sich ausreichend begründet worden ist, die daraus folgenden Vernehmungsmodalitäten sich aber mit dem Gesetz nicht vereinbaren lassen.

Damit wird die Gesamtdiskussion von einer *heiklen Vorfrage entlastet*, nämlich das Gericht, das sich gegen die Wünsche der Exekutive wehren will, nicht mehr dazu gedrängt – was ohnehin praktisch unmöglich ist[19] –, der Behörde Willkür oder Rechtsmißbrauch hinsichtlich der Sperrentscheidung als solcher vorzuwerfen und das sogar noch nachzuweisen. Wenn davon die Unverwertbarkeit der VM-Aussage abhängig gemacht würde, könnte sich die Exekutive stets und leicht gegen die Justiz durchsetzen, was natürlich ein »unmögliches« Ergebnis wäre. Dieser Gesichtspunkt führt aber auch zu einer weiteren Kritik an der Stellungnahme des GBA, der – in einer schwer verständlichen Häufung kumulativer und alternativer Voraussetzungen – den Ausschluß des Verteidigers primär davon abhängig gemacht hat, daß die behördliche »Weigerung nicht ermessensfehlerhaft ist«.

Der GS geht darauf nicht näher ein, hat diesen Gesichtspunkt offensichtlich als *nicht erheblich* angesehen. Für die weiteren Voraussetzungen des GBA: »und (!) die Durchführung der kommissarischen Vernehmung im Einzelfall nicht gegen die Grundsätze eines rechtsstaatlichen und fairen Verfahrens oder (!) gegen strafprozessuale Vorschriften verstößt«, ließe sich vielleicht sogar eine teilweise Übereinstimmung der Ansichten zwischen GS und GBA herausfinden, die aber alsbald an der unterschiedlichen Beantwortung der konkreten Fragen zerbricht, ob und wann die von der Polizei verlangten Vernehmungsmodalitäten im Einzelfall zu Konsequenzen führen, die als gesetzwidrig oder (!) »verfahrensunfair« zu bezeichnen sind.

2. Der GS *differenziert*, auch in den Beschlußgründen, nicht nach den *Motiven* der Behörde für die mehr oder weniger weitgehende Sperrung des Beweismittels und nicht nach den verschiedenen *Gruppen*[20] der VP. Die von ihm entwickelten Grundsätze sollen offenbar nicht nur für die Gefahr der Enttarnung des VM, sondern auch für andere *Sperrungsgründe*[20] gelten, insbesondere wenn der Zeuge persönliche Nachteile, Angriffe gegen Leib oder Leben oder bloße Beeinträchtigungen seiner Freiheit befürchten muß, die aber wohl weitgehend durch technische Sicherheitsvorkehrungen gebannt werden können.

Hinsichtlich des Überläufers Stiller, der von seinem Heimatgericht zum Tode verurteilt worden ist, war die Sperrung so total, daß nicht einmal höchste Richter für eine Vernehmung zu ihm gelassen wurden, so daß die Gerichte sich weitgehend mit polizeilichen Verhören begnügen mußten, was durch eine Umschaltung von Abs. 1 auf Abs. 2 des § 251 StPO ermöglicht wurde.[21]

Die Art des Sperrungsgrundes wird sich deshalb wohl nur in gewisser Hinsicht auf die Gestaltung der Beweisaufnahmemodalitäten auswirken. Anders dürfte die Geheimhaltung eines Zeugen zu beurteilen sein, die nur deshalb erfolgt, weil die Polizei ihm als »Informanten« absolute Vertraulichkeit zugesichert hat, was oft vorkommt. Die Sperrungsgründe haben offensichtlich ein unterschiedliches Gewicht. Aber ob die Justiz deshalb je nachdem mehr oder weniger strenge Maßstäbe dafür anlegen darf, wie weit sie kriminaltaktischen Wünschen der Polizei entgegenkommen kann oder will, bleibt zweifelhaft, da der Gesichtspunkt der »Gesetzwidrigkeit« eine einheitliche Richtlinie bildet.

Differenzierenden Erwägungen drängen sich sodann hinsichtlich der verschiedenen *Gruppen* von VP auf, deren Begriff, wie der GS erwähnt, nicht fest umgrenzt ist, die aber erfahrungsgemäß eins gemeinsam haben, daß sie nämlich zu einem großen Teil dem kriminellen Milieu angehören. Wenn neuerdings, wie man hört, beamtete und besonders geschulte Spezialagenten in diese Unterwelt eingeschleust werden sollen, wird sich zwar wegen der Qualität solcher V-Männer an ihrer Glaubwürdigkeit einiges zum Besseren wenden. Wegen ihres gesteigerten Anonymitätsbedürfnisses aber verstärken sich die hier erörterten Schwierigkeiten[22], und vorläufig ist nicht ersichtlich, ob und welche Ausnahmen von den Grundsätzen des GS gemacht werden dürfen, um den Unterschied zwischen den Sperrungsgründen und den VM-Gruppen Rechnung tragen zu können. Als diskussionsfördernde These mag deshalb von der Annahme ausgegangen werden, daß der GS in dieser Hinsicht einheitliche Richtlinien aufgestellt, auch nicht, wie der GBA, zwischen einem gesetzwidrigen oder einem »unfairen« Verfahren unterschieden hat.

3. Der Beschluß nimmt – wenn auch zurückhaltend – gelegentlich auf die *Grundsatzentscheidung des BVerfG* Bezug, legt u. a. Wert auf den Hinweis, daß gegen die Verwertung des Wissens eines VM, das »prozeßordnungsgemäß« (!) in das Verfahren eingeführt worden ist, keine grundsätzlichen, auch keine verfassungsrechtlichen Bedenken bestehen. Das gibt Anlaß zu betonen, daß beide Gerichte sich zwar mit einem ähnlichen Fragenbereich befaßt haben, weshalb sie auch miteinander verglichen werden können, daß sie sich aber, wie bereits angedeutet, in mehrfacher Hinsicht, u. a. methodisch erheblich *unterscheiden*. Insbesondere drängt sich der Eindruck auf, daß das BVerfG – grundsätzlich betrachtet – offensichtlich bereit war, den kriminaltaktischen Wünschen der Exekutive mehr entgegenzukommen, was sich u. a. dadurch erklärt, daß es sich auch auf zahlreiche BGH-Entscheidungen gestützt hat, die nach der jetzt vom GS eingeleiteten Wende der Rechtsprechung als überholt bezeichnet werden müssen. Dabei wirkt sich der von *Grünwald*[23] mit Recht beanstandete *Grundfehler* des BVerfG aus, daß es die Möglichkeit, den VM wegen seiner (übertriebenen) Sperrung als Beweismittel ganz auszuscheiden, überhaupt nicht in Erwägung gezogen, sondern aus der verfassungsrechtlichen Unbedenklichkeit der Sperrung ohne weiteres auch die verfahrensrechtliche Zulässigkeit »dubioser« Ersatzformen der Beweisaufnahme und damit die prozessuale Verwertbarkeit des VM-Wissens hergeleitet hat.

Diese (falsche) Schlußfolgerung, die im Schrifttum weitgehend übernommen worden ist, zieht sich wie ein roter Faden durch die gesamte umfangreiche Begründung. Lange Abschnitte behandeln ausschließlich reines, nämlich »*einfaches*« Strafprozeßrecht, wie die zitierten BGH-Entscheidungen beweisen. Dazu zählt auch das für unser Thema wichtige Urteil BGH, NJW 1980, 2088 = MDR 1980, 773 über die Zulässigkeit des Verteidigerausschlusses, das mit folgendem Leitsatz wiedergegeben wird: »Die kommissarische Vernehmung (des VM) darf notfalls auch unter Ausschluß des Angeklagten und seines Verteidigers stattfinden, wenn anders die einer richterlichen Vernehmung entgegenstehenden Gründe nicht ausgeräumt werden können.«

Ob damit die BGH-Entscheidung richtig zitiert[24] und inhaltlich gebilligt worden ist, mag hier dahinstehen. In der Sache besagt der als These formulierte Satz des BVerfG *genau das Gegenteil* von dem, was der GS nun entschieden hat.

Zu einer solchen *Abweichung* war er durchaus *befugt*: Nach dem im Vorlegungsbeschluß referierten Meinungsstand hat allerdings die eine Seite, gerade die der Verteidiger, sich sehr bemüht darzulegen, daß das BVerfG damit die Vorlegungsfrage nicht schon im bejahenden Sinn gutgeheißen, sie nicht verfassungsrechtlich gebilligt habe. Der fragliche Satz enthalte nur eine referierende Bezugnahme auf die in jenem Urteil des BGH geäußerte Rechtsansicht, er gehöre nicht zu den tragenden Gründen des verfassungsgerichtlichen Beschlusses und habe keine selbständige Bedeutung. Diese Argumentation mag hilfreich gewesen sein, entscheidend ist sie nicht. Denn selbst wenn man ihr nicht folgen will, also annimmt, das BVerfG habe damit in der Sache (implizite) die Vorlegungsfrage bejaht und dies Ergebnis als verfassungsrechtlich legitim bezeichnet, wäre der GS befugt geblieben, sie, wie geschehen, *verfahrensrechtlich entgegengesetzt* zu beantworten, nämlich zu verneinen. Die langen und nicht mehr stets überzeugenden Ausführungen, die das BVerfG zum »einfachen« Recht der StPO gemacht hat, sind zwar wegen der Autorität des höchsten Gerichts beachtlich, werden aber von seinem Entscheidungsmonopol nicht gedeckt. Sie haben deshalb *keine Bindungswirkung* hinsichtlich der Auslegung strafprozessualer Bestimmungen, insbesondere nicht der jetzt wichtig gewordenen §§ 68, 224 StPO, und daß umgekehrt das BVerfG die vom GS vorgenommene Auslegung dieser beiden Bestimmungen für verfassungswidrig erklären könnte, ist ja wohl ausgeschlossen. Unterschiedliche, ja direkt entgegengesetzte Meinungen zum »einfachen« Recht der StPO können beide verfassungsgemäß sein. Das Verhältnis der beiden Rechtsgebiete, das hier allerdings nur gestreift werden kann, wird für die späteren Ausführungen zu § 251 II StPO gesteigerte Bedeutung gewinnen.[25]

4. Eine kurze Anmerkung verdient schließlich noch der Hinweis des GS, zur Bekämpfung des organisierten Verbrechertums seien die Ermittlungsbehörden dazu übergegangen, verdeckt *operierende Polizeibeamte* in die Organisation einzuschleusen und VL einzusetzen, deren Wissen strafgerichtlich verwertet werden darf, wenn es »prozeßordnungsgemäß in das Verfahren eingeführt worden ist«. Der Bedingungssatz ist *neu und* umschreibt einen rechtsstaatlichen Fortschritt. Denn bisher ist fast allgemein aus der kriminalpolitischen Notwendigkeit des Einsatzes von VL auch seine Zulässigkeit unter strafrechtlichen und strafprozessualen Gesichtspunkten hergeleitet, im Grunde nur einfach behauptet worden, trotz der weitgehenden Folgerungen für die Verwendbarkeit dieser Personen als Beweismittel.

Die rechtlichen Grundlagen für einen derartigen polizeilichen Einsatz sind zwar wenig geklärt, auch dem einschlägigen Schrifttum nur unvollkommen zu entnehmen[26], hier jedoch nicht zu erörtern. Strafgerichtlich interessant wird die Tätigkeit der eingeschleusten VP erst dann, wenn sie sich, wie meist, auch als *agents provocateurs* betätigen. Dann entstehen neue, und zwar strafrechtliche und strafprozessuale Probleme, die der GS lediglich durch einen kurzen Hinweis auf die »*kritische Literatur*« abtut, ohne näher dazu Stellung zu nehmen.

Mehr brauchte er aber auch vom Thema her dazu nicht zu sagen. Gleichwohl wäre es für die Diskussion über das gesamte VM-Problem hilfreich, wenn man – da gesetzgeberische Regelungen weiter auf sich warten lassen – von der Rechtsprechung etwas Näheres über die *Rechtsgrundlagen* für den Einsatz von derartigen agents provocateurs, ihre strafrechtliche Beurteilung und die strafprozessuale Verwertung ihrer Ergebnisse hören würde, z. B. eine *gerichtliche* Antwort auf die *Frage* bekäme, warum sie nicht wegen Anstiftung bestraft werden (fehlender Vollendungs- bzw. Beendigungsvorsatz oder übergesetzlicher Notstand?), oder ob weiterhin ihrer Benutzung als Beweismittel ein Prozeßhindernis wegen widersprüchlichen Verhaltens des Staates entgegensteht. Diese u. a. wichtigen Fragen[27] gehören mit zu den interessanten Randproblemen unseres Themenkreises, gehen aber schon in die noch offenen Punkte über, denen wir uns zum Schluß noch zuwenden wollen.

IV. Die Prognosen über künftige Entwicklung

Die naheliegende Frage, wie es nun nach der Grundsatzentscheidung des GS weitergehen wird, ist scheinbar leicht zu beantworten: Nachdem die Exekutive gezwungen worden ist, sich hinsichtlich der Verwertung des VM-Wissens an die Regeln der StPO zu halten, wird sie dies auch tun, sich aber in Zukunft auf *andere*, nämlich diejenigen Bestimmungen stützen, die es ihr (angeblich) erlauben, die Ermittlungsergebnisse ihrer Agenten prozeßordnungsgemäß in das Verfahren einzuführen, und zwar unter voller Wahrung ihrer Anonymität und ohne den vielleicht sogar total gesperrten VM dem Gericht und dem Verteidiger präsentieren zu müssen. Die Erreichung dieses, von der Polizei stets erstrebten Zieles ist auf *verschiedenen Wegen* und mit mehreren Methoden möglich, wobei l. E. die Umschaltung von Abs. 1 auf Abs. 2 des § 251 StPO eine entscheidende Rolle spielt, zumal sie unter Rückdeckung durch das BVerfG erfolgt[28]:

1. Der geheimgehaltene VM wird zunächst von Polizeibeamten vernommen, die dann als *Zeugen vom Hörensagen* vor Gericht auftreten und ihm mit der inhaltlichen Richtigkeit der Aussage gleichzeitig seine Glaubwürdigkeit bescheinigen. Das Problem der Zeugen vom Hörensagen ist alt und bekannt. Die Wissenschaft äußert erhebliche Bedenken, die Seebode[29] neuerdings noch vertieft hat. Der GBA[1] stellt den Zeugen vom Hörensagen sogar in den Mittelpunkt seiner Ausführungen über das Spannungsverhältnis zwischen gerichtlicher Aufklärungspflicht, Belangen der Exekutive und Verteidigerinteressen. Das BVerfG[3] hat das Beweismittel des Zeugen vom Hörensagen unter eingehender Auswertung des Schrifttums mit gewissen Einschränkungen anerkannt: Es stehe dem Anspruch des Angeklagten auf ein faires Verfahren grundsätzlich nicht entgegen. Allerdings stelle seine nur begrenzte Zuverlässigkeit *besondere Anforderungen* an die Beweiswürdigung und Begründung der tatrichterlichen Entscheidung, dies sogar in verstärktem Maße, wenn der Gewährsmann anonym bleibt. Seine Aussagen allein genügen regelmäßig nicht, wenn sie nicht durch andere wichtige Gesichtspunkte bestätigt werden. Ein diesen Anforderungen nicht gerecht werdendes tatrichterliches Urteil begründet die Revision wegen Verletzung des § 261 StPO.

Der GS hat zur Verwertung des Zeugen vom Hörensagen *keine Stellung* genommen, weil dieses Problem von der vorgelegten

Rechtsfrage nicht mehr gedeckt wurde, jedoch die Schwierigkeiten der Rechtslage nach der Wende der Rechtsprechung offensichtlich durchaus erkannt. Denn nach Mitteilung seines Präsidenten sind in den nächsten Monaten (neue?) Entscheidungen einzelner Strafsenate zu diesem Thema zu erwarten, die dem »Spiegel«[2] zu Zweifeln Anlaß geben, »ob nach dem höchstrichterlichen Unwerturteil über den anonymen Zeugen der Nacherzähler eines anonymen Zeugnisses juristische *Überlebenschancen* hat«. Vielleicht bahnt sich auch hier eine zusätzliche, von der Wissenschaft schon lange geforderte Wende an. Sie erscheint um so notwendiger, als die Gefahr besteht, daß die bisher erforderlichen »zusätzlich bestätigenden« Beweistatsachen in Zukunft aus § 251 II StPO hergeleitet, l. E. vom VM selbst geliefert werden.

2. Der nächste Weg, das Wissen des gesperrten VM (scheinbar) justizförmig in das Verfahren einzuführen und zu verwerten, öffnet sich der Exekutive durch das *Umschalten* von *§ 251 I auf § 251 II StPO*, wie es im Beschluß des BVerfG – wiederum mit einigen Einschränkungen – gebilligt worden ist. Der Schwerpunkt des in § 251 StPO geregelten Urkundenbeweises verlagert sich damit von den gerichtlichen Vernehmungsprotokollen (I) auf die polizeilichen Niederschriften und sogar auf die – womöglich nachträglich angefertigten – »schriftlichen Äußerungen« des gesperrten VM selbst (II). Das hat gleichzeitig für die Polizei den Vorteil, ohne Anwesenheit des Verteidigers schriftliche Beweismittel »schaffen« zu können, die dann wieder mit dem Stempel der Richtigkeit und Glaubwürdigkeit versehen dem Gericht zur »freien« Beweiswürdigung vorgelegt werden. Dieses Umschalten auf § 251 II StPO, das sämtliche polizeitaktischen Wünsche geradezu ideal erfüllt, ist für die Exekutive *denkbar einfach:* Sie selbst sorgt durch die entsprechende Ausgestaltung der Sperrungsmodalitäten dafür, daß der VM, wie das Gesetz es verlangt, »in absehbarer Zeit gerichtlich (!) nicht vernommen werden kann«. Selbst wenn man unter gerichtlicher Vernehmung auch die Vernehmung durch einen beauftragten oder ersuchten Richter versteht[30], ist die Erfüllung dieser Voraussetzung des § 251 II StPO durch eine entsprechend ausgerichtete Weigerung der Exekutive ohne weiteres möglich, wobei es wiederum nur auf die Endgültigkeit der Sperrung, nicht auf ihre ausreichende Begründung oder sonstige »Ermessensfehlerfreiheit« anzukommen scheint.

Damit wäre der *Weg frei*, das Wissen des VM »prozeßordnungsgemäß« auszuwerten, ohne ihn dem Gericht und dem Verteidiger präsentieren zu müssen. Denn offensichtlich geht man bisher – mit dem GBA – allgemein als selbstverständlich davon aus, daß in den Fällen des § 251 II StPO das Gericht bei der »Produktion« solcher Beweismittel ausgeschlossen bleibt und auch der Verteidiger kein Anwesenheitsrecht hat. Auf diesem Weg kann es dann sogar unter Zwischenschaltung des Gerichts zu einem schriftlichen »Gedankenaustausch« zwischen Verteidiger und VM, zu einem zivilprozeßähnlichen Schriftwechsel kommen, wie ich das an anderer Stelle[31] näher geschildert und kritisiert habe. Aus dieser Not sollte man aber nicht eine Tugend machen, etwa aus der Erwägung, ein schriftliches »Vorverfahren« dieser Art sei immerhin besser als gar keine Einflußnahme auf die Gestaltung der – doch recht ungewöhnlichen – polizeilichen Beweismittel des § 251 II StPO. Denn daß ein solches Vorgehen zu einer »Entartung« unseres Strafprozesses und zu dem (unerträglichen) Ergebnis führen kann, wie es Grünwald[32] drastisch geschildert hat, liegt auf der Hand. Die Grundsatzentscheidung des BVerfG wird also neue aktuelle Bedeutungen erlangen.

3. Die Frage, was die *Justiz dagegen* tun kann, ist nicht leicht zu beantworten; ich habe dafür Vorschläge gemacht, die von Grünwald[23] unterstützt und von Lüderssen[33] vertieft worden sind und die ich weiterhin in Übereinstimmung mit Dünnebier und anderen Prozessualisten aufrechterhalten[34] möchte. Ob andere Gegenmaßnahmen Erfolg haben können, ist angesichts der gesetzlichen Regelung in § 251 II StPO fraglich. Verfassungsbeschwerden gegen seine Anwendung dürften nach der Grundsatzentscheidung des BVerfG aussichtslos sein. Eine *»Gegensteuerung«* der Justiz kann deshalb nur auf dem Gebiet des »einfachen« Rechts, durch eine andere Auslegung des § 251 II StPO erfolgen, die durch die verfassungsrechtliche Billigung der bisherigen BGH-Rechtsprechung verfahrensrechtlich nicht in diesem Sinne festgeschrieben ist. Vielleicht ließe sich dafür auch der vom GS bereits herangezogene Gesichtspunkt des *»sachnäheren«* oder *»sachferneren«* Beweismittels, des unmittelbaren und des mittelbaren Zeugen benutzen, um – darauf gestützt – eine Rangordnung oder Reihenfolge der von der StPO zur Verfügung gestellten Beweismittel zu entwickeln, die es erlaubt oder gar dazu zwingt, der »vorrangigen« Art der Beweisaufnahme den Vorzug vor »nachrangigen« Formen zu geben. Aber das nutzt nichts, solange das Gericht durch die künstliche Sperrer-

klärung der Exekutive gezwungen wird, sich statt der normalen Vernehmung des VM mit dem Urkundenbeweis des § 251 II StPO abzufinden.[35] Diese Folgerung ist heute nicht mehr zwingend und überaus bedenklich. Denn daß diese »Ersatzregelung« die Ausnahme für ganz ungewöhnliche und vor allem unabänderbare Sachlagen bleiben sollte, jedenfalls nicht »willkürlich« zur Regel gemacht werden darf, läßt sich auch nach Streichung der früher gegen § 251 II StPO geäußerten Bedenken in der fünften Auflage des Beweisantrags im Strafprozeß[36] schwer bestreiten.

4. Das Grundübel ist immer noch nicht beseitigt: Es liegt in der – gegen abweichende Meinungen im Schrifttum[37] – aufrechterhaltenen Rechtsprechung, daß es in das Belieben der Polizei gestellt bleibt, durch entsprechende Sperrerklärung ein »nicht zu beseitigendes Hindernis« für das Erscheinen des Zeugen in der Hauptverhandlung i. S. der §§ 223 I, 251 I Nr. 2 StPO zu »schaffen«, das ihn als »unerreichbar« i. S. des § 244 III StPO erscheinen läßt, und einen hinreichenden Grund für die Unmöglichkeit seiner »gerichtlichen Vernehmung« i. S. des § 251 II StPO künstlich herbeizuführen. Daran hat der Gesetzgeber, als er jene Abweichungen vom normalen Ablauf der regulären Beweisaufnahme für nicht abänderbare Ausnahmesituationen zuließ, offensichtlich nicht gedacht. Ob das extreme »Gebrauchen« dieser Möglichkeiten nicht die Grenzen zum »Mißbrauchen« überschreitet, erscheint zweifelhaft, sollte aber nochmals sorgfältig geprüft werden. Wenn es nicht gelingt, die Ausweichoperationen der Exekutive in Richtung auf § 251 II StPO anzuhalten, könnte ein Angeklagter tatsächlich unter den von Grünwald[32] geschilderten ungewöhnlichen Bedingungen, d. h. aufgrund extrem polizeilichen Beweismaterials bestraft werden, ohne daß die Belastungszeugen vor Gericht erschienen und von den Prozeßbeteiligten gehört worden sind; und das kann man in der Tat nur »mit Betroffenheit« zur Kenntnis nehmen. Wenn das Schule macht, kommt die Justiz *»vom Regen in die Traufe«*. Denn während im Rahmen des § 251 I StPO immerhin eine frühere(!) richterliche(!) Vernehmung die Grundlage für den – ersatzweise vorgesehenen – Urkundenbeweis bildet, muß sich in den Fällen des Abs. 2 das erkennende Gericht mit polizeilichen Protokollen über die Aussagen des geheimgehaltenen VM und die von ihm nachträglich(!) angefertigten schriftlichen Äußerungen begnügen. Die Entscheidung hängt dann ausschließlich von den Erfolgsmeldungen des Spitzels ab, der – schon um sein »Honorar« weiter zu erhalten –

notfalls auch vor strafrechtlich risikolosen Falschmeldungen nicht zurückschreckt.[38]

Unter diesen Umständen sollten die *Weichen* für die künftige Entwicklung der Rechtsprechung *neu gestellt* werden: denn die bisher übliche, reine und exzessive Wortinterpretation des § 251 II StPO ist, wie Grünwald dargelegt hat, mit dem Sinn und Zweck dieser Bestimmung und ihrer historischen Entwicklung nicht vereinbar. Bei künftiger Sperrung des VM durch die eigene Entscheidung der Exekutive muß aus den zusätzlich von Lüderssen dargelegten Gründen die »*Unerreichbarkeit*« des Zeugen für sämtliche vom Gesetz herangezogenen Sperrungsvariationen *verneint*, damit das entsprechende Ausweichmanöver der Exekutive »gestoppt« werden. Es kommt nicht mehr darauf an, ob die Sperrung bestimmter Beweismittel als solche rechtmäßig war oder nicht, entscheidend muß sein, ob die Behörde trotz der mehr oder weniger weitgehenden Weigerung, den VM freizugeben, gleichwohl die Verwertung seiner Äußerungen in der geschilderten, verfahrensrechtlich bedenklichen Form verlangen kann. »Die Frage stellen, heißt sie verneinen«, und die zusätzliche Begründung lautet: Rechtsmißbrauch wegen widersprüchlichen Verhaltens! Das Gericht darf daher nicht akzeptieren, daß es gerade aufgrund desjenigen Materials zu entscheiden aufgefordert wird, das der Auffordernde (für eine prozessual gebotene Verwertung) zurückhält (so Lüderssen).[33]

So sehr also der durch den Beschluß des GS erzielte *Fortschritt* als beachtliche Wende der Rechtsprechung und Bekenntnis zur Rechtsstaatlichkeit zu begrüßen ist – ein *Durchbruch* der Justiz gegen die Bestrebungen der Exekutive, die Formen und Arten der Beweisaufnahme über das Wissen von VM in einem polizeitaktisch erwünschten Sinn zu modifizieren oder gar zu manipulieren, muß erst noch durch weitere »gegensteuernde« Entscheidungen, notfalls des GS, herbeigeführt werden.

Anmerkungen

1 Vgl. den ausführlichen Überblick in NStZ 1982, 315 (s. in diesem Band S. 403–424) und das Interview mit dem GBA im *Spiegel* 1983, Heft 1, S. 47; ferner Schoreit, MDR 1983, 617.

2 So die Formulierung im *Spiegel* 1983, Heft 47, S. 64.
3 Sie bezieht sich allerdings nur auf die durch § 251 II StPO zugelassene Verlesung polizeilicher Niederschriften: Ein generelles Mißtrauen gegenüber ihrem Beweiswert sei im Staat des Grundgesetzes nicht gerechtfertigt!?
4 Veröffentlicht in StrVert 1983, 314 (s. in diesem Band S. 517–530); vgl. dazu Bruns, StrVert 1983, 382 (s. in diesem Band S. 531–550).
5 So Weider, StrVert 1983, 227.
6 Vgl. Bruns, Neue Wege zur Lösung des strafprozessualen VM-Problems, Nomos Paperback, Heft 13, S. 27 N 40; S. 30 N 51; ferner auch den Bericht im *Spiegel* 1983, Heft 36, S. 76.
7 Sie betrifft eigentlich einen besonders gelagerten Sachverhalt: »wenn der Angeklagte zur eigenen Entlastung eine richterliche Vernehmung des Gewährsmannes erforderlich hält«, und gibt nur einen Hinweis für die neue Verhandlung. Der GS sagt denn auch, die Vorlegungsfrage sei »noch von keinem Senat des BGH verbindlich (!) entschieden worden«.
8 Vgl. dazu Bruns, StrVert 1983, 384.
9 Sie kann hier nicht weiter erörtert werden. Die meisten Kommentare hatten sich – durchweg ohne nähere Prüfung – der BGH-Entscheidung angeschlossen, sie sogar verallgemeinert.
10 Auf das vom GBA herangezogene Prinzip der *Güterabwägung*, das u. U. zu einer Einschränkung der Verteidigerrechte führen könne, geht der GS nicht ein.
11 Vgl. ihren Wortlaut unten III 1.
12 Der Beschluß sagt dazu nur: Auch die Beantwortung dieser Frage hat präjudizielle Wirkung für künftige Fälle (vgl. KK, Salger zu § 137 GVG, Rdnr. 3). Über andere präjudizielle Fragen vgl. Bruns, Anm. 4.
13 Vgl. Anm. 1.
14 Vgl. dazu Bruns, StrVert 1983, 384, 385.
15 So die im *Spiegel* (Anm. 2) wiedergegebene Äußerung von Gunter Widmaier.
16 Aber dann muß er dort für das Gericht erreichbar sein! Das war in dem dem BVerfG entschiedenen Fall des Angeklagten Dr. C. hinsichtlich des Überläufers Stiller gerade ausgeschlossen.
17 So mein Appell an die Rechtsprechung in Neue Wege (Anm. 6) S. 71.
18 Und schalten damit auf einen neuartigen Rechtsfehler, nämlich den Verstoß gegen das *Gebot des fairen Verfahrens* um; vgl. Bruns, StrVert 1983, 383.
19 So Gribbohm, NJW 1981, 306.
20 Vgl. dazu *Bruns*, Anm. 6, S. 26 ff.
21 Vgl. unten IV 2.
22 Nach Pressemeldungen hat der Bundesjustizminister alsbald gegen die von der Konferenz der Innenminister geforderten neuen Vollmachten für solche VM schwere Bedenken erhoben.

23 In der Festschrift für Dünnebier, S. 347, 362.
24 Vgl. Anm. 7.
25 Vgl. unten IV 2.
26 Vgl. etwa Krüger, NJW 1982, 855; Gusy, Recht im Amt, 1982 S. 101; Hans-Georg Friedrichs, Der Einsatz von V-Leuten durch die Ämter des Verfassungsschutzes, Göttinger rechtswissenschaftliche Studien, Bd. 114.
27 Vgl. Dencker in der Festschrift für Dünnebier, S. 447 ff. (s. in diesem Band S. 238–258); Bruns, NStZ 1983, 49 (s. in diesem Band S. 259–284); Herzberg, JuS 1983, 337, je m. N.
28 Allgemein kann man lesen, die Auslegung des § 251 StPO sei auch verfahrensrechtlich vom BVerfG gebilligt worden.
29 In JZ 1980, 506.
30 Vgl. Grünwald, Anm. 23, S. 356 N 29: Ich bin alsbald bereit, seiner Auslegung zu folgen, nur nützt das wenig, obwohl die Anforderungen an § 251 II StPO strenger als die des § 251 I StPO sind.
31 Anm. 6, S. 46 ff., 58 ff.
32 Anm. 23, S. 364.
33 In der Festschrift für Klug, S. 527 ff.
34 Im Bewußtsein, daß es sich um *juristisches Neuland* handelt, in dem sich oberflächliche Leser (vgl. Evers, NJW 1982, 2764; Golla in Schroeders strafprozessualen Fällen mit Lösungen, 2. Aufl. S. 70) nicht alsbald zurechtfinden. Vgl. demgegenüber die sachkundigen und wohl abgewogenen Ausführungen von Ellen Schlüchter, Das Strafverfahren, 2. Aufl. S. 448 ff. und 567 und Geißer, GA 1983, 385 ff. (s. in diesem Band S. 140–173).
35 Dann säße die Exekutive wieder am längeren Hebel!
36 Vgl. einerseits Meyer a. a. O., 5. Aufl. S. 260 und 261 ff.; andererseits Nüse in der 4. Aufl. S. 303, 353 ff.
37 Vgl. Anm. 31, 32, 33.
38 Vgl. darüber Bruns, Anm. 6, S. 60 ff.

Bibliographie

Die chronologische Ordnung entspricht dem Gesamtkonzept des vorliegenden Bandes, der vor allem auch auf Entwicklungslinien aufmerksam machen will.

Die Gerichtsentscheidungen sind aufgeteilt in Entscheidungen des Reichsgerichts und des Bundesgerichtshofs sowie anderer Gerichte.

Aufsätze, die als Anmerkungen oder Besprechungen zu Gerichtsentscheidungen verfaßt wurden, sind nicht bei der Literatur aufgeführt, sondern bei der jeweiligen Gerichtsentscheidung genannt.

Ein Verzeichnis der Abkürzungen ist auf S. 639.

Bibliographie der Literatur zum V-Mann-Problem

Doppfel, Die strafrechtliche Verantwortlichkeit des agent provocateur, Tübinger Dissertation 1899.

Katzenstein, Der agent provocateur vom Standpunkt des RStGB, ZStW (21) 1901, 374 ff.

Singewald, Der agent provocateur, Strafrechtliche Abhandlungen (83) 1907, 107 ff.

Bekzadian, Der agent provocateur mit besonderer Berücksichtigung der politischen Provokation in Rußland. Ein Beitrag zum Strafrecht und zur Kriminalpolitik, Züricher Diss. 1913.

Lindenau, Die Verwendung polizeilicher Vertrauenspersonen, Deutsche Strafrechtzeitung 1918, 283 ff.

Jastrow, Lockspitzel und Richter, JW 1918, 810 ff.

Schmidt, Der agent provocateur und sein Opfer, Diss. Jena 1925, 59 ff.

Hüfner, Der Fall Bullerjahn und die Presseangriffe auf das RG, Leipziger Zeitung 1929, 745 ff.

Schäfer, Zeugnis vom Hörensagen und freie Beweiswürdigung im Strafprozeß, Strafrechtliche Abhandlungen Heft 320, 1933.

Böge, Vertrauenspersonen und Vigilanten, Pol Pr 1949, 91 ff.

Wenzky, Grundsatzfragen der Zusammenarbeit mit Vertrauenspersonen, Pol 1952, 169.

Stratenwerth, Der agent provocateur, MDR 1953, 717 ff.

Blau, Zur Denunziation von Steuervergehen, Der Betrieb 1956, 637.

Wenzky, Zur Frage des Rechtsschutzes für Vertrauenspersonen, Pol 1956, 225 ff.

Freeden, Rechtsschutz für Vertrauenspersonen, Pol 1957, 155 ff.

Kohlhaas, Zulässigkeit, Brauchbarkeit und Preisgabe vertraulicher Gewährsleute im Strafverfahren, JR 1957, 41 ff.

Schulz, Bekanntgabe von V-Leuten an die Staatsanwaltschaft, GA 1958, 264 ff.

Stempel, Der Lockspitzel im amerikanischen Recht unter besonderer Berücksichtigung der »Doctrine of entrapment«, Diss. Bonn 1958.
Flemm, Zur Problematik der Preisgabe von Vertrauenspersonen, Pol 1960, 13 ff.
Arndt, Umwelt und Recht, 1. Mittelbares Zeugnis?, NJW 1962, 1192 f.
Arndt, Umwelt und Recht, 2. Rechtliches Gehör (Art. 103 Abs. I GG) und Zeugnis vom Hörensagen, NJW 1963, 432 f.
Meilicke, Der vom Staatsgeheimnis verhüllte V-Mann – Belastungszeuge?, NJW 1963, 425 ff.
Tiedemann, Zur verfassungsrechtlichen Bedeutung der Vernehmung mittelbarer Zeugen im Strafprozeß, MDR 1963, 456 ff.
von Hentig, Häftlinge und Vertrauensleute im Beweisverfahren, MSchrKrim 1965, 105 ff.
Michaelis, Rechtspflege und Politik in der Affäre Dreyfuß, Karlsruhe 1965.
Muenchsberg, Unzulässige Täuschung durch Organe der Strafrechtspflege, Diss. Münster 1965.
Tiedemann, Zum Fortgang des Streites um die Zulassung von V-Leuten im Strafprozeß, MDR 1965, 870 ff.
Empfehlungen des 46. Deutschen Juristentages Essen 1966, Abhandlungen, Band II, 182 f.
Grünwald, Beweisverbote und Verwertungsverbote im Strafverfahren, JZ 1966, 489 ff.
Jescheck, Beweisverbote im Strafprozeß, Rechtsvergleichendes Generalgutachten, Verhandlungen des 46. Deutschen Juristentages Essen 1966, Bd. I, 1 ff., 43 ff.
Peters, Beweisverbote im deutschen Strafverfahren, Verhandlungen des 46. Deutschen Juristentages, Essen 1966, Bd. I, 91 ff.
Schultz, Blick in die Zeit, MDR 1966, 565 f.
Willms, Anonyme Zeugen, DRiZ 1966, 286 ff.
Stegmann, Behördlich geheimgehaltene Zeugen als Beweismittel im Strafprozeß, Diss. Tübingen 1967.
Karge, Der agent provocateur, Diss. Frankfurt 1969.
Krause, V-Leute und die Verwertung ihrer Nachrichten im strafgerichtlichen Verfahren, Diss. Bamberg 1969.
Röther, Die Verwertung von Mitteilungen anonymer Gewährsleute im Strafprozeß, Diss. Marburg 1969.
Schenk, Die Bekämpfung der Rauschgiftkriminalität, Pol 1969, 265 ff.

Birmanns, Das Geschäft mit dem Täter, NJW 1970, 1834 ff.
Joachimski, V-Leute in der Bekämpfung der Rauschgiftkriminalität, Kriminalistik 1971, 555 ff.
Kürbis/Müller, Im Sondereinsatz gegen Rauschgifthändler, Kriminalistik 1971, 449 ff.

Mörschel, Über den Umgang mit V-Leuten, Kriminalistik 1971, 169 ff.
Ellinger, Polizeilicher Sondereinsatz gegen Rauschmittelhändler aus rechtlicher Sicht, Kriminalistik 1972, 11 ff.
Hanack, Die Rechtsprechung des Bundesgerichtshofs zum Strafverfahrensrecht, JZ 1972, 237 ff.
Hertweck, Prozessualer Flankenschutz für das Betäubingsmittelgesetz, Kriminalistik 1972, 267.
Löhr, Der Grundsatz der Unmittelbarkeit im deutschen Strafprozeßrecht. Strafrechtliche Abhandlungen, neue Folge Band 8, Berlin 1972.
Plate, Zur Strafbarkeit des agent provocateur, ZStW (84) 1972, 294 ff.

Burandt, Ist dem Vorgesetzten der Name eines V-Mannes bekanntzugeben?, Kriminalistik 1973, 300 ff.
Jenny, Drogenkonsum und Drogenhandel im Blickpunkt der Kriminologen, Zürich 1973.

Harms/Duvenhorst/Helmstedt, Rechtliche und taktische Fragen zum Einsatz von Vertrauensleuten, Taschenbuch für Kriminalisten Bd. 24, 1974, 351 ff.
Zühlsdorf, Probleme der polizeilichen Untergrundarbeit, hier: bei der Bekämpfung der Rauschmittelkriminalität, Kriminalistik 1974, 193 ff.
Küper, Der »agent provocateur« im Strafrecht, GA 1974, 321 ff.
Lüderssen, Verbrechensprophylaxe durch Verbrechensprovokation?, Festschrift Peters, Tübingen 1974, 349 ff. = Denninger/Lüderssen, Strafprozeß im demokratischen Rechtsstaat, Frankfurt 1978, 238 ff.
Rebscher, Die Entwicklung des internationalen Rauschgifthandels im Jahre 1973, Kriminalistik 1974, 497 ff.
Röhrich, Rechtsprobleme bei der Verwendung von V-Leuten für den Strafprozeß. Zugleich ein Beitrag zur straf- und zivilrechtlichen Verantwortlichkeit des Denunzianten, Diss. Erlangen-Nürnberg 1974.

Amelung/Schall, Zum Einsatz von Polizeispitzeln, JuS 1975, 565 ff.
Goldstein, For Harold Lasswell: Some Reflections on Human Dignity, Entrapment, Informed Consent and the Plea Bargain, The Yale Law Journal, (Vol. 84) 1975, 683 ff.
Mehner, Die Vernehmung von Verhörspersonen im deutschen Strafprozeß, Neue Kölner rechtswissenschaftliche Abhandlungen 1975, 132 ff.
Plonka, Zum Rechtsschutz von Vertrauenspersonen, Pol 1975, 80 ff.
Schmidtmann, Auch im EDV-Zeitalter brauchen wir V-Leute, Kriminalistik 1975, 161 ff.
Skolnick, Justice without Trial, 2. Aufl. 1975, USA.
Studer, Die anonyme Gewährsperson im Strafprozeß. Zürcher Schriften zum Verfahrensrecht Heft 12, Zürich 1975.

Bergbauer, V-Mann-Gewinnung, V-Mann-Führung, Rechtliche Probleme, Kriminalistik 1976, 573 ff.
Hinze, Der V-Mann, DJW (Waffenjournal) 1976, 136 ff.
Leineweber, Informationen an Polizei – risikoreich für Bürger?, Pol 1976, 71 ff.

Bschorr, Die Entwicklung der Drogenszene bis heute, ZAllgMed 1977, 1251 ff.

Böckenförde, Der verdrängte Ausnahmezustand, NJW 1978, 1881 ff.
Lüderssen, Verbrechensprophylaxe durch Verbrechensprovokation, Dokumentation eines konkreten Falles, Denninger/Lüderssen, Strafprozeß im demokratischen Rechtsstaat, Frankfurt 1978, 255 ff.
Neumeier, V-Leute – strafrechtliche und strafprozessuale Probleme, Diss. Freiburg i. Br. 1978.

Brinkmann/Mätzsch/Püschel, Hamburger Fixerszene, Kriminalistik 1979, 182 ff.
Dietze, Human Rights (USA), A neglected Issue: Police in Crime, Jahrbuch des öffentlichen Rechts 1979, 589 ff.
Franzheim, Der Einsatz von agents provocateurs zur Ermittlung von Straftätern, NJW 1979, 2014 ff.
Geppert, Der Grundsatz der Unmittelbarkeit im deutschen Strafverfahren, Berlin/New York 1979.
Häring/Römer, Staatsanwaltschaft – Polizei, Kriminalistik 1979, 269 ff., 275 ff.
Hafermaier, Heroinkonsum: Überlegungen zur Eindämmung der Nachfrage, Kriminalistik 1979, 174.
Hammes, Konzentrierte Aktion gegen den Rauschgifthandel, Kriminalistik 1979, 548 ff.
Helmken, Staatsanwaltschaft und Polizei, Kriminalistik 1979, 138 ff.
Hitz/Krüger, Kriminalistische Fälle und Lockspitzel, Kriminalistik 1979, 259 ff.
Schulz, Die polizeiliche Bekämpfung der Rauschgiftkriminalität unter besonderer Berücksichtigung der Zentralstellenfunktion des Bundeskriminalamtes, Krim 1979, Heft 9.
Stümper, Bekämpfung der Rauschgiftkriminalität, Kriminalistik 1979, 403 ff.

Decker, Zum Verhältnis Staatsanwaltschaft – Polizei, Kriminalistik 1980, 423 ff.
Bux, Polizeiliche Prävention bei der Bekämpfung der Rauschgiftkriminalität, Kriminalistik 1980, 194 ff.
Hafenmaier, Beseitigung der Griffnähe von Heroin als polizeiliche Aufgabe in der Drogenszene, Münster 1980.

Heinisch, Der Einfluß der Exekutive auf die Wahrheitsfindung im Strafprozeß, MDR 1980, 898 ff.
Nordmann, Erfahrungen aus der »Rauschgiftkammer«, DRiZ 1980, 164 ff.
Polizeipräsident Berlin, Der Rauschmittelmißbrauch in Berlin (West), Berlin 1980.
Schmid, Die Bindung des Gerichts und der Staatsanwaltschaft an das Zeugnisverweigerungsrecht des Polizeibeamten, PolBl 1980, 21 ff.
Seeber, Rumpelstilzchensyndrom: »Ach wie gut, daß niemand weiß...«, Kriminalistik 1980, 321 ff.
Seebode, »Hörensagen ist halb gelogen«, Das Zeugnis vom Hörensagen im Strafprozeß, JZ 1980, 506 ff.
Steinke, Förmliche Verpflichtung von V-Personen, Kriminalistik 1980, 490 ff.
Welp, Anwesenheitsrechte und Benachrichtungspflichten, JZ 1980, 134 ff.

Beer, Polizeiliche Strategien und Taktiken bei der Drogenbekämpfung, Bundeskriminalamt, Polizeiliche Drogenbekämpfung, Wiesbaden 1981, 199 ff. Dokumentation des Strafverfahrens gegen Ilse Schwipper, StrVert 1981, 189 ff.
Falk, Auflösung einer offenen Rauschgiftszene – eine sinnvolle Entscheidung?, Kriminalistik 1981, 256 ff.
Friedrichs, Der Einsatz von V-Leuten durch die Ämter des Verfassungsschutzes, Göttinger rechtswissenschaftliche Studien, Bd. 114, Göttingen 1981.
Gribbohm, Der Gewährsmann als Zeuge im Strafprozeß, NJW 1981, 306 ff.
Maaß, Die Behandlung des »agent provocateurs« im Strafrecht, Jura 1981, 514 ff.
Marx, Ironies of Social Control: Authorities as contributors to deviance through escalation, noninforcement and court facilitation, in: Social Problems (Vol. 28) 1981, 221 ff.; Mass., USA.
Preuß, Prozeßsteuerung durch die Exekutive, StrVert 1981, 312 ff.
Preuß, Justizielle und polizeiliche Wahrheit im Strafverfahren, KJ 1981, 109 ff. (s. in diesem Band S. 115 ff.).
Rebscher, Rechtliche und organisatorische Grundlagen der internationalen Zusammenarbeit bei der Drogenbekämpfung, Bundeskriminalamt, Polizeiliche Drogenbekämpfung, Wiesbaden 1981, 155 ff.
Rebscher, Situation und Prognose der Rauschgiftkriminalität aus der Sicht des Bundeskriminalamtes, Frankfurt 1981.
Sieg, Die staatlich provozierte Straftat, StrVert 1981, 636 ff. (s. in diesem Band S. 228 ff.).
Seltmann, Prävention auf dem Gebiete der Rauschgiftkriminalität, Kriminalistik 1981, 195.

Schulz, Erscheinungsformen der Drogenkriminalität, Bundeskriminalamt, Polizeiliche Drogenbekämpfung, Wiesbaden 1981, 123 ff.
Schulz, Die Rolle der Polizei bei der Drogenbekämpfung, Bundeskriminalamt, Polizeiliche Drogenbekämpfung, Wiesbaden 1981, 95 ff.
Weider, Zur Problematik des polizeilichen V-Mannes, StrVert 1981, 151 ff.

Fischer/Däubler-Gmelin u. a., Entwurf eines Gesetzes zur Änderung des Strafgesetzbuches und der Strafprozeßordnung, aus: Drucksache 9/2089 des Deutschen Bundestages, 9. Wahlperiode vom 10. 11. 1982.
Behr, Das Rätsel des roten Libanon, TransAtlantik 1982, 31 ff.
Berz, Polizeiliche agent provocateurs und Tatverfolgung, JuS 1982, 417 ff.
Bruns, Neue Wege zur Lösung des strafprozessualen »V-Mann-Problems«, Baden-Baden 1982.
Dencker, Zur Zulässigkeit staatlich gesteuerter Deliktsbeteiligung, Festschrift Dünnebier, Berlin/New York 1982, 447 ff. (s. in diesem Band S. 238 ff.).
Grünwald, Der Niedergang des Prinzips der unmittelbaren Zeugenvernehmung, Festschrift Dünnebier, Berlin/New York 1982, 347 ff.
Gusy, Rechtsstellung und Betätigung von V-Leuten der Nachrichtendienste, Recht im Amt 1982, 101 ff.
Hamm, Das Bundesverfassungsgericht und die geheimen Zeugen im Strafprozeß, WDR-Kommentar vom 8. 4. 1982 (s. in diesem Band S. 483 ff.).
Hassemer, Die »Funktionstüchtigkeit der Strafrechtspflege« – Ein neuer Rechtsbegriff, StrVert 1982, 275 ff. (in diesem Band S. 71 ff.).
Körner, Die Glaubwürdigkeit und die Strafbarkeit von V-Personen – die Strafbarkeit der provozierten Tat, StrVert 1982, 382 ff.
Krüger, Verfassensrechtliche Grundlagen der polizeilichen V-Mann-Arbeit, NJW 1982, 855 ff.
Maeffert, Licht und Schatten StrVert 1982, 86 ff.
Rebmann, Der Zeuge vom Hörensagen, Spannungsverhältnis zwischen gerichtlicher Aufklärungspflicht, Belangen der Exekutive und Verteidigungsinteressen, NStZ 1982, 315 ff. (s. in diesem Band S. 403 ff.).
Schmid, Notwendigkeit und Zulässigkeit verdeckt geführter Ermittlungen der Polizei im Strafverfahren, Polizeinachrichten 1982, 62 ff.
Schmidt, Fragen des Betäubungsmittelstrafrechts (V-Leute und Lockspitzel), MDR 1982, 885.
Stümper, Probleme der Bekämpfung einer konspirativ vorgehenden, bandenmäßig organisierten Kriminalität, Pol 1982, 229 ff.

Backes, Abschied vom Zeugen vom Hörensagen, Festschrift Klug, Köln 1983, 447 ff.
Bruns, »Widerspruchsvolles« Verhalten des Staates als neuartiges Strafverfolgungsverbot und Verfahrenshindernis, insbesondere beim tatprovo-

zierenden Einsatz polizeilicher Lockspitzel, NStZ 1983, 49 ff. (s. in diesem Band S. 259 ff.).
Geißer, Das Anklagemonopol der Staatsanwaltschaft und die Gewährsperson als Aufklärungsmittel im Ermittlungs- und als Beweismittel im Strafverfahren, GA 1983, 385 ff. (s. in diesem Band S. 140 ff.).
Gropp, Tagungsberichte, Diskussionsbeiträge der Strafrechtslehrertagung 1983 in Bern, ZStW (95) 1983, 993 ff.
Herzberg, Der agent provocateur und die »besonderen persönlichen Merkmale« (§ 28 StGB), JuS 1983, 737 ff.
Körner, Verteufelt und verherrlicht: Der V-Mann, Kriminalistik 1983, 290 ff. (s. in diesem Band S. 91 ff.).
Lüderssen, Zur »Unerreichbarkeit« des V-Mannes, Festschrift Klug, Köln 1983, 527 ff.
Lüderssen, Eine Sache des Vertrauens, KrimJour 1983, 161 ff.
Lüderssen, Ermittlungsnotstand, Merkur (37) 1983, 719 ff.
Mache, Die Zulässigkeit des Einsatzes von Agents provocateurs und die Verwertbarkeit der Ergebnisse im Strafprozeß, Diss. Frankfurt 1983.
Memorandum der Humanistischen Union zum under-cover-agent, Vorgänge 1983, 1 ff.
Meyer, Zur prozeßlichen Problematik des V-Mannes, ZStW (95) 1983, 834 ff.
Münder, Verführbarkeit in der Welt der Dealer, Sozialmagazin 1983, 54 ff.
Seelmann, Zur materiell-rechtlichen Problematik des V-Mannes, ZStW (95) 1983, 797 ff. (s. in diesem Band S. 379 u. 285 ff.).
Schaefer, Der Einsatz von V-Personen aus der Sicht der Staatsanwaltschaft, Hessische Polizei-Rundschau 1983, 12 ff. (s. in diesem Band S. 102 ff.).
Schoreit, Die kommissarische Vernehmung des anonym bleibenden Vertrauensmannes der Polizei und deren Verwendung als Beweismittel in der neueren Rechtsprechung, MDR 1983, 617.
Stümper, Organisierte Kriminalität – ein ernst zu nehmendes Problem, Staatsanzeiger für Baden-Württemberg vom 20. 4. 1983 (s. in diesem Band S. 65 ff.).
Stümper, Überholte Polarisationen, Kriminalistik 1983, 350 ff.
Vahle, Polizeiliche Aufklärungs- und Observationsmaßnahmen (unter Berücksichtigung des Verfassungsschutzes), Diss. Bielefeld 1983.
Voller, Der Staat als Urheber von Straftaten, Zur Berechtigung des Einsatzes von Lockspitzeln und zur Verwendbarkeit der durch sie geschaffenen Beweise, Diss. Tübingen 1983.

Brodeur, Unberührbare – Anmerkung zum polizeilichen Spitzel, Cilip 1984, 45 ff.
Diederichs/Nantscheff/Gottschlich, Der vierte Geheimdienst der Republik. Die Geschichte der bundesdeutschen Untergrundfahndung, die tageszeitung vom 23. 11., 28. 11., 30. 11. 1984.

Dokukemtation, Materialien zum Under-Cover-Agent, StrVert 1984, 350 ff.

Foth, Kann die Anstiftung durch eine V-Person ein Verfahrenshindernis begründen?, NJW 1984, 221 ff. (s. in diesem Band S. 301 ff.).

Füllkrug, Neue Formen der Kriminalbekämpfung und ihre Auswirkungen auf das Verhältnis von Staatsanwaltschaft und Polizei, ZRP 1984, 193 ff.

Füllkrug, Die Kriminalisierung der V-Mann-Tätigkeit, Kriminalistik 1984, 592 ff.

Gössel, Verfassungsrechtliche Verwertungsverbote im Strafverfahren, JZ 1984, 361 ff.

Gössner/Herzog, Im Schatten des Rechts, Köln 1984.

Gülzow, Die Verwertung verdeckt erlangter Erkenntnisse im Strafprozeß, Pol 1984, 331 ff.

Händel, Staatlicher Strafanspruch verwirkt?, Kriminalistik 1984, 538 f.

Hertlein, Erfordernis und Grenzen verdeckter polizeilicher Maßnahmen, Pol 1984, 322 ff.

Hilger, Zum Rechtsweg gegn Sperrerklärung und Verweigern der Aussagegenehmigung in V-Mann-Prozessen, NStZ 1984, 145 ff.

Keller, Polizeiliche Observation und strafprozessuale Wahrheitserforschung, StrVert 1984, 521 ff.

Körner, V-Leute: Verbrannt und verblüht, Von Schmetterlingen, Gary und Tweety Love, Kriminalistik 1984, 230 ff.

Körner, Der Grundsatz des fair play für den V-Mann und für den Zeugen, Kriminalistik 1984, 338 ff.

55. Konferenz der Justizminister und -senatoren, Thesen zur Inanspruchnahme von V-Personen und Informanten, DRiZ 1984, 482.

Krüger, Rechtsfragen bei verdeckten Ermittlungen aus verfassungsrechtlicher Sicht, Pol 1984, 325 ff. = JR 1984, 490 ff.

Lemke, Rechtsprechung zur kommissarischen Vernehmung gesperrter V-Leute im Strafprozeß, RuP 1984, 22 ff.

Riehle, Verrechtlichung verdeckter Polizeiarbeit, Cilip 1984, 16 ff.

Schäfer, Das Ende des V-Mannes, JR 1984, 397 ff.

Schmidtmann, Eigentumsdelikte: Tips vom V-Mann, Kriminalistik 1984, 595 ff.

Schwarzburg, Die »gefestigte Rechtsprechung« zur Zulässigkeit der polizeilichen Verbrechensprovokation, Cilip 1984, 35 ff.

Seelmann, Der anonyme Zeuge – ein erstrebenswertes Ziel der Gesetzgebung?, StrVert 1984, 477 ff.

Taschke, Verfahrenshindernis bei Anstiftung durch einen Lockspitzel?, StrVert 1984, 178 ff. (s. in diesem Band S. 305 ff.).

von Thenen, Ist der V-Mann noch zu retten?, Kriminalität 1984, 5 ff.

Steinke, Begriffsentwirrung: V-Mann, VCA, Vigilant, Gewährsperson..., Kriminalistik 1984, 285 ff.

Weider, Verteidigung gegen Phantom-Gestalten – V-Männer im Strafverfahren, Cilip 1984, 29 ff.
Herzog, Rechtsstaatliche Begrenzungen der Verbrechensbekämpfung, NStZ 1985, 153 ff.
Lüderssen, Die V-Leute-Problematik... oder: Zynismus, Borniertheit oder »Sachzwang«?, Jura 1985, 113 ff. (gekürzter Vorabdruck des Einleitungsartikels in diesem Band).
Meyer, Zur V-Mann-Problematik aus rechtsvergleichender Sicht, Festschrift Jescheck, Bd. 2, 1985.
Ostendorf/Meyer-Seitz, Die strafrechtlichen Grenzen des polizeilichen Lockspitzel-Einsatzes, StrVert 1985, 73 ff.
Rebmann, Der Einsatz verdeckt ermittelnder Polizeibeamter im Bereich der Strafverfolgung, NJW 1985, 1 ff.
Riehle, Verdacht, Gefahr und Risiko. Der V-Mann: ein weiterer Schritt auf dem Weg zu einer anderen Polizei, KrimJour 1985, 44 ff.
Rieß, Verfahrenshindernisse von Verfassung wegen?, JR 1985, 45 ff.
Stüllenberg, Notwendig und erlaubt: Untergrundermittlungen, Kriminalistik 1985, 6 ff.
Wehner, V-Mann = »Verbindungsmann«?, Kriminalistik 1985, 154 ff.

Entscheidungen des Reichsgerichts und des Bundesgerichtshofs

Ist eine Entscheidung in mehreren Zeitschriften *desselben* Jahrgangs veröffentlicht, so ist nur bei dem ersten Zeitschriftennachweis der Jahrgang angegeben; das gleiche gilt für den Nachweis der Anmerkungen.

RG, Urt. v. 1. 11. 1881 (Zeuge vom Hörensagen) RGSt 5, 142.
RG, Urt. v. 3. 2. 1911 (Folgen der Verweigerung der Aussagegenehmigung) RGSt 44, 291.
RG, Urt. aus 1912 (Billigung der polizeilichen Verwendung von Lockspitzeln) mitgeteilt in: ZStW (33) 1912, 693 f.
BGH, Urt. v. 5. 3. 1953 (Beweiswert des Zeugen vom Hörensagen) bei Dallinger MDR 1954, 400.
BGH, Urt. v. 16. 2. 1954 (Beweiswert des Zeugen vom Hörensagen) bei Dallinger MDR 1954, 400.
BGH, Urt. v. 1. 8. 1962 (Zeugenaussagen von Vernehmungsbeamten über die Angaben anonymer V-Leute) BGHSt 17, 382 = NJW 1962, 1876 = JZ, 760 = MDR, 1004 = JuS 1963, 82, Nr. 11; Anm. Tiedemann, JuS 1965, 15.
BGH, Urt. v. 16. 2. 1965 (Zeuge vom Hörensagen) BGHSt 20, 164 = NJW 1965, 827 = MDR, 400 = JZ, 458.

BGH, Urt. v. 9. 7. 1968 (Verwertbarkeit der Aussage eines Zeugen über einen V-Mann) JR 1969, 305 m. Anm. Koffka = GA 1968, 370.
BGH, Urt. v. 17. 1. 1969 (Unerreichbarkeit einer V-Person der Polizei) BGHSt 22, 311.
BGH, Urt. v. 14. 4. 1970 (Geheimhaltung der Personalien eines Gewährsmannes der Polizei) BGHSt 23, 244 = NJW 1970, 1197.
BGH, Urt. v. 10. 6. 1975 (Zur Verwertbarkeit der Aussage eines sog. agent provocateurs) GA 1975, 333.
BGH, Urt. v. 10. 10. 1979 (Verwertungsverbot für die Aussage eines von der Behörde gesperrten Zeugen) BGHSt 29, 109 = NJW 1980, 464.
BGH, Urt. v. 15. 4. 1980 (Verwirkung des Strafanspruchs bei Anstiftung durch »agent provocateur«) NStZ 1981, 18 = NJW 1980, 1761 = MDR 1981, 681 (in diesem Band S. 175–177).
BGH, Urt. v. 28. 5. 1980 (Voraussetzung der Verlesung polizeilicher Zeugenvernehmungen) NJW 1980, 2088.
BGH, Beschl. v. 15. 9. 1980 (Auskunftsverweigerung der Behörde über Identität eines V-Mannes) StrVert 1981, 110 m. Anm. Plähn, 216.
BGH, Urt. v. 21. 10. 1980 (Grenzen tatprovozierenden Verhaltens eines polizeilichen Lockspitzels) StrVert 1981, 163 = NStZ, 104.
BGH, Beschl. v. 22. 10. 1980 (Verwirkung des staatlichen Strafanspruchs bei tatprovozierendem Verhalten eines Lockspitzels) NStZ 1981, 70.
BGH, Beschl. v. 29. 10. 1980 (Erreichbarkeit eines von der Behörde gesperrten Polizeibeamten) StrVert 1981, 58 m. Anm. Weider = NStZ, 111 = NJW, 355 = MDR, 156 = JZ, 150 = JR, 477 m. Anm. Meyer.
BGH, Urt. v. 11. 12. 1980 (Erreichbarkeit eines polizeilichen Gewährsmannes) StrVert 1981, 109 = NJW, 770 = MDR, 329 = JR, 344 m. Anm. Franzheim.
BGH, Beschl. v. 23. 1. 1981 (Verwertbarkeit von Angaben eines verborgen gehaltenen Zeugen) NStZ 1981, 270 m. Anm. Fröhlich.
BGH, Urt. v. 6. 2. 1981 (Verfahrenshindernis bei Anstiftung durch polizeilichen Lockspitzel) StrVert 1981, 392 m. Anm. Mache, 599 = NStZ, 394 = NJW, 1626 = MDR, 683 (in diesem Band. S. 180–182).
BGH, Beschl. v. 17. 2. 1981 (Unerreichbarkeit eines durch die Behörde gesperrten Zeugen) BGHSt 30, 34 = StrVert 1981, 111 = NJW, 1052 = MDR, 511 = JR, 345 m. Anm. Franzheim = 357.
BGH, Urt. v. 25. 3. 1981 (Einzelfall eines zulässigen Lockspitzeleinsatzes) StrVert 1981, 276 = NStZ, 257 = GA, 572.
BGH, Beschl. v. 9. 9. 1981 (kein Ausschluß des Angeklagten während der Vernehmung des V-Mannes in der Hauptverhandlung) StrVert 1981, 596 m. Anm. Steck-Bromme, StrVert 1982, 52.
BGH, Beschl. v. 6. 10. 1981 (Unerreichbarkeit des V-Mannes als Zeuge) NStZ 1982, 40.
BGH, Urt. v. 21. 10. 1981 (Nichtvereidigung eines politischen Lockspitzels) StrVert 1982, 51 = NStZ, 127.

BGH, Urt. v. 27. 10. 1981 (Unerreichbarkeit des V-Mannes als Zeuge) StrVert 1982, 56 = NStZ, 79.

BGH, Urt. v. 9. 7. 1968 (Keine Verwendung der Aussagen eines Zeugen über Mitteilungen eines V-Mannes) GA 1968, 370.

BGH, Beschl. v. 13. 11. 1981 (Verfahrenshindernis bei Einwirkung eines V-Mannes) StrVert 1982, 53 (in diesem Band S. 192–194).

BGH, Beschl. v. 25. 11. 1981 (Strafzumessung bei Lockspitzeleinsatz) StrVert 1982, 221.

BGH, Beschl. v. 23. 12. 1981 (Verfahrenshindernis bei Anstiftung durch polizeiliche Lockspitzel) StrVert 1982, 151 = NStZ, 156 = MDR, 448 = JA, 451 m. Anm. Sonnen.

BGH, Urt. v. 19. 1. 1982 (Unerreichbarkeit eines V-Mannes) StrVert 1982, 206.

BGH, Beschl. v. 10. 8. 1982 (Folgen der Anstiftung durch polizeiliche Lockspitzel ohne konkreten Auftrag der Polizeibehörde) StrVert 1983, 2 m. Anm. Körner = NStZ, 80.

BGH, Urt. v. 5. 11. 1982 (Verletzung des fairen Verfahrens bei kommissarischer Vernehmung) BGHSt 31, 149 = StrVert 1983, 49 = NStZ, 229 m. Anm. Franzheim = NJW, 1005 m. Anm. Engels, 1530 = MDR, 334 = JA, 394 m. Anm. Kratzsch (in diesem Band S. 488–494).

BGH, Urt. v. 2. 2. 1983 (Fehlerhafte kommissarische Vernehmung) BGHSt 31, 236 = StrVert 1983, 138 = NStZ, 326 = NJW, 1864 = MDR, 504 = JR, 474 m. Anm. Meyer.

BGH, Urt. v. 16. 3. 1983 (Fehlerhafte Verlesung einer V-Mann-Aussage) BGHSt 31, 290 = StrVert 1983, 225 m. Anm. Weider = NJW 1572 = MDR, 682 = JR 83, 476 m. Anm. Meyer (in diesem Band S. 502–507).

BGH, Urt. v. 17. 3. 1983 (Verwertbarkeit des Telefongesprächs zwischen einem V-Mann und einem Tatverdächtigen) StrVert 1983, 230 = NStZ, 466 m. Anm. Meyer = NJW, 1570 = MDR, 590 = JZ, 386 = JuS, 809 m. Anm. Hassemer = JA, 554 m. Anm. Kratzsch (in diesem Band S. 508–513).

BGH, Urt. v. 22. 3. 1983 (Kommissarische Vernehmung eines V-Mannes) StrVert 1983, 232 = NStZ, 325 (in diesem Band S. 514–516).

BGH, Vorlagebeschl. an den GS v. 4. 5. 1983 (Kommissarische Vernehmung eines V-Mannes unter Ausschluß von Angeklagtem und Verteidiger) StrVert 1983, 314 m. Anm. Bruns 382 = NStZ 1984, 32 m. Anm. Günther (in diesem Band S. 517–530; 531 ff.).

BGH, Urt. v. 5. 5. 1983 (Fragenkatalog bei kommissarischer Vernehmung) StrVert 1983, 355 = NStZ, 421 = MDR, 796.

BGH, Urt. v. 1. 7. 1983 (Ausschluß des Angeklagten während V-Mann-Vernehmung) StrVert 1983, 356 = NStZ, 565 = MDR, 948 = JZ, 1984, 45 m. Anm. Geerds.

BGH, Beschl. v. 12. 7. 1983 (Kommissarische Vernehmung eines V-Mannes) StrVert 1983, 354 = NStZ, 516 = MDR, 949.

BGH, Beschl. v. 23. 8. 1983 (Unzulässigkeit der Verlesung der Aussage eines identifizierten V-Mannes) StrVert 1983, 443 = NStZ, 569 = MDR, 987.
BGH, Urt. v. 24. 8. 1983 (Fernwirkung von Beweisverboten) NStZ 1984, 276.
BGH, Beschl. v. 28. 8. 1983 (Niederschrift über die Vernehmung eines V-Mannes) NStZ 1983, 569.
BGH, Urt. v. 31. 8. 1983 (Unmittelbarkeitsgebot bei verdeckter Vernehmung eines V-Mannes) StrVert 1984, 5.
BGH, Urt. v. 23. 9. 1983 (Verfahrenshindernis bei Anstiftung durch einen polizeilichen Lockspitzel) StrVert 1984, 4 = NStZ, 78 (in diesem Band S. 195–199).
BGH GS, Beschl. v. 17. 10. 1983 (Kommissarische Vernehmung nur bei Anwesenheit der Verteidigung) BGHSt 32, 115 = StrVert 1983, 490 m. Anm. Grünwald 1984, 56 = NStZ 1984, 36 m. Anm. Frenzel u. Herdegen 99, 200, 337 = NJW, 247 m. Anm. Tiedemann/Seiber, 754 = JZ, 430 m. Anm. Fezer = DRiZ 1983, 448; Anm. Bruns, MDR 1984, 177; Anm. Hassemer, JuS, 399; Anm. Miebach, ZRP, 81 m. Erwiderung Listen, 192; Anm. Füllkrug, Kriminalistik, 122 (in diesem Band S. 551–561; 562 ff.; 571 ff.; 603 ff.).
BGH, Beschl. v. 20. 12. 1983 (Kommissarische Vernehmung von Zeugen unter Ausschluß des Verteidigers) StrVert 1984, 58 = NStZ, 178.
BGH, Beschl. v. 26. 4. 1984 (Verfahrensfehler bei der Verlesung einer kommissarischen V-Mann-Vernehmung) StrVert 1984, 231.
BGH, Urt. v. 23. 5. 1984 ((Nur) Strafmilderung bei Anstiftung durch polizeiliche Lockspitzel) BGHSt 32, 345 = StrVert 1984, 321 m. Anm. Bruns, 388 = NStZ 1985, 131 m. Anm. Meyer = NJW, 1984, 2300 = MDR, 861; Anm. Hassemer, JuS 1985, 65; Anm. Händel, Kriminalistik 1984, 538 (in diesem Band S. 328–338; 339 ff.).
BGH, Urt. v. 9. 8. 1984 (Verwirkung des staatlichen Strafanspruchs bei Anstiftung durch eine polizeilichen Lockspitzel) StrVert 1984, 406.
BGH, Beschl. v. 13. 7. 1984 (Verfahrenshindernis bei Anstiftung durch einen polizeilichen Lockspitzel) StrVert 1984, 407 = NStZ, 519.
BGH, Urt. v. 4. 7. 1984 (Ausschluß der Öffentlichkeit bei V-Mann-Vernehmung) NStZ 1984, 522.
BGH, Beschl. v. 13. 7. 1984 (Zu den Grenzen tatprovozierenden Verhaltens eines Lockspitzels) NStZ 1984, 519.
BGH, Urt. v. 9. 8. 1984 (Grenzen und Auswirkungen tatprovozierenden Verhaltens eines Lockspitzels) NStZ 1984, 555.
BGH, Beschl. v. 8. 11. 1984 (Entfernung des Angeklagten bei Vernehmung des Zeugen), JZ 1985, 199.
BGH, Urt. v. 14. 11. 1984 (Verlesung der polizeilichen Vernehmung eines gesperrten V-Mannes), StrVert 1985, 5 m. Anm. Taschke (Heft 6).

BGH, Urt. v. 5. 12. 1984 (Verlesung polizeilicher Vernehmungsniederschriften eines V-Mannes), StrVert 1985, 45 = MDR 337.
BGH, Urt. v. 1. 2. 1985 (Verfahrenshindernis bei völkerrechtswidriger Auslieferung), StrVert 1985 (Heft 6).

Entscheidungen anderer Gerichte

BGH, Urt. v. 24. 11. 1952 (Sittenwidrigkeit des Einsatzes eines agent provocateurs) BGHZ 8, 83.
LG Bremen, Beschl. v. 22. 9. 1955 (Beschlagnahme amtlicher Schriftstücke) NJW 1955, 1850.
OVG Berlin, Urt. v. 30. 3. 1955 (Verweigerung der Aussagegenehmigung) NJW 1955, 1940.
VG Freiburg, Urt. v. 27. 6. 1956 (Verweigerung der Aussagegenehmigung stellt Verwaltungsakt dar) NJW 1956, 1941 = MDR, 636.
VG Köln, Urt. v. 15. 2. 1957 (Auskunft einer Gewährsperson) GA 1957, 251 m. Anm. Linke.
OVG Münster, Urt. v. 18. 2. 1957 (Rechtsweg bei Verweigerung der Auskunft einer Behörde) JZ 1958, 754 m. Anm. Rupp.
VGH München, Urt. v. 15. 10. 1957 (Auskunft einer Behörde über Mitteilungen) NJW 1958, 643.
Hans. OLG Hamburg, Beschl. v. 22. 10. 1957 (Klageerzwingung gegen Vertrauensperson der Finanzbehörde) GA 1958, 56.
Kantonsgericht Graubünden (Schweiz), 1957 (Anwesenheitspflicht des V-Mannes als Zeuge im Strafverfahren). Die Praxis des Kantongerichts von Graubünden 1957, Nr. 45, S. 118.
BVerwG, Urt. v. 29. 5. 1959 (Auskunftsverlangen der Staatsanwaltschaft gem. § 161 StPO) BVerwG 8, 324 = JZ 1960, 65 m. Anm. Rupp.
BVerwG, Urt. v. 30. 4. 1965 (Über die Verpflichtung einer Behörde zur Bekanntgabe von Gewährsleuten) DÖV 1965, 488; Anm. Perschel, JuS 1966, 231.
LG Bonn, Beschl. v. 24. 5. 1965 (Preisgabe der Identität eines V-Mannes der Finanzverwaltung) MDR 1965, 763 = JZ 1966, 33 m. Anm. Rupp.
BVerfG, Beschl. v. 26. 5. 1966 (Kein Verbot des Zeugen vom Hörensagen durch Art. 103 I GG; zu BGH, Urt. v. 16. 2. 1965) JZ 1967, 570 m. Anm. Tiedemann.
OLG Frankfurt, Beschl. v. 13. 3. 1968 (Begründung des dringenden Tatverdachts durch Angaben anonymer Vertrauensleute der Polizei) NJW 1968, 1000.
OLG Hamm, Urt. v. 9. 10. 1969 (Vernehmung eines Zeugen vom Hörensagen und Verweigerung der Aussagegenehmigung) NJW 1970, 821.
OLG Stuttgart Urt. v. 13. 10. 1971 (Verwertbarkeit der Aussage eines Zeugen vom Hörensagen zur Vernehmung eines V-Mannes) NJW 1972, 66.

OLG München, Beschl. v. 10. 3. 1972 (Rechtfertigung des Hausfriedensbruchs durch Kontaktperson der Polizei) NJW 1972, 2275 = DVBl 1973, 221; Anm. Otto, NJW 1973, 668; Anm. Amelung/Schall, JuS 1975, 565.

OLG Frankfurt, Beschl. v. 9. 12. 1975 (Zeugenaussage über die Mitteilungen eines V-Mannes) NJW 1976, 985.

VGH München, Urt. v. 30. 7. 1979 (Klage auf Preisgabe des Namen eines V-Mannes) NJW 1980, 198.

OLG Stuttgart, Beschl. v. 26. 6. 1980 (V-Mann-Einwirkung als besonderer Umstand in der Tat gem. § 57 II StGB) MDR 1980, 1038.

LG Bremen, Beschl. v. 14. 11. 1980 (Kommissarische Vernehmung unter Ausschluß des Verteidigers) StrVert 1981, 18 m. Anm. Weider.

LG Bremen, Beschl. v. 25. 11. 1980 (Verlesung polizeilicher Vernehmungsprotokolle) StrVert 1981, 18.

AG Heidenheim, Urt. v. 27. 11. 1980 (Verwirkung des staatlichen Strafanspruchs als Verfahrenshindernis) NJW 1981, 1628 (in diesem Band S. 178 f.).

BVerfG, Beschl. v. 26. 5. 1981 (Unerreichbarkeit einer Beweisperson; Strafbarkeit einer geheimdienstlichen Tätigkeit) BVerfGE 57, 250 = StrVert 1981, 381 m. Anm. Kotz 531 = NStZ, 357 = NJW, 1719 (in diesem Band S. 457–482).

Hans. OLG Hamburg, Beschl. v. 20. 8. 1981 (Rechtsweg bei fehlender Preisgabe des V-Mannes durch oberste Dienstbehörde) StrVert 1981, 537.

KG Berlin, Urt. v. 9. 9. 1981 (Berücksichtigung des Lockspitzeleinsatzes bei Strafzumessung) NJW 1982, 838 (in diesem Band S. 183–186).

AG Heidelberg, Urt. v. 15. 12. 1981 (Unerreichbarkeit eines V-Mannes) StrVert 1982, 162.

LG Verden, Urt. v. 22. 10. 1981 (Anstiftung durch polizeiliche Lockspitzel) StrVert 1982, 364 (in diesem Band S. 187–191).

AG Osterholz-Scharnbeck, Urt. v. 18. 2. 1982 (Lockspitzeleinsatz als Strafmilderungsgrund) StrVert 1983, 247.

BVerwG, Urt. v. 24. 6. 1982 (Rechtsschutz bei der Verweigerung einer Aussagegenehmigung für Beamten) NJW 1983, 6381; Anm. Hantel, JuS 1984, 516.

OLG Frankfurt, Beschl. v. 5. 10. 1982 (Rechtsweg bei Auskunftsverlangen bezüglich einer V-Person) StrVert 1983, 53 = NStZ 231.

LG Münster beim AG Bocholt, Urt. v. 12. 10. 1982 (Anwendung des »in dubio pro reo« bei Sperrung des V-Mannes für die Hauptverhandlung) StrVert 1983, 97 (in diesem Band S. 495–501).

OLG Düsseldorf, Beschl. v. 10. 8. 1983 (Zur Verfolgbarkeit eines zu seiner Straftat durch einen Lockspitzel angestifteten Täters) StrVert 1983, 450.

VGH Kassel, Urt. v. 30. 8. 1983 (Rechtsweg bei Verweigerung der Aktenherausgabe durch Behörde) NJW 1984, 1253.

OLG Celle, Beschl. v. 9. 9. 1983 (Auskunftsverlangen bezüglich eines polizeilichen V-Mannes) StrVert 1983, 446 = NStZ, 570 = JR 1984, 297 m. Anm. Meyer.

Hans. OLG Hamburg, Beschl. v. 7. 12. 1983 (Anforderungen an die Sperrerklärung eines V-Mannes) StrVert 1984, 11.

LG Stuttgart, Urt, v. 30. 11. 1983 (Verfahrenseinstellung wegen Anstiftung durch polizeilichen Lockspitzel) StrVert 1984, 197 (in diesem Band S. 315–327).

OVG Berlin, Urt. v. 13. 9. 1983 (Rechtsfehlerhafte Versagung der Aussagegenehmigung) StrVert 1984, 279.

OVG Berlin, Urt. v. 13. 9. 1983 (Rechtsweg gegen Verweigerung der Aussagegenehmigung und Voraussetzung der Rechtmäßigkeit der Verweigerung) StrVert 1984, 280.

BVerwG, Urt. v. 27. 4. 1984 (Verwaltungsrechtsweg bei Klage gegen Sperrerklärung bezüglich der Vorlage von Akten) StrVert 1984, 278 = NJW, 2233.

LG Berlin, Urt. v. 23. 2. 1984 (Einstellung wegen eines Verfahrenshindernisses bei Anstiftung durch einen polizeilichen Lockspitzel) StrVert 1984, 457 (in diesem Band S. 217–227).

VGH Mannheim, Urt. v. 2. 5. 1984 (Beweiswert der Aussage des Zeugen vom Hörensagen) NJW 1984, 2429.

LG Frankfurt, Urt. v. 2. 7. 1984 (Einstellung wegen eines Verfahrenshindernisses bei Anstiftung durch einen polizeilichen Lockspitzel) StrVert 1984, 415 (in diesem Band S. 200–216).

LG Heilbronn, Urt. v. 19. 3. 1984 (Einsatz von V-Männern im Rahmen der Wirtschaftskriminalität) NJW 1985, 874.

OLG Stuttgart, Beschl. v. 7. 9. 1984 (Sperrerklärung und mangelnde Kenntnis des V-Mannes vom Beweisthema) NStZ 1985, 136 m. Anm. Hilger = NJW 77 = MDR 72.

BVerfG (Vorprüfungsausschuß), Beschl. v. 27. 11. 1984 (Zulässigkeit verdeckter polizeilicher Tätigkeit) NStZ 1985, 131, StrVert 1985 (Heft 5) m. Anm. Lüderssen.

LG Nürnberg-Fürth, Urt. v. 31. 1. 1985 (Amtspflichtverletzung durch falsche V-Mann-Aussage), StrVert 1985 (Heft 6).

Verzeichnis der Abkürzungen der Bibliographie

AG	Amtsgericht
Anm.	Anmerkung
Beschl.	Beschluß
BGH	Bundesgerichtshof
BGHGS	Bundesgerichtshof, Großer Senat
BGHSt	Entscheidungen des Bundesgerichtshofs in Strafsachen
BGHZ	Entscheidungen des Bundesgerichtshofs in Zivilsachen
BVerfG	Bundesverfassungsgericht
BVerwG	Bundesverwaltungsgericht
CILIP	Bürgerrechte und Polizei (Zeitschrift)
Diss.	Dissertation
DÖV	Die Öffentliche Verwaltung (Zeitschrift)
DRiZ	Deutsche Richterzeitung
DVBl	Deutsches Verwaltungsblatt
DWJ	Deutsches Waffenjournal
GA	Goltdammer's Archiv für Strafrecht
JA	Juristische Arbeitsblätter
JR	Juristische Rundschau (Zeitschrift)
JuS	Juristische Schulung (Zeitschrift)
JW	Juristische Wochenschrift
JZ	Juristenzeitung
KG	Kammergericht
KJ	Kritische Justiz (Zeitschrift)
Krim	Kriminalist (Zeitschrift)
KrimJour	Kriminologisches Journal
LG	Landgericht
MDR	Monatsschrift für Deutsches Recht
MSchr Krim	Monatsschrift für Kriminologie und Strafrechtsreform
NJW	Neue Juristische Wochenschrift
NStZ	Neue Zeitschrift für Strafrecht
OLG	Oberlandesgericht
OVG	Oberverwaltungsgericht
Pol	Die Polizei (Zeitschrift)
Pol Bl	Das Polizeiblatt (Zeitschrift)
Pol Pr	Polizei-Praxis (Zeitschrift)
RG	Reichsgericht
RGSt	Entscheidungen des Reichsgerichts in Strafsachen
RuP	Recht und Politik (Zeitschrift)
StGB	Strafgesetzbuch
StPO	Strafprozeßordnung
StrVert	Strafverteidiger (Zeitschrift)

Urt.	Urteil
VG	Verwaltungsgericht
VGH	Verwaltungsgerichtshof
WDR	Westdeutscher Rundfunk
ZStW	Zeitschrift für die gesamte Strafrechtswissenschaft
ZRP	Zeitschrift für Rechtspolitik
ZAllgMed	Zeitschrift für Allgemeine Medizin

Die Autoren

Arthur Kreuzer, Professor an der Universität Gießen
Alfred Stümper, Polizeipräsident von Baden-Württemberg
Winfried Hassemer, Professor an der Universität Frankfurt am Main
Harald Hans Körner, Staatsanwalt in Frankfurt am Main
Hans Christoph Schäfer, Leitender Ministerialrat im Hessischen Justizministerium
Ulrich K. Preuß, Professor an der Universität Bremen
Hans Geißer, Generalstaatsanwalt in Bamberg
Hans O. Sieg, Rechtsanwalt in Frankfurt am Main
Friedrich Dencker, Professor an der Universität Hannover
Hans-Jürgen Bruns, Professor an der Universität Erlangen
Kurt Seelmann, Professor an der Universität Hamburg
Eberhardt Foth, Richter am Bundesgerichtshof in Karlsruhe
Jürgen Taschke, Gerichtsreferendar in Frankfurt am Main
Jürgen Meyer, Professor an der Universität Freiburg im Breisgau
Kurt Rebmann, Generalbundesanwalt am Bundesgerichtshof in Karlsruhe
Rainer Hamm, Rechtsanwalt in Frankfurt am Main
Gerald Grünwald, Professor an der Universität Bonn
Klaus Tiedemann, Professor an der Universität Freiburg im Breisgau
Ulrich Sieber, Wissenschaftlicher Mitarbeiter an der Universität Freiburg im Breisgau

Nachweise

Klaus Lüderssen, Zynismus, Borniertheit oder »Sachzwang«?, gekürzter Vorabdruck in: Jura 1985, S. 113 ff.

Arthur Kreuzer, Wenn der Spitzel lockt, in: Die Zeit, 29. 1. 1982.

Arthur Kreuzer, Zeuge im Zwielicht, Jugendliche als Lockspitzel – wie lange noch?, in: Die Zeit, 24. 9. 1982.

Alfred Stümper, Organisierte Kriminalität – ein ernst zu nehmendes Problem, in: Staatsanzeiger für Baden-Württemberg, 20. 4. 1983.

Winfried Hassemer, Die »Funktionstüchtigkeit der Strafrechtspflege« – Ein neuer Rechtsbegriff?, in: Strafverteidiger S. 275 ff.

Harald Hans Körner, Verteufelt und verherrlicht: Der V-Mann, in: Kriminalistik 1983, S. 290 ff.

Hans Christoph Schaefer, Der Einsatz von V-Personen aus der Sicht der Staatsanwaltschaft, in: Hessische Polizei-Rundschau 1983, S. 12 ff.

Ulrich K. Preuß, Justitielle und polizeiliche Wahrheit im Strafverfahren, in: Kritische Justiz 1981, S. 108 ff. (Der Beitrag wurde um den letzten Abschnitt gekürzt.)

Hans Geißer, Das Anklagemonopol der Staatsanwaltschaft und die Gewährsperson als Aufklärungsmittel im Ermittlungs- und als Beweismittel im Strafverfahren, in: Goltdammer's Archiv 1983, S. 385 ff.

Bundesgerichtshof, Urteil vom 15. 4. 1980, in: Neue Juristische Wochenschrift 1980, S. 1764.

Amtsgericht Heidenheim, Urteil vom 27. 11. 1980, in: Neue Juristische Wochenschrift 1981, S. 1628 f.

Bundesgerichtshof, Urteil vom 6. 2. 1981, in: Strafverteidiger 1981, S. 392 f.

Kammergericht Berlin, Urteil vom 9. 9. 1981, in: Neue Juristische Wochenschrift 1982, S. 838 f.

Landgericht Verden, Urteil vom 22. 10. 1981, in: Strafverteidiger 1982, S. 364 f.

Bundesgerichtshof, Beschluß vom 13. 11. 1981, in: Strafverteidiger 1982, S. 53 f.

Bundesgerichtshof: Urteil vom 23. 9. 1983, in: Strafverteidiger 1984, S. 4 f.

Landgericht Frankfurt/Main, Urteil vom 2. 7. 1984, in: Strafverteidiger 1984, S. 415 ff.

Landgericht Berlin, Urteil vom 23. 2. 1984, in: Strafverteidiger 1984, S. 457 ff.

Hans O. Sieg, Die staatlich provozierte Straftat, in: Strafverteidiger 1981, S. 636 ff.

Friedrich Dencker, Zur Zulässigkeit staatlich gesteuerter Deliktsbeteiligung, in: Festschrift für Hans Dünnebier, Berlin, New York 1982, S. 447 ff.

Hans Jürgen Bruns, »Widerspruchsvolles« Verhalten des Staates als neuartiges Strafverfolgungsverbot und Verfahrenshindernis, insbesondere beim tatprovozierenden Einsatz polizeilicher Lockspitzel, in: Neue Zeitschrift für Strafrecht 1983, S. 49 ff.

Kurt Seelmann, Zur materiell-rechtlichen Problematik des V-Mannes. Die Strafbarkeit des Lockspitzels und des Verlockten. Abschnitt C: Straflosigkeit des durch den V-Mann Verlockten?, in: Zeitschrift für die gesamte Strafrechtswissenschaft, 95. Band (1983), S. 817 ff.

Eberhard Foth, Kann die Anstiftung durch eine V-Person ein Verfahrenshindernis begründen?, in: Neue Juristische Wochenschrift, 1984, S. 221 f.

Jürgen Taschke, Die Anstiftung durch einen Lockspitzel kann ein Verfahrenshindernis begründen, in: Strafverteidiger 1984, S. 178 ff.

Landgericht Stuttgart, Urteil vom 30. 11. 1983, in: Strafverteidiger 1984, S. 197 ff.

Bundesgerichtshof, Urteil vom 23. 5. 1984, in: Strafverteidiger 1984, S. 321 ff.

Hans-Jürgen Bruns, Eine Besprechung des Urteils BGH 1 StR 148/84 vom 23. 5. 1984, in: Strafverteidiger 1984, S. 388 ff.

Strafgericht Basel-Stadt, Urteil vom 30. 11. 1983, unveröffentlicht.

Kurt Seelmann, Zur materiell-rechtlichen Problematik des V-Mannes. Die Strafbarkeit des Lockspitzels und des Verlockten. Abschnitt B: Straflosigkeit des provozierenden V-Mannes? in: Zeitschrift für die gesamte Strafrechtswissenschaft, 95. Band (1983), S. 799 ff.

Jürgen Meyer, Zur prozeßrechtlichen Problematik des V-Mannes, in: Zeitschrift für die gesamte Strafrechtswissenschaft Band 93 (1983), S. 834 ff.

Kurt Rebmann, Der Zeuge vom Hörensagen im Spannungsverhältnis zwischen gerichtlicher Aufklärungspflicht, Belangen der Exekutive und Verteidigungsinteressen, in: Neue Zeitschrift für Strafrecht 1982, S. 315 ff.

Bundesverfassungsgericht, Beschluß vom 26. 5. 1981, in: Neue Juristische Wochenschrift 1981, S. 1719 ff.

Rainer Hamm, Das Bundesverfassungsgricht und die geheimen Zeugen im Strafprozeß, WDR-Kommentar vom 8. 4. 1982.

Bundesgerichtshof, Urteil vom 5. 11. 1982, in: Strafverteidiger 1983, S. 49 ff.

Landgericht Münster beim Amtsgericht Bocholt, Urteil vom 12. 10. 1982, in: Strafverteidiger 1983, S. 97 ff.

Bundesgerichtshof, Urteil vom 16. 3. 1983, In: Strafverteidiger 1983, S. 225 ff.

Bundesgerichtshof, Urteil vom 17. 3. 1983, in: Strafverteidiger 1983, S. 230 ff.

Bundesgerichtshof, Urteil vom 22. 3. 1983, in: Neue Zeitschrift für Strafrecht 1983, S. 325 ff.

Bundesgerichtshof, Vorlagebeschluß des 2. Strafsenats an den Großen Senat für Strafsachen vom 4. 5. 1983, in: Strafverteidiger 1983, S. 314 ff.

Hans-Jürgen Bruns, Präjudizierende Randbemerkungen zum »Vorlage«-Beschluß des BGH 2 StR 792/82 vom 4. 5. 1983, in: Strafverteidiger 1983, S. 382 ff.

Bundesgerichtshof, Großer Senat für Strafsachen, Beschluß vom 17. 10. 1983, in: Strafverteidiger 1983, S. 490 ff.

Anmerkungen und Stellungnahmen zu Bundesgerichtshof, Großer Senat für Strafsachen, Beschluß vom 17. 10. 1983:

Gerald Grünwald, in: Strafverteidiger 1984, S. 56 ff.

Klaus Tiedemann / Ulrich Sieber, in: Neue Juristische Wochenschrift 1984, S. 753 ff.

Hans-Jürgen Bruns, in: Monatsschrift für Deutsches Recht 1984, S. 177 ff.

edition suhrkamp. Neue Folge

129 Blick übers Meer. Hg. v. Helmut Martin, Charlotte Dunsing, Wolf Baus
130 Wie die Wahrheit zur Fabel wurde. Nietzsches Umwertung von Kultur und Subjekt. Hg. v. Philipp Rippel
131 Josef Esser, Gewerkschaften in der Krise
132 Die Wiederkehr des Körpers. Hg. v. Dietmar Kamper u. Christoph Wulf
133 Richard Saage, Rückkehr zum starken Staat?
134 Dieter Senghaas, Von Europa lernen
135 Peter Weiss, Notizbücher 1960–1971. Zwei Bände
136 Marin Sorescu, Abendrot Nr. 15
137 Joachim Veil, Die Wiederkehr des Bumerangs
138 Chinua Achebe, Okonkwo oder das Alte stürzt
139 Robert Pinget, Apokryph
140 Julio Cortázar, Letzte Runde
141 Faszination der Gewalt. Politische Strategie und Alltagserfahrung. Red.: Reiner Steinweg
142 Manfred Frank, Der kommende Gott
143 Die neue Friedensbewegung. Red.: Reiner Steinweg
144 Mythos und Moderne. Hg. v. Karl Heinz Bohrer
145 Mongo Beti, Remember Ruben
146 Franz Böni, Alvier
147 Der religiöse Faktor
148 Michael Buselmeier, Radfahrt gegen Ende des Winters
149 Karl Held/Theo Ebel, Krieg und Frieden
150 Jean-Pierre Vernant, Die Entstehung des griechischen Denkens
151 Literatur und Politik in der VR China. Hg. v. Rudolf G. Wagner
152 Hans-Ulrich Wehler, Preußen ist wieder chic...
153 Der Mensch als Risiko. Hg. v. Manfred M. Wambach
154 Nicolas Bornhorn, Der Film der Wirklichkeit
156 Die armen Frauen. Hg. v. Ilona Kickbusch u. Barbara Riedmüller
157 Zum Funktionswandel der Literatur. Hg. v. Peter Bürger
158 Ulrike Heider, Schülerprotest in der Bundesrepublik Deutschland
159 Eva-Maria Alves, Maanja
160 Franz Koppe, Grundbegriffe der Ästhetik

161 Jürg Laederach, In extremis
162 Eike Hennig, Der normale Extremismus
163 Walther Abish, Quer durch das große Nichts
164 Peter Schwacke, Carte blanche
165 Tove Ditlevsen, Gesichter
166 Medienmacht im Nord-Süd-Konflikt. Red.: Reiner Steinweg
167 Ernst Bloch, Kampf – nicht Krieg. Hg. v. Martin Korol
168 Peter Handke, Phantasien der Wiederholung
169 Volker Braun, Berichte von Hinze und Kunze
170 Edward P. Thompson, Die Entstehung der englischen Arbeiterklasse
171 Roland Barthes, Elemente der Semiologie
172 Franz Xaver Kroetz, Frühe Prosa/Frühe Stücke
173 Werner Koch, Intensivstation
174 Literatur der DDR in den siebziger Jahren. Hg. v. Peter Uwe Hohendahl u. Patricia Herminghouse
175 Lloyd de Mause, Grundlagen der Psychohistorie
176 Josef Esser/Wolfgang Fach/Werner Väth, Krisenregulierung
177 Josef Winkler, Die Verschleppung
178 Uwe Kolbe, Abschiede und andere Liebesgedichte
179 J. M. A. Biesheuvel, Der Schrei aus dem Souterrain
180 Jochen Hörisch, Gott, Geld und Glück – Zur Logik der Liebe
181 Georg Vobruba, Politik mit dem Wohlfahrtsstaat
182 Walter Vogl, Hassler
183 João Ubaldo Ribeiro, Sargento Getúlio
184 Francis F. Piven/Richard C. Cloward, Aufstand der Armen
185 Abschied vom Recht? Hg. v. Rüdiger Voigt
186 Celso Furtado, Brasilien nach dem Wirtschaftswunder
187 Martin Roda Becher, Der rauschende Garten
188 Das Schwinden der Sinne. Hg. v. Dietmar Kamper u. Christoph Wulf
189 Rüdiger Lautmann, Der Zwang zur Tugend
190 Vom Krieg der Erwachsenen gegen die Kinder. Red.: Reiner Steinweg
191 Brecht-Journal. Hg. v. Jan Knopf
192 Feminismus. Inspektion der Herrenkultur. Ein Handbuch. Hg. v. Luise F. Pusch
193 Alexander Kluge, Schlachtbeschreibung
194 Andrea Lee, Russisches Tagebuch

195 Taktische Kernwaffen. Die fragmentierte Abschreckung. Hg. v. Ph. Blanchard, R. Koselleck, L. Streit
196 Rüstung und soziale Sicherheit. Red.: Reiner Steinweg
197 Andreas Buro/Karl Grobe, Vietnam! Vietnam?
198 Franz Böni, Der Johanniterlauf
199 Ngũgĩ wa Thiong'o, Der gekreuzigte Teufel
200 Walter Benjamin, Das Passagen-Werk. Hg. v. Rolf Tiedemann. Zwei Bände
201 Jugend und Kriminalität. Hg. v. Horst Schüler-Springorum
202 Friederike Mayröcker, Magische Blätter
203 Manfred Frank, Was ist Neostrukturalismus?
204 Chie Nakane, Die Struktur der japanischen Gesellschaft
205 Marguerite Duras, Sommer 1980
206 Roland Barthes, Michelet
207 Julius Posener, Geschichte der Architektur im 20. Jahrhundert
208 Grace Paley, Veränderungen in letzter Minute
209 Kindheit in Europa. Hg. v. Heinz Hengst
210 Stanley J. Stein/Barbara H. Stein, Das koloniale Erbe Lateinamerikas
211 Naturplan und Verfallskritik. Zu Begriff und Geschichte der Kultur. Hg. v. Helmut Brackert u. Fritz Wefelmeyer
212 Arbeitslosigkeit in der Arbeitsgesellschaft. Hg. v. Wolfgang Bonß u. Rolf G. Heinze
213 Tzvetan Todorov, Die Eroberung Amerikas
214 Ziviler Ungehorsam im Rechtsstaat. Hg. v. Peter Glotz
215 Peter Weiss, Der neue Prozeß
216 Ein Jahrhundert geht zu Ende. Hg. v. Karl Dedecius
217 Luise F. Pusch, Das Deutsche als Männersprache
218 Alfred Sohn-Rethel, Soziologische Theorie der Erkenntnis
219 Randzonen. Interviews – Kurzgeschichten. Hg. von Judith Ammann
220 Claude Lévi-Strauss / Jean-Pierre Vernant u. a., Mythos ohne Illusion
221 Christiaan L. Hart Nibbrig, Der Aufstand der Sinne im Käfig des Textes
222 V-Leute – Die Falle im Rechtsstaat. Hg. v. Klaus Lüderssen
223 Tilman Moser, Eine fast normale Familie
224 Juan Goytisolo, Dissidenten
225 Alice Schwarzer, Lohn: Liebe. Zum Wert der Frauenarbeit
226 Paul Veyne, Glaubten die Griechen an ihre Mythen?
227 Thank you good night. Hg. v. Bodo Morshäuser

228 »Hauptsache, ich habe meine Arbeit«. Hg. v. Rainer Zoll
229 »Mit uns zieht die neue Zeit«. Hg. v. Thomas Koebner
230 Gregorio Condori Mamani, »Sie wollen nur, daß man ihnen dient ...«
231 Paul Feyerabend, Wissenschaft als Kunst
232 Meret Oppenheim, Husch, husch der schönste Vokal entleert sich. Hg. v. Christiane Meyer-Thoss
233 Politik der Armut. Hg. von Stephan Leibfried u. Florian Tennstedt
234 Die Ökologie des Körpers. Hg. v. R. Erben, P. Franzkowiak, E. Wenzel
235 Die wilde Seele. Hg. von Hans Peter Duerr
236 Ignácio de Loyola Brandão, Kein Land wie dieses
237 Gerold Foidl, Scheinbare Nähe
238 Kriegsursachen. Red. Reiner Steinweg
239 Reform und Resignation. Gespräche über Franz L. Neumann. Hg. v. Rainer Erd
240 Tim Guldimann, Moral und Herrschaft in der Sowjetunion
241 Werner Abelshauser, Wirtschaftsgeschichte der Bundesrepublik Deutschland 1945-1980
242 Dirk Blasius, Geschichte der politischen Kriminalität in Deutschland 1800-1980
243 Kurt Kluxen, Geschichte und Problematik des Parlamentarismus
244 Peter Marschalck, Bevölkerungsgeschichte Deutschlands im 19. und 20. Jahrhundert
245 Wolfgang Wippermann, Europäischer Faschismus im Vergleich 1922-1982
246 Michael Geyer, Deutsche Rüstungspolitik 1860-1980
247 Volker Hentschel, Geschichte der deutschen Sozialpolitik 1880-1980
248 Detlef Lehnert, Sozialdemokratie zwischen Protestbewegung und Regierungspartei 1848-1983
249 Jürgen Reulecke, Geschichte der Urbanisierung in Deutschland
250 Peter Alter, Nationalismus
251 Margret Kraul, Das deutsche Gymnasium 1780-1980
252 Manfred Botzenhart, Reform, Restauration, Krise. Deutschland 1789-1848
253 Jens Flemming, Deutscher Konservatismus 1780-1980
254 Hans-Ulrich Wehler, Grundzüge der amerikanischen Außenpolitik 1750-1900

255 Heide Wunder, Bäuerliche Gesellschaft in Deutschland 1524–1789
256 Albert Wirz, Sklaverei und kapitalistisches Weltsystem
257 Helmut Berding, Antisemitismus in Deutschland 1870–1980
258 Konrad H. Jarausch, Deutsche Studenten 1800–1970
259 Josef Mooser, Arbeiterleben in Deutschland 1900–1970
260 Dietrich Staritz, Geschichte der DDR 1949–1984
261 Gilbert Ziebura, Weltwirtschaft und Weltpolitik 1922/24–1931
262 Ulrich Kluge, Die Deutsche Revolution 1918/1919
263 Horst Dippel, Die Amerikanische Revolution 1763–1787
264 Karl-Egon Lönne, Politischer Katholizismus
265 Volker R. Berghahn, Unternehmer und Politik in der Bundesrepublik
266 Wolfram Siemann, Die Revolution 1848/49 in Deutschland
267 Dietrich Thränhardt, Geschichte der Bundesrepublik 1949–1984
268 Peter Christian Witt, Die deutsche Inflation 1914–1924
269 Horst Möller, Deutsche Aufklärung 1740–1815
270 Gotthard Jasper, Von der Auflösung der Weimarer Republik zum NS-Regime
271 Klaus J. Bade, Europäischer Imperialismus im Vergleich
272 Dieter Grimm, Deutsche Verfassungsgeschichte 1803–1980
273 Hanna Schissler, Geschichte des preußischen Junkertums
274 Jürgen von Kruedener, Deutsche Finanzpolitik 1871–1980
275 Rüdiger vom Bruch, Deutsche Universitäten 1734–1980
276 Reinhard Sieder, Geschichte der Familie
277 Heinz-Günther Reif, Sozialgeschichte des deutschen Adels
278 Michael Mitterauer, Sozialgeschichte der Jugend
279 Hans-Christoph Schröder, Die Englische Revolution 1640–1688
280 Ernst Hinrichs, Die Französische Revolution 1789
281 Bernd Wunder, Geschichte der deutschen Bürokratie
282 Wolfgang Hardtwig, Vereinswesen in Deutschland 1780–1980
283 Hans-Peter Ullmann, Wirtschaftliche und politische Interessenverbände in Deutschland 1870–1980
284 Ute Frevert, Geschichte der deutschen Frauenbewegung
285 Hartmut Kaelble, Europäische Sozialgeschichte 1880–1980
286 Dieter Langewiesche, Deutscher Liberalismus
287 Klaus Schönhoven, Deutsche Gewerkschaften 1860–1980
288 Martin Greschat, Politischer Protestantismus

290 Octavio Paz, Zwiesprache
291 Franz Xaver Kroetz, Furcht und Hoffnung der BRD
292 Wolfgang Hildesheimer, The Jewishness of Mr. Bloom/ Das Jüdische an Mr. Bloom. Engl./Dt.
293 György Konrád, Antipolitik
294 Alexander Kluge, Neue Geschichten
295 Reto Hänny, Ruch
296 Atomkriegsfolgen. Der Bericht des »Office of Technology Assessment«
297 Peter Sloterdijks »Kritik der zynischen Vernunft«
298 Die Selbstbehauptung Europas. Hg. von Willy Brandt
299 Konrad Wünsche, Der Volksschullehrer Ludwig Wittgenstein
300 edition suhrkamp. Ein Lesebuch

edition suhrkamp. Neue Folge

Abelshauser, Wirtschaftsgeschichte der Bundesrepublik Deutschland 1945–1980 241
Abish, Quer durch das große Nichts 163
Achebe, Ein Mann des Volkes 84
Achebe, Okonkwo oder das Alte stürzt 138
Afonin, Im Moor 96
Alter, Nationalismus 250
Alves, Neigung zum Fluß 83
Alves, Maanja 159
Ammann (Hg.), Randzonen 219
Antes, Poggibonsi 1979–1980 35
Arlati, Auf der Reise nach Rom 53
Aron/Kempf, Der sittliche Verfall 116
Backhaus, Marx und die marxistische Orthodoxie 43
Bade, Europäischer Imperialismus im Vergleich 271
Badura (Hg.), Soziale Unterstützung und chronische Krankheit 63
Barthes, Leçon/Lektion 30
Barthes, Das Reich der Zeichen 77
Barthes, Die Rauheit der Stimme 126
Barthes, Elemente der Semiologie 171
Barthes, Michelet 206
Bayrle, Rasterfahndung 69
Becher, Der rauschende Garten 187
Beckett, Flötentöne 98
Beckett, Mal vu mal dit/ Schlecht gesehen schlecht gesagt 119
Benjamin, Moskauer Tagebuch 20
Benjamin, Das Passagen-Werk 200
Berding, Antisemitismus in Deutschland 1870–1980 257
Berghahn, Unternehmer und Politik in der Bundesrepublik 265
Bernhard, Die Billigesser 6
Beti, Remember Ruben 145
Biesheuvel, Der Schrei aus dem Souterrain 179
Blanchard/Koselleck/Streit, Taktische Kernwaffen 195
Blankenburg (Hg.), Politik der inneren Sicherheit 16
Blasius, Geschichte der politischen Kriminalität in Deutschland 1800–1980 242
Bloch, Abschied von der Utopie? 46
Bloch, Kampf – nicht Krieg 167
Blok, Die Mafia in einem sizilianischen Dorf 1860–1960 82
Böhmler, Drehbuch 91
Böni, Hospiz 4
Böni, Alvier 146
Böni, Der Johanniterlauf 198
Bohrer, Plötzlichkeit. Zum Augenblick des ästhetischen Scheins 58
Bohrer (Hg.), Mythos und Moderne 144

Bonß/Heinze (Hg.), Arbeitslosigkeit in der Arbeitsgesellschaft 212
Bornhorn, America oder Der Frühling der Dinge 25
Bornhorn, Der Film der Wirklichkeit 154
Botzenhart, Reform, Restauration, Krise 252
Brackert/Wefelmeyer (Hg.), Naturplan und Verfallskritik 211
Brandt (Hg.), Die Selbstbehauptung Europas 298
Brasch, Engel aus Eisen 49
Braun, Berichte von Hinze und Kunze 169
Brodsky, Der Tatbestand und seine Hülle 114
v. Bruch, Deutsche Universitäten 1734–1980 275
Bürger (Hg.), Zum Funktionswandel der Literatur 157
Bürger/Bürger/Schulte-Sasse (Hg.), Aufklärung und literarische Öffentlichkeit 40
Bürger/Bürger/Schulte-Sasse (Hg.), Zur Dichotomisierung von hoher und niederer Literatur 89
Bulla, Weitergehen 2
Buro/Grobe, Vietnam! Vietnam? 197
Buselmeier, Der Untergang von Heidelberg 57
Buselmeier, Radfahrt gegen Ende des Winters 148
Calasso, Die geheime Geschichte des Senatspräsidenten Dr. Daniel Paul Schreber 24
Carpentier, Stegreif und Kunstgriffe 33
Casey, Racheträume 70
Chi Ha, Die gelbe Erde und andere Gedichte 59
Condori Mamani, »Sie wollen nur, daß man ihnen dient ...« 230
Cortázar, Reise um den Tag in 80 Welten 45
Cortázar, Letzte Runde 140
Dedecius (Hg.), Ein Jahrhundert geht zu Ende 216
Der religiöse Faktor 147
Dippel, Die Amerikanische Revolution 1763–1787 263
Ditlevsen, Sucht 9
Ditlevsen, Wilhelms Zimmer 76
Ditlevsen, Gesichter 165
Doi, Amae – Freiheit in Geborgenheit 128
Dorst, Mosch 60
Duerr (Hg.), Versuchungen. Aufsätze zur Philosophie Paul Feyerabends. 1. Bd. 44
Duerr (Hg.), Versuchungen. Aufsätze zur Philosophie Paul Feyerabends. 2. Bd. 68
Duerr (Hg.), Die wilde Seele 235
Duras/Porte, Die Orte der Marguerite Duras 80
Duras, Sommer 1980 205
edition suhrkamp. Ein Lesebuch 300
Eisenbeis (Hg.), Ästhetik und Alltag 78
Elias, Der bürgerliche Künstler in der höfischen Gesellschaft 12
Enzensberger, Die Furie des Verschwindens 66
Erben/Franzkowiak/Wenzel (Hg.), Die Ökologie des Körpers 234

Erd (Hg.), Reform und Resignation. Gespräche über Franz L. Neumann 239
Esser, Gewerkschaften in der Krise 131
Esser/Fach/Väth, Krisenregulierung 176
Feyerabend, Erkenntnis für freie Menschen 11
Feyerabend, Wissenschaft als Kunst 231
Flemming, Deutscher Konservatismus 1780–1980 253
Foidl, Scheinbare Nähe 237
Frank, Der kommende Gott 142
Frank, Was ist Neostrukturalismus? 203
Frevert, Geschichte der deutschen Frauenbewegung 284
Furtado, Brasilien nach dem Wirtschaftswunder 186
Geyer, Deutsche Rüstungspolitik 1860–1980 246
Glöckler, Seitensprünge 36
Glotz (Hg.), Ziviler Ungehorsam im Rechtsstaat 214
Glück, Falschwissers Totenreden(t) 61
Goffman, Geschlecht und Werbung 85
Good (Hg.), Von der Verantwortung des Wissens 122
Goytisolo, Dissidenten 224
Greschat, Politischer Protestantismus 288
Grimm, Deutsche Verfassungsgeschichte 1803–1980 272
Guldimann, Moral und Herrschaft in der Sowjetunion 240

Handke, Phantasien der Wiederholung 168
Hänny, Zürich, Anfang September 79
Hänny, Ruch 295
Hardtwig, Vereinswesen in Deutschland 1780–1980 282
Hart Nibbrig, Der Aufstand der Sinne im Käfig des Textes 221
Hart Nibbrig/Dällenbach (Hg.), Fragment und Totalität 107
Heider, Schülerprotest in der Bundesrepublik Deutschland 158
Heimann, Soziale Theorie des Kapitalismus. Theorie der Sozialpolitik 52
Held/Ebel, Krieg und Frieden 149
Hengst (Hg.), Kindheit in Europa 209
Hennig, Der normale Extremismus 162
Henrich, Fixpunkte der Kunst 125
Hentschel, Geschichte der deutschen Sozialpolitik 1880–1980 247
Heusler (Hg.), Afrikanische Schriftsteller heute 92
Hildesheimer, The Jewishness of Mr. Bloom/Das Jüdische an Mr. Bloom (Engl./Dt.) 292
Hinrichs, Die Französische Revolution 1789 280
Hochstätter, Kalt muß es sein schon lang 95
Hörisch, Gott, Geld und Glück 180

Hohendahl/Herminghouse (Hg.), Literatur der DDR in den siebziger Jahren 174

Jackson, Annäherung an Spanien 1898–1975 108

Jarausch, Deutsche Studenten 1800–1970 258

Jasper, Von der Auflösung der Weimarer Republik zum NS-Regime 270

Jendryschik, Die Ebene 37

Jestel (Hg.), Der Neger vom Dienst. Afrikanische Erzählungen 28

Jestel (Hg.), Das Afrika der Afrikaner. Gesellschaft und Kultur Afrikas 39

Johnson, Begleitumstände. Frankfurter Vorlesungen 19

Joyce, Ulysses 100

Joyce, Penelope. Das letzte Kapitel des »Ulysses« 106

Kaelble, Europäische Sozialgeschichte 1880–1980 285

Kahle (Hg.), Logik des Herzens. Die soziale Dimension der Gefühle 42

Kaltenmark, Lao-tzu und der Taoismus 55

Kamper/Wulf (Hg.), Die Wiederkehr des Körpers 132

Kamper/Wulf (Hg.), Das Schwinden der Sinne 188

Kenner, Ulysses 104

Kickbusch/Riedmüller (Hg.), Die armen Frauen 156

Kirchhoff, Body-Building 5

Klöpsch/Ptak (Hg.), Hoffnung auf Frühling. Moderne chinesische Erzählungen I 10

Kluge, Schlachtbeschreibung 193

Kluge, Neue Geschichten 294

Kluge, Die deutsche Revolution 1918/1919 262

Kluxen, Geschichte und Problematik des Parlamentarismus 243

Knopf (Hg.), Brecht-Journal 191

Koch, Intensivstation 173

Koebner (Hg.), »Mit uns zieht die neue Zeit« 229

Köhler u. a., Kindheit als Fiktion. Fünf Berichte 81

Kolbe, Hineingeboren. Gedichte 1975–1979 110

Kolbe, Abschiede und andere Liebesgedichte 178

Konrád, Antipolitik 293

Koppe, Grundbegriffe der Ästhetik 160

Krall, Schneller als der liebe Gott 23

Kraul, Das deutsche Gymnasium 1780–1980 251

Kris/Kurz, Die Legende vom Künstler 34

Kroetz, Nicht Fisch nicht Fleisch. Verfassungsfeinde. Jumbo-Track. Drei Stücke 94

Kroetz, Frühe Prosa/ Frühe Stücke 172

Kroetz, Furcht und Hoffnung der BRD 291

v. Kruedener, Deutsche Finanzpolitik 1871–1980 274

Kubin (Hg.), Hundert Blumen. Moderne chinesische Erzählungen II 10

Laederach, Fahles Ende kleiner Begierden 75

Laederach, In extremis 161
Langewiesche, Deutscher Liberalismus 286
Lao She, Das Teehaus 54
Lautmann, Der Zwang zur Tugend 189
Lee, Russisches Tagebuch 194
Lehnert, Sozialdemokratie zwischen Protestbewegung und Regierungspartei 1848-1983 248
Leibfried/Tennstedt (Hg.), Politik der Armut 233
Leisegang, Lauter letzte Worte 21
Lem, Dialoge 13
Leroi-Gourhan, Die Religionen der Vorgeschichte 73
Leutenegger, Lebewohl, Gute Reise 1
Lévi-Strauss, Mythos und Bedeutung 27
Lévi-Strauss/Vernant u. a., Mythos ohne Illusion 220
Lezama Lima, Die Ausdruckswelten Amerikas 112
Link-Salinger (Hyman) (Hg.), Signatur G. L.: Gustav Landauer im »Sozialist« 113
Lönne, Politischer Katholizismus 264
Löwenthal, Mitmachen wollte ich nie 14
de Loyola Brandao, Kein Land wie dieses 236
Lüderssen (Hg.), V-Leute – Die Falle im Rechtsstaat 222
Luginbühl, Die kleine explosive Küche 103
Lukács, Gelebtes Denken 88

Marechera, Das Haus des Hungers 62
Marschalck, Bevölkerungsgeschichte Deutschlands im 19. und 20. Jahrhundert 244
Martin/Dunsing/Baus (Hg.), Blick übers Meer 129
Marx, Enthüllungen zur Geschichte der Diplomatie im 18. Jahrhundert 47
de Mause, Grundlagen der Psychohistorie 175
Mayer, Versuche über die Oper 50
Mayröcker, Magische Blätter 202
McKeown, Die Bedeutung der Medizin 109
Meier, Die Ohnmacht des allmächtigen Dictators Caesar 38
Menninghaus, Paul Celan. Magie der Form 26
Mercier, Beckett/Beckett 120
Mitterauer, Sozialgeschichte der Jugend 278
Möller, Deutsche Aufklärung 1740-1815 269
Mooser, Arbeiterleben in Deutschland 1900-1970 259
Morshäuser (Hg.), Thank you good night 227
Moser, Eine fast normale Familie 223
Moshajew, Die Abenteuer des Fjodor Kuskin 72
Müller-Schwefe (Hg.), Von nun an. Neue deutsche Erzähler 3
Muschg, Literatur als Therapie? 65

Nakane, Die Struktur der japanischen Gesellschaft 204
Ngugi wa Thiong'o, Verborgene Schicksale 111
Ngugi wa Thiong'o, Der gekreuzigte Teufel 199
Niederland, Folgen der Verfolgung: Das Überlebenden-Syndrom. Seelenmord 15
Office of Technology Assessment, Atomkriegsfolgen 296
Oppenheim, Husch, husch der schönste Vokal entleert sich 232
Paley, Veränderungen in letzter Minute 208
Paz, Suche nach einer Mitte 8
Paz, Der menschenfreundliche Menschenfresser 64
Paz, Zwiesprache 290
Pazarkaya (Hg.), Der große Rausch. Türkische Erzähler der Gegenwart 102
Pinget, Apokryph 139
Piven/Cloward, Aufstand der Armen 184
Platschek, Porträts mit Rahmen. Aufsätze zur modernen Malerei 86
Posener, Geschichte der Architektur im 20. Jahrhundert 207
Prokop, Medien-Wirkungen 74
Pruss-Kaddatz, Wortergreifung. Zur Entstehung einer Arbeiterkultur in Frankreich 115
Pusch (Hg.), Feminismus. Inspektion der Herrenkultur 192

Pusch, Das Deutsche als Männersprache 217
Rahnema (Hg.), Im Atem des Drachen. Moderne persische Erzählungen 93
Reif, Sozialgeschichte des deutschen Adels 277
Reulecke, Geschichte der Urbanisierung in Deutschland 249
Ribeiro, Unterentwicklung, Kultur und Zivilisation 18
Ribeiro, Die Brasilianer 87
Ribeiro, Sargento Getúlio 183
Rippel (Hg.), Wie die Wahrheit zur Fabel wurde 130
Rodinson, Die Araber 51
Rubinstein, Nichts zu verlieren und dennoch Angst 22
Rutschky (Hg.), Errungenschaften. Eine Kasuistik 101
Saage, Rückkehr zum starken Staat? 133
Schissler, Geschichte des preußischen Junkertums 273
Schleef, Die Bande 127
Schönhoven, Deutsche Gewerkschaften 1860–1980 287
Schröder, Die Englische Revolution 1640–1688 279
Schüler-Springorum (Hg.), Jugend und Kriminalität 201
Schwacke, Carte blanche 164
Schwarzer, Lohn: Liebe. Zum Wert der Frauenarbeit 225
Sebeok/Umiker-Sebeok, »Du kennst meine Methode« 121
Senghaas, Von Europa lernen 134
Sieder, Geschichte der Familie 276

Siemann, Die Revolution 1848/49 in Deutschland 266

Sinclair, Der Fremde 7

Sloterdijk, Kritik der zynischen Vernunft 99

Peter Sloterdijks »Kritik der zynischen Vernunft« 297

Sohn-Rethel, Soziologische Theorie der Erkenntnis 218

Sorescu, Abendrot Nr. 15 136

Staritz, Geschichte der DDR 1949–1984 260

Stein/Stein, Das koloniale Erbe Lateinamerikas 210

Steinweg (Red.), Der gerechte Krieg: Christentum, Islam, Marxismus 17

Steinweg (Red.), Das kontrollierte Chaos. Die Krise der Abrüstung 31

Steinweg (Red.), Unsere Bundeswehr? Zum 25jährigen Bestehen einer umstrittenen Institution 56

Steinweg (Red.), Hilfe + Handel = Frieden? Die Bundesrepublik in der Dritten Welt 97

Steinweg (Red.), Faszination der Gewalt. Politische Strategie und Alltagserfahrung 141

Steinweg (Red.), Die neue Friedensbewegung 143

Steinweg (Red.), Medienmacht im Nord-Süd-Konflikt 166

Steinweg (Red.), Vom Krieg der Erwachsenen gegen die Kinder 190

Steinweg (Red.), Rüstung und soziale Sicherheit 196

Steinweg (Red.), Kriegsursachen 238

Struck, Kindheits Ende. Journal einer Krise 123

Tabori, Unterammergau oder Die guten Deutschen 118

Tendrjakow, Sechzig Kerzen 124

Thompson, Die Entstehung der englischen Arbeiterklasse 170

Thränhardt, Geschichte der Bundesrepublik 1949–1984 267

Todorov, Die Eroberung Amerikas 213

Trevisan, Ehekrieg 41

Ullmann, Wirtschaftliche und politische Interessenverbände in Deutschland 1870–1980 283

Veil, Die Wiederkehr des Bumerangs 137

Vernant, Die Entstehung des griechischen Denkens 150

Veyne, Glaubten die Griechen an ihre Mythen? 226

Vobruba, Politik mit dem Wohlfahrtsstaat 181

Vogl, Hassler 182

Voigt (Hg.), Abschied vom Recht? 185

Wagner (Hg.), Literatur und Politik in der VR China 151

Walser, Selbstbewußtsein und Ironie. Frankfurter Vorlesungen 90

Wambach (Hg.), Der Mensch als Risiko 153

Wambach/Hellerich/Reichel (Hg.), Die Museen des Wahnsinns und die Zukunft der Psychiatrie 32

Wehler, Grundzüge der amerikanischen Außenpolitik 1750–1900 254

Wehler, Preußen ist wieder chic ... 152

Weiss, Notizbücher 1971–1980. Zwei Bände 67

Weiss, Notizbücher 1960–1971. Zwei Bände 135

Weiss, Der neue Prozeß 215

Winkler, Die Verschleppung 177

Wippermann, Europäischer Faschismus im Vergleich 1922–1982 245

Wirz, Sklaverei und kapitalistisches Weltsystem 256

Witt, Die deutsche Inflation 1914–1924 268

Wollschläger liest »Ulysses« 105

Wünsche, Der Volksschullehrer Ludwig Wittgenstein 299

Wunder, Geschichte der deutschen Bürokratie 281

Wunder, Bäuerliche Gesellschaft in Deutschland 1524–1789 255

Ziebura, Weltwirtschaft und Weltpolitik 1922/24–1931 261

Zoll (Hg.), »Hauptsache, ich habe meine Arbeit« 228

Zschorsch, Glaubt bloß nicht, daß ich traurig bin 71

Zschorsch, Der Duft der anderen Haut 117